U0600740

中国近代
思想家文库

◎

单波编

唐君毅卷

中国人民大学出版社
·北京·

《中国近代思想家文库》编纂委员会名单

主　任　　柳斌杰　纪宝成
副主任　　吴尚之　李宝中　李　潞
　　　　　王　然　贺耀敏　李永强

主　编　　戴　逸
副主编　　王俊义　耿云志
委　员　　王汝丰　刘志琴　许纪霖　杨天石　杨宗元
　　　　　陈　铮　欧阳哲生　罗志田　夏晓虹　徐　莉
　　　　　黄兴涛　黄爱平　蔡乐苏　熊月之
　　　　　（按姓氏笔画排序）

总　序

对于近代的理解，虽不见得所有人都是一致的，但总的说来，对于近代这个词所涵的基本意义，人们还是有共识的。一个国家、一个民族走入近代，就意味着以工业化为主导的经济取代了以地主经济、领主经济或自然经济为主导的中世纪的经济形态，也还意味着，它不再是孤立的或是封闭与半封闭的，而是以某种形式加入到世界总的发展进程。尤其重要的是，它以某种形式的民主制度取代君主专制或其他不同形式的专制制度。中国是个幅员广大、人口众多、历史悠久的多民族国家，由于长期历史发展是自成一体的，与外界的交往比较有限，其生产方式的代谢迟缓了一些。如果说，世界的近代是从 17 世纪开始的，那么中国的近代则是从 19 世纪中期才开始的。现在国内学界比较一致的认识，是把 1840 年到 1949 年视为中国的近代。

中国的近代起始的标志是 1840 年的鸦片战争。原来相对封闭的国门被拥有近代种种优势的英帝国以军舰、大炮再加上种种卑鄙的欺诈打开了。从此，中国不情愿地加入到世界秩序中，沦为半殖民地。原来独立的大一统的中央集权的君主专制国家，如今独立已经极大地被限制，大一统也逐渐残缺不全，中央集权因列强的侵夺也不完全名实相符了。后来因太平天国运动，地方军政势力崛起，形成内轻外重的形势，也使中央集权被弱化。经历第二次鸦片战争、中法战争、甲午战争、八国联军入侵的战争以及辛亥革命后的多次内外战争，直至日本全面侵略中国的战争，致使中国的经济、政治、教育、文化，都无法顺利走上近代发展的轨道。古今之间，新旧之间，中外之间，混杂、矛盾、冲突。总之，鸦片战争后的中国，既未能成为近代国家，更不能维持原有的统治秩序。而外患内忧咄咄逼人，人们都有某种程度"国将不国"的忧虑。

"天下兴亡，匹夫有责"，读书明理的士大夫，或今所谓知识分子，尤为敏感，在空前的危机与挑战面前，皆思有所献替。于是发生种种救亡图存的思想与主张。有的从所能见及的西方国家发展的经验中借鉴某些东西，形成自己的改革方案；有的从历史回忆中拾取某些智慧，形成某种民族复兴的设想；有的则力图把西方的和中国所固有的一些东西加以调和或结合，形成某种救亡图强的主张。这些方案、设想、主张，从世界上"最先进的"，到"最落后的"，几乎样样都有。就提出这些方案、设想、主张者的初衷而言，绝大多数都含着几分救国的意愿。其先进与落后，是否可行，能否成功，尽可充分讨论，但可不必过为诛心之论。显而易见，既然救国的问题最为紧迫，人们所心营目注者自然是种种与救国的方案直接相关的思想学说，而作为产生这些学说的更基础性的理论，及其他各种知识、思想，则关注者少。

围绕着救国、强国的大议题，知识精英们参考世界上种种思想学说，加以研究、选择，认为其中比较适用的思想学说，拿来向国人宣传，并赢得一部分人的认可。于是互相推引，互相激励，更加发挥，演而成潮。在近代中国，曾经得到比较广泛的传播的思想学说，或者够得上思潮的，主要有以下几种：

（一）进化论。近代西方思想较早被引介到中国，而又发生绝大影响的，要属进化论。中国人逐渐相信，进化是宇宙之铁则，不进化就必遭淘汰。以此思想警醒国人，颇曾有助于振作民族精神。但随后不久，社会达尔文主义伴随而来，不免发生一些负面的影响。人们对进化的了解，也存在某些片面性，有时把进化理解为一条简单的直线。辩证法思想帮助人们形成内容更丰富和更加符合实际的发展观念，减少或避免片面性的进化观念的某些负面影响。

（二）民族主义。中国古代的民族主义思想，其核心是"非我族类，其心必异"，所以最重"华夷之辨"。鸦片战争前后一段时期，中国人的民族思想，大体仍是如此。后来渐渐认识到"今之夷狄，非古之夷狄"，"西人治国有法度，不得以古旧之夷狄视之"。但当时中国正遭受西方列强的侵略和掠夺，追求民族独立是民族主义之第一义。20世纪初，中国知识精英开始有了"中华民族"的概念。于是，渐渐形成以建立近代民族国家为核心的近代民族主义。结束清朝君主专制，创立中华民国，是这一思想的初步实现。第一次世界大战爆发，中国加入"协约国"，第一次以主动的姿态参与世界事务，接着俄国十月革命爆发，这两件事对近代中国的发展历程造成绝大影响。同时也将中国人的民族主义提升到一个新的层次，即与国际主义（或世界主义）发生紧密联系。也可以说，中国人更加自觉地用世界的眼光来观察中国的问题。新生的中国共产党和改组后的国民党都是如此。民族主义成为中国的知识精英用来应对近代中国所面临的种种危机和种种挑战的一个重要的思想武器。

（三）社会主义。社会主义作为一种模糊的理想是早在古代就有的，而且不论东方和西方都曾有过。但作为近代思潮，它是于19世纪在批判近代资本主义的基础上产生的。起初仍带有空想的性质，直到马克思和恩格斯才创立起科学社会主义。20世纪初期，社会主义开始传入中国。当时的传播者不太了解科学社会主义与以往的社会主义学说的本质区别。有一部分人，明显地受到无政府主义的强烈影响，更远离科学社会主义。直到五四新文化运动兴起之后，中国人始较严格地引介、宣传科学社会主义。但有一段时间，无政府主义仍是一股很大的思想潮流。中国共产党的成立，从思想上说，是战胜无政府主义的结果。中国共产党把在中国实现社会主义乃至共产主义作为自己的奋斗目标。此后，社会主义者，多次同各种非科学社会主义思想的信仰者进行论争并不断克服种种非科学社会主义思想的影响。

（四）自由主义。自由主义也是从清末就被介绍到中国来，只是信从者一直寥寥。直到五四新文化运动兴起，具有欧美教育背景的知识精英的数量渐渐多起来，自由主义始渐渐形成一股思想潮流。自由主义强调个性解放、意志自由和自己承担责任，在政治上反对一切专制主义。在中国的社会条件下，自由主义缺乏社会基础。在政治激烈动荡的时候，自由主义者很难凝聚成一股有组织的力量；在稍稍平和的时候，他们往往更多沉浸在自己的专业中。所以，在中国近代史上，自由主义不曾有，也不可能有大的作为。

（五）激进主义与保守主义。处于转型期的社会，旧的东西尚未完全退出舞台，新的东西也还未能巩固地树立起来，新旧冲突往往要持续很长的时间，有时甚至达到很激烈的程度。凡助推新东西成长的，人们便视为进步的；凡帮助旧东西排斥新东西的，人们便视为保守的。其实，与保守主义对应的，应是进步主义；与顽固主义相对的则应是激进主义。不过在通常话语环境中人们不太严格加以区分。中国历史悠久，特别是君主专制制度持续两千余年，旧东西积累异常丰富，社会转型极其不易。而世界的发展却进步甚速。中国的一部分精英分子往往特别急切地想改造中国社会，总想找出最厉害的手段，选一条最捷近的路，以最快的速度实现全盘改造。这类思想、主张及其采取的行动，皆属激进主义。在中共党史上，它表现为"左"倾或极左的机会主义。从极端的激进主义到极端的顽固主义，中间有着各种程度的进步与保守的流派。社会的稳定，或社会和平改革的成功，都依赖有一个实力雄厚的中间力量。但因种种原因，中国社会的中间力量一直未能成长到足够的程度。进步主义与保守主义，以及激进主义与顽固主义，不断进行斗争，而实际所获进步不大。

（六）革命与和平改革。中国近代史上，革命运动与和平改革运动交替进行，有时又是平行发展。两者的宗旨都是为改变原有的君主专制制度而代之以某种形式的近代民主制度。有很长一个时期，有两种错误的观念，一是把革命理解为仅仅是指以暴力取得政权的行动，二是与此相关联，把暴力革命与和平改革对立起来，认为革命是推动历史进步的，而改革是维护旧有统治秩序的。这两种论调既无理论根据，也不合历史实际。凡是有助于改变君主专制制度的探索，无论暴力的或和平的改革都是应予肯定的。

中国近代揭幕之时，西方列强正在疯狂地侵略与掠夺殖民地和半殖民地，中国是它们互相争夺的最后一块、也是最大的资源地。而这时的中国，沿袭了两千年的君主专制制度已到了奄奄一息的末日，统治当局腐朽无能，对外不足以御侮，对内不足以言治，其统治的合法性和统治的能力均招致怀疑。革命运动与改革的呼声，以及自发的民变接连不断。国家、民族的命运真的到了千钧一发之际，危机极端紧迫。先觉分子救国之心切，每遇稍具新意义的思想学说便急不可待地学习引介。于是西方思想学说纷纷涌进中国，各阶层、各领域，凡能读书读报者，受其影响，各依其家庭、职业、教育之不同背景而选择自以为不错的一种，接受之，信仰之，传播之。于是西方几百年里相继风行的思想学说，在短时期内纷纷涌进中国。在清末最后的十几年里是这样，五四时期在较高的水准上重复出现这种情况。

这种情况直接造成两个重要的历史现象：一个是中国社会的实际代谢过程（亦即社会转型过程）相对迟缓，而思想的代谢过程却来得格外神速。另一个是在西方原是差不多三百年的历史中渐次出现的各种思想学说，集中在几年或十几年的时间里狂泻而来，人们不及深入研究、审慎抉择，便匆忙引介、传播，引介者、传播者、听闻者，都难免有些消化不良。其实，这种情况在清末，在五四时期，都已有人觉察。我们现在指出这些问题并非苛求前人，而是要引为教训。

同时我们也看到，中国近代思想无比的多样性与复杂性呈现出绚丽多彩的姿态，各种思想持续不断地展开论争，这又构成中国近代思想史的一个突出特点。有些论争为我们留下了非常丰富的思想资料。如兴洋务与反洋务之争，变法与反变法之争，革命与改良之争，共和与立宪之争，东西文化之争，文言与白话之争，新旧伦理之争，科学与人生观之争，中国社会性质的论争，社会史的论争，人权与约法之争，全盘西化与本位文化之争，民主与独裁之争，等等。这些争论都不同程度地关联着一直影响甚至困扰着中国人的几个核心问题，即所谓中西问题、古今问题与心物关系问题。

中国近代思想的光谱虽比较齐全，但各种思想的存在状态及其影响力是很不平衡的。有些思想信从者多，言论著作亦多，且略成系统；有些可能只有很少的人做过介绍或略加研究；有的还可能因种种原因，只存在私人载记中，当时未及面世。然这些思想，其中有很多并不因时间久远而失去其价值。因为就总的情况说，我们还没有完成社会的近代转型，所以先贤们对某些问题的思考，在今天对我们仍有参考借鉴的价值。我们编辑这套《中国近代思想家文库》，希望尽可能全面地、系统地整理出近代中国思想家的思想成果，一则借以保存这份珍贵遗产，再则为研究思想史提供方便，三则为有心于中国思想文化建设者提供参考借鉴的便利。

考虑到中国近代思想的上述诸特点，我们编辑本《文库》时，对于思想家不取太严格的界定，凡在某一学科、某一领域，有其独立思考、提出特别见解和主张者，都尽量收入。虽然其中有些主张与表述有时代和个人的局限，但为反映近代思想发展的轨迹，以供今人参考，我们亦保留其原貌。所以本《文库》实为"中国近代思想集成"。

本《文库》入选的思想家，主要是活跃在 1840 年至 1949 年之间的思想人物。但中共领袖人物，因有较为丰富的研究著述，本《文库》则未收入。

编辑如此规模的《文库》，对象范围的确定，材料的搜集，版本的比勘，体例的斟酌，在在皆非易事。限于我们的水平，容有瑕隙，敬请方家指正。

《中国近代思想家文库》编纂委员会

目　录

导言 …………………………………………………………………… 1

心本体论 …………………………………………………………… 1

论中西哲学中本体观念之一种变迁 …………………………… 3

道德生活之基础 ………………………………………………… 21

心之本体之体会 ………………………………………………… 26

通观九境之构造与开阖 ………………………………………… 33

论生命存在心灵之主体 ………………………………………… 47

人生道德哲学 …………………………………………………… 75

我所感之人生问题 ……………………………………………… 77

说人生之智慧 …………………………………………………… 83

说价值之体验 …………………………………………………… 85

说日常生活之价值 ……………………………………………… 98

罪恶之起源及其命运 …………………………………………… 108

生存之意义 ……………………………………………………… 114

道德意识通释 …………………………………………………… 133

俗情世间中之毁誉及形上世间 ………………………………… 176

人生之艰难与哀乐相生 ………………………………………… 192

痛苦与神佛 ……………………………………………………… 209

痛苦之究极的价值意义 ………………………………………… 213

人文精神论 ································· 225

中国文化根本精神之一种解释 ················· 227

中西文化精神之比较 ····················· 256

理想的人文世界 ······················· 271

中国之人格世界 ······················· 280

中西文化精神形成之外缘 ··················· 300

精神与文化 ························· 311

人类文化活动之涵义及其自决性 ··············· 318

人类文化在宇宙之地位与命运 ················ 341

宗教哲学 ····························· 373

中国宗教之特质 ······················· 375

中国之宗教精神与形上信仰——悠久世界 ··········· 384

宗教精神与现代人类 ····················· 408

人类宗教意识之本性及其诸形态 ··············· 421

中国哲学史论 ·························· 455

中国哲学之原始精神 ····················· 457

原理上："理"之六义与名理 ················· 469

总论性之诸义及言性之诸观点，与中国言性思想之发展 ··········· 495

道之名义及其类比 ····················· 509

唐君毅年谱简编 ······················· 521

导　言

　　唐君毅（1909—1978）是 20 世纪有着重要影响的中国哲学家。他在贯通理性与理想、理想与现实的基础上，重建了道德理想主义哲学；同时，他的哲学思想又是传统哲学与现代哲学、中国哲学与西方哲学的桥梁。如果说哲学就是对精神的认识，它应该有创造的精神体验，应该创造性地把握对象并超越对象，追求对存在进行道德上的改善，那么，唐君毅哲学无疑很好地体现了哲学思维的这种价值取向。

　　走进唐氏哲学的精神空间，我们可以强烈地感受到仁心的亲切体证、智思的典雅弘通、精神的超拔向上，同时也可以清晰地看到：他的哲学世界成了各种矛盾冲突着的观念的战场，在这战场的中心，修筑了纵横交会的道路、桥梁，以接通世上所有的思想之光，化除各种矛盾冲突的观念，使之各还本位，和融贯通。

　　唐君毅的哲学世界不仅仅是由宏富的著述构筑的，更主要的是贯注了他的全部生命智慧以及生命的自我律动，用他的弟子霍韬晦的话来说，便是"一千万言的著述，点点滴滴皆从唐先生的生命流出"。唐氏写书的方式不以分析客观问题为主，而是以疏解自我的生命为主，诚如他自己所总结的，他的"一切思想上之进步改变，都是一点一滴的与自己之信仰斗争而来"①。而唐氏哲学的一点一滴都使真实的生命存在，曲曲折折地通向生命的理想之境，这又使得其哲学成了一条充满生命气象的河流。

　　唐君毅于 1909 年 1 月 17 日出生在四川宜宾县柏溪老家的一个读书人家庭。其父唐迪风（名烺，初字铁风）一生致力于学问，瘁力于乡邦文教事业，由乡中末科秀才进而被推尊为"蜀学之正"，著有《孟子大

_____

① 　唐君毅：《人文精神之重建》，563 页，台北，台湾学生书局，1984。

义》《志学谀闻》等，朋辈谓其学"直截透辟近象山，艰苦实践近二曲"①，且性情刚直，事母至孝。其母陈大任（字卓仙）则工于诗词，有《思复堂遗诗》留世，曾任教于四川省的几所女子师范学校，欧阳竟无大师赞其性情"悲天悯人而不碍其乐天知命"，推尊其品德"直接孟母之贤"。在父母所赐的充满安恬亲情的家庭氛围中，唐君毅得以幼承家学。十二岁入重庆联中，由其父与好友彭云生、蒙文通、杨叔明、李幼椿等任文史教员，使其广泛接触孔、孟、老、庄之学以及宋明儒学，唐氏由此慧力大增。十四岁时，读陆象山于十余岁时即悟宇宙即吾心之理，蓦然生出一种恻隐之感，不能自已；天雨水涨，见石没于水，曾做这样的思考：这石头看不见时是否存在？十五岁时，读《孟子》及《荀子》，思性善性恶问题，"以为人性实兼有善恶，并谓孟、荀皆实信性有善恶；唯孟子于人性之恶者，名之为欲，荀子于人性之善者，名之为心耳"②，遂著文五千余字，自证其说。十七岁中学毕业之后，即出川求学，先后入中俄大学、北京大学、南京中央大学，所遇接引皆南北当代名师，如熊十力、梁漱溟、梁启超、欧阳竟无、胡适、汤用彤、张东荪、金岳霖、方东美、宗白华等，得以出入于中西各派哲学文化思潮。如果说他在1924年发表于《重庆联中校刊》上的第一篇论文《荀子的性论》，还只是初涉学术，那么，到1930年他在《国立中央大学半月刊》发表《孟子言性新论》之后，则是正式登上哲学论坛，从此，瘁力学术，直到去世前的最后一部专著《生命存在与心灵境界》的出版。而自1933年回南京中央大学哲学系任助教始，除1939年做重庆教育部特约编辑一年之外，他再也没有离开过哲学讲坛，特别是自1944年任中央大学哲学系主任始，他便一直担负着人文教育的重任，直至1974年从香港中文大学退休。

一、立心立命的思考

唐氏的第一部学术著作即1943年由正中书局出版的《中西哲学思想之比较研究集》。这部由1934—1941年间发表的十三篇论文组成的论文集，内容包括中国哲学、中国艺术、中国哲学与文学的关系、宗教道

---

① 唐端正编撰：《唐君毅先生年谱》，见《唐君毅全集》，第29卷，4页，台北，台湾学生书局，1990。

② 同上书，15页。

德与文学等，全书颇具实在论色彩，反映了唐氏在吸纳西方哲学思想的基础上的思想行程。这部被他自己称为"述学式"的著作出版后不久，即为他本人所否定，认为其中"多似是而非之论"。主要原因在于，这些中外哲学与文化比较的论文反映出唐君毅对西方哲学的崇尚，以西方哲学批评中国哲学，中国哲学与文化还没有被真正视为一种有自性的系统。相对于唐君毅后来的思想发展，这是一段"曲折"之处。它显示出不愿随波逐流而又难免趋新求异、对传统的逆反态度。这对于在思想上、气度上实现如实遍观人类各种哲学、各种文化，无疑是一大障蔽。然而，唐君毅对人与心的关注，又使得他以超然的觉悟突破了这一自我障蔽。

《人生之体验》（1944 年由中华书局出版）一书便是他突破自我障蔽的开始，正是在这个意义上，他倾向于把此书作为他的第一部专著。这是他的总名为"人生之路"的系列著作中的第一部。所谓"人生之路"，意在面对真实具体的生命存在，疏解人生的种种矛盾，拯救生命的种种痛苦，开启人生的理想之路。由此，我们可以体会到，唐氏的这一自我否定，意味着其学术风格由述学式向体验式的转变。所谓"体验"乃是"透过生活体验感知所及而回返于生命之自身"的活动。所以，这种转变实质上是使学院式的哲学研究向生命的真实感受回归，是知行合一、情理合一的思考方式的确立。而一般人所说的这代表了唐氏的中心观念的转变，只能是就纯学术意义而言，不能说明唐氏由这种转变所呈现的生命形态的变化，即由三十岁以前以自己"为一上不在天、下不在田之幽灵般之存在"[①]，转而反省到此乃不健全的人生，必须回归现实世界，把整个生命、理想贯注于现实世界，以促进人类理想社会的实现。

《人生之体验》写成于 1940 年。当时，唐氏和大多数中国知识分子一样，被战争的炮火逼至中国的西南角，虽不能拼杀疆场报效国家，但都拿出几乎全部的精神顾念整个民族的灾难，试图用理论来证明中华民族与其文化，已经过几千年的考验，但愈遇困难，愈能发扬光大，进而说明中国文化精神终必战胜日本的武士道精神。在中华民族生死存亡的关头，这批学者在艰难困厄中研究、整理中国文化，他们所要寻找的无

---

① 唐端正编撰：《唐君毅先生年谱》，见《唐君毅全集》，第 29 卷，45 页，台北，台湾学生书局，1990。

疑是民族文化生命的支点。同其他学者略有不同的是，唐君毅更想从哲学本身来贯彻这一思想，试图在人类精神人类文化的大背景中阐明中国文化的特点，从中西哲学、文艺的比较研究中，适当地安排中西文化各自应有的地位，寻找中国精神的支点。这一致思取向在抗战之初便已确立，他与友人在 1937 年创办的《重光月刊》，除鼓吹抗战外，更兼弘扬学术文化精神。在他看来，人类的苦难，在于崇尚暴力，不重理性，故要发扬哲学的价值，以开发人类的理性。而哲学中，只有重人格、精神及爱的哲学，才最能使人类的理想提高。当时，颇为自信的他，认为在现代中国，尚无其他学哲学者，比他自己对人格、精神及爱的价值有更深的体验，而且自信能贯通中西印先哲的学说，以新的体系阐扬重人格、精神及爱的哲学，并想借此清除现实世界的残忍、冷酷、欺骗与丑恶，以解除人类的苦难。正是在上述背景与思考中，他的目光开始投注于人生，全面阐释作为"天地之心"的人，具有超越精神的人，于是便有了《人生之体验》的诞生。该书在对生命的真实感受的基础上，直陈人生理趣。其中保留了他早年所写的《柏溪随笔》（1934 年发表于《文化通讯》）的文学风格，用诗化的语言表述其人生哲学思想，追求的是他在《柏溪随笔》中所向往的"如轻云透月"的哲学境界。在涵化中西哲学思想的基础上，唐氏纯粹根据他所感受的人生问题，他所体验到的人在现实生活中的心境，诸如宁静、孤独、失望、烦恼、懊悔、悲哀、羡妒、留恋、冲突、宽恕、满足等，以一种"静观自我"的方式来达到对人生哲学的阐发，展示出"道德自我"或人的本心本性的不同面相。在这里，便是理境与生命体验的融合，即如他自己所言，"一方面上开天门，使理境下降；一方面俯瞰尘寰，对我自己与一切现实存在的人，时而不胜其同情恻悯，时而又不胜其虔敬礼赞"[①]。唐氏称该著是"为己"之作，他说："所谓为己，也不是想整理自己的思想，将所接受融摄之思想，凝结之于此书。只是自己在生活上常有烦忧，极难有心安理得、天清地宁的景象。虽然自己时时都在激励自己，责备自己，但是犯了过失，总是再犯，过去的烦恼，总会再来。于是在自己对自己失去主宰力时，便把我由纯粹的思辨中，所了解的一些道理，与偶然所悟会到的一些意境，自灵台中拖出来，写成文字，为的使我再看时，它们可更沉入内在之自我，使我精神更能向上，自过失烦恼中解救。一部不能解

---

① 唐君毅：《人生之体验》，全集校订版，3 页，台北，台湾学生书局，1985。

救我，便写第二部。在写时，或以后再看时，我精神上总可感到一种愤发，便这样一部一部的写下去了。"① 其实，这种由一己之人生体验所引发的哲思，更易推广到一切现实存在的人，即能由"救己"推扩为"救世"。因为"救世"是应从"救己"开始的。

与《人生之体验》同年出版的便是《道德自我之建立》（1944 年由商务印书馆出版）。这部独语式的著作，不仅有系统的思想内容，更能让人强烈地感受到唐君毅个人的具体生命与人格，引发人对理想的追求与向往，对重塑民族精神极具意义，并且对人的精神发展也有普遍意义。而对唐君毅来说，生命中的原始性情或固有仁体被唤发出来后，使他于人生道德问题有所用心，"对'人生之精神活动，恒自向上超越'一义，及'道德生活纯为自觉的依理而行'一义，有较真切之会悟。遂知人之有其内在而复超越的心之本体或道德自我"② 。这样，他便明晰了他的思想方向，即在学问上归宗于德行，而德行的本源即在人的"道德自我"或仁心本性上。

我们再回过头来看，《人生之体验》《道德自我之建立》与《中西哲学思想之比较研究集》相比，的确有着中心观念的转变，即由后者所表现的纯由分辨比较上去了解问题、以自然的天道观为中心观念去比较中心思想的不同，转而把哲学的思辨与生活上的体认相贯通，肯定了道德自我或人的仁心本性为讨论中西思想的依据所在。由此，在自我思想的"战争"中，他很快否定了前说，而朝着《人生之体验》《道德自我之建立》所确立的思想方向向前推进，从此不再有方向上的改变，而只有深度与广度上的展开。为什么会发生这一根本性转变呢？这固然与他在深研西方哲学思想的过程中会通于康德以后的唯心论有关，但深层的原因还在于他生命中的原始性情或他生命中所固有的"真诚恻怛之仁体"，在中华民族沦于浩劫之时的昭露，即面对人性与兽性的决战、面对中国文化的危机、面对人的生命精神的浮靡，他必然要从纯粹智的思辨中走出来，体验人的生命存在，昭露生命中所固有的仁体以救世。这样，唐君毅一面顺应时代的呼号，把他的悲情扩散到中华民族乃至全人类的命运之上，表现出为天地立心、为生民立命的悲愿，通过一些应时的理论文章重新肯定民族文化的价值，展示中国人的人性光辉，以帮助人们树

① 唐君毅：《人生之体验》，全集校订版，2 页，台北，台湾学生书局，1985。
② 唐君毅：《中国文化之精神价值》，修订本，5 页，台北，台湾正中书局，1979。

立民族自信心；一面又在他的悲情的牵引下，沉入对道德自我或道德理性的思辨与体认之中，阐明人的仁心本性、道德自我的尊严性、现实自我的超越性，用思想去照亮具体的人生存在。

抗日的烽火刚刚散去，内战的炮火又接踵而至。唐君毅一面关心着时局，一面继续持守他的学术文化精神，顺着《人生之体验》和《道德自我之建立》所确立的思想方向去思考人的文化活动问题，进入了其文化哲学的建构期。这时最引人注目的，一是他顺着人的仁心本性去肯定宗教的价值，开始以内在超越去涵盖外在超越，发表了大量阐论其宗教思想的文章；一是他于1948年夏开始撰写《文化意识与道德理性》一书（1958年由友联出版社出版），专注于其文化哲学体系的构筑，阐明了他对人类文化活动的总的看法，即人类的一切文化活动，都是植根于道德自我而来，道德自我是一、是本、是开出一切文化活动的根据，而文化活动是多、是末、是由道德自我下贯于现实世界的分殊领域而成就的理想性行为。如果说在《人生之体验》与《道德自我之建立》这两部著作里，唐君毅用他所冥悟的道德理性之光照亮了人生存在，那么，在这部新的著述里，他则把道德理性之光投向人的诸多文化活动领域，使人们看清楚道德生活内在于一切文化生活中，构成种种文化意识的真正灵魂。虽然这部著作文义艰涩，没有了前两部著作中那种诗意的论说及内心的独白，但他融通中西哲人的文化智慧，把人类文化生活跨时空地通贯起来，构成一整体的文化生命。于其深邃的义理中，人们能体会到文化生命的感通与理性思辨的气韵，也能体会到其学术生命接通着中西哲学的生命，正如其所说，"本书乃扩充孟子之性善论，以成文化本原的性善论，扩充康德之人之道德生活之自决论，以成文化生活中之自决论"[①]。而为了接引现代人去感受文化生活中的道德理性之光，他采用了"由用识体"、"由末返本"的逆思方式，即把社会文化作为一客观存在的对象，层层剥离，以反溯其所以形成之根据。这样，他所表达的思想，就有了一种潜在的生命气象：自泥土沙砾的压抑中，蜿蜒生长，永不停息。

二、花果飘零的悲情

1949年，随着时局的变化，唐氏与钱穆、张丕介等人离开大陆，

---

① 唐君毅：《文化意识与道德理性》，全集校订版，17页，台北，台湾学生书局，1986。

去了香港。那时，唐君毅正好步入不惑之年，然而，他在情志上的不安不忍反而愈来愈强烈，除了颠沛流离、远离故土的原因外，主要缘于他所深切感受到的中西文化的冲突、民族文化的危机、人文精神的下坠等问题。他急于在他的哲学世界里消融这些问题。尽管到港之初，居住环境恶劣，手头又无资料，不得从容思考，但情志上的不安不忍难以自抑，迫使他以高度自觉的哲学心灵沉潜于这些问题之中，在两年内完成了《中国文化之精神价值》（1953 年由正中书局出版）这样一部反省、疏论中国文化的著作。紧接着，他连续在《民主评论》与《人生》两杂志上发表一系列反省与疏论整个人类文化问题的文章，于 1955 年把这些文章结集出版，名为《人文精神之重建》；又三年，唐氏集合一系列反省与疏论中国传统上的人文精神的发展情形以及中国人的文化理想的文章，出版了《中国人文精神之发展》一书。唐君毅以这三部书向人们展示了一本乎道德自我或仁心人性的文化系统及中西文化比较观，同时他也一次次从心灵的激荡走向心灵的平衡，但心灵的平衡对他来说是暂时的，现实的人文关怀和从事文化运动的种种挫折，总使他感受到一种四面八方狂风暴雨的冲击，心中充满无限的悲情与苦痛，这就迫使他转而漫天盖地、四面八方地论种种文化大问题，而且越来越多地跨越美欧亚，四处漫游、八方演讲，以仁心说中华人文精神对当今世界之意义。① 这时，相对于他那些新颖深刻的论说，他那活生生的文化悲情与生命的奋进便被彰显出来，更具永恒的魅力！1975 年出版的《中华人文与当今世界》一书便展示了这种魅力。该书所收的三十三篇文章分为发乎情之部、止乎义之部、感乎时运时势之部及附录之部，无一不表现了他生命中的文化悲情。置于篇首的《说中华民族之花果飘零》，可谓情怀恻恻、荡气回肠。在对中华民族子孙漂流异地的艰难困苦与在精神上失去信守的现状深致感叹之后，唐君毅这样描述中国文化和中国人心：

> ……已失去一凝摄自固的力量，如一园中大树之崩倒，而花果飘零，遂随风吹散；只有在他人园林之下，托荫避日，以求苟全；或墙角之旁，沾泥分润，冀得滋生。此不能不说是华夏子孙之大悲剧。②

① 自 1957 年应美国国务院邀请访美始，唐氏便开始遍游美国、日本、英国、比利时、法国、瑞士、德国、意大利等国，广泛与各国哲学家接触，共参加各类国际性哲学会议十四次，所做的各类演讲不计其数。如他所言，只要有人请他讲，他就会去讲中国文化。

② 唐君毅：《中华人文与当今世界》（上），2 页，台北，台湾学生书局，1980。

他认为，这样下去，不仅使中国人不成中国人，也使中国人不能真成一个人，更不配成为立于当今世界的一分子，而将使中华民族沦于万劫不复之地。在他看来，人只有对其生命所依所根的历史及本原所在，有一强度而兼深度的自觉，才能使其生命存在之意义和价值，与数千年的中华民族、历史文化、古今圣贤相融通，而取得悠久与博厚的意义，这样的中国人，才称得上一纵贯古今、顶天立地之大人、真我。实际上，在"花果飘零"的悲凉中，隐含着生命的奋进，所以，尽管唐君毅由"花果飘零"的感觉已进至中国文化本根将斩、更逼近于绝望之境的悲痛，但他还是写下了《花果飘零与灵根自植》（1964 年发表于《祖国周刊》），"言建立信心之道"①。他对信心的产生做了这样的诠释：当人沦于绝望之境时，由于对绝望痛苦的感受，反而会反省自觉，由此反省自觉而直接涌出希望与信心，由此信心而生出愿力，从而使人从痛苦绝望之境中超拔出来。他认为，在绝望痛苦中的反省与自觉，是人的精神生活的生死关键。人在此时若不能反省自觉，则会沉沦于现实的黑暗中，而厌恶其理想，堕落为一苟安现实者，失去自信自守；由失去自信自守，进而求信守于他人，由是在精神上沦为他人的奴隶。反之，人若能反省自觉其原有理想的存在，则不论人从事何种职业，做何种具体的事，都可以由其反省自觉的自信自守处，自植灵根。世上的一切人、一切民族，只要能自作主宰、自信自守，不论飘零何处，皆能自植灵根。

在这部论文集里，还有一篇震动世界的文章——《中国文化与世界》（1958 年 1 月发表于《民主评论》及《再生》杂志）。这是一篇由唐君毅起草并与张君劢、牟宗三、徐复观三位先生函商后联名发表的文化宣言。宣言针对西方人士对中国文化的误解、偏见以及认为中国文化已死的否定性意见，郑重向世界宣告：中国文化问题，有其世界的重要性。宣言要求研究中国学术文化者，须肯定并承认中国文化活的生命存在；尽管中国文化正在"生病"，但仍具有活的生命；中国过去之历史文化本身，是无数代的人，以其生命心血，一页一页写成的，这中间有血，有汗，有泪，有笑，有一贯的理想与精神，是人类精神生命的客观表现，即使在今日，也还有真实存在于此历史文化大流中的有血有肉的人，正在努力使此客观的精神生命继续发展下去，因而对它产生同情与敬意，而同情与敬意是引导我们智慧的光辉去照察了解其他生命心灵内

① 唐君毅：《中华人文与当今世界》（上），3 页，台北，台湾学生书局，1980。

部的引线。

这篇始于忧患的文化宣言，以一种超越而涵盖的胸襟，去看中国文化问题的表面与里面、来路与去路，在情理合一的表述中，展现的是生命的感通，而这生命的感通正缘于生命的奋进。在唐君毅的生命精神世界里，他的文化悲情本身就是对一己之生命存在的超拔，同时他又不断超越文化悲情，在如实观、如实知及真实行中，用整个生命去拥抱中国文化乃至人类文化，由此而达于生命的奋进，进而推进生命的感通，进入情理交融的境界。

三、生命苦痛的体验

青年时代著《人生之体验》一书时，唐君毅于清新活泼的行文中所表露的人生感叹，唯基于对人生的向上性的肯定，与这种青年时的心境相比较，他在步入不惑之年后，对人生的艰难、罪恶、悲剧方面体验较深，凝重与忧患取代了原先的朝阳之气，以前对人生理想的正面开辟的思考，这时转化为对人生的艰难苦罪的真切体会与真实承担。1961 年出版的《人生之体验续编》，其行文的情趣也随心境的变化而变化，一扫前书中那种诗意的感叹，而变得沉郁凝重，如秋来风雨，其论述皆意在转化人生的负面因素，以归于人生之正道，如果说前书是"为己"而写的，是唐君毅的精神升华之作，那么，这本书则是"既以自励，亦兼励人"[①]，是唐君毅的精神导引之作。该书七篇文章，其宗趣不外乎要人们超拔于流俗，直面罪恶，认清罪恶之源，以使人生存在成为居正位的真实存在，同时提醒人们，人生的向上行程处处与一向下而沉坠之机相伴随，并使人处于似是而非的幻惑之中，所以人生必须保持警觉，以虔敬的心情来负担，才能通过种种考验而向上超升。这种贯通于七篇文章中的思想秩序并不是唐君毅着意安排的，事实上这些文章是在 1954 年到 1961 年的七年里，他只不过每隔一年花上三数日时间而断断续续写成的。虽是一种随笔式的思考，且未求思维连贯，等到将这七篇论题各异的文章编为一集后，他这才发现了这种存于其中的思想秩序。对此，他自觉不可思议，感叹其心灵底层有一种思想潜流，"虽重岩叠石，

---

① 唐君毅：《人生之体验续编》，全集校订版，7、10 页，台北，台湾学生书局，1984。

未尝阻其自循其道，以默移而前运"①。其实，这种思想的潜流发源于他生命中所原有的超越性情，因为他的超越性情总是面对人生的苦痛苦苦决斗，以彰显其人的个性与神性，而在个性与神性的彰显过程中，思想之流奔涌向前，久而久之，便在心灵底层冲刷成一道思想潜流。

按唐氏所言，他属于那种特殊的、人而有神性的人，永远在矛盾冲突中过日子，因而永远是苦痛的。② 在旅居香港的最初十余年里，经过了困厄、经过了艰辛、经过了忧患的唐君毅，愈来愈真切地体会人生的苦痛，愈来愈唤发起生命中的超越性情与人生的苦痛决斗，因而也愈来愈彰显其人的个性与神性，这不仅内在地加深了他的文化悲情，使其文化哲学思想如大河奔流，同时也在其心灵底层形成了精诚恳切、透辟深入的人生哲学思想的潜流。所以，从某种意义上而言，正是人生的苦痛滋养了他的哲学思想。

进入暮年后的唐君毅又多了一份生理上的痛苦，他开始不断遭受病痛的折磨。然而，对他而言，这份痛苦是体验生命存在的契机。1967年，他到日本东京治疗眼疾，术后高热，并感肠胃不适，颇觉痛苦，但他坦然接受病中的痛苦，在病榻中对疾病痛苦随处加以体验，以一己之痛苦推及苍生之痛苦，追寻痛苦的存在意义，这样，接连在晨光曦微中写了十六日，成就了《病里乾坤》一书。书中对宗教、气质、天命、死生、忧患、道德、习气等与痛苦相关联的问题进行了反省，从而立起了一个病中的精神世界。在"痛苦之究极的价值意义"一节中，唐君毅这样表述他对痛苦的体验：

> 吾此次病中所体验者，是疾病之苦，乃原于吾人生命自身之分裂，而此分裂更为吾人之所实感。此生命自身之分裂，即生命自身各部份组织之存在，与其各种机能活动自身之各各求孤立化，而绝对化。而吾人之感其分裂之感，则初为整个之统一感。此统一感，一面感此分裂，一面即又欲化除其分裂，而愿融和之，又不能实融和之，于是有痛苦之感生。③

顺此"实感"，他摆脱原罪与善恶报应之说，对痛苦的形而上的价值意义做了这样一番演绎：我们生命自身的分裂，"乃在一融和统一之

---

① 唐君毅：《人生之体验续编》，全集校订版，7、10 页，台北，台湾学生书局，1984。
② 参见唐君毅：《唐君毅爱情书简》，12 页，北京，中国文史出版社，2006。
③ 唐君毅：《病里乾坤》，56 页，台北，鹅湖月刊杂志社，1980。

生命全体中分裂。而此分裂亦同时正为内在的开拓此生命之全体，而此
生命在感此分裂，而实有其痛苦时，亦同时收获此开拓之果实，而自超
越此全体本身之限制。而趋向于无此'限'。于此处，吾人即可见痛苦
之感，所具之价值意义，即在此对生命之内在开拓也"；"在一切痛苦之
感中，同有一分裂之感受，亦同有使生命有此内在的开拓之效，而使人
由其狭小自私之心，超拔而出"①。

　　这种对痛苦的神秘体验，似乎为唐君毅著述中所常常表露的悲情、
苦痛以及承担痛苦、超拔向上的情趣，做了原始的注解：内具于心的生
命的开拓，使他先对世界的种种分裂——人性的分裂、人伦的分裂、人
格的分裂、人文精神的分裂乃至国家的分裂等，能自开其生命心灵之
门，以分别加以认识、体验，而更感受其分裂，由此产生巨大的悲情与
苦痛，此悲情与苦痛对他来说，自然有更开拓其生命的效用，从而使他
能承担痛苦、超拔向上。显然，这也是最勇敢无畏的、最痛苦的生命体
验，其中所揭示的是生命的价值和意义。

四、理想主义的绝唱

　　在完成《人文精神之重建》一书后，唐君毅即想沿着他所确立的中
西人文精神返本开新的道路，回到"更切实的学术工作"②，以求在更
进一步的学术文化创造中承续中国文化的生命。这样，到 1961 年，他
根据二十年来的讲稿整理出版了两卷本的《哲学概论》，在通贯中西印
哲学思想的基础上，自创熔知识论、天道论、形而上学、人道论、价值
论于一炉的哲学体系。而后，从 1966 年到 1975 年，出版了由导论篇、
原性篇、原道篇、原教篇构成的《中国哲学原论》，以名辞和问题为中
心，贯论中国哲学，其用力之勤与解析之精，令人赞叹。而令人惊奇的
是，在对中国哲学史的理智的了解与客观的分析中，他仍能以其生命活
动贯注其中，以"即哲学史以为哲学"（或"本哲学以言哲学史"）这一
独标新意的态度阐论中国传统哲学。对此，他曾做如下说明：

　　　　吾今人所谓即哲学史以为哲学之态度，要在兼本吾人之仁义礼
　　智之心，以论述昔贤之学。古人往矣，以吾人之心思，遥通古人之

① 唐君毅：《病里乾坤》，58 页，台北，鹅湖月刊杂志社，1980。
② 唐君毅：《人文精神之重建》，16 页，台北，台湾学生书局，1984。

心思，而会得其义理，更为之说，以示后人，仁也。必考其遗言，求其诂训，循其本义而评论之，不可无据而妄臆，智也。古人之言，非仅一端，而各有所当，今果能就其所当之义，为之分疏条例，以使之各得其位，义也。义理自在天壤，唯贤者能识其大。尊贤崇圣，不敢以慢易之心，低视其言，礼也。吾人今果能本此仁义礼智之心，以观古人之言，而论述之，则情志与理智俱到，而悟解自别。①

唐君毅在此所说的仁义礼智之心，是一种自觉的、开放的哲学心灵，他正是依此哲学心灵，完成了对中国传统哲学的考论，成就了他自己的通过不断超越的历程、消融一切义理上的矛盾冲突的开放哲学，在方法论上，仍然没有偏离《人生之体验》《道德自我之建立》所开启的情理交融的理路，他把生活世界的生命体验转移到了学术世界，"体验"中国传统哲学活的生命，以自己的生命活动上契于古先圣贤的生命，通于中国哲学的无限的生命过程之中。

唐君毅哲学思维的行程是从对世界可能毁灭的忧虑中开始的，而且他一生都念念不忘这一从八岁时就产生的忧虑。在《人文精神之重建》的后序里，他这样写道："为什么人会想到世界的毁灭？这中间即包含人性之神秘，人性之尊严，与其异于禽兽之所在。……我如何能想世界之毁灭，而能忍受此一之存在于我心中呢？后来我有确定的了解。即人是一具超越物质世界性的存在。"② 一直到六十五岁时，他在一次演讲中仍这样自问自答道："世界会毁灭，我个人也会毁灭。是不是有一个可以不会毁灭的东西？照我个人的哲学来讲，我是相信世界是有个不会毁灭的东西的。"③ 世界可能毁灭的忧虑，促使唐君毅反省人的生命存在，从心灵的发现进入对整个世界的肯认，展现心灵本具的普遍亲和性，又依此亲和性，对世界范围内的一切知识存在与价值，同样加以肯定，从而连贯中西印各种思想，消除其中的矛盾，同时贯通理想界与现实界以立人极。这一哲学思考最终在其晚年绝唱——《生命存在与心灵境界》（1977 年出版）中完成了。

这的确是一首晚年绝唱，它是唐君毅用生命写成的。最初，在患眼

---

① 唐君毅：《中国哲学原论·原性篇》，全集校订版，7 页，台北，台湾学生书局，1984。

② 唐君毅：《人文精神之重建》，560 页，台北，台湾学生书局，1984。

③ 唐君毅：《民国初年的学风与我学哲学的经过》，见《病里乾坤》，91 页，台北，鹅湖月刊杂志社，1980。

疾、有失明之虑的情况下，他却一任思如泉涌，以四月之期写成初稿，致使眼疾加剧，被迫住进医院。病榻之上他仍念念不忘书稿的修改，眼疾刚有好转，旋即在五个月之内将全书重写，后又用七八年时间陆续删改、增补，遂成巨著。而到此书出版时，他又身患肺癌，生命之灯将熄，在奋力与死神的搏斗中，他终于完成了此书的初校、二校与三校，为他的漫长的哲学探索画上了圆满的句号。

在这部被他称为"一生之思想学问之本原所在，志业所存"的著作里，他构筑了三向九境的哲学体系。这是一个相当庞大的体系，唐君毅依心灵感通的方式去判分人类一切的行为、知识、哲学、宗教所属之境，同时，人类的行为、知识、哲学、宗教，也依心灵的感通方式一一关联起来。于是，他在这个体系内为东西哲学修成了一座座"桥梁"、一条条"道路"，接通了一缕缕思想的光辉，化除了各种矛盾冲突的观念，使之各还本位，和融贯通。其清晰而有气韵的逻辑架构、飘逸而富于诗意的境界，最终要说明的是：人的本心本性有着悠久无疆、神化不测而无方的精神生命。

唐君毅在《生命存在与心灵境界》中所开创的是一兼含道德学与形而上学的理想主义，这个理想主义还内含着一宗教的信仰。他认为，在依理性而与现实的感通中，必有理性的好恶之情，"依此情而有理想，信理想之当实现，必实现，而有信心。充量之理想，为一切人皆成圣，一切有情生命无不普渡，使世界得救。充量之信心，为信此理想之必实现"[1]。至此，儿时对世界可能毁灭的忧虑，在其晚年的理想主义绝唱中得到了终极的回应。

三向九境的哲学体系是以儒家的天德流行境界为归趣的，在这里，确实存在着中国文化的一本性与融通中西印的多元开放性的纠结，而且这种纠结伴随着唐氏一生。如何理解这种纠结？唐君毅早年在《柏溪随笔》中的一段话可以作为解读此纠结的一个重要文本："人的生活应该如明月一样，须得是多方面的。好比明月映在千万江湖中一样。人的生活应该如明月虽是多方面的，然而并不因此扰乱内心的统一与安静。好比明月虽然留影在千万江湖中，她的本身仍高高地悬在天空！"理解了这句话，就理解了唐氏的一生，也就理解了唐

---

① 唐君毅：《生命存在与心灵境界》（下册），全集校订版，496 页，台北，台湾学生书局，1986。

氏的哲学。

1978年2月2日，唐君毅因患肺癌，与世长辞，走完了七十年的人生旅程。按其遗愿，他的遗体被安葬于台北观音山朝阳墓园。一代哲人，终于魂归祖国。遗憾的是，他终究没能回到老家的门前去看"南来山色"①，去听"东去江声"①，留下一段未了的怀乡之情。

唐氏在世时便被称为人文主义者、新儒者、道德的理想主义者、文化哲学家、超越的唯心论者，逝世后更有"文化意识宇宙的巨人""大儒"等尊称。这些称谓或推崇皆表现了唐氏思想或人格的某一个方面，然而这些又都不足以概括他的整个生命精神。正如萧萐父先生所指出的，唐氏的多源头、多根系、多向度的致思道路，融通儒道佛、涵化中西印的学术途径，已经很难纳入传统学派的某一范式。②或许我们可以说，无论是儒、道、佛的哲学精华，还是康德、黑格尔等西方哲学家的概念系统，都在他的哲学心灵中获得了新的生长点，蔚成其生命的综合性创造。而对唐氏而言，他的著述不仅仅是为了"如实知"，而且还为了"真实行"，故他的著作里有生命在流动，并推动着其生命的成长。尽管我们可以把他的著述划分成不同的类型和阶段，如按内容可分为人生哲学、道德哲学、心本体论、文化哲学、宗教哲学、中国哲学史等；按文字风格可分为抒怀式、反省式、辩论式、析理式、说教式、述学式③；按发展阶段可分为对中心观念的肯定与展开、对中西文化与人文精神的论述、对中国传统哲学的论述、心通九境论系统的建立④。然而，事实上，唐氏的整个著述又是顺着他的生命之流而浑然天成。其中虽不乏学院式的授徒之作（如《哲学概论》），但更多的是充满生命感悟的心得之作。因此，总体上看，他的著述是相应于他的生命形态，相应于他的追求理想，实现理想的向上精神的。著名哲学家周辅成先生说过，"唐先生的哲学中有人，唐先生的人中有哲学"⑤。可谓

① 唐氏曾在《怀乡记》中这样写道："为了自己，我常想只要现在我真能到死友的坟上，先父的坟上，祖宗的坟上，与神位前，进进香，重见我家门前之南来山色，重闻我家门前之东去江声，亦就可以满足了。"（唐君毅：《人文精神之重建》，628页，台北，台湾学生书局，1984。）

② 参见萧萐父：《"富有之谓大业"——第二届唐君毅思想国际研讨会上的发言》，载《中华文化论坛》，1996（1）。

③ 参见唐君毅：《日记》（上），全集初版，86页，台北，台湾学生书局，1988。

④ 参见李杜：《唐君毅先生的哲学》，2版，5页，台北，台湾学生书局，1983。

⑤ 周辅成：《理想主义的新生——读〈生命存在与心灵境界〉》，见《唐君毅思想国际会议论文集》（Ⅰ），16页，香港，法住出版社，1992。

知言！

五、唐君毅哲学特点检视

对于唐氏哲学的特点，研究者多有论及，而且大都倾向于把这种特点表述为包容性与开放性，只是说法上略有不同。或谓其哲学体现着周流融贯的会通精神；或谓其冶中西哲学于一炉、立论高明博大，呈现着多元开放的文化心态；或谓其哲学贯穿着中西文化融合贯通的文化理想；或者视异以观同、于歧见通、由多显一的思考方法为其哲学的根本特点；或者把圆融会通、两行并育的思维范式作为唐氏思想体系中最有活力的组成部分。其实，对唐氏哲学特点的描述不能仅仅建立在同情的理解的基础上，还必须由此进入理性的批导，这样才不至于把唐氏哲学完美化或绝对化，而是由唐氏哲学进至更宏大的哲学创造。因此，我们必须通过同情的理解与理性的批导，去发现唐氏哲学的内在矛盾，追寻唐氏哲学的历史地位，在心态、形态、方法、思想内涵、价值和社会功能等广泛层面上认取唐氏哲学的特点。

不可否认，唐氏哲学的最大特点还是在于圆融会通、两行并育，亦即我们前面所讲的包容性和开放性，但与此相伴随的还有心灵的限制，具体说来就是强调中国文化的"一本性"，归宗心性儒学，以心本体论综摄人类文化大全，从而使其哲学体系的包容性和开放性具有了一定的限度。对此，我们已在前面从本体思维方式的角度做了说明。显然，唐氏哲学的这种两面性正是其自身特点的总体反映。

其实，唐氏哲学的这一特点正好相应于它在中国哲学的发展中所处的历史方位。我们认为，唐氏哲学是中国本体论哲学演进到现代的产物之一，换言之，唐氏哲学把两千多年来中国人对终极存在的追寻带到了现代哲学之前。我们知道，传统中国哲学没有"本体论"的名称，然却有其独特的本体论，"天""命""道""性""心""理""仁""气""知""明德""本心"诸范畴，是殷周时期中国哲学的原型观念及在此基础上生长的原始儒、道诸家和宋明理学的基本范畴。它们表达了关于人与世界的真实性及潜在的完满性的信仰，表达了民族文化生命的严肃性，表达了巨大的历史感、道德感，及人与自然的亲和感。这些基本范畴是中国哲人从不同侧面对一切存在的根据、宇宙生化的根据和人们道德实践的根据探讨的结晶。然而，经过了漫长发展历程的中国本体论哲学在

19世纪下半叶受到了西方文化的挑战，在经过了晚清时期肤浅地认同西学，到"五四"时期笼统地中西辨异这样的思想发展阶段后，到20世纪三四十年代，通过对中西哲学思想的察异观同、求其会通，中国哲人对本体的追溯进入了一个新的时代。熊十力的"本心"（仁体）、梁漱溟的"意欲"、冯友兰的"理世界"（真际）、金岳霖的"式"（道）等，均代表了中国哲人在融贯中西、重建民族精神主体性的意义上对本体问题的追溯。唐氏从原始儒家、原始道家、佛家和宋明心性儒学的思想资源里发掘并重建了"心之本体"。他的历史贡献不仅在于融会了儒、道、佛，从而在对"心之本体"的探讨中否定了"道统心传"的单维独进的思路，按"殊途百虑"的学术发展观，自觉地走上了多源头、多根系、多向度的致思道路，使"心之本体"有了更丰富、深刻的内涵，扩大了"用"与"相"，而且还在于融摄西方近现代哲学思潮，使心本体论的建构融进了多种哲学方法，如在其"三向九境"的体系中，融进了辩证法、比较法，同时也用科学逻辑的分析法，以厘清"生命存在""境""感通"等的含义，用发生论的方法探求"道""天命""性"等哲学范畴。总的说来，唐氏以心本体论综摄人类文化思想，使中国本体论哲学发展到了一个更高层面，为现代人的安心立命提供了有益的精神资源。然而，唐氏毕竟没有偏离传统本体论哲学的发展路向，因而也就不能脱离"体"的单维化与孤绝化，不能从道德心性的唯一至上性和无限性中超越出来，很自然地要呈现出圆融会通与儒学的"一本性"的内在矛盾，从而很难开启中国本体论哲学在现时代的新发展。

由于唐氏始终强调心之本体的绝对性，因此就有了唐氏哲学的第二个突出特点：批判精神的有限性。一般说来，哲学思考的自由精神的核心是批判精神，批判哲学的本质在于不断扬弃和超越已有哲学形上理论（"已有"既指别人的，也指自我的），否认有不可再考察的终极前提，即否认有不可批判的绝对真理。从这一个角度来看，唐氏哲学中所本具的批判精神便大打折扣。我们应该承认，唐氏哲学是有较强的批判精神的，其批判精神是由形上世界与现实世界的对照而牵引出来的，即由形上心本体的完满性和无限性批判现实世界、现实人生的片面性与有限性，由形上心本体的主宰性批判人的主体性的失落。如我们所见，唐氏哲学构成了对西方人文世界的分裂、中国人文世界未能分殊展开的批判，构成了对人的物化、异化的批判，构成了对科学、宗教、艺术、政治、经济等人类文化生活的批判。唐氏甚至还批判那种自谓能创造囊括一切哲学的哲学观点，以反对独断论，他说：

> 西哲康德之自谓于昔之一切哲学问题皆已解决，黑格尔之谓其哲学为绝对精神之最后表现，皆为慢语。……如知上来所谓哲学为一历程之义，则终无人能作此慢语也。若有人能作此慢语，谓我将造一哲学，以囊括一切哲学，此即欲收尽一切哲学于此囊中而尽毁之，此另一哲学世界之大杀机，而欲导致一切哲学之死亡者。一切哲学固未必因此而死亡，而此杀机已使其哲学归于死亡。[①]

然而，在唐氏那里，形上心本体是至高无上的、不容置疑的，这就使他始终不能把批判对象转移到主体自身，他甚至取消了主体内部的矛盾，认为主体是圆融自足的。这样一来，就导致缺乏自我批判的自觉。在文化领域就表现为，强调中国文化本源已足，只是要返回儒家心性之本以开新，这在一定程度上钝化了中国文化的自我批判精神。在哲学创造上则表现为，一面对自我的哲学创造保持着理性的谦恭，一面又对形上心本体怀有忠诚的信仰，最终未能彻底清除独断论。

唐氏哲学的第三个特点便是逻辑思辨与直觉体悟的互补。从前面对唐氏哲学的方法论所做的分析看，唐氏不同于以往和同时代的其他学者的地方，在于他对中西哲学方法有所通观的反省，并由此掌握了中西哲学方法的特长，互济互补，相得益彰。他强调超越的反省法，强调体验、体悟与对生命、生活的感受，这显然承续了儒、释、道的方法学；同时，他又对辩证法、科学的分析法、批判法、比较法、发生论的方法等独有会心，这使其哲学析理细密、思辨色彩浓，尤其是辩证法运用更是其中的重要特点。这一特点并不在于唐氏沿用了黑格尔的辩证法，而恰恰在于他改造了黑格尔的辩证法，即他并不认为辩证法是盲目的机械的正反合作用，而是有目的的。依据生命存在与心灵做指导的向上超越，使自我或理性或精神能逐步走向完全实现。也就是说，唐氏的辩证法并不是矛盾的辩证展开，而是主观心灵自我在超越的反省中的升进。显而易见，这种取消了思想主体（即唐氏所谓本体）的内在矛盾的辩证法增强了唐氏哲学的自我批判精神的有限性。

唐氏哲学的第四个特点是高扬人的主体性。在他看来，本体即主

[①] 唐君毅：《生命存在与心灵境界》（上册），全集校订版，34 页，台北，台湾学生书局，1986。

体。这就意味着他把本体加以主体化，赋予了本体能动发展的本质；同时，又把人的主体性看成是一种自然遗传的、先天既得的属性，看成是人心向善的一种能力，这又在根本上抹杀了人作为主体的对象化过程。就前一方面而言，唐氏哲学正好相应于时代的要求，即在中西文化的冲突与交流中，要树立人的自作主宰性、自本自根性，要有"人当是人，中国人当是中国人，现代世界中的中国人，亦当是现代世界中的中国人"的信念；而为了抵抗现实世界的精神病痛，人也必须树立主体性，克服人的物化、异化。就后一方面而言，唐氏哲学所高扬的主体性还只限于道德主体，而且抛开人的基本需要谈道德主体，把道德主体绝对化、孤立化，把"仁心本性"视为支配一切实践活动的"绝对全上"的源泉。在这样的思想支配下，道德主体的社会客观基础就被否定了，反而认为马克思主义唯物论只讲物，泯灭了人性，否定了人的主体性。[①]这里面就包含了对马克思主义唯物论的误解与曲解。事实上，马克思主义唯物论是强调人的主体性的，认为人与客观世界的关系是一种物质性的实践关系，人总是处于这种物质关系之内来内在地理解事物、现实及人自身的。一方面，人在把握自然界并创造新的对象性现实，创造人类文明这一漫长曲折的历史过程中，逐渐把自己锻造成为现实的"实践—认识主体"。另一方面，"实践—认识主体"活动愈是在更大的范围和规模上得到拓展，程度愈是向着更加纵深的层次进军，主体性活动的自主程度、人的主体性在活动中发挥的程度也就愈高、愈充分。在马克思主义那里，脱离开这样一种人与自然、客观世界的关系，人作为主体的主体性也就无从展示和发挥，起码是不能充分地表现出来。而在唐氏那里，他所高扬的人的主体性，虽然强调人的道德实践，但却脱离了人与自然、客观世界的关系，把人、人的精神、文化、价值意识同自然、物质等绝对对立起来，凸显出理想化的主体、主体性。

唐氏哲学的第五个特点是对"内在超越"的发掘。与熊十力严辨儒家与宗教的界限、蔡元培的"以美育代宗教"、梁漱溟的"以伦理代宗教"、冯友兰的"以哲学代宗教"等观点比较起来，唐氏哲学则凸显"内在超越"的意义，他的中年著作即肯定"道德自我"或"道德理性"的超越存在，晚年更以"超越"为主要范畴，以"超越"作为尽性立

---

① 唐氏的这种误解集中体现在其人文思想中。这也是海外现代新儒家对马克思主义的一种共有的误解。相对而言，唐氏对马克思主义的误解大多出于学术偏见，而不像其他新儒家那样带有深深的政治偏见。

命、达到"天德流行境"的方式。有时候，唐氏甚至借助宗教信仰，吸收超越意义，来诠释心性、天命等形上实体的内涵。"超越"是本体即主体的特质，即主体超越了思维矛盾律的相对相反，超越了主体所表现的活动之用以及一切境物的有限性，达到自我与天道的冥会。当然，这种超越主要仍是指"内在超越"、心灵的无限性。在他的"三向九境"的哲学体系中，心灵生命"次第超升"，从客观境界到主观境界再到超主客观境界，通过升进与跌落的反复，通过超升过程中感觉经验、理性知识、逻辑思维、道德理想、宗教信仰正负面作用的扬弃，最终达到"仁者浑然与物同体"的"天人合一"之境。客观而言，唐氏对"内在超越"意义的强调，既是对来自西方的超越层面的挑战所做的回应，也是在新的历史情境中树立和维护儒家思想的精神义理的必要前提。这一方面发掘了儒学的宗教性，使其在同一层面上涵化西方的超越智慧，从而为儒学研究开了一新生面；另一方面，通过处理儒家的生命智慧与西方基督教宗教的超越智慧的关系，超越了西方传统的宗教观念，在"内在超越"和"人的安身立命"的大视野内重新诠释了宗教信仰，这又为宗教哲学开了一新生面。然而，其意义并不止于此，更在于通过对宗教价值的肯定，把理性与信仰统一起来，为理想的人文世界的建立，为人的全面发展提供了思想、精神资源。而"心通九境"的判教架构又使各宗教价值各安其位，这就为解决宗教世界的纷争提供了睿智的探索。当然，其缺失也明显地表露出来，主要是"内在与超越两不足"①，即片面强调即内在即超越、即人即天的一面，从而消解了西方宗教哲学中那种内在与超越、人性与神性之间的紧张关系，使"超越"因失去这种紧张关系而显不足；同时，一味强调道德本心的超然、纯净，只会使它远离生活的实际，丧失其本该具有的实践功能。更重要的是，以儒教"最为圆融"，最终会丧失对儒学的自我批判精神。

唐氏哲学的第六个特点是"返本"与"开新"的困局。所谓"返本开新"，即返回儒家心性之学的根本，开出"新外王"——现代科学和民主政治，这是唐氏所提出的一个文化理想。其目的在融解中西文化的矛盾冲突，开发文化的价值之源，消除文化发展的偏蔽，从内涵上看，

---

① 郑家栋：《现代新儒学的逻辑推展及其引发的问题》，见《新儒家评论》（第一辑），北京，中国广播电视出版社，1994。

它去除了狭隘的"中国中心论""本位文化论""中体西用论"的观念，饱含宽容与博大的人文智慧。然而它仅仅是一种理想的创设，还缺少历史和现实的根据。毕竟，他所要返回的儒家心性之学的根本是旧生产方式的产物，而所要开出的科学和民主政治的新文化格局，是新生产方式运用的客观要求，这样，把生产方式发展的不同时段上的产物统一于同一文化时空，似乎只存在于心理时空中。

除了上述六大特点之外，唐氏哲学还表现出理论理性与实践理性相统一、道德自我与生命存在相关联的色彩。① 前一点也就是我们常说的学问与人格的一致、哲学与生活的统一；而后一点则是指唐氏以哲学人类学来融通人性论、形上学和知识论，把人的生命存在的整个表现与"道德自我"联系在一起，回答了人的生命存在的价值问题。在这两点上，唐氏既吸收了西方理性主义、理想主义哲学的观点，视人为理性的存在、理想的存在，同时又把中国哲学中的"性情"范畴融贯其中；既强调对生命存在的展开的体会（不同于黑格尔强调对精神的展开的体会），亲近西方的生命哲学和存在哲学，又反对否认理性的重要，认为人可超越理性，但不能超过性情而只尊重生命。唐氏所追求的是让人的性情把理性和理想拉回到现实世界，不使理性、理想绝尘而奔，做空虚的存在，而是使之回到实际中推动实际，更向上升进、向上超越。这样，在理性与理想相贯通、理想与现实相贯通的基础上，唐氏重建了道德理想主义的哲学。这种哲学是人格与理想的哲学，是道德实践的哲学，是生命的哲学。表面上看，它是从中国哲学本身的问题展开，是从西方的哲学问题形式展开，或曰，它对中国传统哲学的问题和西方传统哲学的问题，进行了新的阐发，给予新的解决途径。诚然，这些都是唐氏哲学所客观显示的哲学意义，而且奠定了它作为传统哲学与现代哲学、中国哲学与西方哲学的中间环节的历史地位。但唐氏哲学更为内在的意义，是对整个生命存在的问题，给出了现时代的新的解决途径。尽管唐氏哲学还有待从道德心性的唯一至上性和无限性中超越出来，有待从儒学的"一本性"中超越出来，但我们不得不承认，它是现时代乃至未来世纪里的一份弥足珍贵的精神资源。

---

① 按郭齐勇的观点，这也是现代新儒学所共有的特点。（参见郭齐勇：《试论现代新儒学的几个特点》，见《孔子诞辰 2540 周年纪念与学术讨论会论文集》，2220～2222 页，上海，上海三联书店，1992。）

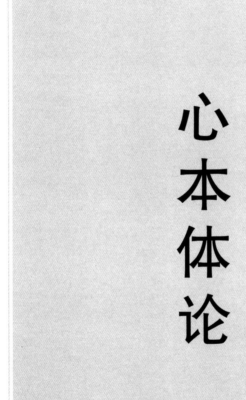

心本体论

论中西哲学中本体观念之一种变迁*

个人对于中西哲学一向有一种看法，就是：中国哲学与西洋哲学就其哲学形态来看，是截然不同的两种哲学形态，但就两方哲学思想史的发展来看，则处处表现着逐渐互相交合的趋向。关于个人这种意见详细的陈述，须留待以后。在此文内我只打算从两方哲学关于本体观念之一种变迁来指出两方哲学史的发展逐渐交合的倾向。

关于本体的哲学问题之一是本体与现象之关系问题。在本体与现象关系问题中，第一要决定的就是本体与现象"离"或"即"的问题。换言之，就是要问本体是离于现象之外，还是即在现象以内？这问题在西洋哲学中很早即具体提出，对于这问题的讨论非常多。在中国哲学中虽未尝有人将此问题如西洋之具体提出，但历代哲学家对此问题暗示的主张也不少。假如我们将两方哲学对此问题之主张纵列起来看，我们便可以看出：

西洋哲学最初是离现象求本体逐渐有即现象求本体之趋向。

中国哲学最初是即现象见本体逐渐却微有离现象求本体之趋向。

两方哲学发展趋向，确可谓互相交合。下文即当略述我的意见。大约在第一项，同情的人可较多，第二项则纯是我个人的看法，所以本文的重心将放在第二项。但第一项许多人也未必同意，即同意者看法亦不必与我相同；所以也不能不同样加以陈述。

在希腊哲学中除怀疑主义派与感觉主义派外，其余哲学家莫不承认现象外之本体。柏拉图亚里士多德二大哲虽然是最努力于说明本体在现

---

* 原载《文哲月刊》1936年第1卷第8期，录自《中西哲学思想之比较论文集》，台湾学生书局1988年全集校订版。

象中的意义，但柏拉图之理念世界始终与现实世界无必然的联络而可独立自存的。所以他显然是主张本体与现象离的。亚里士多德诚然反对柏拉图之划分理念世界与现实世界，用形式与质料的递展来说明两世界的连续。但他所谓绝无形式的物质，与纯形式的上帝两概念的本身仍根本是悬绝的，无论中间有多少存在的层次仍连不起来。中世纪的哲学根本建立在人间与天堂之对立上，其哲学精神为将现象界与本体界分离的哲学，今可不论。到近代哲学之初，离现象求本体的办法逐渐修正，布儒诺 Bruno 的泛神论是近代哲学中第一种反对离现象求本体的学说。笛卡儿最初怀疑一切本体，以承认意识中"不知其是否真实"的意像，这也是表示对于离现象的本体之难信任。他最后虽建立了三种本体：上帝、物与我，但这三种本体的存在都是依据我们直接经验的明白清楚的观念，这也是出于现象与本体不当离的信仰。斯宾诺萨还以为不足，他觉得笛卡儿所谓上帝在心物以外还是超越的意味多，于是把上帝化作无限的自然，心物均为其属性。这当然是融本体于现象之进一步的努力。不过斯宾诺萨之所谓上帝，有无限的属性，只心物两属性才为我们所经验，究竟他其余无限的属性是什么，对于我们仍是不可测的神秘。上帝为什么不尽量表现他的属性，可见这中间依然存在着本体与现象的隔绝。然而莱布尼兹的上帝便不同了。在莱布尼兹看起来，上帝的伟大就在他要从各方面表现他自己，从各种的观相 Perspective 来反映他自己。所以他成立无穷尽的单子，每种单子均能反映上帝及其他单子。而且最高的单子——人——可以与上帝同构成一精神的王国。显然他的上帝更与人间接近，超越的意味更少。此外，我们看英国的哲学，从洛克之承认本体而以为不可知，到巴克莱之只承认精神的本体，到休谟之只承认经验的连续，亦显然表现同样的将超越本体化到现象世界来之努力。哲学到了康德，诚然似乎又要把休谟所否认的本体世界恢复转来；但是在纯粹理性的批判所承认的本体只是一空洞的物之本身之概念，其意义只以限制经验为止。在实践理性批判中的上帝灵魂，只有建立在我们不容已的信仰上。我们研究康德的哲学，很显然可以看出康德哲学整个的精神就是要从经验自身的批判，来找出一切本体观念的根据。他在《纯粹理性批判》中反对一切超越的本体，只承认构成我们经验自身的含超越性的纯粹理性。而我们之所以要运用我们自己的纯粹理性去建立超越本体，以致产生种种错误，又由于我们之实践理性要求潜伏于下（参考《纯粹理性批判》第二部《超越主义的方法论》第二章、《实践理性批判》第一章），可见康德的立场正是彻底的经验主义的立场。不过康德所谓经验不是外部的经验，而是内部的经验；不是单纯的经验，而是融摄理性的经验。因此之故，所以康德以后的形而上学家追求本体的方法，便完全转变了方向，专从内界去找本体的根据。康德在西洋哲学上之所以成划时代的哲学家者以此。康德以后所谓后康德派的哲学家，我们都知道，他们努力的目标就是要贯彻康德的精神，只承认我们经验或知识所能及的境界，废弃康德未经批判的剩余的"物自体"之概念。这正是反对超越的本体之更进一步的努力。这在菲希特席林叔本华的哲学中，便已充分表现着此种努力之相对的成功。而在黑格尔的伟大的哲学系统中，便可看出物自体概念之绝对用不着。黑格尔把康德在形而上学中关了的门完全打开，他指出由理性本身自抽象至具体之辩证的发展，就可将最低级的现象与上帝连接起来。绝对精神表现于宇宙之任何部份，所以任何现象均与本体离不开；本体与现象离开则双方均失其意义。所以西洋哲学到了黑格尔，从前哲学家认为隔绝的本体世界与现象世界便完全连接起来。照理，似乎关于融摄现象与本体之努力已到了最后的段落不能再有发展。然而不然，因为哲学的发展都是"山穷水尽疑无路，柳暗花明又一村"的。黑格尔虽然用他的方法将本体与现象连接起来，但是不能说只有他的方法才能将本体与现象连接起来；而且不能说黑格尔已将本体与现象连接到最密切的程度。我们从更密切的连接现象与本体的哲学看起来，则黑格尔的现象本体关系论，还不免有打成两截的地方。所以在黑格尔以后的西洋哲学，对于这问题又有更深一层的发展。不过这深一层的发展不表现在德国黑格尔学派，而表现在英美的新黑格尔派意大利的新黑格尔派及其他哲学派中。美英的新黑格尔派在哲学上的贡献有两种：一种是注释黑格尔哲学，一种是融化黑格尔哲学而另创新哲学系统。在注释黑格尔的哲学著作中，如斯太尔林 Stling 瓦特斯 Wallace 麦克太噶 Mctaggart 等之著作，最使人注意的，就是他们最爱替黑格尔辩护，说黑格尔最注重具体的经验，黑格尔所谓绝对是与我们最接近的。麦克太噶简直把黑格尔所谓绝对完全解释为各人格之统一性 unity of persons，绝对不过各人格之连接点，真正的实在是各人格的本身，因为只有人格才是最具体的。诚然，我们很可说英国的这批黑格尔注释者所得的正是黑格尔的真义。说黑格尔注重具体的经验我也承认，麦克太噶的解释也有他的根据。但为什么他们特别注重这些地方？为什么黑格尔自己的话还可使人误会到相反的意思上去？这便不能不说他们是更想把黑格尔所谓绝对的本体同最具体的经验、最直接的人格打成一片。不信，我们试反过来看英美新黑格尔派中有创造的哲学家的主张便更可明白。在英美新黑格尔派中有创造的哲学家，我们第一当数格林 Green。格林最反对黑格尔的就是说黑格尔不重客观世界的分析。这话自然不免误解。但是我们看黑格尔在自然哲学中，因自然不合理性而斥责自然为 Impetent Nature，则可见黑格尔到底是不大重客观世界的分析的。所以格林论 Divine Consciousness 的存在，步步全是自经验上之可能，道德现象之可能上看。他所谓 Divine Consciousness 显然比黑格尔绝对更切近我们的世界。其次当数勃拉特莱 Bradley。勃拉特莱的绝对所含之不可知性过大，他不曾指出如何自有限的存在达到绝对的阶段；黑格尔认为可以反映绝对本身的哲学，在他看来还是与绝对隔一层的现象，永不能与绝对合一；假如合一，便不是哲学了。自这些地方看，他所谓本体似比黑格尔之本体含更多之超绝性。但我们看他在《现象与实在》中第二部 Recapitulation 中，对于无论如何顽固的有限存在，均一一指出其在绝对中的地位。同时以感性经验 Sentient Experience 说明绝对，却使我们觉得绝对与我们关系亲切不少。黑格尔所谓绝对终是以理性为主，无论如何具体的理性总不及 Sentient Experience 具体。黑格尔所谓绝对虽然亦包摄有一切有限的存在，但是读他的书总使人觉得一切有限的存在非先毁灭自身不能入绝对。这只要看 Phenomenology of Mind 中 Revealed Religion 一节及 Philosophy of Mind 中 Universal History 一节即可明白。而在勃拉特莱，则虽亦谓在绝对中一切有限的存在均当融化，但是他不说一切有限的存在非先毁灭其自身然后才能入绝对。他能指出有限的存在，自己执持最繁的有限性，均与绝对不相碍。再其次当数鲍桑奎 Bosanquet，鲍桑奎的哲学将现象与本体连接得更密切。鲍桑奎不大谈绝对而爱谈全体，他所谓全体即全体经验在后，全体经验的概念显然比绝对的概念更与现象世界切近。鲍桑奎每谈一个问题，总是要指出全体经验在后。在鲍桑奎的逻辑中，开始从最低的指谓 Naming 到分别 Distinction 到比较 Comparison 到更高的逻辑范畴，处处他都指出全体经验在我们思想后面支配着；而黑格尔所谓绝对则在他逻辑中虽时时提到，但绝对本身一定要我们爬了无穷的山峰才能望见。我们读黑格尔书总觉绝对引我们向前望，读鲍桑奎书则觉全体经验即在我们后面或左右。这不能说只是作文之方法之不同。纵然只是作文方法之不同，其中亦大有理由在。此外在价值哲学中，鲍桑奎极力反对把痛苦罪恶看作幻象，认为痛苦罪恶根本是构成个体 Individual（即绝对）的完满 Satisfaction 所必需的，这在 Principle of Individuality and Value 一书后半部说得很明白。在我看来他的意思与黑格尔不同。在黑格尔诚然亦说痛苦罪恶是精神自己否定后必然产生的；但是精神在自己否定后，还有自己否定之否定。精神在自己否定之否定后，痛苦罪恶必当失去而精神又回到自身。所以他认为绝对中是无所谓痛苦与罪恶的。在鲍桑奎意思则简直承认痛苦罪恶本身为不可避免的必需，他不曾说他的 Individual 必否定了痛苦与罪恶，然后才能完成自身。可见他的 Individual 比黑格尔的绝对精神更少超世界的意义。他虽然说他的意思与黑格尔无别，但是我不能说他真了解他自己同黑格尔的关系[1]。英国新黑格尔派中之殿军要数麦克太噶。麦克太噶的《存在之性质》一书我不曾全看过。他也爱用 Whole 一字，但是他时时总注意 Whole 与部份之不离。他在他处虽自认为 Hegelian，但他在《存在之性质》第五十页，声明他不肯承认是新黑格尔派，他说他之信仰黑格尔，亦如他之信仰巴克莱、莱布尼兹等一样。他的确采了不少莱布尼兹与巴克莱的精神。他采巴克莱、莱布尼兹精神的结果，使他更注重各个精神的实在性，并建立他各个精神本身的不朽论。这实把黑格尔传下的绝对的观念之超绝性冲淡不少。此外，美国的新黑格尔派的大师罗哀斯 Royce，他是最努力将黑格尔的绝对化为人格的哲学家。无论在他《世界与个体》中或《近代哲学精神》之后半部中，他不特总是努力指出绝对之无所不在；并特别提出社会生活，视作绝对精神最亲切的表现其自身之所在。在黑格尔看起来，绝对精神最亲切的表现，当为艺术宗教哲学。罗哀斯所谓社会生活，只是黑格尔所谓客观精神之表现。这点明与黑格尔不同。我们问：究竟社会生活是与我们最切近的经验，还是艺术宗教哲学？答案当然是社会生活。这在黑格尔也当承认。罗哀斯把黑格尔的绝对精神化作表现其自身于人们社会生活的"人格"，岂不又是把黑格尔的绝对超越性减少的企图？（关于罗哀斯之欲减少黑格尔的绝对之超绝性，由其努力使绝对成为某一意义之 Scientifically Intellegible 更可见，但今不能多论。除英美之新黑格尔派外，意大利之新唯心论亦是受黑格尔影响极深的，亦可名之新黑格尔派。）意大利的新黑格尔派之二柱石，一是克罗采 Croce，一是曾提勒 Gentile，克罗采在他 What is Dead and What is Living in Hegel's Philosophy 有一句话说："读黑格尔的书，应该如读诗人的著作一般。"（Read Hegel as poet）这一句话，表面看来，虽只是为读黑格尔的人开一个方便之门，但同时实象征他转化黑格尔哲学的办法。他承认黑格尔之具体的共相，但是他不承认最具体的共相是黑格尔所谓绝对观念。他以为最具体的共相，应该是当前意识所直接接触之纯粹概念 pure concepts。他主张历史与哲学打成一片，但他不赞成黑格尔之把历史当作一切具足的绝对理性实现其自身的过程。他主张历史的生命在于常新的解释。没有常新的解释的历史是死的历史；供给常新的解释与历史的就是哲学。历史在创造中，所以哲学亦在创造中。哲学在创造中，理性亦在创造中[2]。他在前述那本书中，全书反对黑格尔的只有一点。这点就是说：黑格尔把分别的概念 distinct concepts 与反对的概念 contrary concepts 混淆。反对的概念必要相否定而入于更高的概念，分别的概念则可并存。将一切分别的概念化为反对的概念，一切概念层层彼此否定的结果，必然只能容许一绝对观念的存在而将一切现象沉没其中。现在克罗采努力要把分别的概念从反对的概念中划出来，显然又是一种想救出现象 save phenomena 的企图。曾提勒在哲学上主要是承继克罗采的精神，不过比克罗采更深到。他在 Mind of Pure Act 一书对于具体的共相如何与殊相不分的道理，讲得更透辟；同时对于当前的精神活动更特别注重。他自名其唯心论为 Actual Idealism。所谓 Actual Idealism 的意义，就是不承认任何离开当前的精神活动的真实。这并不是否认自然否认过去的历史，而是主张自然与过去的历史都当转化入当前的精神活动中。所以他对于黑格尔之把精神看作有自身外自身回到自身三方面之说根本不满。因为精神的本质就在当前之活动，不能有所谓外自身。"精神的不存在"（错误罪恶）是有的，但这都是精神一面置定之（posit）一面即转化之的。所以他认为黑格尔的哲学仍有两截隔绝的嫌疑[3]。可见意大利的新黑格尔派对于现象本体之融摄实有更进一步的努力。在现代哲学中除新黑格尔派外，最主要的学派，尚有实用主义派新实在论派现象主义派。无论那一派，都同样想把本体世界拖到世界来。实用主义者无论詹姆士杜威席勒都一致反对黑格尔的绝对。其唯一的理由，就是说绝对不在我们经验中。詹姆士的彻底经验论，席勒的人文主义，杜威的工具主义，都同是主张离我们的直接经验无所谓本体的。杜威而且曾明白的说："待一切离经验求本体的努力停止时，他的哲学任务已完结。"（见 Experience and Nature 中但页数已忘）柏格孙亦可算实用主义派。柏格孙亦明显的主张本体在变化中。用直觉来体认变化，他认为是形而上学唯一可通之路。新实在论派更是明显的反对从前的本体的观念。在初起的新实在论者，如霍尔特斯泡丁培列孟泰苟攻击绝对唯心论时，总是说绝对唯心论的本体是现象后的支柱者，不能与现象合一。他们虽承认一潜在世界，但潜在世界中的潜在与存在世界中的存在并无性质之不同。后来附和新实在论的，如罗素亚力山大怀特海，他们之攻击绝对唯心论，亦以绝对唯心论的本体总是吞没现象或超越现象不能与现象打成一片为主要的论据。其中罗素几乎完全不信本体的存在。亚力山大将时空当作本体，谓一切存在一切现象均自时空中涌现。然而他却再三声明一切存在或现象并不吞没于时空中。怀特海的哲学，在科学与近世中尚微有潜在世界与存在世界对立的嫌疑；但在过程与实在中则根据 ontological principle 而完全否认不为 actual entities 与 god 所摄之潜在。而他所谓 god，又非超绝之实体，而为与 actual entities 共构成宇宙之 creative creativity 者。现象学派的虎塞尔 Husserl，我只曾看过他《纯粹现象学》一书。此书只是现象学的方法论，但是从其中亦可看出他在本体论上主张现象与本体不能离的。他在此书中对于我们通常经验的对象，虽用他所谓现象学的括弧括住，但是他并不视之为他所谓本素 Essence 领域以外的存在。他所谓本素，其实正不外经验的对象之一种异化的看法。他所谓超越的自我，虽与康德之超越的自我相似；但康德所谓超越自我，只统属有定数目的范畴，这些范畴本身并非知识的对象，所以知识的对象与超越的自我的关系犹是间接的。然而虎塞尔所谓超越的自我，则根本上即为本素领域中各种 noesis（略相当于能知）与 noema（略相当于所知）的关系的中心，所以其与知识的对象的关系全是直接的。虎塞尔的哲学，从这一方面说实较康德更能融摄体象的关系。此外关于现象学派的著作，我只曾看过 Hartmann、Geiger 等之一部份著作，我不能说什么。但是我对于现象学派的整个哲学运动，总有一印象，就是：觉得现象学派主张视一切现象都如其所如，其究极的理想，实是把一切现象的认识都化作本素的认识。这实无异想根本化除本体与现象的差别。在现代哲学中唯一尚持本体与现象隔绝的看法的，只有美国的批判实在论派中的几位哲学家。其中如桑他雅那在哲学方法上与虎塞尔很有相近的地方。我不知他为什么另外还要保留一种物质的本体位于他所谓本素领域之后，以致上下隔绝。但是我们就现代哲学整个的趋势来看，我们仍不能不说，现代哲学大体上是向本体与现象融摄的方向努力起去的。（近来兴起的逻辑实证主义派哲学，是根本反玄学的，此问题对他们是不成问题的。离现象的本体一观念在他们看来，根本是没有真理价值的。不过，亦不能说他们是即现象求本体，因为即现象的本体对他们仍没有意义。所以我在此处也简直不提到他们。）

以上，已将西洋哲学中逐渐离现象求本体到即现象求本体的趋向指出。关于这种趋向是否已到最后的一步，这非本文之所及。不过，我总觉新黑格尔派以降的哲学派别，专就本体与现象关系问题论，虽比康德、黑格尔更能努力求本体现象之融摄，然而这却是牺牲了好多其他的哲学问题的解决得来的；然而他们解决此问题的好多办法，从一方面说似乎都是走了歧路，因而其困难在另一方面反比康德、黑格尔更多，不过关于这点非本文范围之所及，今不一一论了。

以上论了关于西洋哲学的一面，现在应回头来论关于中国哲学的一面。在未论关于中国哲学的一面之前，我应当说明一件事，就是：讲哲学而讲到哲学的比较，哲学的趋向是最困难的事。一切哲学都是哲学家的哲学；每一个哲学家的哲学，都是唯一的，独立的。将不同的哲学来比较，看哲学的趋向，只能抽出几点来讲。所以我们非把我们所要讲到的哲学家的哲学系统本身打碎不可。我们把它们打碎之后所抽出的几点，又须真是属于这些哲学系统对某些哲学问题最根本的主张。这就成了最困难的问题。只要稍为伟大的哲学家，他对于哲学问题总不执一偏之见，总可以作几种解释。因此，我们要找他们的同处，则处处都可见同处；要找他们的异处，亦处处都可见异处；究竟根本同处是什么，根本异处是什么，这非常难决定。尤其难决定的，是：有许多哲学常常看不出性质的差别，而只看得出程度的差别。我们读哲学书愈多，便愈会觉得这一派哲学与其他一派哲学之不同，常只是偏重的不同。这种偏重之不同，最易为我们所忽略。其实这种偏重之不同，一方面看只是程度之不同，一方面看正是性质之不同。这最需要特别注意的。西洋哲学对于一问题的分析，比较严整细密，同异之间，尚易认识。然而，在中国哲学便不同了：中国哲学家本无意于严整之哲学著作，于逻辑分析又不讲求，而且中国哲学家比西洋哲学家更不肯执一偏之见。所以，我们拿中国各时代哲学家之著作来一看，总不易看出他们之不同。从前读中国哲学书的人，总爱说："先圣后圣，其揆一也。"这类话确有道理。中国各时代哲学家的差异确很少，在宇宙人生根本问题上意思确很接近，而且为个人的受用计修养计，亦不必细辨他们的同异。但是，我们假如要了解中国民族哲学精神的变迁，则这种态度根本不对。我们正当自他们细微的同异处去看。纵然只是很少程度的不同，我们也要注意。只有这样，然后有比较可讲，有趋向可讲。所以，权衡审度的困难实无法避免；我们只有认清这种困难而去努力克服他。克服他的办法，在我看来没有别的，就是：把一家的哲学都当作一种哲学心灵之表现，用直觉去体玩他们的意味，则他们的旨趣之不同自然会渐渐启示于我们的心中；同时，我们也就可以找出些可讲的来讲。不过这些可讲的根本还是一种象征，从外面看来全是零碎的；在一些专找异处或同处的人看起来，与迷信一家一派哲学的人看起来，都是可驳的。然而，除此以外，我们也不能再说甚么，我们所能说的，只有：各人本各人的直觉去体会，各人先求自信，然后求共信。我本文前面所论西洋哲学的一面，虽很简单，但都是本我的体会而自信可以贯通各家之主要著作的结论。以下关于中国哲学的一面，亦有同样的自信。但是能否得读者的共信，那便只有诉诸读者自己的体会了。

前面曾说过中国哲学是即现象见本体而逐渐微有离现象求本体的趋向。这恰巧与西洋哲学之趋向相对照。在此地，很容易生一问题，就是：为什么中国哲学不与西洋哲学一样，先分离本体与现象然后再求合？关于这问题，我不能在此文内作详细的讨论。约略说起来，这与中国古代民族的地理环境生活形态所形成之心灵状态有关系（谓函数关系非因果关系）。中国古代民族都住在黄河流域一带；黄河流域一带是土地最平旷的地方。"大漠孤烟直，长河落日圆"，"天与水兮相即，山与云兮共色"，处处都象征一种天地连的冲虚绵邈之境，人在其中但觉"天覆吾地载吾"与天地浑沦不可分。这与希腊海岸曲折岛屿罗列分别显然者根本不同。又中国古代黄河流域一带都是肥沃之区，适于耕种，故中国民族一向业农。农人与自然接触，"草荣识节和，木衰知风厉"，日看行云流水暮霭朝岚，深感唯有四时之变化，而后有"五谷播熟穰穰满家"；故对自然的变化最有认识。这与希腊民族尚离游牧民族不远，又最初希腊文化创造者多为原业商之民，亦根本不同。在游牧民族与商业民族，其行止均不固定，转徙无常。他们不能常得暇定下心来静观自然之变化，他们须常常留心于他们之牛羊货物（因唯此为其转徙生活中之固定物，非执着之不可者），所以无论其地理环境或生活形态均可养成希腊人之一种在变化中分出不变之心灵。因此，其表现于哲学者亦遂有现象外求本体之倾向。中国民族之地理环境与生活形态，则均适足以养成其直观变化不加分别之心灵。其表现于哲学者，当然也就不同，而为即现象见本体之倾向。关于此点我意犹未尽，现在只略提几句以说明中国哲学发展与西洋不同并非偶然而已（关于此点可参考刘咸炘先生《外书·动与植》一文）。

关于中国古代哲学中即现象见本体之趋向，从中国古代哲人对于一切自然物都自其功用上看，意味上看，不自其实质上看，最可表现。五行的观念大约起源得很早。五行中的金木水火土与希腊之地水火气相近；然有根本不同者，即希腊之地水火气都含有实质义为万象之造作者义，即在 Pythagoras 的学说及 Plato 之 Timaeus 中虽将地水火风都用形体来说明，仍未脱固定之体之观念。中国之五行，则根本不含实质义。希腊有地水火气四元的哲学家 Empedocles；中国并无五元的哲学家。在 Empedocles 虽主张地水火气四元，但又觉地水火气不能自动，又另加爱恨二力，明见其四元为固定之实质。中国《书经·洪范》上论五行，则只说："金曰从革，木曰曲直，水曰润下，火曰炎上，土爱稼穑"，都只讲其作用。所以五行用"行"字来表示。此外拿八卦来表示各种的观念亦很早。这与希腊 Pythagoras 之以数表示各种观念，亦有相近的地方；但 Pythagoras 之数只能表示一定之观念，而且 Pythagoras 之数间，不能循环往复的推移，其意义仍较固定。中国之八卦则一卦主要是表示一种意味，引申起来便可表示许多含此意味之观念。同时，卦之构成只阴阳二爻，最便于推移递换，显然更富于变化的意义。在专解释八卦的书《易经》上下经中，纯粹的哲学思想虽然很少，但其注重拿八卦的变化的状态来象征宇宙人生变化的状态却是显然的。《系辞传》解释爻辞之爻曰："爻也者，效此者也。"《象辞》之象曰："象也者，像此者也。"《彖辞》之彖曰："彖者，言乎象者也。"然而，《易经》上下经作者虽以八卦的变化来象征宇宙人生之变化，但是尚未论及这宇宙人生之变化所以为变化的普通原理。到了老子孔子便不同了。老子的思想最可使我们注意的，就是老子他一方面极注重宇宙的变化的状态，而同时在这种变化的状态中指出一个有无相摄正反相生的原理。他所谓道，正不外这种有无相摄正反相生的原理。他以常有常无状道，又说："有生于无"，"反者道之动"。这种原理，在他看来，是渗透于变化之万象中而与万象不可分。所以以道为"大象"。他所谓道虽含变中不变之本体义，但与 Heraclitus 之 Logos 又不同。因 Heraclitus 之 Logos 为变化中之矛盾之仲裁者，所以实多少含在变化之外义。此点今不及详论。老子之道则周流于变化之万象中，所以说道周行而不殆。老子比起发明五行的思想家与《易经》上下经的作者已进一步，已不似他们之只知变化之象，而知在变化之象中识变化之原理。但是，据我刚才所说，老子之道与变化之万象还是太混沦不分。而在孔子便不同。孔子究竟有无他的形而上学，还是一个争论的问题。许多人都将孔子与苏格拉底比，以为应该都只是一人生哲学家，其思想尚未发展至形而上学的问题。其实，这种话根本错误。因为苏格拉底本人便非只有人生哲学的趣味的。在《柏拉图对话集》中许多次形而上学的讨论，均以苏格拉底为中心。这决不能说纯是柏拉图的假托。一个卓越的思想家绝对不会不感到形而上学问题而只感到人生哲学问题的。孔子在《论语》中虽不大论形而上学，但子贡论孔子说："夫子之言性与天道不可得而闻也。"又说："子罕言利与命与仁。"（命即天道性即仁）可见孔子并非无形而上学，不过不大谈形而上学。孔子曾有"逝者如斯夫，不舍昼夜"及"天何言哉，四时行焉，百物生焉，天何言哉"的话，可见他实有一变化的形而上学在他的人生哲学之后。不过，他不大讲而已。但是，他的变化的形而上学，就在这两句话中，已可看出比老子的进一步。孔子讲"逝者如斯夫"正是老子讲的有无相摄正反相生变化无常的意思；但是孔子所注重的却是从"逝者如斯夫"中所表现的"不舍昼夜"一面。"不舍昼夜"，正是水流之变化中恒常的一面，永久不息的一面。孔子之"四时行焉，百物生焉"，其论变化，亦表面与老子相似。然亦有不同，就是：孔子说这二句话明显的含有赞叹"运转发育"的意思，赞叹"宇宙动而不已"的意思。再加以前后两句"天何言哉"，假设用我们直觉细去体会此四句话的情调，我们便可了解孔子此时所欲表现的实是一种庄严静穆的宇宙中的健行不息的气象。所以将孔子与老子比，我们便不能不说老子尚不能算真认识变中化不变的一面。不过，在《论语》中，孔子的思想还没有如何发挥。《中庸》固非孔子作，《易经·系辞传》亦大约非孔子作；然而二书中必含不少由孔子传下的思想，并经其门弟子加以发挥者则无容疑。所以我们可以把《中庸》《系辞传》作为孔子形而上学之具体化的著作。在《中庸》中所重的是诚字。《中庸》所谓诚，一方是修养方法，一方亦即是宇宙的原理。所以说："诚者，天之道也。"又说："诚者物之终始。""不诚无物。"可见诚正是一种形而上学的原理。《中庸》又拿"其为物不二则其生物不测"说明"天之道"——即说明诚。可见《中庸》之诚，正是一种兼摄变化与不变的。在《系辞传》中，更明显的一方面说明变易，一方面说明不易，将二者说得尤圆融。《系辞传》说:"生生之谓易。"生生不只含变化义,同时还含在变化中的一种一贯的向上发育的趋向义。《系辞传》作者说:"神无方而易无体。"可见他不承认希腊那种在现象后的本体。但是下面继续说:"一阴一阳之谓道,继之者善也,成之者性也。"这又可表示他并非只承认变化而忽略不变,而即于变化中见不变。《中庸》与《系辞传》都发挥了孔子在变化之外复重不变的意思。关于中国的正统哲学,我们可以说《中庸》与《系辞传》便已把基础奠定;变化的象与不变的体在《中庸》与《系辞》中便完全打成一片。不过中国哲学本有两路:一路是儒家,一路是道家。儒家对于此变化之象与不变之体的关系,极早就有一综合的看法。道家,在老子,却尚偏于论变化之象一面。所以,以后道家总是要想救老子之失,想在变化中去找深一层的不变。庄子的哲学便可表现这种进一步的努力。在庄子的哲学一方面论变化比老子更圆融;所谓:"芴漠无形,变化无常,死与生与?天地并与?神明往与?芒乎何之,忽乎何适,万物毕罗莫足与归。"同时庄子之论变化更不黏滞于变化之物更能把变化本身作为一种对象来论列;于是,更能认识变化之所以为变化的原理,而将此原理看得更重更高。庄子所谓道亦较老子所谓道含更多之超越性。老子论道,虽偶然有"有物混成,先天地生,寂兮寥兮,独立而不改,周行而不殆,可以为天下母"一类的话;但着语极轻,而且同类语极少。而在庄子论道的话中,如:"道……自本自根,未有天地,自古以固存。神鬼神帝,生天生地。在太极之先而不为高,在六极之下而不为深,先天地生而不为久,长于太古而不为老。稀韦得之以挈天,伏戏得之以袭地母,维斗得之终古不忒,日月得之终古不息……"则着语极重,同类语亦较多。可见庄子所谓道实含更多的"超越体"义(关于老庄易传中庸四家形而上学之异同问题极复杂,今不及论,当另文论之)。但是我们假如进而看淮南子的《原道训》、抱朴子的《畅玄篇》、列子的《天瑞篇》,拿来同庄子比,则淮南子抱朴子列子显然把道的地位更提高,所含超越的意义更多了。可见道家思想的发展亦表现一种逐渐向现象深处求本体的趋向。不过,道家之论道之超越性,还多系譬喻之辞,我们现在也不过就各道家思想家此类譬喻辞之多少轻重,来看出其有此趋向。严格讲起来,道家还是偏于变化之象的一面,还是不及《中庸》《系辞传》之能融合变与不变即象即体。但是,《中庸》《系辞传》虽成立一变与不变、体与象合一的形而上学,这种形而上学与人生哲学还分不开。其实,照中国哲学的理想,形而上学与人生哲学不分，正是中国哲学的特质。不过分与不分是程度的问题。拿中国哲学与西洋哲学比，虽可谓人生哲学与形而上学合，是中国哲学的特色；然而拿中国哲学与中国哲学比，即《中庸》《系辞传》中的形而上学正较与人生哲学不能分开，而后来的儒家哲学，则形上学与人生哲学显较分开。这种分与不分，正象征一种哲学的进展。这种进展虽不是本于一种根本观念的改变，或者只可看作一种方便说法的改变，但这也要算一种进展。这种形而上学与人生哲学的分开，首先表现在汉代儒家中。汉代儒家与以前儒家大不相同的一点，就是专有一项天德论。这实表示有一种比较纯粹的形而上学。这比较纯粹的形而上学的成立，同时象征天的地位逐渐提高。在《中庸》《系辞传》以至《孟子》中，自然亦拿人的道德观念来形容天德，但尚不曾认为天本身具有这种种品德。而在汉代儒者如董仲舒等看来，则天本身俨然具有此种种品德。于是天正式在人之上，人须上合天心，方能免于罪戾。诚然天与人仍是交感的，天与人并未尝对立如西洋哲学中一般。但比较《中庸》《系辞传》中之天，则汉代儒者之天，明显是推高了一层。这种使天具有种种人的道德的品德，把天推高一层，一方面虽似乎使人在宇宙间的地位降低一层，但同时亦给与人的种种道德的品德以一种宇宙更高的地位，使人的道德品德在宇宙中生了更深的根，同时使人觉人生有深一层的意义。但无论说天推高一层，或人生的意义深一层，同样表示人对于本体之探索有进一步的努力，虽然这种本体还是不与现象相离的。不过汉代儒者所谓天，虽具有种种道德品德，底子里还是自然之天物质之天。汉代儒者将天与人比时，还爱拿天的形状来讲，如人圆顶似天，方踵似地；又爱讲阴阳灾变，都是自然之天物质之天的功能。这种天还太现实。到了儒家思想第二复兴期的宋明，遂把这种自然之天，物质之天的观念全改造。宋明哲学中所谓天，大体说来完全以道德律为其本质。这种道德律并没有降祥瑞灾变的能力。因为这种道德律就是我们自己的理性。我们假若要勉强附会，可以说宋明哲学在中国哲学中的地位，正像康德及后康德派在西洋哲学中的地位。康德及后康德派把以前独断的玄学家的本体化作我们理性本身所含摄的本体；宋明理学家把汉代儒者自然的天也变成纯粹理性的天。不过，这只是极粗略的说法。其实，宋明理学中各家的说法都不全同。简单说起来，可分为三派。今依次讲他们关于本体的思想的发展。第一派是由周濂溪、程明道、程伊川、张横渠至朱晦庵。这一派可称为性即理派。这一派一方承认在心的性，一方承认在天的理；但是同时说在心的性即在天的理，所以内界与外界非二。不过，在天的理与在心的性亦有不同。这种不同是周秦以前的儒家不曾说得如此显明的。汉儒虽把在天者与在人者分别说，但其所谓天本质上又是自然之天，这刚才已说过。所以，一方把天化为道德律统治（此数字有语病但只好暂用）的天，一方把天理人性分开，这是从周濂溪到朱晦庵在儒家哲学中开的新看法。周濂溪的太极图说先论太极，后论人极，虽太极不在人极之外，而太极同时为人极之本。这实与《系辞传》不同。《系辞传》中虽有"易有太极是生两仪"的话，但说："易有太极。"可见太极统于易，易乾坤并建，绝无将太极放于两仪之上之意。而在周濂溪则说太极"动而生阳静而生阴"，可见其太极实推高了一层，而且他在太极之前尚加无极，说："无极而太极。"更可见他想深一层求本体的趋向。自然他所谓无极太极均非离象之体，如在我另一文《中西哲学问题之不同》中所论；但是到底推高了一层。程明道的思想与周濂溪多不同，但对于本体同有深一层的看法，《易·系辞传》："一阴一阳之谓道。"实当如戴东原之讲法，谓即阴阳之变化而见道，阴阳即形而上者较是。但程明道却说阴阳亦形而下者，所以他特别提出天理。不过明道对于天人不二的道理，最见得深，所以其态度比濂溪更要中正。伊川便不同；明道只说阴阳是形而下者，还是半截话；伊川则径说："所以阴阳者道也。气是形而下者，道是形而上者。"形而上与形而下，到伊川才正式分开，这不能不说伊川更想进一层求本体。同时的张横渠主张："由太虚，有天之名；由气化，有道之名。合虚与气，有性之名；合性与知觉，有心之名。"其所谓合太虚与气，虽即是性，但就其说法上看，则显然亦表示一种向高处求心性根原的倾向。宋代理学之一方面可谓集大成于朱晦庵，关于纯粹形而上学之讨论，亦以朱晦庵为最多；明道伊川的理在宇宙中的地位亦愈高；"理生气"的说法也正式成立。不过，因为中国哲学根本是主张体象不离的，所谓理无不在的意思在晦庵哲学中也发挥得最透彻。"统体一太极，一物一太极。"朱子同样注意到。他在中国哲学史的地位正同黑格尔在西洋哲学史上的地位相似。说到此，也恰巧应了黑格尔的话："当一派思想盛至极时，反对派的思想也就起来。"在朱子把以前的理学集大成时，反对派的陆象山学派亦正式成立。陆象山的学说，虽远承程明道之绪，但其根本思想，实与明道不同。从陆象山到王阳明，我们可名之为心即理派。究竟这心即理派与前述之性即理派相比，那一派在理学上的贡献最大，是另外的一个问题。但是我至少可说，在我们今所讨论的问题上，心即理派比性即理派①有更进一层的发展。诚然，我们从陆象山之不信太极图说而只发明本心，王阳明之只要人致现成之良知看起来，似乎陆王学派不知求宇宙根原的理，是表示陆王学派所重，更偏重于现象一边而忽略本体一边。但是，我们若下细一想，便知此说之不对。因为陆象山之本心，王阳明之良知，其意义均不限于经验之心；他们所谓本心与良知都同时含有极高的玄学意义。他们反对程朱之求理于外，向内收敛，似少了一层理；但事实上，他们是把心更扩大，把程朱原在外面的理都包在里面了。程朱学派认为："盖人心之灵，莫不有知，而天下之物莫不有理。……莫不因其已知之理而益穷之，以求至乎其极。至于用力之久，而一旦豁然贯通焉，则众物之表里精粗无不到，吾心之全体大用无不明矣。"可见程朱学派虽认为人为学之始，心与理分，但最后的理想正在心与理合。但是这最后的理想，从修养上讲，虽最后始达到；但假如最后的理想不自来就是宇宙的根本原则，则修养终达不到。所以，就在程朱也当承认，这修养上的最后可以是本体上的最先。陆王学派正是从程朱所认为最后的，而同时看出其"最先性"的。因为陆王认明白修养最后的境界应全备于我们开始修养时，所以陆王不主张"今日格一物明日格一物"而主张自识其本心，自致其良知。照陆王看起来，我们只要从本心中良知中，就可认识这贯人心之知与物之理的根本原则。这是因为陆王对于人心比起程朱来，有一种新的认识之故。程朱一派讲心偏重知觉（此知觉自与现代心理学上知觉意义不同）；但是陆王论心，则不偏重心的知觉，而重心的感应。我们假如用两个意义含混的字来形容两派论心之不同，则我们可谓程朱的心尚微偏于静的观照一面，而陆王之心则更偏于活动的一面。以心为知觉则必然须另立一与心相对的理，而以修养之工夫作为连接此二者的过渡。但若根本把心视为感应不息的活动，则当下即可见心与理合。我们假若明白此意，便可以了解罗整庵陈清澜张武承等之批评陆王学派知心而不知性，虽有所见，但也不免几分误会。因陆王所谓心实不只是程朱学派所谓知觉。陆象山说："万物森然于方寸之间，满心而发，充实宇宙，无非此理。"他所谓心即理，实是说心是理的辐辏之点，离了此辐辏之点，就没有理。因此他一方面说："宇宙即吾心。""宇宙内事即己分内事。"似将宇宙敛于心；同时说："吾心即宇

---

① "派"，原脱，校补。

宙。""己分内事即宇宙内事。"还将心散于宇宙。其实敛散二字均有语病，陆象山的意思，不过要从心中看宇宙之本体，从宇宙中看心之本体。这种意思在杨慈湖更发挥得透彻。在《己易》中他说："吾性澄然清明而非物，吾性洞然无际而非量。天者，吾性中之象；地者，吾性中之形。在天成象，在地成形，皆我之所为也。混融无内外，贯通无异殊。"在《绝四记》中说："此心无体，清明无际，本与天地同。范围无内外，发育无疆界。"这正是把心视作流通万象的中心，把心与宇宙打成一片的看法，其不限于虚灵之知觉可知。不过，象山慈湖立言到底还不免启人误会的地方，到了王阳明，则象山慈湖粗的地方，他全避免了。王阳明之"心无体，以天地万物之感应为体"实在说心说得好。所以他所谓良知，一方是能照的明觉，一方即好恶的中心。因此，他一方面说："遗吾心而求物理，无物理矣。"一方面又说："外物理而求吾心，吾心又何物耶。"可见他所谓心，只是能感应宇宙中的一切，同时亦即摄聚宇宙中一切的活动。所以我们决不能说陆王学派的心比程朱学派的理，少些形而上学的意义，或竟比陆王学派为巴克莱一类的主观唯心论。这是非常错误的。中国哲学同西洋哲学的路子根本不同，比附是最易牵强的。假如我们要拿西方哲学来比，则近来意大利克罗采 Croce 曾提勒 Gentile 的唯心论到很多与陆王学派相近的地方。我久想作文讨论此事，不过觉得要从各方面论两家异同，也不是简单的事，所以终未动笔。关于宋明理学，通常总是论到王阳明学派就算完结，此文本亦可在此停止。不过，近来发觉明代理学从聂双江、罗念庵到高攀龙、刘蕺山，实又开了一条新路子。这路子与程朱、陆王二派均不同，同时可补二派之失。关于这派在理学上之贡献，我想缓日能作一晚明理学之发展，详述我的意见。此地，不过以我们现在讨论的问题为中心来讨论他们。这一派的发生主要是对王阳明的不满。因王阳明讲心，虽一方注重其明觉一面，一方注重其好恶一面，但好恶与明觉如何联系，阳明却未说，所以很容易使人误会阳明之所谓心全以明觉为本。因此，阳明以后如龙溪学派泰州学派，均不免以明觉为良知。罗整庵之所以终身反对王阳明知心而不知性，亦正因王阳明有此敌人误会之处。不过罗整庵用心虽苦而学未成熟，所以不知如何补救阳明之失。但在聂双江、罗念庵则看明了要将阳明所谓明觉与好恶连起来，非要更进一层不可，即非在明觉中找出一个好恶之主宰来不可。所以双江特别提出"寂体"，他说："本原之地要不外乎不睹不闻之寂体也。不睹不闻之寂体，若因感应变化而后有，……实则所以主宰乎感应变化，而感应变化乃吾寂体之标末耳。"他主张"归寂以通天下之感"。念庵则特别提出"原头"，说："本体与工夫，固当合一；原头与见在，终难尽同。"又说："感有时而变局，而寂然者未始变易；感有时而万殊，而寂然者唯一。"而且罗念庵讲他心极静时所证的境界，说："当极静时，恍然觉吾心中虚无物，旁通无穷，有如长空云气流行，无有止境；有如大海，鱼龙变化，无有间隔；无内外可指，无动静可分，上下四方往古来今，浑成一片。所谓无在而无不在，吾之身乃其发窍，因非形质所能限也。"可见他们在阳明生前之所以反对阳明，在阳明死后虽因钱绪山之证而称阳明弟子，然对阳明终多微辞，实非无故。因他们实是要从阳明之良知中找出一种贯乎良知的根原主宰来。所以，他们也力辟龙溪之无善无恶之说。因为惟有专自良知之妙用上看，只见良知之应变不穷，方有无善无恶之说；若从良知之主宰下看，根源上看，则非承认一纯粹至善之真宰，不能成立良知。不过，罗念庵、聂双江虽微与阳明不同，尚未出阳明篥范；到了明末之高攀龙、刘蕺山，便不同了。罗念庵、聂双江口虽论善与良知的关系，犹是善与良知合一的说法。他们虽以善为良知之真宰，尚无善在性先之说；然在高攀龙，则径谓："有善而后有性。"此所谓"有善而后有性"，虽非时间上之善在性先，亦非谓善与性离，但至少表示他更努力向性的根原上去求。所以他说："一点至善是真宰处。此体愈穷愈微，有层级可言，彻此方为知性。"不过从罗念庵、聂双江到高攀龙；虽均努力自人性之深一层的根原上主宰上去求，但是这深一层的根原主宰是什么，到底还未点出。到了刘蕺山，便正式提出意作为心之主宰，反对从前意为心之所发之说，而主张意为心之所存。这实是从阳明所认为本体的心中再找出一心之本体。宋明理学中的纯粹玄学到了刘蕺山，在我看来，实要算达到从阳明最细密的程度。同时宋明理学中，在深一层探索本体的努力中，可谓到了最高的极峰。有清一代的理学，不过宋明理学的余波，所以我们可以说过去的中国哲学家，可以刘蕺山为最后的大师。不过，刘蕺山是最努力于认识深一层的本体的，却并不曾说他的"意"是一种超越的本体。因此，我们仍不能说他是离现象求本体，如西洋一些哲学家一般。所以，我们还可说关于现象本体关系问题，在中国未真正成问题，因此我们在此文开始的时候，只说中国哲学"由现象见本体以后逐渐有离现象求本体的趋向"。这种逐渐离现象求本体的趋向，确是有的。这在上文，总算约略指出来了。

　　以上已将两方哲学对于本体现象问题的主张的发展互相交合的趋向，分别说明。在分述两方哲学的时候，我只是说两方哲学的演进，大体是如我所说之倾向发展起去；我并没有把哲学思想史当作直线演进的意思，这只要曾经细看上文的人便知我无此意。又述各家时所用的文字详略，并无绝对的标准。大约我有新看法或与人看法不同时，则所述较详；又愈述到近代的哲学家，因愈需要指出他们与以前各家之不同，所以也述得较详。不过真正要把各家对于这问题的意见说清楚，这须牵涉到许多其他的问题，就是本文中叙述最详的也嫌太略。好在本文的目的，并不在十分严肃的讨论，而只在指出中西哲学对于一问题的发展逐渐交合的倾向；同时也相当暗示其他问题的主张的发展也有可逐渐交合的倾向。这种不同路向来的两方哲学之发展之相互交合，在我看来并非偶然，都有其文化发展的背景；并且可以看出不同的哲学路向实有其更高的共同的根原。至于这文化背景同更高的根原是什么，那就只好见仁见智存于其人了。

廿四年八月

注释

　　[1] 关于黑格尔与鲍桑奎之不同，从他们之论自然与精神的关系上看及对 negativity 之解释上看，当更可证明我之说，但这样分析下去将太长了。

　　[2] 参考 Croce Logic 第二部 Identity Philosophy and History 章及其 On History 中 Philosophy and History 章。

　　[3] Mind as Pure Act Epilogue and Corollaries 章 254～255 页。

道德生活之基础*

什么是真正的道德生活？自觉的自己支配自己，是为道德生活。

但是你要求自己支配自己，你必需有如下的认识：

你首先当认识：支配自己是比支配世界更伟大的工作。西方的谚语"拿破仑能支配世界，然而不能支配自己"，因为他不能控制他困在岛上时的烦闷。

你能支配世界、战胜世界，只是表示你的意志力，能破除外界一切阻碍。而支配自己、战胜自己，则表示你能主宰"用以破除外界一切阻碍之意志力"之本身。

所以支配自己，是比支配世界更伟大的工作。

我们常人的习惯，总是想把力量往外用，总想对外界有所支配。这同自觉的道德生活，是极端相反的。我们若不求自觉的道德生活则已；如欲求自觉的道德生活，我们首先要把我们全部的生活习惯，翻转过来，把力量往内用。所以我们首先要把支配自己的价值，看成比支配世界高，去作如上之思维。

其次你当认识你自己对你自己，负有绝对的责任。你不能把你的任何行为之产生，只溯其原因于你之遗传与环境。你必需把你的一切行为，都视为你自己作的自己决定的。不论是你有意识的行为或无意识的行为，常态的行为或偶然的行为，你一概要承认是你自己决定的。因为无论有多少条件，足以逼迫你产生某一行为，然而由一切条件之具备，到你行为之发出，必须经过你行为的主体之认可——不管是有意的或无

---

* 原收入《道德自我之建立》，商务印书馆 1944 年初版，录自台湾学生书局 1985 年全集校订版。

意的认可。所以你的认可，乃你一切行为，所以成为你的行为之所在。若无你之认可，则你之行为，与他人同类之行为无别。所以你必需承认你的行为之成为"你"的行为，其原因只在你之自身，而不在你之遗传与环境之任何外在条件。

道德生活是要支配自己、改造自己。支配自己、改造自己，必须把被支配的自己，与能支配改造的自己，视作同一的自己。所以我们必须对于我们过去之行为，负绝对的责任，一一都承认是我作的。因为我们一承认之，我便是把他们一齐收摄，到现在的我自己之前，成为我现在之支配改造活动之直接所对。反之，如果我们溯其原因于外在之遗传环境等条件，我的目光，注视到各外在条件，我便是把此正要想加以支配改造的对象，推开到现在的我自己之外，我之道德的努力，便立刻弛缓下来了。说"你作的行为是你作的行为"，似乎只是一重复语，然而"承认你作的行为是你作的行为"，必需要把你现在的道德自我主体力量，伸贯到你的过去，此中有各种不同的深度，从这深度中，可以看出你当下的道德自我力量之大小。

第三，你必须相信，当下的自我是绝对自由的。当你要想支配改造你自己时，你自己便超出你过去的一切性格习惯之外，你不能再说那些性格习惯，还控制着你。因为你当下的心，是能自觉你之一切性格习惯的主体，你当下的心包摄住、范围住他们，他们只是你当下的心之所对，而你当下的心则超临于此所对者之上，你怎能说他们还控制着你？你更不能说，此外尚有环境中任何势力，可以决定你的未来。因为环境中之任何势力，如果不为你当下所自觉，他不会表现决定的力量；如果已被你自觉，那他便仍为你当下的心之所对，你当下的心仍然超临于在他们之上。你要知道，一切性格、习惯的势力，一切环境的势力，凡已表现者皆在过去，都属于你过去的宇宙。他们全部势力之交点，在你的当下，然而未来，永远是空着的。未来尚未来，过去已过去，当下的你便是绝对自由的。对于你未来的行为，你明明正在考虑各种可能的方式，明明尚未决定，而待你去决定，你不是绝对自由的吗？假如你说未来虽有各种可能的方式，然而最后以我之环境、性格、习惯的关系，我最后总是被决定，而只能选择一种；那你便是先假设：你已到未来那被决定的情境中，你是假设未来已成了过去。你所证明的，只是过去被决定，你不曾证明，未来被决定。你只证明了，已成过去的未来被决定，那未来的未来，仍未被决定。如果你说一切未来，都可视作过去，那你便假设你现在的心，已超临于宇宙全体时间之流上，去看宇宙之全部行程。虽然在此宇宙全部行程中，有你自己被决定的生命史；然而你同时假设了：你之能如是观宇宙行程的心，是超乎宇宙全体行程之外，而不在你所谓宇宙全部行程中。你仍然承认你在此当下能作如是观的心是自由的。所以对于你当下的心是自由的之一义，你不能加以否认。你必须常想：过去已过去，未来尚未来，你现在是自由的，你未来如何，待你自己去决定；然后你才能改造支配你过去的自己，使之成为一新创造的自己。

你可说："当我在理性清明能自觉时，我固然可把一切都视作我之所对，因我之能自觉的心，超临其上，所以我可以说当下的我，是自由的。但是我们不能常有清明的理性，而常为苦闷烦恼所扰乱。当我们为苦闷烦恼所扰乱时，我明明觉得，我当下的心，为各种势力，所牵挂束缚，我怎能说我仍是自由的？"

答：你有为苦闷烦恼所扰乱，不能自拔，而感到束缚时是不错的，但是在此时，你可反而自问：是谁束缚你？然而当你突然这样一问时，你便把他们暂时推开了。烦恼苦闷的你，成了过去的你。你将发现：天仍然一样的清明，地仍然一样的广大，并莫有什么东西，来束缚你。过去的你，只是自己束缚他自己。然而过去的你，已经过去了，现在的你，仍然是自由的。如果你这样一问，你依然不能把苦闷烦恼推开，你便当想到你的心之本身，是在你的心态之上，烦恼苦闷，只是你的心态，但他们不是你心之本身。他们是你心之"所对"，或"所"；不是你心之"能"。你心之"能"，能感觉烦恼苦闷之"所"，是不错的，然而你心之能本身，是并莫有烦恼苦闷的。你觉烦恼苦闷之束缚，是不错的，然而你对束缚之"觉"之本身，并不被束缚。你可说"能"不离"所"，是不错的，然而"能"到底不是"所"。当你知道"能"不是"所"，而反观你的"能"时，原来的"能"与"所"，便开始分离，因为原来的"能"成为你之"所对"，更高的"能"开始呈现了。新的"能"代替旧的"能"，你原来的苦闷烦恼束缚之感，过去了，你的自由恢复了。

无论在你受到任何苦闷烦恼的束缚时，只要你一自反，你便会感到你的自由，仍然在你的当下。如果你不觉到自由，只因为你不求自由，你不求自由，只因为你自甘于不自由。你之自甘于不自由，又证明你之不自由，也是你自己所决定。所以你心之能本身，永远是自由的。

我们的话，不是只为辩论。我们的话，是要你注意到心之能本身。你只要一朝真注意到你心之能本身，你将认识你是自由，同时也将获得自由。因你随时可以自反，以认识你心之能本身，以获得自由，你任何时要自由，你便能自由，所以第四，你须相信你能自由的恢复你的自由。

你一朝相信你能自由的恢复你的自由，你将不仅感到你当下的心之自由，而且不怕未来任何时会丧失你心之自由，因为你已相信你能丧失之，亦能恢复之了。

当你不怕未来自由丧失时，你当下的自由之感，成为超越一切时间的自由之感了。

第五，你必须时时想：你之一切性格、习惯、心理结构，对于你心之本身，都是莫有必然关系的。当你反省你是如何一个人时，你马上知道，我们可用许许多多的形容词，来描述你的特殊性格、习惯，特殊的知、情、意，各种心理状态结构。但是你并不能找出你之这许多特殊的性格、习惯、心理状态结构，与你心之本身之必然关系。你试想，所谓你心之本身，它只是一纯粹之能觉者，你心之本身为一纯粹的能觉者，与他人的心之本身之为一纯粹的能觉者，并无分别。然而何以一些特殊的性格、习惯、心理状态结构，要赋之于你，而不赋之于他人，从你心之本身之纯能的意义中，是找不出他之必需关联于它们的理由的。你此时或不禁又要说，所以我们应把这遗传、环境，视作决定我们自己之为自己的客观原因。但是你何以必需遭遇如此之遗传环境，你仍然不可解。你心之本身之纯能，遭遇如此如此遗传、环境，只因为适逢遭遇如此如此之遗传环境。你纵然再追溯到你前世的行为，你的问题，仍然同样，因为你仍不知何以你之前世独联系于如此如此行为，而他人则不联系。

对我们现在的问题，你复不能引用我们以前所谓一切行为，都是自己选择决定，来说我前世之行为是我自己决定选择的，所以与我心本身之纯能，有必然关系。因为何以你适①如是如是选择决定你前世之行为，你仍然不解。在你当下的心，明觉你也可不如是如是选择决定，其他的可能，明摆在你的面前，然而何以你前世只实现如此如此之可能，不实现其他之可能，你是寻不出原因的，因为你已追溯到原因概念之尽

———————

① "适"，疑作"是"。

头处了。所以你不能因为你前世之行为，是你自己选择决定，便说他们与你心之纯能，有必然关系。你不能说你之一切性格、习惯、心理结构，与你之所以为你，有必然关系。他们如何属于你，只因为他们适逢属于你，他们并无权要求：永属于你。你之是如此如此，曾是如此如此，并不能限定你之必如此如此，而禁止你之如彼如彼。当你深切的认识这一点，而又并不忘掉我们所说第一二点，对于你自己之过去行为，又一概负责时；无限的可能，开始呈现在你的现在，你知道你的心之本身之活动，是可以向任何方向，开拓他自己的行程，而自己决定选择他的命运的了。

你此时不仅意识到，你当下的心之自由，同时意识到，你当下的心之自由创造之自由了。

对于你过去的一切行为，负绝对的责任，相信你当下的心，是绝对自由的，不怕将来自由之丧失，相信你有恢复你的自由之自由；把你一切性格、习惯、心理状态结构，都视作与你无必然关系，相信你有自由创造你的未来之自由；这是去开始自觉的道德生活之基础。在你不能深切的认识这些以前，你始终隶属于自然世界，你可有自然的道德生活，但你不曾真升进道德世界，不会有自觉的道德生活。

心之本体之体会[*]

　　上面一段思想，是常常在我心中呈现的思想。那一段思想，使我判定了我们通常所谓现实世界本身之不真实性。他是虚幻，同时是残忍不仁的。每一种人生之有意义价值之活动，均建立在以前的有意义价值活动之消灭上，所以人生永是不完满，永远包含着缺憾。但是那一段思想，不曾使我想出世。对那一段思想，我只是常故意引发之，而体味之，以便把我的心，提升到现实世界之上，使我对于现实世界多生一些悲凉之感，与要求人生向上之感。我的思想并不曾停在那一阶段。因为我首先反省到：我对现实世界之虚幻、残忍不仁、及不完满之本身，有一种不满。我不愿此现实世界是虚幻的，我只是被理论的逼迫，而承认其虚幻性。在我不想那些理论时，我总是执此现实世界为真实的。而且此现实世界中之一切事物，均既生而又灭，有意义价值之事物不得保存，使我难过，更是确确实实的事。这即证明我要求一真实的世界、善的世界、完满的世界。我之有此要求，是千真万确的事。此世界不能满足我的要求，所以使我痛苦。我痛苦，即证明此要求之确实存在。现实宇宙是虚幻的。但我这"要求一真实的、善的、完满的世界"之要求，是真实的。

　　此"要求真实的、善的、完满的世界"之要求，是真实的，我无论如何不能否认。我自然亦可说我之此要求，亦是现实世界中之一心理事实，这心理事实，也在生灭的过程中。我此要求，亦可不表现于我的心，或随我生命之死亡，而不复存在。然而当我想到我之此要求亦可由

---

　　[*] 原收入《道德自我之建立》，商务印书馆 1944 年初版，录自台湾学生书局 1985 年全集校订版。

生而灭时，我对其可由生而灭之虚幻性，又有一种不满，而表现出一更高的要求。我知道我之此要求，永远是面对着生灭无常、虚幻不实之一切事物，而要求恒常真实。我这要求是绝对的。我不能真把此要求，单纯的视作现实世界中之一心理事实。因我之此要求，如果只是一现实世界之心理事实，它如何能永远位于现实世界之上，对于整个现实世界，表示不满？我在发此要求时，明觉到整个的现实世界，只是我之不满之对象。我之要求，是超过了现实世界所能满足之外的。我之要求中所求之完满、真实、善，都是现实世界之所无，如何可以说，我之此要求只是一单纯的现实世界中之心理事实？我于是了解了：我之此要求，必有其超越所谓现实世界以上的根原，以构成其超越性。如果我之此要求，亦有生灭性与虚幻性，必只由于其与现实世界事物所同之处。然而我之此要求，除此以外，必有其超越现实世界的根原。那根原，无论如何是恒常的、真实的。因此要求之本质，即是想超越生灭，超越虚幻。此求超越生灭及虚幻之心愿所自发的根原，不能不是恒常真实的。

我现在相信了，在我思想之向前向下望着现实世界之生灭与虚幻时，在我们思想之上面，必有一恒常真实的根原与之对照。但是此恒常真实的根原，既与我们所谓现实世界之具生灭性与虚幻性者相反，它便不属我们所谓现实世界，而亦应超越我们所谓现实世界之外。但是它是谁？它超越在我所谓现实世界之外，它可真在我自己之外？我想它不能在我自己之外。因为我不满意我所对的现实世界之生灭与虚幻，即是我希望之现实世界生灭与虚幻，成为像此恒常真实的根原，那样恒常真实。我之发此希望，即本于此恒常真实的根原，渗贯于我之希望中。我因被此恒常真实的根原所渗贯，然后会对于现实世界之生灭与虚幻，表示不满。如我不被恒常真实的根原所渗贯，我亦只是一生灭者虚幻者，我便不会有此希望。我于是了解了，此恒常真实的根原，即我自认为与之同一者，当即我内部之自己。我之所以对现实世界不满，即由于我内部之自己，原是恒常真实者，而所见之现实，则与之相违矛盾。我之不满，是此矛盾之一种表现。此内部之自己，我想，即是我心之本体，即是我们不满现实世界之生灭、虚幻、残忍不仁、不完满，而要求其恒常、真实、善、与完满的根原。我要求恒常、真实、善、与完满，这种种理想，明明在我心中。我之发此种种理想，是心之活动，是我心之用，如果我心之本体不是恒常真实善而完满的，他如何能发出此活动，表现如此之种种理想？

但是我怎知我的心体是恒常、真实、善、完满的？我首先想到的是我的心体之超临于时空之上。何以见得我心体超临在时空之上？心体不可见，但心之用可以说，主要是他的思想。我由心之思想，便知此心体超临于时空之上。我的思想，明明可思想整个的时间空间，无限的时间空间。我思想无限的时空，并不把无限的时空之表象呈现，那是不可能的。我可思想无限的时间空间，是从我思想可不停滞于任何有限的时空上见。我的思想，可与无限的时空，平等的延展，而在延展的过程中，时空永只为思想之所经度。我思想之"能"跨越其上而超临其上。诚然，当我思想时空中之事物的生灭时，我的思想也似同样的生灭，然而那只是因为我回头来看我的思想本身，亦发现其表现于时空中之故。但是我的思想之"能"，既然跨越在时空上，则此"能"所依之体，必超临于时空之上。在时空之上者，其本身必不生灭，因为生灭只是时空中事物的性质。而且我说我的思想在生灭，只是在我回头来看，我思想之表现而说。那只是看我已成的思想，那只是在我思想的活动外，看我的思想。在我思想正活动时，从我思想本身内部看，我明明发现：我的思想之作用，即在联贯前后的时间。我的思想，明明可思想我的过去与未来，把过去之事物之若干方面重现于现在，把未来之事物之若干方面预现于现在，以之为思想的材料。这就是于时间前后的代谢中，建立统一与联贯。我们不能说：想过去与未来，未曾联贯过去与未来。如果未曾联贯过去与未来，便是不曾想过去与未来，因所想者为想所达不到故。我们说想过去与未来，想只是现在的想，现在的想也将灭，也只因为我们是自外面看我的思想，所以视此思想只在现在，也将转入过去而将灭。然我们从我们思想本身内部看，则我们无论如何不能不承认，思想是统一联贯过去与未来。思想统一联贯过去与未来，它之想过去者，使过去者成现在之所想，即使过去已灭者虽灭而不灭，亦即是有保存过去的功能。这即是反乎现实世界中的时间之前后代谢之另一功能。它是在逆转时间中事物之生灭过程，而使灭者不灭，它是在灭灭。这即表示它所自发之心之本体，是不灭的。必需心之本体是不灭的，然后会使思想有灭灭之功能。不灭即是恒常，恒常即是真实，心之本体应是恒常的真实的。

我们若果真自思想本身看思想，则我们将进一步发现：所谓思想本身有生灭，亦是不能成立的，思想只有隐与显，而无生灭。我们所谓一思想灭，只是关于一对象之思想之灭。我们现在想过去一事，转瞬又不想他，这只是那事不复呈现于我思想中，那事灭于我思想中，我思想本身并不灭。思想只是思想，思想的对象虽殊，思想则一。我们说思想有万殊，都是自思想之对象上说思想，但如我们真注视思想本身，则对象之为此为彼，可以说是偶然的。思想的差别性，由对象而来，单注意思想本身，则思想之为思想，是同一的。思想本身，追问到最后只是一纯粹能觉，所思想之对象，却非思想本身。从思想本身之纯粹能觉上说，则一切思想之纯粹能觉，常同一，思想本身无所谓生灭，生灭只是指对象在思想本身之纯粹能觉中迁易而言。思想本身之纯粹能觉是同一，即是恒常，即是真实。

我们思想本身之纯粹能觉，无所谓生灭，他只是恒常如一。此觉如镜、如光，可照此物，可照彼物，但他之照恒常如一。只是镜光之能照力，有强弱、有大小、有明晦。这比喻我们思想本身之纯粹能觉有清明与不清明之别，广大与狭窄之别。从经验界看，在我们睡眠时，此纯粹能觉似全不显。然而仍不可说，它有生灭，而有不存在时，只可说，它因障蔽，而失其清明广大之度，以至全不显。我们之不能说它有生灭，因为它本身具灭灭之功能，在现实世界的时间之上，表现逆转之活动。我们只一朝真认识此点，我们便永远不能用生灭的名辞，加于它之上了。所以我们若果觉到我们的思想，不能常常清晰的忆起一很久的过去之事物，或我们不能同时思想二事物、或无穷的事物，便都只能归因于我们思想本身之表现之不免有限度，不能至最广大清明；却不能因此怀疑到我们思想本身之纯粹能觉之有不存在时。因为我们已明说灭灭，即其本身的功能，其所依之体，即不灭的心之本体了。

思想本身只是一纯粹能觉。纯粹能觉，并不限定它自己的对象。它之所以能重现过去者于现在，全系于它之不限定它自己于现实的对象而来。它能离开此一现实的时空中之现实的事物，同时即能唤起另一时空中之曾经验的事物。其保存过去的功能，实由于它之能不限定于它自己于现实的对象而来。它不限定它自己于现实的对象中，便能周游于一切的曾经验的事物之中，而以之为对象（它不限定，便是在周游，其实它无所谓周游，因为它不在时空中），乃由于它自己是一纯粹的能觉，它之纯粹能觉有超越时空中现实的对象之超越性，如此我们便不仅可由思想之保存过去性、反灭性，以建立其超越性，同时又可由其超越性，以建立其保存过去性、反灭性了。

我相信思想本身之纯粹能觉，只有隐显无生灭，他是超临在现实世界的时空之上，其所依之心之本体，是恒常而真实的。但是我们的心，又是何等容易陷于自经验界上看呀！当镜光有大小明暗时，我们便想到镜光之缺憾，如果我们的纯粹能觉之表现，常常不够清明广大；以至有不表现时，我们怎能不怀疑到，我们的纯粹能觉本身，原是不够清明广大的，而原有不存在时？怎知那只是由于障蔽，而不是由于它本身之缺点？怎知它不是有不存在时？怎知它确确实实的仍是超越地存在着，而依于一恒常真实的心之本体？

我现在便试注目在此纯粹能觉。但是当我注目在此纯粹能觉时，我便是在觉此觉。但是我在觉此觉时，我又有觉此觉之觉，我此觉觉之活动是否真可相续不断至于无穷呢？我不能确定。但我想每一觉，必预设上面之能觉此觉者，否则无所谓自觉。但是否真必有此上面之觉此觉者呢？此亦曾使我为之而沉入一极大的惶惑；当我注目反省此上面之觉此觉者时，我所得的觉，都只是此下面之觉。我怎能保定必有上面之觉此觉者呢？但是如果莫有，何以我去反省时，上面总似有一觉此觉者呢？如果真有，我又何以终不能把握之于已发出的下面之觉之中呢？我所得的已发出的在下面的觉，可以说在我经验中，而超经验的上面之觉此觉者，则永远似只是我之反省之所向与所根，而不能真成为我之反省所得之对象。我于是了解了，在下面之觉，永远只是上面之觉此觉者的影子，我之反省，亦只是它投射出之又一影子，它永远在我的反省所能达到的之外。它不是无，因它若是无，它怎能不断的投射出它的影子？这影子是一觉。这觉，不能从我所觉的外界之现实世界来，只能从内界之能觉的觉源来。如果无觉源为此觉之所根，与所自生，何以此影子，会相续不断，动而愈出？这觉，便是此上面之觉此觉者，即我们真正的纯粹能觉。

但是当我想到我所得者，只此纯粹能觉之影子时，我马上又怀疑到：若果我们对于一物，永远只得它之影子，我怎能知它本身存在？焉知所谓它之本身，不即此一串影子而已？但是我进一层又想，我之所以能由反省而得它之一串的影子，一方面看，我之反省，是它投射的影子，另一方面看，我之反省它，即是我在拿它之影子——我之反省——去凑泊于它。因我是在反省它，即是拿反省，向它凑泊。我之所以会向它不断的反省，乃由于我在拿它之影子，与它自身相凑泊，想它表现于影中。而我又感到它不全表现于其已投射出之影子中，它与表现出之它间，有一距离与矛盾。我要删除此距离与矛盾，所以才不断的去重新反省它。但是每一度的反省，总感它尚有多余，所以成此不断的影子。此不断的影子之所生，都是表示它尚有多于我反省到的它之证明，同时是它之"否定我之只在它影子看它"之表现。亦即是我自己在"否定我之只在影子中获得它"之表现。于是我了解了，我真希望获得它，便不能只在一切它之影子看它，而须肯定它之存在于我一切影子之上。我必须视它为超越我反省的实在。虽然我现在所能了解它的，只是它否定我之只在它影子中看它一点。但是当我知它不在其影子中，我同即时置定了它之位于此一串影子之上的真实。我置定了它的真实，因为我感到它有一否定我自它的影子中看它之力量。我于感到它力量的交点上置定它。我并不能把它视为在我通常所谓反省之内，我只能把它视为在我之反省之上，为我之反省之觉所自生或所自根之觉源——它是超越的恒常而真实存在的纯粹能觉。

当我想到有此反省的把握之上的超越恒常而真实存在之纯粹能觉时，我便要进一步想：此纯粹能觉既超越时空与反省，那它便是无限的能觉。因一切有限制者都只是在时空中及意识的反省中，有所限制。所以超时空超意识的反省之纯粹能觉，当是无限的能觉。我们的能觉，无不相当的清明广大，无限的能觉，当是无限的清明广大。我们既然可说它是无限的清明广大，那我们便可说它之不够清明广大，以至不表现，由于它以外之障蔽。

但如何说纯粹能觉复依于一恒常的真实的心之本体，这话从何说起？这是因为能觉一名，必对所觉而成立。然而此纯粹能觉，可不表现于时空意识，即可不以现实世界之事物为所觉。如此，能觉之名岂非无意义？但是此纯粹能觉是无限之觉，它可无定限的投射出其影子，为我们对它之反省，亦即表现它自己于我们对它之反省。而我们对它之反省，尚不能表现其全，即我们不能真对它有完全之自觉。它之不能表现其全于我们对它之反省，由于我们反省之所及，不知何故被限制住。而所谓我们对它之反省，即它之表现，故所谓我们对它之反省，不知何故被限制，亦即其表现之所及，不知何故被限制。由此可推知就其自身全体而言，以无任何限制，必即可有完全之反省或自觉。它有完全之反省自觉，即它以其自身之全部，同时为所觉与能觉。所以我们不能只说它是纯粹能觉，复可说它是纯粹所觉。就其兼为能觉所觉而言，故可名之曰心之本体。此本体之一面为纯粹能觉，故可谓纯粹能觉，依于此体。所以我们说，纯粹能觉有其所依之心之本体。

当我们相信一真实、恒常、无限，清明广大而自觉自照的心之本体时，我再来看现实世界之一切生灭变化，我觉得这一切生灭变化之万象，算得什么。它们生灭，我心之本体，总是恒常。它们虚幻，我心之本体，总是真实。我复相信我之心之本体是至善的、完满的。因为我明明不满于残忍不仁之现实世界。我善善恶恶，善善恶恶之念，所自发之根原的心之本体，决定是至善的。我曾从一切道德心理之分析中，发现一切道德心理，都原自我们之能超越现实自我，即超越现实世界中之"我"，所以超越现实世界之"心之本体"中，必具备无尽之善；无尽之善，都从它流出。同时我深信，心之本体必是完满，因为它超临跨越在无穷的时空之上，无穷的时空中之事物，便都可说为它所涵盖，它必然是完满无缺。不过此中许多问题，今不能细说。

我相信我的心之本体，即他人之心之本体。因为我的心之本体，它既是至善，它表现为我之道德心理，命令现实的我，超越他自己，而视人如己，即表示它原是现实的人与我之共同的心之本体。同时我从现实世界上看，我之心理活动，都待我之身而表现，而我之认识活动，通过我身之感官，即平等的认识万物。从我的感觉，来看我之身与他人之身，各是平等的万物之一，我的感觉认识活动，遍于现实的他人与我之身。我从现实的我身中，了解有一超越的心之本体在表现，便可推知，现实的他人身中，亦有一超越的心之本体表现。而我之如此推知，乃本于将我对于现实世界中之人身、我身之认识，及对于超越的心之本体之信仰，二者合起来之结果。所以他人的心之本体之存在，即由我所置定，遂可证他人的心之本体，不外于我的心之本体。但是这也并不陷于唯我论。因为从现实世界上看，我始终是与人平等相对的存在。我的认识活动，遍到他人，他人之认识活动，亦遍到我。我与他人在现实世界中，以认识活动互相交摄，而在超越的心之本体处相合。

我了解此意，同时了解到刘蕺山所谓"身在天地万物之中，非有我所得而私"（我身与他人身平等为现实世界中之存在）及"心在天地万物之外，非一膜所得而囿"（不在身）的意义。

心之本体即人我共同之心之本体，即现实世界之本体，因现实世界都为他所涵盖。心之本体，即世界之主宰，即神。"有物先天地，无形本寂寥，能为万象主，不逐四时凋"。我现在了解心之本体之伟大，纯粹能觉之伟大。我印证了陈白沙所说"人只争个觉，才一觉便我大而物小，物有尽而我无穷"。然而纯粹能觉是我所固有，我只要一觉，他便在。从今我对于现实世界之一切生灭，当不复重视，因为我了解我心之本体确确实实是现实世界的主宰，我即是神的化身。

通观九境之构造与开阖[*]

一、九境之互为内外在义

以上分别述生命存在与心灵之九种境界，总而论之，要在言此整个之世界，不外此生命存在与心灵之境界。此生命存在与心灵自身，如视为一实体；则其中所见之境界，即有其相状或相；而此生命存在心灵与其境界之感通，则为其自身之活动，或作用，此用亦可说为此境界对此生命存在或心灵所显之用。于此吾人不能悬空孤提世界，而问世界之真相，或真实之为如何；亦不能悬空孤提此生命存在，或心灵之自己，而问其自身之真相或真实之如何；复不能悬空孤提此一活动或作用，而问世界中或自我中，毕竟有多少真实存在之活动或作用。吾人只能问：对何种生命存在与心灵，即有何种世界之真实展现、及由此中之心灵与生命存在，对之之感通，而表现何种之活动作用于此世界、及此生命存在心灵之自己或自我之中。则此中之生命存在心灵，与其所对之世界或境界，恒相应而俱生俱起，俱存俱在。此世界或境界，亦无论人之自觉与否，皆对此生命存在或心灵，有所命，而使此生命存在与心灵，有对之之感通；其感通也，恒灵活而能通，以与之俱生俱起、俱存俱在；并顺此境界或世界之变化无穷，而与之变化无穷。故此中生命存在之生，或存在，即此中之境界或世界之生与存在。其生，即感此境界、或世界对之有所命；其灵，即其感通能灵活的变化，亦所感通之世界或境界之灵活的变化。自此生命存在与心灵之感通，与世界或境界之恒相应之一面

---

　* 录自《生命存在与心灵境界》（下册），台湾学生书局 1986 年全集校订版。

言，则一一世界或境界，不在此生命存在心灵以外；而此生命存在与心灵，亦依其有此境界或世界，而称为真实的生命存在与心灵，故其存在，亦存在于此境界或世界之中；此感通，亦只存在于此生命存在与心灵及此境界或世界之中。而此"生命存在心灵"、"境界或世界"、与"感通"之三者，即互为内在，而皆为真实。

于此人若必凭空孤提一一生命存在与心灵，而就其有当下所未感通之境言，则此未感通之境，即在此当下之感通之外，亦可说其超越于此生命存在与心灵之外。人若凭空孤提一世界或境界，而说其无一生命存在，与之感通，则亦可说此生命存在与心灵，乃超越于此世界或境界之外。凡此不同之境界，皆彼此各为一境界，而互相超越、互相外在，如互不相通相感；而有不同之感通活动之生命存在与心灵，亦彼此互相超越，互相外在，互不相通相感。凡此境界，或生命存在与心灵之活动，彼此不相感相通之处，则可说有一客观而外在之一境界或世界之存在、与其他生命存在或心灵之存在。于此，不只有种种世界或境界、与他人或其他有情之生命存在，非属于我；即我之有其前生后世，亦可视之如另一其他之我，其世界为一其他之世界。以至我之幼年青年中年之我，对老年之我而言，亦可视为如另一其他之我。由此而昨日之我与一刹那前之我，其一一之世界，皆一一为另一其他之世界，而亦皆对当下之我与其世界，为一客观外在之我与世界；而此当下之我与其世界，亦正无不次第客观化外在化，为此客观外在之我与世界之内容。于是此当下之我与其世界，若只为一无尽之次第客观化外在化历程中之一过渡之点，而于当下之我与世界中之任何内容，若皆不能加以把住。于此当下之我与世界，亦可就其不可把住，而视为空无所有。此我、此世界，亦即可说为非真实存在，或由存在而归于不存在之似有似存在，而非存在者矣。

然当吾人凭空孤提一世界或境界，而其谓外在于一生命存在与心灵时，或凭空孤提一生命存在心灵，而谓其外在于一世界或境界时，于此凭空孤提之事之外，人亦自有不如此凭空孤提，而见此生命存在与心灵，及其世界之互相内在之事。此即如吾人于感觉互摄境中所谓如吾正听声，而不见色，色自外在于此听，然可能见之色，自内在于可能有之见。如谓此可能见之色，为超越外在于吾之心灵之所听之声，亦当谓此可能见之色，同时内在于此可能有之见。当吾人由听声而更见色时，即可同时证此色与见之互为内在也。以此例一一生命存在心灵之活动与其世界之关系，皆同可作如此观。则一切吾人所视为互为外在之"生命存在与心灵、对其世界或境界之关系"，简名之曰心境关系，皆可由此中之心或境之转变，而另见得一心境之互相内在之关系。言此中之心境关系，可视为互相外在，乃将互相内在之心境关系，错综而观，所成之说。依此错综而观，以将一一境，与一一生命存在心灵及其活动，一一错综而观，则自可说此一一境、一一心之活动，皆互相外在。然此错综而观之外，既可归于更另见得一心境互相内在之关系，则此错综而观，非究竟观，而只为一人观心境关系之过渡之观而已。

此过渡之观，自人所不能免。其所以不能免，乃由其为吾人之心境之自然转变中必经之一事。盖吾人之心境之转，恒由此心之先求自超越于其前境而转，而当其自求超越于其前境之时，即向于此境外之另一境。当其初向于另一境之时，即必先视此另一境，外在于其当前所对之境，而如只为一外在之客观存在。此视另一境为外在于其当前所对之境，而客观存在，即所以助成此一心之活动，自其当前所对之境中，拔出而提起之事。人必有此前一步事，而后其心之活动，乃趣向于此另一境，方更有相应于此另一境之另一心之呈现，再自见此另一心之存在，亦自见此另一心之存在、与此另一境之相应，而互为内在。当其未有与此另一境相应之心，而望有与此另一境相应之心时，亦可视此心为尚未呈现之另一自己存在之心，不在此当前之境中，亦不在当前之心中之另一我之心、或一神灵心、或一自己之下意识心、或秘密之阿赖耶之心、如来藏之心等。此皆可说为在我之当前之心外之心，亦如在此当前之心所对之境，有其外之境也。而人于此谓有此境外之境、与心外之心，皆所以助成此当前之心境之转变，亦助成其转变后之见得此心境之互为内在，所不可少之一过渡之观也。

在此过渡之观之中，此生命存在之心灵，初乃由其前观所对之境中拔出，而向于其他视为客观存在之外在之境，舍此不能有心灵与境界之转变。故人初皆为一天生之信有客观存在之实在论者。即一唯心论者，在其日常生活中，亦时时信有一超越于当前所对之境外之另一境，为客观实在也。然人于此，若能更思此客观实在乃在思之之心之中，或为其心灵之感觉活动所可感觉，其心灵之可能的情意行为之所对，则又必见此境之内在于心，而属于此心之主观，而转为主观唯心论者。然一主观唯心论者，于念其可能有之心，尚未有，而求其实有，并信其必当化为实有，亦必能并必将化为实有之心时；则又必求化其当前之心为非有，并视其当前之心为当无，亦必将无，而成非实有，而当思其为一将无而成非实有者。此一思其当前之心当无亦必将无而成非实有之思想历程，同时即为在思想中将此当前之实有，否定之、而无之、非之之历程。至于人之思此当化为实有者之必能、必将化为实有之思想历程，则同时为一将此心能化为实有者，肯定之、有之、是之之历程。由此人即可以其所求其有之心灵，为一超越于其当前之心灵之外之客观实在之有，而人即可有一超主观的客观的心灵之存在之肯定。此一客观的心灵，又同时为人之主观的心灵之所求其化成，而被肯定为有者。则其有，即兼具为超主观之客观、与通于主观之二义，即兼具主观与客观之二义，而亦兼统此主观心灵中之当前之世界、与其求化成之心灵中之客观世界者。而人亦可由其兼具此主观与客观之二义，而视之为无此主客之分别之执着者，或兼通贯此主客世界，而亦主观亦客观者。当人能知此客观的心灵为兼通贯主观客观时，则人可实证此客观之心灵，即其主观之心灵所求化成，而亦必能化成者。则此客观心灵之虽超越于主观，亦内在于"此主观心灵之能化成"之内；此客观心灵中之境界或世界，亦内在于此主观心灵之能化成之"能"之内，与此"能"互相内在，而心境无不相应。于是前此之视客观世界在主观心灵之外，视一客观心灵为超主观，而统此主观心灵与其客观世界，而在其外其上者，皆只为一成就此最后之"见此客观心灵之内在于主观心灵之自求化成之活动之内，而在此活动中，见此中之客观主观之相应，而互为内在"之究竟义者矣。

二、九境之次序之先后、与种类同异、及其层位之高低

由此上所说，故人之观其生命存在与心灵、及其所对之世界或境界，初必视其所对之世界或境界，为一客观存在之世界；次乃视此客观存在之世界，属于一主观之心灵；再次乃谓有一超主观心灵与世界，统于此主客之上、或更超于主客之分别之外，以通贯此主与客、心灵与其世界。此即吾人之论生命存在与心灵之境界，所以开为次第九重而说，其中之初三为客观境，次三为主观境，后三为超主客境之故也。

至于在客观境、主观境、超主客境中之所以各分为三者，则以在此三类境中，在真实义上，皆原有主观客观之二面，在客观境中，自有观此客观境之主观之生命存在与心灵在。唯此生命存在与心灵，未能自觉其所观，即在能观之中，故称客观境。在此客观境中，以主观之生命存

在与心灵，虽存在而不自觉其存在，故只为此客观境之呈现与存在之一背景，此背景以不自觉，即如隐而不见，亦若不存在。唯于主观境中，方自觉此客观境在自觉中，亦自觉其感觉、观照、道德实践等心灵活动之存在。至于在超主客境中，则人更自觉此统主客、超主客、通主客者之存在，此即主观境、客观境、超主客境三者之不同也。

今若更稍详说三主观境三客观境及三超主客境之分别，则当知此任一境中之心灵，无论自觉与否，皆可说有其自体；其所对境，克就其自身看，亦有其自体；而体皆有相有用。然在前三之客观境中，以主观心灵不自觉其自身之能摄客观境于其内，故初在第一客观境中，只见有客观境中之种种客观存在之事物之存在，而视其自己之生命存在心灵，亦如只与之并在，为客观事物之一。此即其自己之个体的生命存在与心灵，与其他万物万事，散殊并立于世界之万物散殊境。然此万物散殊境中之万物，各有其性相性质之不同，而亦依此性相性质之不同，而可定其类之不同、与同属某类之个体之数之不同，而各个体，则依类以成其变化。是为客观境中之第二境之依类成化境。然此有数之个体，依类以成其变化，则又可说为此不同类之万物，互以其功能作用，次序相感，而互为因果，亦互为手段，以各达"其类之得存在于世间"之目的之所致。此即为客观境中第三境之功能序运境。在此中之万物散殊境中，吾人之生命存在心灵，为一自体，万物亦各为一自体，则体之义胜。于依类成化境中，万万不同之个体，各有万万不同之性相性质，以属万万不同之类，则相之义胜。于功能序运境，言不同类之个体，以功能作用相感，则以用之义胜。在此三境，此生命存在心灵之为体，乃与其所观之客观万物中之一一物，可平观为客观体者；此生命存在心灵自身之相，乃与其所对之万物中之一一物，可平观为客观相者；此生命存在心灵对境间之相互感通之功能作用，与一切万物之互相感通之功能作用，则可平观为客观之功能作用者。此即前三境之可说为一客观境也。

至于次三境之所由开，则在由此生命存在心灵，自觉其所对之客观万物之世界，属于其自身，而内在于其自身，以为其境时，初乃自觉此客观世界，乃其心灵感觉之所对。在此客观世界中之物之诸相，虽一方是此客观之物，对此心灵表现一功能作用之所生，然此诸相，皆内在于能感觉之心灵之中，而以此心灵为此诸相之统。此心灵能统此所感觉之诸相，即亦统此"表现其功能于此感觉心，以使之见此诸相"之物。于是此心灵即首自见其为在感觉世界中，能统其所感与万物之一心灵主体，更见一切其所感觉而有生命存在之物之自身，亦为一能感觉之心灵主体。此即成一感觉主体之互摄境。然此心灵在自知其能感觉一切万物之功能，而见其相时，亦同时能反观自觉其感觉之事之相继，所感觉之相之相继，而见其在时间中，与一切可感觉者，同时并存于一空间中。此时间空间，即人之自觉反观其感觉，与所感觉者之次第生起，而又并在并存，以为可感觉者，以与此自觉反观之心灵俱起时，所用以安排此感觉活动与其可感觉之万物之性相、功能、及其自体之存在地位者，而亦皆属于此自觉反观之心灵主体，而不能离之以自存在者矣。

然在此感觉互摄境中，此感觉之活动，乃限于对人之感觉，能实表现一功能作用之实有之个体之物，而感觉其相。由此感觉中之有诸相之生起，而此感觉即一方可说为自动的感觉，一方亦可说为被动的感受。此心灵之求更自见为一独立之主体，即必求超出此被动的感受之事。此则要在先将其所感觉之相，不视为物之功能之所生，而就其生起后之只存于此感觉心灵之中，为人之自觉反观之所对，而以此自觉反观之心，自观其所对之相，而超离于其初所自生之被动的感受之事之外，亦超离于客观之物之功能，主观之心之功能之外，以观此相。此相，即化为一纯意义，为纯净的观照心之所可直觉的理解者。人能自由的想像种种可能的感觉相、与可能意义而观照之，直觉的理解之，即开辟出一广大无边之纯相、纯意义之观照境。由此而有吾人前所说，由观照意义而形成之文字语言世界，文学艺术世界，数量世界，逻辑世界，哲学观照之世界。此即最能见内在于此主体观照心灵中之意义世界之种类之多，而远较吾人在客观之依类成化境，所见之万物种类之多，尤多无穷倍者也。

然在此心灵之观照境，其所观照之境中之相或意义，无论如何复杂，皆只对此心而展现。此观照境中之相或意义，非必为通常经由感觉活动，而肯定为存在之客观世界之物所实有者。于此即见观照境，乃虚托于此感觉活动之上而形成。由此而人之感觉活动之继续进行，而继续感受所谓客观之物之功能作用，而感觉得之种种相，即可与此观照心灵所正观照之种种纯相或纯意义相违反，而冲突矛盾。此相违反而矛盾冲突，为此心灵之所觉，则与此心灵之统一性相违；亦相矛盾冲突；由此而人之心灵，为维持其自身之统一，以使自身统一的存在，即可以其观照境中所见得之意义，为其感觉境中之现实的物相之理想意义，遂有进而求改变其感觉境之现实的物相，以实现此理想意义之一具体的理想。由求此理想之实现，而有改变其主观的感觉活动、或所感觉之物相之一一对内或对外之行为。此行为,无论是对外或对内,皆是一道德的实践之行为。此行为,皆为人之欲改变主宰原有感觉境,实现其理想而致。然此能主宰原有感觉境之道德的心灵主体,则可称为原有感觉境之上一层位之纯粹的心灵主体,而以其所形成之理想,为其原初所直接观照之内境;更以实践此理想之行为,为此道德心灵之主体之功能作用,表现于其外之感觉境中,而求达其合内外之道德上之目的者。故人于观照境中,只见得此心灵之所观照之相或意义之大,而此心灵主体之用,亦只限于观照此相或意义;尚未见此心灵主体,本其所观照之理想意义,更形成一具体理想,以改变主宰其已有之感觉境之用。是即见此能观照之心灵主体之用,不如此能为道德实践,而为一道德心灵之主体之用之大也。

此次三境中,在感觉互摄境,人之主观心灵,初自觉其存在而为一统摄所感觉世界之一主体,包摄一切感觉境,而特见其体大。在观照境中,此主观心灵,更自形成其观照境,以显无穷之可观照之纯相、或纯意义,即特见其相大。于道德实践境中,此主体心灵能本其道德理想,以有对内对外之行为以主宰感觉境,即特见其用大。然此所见之相大用大,亦同属于此心灵之主体。此中之体大、相大、用大,亦主体中之体相用之大。即主观境中之体相用之大,与前说客观境中之体相用之"由各为一个体之客观之万物之无穷","由性相而定之万物种类之无穷",与"互相表现之作用功能之无穷"说来者,固不同,而皆较之高一层位,亦较之更见有一无穷之义,而其体相用之义,亦较之更大者也。

至于后三境中,则首为超主客而统主客境中之归向一神境,此乃在上述六境之上,信有一超越于主观之心灵与客观世界之上之一大心灵之存在,而统此主客之世界之全者。此一神或大心灵,自其自身而言,即为一宇宙之实体,亦一完全之心灵,完全之存在,而至大无外者。然只视之为超主客、统主客,而不见其亦在主观心灵之内,则对人之主观心灵为超越外在,而依其自身,以观人之主观心灵,亦可视此主观心灵为自大心灵降落于其外者。故此主观心灵必次第上达上升,然后得见此大心灵,不复是在其外者。然在归向一神境中,只其最后一步,可使人之主观心灵,上达至于此大心灵,而与之合一。在此合一之时,则此主观心灵亦超主观客观之相对之境,而不可只称为一主观心灵。缘此超相对之心灵,以观主客境之分别,即必由如实观法界诸法,而视主客分别为妄执,而空此对主观之我执、与对客观之法执。依此主观客观之分别之执之破，以观此大心灵，则此大心灵，即如两山崩而天光降，以由上而下落，以安住于此无主观客观之分别之心灵境界中，人即无超临于主客之上之大心灵之可见。任何能超主客之分别之生命存在或心灵，在其超此主客分别时，即见有此大心灵在。则此大心灵，即可说原在此任何能超主客分别之生命存在与心灵之自身之中。其初之不见其在，唯以其尚未超出主客之分别之执之故；即尚未破执，而此执蔽障之之故。由人之自开其内外之执障，见其原在，则其在，即在此执障之内部。于是此大心灵，即不可说为在有执障之生命存在或心灵之上，而当说其即在有执障之心灵生命存在之内部之底层深处，而为其本有之无尽藏、或本有之"无主客之分别执障，而超此分别之如来藏心、法界性起心或本有之佛性、佛心"矣。然此本有之如来藏心，乃遍在于有种种不同执障之生命存在与心灵之中，并透过此种种不同之执障，而显现为一自种种不同之执障中超拔解脱而出之历程。故无量有情，历无量劫，经无量世界，即有无量方式，以成就此超拔解脱历程之无量之相，即见此中之相大。此即不同于只言一大心灵之超于主客之世界之上者，此大心灵之不在一切执障中，亦不透过一切执障而表现，为一超拔解脱之历程者，尚无此相大之义者也。

然此视有一超主客分别之如来藏心等，内在于此一切生命存在与心灵之深处底层者，又不能真知：此一超主客之心，即表现于吾人当下之生命存在心灵，与当前客观世界之次第感通之事之中，而在其正感通之时，可自超越忘却此外之无量世界，无量有情之存在者。此一能超越忘却无量劫中无量世界、无量有情，而不见其存在，与其一切相，以成就吾人之当下之一生命心灵与其所对境之存在，即是以此超越忘却此中之一切相，为成就此当下之生命心灵与其所对境之存在之用。此一当下之生命心灵与其所对境之存在，更有使其自身之存在，得次序相续之用。此当下之生命心灵之存在，能次序相续，即见其有性，而此生命心灵所对之境，即显为对此生命心灵有所命。此性之所向在境，此命之所命，即心灵生命之存在之自身。由尽性与立命，以合见一道，即一当下之通贯主观客观，而超越主客之分别之执障之外；亦同时统此中主观客观之世界之一道，或即天道、即人道之道。人之生命心灵，即缘此道以显其应境之感通之用，而境亦缘此道，以见其用于成此心灵生命之应境之感通之事之中。由此中之生命心灵与其境之互相感通，而相对相成，以有此心灵生命之活动之相继变化；与此心灵生命之相续存在，而见此中之生命心灵与其境，在此相续不已之相互感通中之大用流行。是即见此一主客感通境之为一通主客而超主客之分别，其用之大于单纯之超主客分别境中之相之用之大，亦超于单纯之统主客境之上帝神灵之体之相之用之大者也。

在此上述之三境中，有直超主客，而见有一神为之统者；有以超主客分别之执障，而超主客者；有由主客感通，而通主客，亦超主客分别之执障者。然皆是一超主客境，亦皆以超主客之生命心灵与其世界之体，为其体。分而言之，亦皆有其相与用。然在归向一神境中，上帝神灵之体大，而其相不如我法二空境中，由如实观一切法，而破种种之我法之执，观无量有情有无量方式之解脱历程者，其所见之相之大。然此后者必破种种我法之执，而后人本有之佛心佛性，得呈其用，又不如视人当下之生命心灵，即有超于一切执障之外之至善之本性本心为体者，其用当下便是天道天德之流行显现者，其用之大。故在此三境中之归向一神境，只以体大胜；我法二空境，更以相大胜；尽性立命境，则再以用大胜也。

三、九境之转易、进退、开阖与博约

此上说生命心灵与世界或境界，其所以开为九境之故，及对此九境之陈述，已略见前文。若广述，则无尽。今再约而论之，则此九境可只由吾人最后一境中主客感通境中开出，而主客之感通正为吾人当前之一实事。在此实事中，吾人之生命心灵所对者为境，即为客，其自身为主。此一感通，即通主客而超主客，亦统主客者。然此中只就客去看，则主可化为客，而主之体相，亦化为客之体相。主客感通之事，亦化为客与客之感通。故有前三境。只就主看，则客之相、客之物，皆摄于主；而客之相皆为主所觉，亦可使之自客之物游离脱开，而化为纯意义，由主加以观照，更为形成其道德理想之用，而本此理想以成其道德实践，而改变主宰感觉境中主客之二面，以显道德心灵之主体之用者。故有次三境。自主客之原可感通以为用，则有超主客境。此超主客境，可对主客，而成为在其上之神境，又可为由破主客之分别之执，直下超越主客分别之佛心佛性呈现之境。然此无主客分别之境，又可即在此当前之主客感通之事之中，一面尽主观之性，一面立客观之命，以通主客之境中。此则由人之以当前主客之感通中，本有超主客之一义，而即以之统主客，破主客分别，而通主客所成之三境也。由此言之，则此九境者，只是吾人之心灵生命与其所对境有感通之一事之原可分为三；而此中之三，皆可存于此三中之一，所开出。故约而论之，则此九可约为三，三可约为"吾人之心灵生命与境有感通"之一事而已。

此吾人之心灵生命与境之感通之一事，无论如何单纯，吾人若加以反省，亦皆不难开为上述九境。如对一当前之一白色境而有感通，则此一白色境中，其白为一相，而以此一相，状此境，推至心外，以附属于此境，谓其存于此境之中，即为一个体之白的存在。此白的存在，即可视为一个体物。将此白之相，再收回此心，再以之状此先已谓其有之白的个体物，或存在，此白即成一性质或性相。对此性质性相，更加以自觉，即形成一概念。以此概念之内容中之有此白，判断此个体物或存在，而见其有吾人先所肯定之性质，即此判断为真，亦即此概念之内容，与此存在物内容之性质，有一贯通；而可说此存在物属于此概念所定之一类之物，更可说此物之数为一。若人更以此概念用于另一白物，或对另一白物，再用一次，即可说此呈于感觉之白物有二，或感觉此白物之感觉之次数为二。于此吾人若说由感此白物，而见此白物之存在，有自持其为白之功能，足为因，以有排斥阻止其外之非白之色出现之果，及引生我之白之感觉之果；吾人之能感觉之活动，亦是施用于白物之一功能，而以此感觉白物之事为果者，则此白之感觉，又可说兼以白物与此感觉活动为因而成，亦此二因之果。吾人若以有一感觉之事为目的，而开眼以生起感觉，或置白物于前，则皆为其手段之一。此即成前三境。于此，若吾人再自觉其有白之感觉与所感觉之白物之相，在感觉中，则又可谓此感觉之摄此白物。即知凡所感觉之物，皆能为感觉之活动之所摄者，而更本理性以知所感觉物之自身，亦可为能感觉者，则入于感觉互摄境矣。由此再自观照其心中之白之相、白之意义，则成观照境。知此白之意义，而视之为一理想意义，求一白物保存其白，或使不白之物成为白，或使其感觉活动不向于非白之物，使非白之感觉不生起。此即皆为人之对内对外之一具体的理想。而人之求实现此理想，即属广义之道德实践境。此即次三境。

由此更谓此白在我心灵中，亦在天地间，应有天地间之心灵之知之，即进至归向一神境。若谓此白不属于我，亦不属于客观之天地，此白在我缘生性空，在客观天地中亦为缘生性空，为一空中之法，则可进至超主客分别之我法二空之境。至于谓此白即在我与境之感通之中，我有相续生起此白之感觉之性，白亦有命我相续生起此感觉之命，则为尽性立命境之言矣。由此言之，则此九境者，皆可由人当下一念之次第转进，而次第现出。其切近之义，乃人皆可由其当下之一念之如此次第转进以求之者。此真所谓"肠一日而九回，魂须臾而九迁"也。

在此当下一念之次第转进之中，人之初感一白，只是浑然之一主客感通，而无分别之境。是可名之为零数之境。人将此白推附于境，而境中有个体之白的存在，为一。于此将此白之相收回，为心灵之所再把握，以成一概念。则个体之白的存在与此概念，相对为二。今以此概念，判断此个体之白的存在，而将此个体存在，视为属于此概念所定之类之一个体，而有数中之一。至于视此白的存在之恒自持其白之功能，足为因，以有排斥阻止非白之色之出现，及引生我之感觉等果，则于上说之二之外，加果之一，为三。人之自觉反观其所感觉者，在能感觉之活动之中，则于此更当加此自觉反观，以说为四。将此所感觉之相，自主观之感觉与客观之存在，游离脱开，更由自觉反观其感觉之心，化出一于原有之感觉心之外，只观照此相之观照心，则其数为五。再加一实践之行为，以改变感觉境，其数为六。超于前此主客六境之上，以肯定其上之大心灵或神，其数为七。不作此肯定，唯见此中主观之我执、客观之法执之二空，以加于前六之上，其数为八。不重见此二空，而于见此主客之相对之"二"之中，知其亦相感通为一，合为三，加于前六之上，则其数为九。则由其初之主客之无分别之零，至此主客感通为一，则其数止于九。感通为一，即亦无分别，而九则亦重返于原始主客无分别之零矣。

然此上归于至约之一念之言，唯所以见一念之转，即可有此九境之现，以见九境之相通。然世间之事物，实无尽之复杂，固非如当前一白色之相，为一念之所能摄。吾人于世间无尽复杂之事物，实尝分别属之于不同层位之九境。吾人虽可将事物转变其所属之境，而化为另一境中之事物，然此转变其所属之境之事，亦非必皆为由低层以至于高层，如此上之例；亦可是将原在高层之事物，转变为低层之事物。如吾人于世间之事物，固有只视之为客观之个体之物者，如一般固有名词之所表，及普通名词之用以指特定时空之客观个体物者。吾人所视为客观个体物之性质性相，如形容词之所表者，则或为吾人所视为只属于客观个体物，而为其本质本性，无其自身之独立意义者。吾人此时之境界，只在万物散殊境。然吾人亦可由此性质性相之为人所知，以形成一概念，而此概念有其普遍的意义，而可本之以定个体之类，而视性质性相，与知之而有之概念，及本概念而定之类之自身，为超于一一个体之上，而自有其独立意义者，则吾人即进至依类成化境。吾人于一形容词所表之性质性相，毕竟是：以之只属于个体事物，以使人退至一万物散殊境，或是：将此性质性相，提举而把握之知之，以只视为概念之内容，更本之以定一个体物之类，而将此个体物亦属于此类，而存于此上一层位之依类成化境；则一为进至高层位境界之途，一为退至低层位之境界之途，而二者固皆同为可能者也。

其次，若吾人对物之性相性质，有所知，而形成一概念，以之定类以后，可只视此性质性相自身，有种种类，以形成种种类之概念为止。复可更谓此物之性质性相，与其他之性质性相，有因果之关系。由此而一物之性质性相，即一物之功能作用，见于他物之表现，或为他物功能作用，见于其自身之表现，则人由依类成化境进至功能序运境矣。吾人一般之主动词所表者，即一物之作用功用之及于其他物者，被动词之所表者，即一物之为其他物之功能作用之所及者也。然吾人于此物及于他物之功能，亦可只视之为此物之一性相，他物及于此物之功能，亦可视为此他物之性相。如凡一主动词之表现功能者，皆可转为一形容词之只表性相者。如水流地中之"流"之动词，可转为水是"能流地中的"之一形容词。而此能流地中的，即只为表水之一性质性相，而非表水之能流入地中，而对地表现一功能作用，而与地可有一因果关系者矣。

此人之动词所表之功能，可转变为形容词所表一性质，此形容词可再转为附属于一名词，更合成一名词，以表一性质之属于一名词所指之个体。如水是绿之绿，连于水，而成绿水。则水属绿之类之义，亦隐而不见，只见"绿水"之一物。此即人在客观三境中，次第由高层位之境，退入低层位之途。而吾人之由绿水之物，将其绿之性相提举，以成绿之概念，而以形容词表之，更视水之绿如一有一功能作用，以绿他物，如谓水绿此所倒映之云彩，而如绿化此云彩，则又为人之客观三境中次第由低层位之境，以进入高层位之境之事矣。

吾人由事物之有功能，更知：吾人之感觉一物之存在，即其功能之表现于我之感觉，而生起此物之相于人之感觉中，而此相与生此相之功能，皆在此感觉中；便见此感觉心灵之能统摄不同物之功能，对于此心灵所表现之一切相。此心灵中并有时空之范畴，以安排一切感觉活动之时间、与所感觉之事物之性相之时间与空间中之地位，则吾人之思想自又再进至更高层位之境。然反之，将吾人心灵所感觉之相，皆一一只附属于外物之功能，附属于某类之外物，或某类中某个体物，则又为吾人思想之次第退至于更低之层位之境矣。又吾人将初由自觉反观，而知其由感觉而得之物相，更加以提升，以为此心灵所观照之纯相、纯意义，则为再进至高层位之事。反之，将观照境中所观照之相，只作为判断感觉境中之事物所具之功能之用、与其相所属之类，则又为退至低层位之事。又将观照之境之所视真或美的"相"或"理想意义"，作一心灵中之具体理想之内容，以成一道德实践之事，为更前进一层位之事。反之，将一心灵中道德理想，只自加以观照，而为一哲学的论述，又为后退一层位之事。由人之心灵中之有道德理想，而更知有一超主观心灵之上之宇宙大心灵，更具一完全之道德理想，为一进之事，反此，而于此宇宙大心灵，只视同于人之主观之具道德理想之心灵，无其超越之实在性，则为一退之事。由此大心灵之在一切生命存在心灵之上，而为唯一者，更知其普遍的存在于一切生命存在之心灵之深处底层，以为其本有之佛心佛性，再为一进之事；而将佛性佛心外在化，只视如一超越之神灵，又为一退之事。知此深处底层之佛心佛性，亦显于人之当前之心，为其本心，此本心之本性自善，而在与当前之境之感通中，自求其尽性立命之事之相续而顺行，即可至于成圣成贤，于人德中见天德之流行，又为一进之事；而只见当前之心中之有执障，谓人之真正之善心善性，只存于其心灵或生命之底层深处，永为执障所覆，则为一退之事。人知在与当前之境感通中，求尽性立命，而见天德流行于人德中，此具人德之人格之为一独体之人格，而亦一存于高层位之万物散殊境中，亦为一进之事。反之，谓万物散殊境中，无此独体之人格，又为一退之事。要之，此九境之可始终相转，如环无端，而由低层之境进至高层之境，或由高层再退至低层，又为进退无恒，上下无常者也。

在此诸境中，无论自智慧或德行上言，人之生命存在与其心灵及世界中之事物，固有原属于高境者，或原属于低境者。若能如实知其所属，而有一与之相应之当然的感通之道，则皆是，而皆善。若不如实而知其所属，以淆乱其层位，则必引致思想上之种种疑难与偏执错误之见，而使人更无与境相应之当然的感通之道，则人之行亦恒不能尽善，而或归于不善。此九境者，固原有其可如此开之理。人在其生活境界中，亦实有此九境。东西之哲人，亦尝分别偏重中之一境，或多境而论之。故此书对此九境，一一分别述其可如此开而说之之故，并于每一境中评论昔之哲人与一般之人于此所生之偏执之见，而疏释其中之疑难。而见此九境，虽可互相蔽障，然亦皆可分别其种类，依其序次，以别其层位，而使人知所以进退升降于其间之途；知于何事物当升而进之，于何事物当降而退之，以使之各得其位，而不相为蔽障。至于在一一境中之事物，其数固无尽，而当随人之思想生活之住于其境者，依其事物之在其境中者之种类，而次序展现于前时，于其中再分高低之层位。此则可开为无量境，非人之所得而尽论。学者之所以成学，教者之所以成教，同皆为无尽之事业。即圣贤之所以异乎常人，亦唯在智慧之所运，恒不以执障自蔽，而能随境感通，各合乎当然之道，而其心灵与生活中，自有光明之遍照，以纯亦不已；而于人之感有思想上之疑难，生活上之彷徨歧路之时，能本其思想上生活上之所历者，而告之无隐。固非其于一一境中之一一事物，皆真全知之遍历之之谓。若其然也，则世间只需一圣人而已足，不必更有众圣贤，与芸芸众生也。故圣人亦在一一境中，自有其学，以成其教。此孔子之所以唯以学不厌，教不倦为说。《易经》之卦之终于未济，《中庸》之只终于言文王之纯亦不已也。此为学之事之所以不可不博学于文也。然自其约者而观，则此九境自不必更开之为无穷，亦可约之为主观境，客观境，主客境之三，更可约之为此生命存在之心灵与境感通之一事。此当下生命存在之心灵，与当前之境感通之一事，更可收归于一念，而由此念之自化而自生，以成此生命心灵在九境中之神运。其自化为坤道，自生为乾道。生则心开而有念，化则心阖而无念。至于无念，则约之极，而无可约，则如道教之言九转还丹，而不再转。然由无念而有念，念之无尽，又可由约至博。则此九境者，对欲以博说之心言，则至博可开为无尽，对欲以约说之心言，亦即至约，而更无可约。则博说或约说，固不相为碍矣。

论生命存在心灵之主体[*]
——其升降中之理性运用
——观主体之依理成用

一、生命存在与心灵之主体之超越于其"相"义

　　吾人前文论述吾人之生命存在与心灵，皆连其感通于种种境界中之种种活动而说。此活动，乃此生命存在与心灵之作用或用，此用有种种相貌性质可说，亦如其所对之境中之物，有感动人之生命存在与心灵之作用，与种种之相貌性质。故皆可对之有种种之复杂之论述，而非吾人上文之所能尽。此中，吾人于此生命存在与心灵，乃谓其为一具此种种活动之主体；而在尽性立命之境，此主体，即为一通客观之天道，其性德即天德之一超越而内在的主体，而不同于一般之以特定经验规定之一经验的我，或经验的主体者。此主体，专自其为一心灵言，吾人或称之一生的灵觉或自觉的心灵，乃具能生之性，而能尽之、能知命而立之，以成就吾人之生命存在者。自此心之尽性立命，可使人至圣境神境说，吾人又名此心之自体为神圣心体，而加以论述。则人似可问：毕竟此生命存在之主体、心灵之主体为何物？又一切主体在究竟义上，或在成圣而同神体时，其体为一为多？此诸问，前文虽或附带答及，但未能尽义，当加以详答，以助人之更真知前文所言之义。关于此生命存在心灵之主体之自身，吾人前文未尝离其活动之用与相，及所对之境之作用与相，孤立而论其自身之为何物，则人自可问毕竟其自身为何物。然复须知，吾人之所以于此主体，不孤立而论，乃由其本不可孤立而论。即吾

＊　录自《生命存在与心灵境界》（下册），台湾学生书局 1986 年全集校订版。

人本不能离其相用，以知体为何物，问此主体自身之为何物，亦即问其相如何、用如何。故人若问此生命存在心灵之主体自身为何物，即必还须就其活动之用、相与所对境物之用、相而说。说此等等，即所以答此问。然人之所以可有此主体自身毕竟为何物之问，其问之生起，正原自人之见此主体之有种种活动之用、与相，及其活动所对境物之用、与相，而不见有此主体之自身。人即可疑此所谓主体本来无有，而只有其诸活动之用与相，对境物之用与相，而如是如是现，此主体即其诸用相之集合所成之一名，而实另无所谓主体。依此而人之问主体之自身为何物，其问之目标，即在问此主体如何可说是一存在之物，何以于主体之用相之外，必须更说有体。则此问亦可问，今亦当答。

此答是若就人之所知而言，人所知于其生命存在及心灵者，固唯是其活动之用与相，而人对此主体活动之用与相，若真可视作一集合体，而思之，则吾人亦可说只有此用相之集合体，而另无所谓有统一意义之主体。然实则吾人对此主体之活动之用与相，并不能视为一集合体而思之。其所以不能视为一集合体而思之之故，在此生命存在心灵之活动之用与其相，乃依先后次序，更迭轮替出现，既现而又隐，既来而又往，既伸而又屈者。简言之，即既有而又无者。于此吾人若一一顺其既有而无以思之，则不能只就其一一之有，总为一集合体；而当顺其一一之自有而无，而思此集合体中之一一之有，无不归于此一一之无。此集合体，即亦为自有而无者，便更无此集合体之可说。若自吾人之可本此一一之有，以形成一集合体之观念，以谓此主体之自身，即为如此之一集合体，或谓当此集合体由有而无时，仍为一潜隐之集合体，亦为悖理者。其悖理处，在当吾人之思此一一之有，以成一集合体时，吾人乃将此一一之有并在而观，故成一集合体。然当此一一之有未形，或归于潜隐之时，则吾人不能更将此一一之有并在而观，则此集合体之观念，即无据而立。而吾人之谓在此一一之有未形、或归于潜隐之时，此集合体已先在，或尚在，唯是吾人之就此一一之有，既并在而观，以形成集合体之后，更即执此集合体之观念，以观一一之有未形，或已归潜隐时之状之一执着之见。此一执着之见，则亦正为将随吾人之知在此一一之有未形，或已归潜隐之后，此见之更无据处，而自知其当化除者也。

吾人既知吾人不能以上述之集合体之观念代主体，即可更知此主体之观念之所以必立之故。此必立之故，简言之，即在吾人之见此主体之活动与活动之相，乃动而愈出，相续不穷者。由此相续不穷，即见其泉原之不息，根本之常在。此泉原根本，即以喻此主体。何以由此活动相续不穷，即知此活动之有一主体之在？此非由此活动之相续不穷，即可直接推论此主体之在。而是人于直感其活动相续不穷之时，即同时直感一超越于其先所感之一切已有活动以外，尚有一由无而出之活动。人即于此活动由无而出之际，或由无至有之几上，感此活动出于吾人心灵或生命存在之主体，而为一不同于一切已有之活动，以只为此主体之所知者。故人若对此直感之义而有疑，而必欲求此主体存在之论证，即初只能是一反证。即人若谓无此主体，为此相续之活动之所自出；则已有之活动是多少，即是多少，不应更增，亦不应更相续生起。今既有增，有相续生起，即证无此主体之说之非。无此主体之说既非，则有此主体之说即是。至少此有此主体之说，不可非；即至少人之直感其心灵生命存在为一主体之感，不可非。今即在有此主体之说不可非之义下，吾人已可说有此生命存在或心灵之主体矣。

然人之问此生命存在心灵之主体是何物之问，除是问如何可说此主体是存在之外，更可尚有一义。此乃依于人之直感此主体之存在，为其一切活动之相续之原，而又超越于其已有之一切活动之外而起者。即此主体既超越于其已有活动之外，则此已有之一切活动之相貌，皆不能穷尽的说明此主体之所以为主体，因其尚为此后之相续活动之原故。然此后之相续活动，当其显出，而成已有之活动时，又同不能用以说明此主体，以皆只是已有之活动故。由此而人即欲知此超越于一切可能之活动之外之上之主体自身，为何物，其相貌如何。此亦为人所宜有之问。然对此问题之答，则初不外即以此"超越于一切可能之活动之外之上"，以说其相貌。此即"超越一切活动与其相貌"而"无此一切活动之一切相貌"之"相"，即"无此一切相"之"相"。此似为人之往思想此生命存在或心灵主体自身之相貌，所必至亦唯一可至之论。此中，人对此主体之无相之相之意义，有种种说之不同，乃以人对于此主体视为能超越何种活动、何种相貌，而定吾人所谓此主体为无相之相之意义。故先设定吾人有多少种活动，诸活动有多少种相貌，此主体之无相之相，即有多少意义。若此先设定之活动相貌无穷，此主体之无相之相，其意义亦无穷。然此无穷之无相之相之意义之差别，乃依其所无之"相"之差别说，亦自其能"无"此相之差别上说。则此一切意义，又平等无差别。此即可引致种种之玄思，而亦皆一一可由人之实证契入。

此种种玄思之浅者，是当吾人直以吾人所经验于此主体之诸活动，说此主体，或界定此主体之所以为主体时，首即见其无法说，而无法界定。如此主体有喜怒哀乐，视听言动等活动。然吾人不能说此主体之自身，即是喜，而以喜界定之；因其亦能怒，即见其自身非必喜，而可无喜故。依同理，亦不能说其自身是怒，或哀、或乐，因其亦可无怒哀乐，而只有喜故。复不能说此主体同时是此四者之集合体，以四者可相异相反，而相矛盾故。又不能说其自身即是此四者之轮替，因四者之轮替，乃其活动之表现上之事，在其未有此活动之表现时之自体，亦无四者之轮替可说故。由此主体有此轮替之表现，至多只能说其超越的包涵此所轮替的表现之能。然此主体既包涵而超越此四者，则仍不可只以此喜怒哀乐之四者加以界定。依同理，亦不能以视听言动等界定。因其亦可有视等，亦可无视等，而谓其同时是四者之集合，或四者之轮替，亦同为其活动之表现中事，不可以之界定其自体故。此外，无论吾人本任何关于此主体之活动之经验，以说此主体自身，同不可作一定说。因其有此活动，而亦可无；则皆不能定说其是有此活动者，亦可说其为无此活动者故。

此中之玄思之稍深者，为思及：凡此主体在其理性的思想中，用以说一切可能经验之活动，与可能存在之境物之最普遍抽象之范畴概念，皆不能用以说此思想所自发之心灵生命存在之主体自身。此最普遍抽象之范畴概念，如有与无，同与异，相似与不相似，全体与部份，一与多，量与质，必然与偶然，因与果，现象与本质，如西方哲学自柏拉图帕门尼德斯对话，至康德、黑格耳等所论之有关存在、或知识思想之范畴概念，皆为用以说一切可能经验之活动，与可能存在之境物，之最普遍抽象之范畴，而亦无处不可应用者。然人若以之说此生命存在心灵之自身，皆不特不能切合，亦无不可导致矛盾。其故在此诸范畴，乃人心灵之思想之所通过，以思想一切可能之经验中之活动与存在境物之范畴，亦即在思想自身之活动之流行中，所运用表现之范畴；而此主体则为此思想所自生之本原。此思想，乃由此本原而流出，此诸范畴，乃思想流出之后，而见其有者，则亦只属于此思想之流上事，亦思想之末上事，非其本原上事，即不能用之以倒说其本原。若用之以倒说其本原，则必导致矛盾。因此诸范畴皆两两相对，其义相反，而皆在思想之流行中见。若将此两两相对者，取其一，以说此本原，则必不备。兼取其二，以说此本原，则必矛盾。若轮替以二者说之，则此轮替亦是思想之表现或流行中事。而此本原自身之超越的包涵此二者，即亦不可以表现

流行中事说之。由此而吾人若自此主体之能思一，而以一说此主体，则
亦应可由此主体能思多，而以多说此主体。若自主体能思有，说主体是
有，亦应可由此主体能思无，以说主体是无。而一与多或有与无，则皆
互相对反，同时用以说此主体，即可导致矛盾之论。此外，由此主体之
能思同与异，能思全体与部份、必然与偶然等，同不可转为以此同异因
果等论说此主体之事。吾人以此等等，论说此主体，皆是以末观本，以
流观原，而为本末颠倒，原流混杂之论。亦无不可由此诸范畴之为两两
相对，而其义相对反，以导致矛盾之论。于此，人若只在流上观流，则
虽亦同可见有此对反矛盾，然人可顺此对反矛盾而转，以自形成一思想
之漩流，亦可开拓思想境界。如在柏拉图之帕门尼德斯，可由对"一"
之概念范畴，更思此一之是与不是，而引人之思想，以至于对同异，相
似不相似，全体部份等范畴之思想，而开拓思想境界。在黑格耳逻辑
中，由对有之思想，而引至无，与变化之范畴之思想，再至对一与多，
以及一切抽象普遍之范畴之思想，亦足使人由简至繁，以开拓思想境界
是也。在柏拉图之帕门尼德斯中，吾人可由"一是"中之"一"异于
"是"，即出异之范畴。由一同于一，是同于是，即出同之范畴。合观
"一是"，是"全"，分观为"一"与"是"，各为此全之一"分"，则出
"全""分"之范畴。在黑格耳之逻辑中，吾人可由有之初为纯有，无特
殊之规定，而无以异于无，人即可由思有之范畴而思及无之范畴。吾人
又可由思由有至无，与由无至有，以思及变化之范畴。此种由一范畴之
思想，引至另一范畴之思想，初学者似甚感困难。然既习其思路，实亦
甚易。其由简引而出繁来，不可以为此乃犯前提不足推结论之误，以其
本非一般之逻辑推论故；亦不可以为只是思想之魔术，而无中生有，以
无中不能生有故。此种思想之由一范畴，可引致其他，而使思想亦由简
至繁，唯由吾人之思想在其流行之历程中，原有次第流行之理路，此即
为其所表现运用之范畴。此思想之自思想其自身之流行，即于原有之思
想之流行之上，更增一思想之流行，而可有此流行之新理路、新范畴之
出现。此思想之自思想其流行，即于流上加一流，而造成一思想之流之
自流，以成一思想之漩流。漩上加漩，则似可极其复杂。然其中亦一一
自有理路，故人可循其理路，而加以理解。然此种思想之漩流，以至漩
上加漩，无论如何复杂，皆仍只是思想之流行以后事。此中之一切范畴
之次第累叠而出，只原于此流行而有，亦皆不足以倒说此思想所自出之
本原之心灵生命存在主体之自身。若以此倒说此主体之自身，仍必造成

矛盾。由此矛盾之必不可免，而黑格耳遂谓此心灵生命存在之自身，原具内在矛盾。此乃一既将本末倒置，原流混杂，而无可逃于此矛盾之外，遂以此矛盾为固然之说。实则若此主体自始即具内在矛盾，即自始不能存在。人谓此思想之本原，即具内在矛盾，乃是由思想之流行以后，见其中恒有相对相反之范畴之出现，可成矛盾，遂本之以逆推此思想之本原，所成之说。于此，若只将本末原流，分别而观，则此思想流行中之相对相反范畴之出现，皆更迭出现，则初不必见有矛盾，而自此流行之原而观，则其所出之流中，虽有此相对相反之范畴之出现，此乃思想所用以思彼一般经验中之活动与境物者，而初非用以思想此思想自身所自出之原者。于此吾人只须不以流中更迭出现者，先并列而观，更倒说其原，则不致导致矛盾之论，亦无谓此原中即具有内在矛盾之必要。人既倒说之而导致矛盾之论之后，正当由此以知此由流观原之思想方式，原非当有，以使此矛盾之论不得生，而唯以成此思想之顺流为事，方合于思想之理性化之要求。今欲使思想合于此理性化之要求，则于一切由思想之流行而显之理路与范畴，即当知其皆无一可用之于为此思想之主体之心灵生命存在；若其用之，此主体即皆可不受，而拒斥否定此范畴等之用之于上。故人于此若以一说此主体为一，当更说主体非一；若以多说此主体，亦当更说主体非多；以至非同非异，非全非分，非有非无，非必然非偶然等。人之用任何普遍范畴，以说此主体者，无不当更加一非字，以遮拨之，如吾人之以任何经验中之喜怒哀乐，视听言动等，说此主体者，无不可更说其非此一切。此主体自是能有此喜怒哀乐，视听言动之一般活动，亦如其在思想之活动中，能表现运用种种范畴。然凡此一切，皆此主体之活动中事，活动之流行中事，即此主体之用上事。此主体自为其用之原、用之本，此用只为其末其流。吾人即不可颠倒本末，混杂原流，以用中事说此主体；若说亦必更以加一非字，以更否定之。此即人对此生命存在心灵之主体，所以可有种种"说其如何如何，更说其非此如何如何"，以见此主体"不与此吾人所用以说之、思之万法为侣"之种种玄思之出现也。

二、主体之超越及内在于其"用"之积极与消极之二义，及其用之有限与无限，及境之顺逆，与主体之升降

　　此上文之说此生命存在心灵主体之不可以其用中事说之，只可彰显

此主体之独特的"超越其所表现之活动之用，亦超越此活动之用中出现之思想范畴，以及一切境物"之超越意义。然只说此超越意义，又毕竟不足。其所以不足，在此主体之超越意义，乃初由其所表现之活动之可更迭而见，则亦不能全离此更迭而说。如吾人上文说此主体，不能以喜说之，以其可无喜而怒、或哀、或乐故。此主体不能以视说之，以其可无视而听、或言、或动故。此主体不能以一说之，以其可不思一而思多故；亦不能以多说之，以其可不思多而思一故。然此中吾人之言其可无某活动，乃根据其有他活动。若其不能有他活动，则亦不能说其可无某活动。由此一一活动，此主体皆可无之，固可说此主体有超越任一活动之义。然其无此，乃以有彼，则此主体虽有超越任何活动之超越意义，而实无超越一切活动之超越意义。因其不能全无一切活动故。若其全无一切活动，则亦不能本一活动，以超越一活动，而亦无超越活动之超越意义可说矣。

由此主体之有超越意义，即在其本一活动，以超越另一活动，故此主体之超越意义，初即显于其活动之前后相继之中，亦即在其活动之前隐后显，前屈后伸，前退后进之中，而不在其上、或其下、其外。由此活动之显隐、伸屈、进退，见此主体之活动，亦见此主体之用。依此而可说此主体必不能离用。此所谓主体不能离用，非说其不能离任一特定之用，只是不能离一切用。此主体所显之用，恒可两两相对而观。对此相对者之二之任一，此主体皆可离，然离此恒有彼，或有相对者之另一。而此显隐、伸屈、进退之本身，即可说为此主体所具之相对之二用、或二活动。如任一经验活动之屈退而隐，便是此主体之一积极活动之用之屈退而隐。此屈退而隐，则可称为其消极之用、或消极之活动。若说前者是由体呈用之用，后者即是由用返体之用。既已返体，自不可说用；若体未呈用，亦不可说用，而只可说为一超越意义之体。然在体之呈用之呈处看，用之返体之返处看，仍可说用。若体不呈用，则无用之返体；无用之返体，亦不见有能超越其所呈之用，而具超越意义之体。故体之超越意义，必透过体之呈其积极意义与消极意义之二用之转易，而后见，亦即必透过此二用之前后继起之中间而显，而此体，即必须兼为内于此二用之中之体。此非谓此体内在于此二用，便无超越意义。今只是说其超越意义，即内在于此二用而显，而同时有此内在之意义；亦见只说其具超越任一特定之用之超越意义，其义尚未完足而已。

吾人上说此主体所具之超越意义，即显于其用之前后相继之中，因而亦具内在意义；由此可更进而说，此体亦内在于其前前后后之一切用，一切活动之中。而此或前或后之任一用、任一活动中，无不见有此体之内在其中。此即于任何相对为前后之二用之一中，无不见有此体之在。如前进是此体之进，后退是此体之退；前伸是其伸，后屈是其屈，处处皆见一体用之浑合，而即用皆可见体。此亦是人思此体用之问题，必可归至之一义。如人之一颦一笑，皆可说为人之全体，在此颦中，在此笑中，如狮子搏兔，乃以全力搏兔。全体之狮在搏兔时，皆在搏兔之事中。海扬一波，即全海之体，皆在扬此波之用中也。

然此上之体用浑合之论，虽似极圆融，又实宜先有一分疏。因所谓即用可以见体，乃自用之显而能隐，进而能退，伸而后屈处，以见有具超越意义之体；而非只透过一用之显，或伸进之用，即可顺此用以见体。要说顺用见体，必先知有体，方可顺用见体。若人先未知有体，则以用观体，可不见体，而只见用。如见人之颦笑，亦可说除此人颦笑之事外，并无人之全体，在此颦笑。见狮子搏兔，亦可说除此狮子搏兔之事外，并无狮子之全体，在此搏兔。见海扬波，亦可说海只是波波之和，此外无大海为波之体。于此便须知：人实初并不能于一波见有大海为体，唯于：海既升波而波进，更见此波之降而退，而另一波再升而进之时，观此中之升降进退之际，方能知波以海为体。因以若无此海，则前波既降，后波不应起故；后波不同前波，不能以前波为因故。若前波即海，则前波降时，既无波，应亦无海，只有一片空无，而空无中不能更起一波故。无中生有，不可理解故。若无中可生有，则无中可生一切，不必只再生一波故。人唯缘此措思，见后波继前波起，方谓当后波未起，而前波沉之际，波底有海，为后波所自生之体。故人之谓此海体之有，初唯由其有超越于前波后波之为波之一超越意义，而被视为有。唯在既视为有之后，方可说前波后波，皆依海体有，而谓一波亦海体之全体显用。实则谓一波亦海体全体显用，乃缘人于前后之波之升降进退之际，见得海体之超越意义以后，而更有之第二义以下之义。以此例推一切体义之所以立，皆同当以于其前后之用中见得此体之超越意义，为先、为本，而不能以此体用浑合圆融之义为先为本也。

但人之知此体之超越意义，当为先为本者，又恒有一说，亦可导致偏见。此说乃有见于此体之表现特定之用，此用皆有限，而此体不限于此特定之用，而可超越其任何有限极之表现，即当称之为无限；人遂谓其所有之任何特定之表现，乃此本无限极之体之自降落，自局限，以成此有限极之特定表现。更谓其所以于一表现之后，而超越此表现，另有其他之表现，唯是其自降落之后，再求升起，以由局限拔出，而反本还原，回至其原来之无限。由此以说，人之生于世间，即降落至世间。其一颦，即降落入此颦，其一笑，即降落入此笑。以及一言一动一视一听，任何一人生之活动，皆是其主体自降落，自局限，以成此特定有限之活动，而与其自身原来之无限，相反相违。此即成一矛盾，而人即必求超越之，以反本还原。然欲致此超越，则又还须以另一活动为媒，如欲超越其颦，待于一笑。由此而人生之一一活动，即相续无已。然其目标，唯在超越此一切有限定之活动，以反本还原。则人若能直下于已有之活动加以超越，使之反本还原，不待继起之活动，方成其超越，应为更善，如息波入海，更不扬波。大约小乘之佛学之向慕，即在此。一切专务至虚守静之神秘主义，亦多向慕在此。宗教家之以人之存在，原自上帝，亦是以一无限之上帝为本，而视人为由此无限者之自局限其功能，所创出之有限物。而此有限物，亦恒欲反原，重归此无限者之怀，便是天堂所在，得人生究竟。凡此诸思路，皆出自一型。然此类之说，其起点皆在将人之生命存在，心灵主体之所已表现之活动之有限，与其所能表现者之无此限，加以对观，而视此后者为前者之反，方见二者有一矛盾，而有其后之说。然此人之生命存在心灵之主体之一表现之为有限，是否即可只视此主体之一自降落，自局限，而成之一反，亦大有问题。说其是降落，乃将此主体，与其此活动，视作上下层而观。然此主体，初乃由于其前后活动之更迭之交之际所见得，而位于其中，则不能视此主体定在其活动之上层。此主体与其活动之关系，可说只是一内外之关系，而非一上下之关系。若说上下，则凡此主体所已表现之活动，皆可说在其下。然其未表现之活动，乃此主体之所欲表现，即其所向往，便亦可说在其上。实则此主体所已表现或未表现者，皆内在于此主体之次第表现于外者之中，则可不说上下，只说内外。此内之表现于外，便不可说是降落。此内之表现于外，以成一一特定活动，固一一皆有限。然此有限，唯自此诸特定活动之不同，其义有别，而互相限定处说。至此活动之自对其所向之境而进行，此境未必即有限，而可是无限。此是第一义。又此一一特定活动，分别而观，其积极意义，固皆有限。然自其消极意义而观，则一活动可遮拨此外之一切活动之生起，此消极意义亦是无限。此是第二义。依此二义，则此一一特定活动之相继生起，其以后继前，即以后之一有限，破前之一有限。合而观此一一特定活动之流行，如波波相继，即波波自破其有限，而人可不见此一一之波，而唯见一水之流行。此即喻：唯见此主体之显于其所表现之相继活动中，或相继之用中。则其所表现之一一特定之活动，初不为此主体之限，亦不能说其所有之此一一之表现，为此主体自身之一一局限。因在此一一局限之相继中，一一局限，皆相继自破故。若说此中前局限破，后局限生，如头出头没，此主体终落在其后之一局限中。此言自有一至理。但此主体之超越意义，乃在此前后之有局限之特定活动之交之际见；此主体之位，即在此前后之活动之交之际。则此主体，亦可通观此前后，而既以在后者破在前者之局限，亦以在前者破在后者之局限。如以笑忘颦，以颦忘笑，而知得此主体能颦能笑，亦非笑非颦，以为此颦笑之主体。则颦或笑之有其局限，固不足以限此主体之颦笑自如而无碍也。此中，人于颦笑中识主体，不须不颦不笑，以反本还原，而可即于颦笑之末之流中，见此能颦笑自如之主体，澈于此颦笑之活动或用之相对，而亦相销相泯之中。则此流中自见有原，此末中自见有本。此颦笑之各为有限，即表现此主体之为无此限之无限。此固非谓人皆实已如是识本体，然人固亦皆可能如是以识本体也。此是第三义。合此上之三义，则人固不可说人之生命存在心灵之主体，有其一一特定之活动，便是此主体之降落自局限；而亦不能说必一往超越此一一特定活动，而息波入海，方能超升，而破此局限，以反本归原也。

但吾人欲穷此中之义，亦复当承认此人之生命存在心灵之主体，有其特定之活动之表现时，此特定之活动，即一可依其自身之有限性，以化为吾人之主体之一局限、一束缚、一桎梏之可能。此可能，非一必然。因人可循上文所述之道，以使其一一特定活动，前后相销相泯，以使其局限互破，而不成局限故。然人之有一特定活动，亦可更忘其前其后之其他活动，而只顺此特定活动，而向前进行，以向于其境。当其境非一可开拓至无限之境，而为一特定有限之境，而此特定有限之境，又非能阻止此特定活动之一往进行之情形下；则此特定有限之活动，即向于一封闭之境。此活动之特定有限性，与此封闭之境之特定有限性，二者相互为用，则足形成此活动之自局限于此境之中，以转而局限发出此活动之生命存在心灵之主体之自身；亦将此主体之用，与此主体之自身，亦如封闭于此境此活动之中，而如加以一束缚、一桎梏，以至如一主体所不能自拔之一因牢，一天罗地网，使此主体欲升起而不能。此即形成此主体之一真实之降落。此则正为吾人之日常生活之情形。凡非成圣之人，其生活中，亦皆不能无此一义之降落，而其生命存在与心灵，皆不免有其桎梏、束缚，亦皆在一大大小小之囚牢，或天罗地网中也。

此一主体之降落历程，其初只缘于人之有种种特定之感觉活动，而有所感觉之特定境之外在的经验，与对其此感觉活动之反观，而有之此活动为如何之内在的经验后，即更以此内在的经验所规定之生命存在心灵，为其个体自我，以此外在的经验中之特定境所规定者，为其世界。更依其次第经验，将此世界中之一一事物，亦各视为一个体事物，与此个体自我，相对并存于一万物散殊之世界。再依其生命存在心灵中，所发出之其他活动之所向与所求之类，对万物之类，加以取舍，以有其生活上之目的，而更以其他类之行为，与其他境物为手段，以达其目的。此中，人之自依类而取舍，即更导人之活动，以向于某类之境。凡一类之活动与境，皆可更分类以至无穷，而人之向于一类之境之一类之活动，即可自结成一系统。此系统自其内部而观，皆似可无限地增多其内容，若可开展至无限，以为原来亦具无限性之生命存在心灵之主体活动之所寄托于其中，以成其无限之进行者。此即为此主体之作茧自缚，自投罗网之始。此处，若人之活动之进行，遇境之阻碍，人亦可变其活动之方向，亦拆散其先之网罗，便可导致其主体之由降落而升进。但若其境与其活动之所向所求者相顺，则其活动即必顺其自身所属之类，以更向于此同类之境而降落，而作茧愈多，所投之网罗愈密，而愈不容其自拔。故对人之主体之升进而言，凡顺境，初皆使人陷溺于其境，而使人降落于其境者；凡逆境，初皆使人超离于其境，而开其自此境更升进之机者。然逆境若过逆，而人之智慧不知所以升进之道，亦可使其活动要求，压伏郁结于中而不化，以自成一生命中之封闭之结核。则逆中须亦有顺，方可解此封闭之结核，而使其生命存在与心灵，有通达于外之道路，以成其升进。故此顺境逆境之是否能助人之升进，乃以人受之之时，与所以处之之智慧，而万变不齐。人之是否能善用此境以成其升进，亦以此受之之时机与智慧之机而定。若不当机，则亦皆可使人日益沉沦降落；若在当机，则皆可助人升进。唯大率言之，则顺境逆境宜兼有，而皆不过度。则二者可相辅为用，而人可外不陷溺于顺境，内不以逆境致郁结。人之善用此顺逆境，必与人之智慧之能知升进之道俱行。此顺逆之境之过度与否，非人所能预知，人亦未必有智慧以知升进之道；则人之一生，其与境任运而转，忽顺忽逆，而顺皆成其陷溺，逆则致其郁结，其生命存在与心灵，即降落时多，升进时少。此即吾人日常生活之情形也。

三、知识概念之运用对生命升降之诸义
及自觉心之陷落之几

在人之活动与境相接，而陷溺于一类之活动，与一类之境中之物之情形下，人即有佛家所谓自执其活动之类，与境物之类之俱生我执，与分别我执。如前于第九部中所论及。在人有分别我执时，亦有分别法执。此分别之我执、法执，除凭借一般之经验事物之类概念而进行，以分别我与其所对之诸境物之外；亦依种种抽象普遍之概念，如同异、一多、相似不相似，全体部份、因果、必然偶然等而进行。此中如人于顺境，视之为同于人之所望而为同；于逆境，则视之为异。同则可说为一，异则更可说为多。一中之多，合为一全，如顺境与人所望，合为一全。此全中之多，则一一相对，各为一分，如顺境为一分，人之所望为一分。一全与其外者相对，亦各为一分，其上又有合此分之全。人以有所望为因，则达所望之事为果。以此求达所望之事，为因；则实得所望，又为果。能达所望之能，为可能；既达，为现实。现实之可有可无者，为偶然；有而不可无，无而不可有者，为必然。则此一多、同异、全分等抽象普遍之概念，原为人用之以思想论述其一切活动与境物之范畴，而人在于一类之活动或境物有所陷溺之情形下，此人之思想之缘此诸概念范畴而进行，即可助成人之种种分别我执，与分别法执，以使人更自觉的执着其所求所望或活动之目的，与达目的之手段行为，及所对之境物之类，与类中之个体事物者。此中，人若更有种种对此活动行为，与境物之类，及其中之个体事物之知识，亦可增其分别执。人之为哲学者，若依此活动境物之类，及对此抽象范畴之思索，而形成一哲学上之宇宙观，或知识论，如谓宇宙中唯物质类之物为真实，或唯生物类之物为真实，或专自一切物之同于其所执者观，或专自一切物之异于其所执者观，皆可增人之分别执；而人乃唯物质是求，或唯生物之欲望是遂；而对同于所欲者，则起贪，对异于所欲者，则起嗔等。人之哲学上之偏见邪见，以其皆自谓为绝对而普遍之真理，则其与人之分别执相结，即使人执见牢固，而不容自拔矣。

然此中人之有此经验事物之类概念，与抽象普遍之概念范畴，以及有对种种活动境物之类之知识，以及有种种哲学思想之形成，亦非必然

与人之分别我执法执相结者。在一情形下，此亦皆可助人自其分别执中拔出，或自其活动及其所对之境物之陷溺中拔出，而使其生命存在与心灵自降落中升进者。此亦有三义可说。其一义是将此诸概念知识思想等，皆自其消极意义以观，或对之作一消极的运用。此即如说同以见其非异，则知物之同于己之所欲，可去嗔。说异以见其非同，则知物之异于己之所欲，可去贪。说唯物质为真实，乃所以见一般之主观之心之外有物，以去只知有主观之心之蔽。说唯生物为真实，乃所以见物非皆无生物，以去只知有无生物之蔽。一切其余知识之求，若皆意在消极的去其已有之知识之限制，则一切知识无不可有使人自其原所执着陷溺中超升，原降落之处拔起之用。此一义也。其次，则若人于此一切概念知识思想，皆只用以为人之活动沿之以向前伸展，而通达于更广大之境物之轨道桥梁，则此一切概念知识思想之有普遍意义者，皆所以助人自拔于一特殊之所执，以至于较其所执之特殊之一更广大之境。此第二义也。再其次，则人之一切概念知识思想之形成，皆可更有与之相对相异，而亦相反之概念知识思想之形成。则人之兼持此两相对者，而居其中之心灵，可同时自觉的或不自觉的，以此破人对彼之执，以彼破人对此之执。如人既思二物之同，又思二物之异。而以异破同之执，以同破异之执，则可于同异兼知，而皆无执。此兼知此同异之心，既有同有异，存于其中，即非同所能尽，亦非异所能尽，而其自体亦非同非异。此外，人于一切概念知识，只须知其对此为真，对彼为假，而兼知其能真能假，亦皆可只观照此概念知识之如是如是而不执，更于其真处则存之，于其假处则废之；而知存者之可废，废者之可存，而见此存废相对之义，亦可使人于其存废，皆无执。吾人前论观照凌虚境中，尝谓人在文学艺术数学几何学之境中时，于一切境相，若不用以成对实际境物之判断，则皆可只观照其意义以成境。其中皆不可说有执。若用之以判断实际境物，则可成执。然人所成之判断，可对一实际境物为真者，亦可对另一实际境物为假。则此判断，亦可存可废。而以此存废之义，相对而观，亦同可使人于任何判断无执。则人于散殊万物之个体与其种类，真知其有亦可无，可存亦可亡；于一切所怀之主观目的，真知其可达可不达；于用以达此目的之手段，知其可成可败，而可用可不用，而可存可废；亦皆可使人于兼此有无存亡或存废之义以观之时，对之无执，而不致知进而不知退，知存而不知亡，以至于其生命存在与心灵之陷溺降落于此中之一特定之活动境物中者也。此第三义也。

此上说人之一般概念知识思想，可助成人之分别执，亦助成人之陷溺降落；然在三义上，亦可助成人之自此执超拔，而自陷溺降落中拔起。故人之用之，毕竟属前者，或属后者，则亦初随机而定，亦视人用之之智慧而定。故此概念、知识、思想等，固非必然使人降落，亦非必然使人升进。无论宗教家之谓：人以有知识而其生命存在遂降落，或世之学者与哲学家之谓人有知识，则其生命存在，即必日益升进，皆不可说。自哲学上言，则人欲成其生命存在之升进，则首赖于有一以自觉心灵，统此一切概念思想知识之哲学。人有此一哲学，即更助成其自觉心灵之恒居于统此一切概念思想知识之地位，而对此一切概念等，自由地平等地，加以运用，而存之或废之；亦知其皆可存可废，而不以之自限。此自觉心灵，又不只可统此概念知识思想等，亦可于其自觉吾人相继而生之其他活动时，自觉此诸活动与其所对之境物之相继而现；并可以一切可能有之活动与境物，视之为其自身之可能的所对，亦表现其自觉之能之所在。由此而本此人之自觉心灵，以观人之一切活动，与其所对境物，即皆可通之为一体；而整个之人生宇宙，皆可视为此自觉心灵所感、所知、所觉之境。此即哲学中唯心论所以为人之循哲学之路，以求其生命存在心灵之超拔升进，恒必经之一关之故也。

然吾人上文说，此自觉的心灵之可通一切人生宇宙为一体而成之唯心论，为人循哲学之路，以求升进，所必经之一关云云，亦须首自其消极意义理解，方见此一哲学之用。所谓自消极意义理解，即自此哲学，乃由其下层之哲学，如只知经验事物之哲学，或只知抽象普遍之概念范畴等之哲学中，超拔而出处去理解；方可见此哲学之用，可使人自见其自觉的心灵之昭临于此一般之经验事物等之上，而其升进之所向之前境，亦即可次第开展于前。然若吾人不自此消极意义理解此一哲学，而只自此自觉心灵之可统括一般经验事物，以及一切概念知识思想于其下，而俯视之，则此自觉的心灵，将唯以自观其所统率者为事。此自观之事，亦可转而为一自执其所统率之全体，而成一大我执，亦形成一大傲慢，大骄矜。此自觉的心灵，可将其一切所觉，皆统率于其下，即对其自己之继续自觉之历程之本身，亦可在上一层次中，再加以自觉，以使之成为我所自觉。于他人之一切表现，无论其是否原于他人之自觉心，亦皆可只视之为我之所自觉。即由我之理性，而"知他人有自觉心，亦能如我之能继续自觉"之后，我亦可说此皆不出于我之"能顺理性以知他人之有自觉心之继续"之一自觉心之外。而此自觉心，即成唯我主义者之自觉心，而足以成为一最高级之大我执，而亦为一大傲慢、大骄矜之媒矣。然此唯我主义者之自觉心，仍终必与其理性相矛盾。此即由于人之自觉心，无论如何向上翻升，人依其理性，人仍须肯定他人亦能有同样之向上翻升。即依理性，人不能不肯定此我之自觉心之向上翻升之事，为一可普遍化之事，即为一与我有同样之理性者，所同能有之事。由此而人之顺其理性以思，即必然须肯定，此我之自觉心之向上翻升之事之外，他人亦有此与我同类之事，而须肯定此他人之同类之事，为我之此事之一限制。诚然，人在已发展出此能向上翻升之自觉心时，人亦可自陷于此向上翻升之事之本身，而不肯接受此限制。于此，人即可有一将其自己之自觉心，向上升起，以为一能觉，而将此外之其他之能觉，只视为我之能觉之一所觉之一趋向或要求。如人恒欲知他人心之一切秘密，即此人之欲将他人之心，只化为所觉之一趋向要求之表现。极权之政治家，欲以一特务系统，探一切人民之秘密，亦是其心灵中有此一要求之表现。此在今之存在主义哲学家，如沙特，即称之为人之争为主体，而化他人为客体之一性向，并以此人之互争为主体，而欲化他人为客体，即人与人之根本上的生死斗争，乃永无道加以解决者。吾人于此亦可说，若人只求其自觉心之向上翻升，以化他人之自觉为所觉，此确必形成人与人之生死斗争，此如两蛇之头，皆向上升时，各欲居另一蛇头之上。然谓其永无解决之道，则未必然。因人之自觉心，依理性而知。人毕竟能知他人与我可有同类之事，而即以他人之同类之事，限制其自己，以更平等观人我。而人能知：人与我之互争为主体之一知，即已是平等观此人我之主体之一知，而其知人之主体之在我之主体外，即已是对我之主体，与以一限制。故人之自觉心其依理性而知人我之自觉心，皆同能有向上翻升之一类之事时，亦同时是一能限制其自己之自觉心也。

人之自觉心，固可于知人我之自觉心，皆能向上翻升时，而限制其自己。但只知限制自己之知，并不必然实达一限制其自我之果。因此知限制自己之知，还可更自动浮起，而以其所知之限制，属于其自觉心之下；则此自觉心之知此限制，仍可自谓不受限，而仍自浮冒膨胀于此限制之外，以成一大傲慢，大骄矜。此中，人欲由知限制，以实达其限制自我之果，则唯有在与人有实际生活之相接，更有一道德实践时，然后可能。

四、道德宗教生活中之升降之几及神心、佛心，与人之本心之异义与同义

依吾人于道德实践境中所说，人在实际生活上与人相接，初乃通过一般之感觉与身体之动作反应，以与人相接，而由对他人之实际存在与其行为动作之感觉，直感他人之心灵之存在。此即可使我直下超出于对我自己之执着之外，而不只本我之自觉心，以向上翻升，以至于他人之自我与其自觉之上者。此即可使我与他人在实际生活中，共立于一平地上，以平等的相遇，而成就我与人之心之感通。我心之自觉，即可顺此感通之历程，亦内在于此感通之历程，而与之俱行，更不冒举翻升于其上；以将此感通之活动，及所感通之他人，只视为此自觉之所对；而使此自觉之心，不致由此冒举翻升，而化为一高级之我执、或大傲慢、大骄矜者。人之正冒举翻升之自觉心，于此能自动的向下或平下，即为一真实之谦卑。此谦卑，同时使人之自觉心之智慧之光辉，向内凹进，而若愚若昏，此即中国道家如老子之所重。此谦卑之极，可至视其自己一无所有，即其对人之感通之事，皆若非其自力所致，其所赖以结人我为一体之扶助与爱心，亦非其自力所致。由此而人可于其心中所继续出现之此爱心等，即皆可视之为由天而降至我心者。此爱心之继续降临，即见此从天而降之爱心，自有其无穷而不竭之根原，即见此天之为一无穷的爱心，或具无穷爱心之神。于此吾人若自谓其心为有个体人格之心，则此神亦有一神格，而为个体之人格神，如在西方宗教思想。若吾人不自谓其心，为一有个体人格之心，则此神亦无所谓神格，亦可不称为人格神，而只是具无穷爱心之天心，如在若干东方宗教思想。此二者皆可说，不须多所争辩。要之，此神或天心，神心，不只超越于一无所有之我，亦超越于他人，以为通贯统一此中之我、与他人者。此即可直接引人循道德实践中之理性，以至于吾人前所谓归向神灵之心灵境界，为吾人前文所未能说及者。人在为此爱心，而至于牺牲其平日生活中所执之自我，其心灵即为此爱心等所充满，亦为此神灵所充满地降临，而其平日生活中之生命之死亡，亦即同时使其生命，同一于神灵，而得永生。此人之知有此超越于人之自觉心之一切向上翻升之事之上，之超越的神灵心，而对之皈依信仰，即所以导人之心灵，更向上升进之途，而完成人之一般之道德实践之功者也。

　　然此人之对此超越的神灵心之皈依信仰之意义，亦初只须自其能化除销泯人由其自觉心之可向上翻升所成之大我执处，去理解。人若无此由自觉心所化出之大我执者，亦非必须信仰此超越的神灵心，以使人之自觉心，自降下，以有一谦卑之极，至于视其自己，如一无所有。盖此一无所有，必归在使其心为神灵所充满。在此充满处看，此心与神灵，即不得为二；而人之自求为神灵所充满，亦当视为出于心之本性之所要求。此神灵之充满，即亦只是此心之自求尽其性之事；而此神灵之心，即当可说为即吾人之心之本心。此神灵之充满，使此神灵之德，为人心之德，亦即不外使神灵或天之德，流行于人心，亦同时使人之本心之德流行于其当下之心，而此亦只是人之自行于此流行之道之中，以自成其德之道德实践之事。依此而言，一般之宗教信仰之生活，虽可高于一般之道德实践一层位，然仍只属于吾人所谓天德流行之道德实践中之一事而已。

　　复次，人之有一对超越的神灵之信仰皈依，固有一化除销泯人之我执之用，而对我执深重之一般西方人与印度人，更为必须。然此一信仰，是否必然能降伏人之我执，亦视人之信仰之是否真诚而定。在人之信仰中，此信仰之所对之超越之神灵，与信仰者之我执，恒合以形成一上下抗衡争斗之情形，类体育器械中之哑铃球。此中，若超越神灵之信仰增笃；神灵日充大，则我执减小。若我执增强增大，则神灵之信仰减弱，而神灵亦缩小，而人之我执，即可转而执此神灵，并隶属之于我，而更自膨胀。此于前文我法二空境中，亦及其义。西方宗教徒之信神灵自居者，恒以其残杀异端，为奉上帝之意旨是也。此外，人之信超越的神灵者，其我执，亦可将其自我超升之责任，皆交付与超越的神灵之赐恩，而自视为无责。以其自己原无所有，则亦无责任，一切责任，即唯在神灵之赐恩故。然此一念，即助长其懈怠，亦加深其堕落。此一念，则又根于人之视超越的神灵，在其自己之外，而又无信仰之真诚之故。然此真诚，则只能出于人自己之心性，而不能出于神灵。在人无真诚之情形下，人愈信神灵之超越，则神灵愈远走而高飞。此只求得救于神灵之一念，又足阻其别求其生命存在心灵之升进之路，亦不知其自己之真诚，为其升进与降落之决定的关键。于是此求得救于神灵之念，与一切宗教之信仰中之教条、宗教之仪式，皆可成为阻止人别求升进之路之大桎梏、大束缚，而助成人之堕落至无底之心灵的地狱之中者。此大约即现代之信神灵之宗教所处之情势。如杞克果等，能见及此真诚之重要，可谓已知此中问题所在。然彼只由此更强调此神灵之超越性，以加深此神灵与人心间之距离、与其间深渊之存在，则亦唯有归于自分裂其心灵，于此深渊之两边，至于其心灵与生命存在之破裂崩溃而已。此则由其虽知真诚之为连接神人之媒，而不知此连接，必待知神灵即人之本心，然后成为可能，而以此真诚连接，必归于见人之本心即天心神心，而皆属于此一诚之流行，然后已。此即由其慧解不足之故也。

以宗教性之慧解言，只信超越的神灵之教，实远不足与佛教相比。其故在超越的神灵之教，所以有宗教道德意义，原在其信仰超越的大心灵之大我，以破人之心灵中之小我执，而代之。此在人有真诚之信仰者，亦确可由此以有其心灵之升进。然此一信仰，不必然与真诚相连；因此真诚出自能信仰者，非来自所信仰者；故亦不能必然化除人之我执。因此我执即可执此神灵，为我所有，以自澎涨故。此我执，亦在所信仰之神灵之外，而出于能执之我。此能执之我，可无所不执，以使之属我，神灵亦可为所执也。故此信超越神灵之教，可有宗教道德意义，而非必然有，只为偶然有。然对人初欲自其小我执中拔出者，使其先信仰一大心灵之大我，其能、其智，远超于彼小我之心灵，亦自有一用。故依佛教义，亦可容许此信超越神灵之教。如宗密所谓人天教中之天神教，弘法所谓婴童无畏心所信之教，皆可为一般人所信之一教是也。但此信超越神灵者，不知人既信超越神灵之后，此我执之执其所信，而离其原始之信仰之真诚之种种蔽①害，即可使其原具之宗教道德意义，完全变质。吾人今见此意义只为偶有，而非必有之后，即可见及佛教之慧解之高处。此高处，在求对人之我执，直接正破，而不只假借一超越神灵之信仰，以间接旁破。此即佛家内破我执，外破法执之教。于此神灵，如视为我之外，则是法执，视为我所有，即是我执。此皆须破。破神灵，而人之法我执之事自销，而将得救之事，唯待神灵之赐恩之懈怠心，亦不得起。一切依此信仰而有之教条，凡足以阻止人别求一生命存在心灵之升进之道路，皆可加以扫除。此即使人转而有一信自力之教，以代此信神灵之信他力之教。此一佛教之胜义，则归在对生命存在心灵之自有其无漏种、自有其佛性、佛心、或如来藏心之肯定与信仰。此佛性、佛心，唯以人有种种我法之执障，而不得显。故人能破执障，与化除缘执障而有之一切染污罪恶之行，则此佛性佛心，即可由解脱此执障

---

① "蔽"，疑作"弊"。

与染污罪恶，而全部彰显，放大光明，具大智慧，有大功德，以普度有情，以成一永恒、无限、具全德全知全能之生命存在心灵。此即无异于谓一神教所信之无限、永恒，具全德、全知、全能之神灵或神体，即自始存于一切有情生命之内部底层，以为其原始具有之神圣心体；而信一切有情，皆有由去其执障染污，以成圣而同神，以彰显此一神圣心体之教也。

依一神教之思想，以一切人与其他有情生命，终不能同于绝对之神，永不能成无限、永恒、全德、全知、全能之神，又言人与其他有情生命，亦不能有同一于神之心性。然此实与其神爱依其形象所造之人，而其爱为全爱之说，自相矛盾。因爱以施与为性，人之爱人，至于其极，可于己之所有，望人皆有之，亦即将此己之所有，全部施与于人。[1]则神若对人之爱，为至极之爱，其爱为全爱，必于其所有，皆望人有之。则若其全知，必施其全知，于其所爱之人；若其有全能、有全德、而无限、永恒，亦必施此全德、全能、无限、永恒于人，以为人之心性之所具有。若其不然，则其爱有限，其爱人之情，有所吝啬，而不肯舍。则其对人之爱，即不能称为全爱。故若神为全爱者，必将其所具之心性，全施与依其形像所造之人，以为其所同具。此非人对神之要求过奢，而是依神之为全爱之一义理，神必然为一情无所吝，而愿施其全部所有所具，于其所最爱之人者也。实则一神教之徒，亦并不能证此神之未尝有此一施与，以使神人之心性，实合一无二。一神教之徒，谓神未尝有此全部之施与者，其证唯在人实际上之为一有限，而暂时有所不知不能，亦有其不善之存在；而人之圣人即至善，亦有所不知不能，其生命之在世之时亦为暂，其一生之心身之活动与其事业仍为有限之故。然实则若人能全善，即全知全能，其生命即无限永恒。神之全知全能永恒无限，亦可只自其全善说。若离此全善，以说神之全能全知，则神亦不能使其能成任意之能，其知为任意之知。任意之能与知，神固亦不能有。如神亦不能使其已为者成为不为，使矛盾者成为存有，亦不知如何使二成非二，使矛盾者成为存有之道。多玛斯谓此乃由矛盾者其自身之不可能，非上帝不能使之存有。[2]此实不必辩。要之，总见上帝之无任意之知与能。依佛家义，则当说此乃矛盾者之自身，不能为存有，乃法尔如是。一切法之相之如是如是，皆法尔如是，非一切佛力与神力，及任何力之所能变。是为法相、法性常住。法尔如是者，只能就其如是，而观其如是，更不可致诘。以一切于此致诘之答，皆只能归于：依如是说其如是故。上帝之全能，不能为坏此法尔如是之任意的全能；其全知，亦不能为使法尔如是者不如是之全知。一神教中上帝之德之真对人有意义者，唯在为其全爱，而为永恒无限之存在或生命。此全爱，则人之成圣者之所能有。人果有全爱，而至于以一切人与有情众生之生命存在，为其自身之生命存在，则此一切生命存在之无限而生生不穷，即其心灵生命存在之无限而无穷；其知即其"所视为己之知"之知，其能即其"所视为己之能"之能。由此一一生命存在之无穷，而出现于天地间之知与能，既为无穷，而圣人之知与能，即亦无穷，而无所谓不全，亦即可说为全知全能。神若可说为全爱，亦只有此义之全知全能。然除此义之全知全能，则于圣人不可说者，于上帝亦同不可说也。于此，因吾人未至于圣人，故不信圣人之有此全爱、全能、全知等义。然吾人虽未至于圣人，亦可一念无私而忘我，以有：浩然与天地同流，感万物皆备于我，观天地与我并生，万物与我为一之一念。即此念以观此念，即是圣人之念。此念中，即有一全爱，亦有一全知全能之义在。则谓人不能如神之有全爱全知全能者，非也。人固有此全爱，以与天地万物为一体。若人外有能全爱之神，人对此神亦能全爱其全爱，此神即必亦全在于人之全爱之中。人神之别，神之超越人，唯在人不能有全爱之处有意义；自人之成圣，或自人之同圣之一念，以观，皆不能有意义，而当说圣即是神。人之能为圣之心性，即其能化同于神，而不见其有二之心性。此即佛教之谓佛力即神力，佛智即神智，佛之生命存在之无限永恒，皆依于其原具一无限永恒之成佛之心性，而更不说其外有神性神心之故。依儒家之义，则于人未至圣人之德处，亦许人说有人德以上之天德、上帝之德之超越于人德之上。然必兼说此天德即性德，天心神心即本心。故人尽性尽心而立命，以成圣，则圣即同于天，同于上帝，而亦视圣如天如帝。故能兼综上述一神教与佛教之二义，其说最为圆融。至其与此二教不同者，则在一神教唯以此神为超越之存有，为人与万物所共依以公有者。而佛教又多以其佛心佛性，为一内在潜隐之存在，初为一一有情所自具而私有者。一显一隐，一公一私，遂成相距。然依一神教之胜义，则人与神觌面相遇时，超越之神必化为内在而属私，如神秘主义之说。依佛教之胜义，佛自以大悲普度为其心性，视众生如子，则内在者亦化为超越而大公，则二义终当交会。依儒家义，则人当下之本性本心，在人未尽之之时，亦是潜隐，而属私，然当人尽心尽性，而全幅显现，则亦必普万物而无私。又人在未能尽心尽性之时，其心性亦非全不显，而必有其显处，而人即可顺其显，以知其隐，而更由隐之能显以观，亦可不见有隐。此本心本性即当下为普万物而无私之心之性，而无异于天心神性。若再自其实尚未全显而有隐处，以观此天心神性，则敬畏之情生，而儒者亦能敬天敬神。然自此人成圣之所全显者，只此本心本性，其全显而成之德，同天德神德言，又必说此圣之同天同神，而与之不二，此所尽得之本心本性，只是原初之一密藏之心性，有如佛心佛性之可视为初潜隐，而密藏于其现有之生命存在之底者。实则此天心神性，本心本性，佛心佛性，皆同依于人观"人之成圣，所根据之有体有用之同一形上实在、或神圣心体"之异相，而有之异名。自下而上，以观其相，见其自身之无隐无潜，即为天心神体。自上而下，以观其相，见其潜隐于现实生命存在之妄执等之底，则为佛心佛性。自外而向内，以观其相，见其具于吾人生命存在之内部而至隐，则为本心本性。然此本心本性虽隐，而未尝无其由隐之显，以普万物而无私，而洋溢其心之德性之德，于上天下地之中，而见此天地，皆如在命我之尽心尽性者。人即可以当下合内外之心境，而通上下之天地，以成其立人极，亦贯天极与地极，而通三才；故得为大中至正之圣教，而可以一神教之接凡愚、佛教之接智者，并为其用，而亦与之并行不悖者也。

五、神圣境界中之一与多之思议与超思议

在信神灵之教与佛教中，同有之一形上学问题，即圣神之是一是多之问题。依一神教，则神是一，一切存在是多。多非一，亦相望以各为一个体，而一一个体之生命存在心灵，终不能皆化同于一神。若皆化同，则成多神，即无唯一之神，以主宰宇宙，则宇宙亦将破裂。至在佛教，则一一有情虽皆可成佛，亦各有其相续不断之修行以成佛之历程，在此历程上看，亦不能不说是多。于一切佛圣毕竟是一是多，则唯识宗说多，华严天台皆说一切佛圣即一即多，非一非多。佛圣之世界，与一切有情之世界，亦相摄相涵，而即一即多，非一非多，此应是圆融究竟之说。盖此一多之概念，本只为吾人理性思想，用以理解一般生活中内外之种种事物，与其活动之概念。由此吾人之理性思想中，有此一多之概念，便以之说此思想之所自出之心灵主体，吾人前即已谓其为本末倒置，原流混杂；说之必导致矛盾，而当归于知其不能说者。吾人之所以谓吾人自己生命存在之心灵，与他人之生命存在心灵之相对为多，乃唯

自此吾人之生命存在心灵，对他人之生命存在心灵，有种种活动，其活动不同类，而亦可由相异而相反相矛盾以说。然在一充量发展之道德心灵中，人可以其道德实践行为，成就人我之心灵之通感，在此通感处，即非多而为一。但此通感，人或有或无。人不能凡有所感，皆通之为一。故人我仍可说相对为多。但若此之我执去除净尽，以成佛圣，则其生命存在心灵，凡有所感，无有不通，而恒感恒通，其感通之量，亦无限极；则其生命存在心灵，即应与其所感通之一切生命存在心灵同体，而无自他之别。若一切佛圣，皆同此无自他之别，则一切佛圣，即亦同体，而无自他之别，便可说非多而为一。然自一一佛圣之所由成而观，则又非一而为多，以其初亦是一般之有情生命故。合此二义，则一切佛圣不能说定是一、定是多，而当说即一即多，非多非一。佛与世间有情，亦不能说定是一、定是多。以佛即昔之有情众生，今之有情众生即未来佛故。此有情众生，固相对为多，然其入圣境，即无此多故，或此多即必化为非多之多故。佛在圣境，与一切佛、一切众生同体，固可说为一。然此圣境，由凡境来，凡境中自有多，则一由多来。此一，即涵具此由非一之多来之义，此一，即涵非一之义之一矣。故若说佛之圣境，只能以即一即多、非多非一说之。佛界与一般有情众生界，其关系亦即一即多，非一非多。自此非多非一之义言，则非思议境，乃不可思议境。此思议其不可思议，即思议之极致。此中自尚可有其他之种种玄义可说。然要之，凡思议之及于思议之原、由思议所成之行、与由行而所证之果，其或在思议之先，或在思议之后者，皆非思议之所能尽。此中之思议之活动之进行，即出于其生命存在心灵之主体之原，而有之思议流行。然由思议之流行，及其他生活行为之流行，而至于成圣果，则皆如江水之流之入于海，而终无流行之可见，亦无流行之轨道，可思可议。一切一般思想中之概念范畴，如一多同异及其他任何概念范畴，即皆与此思议之流行，一齐如泥牛之入海，更无消息。人若必用之，则凡一切相对之概念范畴，无不可兼用而兼泯，而归于言即一即多，非一非多之类。于此，而人欲本其一般之思议之习，谓此一即非多，多即非一，以兴净难；则不知其净难，皆在其下之层次。此亦犹庄子所谓"鷦鹩已翔于寥廓，弋者犹视乎薮泽"之事，徒为大智之所笑而已。

此上所说在佛圣之境，一切诸佛与有情众生，不可说定是多、定是一，亦即不可说定是同、定是异，在西方印度之神灵教之胜义，如在神秘主义之言中，亦有之。然顺此义而说，则神灵教即不能维持其特性，而必将化同于佛教，而失此神灵教之功能。对世俗之人言，因其我执深固，不能直契于佛教之由破执障而显之胜义，亦初宜使其知其小我之心灵之上，有一超越的大我之大心灵。此世界之人果有若干之原始真诚，于此有笃信，亦可助成其生命存在心灵之升进。此义前已屡及。然吾人依上所说，佛之圣境所证，原是一通宇宙为一体之境，而知此境之心，亦可说为一无限永恒之心，此一心即有情众生自始原有之佛心，唯以执障所蔽，故不得显。今更将此一心，离其一切执障，而观其自始原有，亦即在实义上，与一无限永恒之神灵无别。人在堕落之境，而上望此心，如伏井而观井中之天，亦非必不可说其为一超越而在上；而更不见此天，即在身后，为其生命存在原有之佛心，而属于其生命存在心灵之内部。故依佛教义，亦可承认一般神灵教，而一般之神灵教，亦不必皆化同于佛教也。

然此佛教之义，必以破执障为先，其以佛心唯是潜隐深藏，与神灵教之以神灵，唯是超越者，其说虽不同，然皆未能直下于吾人之当下生命存在心灵中，见一当下能感通于其所遇之境之心性之现成在此，而尽性立命，以成贤成圣，使性德流行即天德流行，如儒者之说。此儒者之义，自其高明一面观之，圣人之心亦与天地万物为一体，圣而不可知即神。一切圣人之心，其博厚配地，高明配天，悠久无疆，亦为无限而永恒。东西南北海之圣，千百世之上之圣，千百世之下之圣，心同理同，亦不可说其定是一、定是多。自圣德之成以观，与天德神灵之德，固无二无别。自圣德之所以成以观，则人人自各成其圣德。此与佛教言诸佛圣之非一非多，即一即多者，亦无大殊。此儒家之只言一切上下千古之圣，四海之圣，心同理同，道同德同，与天及神灵，亦德同道同，而不论其为一为多，亦不明说其非一非多，即多即一，则更有一大慧存乎其中。此即在成圣成贤之教中，只重能行于圣贤之境，而不必思其果。佛家必先思境，后思行，更思其果之如何如何，故可有诸佛为一为多之问，佛境与有情众生之境为一为多之问；而人亦即可用此一多等种种概念，以成其玄思。然儒家则要在教人如何行于境，以成贤成圣，而不多论此圣境圣果之毕竟如何；而一切圣毕竟为一为多之问，即根本不生，亦不须有即一即多，非一非多等玄思，以答此问。此儒者之问，要在问人之行于境之道之如何，而非其行此道之后之结果如何；而辨道之邪正、偏中、同异，则为儒者之用思之中心所在。故于一切圣人，只说其心同理同，道同德同，即足。说其有此同，则非定异，亦非定多。圣人同行于一道，以各成其行，亦非定同定一。学者希贤希圣，乃希慕其行于道，以求与之同行于一道，而非希慕其所得之果。此希慕其所得之果，若自其消极意义看，人自可由圣境之广大，以使之自拔于凡境。此即有引人升进之意义。然若只自其积极意义看，亦可使人只希高慕外，而圣境亦可为人之贪欲之所对。故儒者之不多说圣境，不论诸圣之为一为多，亦不多论圣与天或神灵之为一为多，正有大慧存乎其中。盖此一多等，原为吾人之思想用以说一般事物与其活动，本不当用以倒说吾人之思想此原，与其行为生活之所达者。故凡可用诸概念以思议者，终必达于思议一不可思议。前文已及。然世之宗教家必思一不可思议而说之，仍是思议。儒家则专自人之行于境之道上，说道之邪正、偏中、与同异，则并此不可思议之思议亦无。此则似少一玄思；然亦正见其能直下超拔此一切玄思，而直下不于此思议，以直下超思议，而行于非思议境，亦行于非思议所及之不可去思议之当下之行为生活境者也。

依此儒家之义，以论人之感通于境，而成之行为生活，非谓不可存宗教家所言之生命之永恒等信仰，于其心之旁，以消极的破除种种生命中之断见，如吾人上章之所论；亦非谓人有执障时，不当破执。然即人之破执，亦须依于一超越于执障之外之心性之存在。人对此心性之存在，若只视为一潜隐，而不视之为一当下之呈现，而或更自觉其为呈现者，则人之破执之事，亦将以少此一正面之根据，而少功；或一执去而一执起，至同于无功。故儒者必言人有一超佛家所谓执之一善心善性，呈现于吾人之当下之心灵，与生命存在之中，而加以培养，或更加以自觉。人即可于见有执障起时，视此心性，为破执障之所据；而人于不见执障之起时，则只须顺此心性、率此心性、而尽之，顺成之，即可至于贤圣之途。此皆吾前于尽性立命境等章之所论，今可不赘。

六、执两用中之道

于此吾今所当进而略述者，唯是言此儒者之尽性立命之道，在根本上乃一中正而圆融之道。中则不偏，正则不邪，是见中道之体。圆融者于异见同，于多见一，于普遍者见特殊，于有知无，于实知虚。要之为于一切相对者中见其相涵，即于此相涵中见相对者之相融，以成一绝对。是为中道之用。中之不偏，即不偏于一切相对者之一端。正之不邪，即居于此中之两端平衡之位，而得兼观两端之相涵相融。此即执两端而用其中之教。于此，自中与两端之关系而观，则说中统两端，以使在两端之事物，俱有俱立，是一义。以中为彼此两端相澈而相泯之地，使此相对者自相销相泯，而统之之中，亦销亦泯，又是一义。更以此中，统此相销两端一切事物之俱有与俱泯，再是一义。此在佛教之天台宗盖即依第一义，说一切法之有，说假谛；依第二义，说一切法之空，说空谛；依第三义，说一切法之非有非空，即有即空，说中谛。以假谛立一切法，空谛泯一切法，中谛统一切法。更以此中谛与假空相对者，为但中；以中谛与假空二谛，相互圆融者，为不但中。依不但中，而中与假、空，亦相互圆融。华严宗更有总相、别相、同相、异相、成相、坏相之六相圆融，及一多相摄，因果相摄，隐显相摄等之十玄之论。然要皆重在以此言真如法界之理境，与佛智所证之圆融境，而非直就吾人之生命存在心灵当下所在之境而说。然此中国儒者所言之执两用中之境，则在圣境固如是，在吾人当下之生命存在心灵中，亦有如是之境。依此儒家所言之执两用中之义，则此中固有统两端以使两端俱有俱立之义，此两端亦可有相对而相澈相泯之义。然此儒者之所重之用中之道，则要在使两端之相继而次序为用，而使此伸彼屈，此屈彼伸，此显彼隐，此隐彼显，以运转而不穷。此中之用，则要在为此两端之运转之一中枢，而两端不必俱立俱有，亦不必俱泯俱空，亦不必合空有为中；而以此空彼有，此有彼空，使彼此之两端，一立一泯，一空一有，而转运不穷，如一圆环；以见此中之用，周行于一切为两端之环之上，而两端无不融。此执两用中，自有其别于天台之三谛圆融之只为一观境者，亦别于华严之言一多因果隐显之相摄，而不明说此诸相摄，皆用中所成，而于此相摄之事，只视之为重重无尽之相互反映者。盖儒者之言用中之要，在使诸相对者之次序相继，更迭转运而不穷，乃顺说而非横说，故有相对者之次序之相继之无尽，而不必有此相对者之平等相反映之无尽。华严所谓相对者之平等相反映之无尽，实亦必须初为依次序所成之相反映，而后可为人所理解。盖唯依人之思想在其次序相继，而转运不穷之历程中，以后观前，以前观后，原可说前引后，后涵前，其中原亦有一无尽之互相反映之义，然后人方可更形成一横说之相对者之平等相反映之无穷，如华严宗之所言者也。则此儒者之言用中，以使相对者次序相继，使相对者自相转运而不穷，亦正华严宗义所当本者也。

依此执两用中之道，以言吾人前所论之儒者之言人心与境感通，以尽性立命，而求一生活之理性化、或生活为性情之表现之道，则心与境之相对，是两，其感即是中。心之"性与境所示之当然之命"，是两，"尽心之性以应境"之尽，是中，"承境所示之当然之命，而立之"之立，亦是中。凡由此心境之感通而有之尽性立命之事，有所过或不及，皆非中而为偏。矫其过与其不及，皆是中。人之连于生活行为之思想、与本纯粹之思想以成之知识，凡只用相对之概念之一者，皆是偏；而补以另一相对，则是中。只知一概念知识之对相应之境为真，是偏；知其对不相应境，亦为妄；而合此二者，以观一知识一概念之意义，则为中。要之能用中者，必能兼执两，而使之得其平而皆成，亦可使两由相衡，而使之相销相泯；复可使此两者更迭为用，而运转无穷。此能用中之人之生活行为与思想，即恒为一进退屈伸自如之活泼泼地心灵之表现，亦为一活泼泼地生命存在之表现。此表现，亦为此活泼泼地之心灵生命存在之果，而此果亦可再为因，以使人之心灵生命存在，更去其滞碍与执障，以更成活泼泼地者。至于依执两用中，而有之对人施教之言说，则人之偏执偏滞不同，补其偏、救其弊，而加以活转，其道不同，而要在当机。其言说之方式，或单说正，而依正以成正，或单说反，依反以成反，而以其单说一偏，以显人所未见之此一偏，使人自合之，以成中。此为前推而顺行，以成言之长度，久度者。或为直下以反破正，以正破反，此为逆行之言。此逆行之言，必其力足以破，则见言之强度。凡此顺行逆行之言，皆与其所表之意为一致，而其言皆正为显说者之意，则以之教人，是为显教。至于言在此而意在彼，以正面之言成反面之用；或以反面之言，成正面之用；或以正与正相对，而意在对销，以成其俱破；或以反与反相对，而意在由两反皆俱破，而两正俱成。此则皆所以开思想之幅度，亦即开思想之广度。凡此言在此而意在彼者，其言中之意之外，皆有言外之意，而其言不能尽显说者之意，而待闻者之知其隐义者，则以之教人，是为密教。凡言说之未究竟，或人于此言说不能会得一究竟义者，其教皆为一方便、一过渡，而为一权说、一权教。言说至究竟，人于此亦可会得一究竟义者，则为一实说、一实教。欲人之由不究竟之义，次第至究竟义，如由权而实，而开权显实。实显而权废，则为废权立实。废权立实，则实代权，亦即是权。而对人之不能会得究竟义者，先说非究竟义，以为导，则是为实施权。为实施权，则权依实，亦即是实。此言之有显密权实，中国之天台宗，言之至详。然实则在人之言说之方式中皆有之，而为一切人之本言说以设教而成物者，所不能废。吾人今亦皆可摄之于此执两用中之教中。然人于一切显密权实之教之运用，皆同须当机而用，并以其闻之者，能各得进益，以定其用之当否。其言既出，其义皆直，而方以智；然其用则可曲，以圆而神。故于世间一切方式之言，无不可取以为用，亦无不可废，而进退无常，刚柔相易。一切说可用，故辩才无碍；亦可废，故默而识之。辩才无碍，则似有诤；默而识之，则无诤。故人之思想至于有此言默之智慧之时，对人之思想上之偏执之言，古今学者思想家之种种异说，于其偏执，虽皆当或加破斥，或引而进之，以至于更广大高明之境；然亦皆可默而存之于心，以博厚之心载之，而就其当有之密意，用为一时之施教之权说，以使其言之流行不已，亦如其行之不已，以悠久而无疆，而亦依言之可兴可废，以见言之同于无言之默。佛家言，若佛说法，若佛不说法，诸法常住。老子知道不可名，而道自久。孔子不言，而四时自行，百物自生。天地间自有不言之大教流行，言之不增，不言不减。此乃东土之儒与释道所同契，故皆能言，而亦能不言，而其言其教，亦长流于后世。此能居此言之流行转易之中枢，而不言者，则是吾人之生命存在与心灵之自体。唯自体之为不言之默，方能持一切流行转易之言之前后之两端，而使之分进或俱进，分退或俱退，使言进退自如，而亦通此言默之两端，以成其或以言教，或以默教。默则言隐而行自在，而其行即是言。则其默而成之之尽性立命之德行生活，性情生活，亦即是言，皆此执两用中之道之表现，亦其具体的理性、性情之表现之所在矣。

注释

[1] 西方哲学自柏拉图即有"神之能慷慨的施与，为其所以创生万物而赋予其德之根原"之观念。此为一极深之形上学的智慧，为中古之思想所承，而成神之充量的创造不同类之万物之理由。此西哲洛夫举 Lovejoy 在其 Great Chain of Being 一书中论之甚备。然在西方思想，终未发展至神将其全部所有，施与人之观念。盖意若如此，则神同于无有。不知此中之施与，对神之爱而言，乃愈施而愈有，全施即全有，不能全施，亦不能全有也。

[2] The Summa Theologica，P. 266 Power of God，Fourth Article.

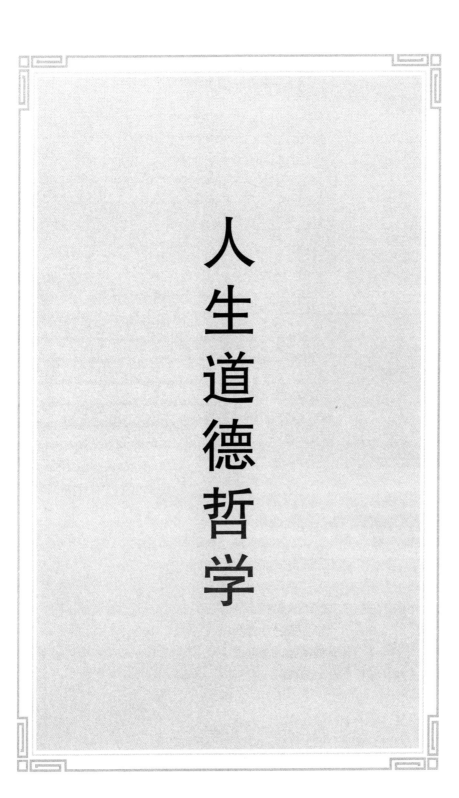

人生道德哲学

我所感之人生问题*

本文原名《古庙中一夜之所思》。盖一随笔体裁。乃廿八年十月宿青木关教育部时所作。其地原为一古庙，以一小神殿，为吾一人临时寝室。当夜即卧于神龛之侧。惟时松风无韵，静夜寂寥，素月流辉，槐影满窗。倚枕不寐，顾影萧然。平日对人生之所感触者，忽一一顿现，交迭于心；无可告语，濡笔成文。此文虽属抒情，然吾平昔所萦思之人生根本问题，皆约略于兹透露。此诸问题，在本书虽不必一一有正面之清晰答案，然至少可见本书所以作之个人精神背景之一主要方面，故今附于导言之末。此文之情调，纯是消极悲凉之感，及对人生之疑情，与本书之情调，为积极的肯定人生者不类。然对人生之疑情与悲凉之感，实为逼人求所以肯定人生之道之动力，及奋发刚健精神之泉源。乐观恒建基于悲观，人生之智慧，恒起自对人生无明一面之感叹。悲凉之感者，大悲之所肇始；有智慧者若不能自忘其智慧，以体验人生无明一面，亦不能知智慧之用，此吾之所以附入此文也。吾所自惭者，此文中之悲凉之感，尚不免于局促，对人生无明一面之感叹，尚未至真切耳。（三十二年附志）

日间喧嚣之声，今一无所闻，夜何静也？吾之床倚于神龛之侧。吾今仰卧于床，唯左侧之神，与吾相伴。此时似有月光，自窗而入，然月不可见。吾凝目仰睇瓦屋，见瓦之栉比，下注于墙，见柱之横贯。瓦何为无声，柱何为不动。吾思之，吾怪之。房中有空，空何物也。吾若觉有空之为物，满于吾目及所视之处。空未尝发声，未尝动。然吾觉空中有无声之声，其声如远蝉之断续，其音宛若愈逝愈远而下沉，既沉而复

---

* 原收入《人生之体验》，中华书局 1944 年初版，录自台湾学生书局 1985 年全集校订版。

起，然声固无声也。吾又觉此空，若向吾而来，施其压力。此时吾一无所思，惟怪此无尽之静阒，自何而来，缘何而为吾所感。吾今独处于床，吾以手触吾眼吾身，知吾眼吾身之存在。然吾眼吾身，缘何而联系于吾之灵明？吾身方七尺，而吾之灵明可驰思于万物。彼等缘何而相连，吾不得而知也。吾有灵明，吾能自觉，吾又能自觉其自觉，若相引而无尽：吾若有能觉之觉源，深藏于后。然觉源何物，吾亦不得而知也。吾思至此，觉吾当下之心，如上无所蒂，下无所根，四旁无所依。此当下之心念，绝对孤独寂寞之心念也。居如是地，在如是时，念过去有无量世，未来亦有无量世，然我当下之念，则炯①然独立于现在，此绝对孤独寂寞之心念也。又念我之一生，处如是之时代，居如是之环境；在我未生之前，我在何处，我不得而知也；既死之后，我将何往，我亦不得而知。吾所知者，吾之生于如是时，如是地，乃暂住耳。过去无量世，未有与我处同一境遇之我；未来无量世，亦未必有与我处同一境遇之我。我之一生，亦绝对孤独寂寞之一生也。吾念及此，乃恍然大悟世间一切人，无一非绝对孤独寂寞之一生，以皆唯一无二者也。人之身非我之身，人之心非我之心，差若毫厘，谬以千里。人皆有其特殊之身心，是人无不绝对孤独寂寞也。

吾念及此，觉一切所亲之人、所爱之人、所敬之人、所识之人，皆若横布四散于无际之星空，各在一星，各居其所。其间为太空之黑暗所充塞，唯有星光相往来。星光者何？爱也、同情也、了解也。吾尝怪人与人间缘何而有爱，有同情，有了解？吾怪之而思之，吾思之而愈怪之。然我今知之矣。人与人之所以有爱同情了解者，所以填充此潜藏内心之绝对孤独寂寞之感耳。然吾复念：人之相了解也，必凭各人之言语态度之表示，以为媒介。然人终日言时有几何，独居之态度，未必为人见也。人皆唯由其所见于吾之外表者，而推知吾之心。吾之心深藏不露者，人不得而知也。吾心所深藏者，不仅不露于人，亦且不露于己。吾潜意识中，有其郁结焉，忧思焉，非我所知也。我于吾心之微隐处，尚不能知，何况他人之只由吾之言语态度之表示，以推知吾心者乎？人皆曰得一知己，可以无憾，言人与人求相知之切也。然世间果有知己乎？己尚不知己，遑论他人？人之相知，固有一时莫逆于心，相忘无形者矣。然莫逆者，莫逆时之莫逆；相忘者，相忘时之相忘耳。及情移境

---

① "炯"，疑作"迥"。

迁，则知我者，复化为不知我者矣。而人愈相知，愈求更深之相知，且求永远之相知。其求愈切，其望弥奢，而一旦微有间隙，则其心弥苦。同情也、爱也，均缘相知而生，相知破人心之距离，如凿河导江。同情与爱，如流水相引而至。人无绝对之相知，亦无绝对之同情与爱。不仅他人对己，不能有绝对之爱与同情，己之于己亦然。吾忧，吾果忧吾之忧乎？吾悲，吾果悲吾之悲乎？忧悲之际，心沉溺于忧悲之中，不必能自忧其忧，自悲其悲，而自怜自惜，自致其同情与爱也。己之于己犹如此，则人对吾之同情与爱，不能致乎其极，不当责也。

　　吾复思吾之爱他人又何若？吾尝见他人痛苦而恻然动矣，见人忧愁而欲慰助之矣。然恻然动者，瞬而漠然；慰助他人之事，亦恒断而不能续。吾为社会人类之心，固常有之，然果能胜己之私者有几何？吾之同情与爱，至狭窄者也。吾思至此，念古之圣贤，其以中国为一人，天下为一家之仁心，如天地之无不覆载，本其至诚恻怛之情，发而为言，显而为事业，皆沛然莫之能御。吾佩之敬之，愿馨香以膜拜之。然吾复念，古今之圣哲多矣，其哓音瘏口，以宣扬爱之福音，颠沛流离，以实现爱之社会，所以救世也。然世果得救乎？人与人之相嫉妒犹是也，人与人之相残害犹是也。试思地球之上，何处非血迹所渲染，泪痕所浸渍？而今之人类，正不断以更多之血迹泪痕，加深其渲染浸渍之度。人类果得救乎？何终古如斯之相残相害也？彼圣哲者，出自悲天悯人之念以救世，固不计功效之何若，然如功效终不见，世终不救，则圣哲之悲悯终不已。圣哲之心，果能无所待而自足乎？吾悲圣哲之怀，吾知其终不能无所待而自足也。吾每念圣哲之行，恒不禁欲舍身以遂成其志。吾固知吾生之不能有为也，即有为而世终不得救也。吾今兹之不忍之念，既不能化为漠然，舍身又复何难？然吾终惑世既终不得救，而人何必期于救？宇宙果不仁乎，何复生欲救世之人以救世也？宇宙果仁乎，何复救世者终不能得遂成其志也？忆吾常中宵仰观天象、见群星罗列，百千万数，吾地球处于其间，诚太空之一粟。缘何而有地球，中有如此之人类，而人心中有仁，人类中有仁人，欲遂其万物一体之志乎？宇宙至大也，人至小也；人至小也，而仁人之心复至大也。大小之间，何矛盾之若是？吾辄念之而惑不自解，悲不自持。吾之惑、吾之悲，又自何来，终于何往，吾所不知也。

　　吾思至此，觉宇宙若一充塞无尽之冷酷与荒凉之宇宙。吾当舍身以爱人类之念，转而入于渺茫。吾之心念，复回旋而唯及于吾直接相知直接相爱之人。吾思吾之母，吾之弟妹，吾之师友，吾未婚之妻，若唯有念彼等，足以破吾此时荒凉寂寞之感者。吾念彼等，吾一一念之。吾复念与吾相知相爱之人之相遇，惟在此数十年之中。数十年以前，吾辈或自始未尝存，或尚在一幽渺之其他世界。以不知之因缘，来聚于斯土。以不知之因缘，而集于家，过于社会。然数十年后，又皆化为黄土，归于空无，或各奔另一幽渺而不知所在之世界。吾与吾相知相爱之人，均若来自远方各地赴会之会员，暂时于开会时，相与欢笑，然会场一散，则又各乘车登船，望八方而驰。世间无不散之筵席。筵席之上，不能不沉酗欢舞，人之情也。酒阑人散，又将奈何？人之兴感，古今所同也。吾思至此，若已至百年以后。吾之幽灵徘徊于大地之上，数山陇而过，一一巡视吾相知相爱之人之坟茔，而识辨其为谁、为谁之坟茔。吾念冢中之人，冢上之草，而有生之欢聚，永不可得矣。

　　吾复念吾爱之弟妹，吾复爱吾之妻及子，吾之弟妹亦将爱夫或妻及子也，然吾之爱吾弟妹，及弟妹之爱吾也，及各爱其夫或妻及子也，皆一体而无间。而吾之子女与弟妹之子女之相待，则有间矣。彼等之相爱，必不若吾与弟妹之相爱也。爱愈传而愈淡，不待数百年之后，而吾与吾弟妹之子孙，已相视如路人矣。彼视若路人之子孙，溯其源皆出自吾之父母之相爱。吾父母之相爱，无间之爱也。吾与吾之妻子之爱，弟妹之与其夫或妻及子之爱，亦无间之爱也。缘何由无间之爱，转为有间之爱，更复消亡其爱，相视如路人？此亦吾之所大惑也。大惑，吾所不能解，吾悲之。然吾悲之，而惑之为惑如故也。无间之爱，必转而为有间之爱，归于消亡，此无可如何之事实也。吾果能爱吾疏远之族兄如吾之弟妹乎？此不可能之事也。吾缘何而不能？吾亦不自知也。人之生也，代代相循。终将忘其祖若宗，忘其同出于一祖宗，而相视如路人，势所必然也。

　　吾思至此，吾复悲人类之代代相循。"前水复后水，古今相续流，今人非旧人，年年桥上游。"数十年间，即为一世。自有人类至今，不知若干世矣。吾尝养蚕。蚕破，卵初出，如沙虫；而食桑叶，渐而肥，渐而壮；而吐丝，而作茧，而成蛾；而交牝牡，而老而死。下代之蚕，又如是生，如是壮，如是老，如是死。数日之间，即为一代。养数蚕月余，蚕已盈筐，盖蚕已易十余代矣。其代代皆循同一生壮老之过程，吐如是丝，作如是茧，化如是蛾。吾思之，吾若见冥冥中有主宰之模式，将代代之蚕，引之而出，又复离之而去。然此主宰之模式何物？吾不得见也。吾思之而惑，吾亦惑之而悲。吾今念及人之代代相循，盖亦如蚕之由幼而壮，而思配偶，而生子孙；异代异国之人，莫不如是；亦若有一主宰之模式，引之而出，而又离之而去，非吾所能见者；而吾则正为自此模式所引之而出，复将离之而去之一人焉。主宰我者谁耶？吾缘何而受其主宰耶？吾惑吾生之芒，吾惑吾相知相爱之人所自生之芒。吾惑之悲之，又终不能已也。

吾思至此，吾念人生之无常，时间之残忍，爱之日趋于消亡，人生所自之芒；更觉此宇宙为无尽之冷酷与荒凉之宇宙。然幸吾今尚存，吾相知相爱之人，多犹健在，未归黄土也。然吾复念，吾今在此古庙中，倚神龛而卧，望屋柱而思，不知吾之母，吾之弟妹，吾未婚之妻，吾之师友，此时作何事？彼等此时，盖已在床，或已入梦矣？或亦正顾视屋顶不能寐，而作遐思？如已入梦，则各人梦中之世界，变幻离奇，各梦其梦。梦为如何，吾所不得知矣。如亦作遐思，所思如何，吾更不得知矣。或吾所爱之人正梦我，正思念我，然我今之思念彼等，彼等未必知也。彼等或已念我之念彼等，然我今之念"彼等可有念我之念彼等之念"，彼等亦未必知也。吾今之感触于宇宙人生者，彼等更不必于是时，有同一之感触。吾念古人中，多关于宇宙人生之叹，吾今之所叹，正多与古人之相契。然古人不必知在若干年后，于是时，有如是之我，作如是念，与之相契。在数十百年后，若吾之文得传于世，亦可有一人与吾有同一之感触，与吾此时之心相契。然其心与我之心相契，彼知之，我亦不必能知其相契与否也。吾于是知吾今之感触，亦绝对孤独寂寞之感触也。此时房中阒无一人，不得就我今兹所感触而告之。我今兹所感触，唯吾之灵明自知之。然吾之所以为吾，绝对孤独寂寞之吾也。吾当下之灵明，绝对孤独寂寞之灵明也。吾念吾此时之孤独寂寞，吾复念吾所亲所爱之人此时之孤独寂寞，彼等之梦其所梦，思其所思，亦唯于梦思之际，当下之灵明知之。如彼等忽来至吾前，吾将告以吾此时之心境，而彼等亦将各告以此时之心境。然相告也者，慰彼此无可奈何之绝对孤独寂寞耳。相告而相慰。相慰也者，慰彼此无可奈何之绝对孤独寂寞耳。

吾念以上种种，吾不禁悲不自胜。吾悲吾之悲，而悲益深。然吾复念，此悲何悲也？悲人生之芒也，悲宇宙之荒凉冷酷也。吾缘何而悲？以吾之爱也。吾爱吾亲爱之人；吾望人与人间，皆相知而无间，同情而不隔，永爱而长存；吾望人类社会，化为爱之社会，爱之德，充于人心，发为爱光，光光相摄，万古无疆；吾于是有此悲。悲缘于此爱，爱超乎此悲。此爱也，何爱也？对爱之本身之爱也，无尽之爱也，遍及人我、弥纶宇宙之爱也。然吾有此爱，吾不知此爱自何而来，更不知循何术以贯彻此爱。尤不知缘何道使人复长生不死，则吾之悲，仍终将不能已也。然此悲出于爱，吾亦爱此悲。此悲将增吾之爱，吾愿存此悲，以增吾之爱，而不去之。吾乃以爱此悲之故，而乃得暂宁吾之悲。

二十八年十月

说人生之智慧 *

"人生的智慧，何处去求？"我们不应当发这个疑问。

人生的智慧是不待外求的，因他不离你生命之自身。智慧是心灵的光辉，映着水上的涟漪，生命是脉脉的流水。

只沿着生命之流游泳，去追逐着前头的浪花，你是看不见水上的涟漪的。

你要见水上的涟漪，除非你能映放你心灵的光辉，在生命之流上回光映照。

这是说，你当发展一个"自觉生命自身的心灵"，如是你将有人生之智慧。

你当映放心灵的光辉，来求自觉你之生命，反省你之生活。

你可曾凝目注视：在树荫之下绿野之上的牛，在静静的反刍？

你于此时便当想着，你对于你之生活经验，也当以反刍之精神，来细细咀嚼其意义。

如此，你将渐有人生之智慧。

人生是古怪东西，你不对他反省时，你觉无不了解。你愈对他反省，你愈将觉你与他生疏。正好像一熟习的字，你忽然觉得不像，你愈看便愈觉不像。

但是你要了解宇宙人生之真理，你正须先觉对之生疏。

你必须对宇宙人生生疏，与之有距离，然后你心灵的光辉，才能升到你生命之流上，而自照你生命之流上的涟漪。

---

* 原收入《人生之体验》，中华书局 1944 年初版，录自台湾学生书局 1985 年全集校订版。

你在欲对宇宙人生有真了解之先，你要常觉一切都有无尽意义潜藏，一切于你，都是生疏不可测。

对于一切都似乎很熟习的人，宇宙人生秘奥之门，永是为他们而关闭着的。

说价值之体验[*]

一、说价值之体验

你努力实现价值，你必需体验价值。

你必需在自己存在的事物中，现实的事物中，去看出价值，发现价值。

你必需把当前宇宙视作充满价值之实现的境地。你必需知道凡是存在的东西，在其最原始之一点上，都是表现一种价值的。

当你把现实的存在与价值分离，只视价值为个人内心的灵境时，你所体验的价值范围太狭小了。

你最后将觉唯有你个人实现价值之孤心，长悬天壤，除了那真善美之价值世界之自身，你不知你的心将寄托于何所，因现实的存在，在你看来都是丑恶的，反乎价值的。你不能忍耐你深心的寂寞时，你自己实现价值之努力，也将松弛了。

所以你必须自现实的存在中，去发现价值，在产生一切罪恶的事物中，去发现价值，犹如在污池中去看中宵的明月。因为一切产生罪恶的事物，其所以能存在之最原始的一点，仍依于一种价值。

我们是爱有价值者，我们带着期望的心，随处去发现价值。在最平凡的人与人相处间，在最简单的日常生活中，与在人类高尚的文化努力中，我们当同样求了解体验其价值。

我们姑且先忘掉世间之一切丑恶吧，我们将觉到宇宙人生原是这般

---

[*] 原收入《人生之体验》，中华书局 1944 年初版，录自台湾学生书局 1985 年全集校订版。

可爱的了。

二、说人间之善

你觉得人与人只有互相残害，人间世是冷酷的吗？

你错了，在根本上，人与人是互相亲爱的。

你可曾想：人相见招呼时，总要微笑，是因为什么？

这自然的微笑，表示人根本上是欢喜他的同类的。

微笑之下，也许掩藏着互相利用的心理，良善的语言后面，有人们的私欲。

但是，人们必须以良善为面具，这是证明了人们是忘不了良善的。

世间也许有不爱名誉，无恶不作的小人，也许他还会以他的罪恶自豪，说他敢于为恶。

但是他如此说时，他的内心，已自以为他如此作是对的了。

"对"的观念，他始终忘不了。

他自以恶为对的，所以他为恶了。

他误以恶为善，所以他为恶了。

他依于根本的人类向善之心，而后有为恶之事。

恶人的善端不能绝，所以恶人都是可以为善的。

你只要使恶人不复以他的恶为善，他将为善了。

人们善"善"，善以其自身为善，善自己肯定它自己。

人们恶"恶"，恶以其自身为恶，恶自己否定它自己。

善最后是要胜利的。你真如是信仰，你将不会感觉世界永远充满罪恶了。

三、说世界之变好

假如你问我现在充满罪恶的世界，真可以变好吗？

我的答复是，你先问你自己可以变好吗？

假如你的好者亦可坏，你的一切之好可以丧失，世间莫有任何的好，不可以丧失；因为好的种类虽不同，好之为好，总是一样的。

假如你的坏者都可变好，世间莫有任何的坏，不可以变好；因为坏的种类虽不同，坏之为坏，总是一样的。

　　所以只要你好，世界便可变好，因为扩大你的好，便成世界的好。世界之好坏，不系于世界本身，而系于你自己。

　　假如你问我，你自己可以变好吗？我仍可与你以答复，

　　答复是：你可以变好的。

　　因为当你问世界可否变好时，你是希望世界变好，怕世界终不会好。

　　你问你可否变好时，你是希望你好，怕你自己终不会好。你对好坏无所取舍时，你不会发生这问题。

　　你发生这问题时，你已在取好舍坏了。

　　你反省你当下的心境，你必承认我的话，

　　你在取好，你在向好，我相信你可以变好的。

　　如是，你当相信世界真可以变好的。

四、说谦恭

　　人格的建立始于自尊，然而我们对人仍应有一般的谦恭礼敬是为什么？因为真正的自尊者，必同时能了解他人亦为一自尊者，因而必能尊人，而对人有谦恭礼敬的。

　　而且真正的自尊，出于自己对于自己向上精神之自觉，自觉自己之向上精神通于无尽之价值理想。然而人有如此之自尊时，同时也自觉自己未实现这些价值理想，自觉自己有未实现之更大之善，于是会自然的想到：也许有许多更大之善，已实现在别人之人格里。

　　我们不能证明：别人的人格中无更大之善之实现，因为我们永不能了解别人心灵之全境。

　　而我们爱善之实现的心，却常无间隙的逼迫我们，使我们与人接触时，在第一念中不容已的相信：那更大的善或已实现在别人之人格里。于是我们自然的常觉着别人的人格价值或高于我，所以我们对于普通人都有一般的谦恭礼敬。

　　这是人与人见面时，不假安排的会互相点头的真实原因。

　　我们把这种礼节，只视作社会的习俗，人与人互相容让之象征，那不算了解这种礼节之真实义。

　　我们自然发出的对人谦恭礼敬之态度，会施于不值得我们对他谦恭礼敬之人。然而我们纵然发现了别人人格之低微，我们仍当有表面的礼

节。这也不能只视作社会的习俗。

这因为我们相信，别人人格是独立的人格，他永远有实现更大之善之可能，我们必须对别人此种向善之可能礼敬。

这是表面的礼节，有时不能避免的根本义。

五、说相信人

当你同人接近时，莫有十分确切的证据，你不要想他也许有不好的动机，这不仅因为你误会而诬枉人，你将犯莫大的罪过；

而是因为当你的根本人生态度，是向善的时，你的第一念，必是想他人亦与你同样的好善。

你必是常常希望看见他人之善，你将先从好的角度去看人。

当你先从不好的角度去看人时，你要反省：你的精神在下降了。

真正的对人之相信，犹如真正的谦恭礼敬，都是由我们爱善之心自身流露出的。他们是原始的心情。

我们不是先发现人值得我们对他谦恭礼敬相信之处，而后对人谦恭礼敬，对人相信。

我们是先有那原始的对人谦恭礼敬、对人相信之态度，而后能发现人之值得我对他谦恭礼敬、对他相信之处。

假如我们根本是缺乏那原始的态度，纵然别人有值得我谦恭礼敬与相信之处，我们也会看不见的。

你要想发现值得你对他谦恭礼敬的人，你须有自然发出的对人谦恭礼敬的态度；你要想发现可相信的人，你须先有愿相信人的态度。

也许有一天你发现你所信的他人，其好都在表面，其内心不可问，你没有法相信他了。

但是你最好仍是指出他表面的好，向他表示我相信你是向好的。因为他还要表面的好之一点，确是好的。

你相信他是如此，他也将相信他自己是如此。

他表面的好，将从他心之外层，沉入他心之内层。

人与人间的嫌隙，常由彼此疑虑而生。人与人彼此复疑虑着：别人对我已有不可解之嫌隙，于是使彼此之嫌隙，成真不可解。

彼此疑虑，造成更多可疑虑之事实；彼此互信，也造成更多可互信之事实。

六、说宽恕

你对人应当宽恕，因为也许他人之对你不好，不同于你，由于他在努力于你所未见的更大的善。

纵然你十分自信的知道别人之对你不好，不同于你，是他犯了罪恶同错误，你也当宽恕他。

因为他的遗传、习惯、教育，只能使他这样子。

假如他真可以好一些，他实际上当已经好一些了。

假如你希望他好一些，这责任便在你身上。

这希望不是你所发出的吗？

世间有最不宽恕他人的人，这样的人，我知道你最难宽恕他。

但是当你能宽恕最不宽恕他人的人，努力使最不宽恕他人的人，成为宽恕者；你的宽恕，成最伟大的宽恕了。

七、说恶恶与好善

你当自好的角度看人，你当相信人都可变好，对人谦恭宽恕。但是你在与人接触时，突然发现隐藏于善的面目下之罪恶，看见恶人毁灭了真正的善人，你亲切的感到你所爱的善之丧失，你必然忍不住你的义愤。

当你归来默坐时，你可以想一切恶人未尝无向善之机，恶人本身亦是可原谅的，以致你可对恶人之犯罪，生一种悲悯。

然而因为你之更爱已实现之善，你永远不能制止你明朝遇见同样的事时，将发生同样的义愤。

所以为了好善，你必然将去作扶持善人、惩治恶人之事。如其不然，你决不是真正好善者。

只是你永不可忘了你之恶恶，出于你之好善，你永不可为恶恶而恶恶。因为当你为恶恶而恶恶时，你的心只以恶为对象，向它投射你的恨恶。于是当你恨恶"恶"，而不能去它时，你的恨恶达不到它的目的。它失败了，它必将退藏而收敛。——因为一切向外的情绪之本质，都是如此——最后你将觉恶并不值恨恶，你自己将与恶调协，以至同化于恶。

八、说了解人

你当了解他人，以你的心贯入他人的心。

但你当先了解自己，因为你只能根据你自己，去了解他人。

但是你必需根据你对于你自己的了解，去了解他人，你才能真了解你自己。

因为在你去了解他人时，在他人中，你才看见你自己的影子。

你真能了解他人，你便能使你自己为他人所了解，因为你的心是开的。假如你不能或不愿被人所了解，这证明你的心有墙壁，透露不出你心之光辉。

有墙壁的心，是不能真了解人的。

当你不能为人所了解时，你不要即据以证明自己之伟大。伟大的日光，决不会使卑暗的地方，看不见他。

真正的心之光辉，流入他人的胸怀，如水银之泻地，是无孔不入的。

你要衡量你了解人的程度吗？你须先衡量，你愿被人了解、与能被人了解的程度。

九、说隔膜

人与人在某些事上，在一个时间中，是可以不相了解的。

你的心开了，但是他的心总是牢牢的闭着。

你觉得人与人间的隔膜，是最大的悲剧吗？

但是他的心闭着，你的心当更尽量的开。

他不了解你，你当更尽量的了解他，

当你了解他何以不能了解你时，你便不当再勉求他了解你了。

你勉求不能了解你的他了解你，你便不能算真正了解他了。

而且你要知道，没有一种事情上的隔膜是永远的，只要大家都有真诚的心。

他的心闭了，但是人的心，不能永远闭着，那会将人闷死的。

还有，任何关闭的心，必有他的窗户。

你的心绕着门墙寻找，你必可觅得他的窗户。

你只要跳入他心之窗户，循着路道，你一定会把关闭的门打开。

所难的是，你也许寻不着正当的路道。你困在他心之黑暗处。但是你有你心之光来照耀——这就全看你心光之大小了。

十、说语默

你应当谨慎你的言语，因为它是你灵魂的声音。

你不能说诳。你说诳，不仅欺骗他人，欺骗自己；你说诳是利用了言语，言语将要对你报复。

报复的方法，是当你需真实的言语，来代表你灵魂的声音时，你会将缺乏适当的言语。

因为你说诳时，你的心与言语分为二，言语便会继续与你的心分为二了。

你应当节制你的言语，因为常常沉默是最大的言语。

你不要以为沉默，将使你失去与他人交通之媒介。

因为你的精神在不言语时，他自己会去寻求更好的表现工具。

你的目光、你的呼吸，都能更强有力的传递你心灵的消息，给与你真实的朋友。

十一、说爱

人间的结合，最高的，是爱的结合。

爱是相爱的人的生命间之渗融者，贯通者。

爱破除人与人间之距离，破除人与人间各自之自我障壁，使彼此生命之流交互渗贯，而各自扩大其生命。

所以爱里面必包含着牺牲。牺牲是爱存在之唯一证明。

人类个人与个人间之爱，最真挚有力的，是父母对子女之爱，因为这是生命原始爱流之顺流而下。

最肫恳可贵的，是子女对父母之爱，因为这是生命原始爱流之逆流而上。

最深长隽永的，是兄弟姊妹之爱，因为这是生命原始爱流之枝分派衍。

最细密曲折的，是夫妇之爱，因为这是一生命原始爱流，与另一生命原始爱流之宛转融汇。

最复杂丰富的，是朋友之爱，因为这是不定数的生命原始爱流之纵横错综。

这五种个人与个人间之爱，你至少必须有一种曾真正体验，不然，你须忽然悟到超个人与个人间之爱；再不然，你生命的泉源，将枯竭了。

十二、说离别

在爱里面，生命与生命相渗融贯通，成一整体，离别与死亡又撕碎他，然而你仍不当只看见此二者之负面价值。

你当知离别与会合，是人生应有的节奏。

在离别后的忆念中，你的情思向空中抛掷，但听不见它的回音，它无所系着，又重落到你的心中，但是它落得更深；所以离别愈久，将蕴蓄更丰富更深厚之情思。

待重会时，它流到你所亲的人之心里。

十三、说死亡

亲爱的人死亡，是你永不能补偿的悲痛。

这没有哲学能安慰你，也不必要哲学来安慰你，

因为这是你应有的悲痛。

但是你当知道，这悲痛之最深处，不只是你在茫茫宇宙间无处觅他的音容。

同时是你觉得你对他处处都是罪过，你对他有无穷的咎心。你觉得他一切都是对的，都是好的，错失都在你自己。

这时是你道德的自我开始真正呈露的时候。

你将从此更对于尚生存的亲爱的人，表现你更深厚的爱，你将从此更认识你对于人生应尽之责任。

你觉唯有如此，才能挽救你的罪过于万一。

如是你的悲痛，同时帮助你有更大的人格之实现了。

十四、说爱与敬

真正的爱，是爱他人的生命，同时是爱他人的人格。

他人的人格，是独立自主的，都是价值之实现者，都可以实现无尽之善，上通于无尽之价值理想。

所以爱里必需有敬，爱当同时包含敬，你施与人的爱与敬，必须平衡。

假如你施与人的爱，过于你施与人的敬，他人在你热烈的爱之卵翼下，虽然感到你洋溢的爱流，可与他更多的温存；他会同时感到你的爱对于他的自尊心，是一种压迫；他或许会感一种不可名言的苦痛。

其次，你敬他人的人格，是因为他可以实现无尽之善，上通于无尽之崇高的价值理想。然而你之敬他人，本于你之爱他人，你真爱他人，你当使他人成为更可敬。你当努力帮助他人实现其无尽之善，无尽之价值理想，以完成其人格，这是你对他人最深的爱。

爱通过敬，而成了最深的爱。

爱通过敬，而完成它自己，成为真正的爱了。

十五、说对人之劝导

当你的爱通过敬，而以完成他人人格为目的时，你对他人之过失，当不惜严厉的劝导。

但是你必需深切认识人之犯过失，其最初的动机都不是坏的。一切过失都生于流而忘返。所以犯任何重大过失的人，你假如问他，他都可以找出一好的理由，为他全部过失所依而存在的。所以你最好的劝导人的方法，是先去发现他所认为善的，并承认他，而加以启发。

因为人类的一切善行、善观念，决不是互相分离。在本质上，永远是互相流通、吸引、升化的。你只要能深察道德意识之本质，你一定可以指给他看，对他说：你所认为善的，如果真要完成，便必需连带具备其他的善行、善观念，而改掉你的过失。

有时，你也可以因为他所认为善者，为他全部过失之保护，你要改造他全部过失，你须先摧毁他所认为善者。但是你必须先估量确实，你一定可拿更高的善之观念代替它，或他的内心定可涌现出其他的善之观念。不然，你摧毁了他所认为善者，他将自甘堕落，而以其堕落本身为善。

启发是劝导人最好的方法。启发时须避免明显的言语，而用暗示的言语。这不是只为顾念人之自尊心。因为人之过失，既然总可找出一好的理由，所以人常常可以扩大他所谓好的理由的意义，而替他自己解说。他不一定是有心文过,他常是不自觉的自欺。如果你的话不能折服他时,你将加重他的过失,而失去你忠告的效果。

这时你所需要的,是巧妙的暗示言语。因为巧妙的暗示语言,常常能够在人心不自觉的暗蔽处,开一道侧门,使他人心灵的光,自然反转来,流到其他的善之境界,而自己看见自己的过失。

十六、说爱之扩大

你的生活之原始爱流,必须流到江河,流到海,流到洋,不然它将要倒流,最后只爱你自己。爱流之进行,永远是不进则退的。

这是说,你当努力扩大个人与个人间的爱,依照爱流前进之自然程序,而爱你的民族,爱人类,爱一切的生命,成为无尽的爱。

当你的爱成为无尽时,能真实的反观你的爱之本质,你将觉宇宙间只有爱,爱是天心。

你不复觉是你在爱,你将觉爱表现于你。

你不复觉爱表现于你,你如觉爱之自身,对你也有一种爱。

你可以对于爱之自身对你之爱,生一种最深的感激之情而流泪。你将爱爱之自身。

当你爱爱之自身时,你的爱由道德入于宗教。

如是你的爱发展成最完满的爱。

十七、说赞叹与崇拜

当你敬他人人格时,你或将发现他人人格中所含之价值,远较你为高。

你觉你不能促进他人之人格,只是他人的人格,在提升你的人格,

你的敬逐渐的增加,你的爱隐没于敬后去了。

你似乎只有敬,你觉你不配爱。

你伸展你的敬,想同他人人格之顶点连接,

但是你觉你的敬,只能达到他人格之边沿,你的敬,望不到他人格之顶点,

如是你的敬,转变成赞叹与崇拜。

然而赞叹与崇拜,正是你对个人的爱之一种最高形态。

这就是我们对于伟大人物之爱。

你的爱之发展，必需包含对伟大人物之爱时，你的爱才能至于最高；所以你需要有心悦诚服的师友，终身归命的先知，足以使你五体投地之圣贤豪杰，为你崇拜赞叹之对象。

如果现在没有，你当自历史中去寻找，如果历史中没有，你当在神的世界去找；你必须赞叹上帝，崇拜上帝，赞叹佛，崇拜佛，视他们如具备最高价值之人格。

十八、说文化

你尊敬人的人格，赞叹伟大人物之人格；你当尊敬赞叹由人的人格、伟大人物的人格所创造之文化。

你尊敬人的人格，赞叹伟大人物之人格，是尊敬赞叹其能努力实现极高的价值，你是尊敬赞叹其精神；所以你尊敬赞叹其所创造之文化，你也当自他们在文化中所表现之创造精神看。

如是，你将自文化中看出生命；如是，你将以文化之生命充实你自己之生命。如是，你将觉文化之生命，与你之生命，合为一体。如是，你的生命将与文化之生命，同样广大；你生命之开拓，将随人类文化之开拓，而日进无疆。

十九、说科学

当你学科学时，你若是单纯为着当前实际的应用，你没有了解科学之精神。

你当自科学中，看人类如何以他的思想，弥纶宇宙，

要在他思想中，描画宇宙之面影；要以他微小的脑髓，吮吸宇宙之精蕴；要探望至远的星云世界，要穿透至小的原子核；

要追索生命之起源，地球之原始；要预测人类之末日，世界之命运。

你当自科学中，看人类如何想以他的行动重造宇宙；

要以他的行动赋宇宙以新意义，要以他区区的两手，据宇宙于怀抱；

要想控制地震，控制日光，要想飞度星球，建设太空之航路；

要想征服疾病，征服死亡，要想化秽土为净土，化人世为天国。

你当自科学中看出人类之智力，人类之雄心。

如此，你将对人类科学之成就，致其无穷之赞叹。

二十、说艺术

如果你欣赏艺术，而只为官能之享受，情绪之安慰时，你侮辱了艺术之尊严。你当自艺术中，看出人类精神之最伟大的胜利。

艺术的材料，只是物质世界之声音颜色，

然而经过艺术家的心，声音颜色，都成了人类心灵之象征。

简单的七音，组织成音潮澎湃之音乐。

简单的五色，变成光影重重之图画。

简单的石块，堆积成高耸云霄，横卧大地之建筑。

物质经了艺术家的手，成为精神之工具，渲染了精神之彩色，

精神经了艺术家的手，穿了物质的衣裳，自由来去于声色之世界。

这不是精神最伟大的胜利吗？

二十一、说哲学

当你读哲学书，只是一心去看它如何解决哲学问题，一心想看其结论，你不能认识哲学之真价值。

你当自哲学中，看出哲学家心灵之弥纶万象。

哲学家以他的心，游泳于知识之百川，然而他最后要归于一中心观念。

他要以一中心观念，说明世间一切知识何以可能。

他视其中心观念如海，以倒吸千江之水。

他纵身自真理之江海，举示人类知识境界中，万派朝宗之大观。

你必须如此看哲学，你才了解哲学之价值。

二十二、说教育

你当自教育中，看出人类最高之责任感，最卓越之牺牲精神。

真正的教育家，是真正的爱之实现者。

因为他爱的是儿童之人格，他在儿童中，看出无尽向好的可能性。

他在儿童的人格中，看出每一儿童，都可完成其最高人格之发展，都可成为圣哲。

然而他同时看见这一切向好之可能性，可永不实现，另外有无尽向坏之可能性。

向好是摩天的高山，向坏是无底的深渊。

他携着儿童在崖边行走，他永怀着慄慄之危惧，他不能有一息之懈弛。

他时时须以他的心，透入儿童的心中，领着他前进。

他如慈母之育子，永不曾想着他自己。

他看见他教的儿童日益长大，人格日益充实，是他唯一之欢喜。

他连完成他自己人格之心，都不曾有，这是他绝对的牺牲。

我们看出他这种绝对的牺牲，正是他最高人格之表现。

然而他并不如是想。这是真正伟大的教育家之精神！

二十三、说宗教

人类之无尽的努力，必需求无限与完全、至真、至善、至美为归宿；

否则他将觉其努力系于虚空；所以在宗教中，人类相信至真至美至善无限与完全之神。

你说人对神似乎太渺小了，他只觉充满了罪孽，他在求神之助力，要神来超度。

然而人真相信神时，神在人心中住了。当无限住于有限时，有限即不复只是有限了；当完全住于不完全时，不完全即不复只是不完全了。

人战胜他的欲望，克服他的有限与不完全，而体合于无限与完全。

克服自己比保存自己，是更艰巨的工作，而神只保存其无限与完全之自己，人类似比神更伟大了。

如果说神创造人类，他即是在创造比他更伟大的东西。

神能创造人类，神比人又更伟大了，然而神依然住在人心灵之中。

当我们真能玩味此连环的真理时，我们当另有一宗教的智慧。

说日常生活之价值[*]

一、说在日常生活中发现价值

你说:"我们不能只赞叹人类文化之伟大的成就,我们还须回到日常生活之世界。无论哲学家怎样想崇高的价值理想,我们日常生活之世界的支配者,还是饥饿、爱情、名誉、权位、金钱、实际政治、实际经济,那都不是什么价值理想,那是我们生活中必需的事实。"

但是你错了,当你真以价值的眼光去看世界时,世界只是价值之流行境界,一切人生事业,都依于价值之实现。你说的那些,其本质仍是实现一种价值,你仍当努力实现价值于其中。

当你只从实际的必需去看那些时,你同我们分手了。

二、说饮食

假如你说:饮食是为的满足你的食欲,你错了,因为你不知道何以有食欲。

假如你说:你有食欲为的保存生命,你也错了,因为你不知道何以有保存生命之本能。

假如你说保存生命之本能,是生物所同具,生物要求存在,所以有此本能,你也错了。因为你不知道,世界何必有赖很多饮食而后存在的

* 原收入《人生之体验》,中华书局 1944 年初版,录自台湾学生书局 1985 年全集校订版。

生物，自无生物的世界进化而来。矿物不需什么饮食，岂不更存在得久吗？

人饮食为的什么？我们说：人饮食，是为的使他生命的意义，贯注到食物里面。

当食物到口中时，身体外的物，流到身体内来了，身体与外物开始沟通了。

这沟通，是要产生一种身体与食物之互相渗融。粗糙的食物，将变成精致的细胞；低级简单的构造，将变为高级复杂之构造；高级复杂的构造中，将呈现更完整的和谐。

更完整的和谐，即是新的价值之实现。

我们在饮食，我们是在新开始实现一种新的价值。

饮食之实现价值，与人生之一切活动之实现价值，在本质是同类的。

一切价值，联系成一由低至高的层叠，最低的价值上通最高的价值。

假如低的价值之实现，为高的价值的实现之必需的基础，低的价值之实现，与高的价值之实现，可是同样神圣的。

所以饮食本身不是罪恶，罪恶只产生于为低级价值之实现，而淹没我们高级价值之实现的努力的时候。纵饮食之欲，才是罪恶。

然而我们真知道我们之饮食，是为实现一种价值，我们是为实现此种价值而饮食，我们将永不至纵饮食之欲。因为一价值观念透露至欲望之前，它将牵引高级价值观念，来权衡此欲望之自身。

我们将为实现更高级之价值，而节制我们的饮食。如果更高级价值之实现与饮食冲突，我们将全会牺牲我们的饮食之欲，来实现更高之价值。而且如果宇宙间有一种最高之价值，其中包含一切价值，如宗教家所实现之价值，我们实现了那种价值，我们当不需饮食。这是可能的，假如人不信，这证明他还没有了解饮食的意义。

三、说男女之爱

假如饮食不是为求生存，男女之爱生于性的要求，最后为传种的学说，亦明显错了。

我们不要因看见两性间有形色的慕悦，身体的接触，以为真有所谓生理要求。

要知道身体的接触，只是一外部之象征符号，这符号所象征的真实意义，才是身体接触的内蕴，犹如诗意本身为诗句之文字之内蕴。

这内蕴是一个生命精神，要与另一生命精神相贯通。两个生命精神，要共同创造一种内在的和谐，而后每一生命，都具备一种内在的和谐。

形色的慕悦，其实只是所以祛除两性间距离之一种工具，其作用是消极的而非积极的。男女之所以必需衰老，而失去他们青春的光彩，就是因为在他们的距离既祛除，内在的和谐既创造成功以后，便须复归于那本原的素朴。

我们也不要看了两性的结合，以为真为的传种，儿子的身躯，也只是一象征的符号。

所象征的是他父母曾有一种内在的和谐。这内在的和谐，宜有一实际存在之儿子的完整的躯体，来作证明，而表现于客观宇宙。

儿子的躯体，是父母之内在和谐的象征，父母的躯体，是父母之无穷代父母内在和谐之象征；而儿子又将与其他异性，共同创造内在的和谐，而有无穷子孙。所以每一个男女的躯体，都是无穷的内在和谐之系统相渗透之象征，他又将渗透入一无穷的内在和谐之系统，而被象征。

和谐是宇宙之一种美。

和谐之价值，宇宙之美之价值，要求具体实现他自己，创造出男女的爱情，子孙的身躯，要人类的生命永远延续下去。

所以在男女的爱中，从根本上看，原无所谓生理要求，身体接触。它们只是象征之符号。它们只是和谐之价值，要求客观化具体化，而透露于我们的影子。人们之常须经度此影子，他们只为达到"真实"。

男女之爱，依于和谐之价值之一种表现要求。他有宇宙之意义。

所以为了达到"真实"，人们也可以毁灭此影子。相爱的男女可以殉情，而共同焚化他们的身体于火山之下。

生物学家对它的解释，永远只是表面的。

四、说婚姻

婚姻是男女之爱凝注成的形式。

但是婚姻制度存在之根本意义，不是为的保障男女之爱，也不是为避免社会的纠纷，那些只是婚姻制度之附带的效用。

婚姻的要求，乃依于男女之爱要求永远继续，互相构造，而日趋于深细，以实现两人格间最高度的和谐。一夫一妻的婚姻制度，把男女关系固定，使有真正心灵之渗透。如我们之把两镜之地位固定下，而使它们真能传辉互泻。其所以要互守贞操，亦不是依于男女之互相占有，而是因为必需一镜对一镜，乃能映放上彼此之全部的影子，不然则将镜光交加而错乱。

人类不是为要保障男女之关系，避免社会的纠纷，而制造出一夫一妻的婚姻制度，以互相限制。乃是因为男女之爱，生于两人格间要求和谐，和谐之价值自身要求绝对的继续，永远的表现于男女两人格间，所以形成了外表似乎在互相限制的婚姻制度。

假如我们只认识此制度之限制的效用，我们不算了解此制度之积极的价值。

五、说男女之爱之超越

我们了解了男女之爱，是实现两性间生命精神与生命精神之和谐价值；我们便须在男女之爱中，努力于此和谐价值之实现。

但是正因为我们了解男女之爱，不外是实现两性间之一种和谐价值，我们便可超越男女之爱。因为和谐价值之观念，到了我们男女之爱之欲求之上，便能转而支配此欲求本身了。

于是我们可为了要实现他种之和谐价值，如民族之和谐、人类之和谐、或其他更高之价值，如文化之价值，而与男女之爱冲突时，牺牲男女之爱。

于是我们在不幸的婚姻中，我们觉不能实现我们理想之和谐价值时，我们可以立刻转移我们的活动，以实现其他的和谐之价值或其他之价值。

于是我们亦可以学许多伟大的哲人、宗教家，反顾其灵魂的秘藏，在自己心中发现永远的女性，具备最高贵的男女之爱中，同样内在的和谐，不必待人间的伴侣，在终身孤独中，仍然能获得宁静与满足。

六、说名誉心

你为什么要名誉，要人尊敬你？因为你自己尊敬你自己。你为什么尊敬你自己？因为你自认你之人格是有价值的。虽然你对于你之价值在何处，未必都有明显的自觉，然而你的直觉，必然是如此。所以自根本上说，你之望人尊敬，要名誉，是因为希望人能认识你人格之价值。不然，你何以只将你的好处，向人表示，而隐饰你的坏处？

你之望人尊敬，要名誉，是希望人的心联结于你的心，同分享你人格之价值，希望你人格所具备之价值，表现于他人之心而普遍化。

价值普遍化，本身是一种更高之价值。

你是为实现此更高之价值，而有名誉心。这是名誉心之真正起源。

但是你希望人认识你的价值，你同时当努力认识他人之价值。

当你发现他人人格之价值，高于你时，你必需更努力宣扬他人之名誉。

当你以为他人尚不能对你人格之价值，作适当之估量时，你不可怨尤。

因为也许你对于自己之估量是错了。

实际上，你对于你自己人格之估量常常错的，你是必然的免不掉把你自己估量过高。

这不特因为你自己对你自己太近了，眼前的手指，看来总是比远山高的。

而是你常分不清楚你实际的自己与你可能的自己，因为你人格是不断发展之历程，你常本能的以你可能之自己为实际之自己。

你所可求人认识的你之人格价值，至多只能限于你实际之自己。但由于你分不清你实际之自己与可能之自己，你自视你可能的自己必高之故，你于是常有过度的名誉心。你有一种深植根的预支他人尊敬之冲动。

所以他人永不能满足你的名誉心。你的名誉心，常与一种原始的自视过高之幻觉相伴，它必须不得满足。它之不得满足，是它有相伴之幻觉时应受的惩罚。

假如你确知你并不曾把你自己估量过高，而他人对你自己之估量是错了，你当知道这由于他人心灵之限制，你当原恕他。

假如为求人尊敬而改变你的价值观念，去作你认为价值更低的事，你是忘了你求人尊敬的本旨。

你望人之尊敬是要人认识你人格之价值，

你舍弃你原有的价值观念，以求合于他人，你已不是你自己了。

你求人尊敬之本旨不是坏的，你忘了你求人尊敬的本旨，却产生了你求名誉之一切罪恶。

而且我还要告诉你，人格内部之精神价值，在生前，别人总不会对之有正确之估量的。除了因你与人之实际利害关系及人之见识不同，使你有不虞之誉、求全之毁外，你在生前，别人对你之精神价值，总估量得过低的。

这是因为你身体存在时，人总是把你当作一身体与精神之混合物看。

人通常只有对人之精神，才能以向上眼光看，而对人之身体，总是以向下眼光看。所以人想着你之身体存在，而来对你之精神价值作估量时，常会估量得较低的。

所以人所真尊敬的人，总是不见其身体存在的古人，其次便是在很遥远地方的人。因此你更不应希望你所见之一切人，能给与你以认为应得之尊敬与名誉。

七、说权位

在权位的要求中，你要人服从你，你总想你是对的，你的意旨是有价值的。在你的直觉中，必然如此。所以要求名誉之本质，在使人认识你自以为有价值之人格；要求权位之本质，在使人奉行你自以为有价值之意旨。

使人奉行你认为有价值之意旨，使人之行为亦含价值，这本身是一创造更高价值之工作。权位的要求，最初亦不是坏的。

在你要求名誉时，你当尊敬更有价值的人。

在你要求权位时，你当让最大的权位，归诸其意旨最有价值的人。

当你确知你的意旨是最有价值时，你当尽量公布你的意旨。如果你的意旨，真是最有价值的，权位一朝会归于你。

如果以人们的自私，而权位不能自然的归于你时，你亦当知道是人们心灵的限制。

除非你出于真诚的爱人心，要使人奉行你自认为有①价值的意旨，而使其行为亦更有价值，因而提高其人格时，你不可为权位，而不惜以

---

① "有"，原脱，校补。

任何方法，争取权位。因为你为权位而求权位时，你已丧失你求权位之原始目的了。

八、说政治

人人有他自认为有价值的意旨，要求他人共同奉行，见诸事业。

于是人们有政治的活动、政治的组织。

在政治的活动中，人们各种有价值的意旨，在互相争衡，但是最后是要求互相渗透，成一种和谐。

这和谐，是国民公共意旨之表现，这和谐是一种更高之价值。

政府组织之使命，是实现此种更高之价值。

最伟大的政治家，是最能努力实现此种价值之人。

政治家努力实现此更高的价值时，在他的人格中，复实现一更高之价值。

当人们把政治只视作少数人统治多数人，或把政治的活动，只视作争取多数人的顺从，不重其互相渗透所成的和谐时；或把政治家只视作公共的仆役，而非同时在实现其人格价值时；人们都未了解政治活动本身所包含的价值。

九、说物质需要

人类为实现其精神价值，不能不需要相当的物质条件为基础，但是我们不能因此说，人类精神受了物质之限制。

因为当物质为实现精神价值之基础时，物质已包孕了精神的意义。

纯粹精神是最可贵的，然而更可贵的，是使物质产生精神的意义。

精神真正的战胜，是在它敌人的城堡上，插下他耀目之旗帜。

十、说社会经济

少数人拥据资财，而大多数人穷困的社会经济，我们必当改造它。

但不可只是说人人应有同样生存与享受之权利。

你想少数人以物质之享乐，而淹没其精神之发展，多数人以物质之过于缺乏，而停滞了精神之发展，世界还有比这更大的悲剧吗？

社会经济需要公平，公平使社会的各个人都能发展其精神，实现其精神价值，所以公平本身是一种价值。

所以我们必需改造不合公平标准之社会经济。

当一些哲学家、宗教家，鄙弃社会经济改造的工作时，他们已不是真正精神价值之爱护者。

我们必须看出最伟大的社会经济改造家，在实际上正是精神价值之最伟大的爱护者；我们自己才可算精神价值之爱护者。

最后的话

人生的一切努力为的什么？都是为实现一种价值。

科学哲学实现真，艺术文学实现美，道德教育实现善或爱，宗教实现神圣，政治实现国家中的和谐，经济当实现一种社会的公平，以至饮食、男女、名誉、权位之要求，都本于一种价值实现之要求。

除了实现价值以外，人生没有内容了。

你必需以价值观念，支配你的生活。你当体验一切事物之价值，你当认识一切似无价值的东西，似乎只表现负价值的东西之价值，你当自实现价值处，去看人间社会，你当使你之日常生活充满价值之实现，以丰富你的生活，完成你之人格。

这是我最后的话。

认识体验价值而实现之，实现价值亦即更能认识体验价值，这是我们的训条。但是训条，只是一抽象的态度。

我们不曾论到一切价值之内容是什么，价值有多少类。

因为对于你已能体验的价值，不需我们的讨论。对于你尚不曾体验到的价值，你的工作只是去体验。你不去体验，没有人能告诉你它是什么，犹如没有人能告诉聋子以音乐的趣味。我们也许可以使聋子知道音乐相伴的，是什么一种音波的振动，我们也许可以使你知道，你不曾体验到某种价值之体验，相伴于某种心灵之振动。这是许多价值哲学家所作的工作。但是他们的工作，并不能告诉你价值本身是什么，犹如物理学家不能告诉聋子音乐之趣味是什么。感受音乐，是了解音乐之唯一道路；体验价值，是了解价值之唯一道路。价值本身永远是离言的。它只是你体验它的时候，为你所了解，除了这个时候，它永远是默默无声。

我们也不曾论到各种价值如何统一。

因为你尚须多方面开始你价值之体验时，你不需要问价值本身如何统一。"统一的价值系统"一观念，将成为你体验价值之努力的桎梏，而限制你所认识之价值领域，乃自以为最高之价值，已为你所把握。

当你真需要统一的价值观念时，你自然能反观在你努力实现价值之活动本身之各种价值，是在互相渗透融化，在启示出一中心，此中心同时涵融一切价值。

我们也未论到什么活动价值高，什么活动价值低。

因为每一种活动价值之高低，不必系于该种活动之自身，而常系于该种活动，在你全部生活中，能引发的向上力量之全部。然而什么活动更能使你向上，你自己是知道的，而且亦只有你自己真知道。假如你不知道，唯一的原因，只是你不曾反身看你自己，或你不自觉的自欺了。

我们也不曾论到我们如何有实现高级价值之自由，而避免罪过。因为你真努力实现价值，你将觉价值本身，永远呈现于你心灵之前，在吸引你向上。你能自由，因为你希望自由，没人能束缚你，限制你，因为你的努力在内而不在外。

你能有避免罪过之方法。因为在你希望避免罪过之一念中，罪过已开始去除了。过去的罪过永远在过去，你当下能反观罪过的心之自身，永远是清明的。只要你能改去罪过，你将了解过去罪过之所以一度产生，正为使你认清它的面目，而不致再犯。

我们认为这些问题的产生，常常在你停止对于价值实现之努力的时候，此时你是在外面看你如何努力实现价值。在你的心沉入此努力本身中时，这些问题自己，会遇着它的答案，所以在我们的题目中，我们把这些问题避免了。

余音

真理的世界是无尽的海，可以任你去航行。

你随处可以开始你的航行，你随处都可选择为绝对的中心。

它茫无畔岸，你的心灵的船，将永不会同他人心灵之船冲突。只要你是真正的航行者，你可以同别人心灵的船，向任何方向违反。

人间矛盾的真理，在真理的海中永远的和谐。

一切真理，只说它自己是真，决不说此外无更高的真理，与它不同的真理。

所以假使你所见与我相悖，或我所说的不能使你满足，你当自己去选你的航程。

你是唯一无二的人格，你是宇宙一独立的中心，你应当不同于他人，你本当自己去选择你的航程。

我知道你有更伟大的航程，只要你拔起你心灵之锚。

我也将更往前进，我们将在那遥远的海天一色之际，互相招手。

二十八年一月

罪恶之起源及其命运[*]

我们从上所论之人类各种活动来看，我们看出人性根本是善的，同情，节欲，求真，求美，自尊、尊人、自信、信人、宽容之器度、爱人以德等，固然都是人所公认为善之活动。即使求个体生存之欲，男女之欲本身，亦非不善。人有求个体生存及男女之欲，而后有人的生命之继续存在；有人的生命之继续存在，而后有表现各种高贵的精神活动之人。如此看来，则求个体生存及男女之欲，间接便是高贵的精神活动之实现者。求名求权，就其最初动机言，是求人赞成我之活动，亦是求一种我与他人之精神之接触，便亦不能说定是不好。而以人之一切活动，根本上是互相贯通的，当人由求个体生存、求健康、而悬一种健康标准，作一种体育之训练时，当人之男女之欲化为真正的爱情时，当求名求权之念，化为一种求自我之光荣时，这里面便包含各种自觉的节制之品德，真美爱之价值之实现。所以我们说人性根本是善的。我想任何人只要把我们上所论者会通来看，便都会相信人性是善的。

我们必需相信人性是善，然后人之不断发展其善才可能。

我们必需相信人性是善，然后了解人类之崇高与尊严，而后对人类有虔敬之情。

我们必需相信人性是善，然后我们对于人类之前途之光明有信心。

我们必需相信人性是善，然后相信人能不断的实践其性中所具之善，而使现实宇宙改善，使现实宇宙日趋于完满可贵。

人性是善的，我们可深相信。人类在根本上是求向善，求精神之上

---

* 原收入《道德自我之建立》，商务印书馆 1944 年初版，录自台湾学生书局 1985 年全集校订版。

升的，我们亦可深信。然而人类之恶自何来？如何我们处处见人类之恶的表现？如何每一善之品目，均可有一恶之品目，与之相对？人有同情，也有麻木、隔膜、冷漠。人有无私的爱，也有嫉妒、幸灾乐祸与残忍。人有感恩守信，也有忘恩背信。人有对人之尊敬，也有对人之侮慢、骄傲。人有自尊，也有谄媚，卑屈。而且将善与恶对立来比较，我们还发现一最奇怪的事实。即一切恶均可以善为工具，善可被利用来增加恶之力量，然而善永远不能利用恶来增加其力量。人有了善，而有伪善，由伪善而有欺骗，诡诈，阴险。人有了善，而可以借实现善之名，而视凡与之反对者为恶，乃借去恶之名以自足其私。人可以加人以恶名，而陷害人，人可以借攻伐无道，实现正义人道之口号，而亡人之国，屠戮无辜。而最可悲的则是人不仅用善之名以欺骗他人，而且欺骗自己，自己竟不知道。恶可以善为工具，然而善一点不能以恶为工具，所以我们可以处处见恶之显出有力。如果人性是善的，如何会有恶而且容恶之利用其自身？如果恶永远如此与善相对，而利用善，我们对于人性之信念，如何能成立？我们对于人类前途之光明，尚有何信心之可言？

这个问题，常常会扰乱我们的心，而要破坏我们对于人性善之信念，但是此信念，终可不被他破坏；因为我们可说，人之恶只是原于人之精神之一种变态。

我们张目望自然，水自流，云自散，花自开，鸟自啼，他们都莫有罪恶。生物界之相残，我们可不否认，但是他们各受其身体的机括与本能的冲动之支配，他们都无心于残杀，他们也莫有人间所谓残杀之罪恶。

我们冥目反省我们的心，它是清明、是广大，也莫有罪恶。我们低头看看我们的身，它是匀称洁净，也莫有罪恶。再看我们原始的衣食之欲性爱之欲，它们只求有限的满足，原始的求名求权之欲，只是求人赞成我之活动，而且最初只是求少数特定的人能赞成我的活动，它们也不含罪恶。

为什么人有罪恶？罪恶自何来？我们说：

罪恶自人心之一念陷溺而来。

一念陷溺于饮食之美味，使人继续求美味，成为贪食的饕餮者。

一念陷溺于男女之欲，使人成为贪色之淫荡者。

一念陷溺于得人赞成之时矜喜，而使人贪名贪权。

由贪欲而不断驰求外物，而与人争货、争色、争名、争权。

由陷溺于所得之现实的对象，争取现实的对象，而不见他人，乃无复对人之同情，而对人麻木，与人隔膜，对人冷漠。

由与人隔膜、对人冷漠，而不知人的人格之价值，而对人不敬、侮慢、骄傲，不知爱人以德。又由自己陷溺于所欲得之对象，而忘却自己之人格，遂为取得所求之物，而谄媚卑屈。

由对人冷漠，于是在人阻碍我之获得我所求之事物时，不惜对人残忍，忘恩背信。又不愿见人之获得我所求之事物，使我相形见绌，而对人嫉妒，幸人之灾，乐人之祸。

为要获得所求之物，而又知自己之贪欲之不见容于人，于是作伪善，以善名掩饰自己而有欺骗、诡诈、阴险，又感于贪欲之不见容于自己良心，而自欺自骗，自己造作理由，以为自己辩护。

一群贪欲充盈的野心家，争名、争权、争财、互相斗争，而又以实现正义人道为名，乃可血染地球与太阳赛赤。

人种之罪恶可以齐天，可用一切善为工具，以畅遂其恶，然而其产生之最原始之一点，只是一念之陷溺，由此陷溺而成无尽之贪欲。我们所需要的只是解释此一念之陷溺。

为什么人类由一念之陷溺，便成无尽之贪欲？这非其他动物之所能。动物不能使其一念陷溺，以成人类之贪欲。因为动物的欲望，永远是有限的，他的饮食两性之欲，满足了便休息。贪欲——无尽的贪欲，是人类所独有的东西，这岂不证明人性之特恶？

我们说，人之可以由一念陷溺而成无尽之贪欲，只因为人精神之本质，是要求无限。人精神所要求的无限，本是超越现实对象之无限，然而他一念陷溺于现实的对象，便好似为现实对象所拘絷，他便会去要求现实对象之无限，这是人类无尽贪欲的泉源。

人所接触的现实对象，本是有限，只有精神之自觉才是无穷无际，人陷溺于现实的对象时，他失去了他自觉中的无穷无际之感，于是想在现实的对象中，获得此无穷无际之感，于是人才有了无尽之贪欲。

我们真正地透视了人类贪欲的核心，我们便知人类贪欲之目的，其实正在要求其自身之毁灭。

一切人类的贪欲，都必然会有一天发现使他自身毁灭的方法。因为一切贪欲，在现实的对象中，追求无限，而每一现实的对象，永远是有限，所以莫有任何现实对象，能满足人之贪欲，一切贪欲，必不免会厌倦于其身；而人类彼此之贪欲，在共同追求的对象前，必不免互相否定；贪欲与良心之矛盾，贪欲与人类共同之善之标准之矛盾，一直与贪欲相伴，直到贪欲厌倦了其自身，自感空虚，被否定，人自向外逐取的态度解放，而恢复原始的精神的无限为止。

人类的贪欲，必不免感厌倦，因为一切贪欲之满足，原于自觉有所占获，有所增多。而此有所占获增多时之满足之感，只存在于他觉有所占获有所增多那一现在。当那一现在化为过去时，此满足之感，不特不能化身为以后或未来的满足之感，且成了他一种债务。因为当有所占获增多之感过去时，他便觉有所减少与负欠。所以在贪欲的进展中，要使下次所得的现实的对象，能与他上次的现实对象，给与他同样满足而同样感乐，必须下次的现实对象之刺激的能力，倍于上一次之现实对象，因此贪欲愈进展，必然愈难满足，而乐愈少。反之贪欲愈进展，其向对象逐取之势愈烈，如负重落坂，愈至后来，则遇同一阻碍时，所引生之苦痛愈大。此中，人之苦乐，随贪欲进展，而反比例的增减。所以人必不免会在一次阻碍上，感到由贪欲以求乐之虚幻而厌倦，这可说是宇宙之一神圣律（Divine Law）。

人与人本是平等并立，互相感应的精神存在。每一人的动作，直接间接感应到他人，而一人的贪欲，必不免引起他人的贪欲，一人贪欲的增加，自不免引起他人贪欲的增加。所以人类的贪欲，必不免交会于共同的若干之有限的现实对象前，而在此共同的现实对象之争取上互相否定。正义与爱，永远在上，照临着他们之互相否定，以实现其自身，这也可说是宇宙之一神圣律。

人类有贪欲，然而人类永远知道贪欲是不好的。莫有人在平心静气时，不知贪欲是不好。莫有人不以善来欺骗自己，使能安心发展其贪欲。莫有人对他人之贪欲，有好的感情。人之贪欲可以利用善，这不足证明善之无力，而正可证明贪欲之赖善或善之力而存在。善之为善，永为人之良心之所知，自己之良心的判断与贪欲不能并存，他人之良心判断，与贪欲亦不能并存，贪欲只能在善之掩饰下的夹缝中存在，而贪欲终当为良心之光所照透。这也可说是宇宙之一神圣律。

我们总容易看见恶之实在，这只因为我们对于恶，只看见它的中段，不能看见它之所自生与所自终。它之所自生之饮食、男女、求名、求权之欲不必是恶，它之所自终，正是它自身之否定。我们只是从它之中间一段看，才觉它之实在过于善之实在。（人之所以总自中段看恶之实在，此中有极深之理由，乃原于人必正视恶，乃能去恶，今不详论。）

人在此会问：人的精神何以会一念陷溺，而沉堕于现实对象中？如果精神本质是上升的，便不应陷溺沉堕；如果可陷溺沉堕，便不能说精神本质是上升的？这真是一最困难的问题。

然而这问题，有一最深远的答复。即人精神之沉堕，仍所以为其上升；人之犯罪，仍所以为其实践善。一切犯罪的人之犯罪，只是他最内在最潜深的自我要实践善，而又不知如何实践善者，不得不经过的过程。他们精神之下堕，就是因为他们要由下堕而上升。

我们现在先问，什么人是最易犯罪，最易纵欲的？我们可看出，一切潜藏的精神力愈丰富的人，愈易纵欲而犯罪。我们可说，一切精神力丰富而寻不出正当的表现之路道的人，便必然会犯罪。精神力愈丰富的人，其最内在的自我，正是力求精神之上升的人，即最要求实现无限的精神实于其人格的人。原来他最内在之自我，要求成为一无限的人格，而无一直的上升轨道，所以翻转而表现为无限的对现实对象之逐取。

从这个例子，我们便了解人之纵欲，即是人精神表现之一种方式，由纵欲而犯罪，亦是人之精神表现之一种方式。

纵欲与犯罪，并不妨碍"人精神之求上升与向善"的观念，因为我们已说过一切纵欲犯罪者，终必自感厌倦，并必被他人之贪欲，及他人与他自己之良心之裁判所否定的道理了。

一切的罪恶，都要被否定，而每一罪恶之否定，则复实现一善，所以罪恶愈大，则实现之善愈大。

人的精神之会陷溺沉堕于现实世界而犯罪，即是为的实现：改悔罪恶、否定罪恶之善。

形上之精神实在之善，必须要求实现于现实世界。所以不能一直实现其善，它便化身为人之罪恶，绕弯子以间接实现其善，这是形上的精神实在与现实世界的关系之最大的秘密。我们看历史上许多伟大人格，早年都曾纵欲犯罪，便知此中之消息。

但是形上的精神实在，并不鼓励人纵欲犯罪，来间接实现善。因为凡是可以走间接的路，以实现的善，都可用一直求精神上升的办法去实现。凡走间接的路者，都是失去了正当的路。而一切纵欲犯罪者，走错了路，复要回到正路实现善者，必须感受大苦痛，而后能真回头。纵欲的人，在其纵欲的过程中，不断的感受乐，所以他要回头，必须将其所感受之乐，以增加一倍之苦痛偿还；因他须以同等之苦，收回他纵欲时精神外驰的倾向。所增一倍之苦，则是所以遏抑他再犯罪之可能者。这所增之一倍之苦痛，或由外境之刺激来，或由其良心之责罚，而自己去寻找来，或为纯粹之忏悔中夹带之苦。

然而一切纵欲者，必须回头实现善，这本是宇宙之神圣的定律，所以一切纵欲者，必然将遇苦。不遇苦于生前，则遇苦于将死之际及死后。

或问：如犯罪者必须付利息，以苦痛偿还其纵欲所得之乐，又岂非宇宙之不仁？

则我们当知真感着自己犯罪而求涤洗的人，他所对之苦痛，他将认为是他应受的惩罚。他复需要增加一倍苦痛的惩罚，来磨练他。这所增加之苦痛，乃他最内在最潜深的自我所自愿承担，故此时苦痛，便成为必须的精神粮食，苦痛同时为他内在之乐。所以宇宙永远是公平的。（关于上列数段许多问题，今皆不能细说，读者视之为一独断之论可也。）

人问：如果罪恶最后总可销除，而并不真使我们以后受更多的苦痛，则我们何必一定为善，纵欲为恶，使精神向下，又何妨？

我的答案是：如果你甘愿纵欲为恶，莫有人能阻止你。但是如果你真知道了，纵欲者终当被索还其由纵欲而生之乐，谁复还要自觉的去纵欲？如果为恶者，将来终当被良心逼迫而为善，谁复还自愿在现在为恶？纵使为恶，只能出于盲目的动机，而我们的话，只能从你最清明的自觉去了解。从你之此最清明的自觉出发，永不会引导你去纵欲为恶的。如果我们的话，真会有引导你纵欲为恶之效用，唯一的原因，只是你本有纵欲为恶之意，而利用我们的话，来抵消你为善之意。然而当你对我们的话，持利用的态度时，我们的话所启示于你的理境，已全离开你。如果你仍然记住它们，我相信它们必然将使你更努力的为善，而求你精神之上升。但这不是因为它们使你想着为恶将遇苦，而不敢为恶，而是因为你真了解它们时，你便更认识了形而上的精神实在之真实，而更愿意去实践它。

生存之意义 *

第一节　辨生命力之广大、与不为物质环境所限制

常识：上次的谈话，你使我认识物质以外的生命之真实存在，你使我在横的物质世界之外，看出一纵贯物质世界的生命力。你使我从很小的生殖细胞中，透视着无穷广大生命世界；使我不只自空间中，看生物在时间中活动；使我由生命在物质的空间中之身体之发育，而看出生命纵贯时间，超越时间之变化性的活动；使我知道生命与物质是向不同方向活动，而又非割裂为二。你的话使我的世界观更广阔，我很感谢你。但是我细细体会你的话以后，我一方面①虽然觉得一种视野阔大之愉快，一方面也引起我更多的问题，我自己想想，不能解决，所以今天再来同你讨论。

慎思：一些什么问题？

常识：第一问题是你虽然告诉了我，由生物之生殖可以看出生命之无穷尽的力量，但是这种力量是从生殖细胞之可发育，或身体之分裂出生殖细胞看出。你所谓生命之无穷的力量，并未完全表现于物质世界。你所谓无穷尽之生命力之表现，只在无穷尽之子孙依次出现的时候。那么，在子孙未出生以前，一个体生物虽含无穷尽的生命力于他生殖力之中，一个体生物之所表现的生命力仍是有限的。虽然我们明知道，有限

---

* 原收入《心物与人生》，香港亚洲出版社 1954 年初版，录自台湾学生书局 1984 年全集校订版。

① "面"，原脱，校补。

的生命力与无穷尽的生命力直接相通，不能截断。我们的目光，在了解生物时，当立刻注射到无穷尽的生命力之全部，而超越了唯物的观点。但是这无穷尽的生命力，终不是这有限的生物所有的。我们所得的慰藉，只是从想着那超越的无穷尽的生命力而来。无穷尽的生命力，诚然有他无穷尽的意义，然一有限的生物个体自身，比起他尚未实现的无穷尽的生命力来，其存在的意义，便太微小了。假如说一生物个体生存的意义，只是为他无穷的子孙，绵续种族无穷的生命，这种说法是许多生物学家拿来解释个体生存之意义的，那我也不愿相信。因为假设每一个体生存的意义，都在他的子孙，而子孙生存的意义又在他的子孙；则我们一直追索下去，我们始终莫有全存在的子孙。我们便只能说，一切个体生存的意义，都全寄托在那尚未存在之生命之上。假如个体生命存在的意义，永远寄托在未存在的生命之上，岂不等于说个体生命存在毫无意义？而且如果一切个体生命之存在，都莫有意义，只是为生子孙；则一切生命之存在都是手段，目的则是永不存在的子孙。则生物个体何必一定要存在，以求达到那永不存在的目的？所以我想假如要说个体生命存在的意义目的在生子孙，我们便必须承认个体生命存在本身有意义，本身亦是目的。然个体生命存在之意义，比起那无穷尽的生命力本身之意义来太小了。我要问究竟个体生命存在的意义是什么？

　　慎思：你说个体生命存在的意义，在其自身，是不错的。个体生命存在本身，即个体生命存在之目的，亦是不错的。但是你由此怀疑到个体生命存在之意义之微小，则是由于你思想上之一种混淆。因为你既然知道：要了解生物之所以为生物，当注视到无穷尽的生命力之全部，个体之有限生命和无穷尽的生命力不能隔断；你便不当拿有限的个体生命，来与无穷尽的生命力相对比。因为在你将二者相提对比时，你已把有限的生命，自无穷尽的生命力自身划分出来了。我知道你要说"我已说明我之所以如此划分者，是自生物个体中所实现之生命力看"。但是你若真只自生物体中所实现之生命力本身看，你仍不会如此划分。你在如此划分时，你实际上是把生物个体中之生命力与身体之物质合看。假如你全不想到身体中之物质，你如何会如此划分？至于你之所以想到其身体中之物质，便会如此划分者；乃由于你觉到其身体之物质是有限的，是可以自其他物质中划分出来的。于是你觉其身体中之生命力，亦是可以自无穷尽的生命力本身划分出来的。所以你所谓生物中表现之生命力是有限的观念，实际上是从身体物质之有限的观念，转移过去的。

因此你所谓生物个体中生命力之有限，实际上即是指生命力借以表现其自身之物质之有限，而不是所表现的生命力自身之有限。

常识：无论如何，生命借以表现其自身之身体物质，总是有限的。试问：生命何以只表现于有限的身体物质中，而为物质所限制？

慎思：生命之表现，并不只是在身体物质中。我们以前已说过：生命之活动表现于身体与环境间，生殖细胞与所发育成之身体，只是生命力表现其自身之媒介了。

常识：但是身体所接触之环境之物质，仍是有限的。

慎思：你说身体所接触之环境之物质是有限的，是将其接触之环境中物质与其他物质划分幵来说。

常识：我们对于物质世界，本可在意想中如此划为二部：一部是生物所接触之物质世界，一部是生物所未接触之物质世界。

慎思：但在实际上未必能。而且假如在实际上真可如此划分，则生命力未受物质环境之限制。因为他所接触的物质世界，都是他力量所到。生命力活动范围，并不比他所接触之整个的物质环境之范围小。至于他所未接触的物质环境，在实际上已同他所接触的物质环境划分开，已同他莫有关系，亦不能限制他所活动之范围。

常识：但是我们从外面看时，我们都明觉生物接触之物质环境范围以外，还有其他物质世界，为生物之生命力所不能到，则其生命力活动之范围，是被外面之物质世界范围住、限制住；亦即为整个物质世界所限制住。

慎思：那你是把你所谓生物接触之环境与环境外之物质世界合起来看了。你在意想中，已非真正划分开此二者。但只要你把此二者再合起看，你便不能说生命力活动之环境，只限于他所直接接触的。因为他所直接接触的环境之物与其他一切之物，是相联贯而合成一整个的物质世界。你应当说生物之环境，即整个之物质世界。所以你如果承认了生命力活动于生物身体与环境间，即当承认其活动于其身体与所在之整个的物质世界间。你不能在想生物之环境时，则将生物所直接接触之环境与其余物质世界分开；而在想物质世界时，则重新连起来。若你因相信在实际上的物质宇宙是相联贯相连续的，不能截断，所以你想物质世界时，你虽分了仍要合；你便亦应当同样知道：生物直接接触之环境，与非直接接触之环境，分了仍当合；而当承认生物之环境，即其所在之整个物质世界。故生物生命力流通于其身体与所在整个物质世界间，生物是对其所在之整个物质世界之环境而反应。

　　常识：我可承认生物对整个物质世界之环境而反应之说。但是他只能对整个物质环境刺激他的力量反应，他不能对物质之本体反应。所以其生命力只流通于物质世界刺激他之力，与他身体之物质发出之力之间，他不能流通入物质之本体之中。物质之本体在生命力活动之范围以外，非生命力之所能摄及，而限制生命活动之范围。

　　慎思：物质的本体是什么？

　　常识：是物质之力所自发。

　　慎思：物质之力与物质之本体是分离或是不离？

　　常识：是不离。

　　慎思：那么，生命力流通于物质之力中，即流通入物质之本体。因物质之力所在，即物质本体所在。

　　常识：但是物质之力发出后，即与本体分离。此本体另自有力，向其他物发出。

　　慎思：那么在物质之力后面的，与物质之力分离的物质本体，及其另外之力，便皆与此生物之生命力无关。他亦不能限制生命力。你想他在限制，你便已把此物质之本体与其对此生物所表现之力又合起来了。

　　常识：那岂不是生物在他与环境反应时，其生命力遍于为其环境之全物质宇宙。如此，何以生物的身体有不与环境相反应时，生命的身体有他所未曾反应的环境呢？

　　慎思：你能相信生物身体存在时，真有与环境不相反应时吗？天上的星云如果真是我们生命的环境，在我们不特别注意时，我们的身体对之便真全无反应吗？天文学不是早告诉你万有引力场，宇宙之电磁波之无所不在吗？

　　常识：物质之本体可以继续发出无穷的力，但我们的生命力所能摄及的，只是现在的物质之力，对于将来的（包括尚未传达到之远处的）物质之力，我们生命力便不能摄及。所以物质在我们生命力之外，限制住我们之生命力。

　　慎思：但将来的物质之力尚未发出，将来的物质之力，同我们将来之身体一样，尚未存在于此时此地，不能有限制的作用。当将来物质发出力，成为我之环境中力时，我们将来之身体，也有力与之反应，生命力亦同时表现于其间，生命力也不曾受限制。纵然你说将来之物质之本体，现在已存在，但他尚未发出将来之力，也不能对我们有限制的作用。

常识：那我们应当说一生物之生命力，无论如何都与为其环境之物质宇宙之力同样广大。

慎思：正是。所以我们不能说表现于一生物体中之生命力是有限的生命力。我们应当相信生物之生命力，表现流通于其身体与为其环境之物质宇宙，涵盖为其环境之物质宇宙之全境。

第二节　辨生命活动之目的非身体之保存

常识：我承认每一生物之生命力都涵盖为其环境之物质宇宙全境。但每一生物涵盖物质宇宙全境，只为的求其身体之生存，只为保存其一些身体中极少之物质。岂不是生物只为此极少之物质之保存而存在？

慎思：生物之存在，不是为一定的极少数之物质之保存，因为生物之活动有发展。生物之发展，有生理上之改变，因而有新物质之增加，与新旧物质成份之递换。

常识：你前不是说生物之发展是为求达到生存之目的吗？那么生物之发展，不过求生存之手段。我们可以说，生物之目的，本只是求其身体中原来之物质之保存，不过因为要保存原来之物质，于是不得不在环境中发展他自己，求适应环境，而改变其生理、或往取新物质来供他之用而已。

慎思：但我们以前的话，亦只是一方面①。我们前说生物之活动以生存为目的，只是拿来对抗你对生物之纯物质的因果说明。我们说生物之发展是为生存；这话尚必须加以修正补充。我们现在当说生物之生存，亦即为该生物之发展。或者说生物之发展，即为发展该生物之生存。这样，依我们看起来，所谓生物之生存，只是表现生命性的动，生物之发展，亦只是表现生命性的动。所以生命活动之本质，即是表现生命性的动。生命活动是为其自身而存在。

常识：你的话都是重复语，我不懂你的意思。我先请问我们说生物的生命活动之目的，在求其身体之保存有何不对？我们随处都可找着证明，生物之生命活动是在寻找于他身体有利的，而避免对于他身体有害的。

————————

① "面"，原作"便"，误，校改。

慎思：如果生物之生命活动是为身体中物质而存在，身体中之物质是为什么而存在？

常识：身体中物质为他自己而存在，身体中物质之继续存在，即使生物超出时间之变化，而在时间中成为恒常者。生命自己之超物质性、超空间性，即显露。此生命自性又即显露于物质空间，而完成了生命表现于物质空间中之意义。

慎思：你试去看看你身体中之物质，是不是为他自己而存在。你的身体中之物质，即在你之诸器官。每一器官，都自有一用处。肺的呼吸为取氧气入血管。胃为了消化食物。血管与胃为了运输氧气与消化食物养筋肉骨骼。筋肉骨骼，为保护你其他器官。感官为了传递感觉至神经，神经又能控制全身的运动，而指挥你的筋肉骨骼去保护其他器官。你的身体中每一器官之物质，都不是为他自己而存在。

常识：那么身体中之物质是互为其他而存在。他们之互为其他而存在，因为他们各自为自己而存在。

慎思：假如身体之物质是互为其他而存在，便不能说是各自为他自己而存在。因为他们自己只是发生一种活动，而这活动之目的，则为其他。那么他们便都莫有为自己之目的。我们看不出他们为自己的地方。

常识：我们可以说，他们各自赖"其他之为他"而达到"各自为自己"的目的，他们是互相利用。

慎思：我们一定要先见他们有各自之为自己之行为，然后我们可以说，他们之各为其他都是为达到为他自己的目的。如果我们只见他们各自为他，我们便不能断定他们之为他，是为达为自己的目的，而互相利用。犹如我们只见一些人，都是能各各自动的为他人而牺牲，我们便不能说他们之合作，是存心在互相利用。纵然他们互相帮助的结果，使他们各人都得利；但是我们看他们所得之利，决不自己保留，而马上就转输与他人，我们便不能说他们有丝毫抱利己主义的心。虽然你可从他们之互相得利之现象来说，他们之表现一永远为他牺牲之精神，由于他们在实际上正赖此以达到他之利己，他们是不自觉的利己主义者。那么，我们又何尝不可以从他们之决不保留其所得之利之现象来说：他们之收得他人之利，只是为莫有法谢却他人之厚意，他们都是绝对的利他主义者呢。所以我们莫有理由说，身体中任何物质是为他自己而存在。

常识：但是整个的身体可以是为他自己而存在。

慎思：整个的身体，如何为他自己而存在？

常识：整个的身体在取得食物、消化食物、并避免妨害之环境，或与之斗争，便见其只是为求他自己之存在。

慎思：取得食物、消化食物、避免妨害后，所得的是什么？

常识：就是他自己身体之存在了。

慎思：他的身体又是什么？

常识：是他的各种取得食物、消化食物之器官，避免妨害之器官。

慎思：他的器官是为什么？

常识：是为的发出各种取得食物、消化食物、避免妨害之活动。

慎思：你的话是绕一个圈。你说为身体保存而有某些活动，而所保存的身体，只是用来作某些活动的。那我可以说你是为身体保存而有吃饭等活动，而吃饭等活动又只是为的保存吃饭等之器官来作吃饭等事。你是为永远吃饭而吃饭，你吃饭的目的在那里？你的身体何尝为他自己而存在？说你的身体为他自己而存在，与说为永远吃饭而存在有何不同？你细细想想：你所谓你的身体为他自己而存在，同为永远吃饭而存在有何分别？

常识：那么为什么一切生物之活动，都是在努力保存其身体，避免害及身体之物？

慎思：生物之所以努力保存其身体，只为有身体而后有生命活动表现，因为身体是生命活动要表现之所凭依。生命活动要表现于身体及环境间，所以必须有身体之存在。

常识：那么所谓生命性之活动之内容是什么？

慎思：生命性活动之内容，是生命通过身体，运用身体中的物质之力，而使身体之物质之力发出来，贯注到环境中物质之力，而表现一种相互融合和谐关系。

常识：你的话过于抽象，我请问生物何以要去取食物？

慎思：取食物是为的积蓄一些物质于身体中，化为身体中之物质，而后生命可以转化此物质之力，以发出其活动。

常识：如果生命之活动只为其自身，其所以要身体，只为取身体中物质之力来活动；那么，我们身体只要活动就行了，何以身体之活动，身体中物质之力之发出不是乱的、任意的，而总要维护着我们之身体之存在？我们由身体活动之总要维护着我们之身体，便可见身体保存，是我们之目的。

慎思：我们说生命活动为其自身，即是说生命为其自身之长久活动而活动。他要求其自身之长久活动，所以他不能不继续的取食物，而化之为身体中之物质。他不能不使他有长久活动之资源。所以他一方向前活动，一方即照顾他的身体。他必须使他发出新活动，与他的身体之存在相谐和。他的身体本身也有"他一串活动的习惯形式"，那一串活动之形式亦即是"生命自己之一串活动之形式"。所以他在向前活动时，他总是使他的新活动，不致妨害他"身体本身一向有的一串活动之形式"，而去排除"足以破坏身体之一串活动形式"者。这就是生命每一段时间之活动，总表现有维护其身体之作用之故。

常识：假如我们承认生命之新活动，都有维护其身体存在之用；何不说生命之目的，即只为维护身体之存在？我们可不说维护身体之一定的物质是生命之目的，我们可说维护身体之一定的习惯的一串活动之形式，是生命之目的。

慎思：我们仍不能这样说。因为新活动之必须有维护身体存在之用，不能证明此新活动只是为维护身体存在而有。这只是证明新活动之必须与身体之存在相谐和。而且新活动维护身体之存在，既不外维护身体的一串活动之形式，则此新活动，即是为使身体能依照其习惯的活动之形式而继续活动——以有将来其他之新活动。他维护身体，是为使身体将来能继续的活动；即是为使生命自身之活动能继续的表现。所以我们仍当说，他为他自己之活动而活动，不当说他之活动，以身体之保存为目的。

常识：你说生命之活动之所以要保存其身体取食物，都是为的他自身之长久活动。那么生命之保存身体取食物之活动，都是他用的手段；生命的活动本身应当在此手段之外了。

慎思：照我们说起来，生命之活动，并不在其保存身体取食物之活动之外。因为保存身体取食物，也是生命之活动。"预备生命活动之资源"，"保存一种将来可继续活动之身体活动之形式"，本身即是生命之活动。照我们说来，生命之活动即以生命之活动为手段，而开启更多之生命之活动。他以他自身为手段，以他自身之发展为目的。所以他莫有其他的手段、莫有其他的目的。他的目的，即为使他更具生命性的活动。

常识：那我们直可说我们吃饭是以吃饭为手段，而达到吃更多的饭为目的了。

慎思：那虽是一笑话，然而若果人只是一单纯的生物，而生物的活动全体只有吃时，我们是可以这样说的。但是我们尚须略加以修改。我们当说以吃饭为手段，而达更多的吃的活动之目的。因吃的意义在吃，而不在饭。不过我们不能说，人只是一单纯的生物，而生物活动之全体，在我们看来，不能用吃字来代表。

常识：自纯粹生物之观点，我看不出除了以吃保存身体、御害与传种以外，还有什么。御害只是不要使他物害及"他吃的食物所养成之身体"，传种不过使食物所养成之身体能重复几个，生出子孙来也只是为继续吃。生命的主要事务只是吃。以各种吃的方法之不同，吃的食物之不同，十是成千差万别的生物。我请你说生命之活动除了吃，及其所统率之事外还有什么？若果生命之主要事务可以吃来代表，那生命之活动仍不过为保存身体。只是我们不说保存身体是为的身体本身，而是为继续吃而已。我想我们的问题说来说去，总要说到可笑的地方去。你要把生命的意义神圣化，总是很困难的。

慎思：吃之观念之所以可笑，正因为吃使我们联想到食物。但是我们真了解吃只是生命的活动，我们只从其为生命的活动一方面去看吃；那么纵然生物的活动只有吃，我们既把吃之意义中所包含之食物之意义去掉，那吃之一名，即同于生命的活动之名。我们当不说吃是生物之本质，而当说生命的活动为生物之本质了。

常识：但是我们想到吃时，我们很难不想到食物；想到食物时，很难不想到食物是为的身体的保存。我现在尚不能破除生物一切活动为其身体保存之说，除非你能指出吃及吃所统率的活动以外有生命活动，不为身体保存之生命活动。

慎思：如生物之纯粹感觉之活动，对外界注意之活动，及一些自然的机械反射运动，自发的游戏活动，都不是吃的活动。除你所谓吃的活动统率之避害的活动以外，都不是直接为身体保存之活动。

常识：我们可以说这些活动，表面固不是为身体保存——然而这些活动，间接的都是为身体的保存。这些活动都与身体保存有关。生物在感觉注意外物后，马上认识其与己之利害关系，而生避害趋利之动作。生物之自然反射运动，是求身体与外物之平衡，而身体可安稳的存在。生物之游戏，是排除其过剩精力，而使生物之身体能有内部之舒泰，而身体能和畅的存在。所以这些活动都与身体保存有关。

慎思：但是就这些活动本身来说，你不能说：他之所以发生，是为身体保存，是隶属于保存身体之目的的。

常识：为什么不能？

慎思：因为你所见的，只是这些活动，都有身体保存之效用。我们是先认识这些活动本身，而后了解其身体保存之效用。我们是于这些活动中、发现其身体保存之用。我们可以假设这些活动之发出，并非为身体保存，只是他表现有保存身体之用而已。我们不能说这些活动是为身体保存而有。因为我们不能从身体保存一观念，即推出其必有如此活动。

常识：但是何以一生物之一切活动，都表现保存身体之性质？一生物之继续的活动，恒即一继续去保存其以前所成身体之历程。所以我们可以说：其所以要继续的活动，由于其有一潜伏的身体保存之目的，在求实现。

慎思：我们可以比喻：生命之活动之所以总是表现保存其以前所成身体之性质，如抛石于水中所成之圈，以后生的圈，总套在以前之圈上，好似在保存以前之圈。然而每一圈之所以生，只是水波在向外荡。你并不能说一水波之所以生，只为保存以前之圈。然而你若只自新水圈套在旧水圈上，逆起来看，你就会以新水圈只是为保护旧水圈而有。因为你只自每一生命活动都与身体存在有关处看，于是以为生命一切活动，都是为保存身体而有。你要知你的身体，只是生命活动凝固成之形式。你只从生命活动之凝固成之形式方面看，所以你把向前的生命活动，误视作只为保存其过去所凝固成之形式之身体而有。你的看法是颠倒了。

常识：我们可以说水之波之所以向外荡，继续的成圈，由于石在中心发出一力，要继续的向水面四方贯注，以维持他自己。我们可以自中心分向四方之力，比喻生物求身体保存之冲动。

慎思：你不能如此比喻。因为这力是逐渐发展的，是向前的。他不只是维持他自己，而是开拓他自己。假如你说这力是借开拓他自己来维持他自己，以比喻生物借向前之生命活动，以达保存他自己身体之目的，你的话仍然错了。因为你所见只是这力，在其开拓历程中，维持他自己，在生命活动中达保存身体之目的，便不能说为保存身体而有此生命活动。照我看起来，你以生命活动之目的在保存身体，犯一种"以抽象为具体之根本"，"不以内在之可能，而以已成之现实，为新现实之根本"的错误。你由生命活动中表现身体保存之性质，遂以后者为前者之目的，犹如你以物质保存为物质运动之目的，一样的不对。

第三节　辨生物之进化不能以身体保存之观念说明

常识：但是我们看生命之一切活动，既都与其身体之保存有关系；我们便可以从其与身体之保存有关处，说明一切生命活动何以产生。

慎思：你以身体保存之观念，说明生命之活动，至多，只是以一特定身体状态之保存，说明特定生命活动何以产生。你不能以身体保存之观念，普泛的说明生物之活动形式，何以有多种？生物之身体形态，何以有多种？生物何以有进化？何以有由低级生物到高级生物的进化？

常识：我们说，生物之活动形式何以有多种等，皆只是由于达到生存（即存在）的目的之方法之不同。我们可以以同一的目的去说明之的。

慎思：但是我们的问题正在何以各种生物由有此达生存之目的之方法不同，而有其生命活动形式本身之不同？这不同处，明不能只以同一的达生存之目的去说明。若果一切生物都只为求纯粹的生存，则生物是不必有进化。因低级生物与高级生物同样能够生存。且低级生物，可生存得更久，更容易。高级生物之寿命有时反较低级生物短，而更难生存，因其赖以生存的条件更多。

常识：我们可说生物之有进化，是为要求更丰富的生存。

慎思：若生物之目的只在求生存，则生存丰富与否，与各种生物有何关系？生物求生存又必进化而求丰富的生存，那就不能说生物之进化，只是为求生存了。

常识：我们可说生物之有进化，只是自然淘汰之结果。最初只是有偶然的变异，因其与环境有适合与否，经自然淘汰之结果，于是留下现在许多生物。

慎思：你不能引用自然淘汰之说。依自然淘汰之说，可说生物之有变异是偶然。但是你不能。因为我们都承认生物形态之变异，即表示一生命活动之新形式。你以生物之求生存，说明生物一切之活动，即须以求生存之目的，说明形态何以变异。你必须贯彻你目的论的说明。你不能说生物形态之变异是偶然的，而采取机械论的说明。

常识：我们可说原始生命求生存之目的本是同一。只以其所遇环境之不同，于是被形成为各种不同之形态之生物。如水本是同要达一向下流之目的，以所遇地理环境之不同，于是形成各种湖沼江河之水。

慎思： 你仍是采取了机械的说明。因为照我们以前的讨论，我们同时共认生命之每一活动之形式，都是其本身所具。我们共认生物身体之发育成之形态，是生命力自身活动于环境与生殖细胞间的结果，而非只是环境所形成。所以你要以求生存之目的论的说明，来说明生物之活动，便须以求生存一观念，来说明进化历程中各种生物形态之不同。

常识： 那么你如何说明生物之各种形态之不同，与生物之进化？

慎思： 我们根本不以为生命之活动是只为求生存，不以生命之活动只求达单纯的生存目的。我们以为生命之活动，即是表现生命性的活动。生命活动的目的即在其自身，即在使其自身表现出便是生命性的活动。所以我们亦可说生命之活动以其自身为手段，以扩展出更多之生命活动。我们以为生命活动之所以有不同形态，即以生命之活动本内在有不同的形式，不必另外说明。

常识： 那么怎样说明进化？

慎思： 若果 ——进化论是真的，而要问低级生物何以会进化出高级生物，我们亦只有说低级生命之活动本内在有高级生命活动之形式。若问何以进化之历程，先有低级生物表现，后乃有高级生物表现？则我们认为此由于生命活动之表现于所谓物质世界，乃前后相承，随时间之进展而表现得更多更充实。我们以为高级生物之所以为高级生物，即在其有更多更充实之生命性的活动。

第四节　辨生命性的活动之意义

常识： 究竟什么是生命性的活动？

慎思： 生命性活动，即生命通过身体，运用身体中之物质力量，使身体中之物质力量发出来，贯注到环境中之物质之力，而表现一种融合和谐关系。愈高级之生物，所以为高级，只因为他善于运用其身体之力，贯注到环境中去。他把他身体中之力贯注到环境中去时，即与环境之物质之力有一种融合渗透，即表现一种和谐。生物不动则已，一动则发一种力，即与环境中之物质之力融合渗透而表现一种和谐。此和谐之所在，即生命力之所在。所以我们说愈高级的生物，即是愈能耗费其身体中物质之力之生物。但是他愈要耗费物质力量，所以愈须积蓄物质力量。而愈高级生物，取食物愈多，消化食物之力量愈强，营养器官愈完善。其次他愈要耗费许多力量，以达到所表现力量与环境中物质之力之和谐，所以他愈善于组织力量，支配"力量之运输"，因而神经系统愈发达；愈须知道力量向何方用，所以感觉器官发达。这各种器官，都是为生命力有物质力量可运用；由运用得适宜，以表现其自身而存在。然这些器官本身及其活动，又即生命力本身运用物质力量所凝成之一种产物，或生命力之一种表现。所以生命力是以其自身之产物，自身之表现为根据，而运用物质力量，以表现其自身。生命之保护其身体，即保护其自身之产物，保护其在物质世界之一种表现；而使其自身在物质世界，可进而有其他之一种表现。生物之形态之进化历程，即生命在物质世界之继续表现"更多更充实之生命形式，于世代之生物"之历程，亦即宇宙逐渐表现更丰富之"生物与环境之和谐关系"之历程。

常识：你所谓生命性活动，所表现生物与环境之和谐关系，是否只是使生物身体之力与环境中物质之力和谐渗透而已，或还包含其他？

慎思：我所谓生命性活动，是生物使身体中之力与环境中物质之力融合渗透，表现和谐关系；同时即使其自身之前后之动，互相和谐，互相渗透。

常识：这是什么意思？

慎思：因为每一生命之活动，都是一方表现其自身，一方引出其他生命之活动，再一方欲继续其自身于后起生命之活动中。所以一新生之生命活动，必不能与以前之生命之活动冲突，而须相和谐。又以旧生命活动，欲继续其自身之故，所以新生之生命活动，常为旧生命活动所渗透，成为旧生命活动之继续表现之所。

常识：生命活动之引出其他一生命活动及继续其自身，所表现的是什么意义？

慎思：生命活动之引出其他一生命活动，表现生命之变化性；欲继续其自身，表现生命之恒常性。

常识：以你这种说法来解释生物之各种取食物、逃避患害，及感觉之活动，当如何解释？

慎思：我们说生物取食物的活动，就其本身言，为一新生命活动。但此活动又可以说，是为积蓄一种物质力量，使将来有新生命活动而有。这是一种为准备引起其他新生命活动而有之生命活动。逃避患害本身为一新生命活动，但此活动又可以说，是保护我们身体中一些旧活动之可照常而继续表现。这是以新生命活动维持旧生命活动之继续表现。

感觉本身是一种新生命活动，但是当感觉时，生物亦可感知所感觉之物对之有利或害，于是可再引出一趋利避害之活动，而逃避此感觉所对，或注视此感觉所对，而求取得之。此中所谓感其为利为害，不外是生物感此"感觉所对"，对其他生命活动有顺或违之关系。故此逃避、注视、而去之或取之之活动，又不外由感觉与其他活动相渗透所开启之新活动。此逃避、或注视、去取之活动之结果，趋利避害之结果，又必另外开启其他之生命活动。所以生命活动之目的，是永求表现更多更丰富之生命性活动。

常识：以你这种解释来看，则生物之形态之进化，一方是使生命在物质世界之表现更多更丰富之生命形式，同时亦即使表现于物质世界之生物自身之生命内容更充实了。

慎思：正是如此。

第五节　辨生命之自身无所谓死

常识：依你上所言，我们应当说生物是继续要求其表现于物质世界的生命内容，变为更充实的；那么物质世界之生物如果不死，岂不更能满足此要求。何以生物要死？

慎思：照我们的看法，物质与生命，本是相连结为一世界之两头。物质之动，向一方向；生命之动，又向一方向。所以生命之表现于物质世界所成之身体，因其自身是物质，不免受其环境中物质之力之影响，而向横的方向动，因而逐渐表现与向上的生命力相反之趋向。身体中物质之惰性，强到某一阶段，不能为生命力表现之工具时，生命便离开物质世界，而复归于其自身了。

常识：生命之离开物质世界，不是足以证明生命之不能控制物质，物质之力限制了生命力吗？

慎思：在一生命存在的时候，此生命一直是有控制物质力量，他的力量遍于他的身体与环境间。在一生命不存在的时候，身体中之物质已不是他之物质，环境中之物质亦可谓与他无关。所以生命力不曾受物质力之限制。

常识：但是我们知道人一天一天的老衰或疾病，即一天一天的感身体中物质惰性之重。这不是人明明感到物质力量之限制身体，若有一物质力量在生命之下拖着生命吗？

慎思： 这仍不足以证明在生命存在时，有物质力量绝对在身体之外。因为当人生命存在时，人所感之物质力量之惰性有多大，即反证生命向上之力有多大。由我们提一东西有多重，即证明我们提时之气力有多大。

常识： 但是我在提一东西时，总有"一东西在限制我"之感觉，觉此东西在外。

慎思： 你觉得东西限制你，正因为你在提东西。你是同时加一种力量来阻止东西之下堕。你之力与东西之力在互相限制，你不能只说他限制你。你觉他在外，只是因你在收他入内。

常识： 但是我可觉我提不起了，觉得他在使我放下。

慎思： 你觉得他在使你放下，只因为你在想提高一点或提久一点。假如你已全无此想念，你不会觉他在使你放下。你感到他的力量的时候，永远是你的力量同他的力量不离的时候、你的力量贯彻于他的力量的时候。

常识： 我的力量既贯彻于他，何以不能战胜他？

慎思： 那只是力之方向不同。

常识： 方向不同，便可说是二力，不是不离之力。

慎思： 但是在此二种方向之力相交相彻时，即是不离之力。

常识： 然而二种方向之力，总是逐渐在分离。

慎思： 当分离时，你不感到东西之重量。你便亦不感他的力量之限制你了。

常识： 当我们提不起东西放下，证明我们气力之不及东西下堕之力。我们应当由生物之由衰老疾病而死，证明生命力之不及物质之力，所以控制不住身体。

慎思： 但是当我们把东西放下时，我们的手也轻松了。我的气力并莫有丧失，而回归于我们自身了。我们用过的气力，已在提东西时表现了，而提东西的经验，仍保存于我之生命史中，即生命存在之进向中。所以当我们死时，我们并莫有损失。我们是带着更丰富之生命经验，回归于生命世界自身了。

常识： 怎么知道不是我们生命死了？

慎思： 你怎么知道他死？

常识： 因为他不复存在了。

慎思： 他不复存在，只是不复存在于物质世界，他只是不表现于物质世界。我们早已确立生命与物质的不同、生命世界之存在。他不存在于物质世界，不等于全不存在。

常识：他不存在于物质世界时，他依何历程以复归于生命世界？

慎思：他离开他所存在的物质世界，立即归于生命世界。犹如我们在河中以手握水，手取出，水即归于河中，而且此水是带着双手取出时，加于所握之水之力，归于河中。因为你握水时，你并未将水取出。生命之表现于物质，只为物质可以供他之表现，他便表现于中。物质毁坏时，他不复表现于物质，即归到其自身。

常识：或许生命自身消灭了。我们明见生物愈衰老、生命力愈衰弱。我们即可以推知其衰弱至零点，则生命自身消灭。

慎思：何谓生命力之衰弱？

常识：支配物质力之减退，谓之生命力衰弱。

慎思：何以知道老年之衰弱，不是由老年人身中物质惰性之增强，即物质之殭固化，而非其生命力本身之衰弱？

常识：其物质之殭固化，即表示其生命力之衰弱。

慎思：物质之殭固化，表示生命力之衰弱，你是自表现出的生命力说。我们现在的问题，是生命力自身。自生命力表现之处说，你见到生命力衰弱之处，即有物质之殭固化。此二者是同时有的。你不能说生命力之衰弱是因、物质之殭固化是果。你亦可说物质之殭固化是因，表现生命力衰弱是果。那么我们也可说老年人表现的生命力之衰弱，只因为其物质殭固化，不能表现其更多的生命力了。所以从你的话，不能推出生命力自身可由衰弱至于零。

常识：我们提不起东西，把东西放下，可表示我们之力量已用尽。所以老年人渐不能支配其身体，表示其生命力已用尽。

慎思：我们提不起东西，把东西放下，也许表示我们对于这东西的力量用尽，但并不一定表示我们本身力量之用尽。所以我们把东西刚放下，我们的力量便又慢慢恢复了。而且我们下次提东西的气力，又增加了。用尽的，只是表现于提这东西的力量。

常识：假如我们本来是提得起东西的，突然提不起，便可证明我们自己身体有病，是我们自己力量弱了。我们在少年，本来是能够支配身体的，老年忽然不能，可知我们生命力本身衰弱了。

慎思：我们本来提得起东西，突然提不起，也许是身体有病，也许是貌似一样的东西内部的重量已增加。我们老年支配物质能力之减退，也许是身体的殭固化，身体中物质的惰性增加了。

常识：我尚不能体会你所谓身体中物质之惰性的意义。

慎思：我所谓身体中物质之惰性，即身体中之物质向环境中之物质反应，而顺物质的空间之进向以表现其力量的意义。物质的空间是横的，而生命向上活动之空间是纵的。所以身体中之物质愈顺物质空间之进向而反应，则身体中之物质横的运动之形式，逐渐增多，而渐与纯物质世界之物质之运动形式合一。于是身体之物质之运动，沉入纯物质世界之物质运动，化为纯物质世界之运动，于是不复能表现生命性的动。

常识：但是你将如何使我们更简单的了解：我们表面看起来，生命力减，而其实际只是他暂不表现于物质世界？

慎思：我们以前已经说过：生命之活动在比物质世界更高之一度之空间进向。我们可以想象到生命之表现其自身于物质世界，如一圆球在平面上滚，当他突然离开平面，我们只自平面之物质空间看，便以为他消灭了。

常识：但照你以前所说，生命活动即表现于身体之物质之力与环境物质之力之互相贯注之间，那么身体之物质之力与生命力之表现，是不相离。照你刚才所说，则似乎是生命力是自外来凭借身体之物质以表现他自己。乃后来身体之物质，不堪供其表现，于是又离开。你似乎是以生命力在身体物质之力之外。在身体物质之力之外之生命力，是什么东西？照你以前的话，力自外看即一种形式的转变。自外看生命力之表现，即身体反应环境时各种生命活动之形式之转变。此转变出之形式，从一方面看，亦即身体的物质与环境的物质之形式，所以生命活动之形式即包含物质活动之形式。如果照你今所说，有在身体物质之外之生命力，则即有离开一切"物质活动之形式"之生命力，此如何能存在？

慎思：我所谓身体中之物质渐渐纯物质活动化，不堪供生命力之表现，于是生命力即离开身体中之物质云者；严格说起来，并不是说可供生命力表现之"身体中之物质"，后来即化为"不堪供生命力表现之物质"；而应当说是两种物质。因为严格说起来，不同物质活动形式的物质，即是不同的物质。所谓物质，只是用以说明物质活动之所自发的名词。我们只能以物质活动来界定物质。所以不同物质活动的形式，即代表不同的物质。因此我们说身体中之物质纯物质化，即另外一种表现纯物质形式之物质活动之物质，逐渐代替了原来身体中之物质。原来"表现生命力之身体中之物质"，隶属于生命力。生命力不表现于物质世界，而回到其自身时；是携带了原来身体之"物质形式"的活动（即原来之物质活动），一齐离开以后之物质世界。所以所谓生物死时，生命力离开其身体中之物质活动；其实并非离开其身体中之物质活动。他只是离开以后之"代替其原来身体中之物质活动"之"另一时间之物质世界之物质活动"。所以生命力之离开物质世界，并不是只成为一空洞的生命力，以归到其自身，而是包含其丰富生命活动的形式（其中即包括物质活动的形式），以归到其自身，以成一更丰富之生命。这希望读者细心体会。

常识：假如这样说，那么你说身体中之物质，因向纯物质世界之空间之横的进向反应，而逐渐增加惰性；亦不当说是一种物质在增加惰性，而当说：因"纯物质世界之物质活动，有继续开启其他物质活动"，以代替非纯物质活动的趋向了。

慎思：正是。

常识：那么物质世界只是一物质活动之迁流，亦即物质自身之互相代谢。于是我们当说：真正存在的物，只有在现在表现活动的物质。我们可以说在过去表现活动的物质是消灭了，因为他已不表现活动了。假若真如此，则过去的生命活动，也可以说消灭了。因过去的生命活动，只表现于过去的身体中之物质，及环境中之物质间。而他们都消灭了，如何可说生物死了以后，其已过去的生命活动，还属于生命自身，以回到生命世界？

慎思：照我们看起来，真正存在的，不只是通常所谓现在的现实，而包含通常所谓过去的现实，与未来的可能。现在由过去而来，现在是要逐渐去实现将来。纯粹的现在实未尝存在。通常所谓现实，乃过去现实与未来可能之化为现实的桥梁。依此义，纯粹的现实只有当前一刹那之现象，而此现象才生即灭。我们不能真认识他。我们所认为的现实，都是包含过去的现实，而同时意指着将来的。所以我们所谓真正的存在，真正的现实，不能限于所谓纯粹的现在的现实。我们当扩大我们所谓存在或真正现实的意义，以包含一切当前现实所自来、及当前现实所归往。于物质世界，人都承认过去虽消灭，其作用即在现在；现在虽消灭，其作用则在将来。过去的物质虽消灭，然而现在的物质中之活动，即可说为过去物质活动所转化而成。所以有所谓物质能力不灭之现象。依同理，生命的活动虽似乎消灭了，然而他会转化为其他将来之生命活动。犹如我们远远看见一人在绕山走，渐渐看不见，这只因为他转了弯，暂向另一进向走去，如果我们只以山之横面为唯一真实，我们会以为他已死了。

常识：你的答复都很好。但是我总觉此方面还有许多问题，不能解答。然而我一时又说不出，我们以后再谈吧。

慎思：哲学问题本是无穷尽的，答案亦是一层深一层的。我们当然不能一时把所有问题谈完，我们以后有机会，再谈此问题。此处不能再论下去了。

道德意识通释*

一、前言

　　道德为实践之事，而非理智之事。道德之哲学的反省，无直接之效用于道德之促进。然依浅薄或错误或未尽理之道德哲学以指导行为，则妨碍道德之实践。由是而道德之哲学的反省亦不可少。西方之道德哲学之系统，由亚里士多德、斯宾诺萨、康德、菲希特及少数之功利主义者直觉主义者，与现代之自超越价值论观点论道德之哈特曼 N. Hartmann，及自文化论道德之斯普朗格 E. Spranger，愚皆颇致推崇。然此诸家之系统中，亦皆有种种问题，及未能尽理之处。唯中国之孟子，乃在此学，最能言之无憾。而宋明儒者之朱子王船山之论德目，阳明之论良知，皆能于孟子各有独至之发挥。如引申其条绪，私心以为西哲在此学中问题，皆可得其解，此须待于道德哲学之专著。本文目的则只在说明道德意识之通性，及其与其他文化意识之一般的关系。为标示宗主之故，所论之德目，似皆限于中国儒家——尤其是孟子——所举之一部。然在解释方面，则多取朱子阳明义，而用西哲之思维方式与概念，加以一安排组织，从事讨论。此安排组织之事，乃中国过去儒者所不屑为，而视为不必需者，且此安排组织之形式，亦本为无一定者。愚在此文中所施之安排组织之形式，亦非以为是唯一可能者，且未能极其严密。然由本文之安排组织之形式与讨论，即已可使吾人能依一定之思路，以导

---

　　* 原收入《文化意识与道德理性》，友联出版社 1958 年初版，录自台湾学生书局 1986 年全集校订版。

引出对于道德意识之逐渐深入而通贯之反省。一方使吾人不致以此诸道德之名为常见，而轻率地自以为了解；一方亦可使吾人于若干西洋道德哲学问题，获一解决途径。故在今日，安排之事为必需。本文因避繁文，对于与西洋道德哲学问题相关之处，多未明示，但随文暗示。如关于文化与道德之关系问题，功利主义理性主义直觉主义之道德标准之问题，道德价值为自觉或超自觉、内在或超越之问题，道德价值实现于情上或理性之活动之问题，个人道德与人与人间之道德、对集体社会与对宇宙之道德是否可贯通之问题，及罪恶之起源等问题，在本文皆暗示一用思之方向，而表面若不相干。是则赖于好学深思之士心知其意者也。

二、道德活动与文化活动之概念

道德活动自一方面言，为人类之一种文化活动。然自另一面言，则为内在于其他之一切文化活动，而又超越于其他一切文化活动，涵盖其他一切文化活动，以成就其他一切文化活动者。故人又或不视道德活动为文化活动之一种。吾今调和此两种说法，将主张道德活动为一种与其他文化活动相对之特殊文化活动。故吾人将首先以道德活动与其他文化活动对较，以说明道德活动之特殊性。

关于道德活动与其他文化活动，最明显之不同，即方才所言，道德活动为内在于一切文化活动者。吾人以前论一切文化活动中，皆表现一道德价值，即谓一切文化活动均潜在有，及内在有一种道德活动。（在另一意义，吾人固可谓每一种文化活动，皆潜伏有内在有其他种之文化活动，然此必通过其所共潜伏之道德活动，乃能说。）唯各种文化活动虽皆潜伏有内在有道德活动，然此潜伏内在之道德活动，乃不自觉的或超自觉的。道德活动皆实现一善。然以人之各种文化活动中之道德活动，恒为不自觉的；故人在自觉的从事文化活动时，恒不自觉在实现善，而只自觉在实现善以外之价值。如人在经济活动中，自觉在增加人之财富。人在政治活动中，自觉在分配人之权责。在科学哲学的活动中，自觉在求得真理。在文学艺术之活动中，自觉在求得美。宗教活动中，自觉在求神化等。唯在吾人有自觉的道德活动时，吾人乃自觉以实现善之价值为目的。因而吾人可谓，自觉的其他文化活动，只不自觉的实现道德价值，而自觉道德活动，乃自觉的实现道德价值者。

其他文化活动之所以只为不自觉的实现道德价值，由其所欲自觉实现者，为善以外之其他价值，如真美等。真美等，自一义言，亦可谓善之一种。然吾人现尚不能即如此说。吾人将说明道德价值——即善之价值——与真美等其他价值有一根本之不同。即善之价值唯存于吾人之人格内部。其他之文化价值，则存于吾人之人格与被置定为吾人格以外之事物之关系中。所谓道德上善之价值，唯存于吾人之人格内部者，即道德上之善，皆表现于自己对自己之支配，改造或主宰上。自觉的道德上之善，表现于自觉的以自己支配、改造、主宰自己之志行中。不自觉的道德上之善，表现于不自觉的自己支配改造主宰自己之实事中。故道德上之善，皆存于人格之内部。言人有道德上之善，亦专指人之人格内部有此善而言。然言吾人有某种文化活动，某种文化活动中实现某一特殊之价值，则不能于开始点即专指其人格之内部有此价值而言。吾人必须就吾人从事文化活动时，吾人之人格与置定人格以外之事物之关系，乃能指出此价值之所在。如吾人必须就吾人之人格如何运用财物，与财物之关系如何，乃能言吾运用财物之经济活动，是否实现利或效用之价值。吾人必须就吾人之人格与人如何发生互相配合统率之关系，乃能言吾之政治活动，是否实现权责之正当分配之价值。吾人必须就吾之人格如何以思想了解客观对象，吾之思想中之观念与客观对象之关系如何，乃能言吾之科学哲学之活动，是否实现真理之价值。吾必须就吾之人格如何表现寄托其情感或意象于形色世界，其间之关系如何，乃能言吾之文学艺术之活动是否实现美之价值。吾必须就吾之人格如何克服苦罪之我，皈依崇拜一神，或追求一尚不内在于我之"自欲望解脱之境界"，或我与神之关系如何，苦罪之我与此境界关系如何（在此中以苦罪之我，为我欲克服者，为束缚我者；神与解脱境界，为我所求者。故可交替的被视为客观的事物），乃能言吾之宗教活动，是否实现神化之价值。故吾人谓一切文化活动中，均包含不自觉之道德活动，实现一道德上之善。然吾人之谓此文化活动中包含有道德活动，有道德上之善实现；亦是克就此文化活动之形成，出自吾之人格，吾之人格之有此文化活动，必由吾人自己对自己有所支配主宰而言。若不论此文化活动之形成出自我对自己有所支配主宰一面，则吾人唯有自此文化活动中，我之人格与我人格以外之事物之关系上着眼，乃能知此文化活动之所以成某一特殊的文化活动，而知其所能实现之特殊文化价值。此即证明道德价值与文化价值二名，各有所指，而自觉的实现道德上之善之道德活动，与自觉的实现文化价值、文化活动，二种意识形态之不同，亦可由此而透入。

因文化价值实现于"我之人格与人格外之客观事物之关系中",故在我之自觉的文化活动中,我必先自觉我之人格与我人格外之客观事物之互相对待。我之文化活动则为求联系之,而实现一文化理想于客观对象,于理想之实现上,显出此文化活动之本身价值,或有所影响之效用价值者。故在文化活动之意识中,吾人必有客观对象与文化理想之昭临于前。此客观对象,初被视为实际客观存在的;文化理想则初为尚未存在的。然吾人之文化活动,必须改变我与客观对象之关系,改变我与客观对象之本身;使吾之文化理想实现于我之文化活动,亦即实现于我与客观对象之新关系中,或"新关系中之我与客观对象中"。文化理想实现,即成就一种客观之"文化表现",或"文化物",如财富、知识、美术品等。而个人之文化活动亦恒目的在求得一客观之文化表现,使个人之文化活动通过此表现为人所共见,而社会化。故通常言文化皆指社会文化。而文化活动之本质,吾人亦可言其为表现的。然在道德活动之意识中,则我所支配改造主宰者,即我之自己。此中无吾人之自我与客观对象之截然对待。诚然,在我支配主宰我自己时,可说被支配主宰之我,为能支配主宰之我之客观对象。然在道德意识中,不似在宗教意识中初有意识分裂之情形(见上章"论宗教意识")。在道德意识中,吾人觉被支配主宰之我,虽有过失罪过;然此有过失罪恶之我,与能改过去罪之我,仍属于一统一之自我。不似在宗教之意识中,觉罪恶之我,如为魔鬼所诱,盲目之无明所缚之另一我。故在宗教意识中,罪恶之我,可成一与主观相对待之客观之对象。而在道德意识中,则有过失罪恶之我,不真成一与主观相对待之客观对象,而只为统一的自我之一方面。又在道德意识中,吾人固亦时有一道德理想,欲其实现于我之行为生活。然此理想乃我自心所建立,乃我自己对自己之所命。此理想在道德意识中,就其为昭临于吾人之现实自我之前,并有普遍性言,固亦当称为一客观之理想。然此客观理想,乃我心之所建立,乃我自己对我之所命。我之如是建立理想以自命,宛若求此理想之自上至下而贯彻于现实自我之中。故吾人复可自觉此理想为内在吾人之整个道德自我者。而其他文化活动中之理想,则为求实现于我与我以外之事物之关系中,如欲贯彻于我以外者。故吾人恒不能于有一文化理想时,同时即自觉此理想之在我之内。盖此理想之所贯彻者,有在我以外者,即此理想之作用,有在我以外者。执用以观体,乃自然之心习。故吾人有一文化理想时,恒觉此理想亦若在我以外,若我之文化活动,乃实现一外在之客观理想之一工具。在吾人有一道德理想而求其实现时，乃是求其实现于我之行为生活中。故当吾人有道德理想之际，同时即有一对我行为生活中过失或善行之觉察。道德生活之核心，恒为一以道德理想对证我现实之行为生活而生反省，由反省而迁善改过。由此，自可有生活行为之改变的"表现"。然在道德生活中，此种改变的"表现"，只为道德生活之自然之结果，而非道德生活中真正用力之所在。道德生活中真正用力之所在，唯在时时保此道德理想之昭灵而不昧，自作不断之反省，"才动即觉"，使此心常得迁善而改过。而不须先着重自觉的求获得一某种生活行为之改变之"表现"，尤不须求此"表现"之为人所知。若吾人在道德生活中，吾人之迁善改过，皆着重在求获一某种生活行为之改变之表现；则吾人之兴趣，若非出于审美的，即为一种道德生活上之越位之思，或一种求名心。故道德生活之本质，吾人以为乃反省的，而与其他文化生活之本质为表现的相对。（在最高之人格理念中，文化与道德合一，反省与表现合一，而一切皆为天机天性之流露。但在此文，吾人尚不须说此义。）表现只是自发的创造，反省则是批判的重造。自发的创造，常本于天赋之精神力量，故从事文化活动者可恃天才。政治经济科学哲学文学艺术之活动，均有天才之成分，宗教之信仰之原于启示或灵感者，亦若从天而降。道德活动则全赖自己引发的精神力量。道德活动中无所谓天才或灵感，只有个人之修养上之工夫。天纵之圣只为敬仰之名词，或表示圣之德侔于天，非天生不待人力之谓也。

各种文化活动，均有其相对之客观事物。吾人之实现文化理想，须实现于此客观事物，而此客观事物又被视为外在吾人之人格者。故吾人从事一文化活动时，吾人恒有一离自我之中心而向外倾注之心向。此向外倾注之心向，使专注于一种之文化活动之表现成可能。然亦使吾人之心或不自觉的限制于一种文化活动之表现，而不复肯定（或竟至否定）其他之文化活动之价值。同时此向外倾注之心向，恒使吾人顺客观事物之连绵迁流，以施其注意力，而扩展"其所欲实现文化理想于其中之客观事物"之认识之范围。此种扩展，虽使一种文化活动之充实发展成可能，然亦同时或使吾人不自觉的局限吾人之精神活动，于一种文化活动中，更不易肯定（或竟至否定）其他文化活动之价值。而此种对于其他文化活动之价值之忽视或否定，对个人而言，则将不免造成个人文化生活之偏枯的发展，使个人之他种文化活动，不能亦获得其应有之地位。对社会而言，则不免造成从事不同的文化活动之个人，互相轻视鄙弃他人所从事之文化活动之价值。而当一种文化活动为一时代之潮流所趋时，常使整个社会皆忽视其他文化活动之价值，而整个社会之文化生活皆不免偏枯。人之文化生活之偏枯，同时即人之人格之发展之缺陷，人格发展之过失。自觉此过失而改正之者，即吾人之道德意识。道德意识觉一种文化活动之过度发展之不当，一往向外倾注之心向之不当，而改正之；即收敛向外倾注之心向，而还归于自我之中心，抑制一种过度发展之文化活动，而开启另一平衡之之其他文化活动；而文化价值之意识，遂由之而扩大，使个人及社会之各种文化活动之和谐发展之价值，为吾人所认识。由是而言，则道德意识遂成对各种文化活动之向内的协调意识，向外的开拓意识。

复次，吾人之从事一文化活动时，其所以有离自我中心而向外倾注之心向，乃由吾人之有一自发的文化理想欲求实现。然吾人所欲实现文化理想于其中之客观事物，则为意识所直接接受之与件。吾人接受此与件或认识此与件时，吾人之心恒为被动的。不仅吾人之认识外界之经验事物而视之为客观的时，吾人之心，初可谓为被动的；即认识吾人之内部经验，如在宗教意识中之认识一我欲自其束缚中解脱之欲望自我，而视为一客观的与我对待之物时；吾人之认识此欲望自我，吾人之心初仍可谓被动的。由是而言，则文化活动中，吾人之心有一自发的文化理想之求实现，可谓由于吾人之心之先被动的接受一客观事物之刺激，而后激发出或引起者。而在吾人既由一种文化活动而形成一外倾心向之后，此心向本身复可使吾人易于接受客观事物之刺激，而使吾人之心常为一被动的心。故吾人之文化活动，一方有过度发展，而造成偏枯之文化生活之势。而另一方面，又有以外境不断更易，吾人心力已多用于被动的接受之故；而不能持续吾人之文化活动至相当之程度，以实现吾人之文化理想之趋向。后者即外境萦扰于吾人之念虑，使吾人不能专志于文化活动之现象。此二种文化活动之过失，可谓前者为过，后者为不及。大率当吾人实现一文化理想之生命力量强之时，常病在过；而当吾人实现一文化理想之生命力量弱之时，常病在不及。此生命力量之强弱，或由于吾人习惯所培养之特种兴趣之强弱，或由吾人从事该种文化活动时，为其背景之文化活动是否深厚众多而结成体系，或由吾人之天生之气质之刚强或柔弱；然此皆不关一文化理想应如何实现，实现至某一相当之程度方为合格之问题。凡一文化活动之理想皆有一结构而成一整体，即最微末之文化活动如写一字，作一知觉之判断亦然。故每一文化活动乃

一有始有终有生有成之一整全历程。适如其分而完成之为合格；已完成
之而沾恋此文化活动，只求再有同类之文化活动而盲目的拒绝其他文化
活动之开启，是为过；为不相干之外境所扰，不适如其分以完成之，为
不及。而过与不及又可与人之私欲相缘引，以使人根本丧失文化生活而
陷于各种之罪过（见后文）。私欲固须由道德意志以克服之。而当过时，
亦须有道德意识，以抑制吾人之过。当不及时，须有道德意识以激发吾
人之生命力量，而持续吾人文化活动。吾人所从事之文化活动，愈为需
长时期以完成者，则愈有待于吾人道德意识以持续吾人之文化活动。由
是，道德意识遂为防备私欲之兴起、外境之刺激扰乱，以支持吾人之文
化活动，使之得长久存在，之在外的保护意识与在内的延续意识。合前
所谓向内的协调（或和谐）意识及向外的开拓意识而言，则协调与开
拓，乃使文化生活可大者；保护与延续，乃使文化生活可久者。而道德
意识之贡献于文化生活者，即在使文化生活可大可久，而道德意识即为
成就久大之文化意识者。凡文化意识皆须有相当之久，相当之大。文化
活动之自然之久大之程度，皆由自然之生命力量之支持，及不自觉之道
德活动所支持。而自然之久大恒不足恃，常以吾人之有所过有所不及，
而不能久不能大。知所未久未大，而自觉的建立久大，则纯为自觉的道
德意识中之事。

三、道德自我之概念

吾人上论道德意识为协调、开拓、保护、延续人之文化意识者，尚
是以文化意识为主，道德意识为辅助成就之者之说法。吾人今当进一层
发挥道德意识，一方为成就文化意识者，同时亦即超越的涵盖一切文化
意识者之义。盖顺吾人上之所言，吾人已知道德意识为各种文化意识之
协调（或和谐）与延续之枢纽或关键。而其所以能为此枢纽关键者，则
因吾人之道德意识能觉察文化意识之"过"或"不及"之过失。然吾人
须知当吾人觉察一文化意识之过失时，吾人即对此文化活动之始终之全
体，与其他文化活动应有之关系，与客观事物之刺激应有之关系，有一
整个之觉察。于是吾人即知，道德意识原是超越的涵盖于"吾人之各文
化活动"，与"接受客观事物之刺激"之"自然意识"之上之一意识。
一切文化活动皆由我之自我发出，而辐辏于我之自我之内。而我之道德
意识则为支配主宰自我，使吾人之自然自我化为常有文化之活动之自

我；复使此自我之各文化活动得协调的发展，延续的完成；而建立吾人之道德自我者。由是而言，则吾人之道德意识，并非只所以成就吾人之文化活动，而实又为可借文化活动之协调延续，以发展完成其自身，达到建立道德自我之目的者。当人知此理，而自觉的怀抱一建立道德自我之目的，自觉的求道德意识之发展完成，以从事文化活动时；则其他一切文化活动，皆自觉为其道德意识所涵盖，而成为其道德自我之自己建立历程中之各方面之表现；而道德意识之为一特殊的最高的文化意识之理，亦被吾人所自觉。

至于吾人之必须自觉的求道德意识之发展完成，自觉的建立道德自我之理由，则由不自觉的建立道德自我，以从事各种文化活动时，吾人此中所实现之善，乃未能由真被自觉被辨别见证，而得其安顿与继续之保证者，亦即尚非至善者。缘道德意识所以为道德意识，在其能自觉的知善与不善。吾人上固只言道德意识能知吾人之文化活动之过失。然实则其一方知过失之为不善，同时即知无过失或改过者之为善。故道德意识之涵盖文化意识，即一"辨别见证文化意识中之善不善"之意识，之昭临于上。而道德意识之协调延续文化意识，即一善善恶不善之意识之实现其自身，亦即善之实现其自身，以求充善之量于意识中之事。若吾人而无道德意识，则吾人之文化活动中虽潜伏道德活动而表现善，然此所表现之善可随吾人之文化活动而俱逝；则此所表现之善，至多为对他人的善，而得流传于社会；不能复对自己为善，而保存于自己。然吾人有自觉的道德意识之见证，则此潜伏之善为我所自觉，遂得真对我为善，而被保存。保存之，即延续之重复之，以充大此善之量。故吾人之自觉的道德意识多一分，则善之量充一分，大一分。唯吾人一般之自觉的道德意识，虽亦能为我之文化活动之善不善作见证；然此一般之自觉的道德意识，能自觉文化活动之善不善；而未能自觉其自身为一"独立的超越涵盖其他文化活动之意识，而自觉的发展完成其自身者"；则其作见证之量，不能自觉求充大，亦未能自觉其为见证者。惟当吾人自觉求发展完成道德意识之自身，自觉的求建立吾人之道德自我时；吾人乃能自觉的求充大道德意识所见证之量；而于吾人一切文化活动之善不善，皆求能辨别之；以善其善而恶其不善，使善善恶不善之意识得扩大的实现；同时自觉其为见证者，为善善者，亦即自觉其为善之保存者，充善之量者。在彼之如是自觉中，即有自善（动词）其为"善善者"，自善其为"善之保存者"，自善其为"充善之量者"之活动。则此中不仅有善之保存，且有"善之保存"之保存；不仅有"善之充量之事"，且有"善之充量之活动"之保存。而吾人有"充善之量之活动"之保存，则无不能充之善量。吾人念念保存"此充善之量之活动"，则凡善皆被保存，凡不善皆被觉察，而被改正。则道德意识之发展无丝毫之间断，其中无不善之存。而吾人之道德自我之建立即成为一绝对之历程，而达至诚无息纯亦不已之至善境地。而于此道德自我之建立历程中，一切善皆得其最后之安顿与继续之保证。此即吾人之所以言道德意识为最高之文化意识之最深义。吾人以下所将论者，则为叙述吾人之善不善之观念，道德自我之观念之如何被自觉，自觉的道德意识如何发展完成其所表现之善德，与否定其所应否定之不善，以再归于道德与文化关系之说明。

人类开始表现之精神活动与文化活动，或为经济的，或为家庭的，或为政治的、学术的、知识的，或为审美的、宗教的。此各种文化活动固均潜伏有一道德活动，吾人可由反省而知之，然要非当事者最初即自觉者。唯因吾人最初之文化活动，即潜伏有一道德活动，而人类一切自然之活动，皆多少含文化意义，而为可孕育文化活动者，因而可说皆形上地潜伏有一善。故吾人在有一任何活动时，吾人皆潜伏有一自以其所从事之文化活动为善之判断。此判断纯为不自觉，而为一原始之潜伏的自善其善之活动。吾人之所以知人有此潜伏的自善其善之判断，唯由人对其所发出之活动，恒任持不舍，而于顺成其活动之客观事物，即谓之为善，阻碍其活动之客观事物，即斥之为不善为恶，以反证之。人类最初之所谓善不善之谓辞，实乃同于利不利之谓辞，皆为加于顺或违其活动之客观事物者。此即证人之不自觉的以其活动为善之标准，恒不自觉的自判断其活动为善。人之自觉的判断善不善，则先为对顺或违其活动之客观事物，而非对自己。而此时吾人之自善其活动之潜伏的判断，复引吾人判断"已判断为不善之事物"之应去除，判断"已判断为善之事物"之应保存，而促进吾人之道德活动。

溯吾人之所以能自觉以不善之谓辞加于吾人之自身之起原，实当始自吾人之觉客观外物之不能为吾人之力量所克服之际。盖当吾人觉客观外物非吾人所能克服时，吾人之心光即内照，而知吾人之活动之方式，即为吾人不能达活动之目的之一原因。由是吾人遂自觉吾人之活动方式之本身之不善。由此而人或则觉应自吾人之活动方式解脱。此解脱之意识充类至尽，可即发展为觉人之生命自身为罪苦之所结之各种宗教意识，视善纯为属于超越之神境者。此如吾人前章所论。或则只发展为不断改变自己之活动方式之不善，以求善的活动方式，而成以自己支配自己主宰自己之道德意识。

吾人最初之自觉的善不善之观念，乃所以判断吾人之活动之方式者。而吾人初所觉之活动之方式，即达一目的之手段之方式。故吾人初所谓善不善之观念，乃所以判断吾人达一目的之手段。此手段亦即包含目的于其中之整个活动之一部，而非吾人整个活动之全体或本身。而吾人之能对吾人一活动之全体或本身，作善不善之道德判断，必待吾人之超越一活动而统摄诸活动之自我之呈现。此自我之得呈现，与此种对活动本身之善不善之判断之得呈现，其历程如下。

吾人承认，当吾人从事一活动时，吾人之自我恒即没入于此活动中，此中可无统摄各活动之自我之呈现，亦无对活动本身之善不善判断。吾人此时实只如前说，不自觉的以其所从事之活动为善。故当吾人见有阻碍吾人之活动之客观事物，即判断为不善。而于顺成之者，则判之为善。然在此吾人可指出，阻碍吾人之活动者之客观事物，可即为他人之活动，或发于自己不容已之另一活动，由是而吾人可判断此另一种活动为不善。但他人之活动，或我自己之另一活动之发生，又可为暗示、引发、促进或顺成我正从事之活动者。由是而吾人遂可判断此活动为善。而在再一方面，我由反省而知我自己正从事之活动，又可被正从事另一活动之他人，或以前或以后从事另一活动之我，所判断为善或不善；由是吾人遂觉我自己所正从事之活动本身，皆有其善不善之性质，而为我应加以反省，而对之作判断者。由此反省，而没入我正从事之活动中之我，遂脱颖而出，显为一超临于我所正从事之任何活动之上，而对之作善不善之判断者。而此我之作善不善之判断之根据，即在通观我所正从事之活动，是否能暗示引发促进顺成我之将来与他人之更多更丰富其他活动，被从事另一活动之将来之自我或他人所判断[1]为善。而当吾人知尊重各将来之自我与各他人之判断时，则将来之自我与他人之自我即涵盖于当下之我之自我之内。我此时之自我即为一能判断假想中之将来之自我，与假想中之他人之判断之是否善或不善者。此涵盖通观将来之自我与他人之判断之自我，即为一至高无上之权衡一切善不善，而作道德判断之一独立不倚之自我。

---

① "断"，原作"动"，误，校改。

此自我之初呈现，即呈现为一超越当下之自我之活动，而涵盖通观"此时之自我之活动，与他时之自我及他人自我之活动之关系"之自我。此自我之判断其当下之活动之为善，由知其能顺成促进引发他时之自我他人自我之活动。此自我之判断其当下活动之为不善，由知其能阻碍、闭塞、毁坏他时自我他人自我之活动。故此时吾人之活动所表现之善不善，唯在此时吾人活动与其他之活动之关系间。亦即唯透过吾人之活动结果之考察，乃能对吾人之活动，加以善不善之谓词。故吾人此时之求吾人当下活动之善，仍自觉是为一"当下自己活动外之他时自我或他人自我之活动"之促进引发；而非直接为道德自我之建立。然在"判断自己之活动善不善"之自我呈现之后，吾人可对作此判断之自我本身，有一反省与自觉。由此反省与自觉，吾人即知此"能超越当下自我之活动，而涵盖通观他时之自我他人之自我者"，为"具备善于其自身之自我"。当此自我判断"能促进其他活动之活动"为善时，同时即肯定此活动，而成就此"能促进其他活动"之活动。当此自我判断"阻碍其他活动之活动"为不善时，同时即求去除此"能阻碍其他活动"之活动。由是而"判断善不善之知的自我，同时为一善善恶不善之行的自我"，遂被自觉。此自我既能善善恶不善，则为一绝对善，而具备善于其自身之自我。此即为一道德自我。而当此道德自我被自觉之后，则吾人同时可自觉此道德自我之成就促进"当下自我活动外之他时自我，或他人自我之活动"，并非只为一自身以外之目的，而实即为求其自身之善之实现以自己建立其自己之事。吾人于此即了解：吾人之以"能促进其他活动之活动"或"成就'活动之促进'之活动"为善，乃因其能表现此道德自我之至善本性之义，及吾人之自觉的道德活动，应为一自觉的求涵盖通观他时之自我，他人之自我，而为包涵"超越此活动自身之意义于其自身之中"之活动。

吾人上所言：能判断吾人之活动之善不善而善善恶不善之自我，即吾人道德理性自我，亦吾人之良知。吾人之活动之善者即合理者，不善者即不合理者。盖所谓合理之活动，即自觉为能普遍建立之活动，而所谓自觉为能普遍建立之活动，即自觉能为不同时之吾之自我与他人之自我所同肯定之活动。故凡吾人自觉之当下活动之可得为不同时之我，他人与我同加肯定者；同时即是自觉以成就不同时之自我，及他人之自我之其他活动为目的者；或自觉能成就不同时之自我，他人自我之其他活动，而与之不相碍者；故凡自觉合理之活动，皆自觉为能成就其他活动者。而自觉能成就其他活动者，亦皆为合理。诚然，当吾人之活动所成就之活动本身为不合理者，或为不能成就其他之活动，而为妨碍其他之活动者时；吾人之活动亦非合理。盖吾人真自觉求吾人之活动能有所成；亦必求所成之活动之亦有所成。吾人真自觉求吾之活动为合理而出自理性自我；亦必求所成就之活动，亦合理而出自一理性自我。故吾人求吾人之活动之成为能普遍建立者，即一方求其能为不同时之自我他人之自我所肯定承认；一方求吾人之活动能为不同时之理性自我，他人之理性自我所可普遍建立于其自身——即普遍建立于一切人类之理性自我自身者。由是，而吾人运用道德理性以判断吾人之活动之是否合理，吾人所当考究者，即吾人活动是否可为我之理性自我及他人之理性自我所同肯定承认，并普遍建立于一切人类之理性自我之上一点。

然吾如何知吾之活动之必为一切人之理性自我所肯定而可普遍建立者，仍可由吾之理性自我以知之。盖吾之活动之为合理者，必为有所成就者。只须吾知吾之活动非不合理者，吾又知吾所欲成就之活动，其本身亦非不合理者，吾未尝以吾之活动成就他时之我与他人之我之不合理之私欲，吾之活动即为道德动机上之绝对之合理者；同时即为一切人之理性自我所当认为合理而能普遍建立者。盖吾人之活动既不出自吾人之不合理之私欲，而又非以成就他时之我或他人之不合理之私欲为目的，即为不悖于他时之我之理性的我与他人之理性的我；而他时之我他人之我，见我今有此不出自私欲之活动，亦可自超拔其私欲，而引发出一理性的活动者；于是我今之活动，即为成就他时之我与他人之理性的活动，而为他时之我与他人之理性自我所必然肯定者，因而亦为必被其认为合理者。吾人之活动，于此即成为能普遍建立者。然我之活动是否以成就他时之我或他人之我之私欲为目的，我当能自知之。即我当能自知我之活动是否为求普遍的合人类之理性。故当我自知我之活动之目的能超越我自身而求有所成就，其所欲成就者又非他时之我他人之我违悖理性之私欲时，我即能自知其活动之纯善而无不善。我之此自知，即定我之活动之善不善之至足的权衡。此之谓一人之良知，即天下之公理。故吾人之考虑吾人之活动之善不善，可自此活动是否能促进成就其他之活动上考虑，可自此活动是否能在普遍的人类之理性自我上建立上考虑，亦可自此活动是否能真得我之良知之印证，是否能慊足于我之良知上考虑。三者之义，原是一贯。自哲学上言之，第一即功利主义之观点。第二即理性主义之观点。第三即直觉主义良知主义之观点。然吾人则会通之为一，而分三层次说。

今我当由各种道德意识以论各种善德或道德品性之种类，而此中任一种之善德道德品性，皆可以此三标准衡之，而知其为善。读者可一一取以自验之。

四、基本善德通释

甲　吾人之判断吾人活动之善不善，而善善去不善之道德理性自我，或良知之呈现，初只表现为对吾人之活动之慊足或不安之情。人或由此慊足之情，即更顺其活动，或由此不安之情，即阻抑其活动；则此时有善不善之观念，而无善不善之种类之观念。唯当吾人对"吾人所慊足之活动或不安之活动"之性质类别，有进一步之觉察时，吾人乃有各种类之活动之观念，及各种类之善不善之观念。如人自觉察其经济活动，则知伴于经济活动之勤俭等之为善。人自觉察其政治活动，则知伴于政治活动之贯彻政见之为善。人自觉察其求真理之活动，则知伴于求真理活动之虚心好学之为善。人自觉察其求美之活动，则知爱美之为善。人自觉察其宗教活动，则知虔诚之为善等。大约人最初所觉察之善之活动，乃能成就促进其自身，使其自身继续与发展之活动。如勤俭之经济活动，即为能使未来之经济活动继续发展成可能者。贯彻政见，即为使未来之政治活动之继续发展成可能者。虚心好学，即使未来之求真理活动之继续发展成可能者。爱美虔诚，即使未来之求美活动宗教活动之继续发展成可能者。此即谓凡吾人在从事一文化活动时，吾人能超越当下之自我，直觉或意想有未来之自我，并延展当下文化活动，以充实之时，吾人所从事之当下活动之动机中，即表现一善德或道德品性。此种善可统名之曰自强不息，自己奋发，自勉于向上，自力充沛有余，生机洋溢之善。与之相反之不善，则为懈惰懒散。此即吾人从事一文化活动时，亟求其自身之结束，而全无延展当下之活动以充实未来自我之意。

其次人所觉察之善之活动，乃一方能求其自身之继续发展，一方能不固执黏滞于其自身之活动。此即谓人虽从事于一种活动，而其心实未尝陷溺于此种活动。其不陷溺之表现，或在其从事一种活动外，复能兼照顾其他种之活动，对可能有之其他种活动，有一预先的涵容，预留其地位；或为在其从事一种活动时，仍能在理性中了解其他活动之价值。

最重要者，则为如遇环境要求改变其活动，而人亦自认为当改变之时，即能洒然摆脱，自己节制放下一切所原从事之活动，以另从事提起一新活动，而情无咨留，表现一斩截之断制。

人所觉察之第三种善之活动，乃一方求其自身之发展，一方能自觉的求促进引发，辅助完成更多之未来其他活动之发展者。换言之，即当吾人从事当前之活动时，吾人不仅有此活动呈于吾人之自觉中，且有此活动对于未来其他活动之促进引发之价值，呈于吾人之自觉，为此活动之理想的意义所指向。吾人对于吾人当前活动之理想的意义所指向，所引发促进之其他活动之价值之认识愈深，则吾人遂愈能在当前之活动中，兼为未来之其他活动作准备而愈能敬事。此时吾人对将来之其他活动之内容之预想，亦愈成为规定吾当前之活动者，由是而吾人有远见或预谋。吾人亦愈须对将来之活动加以尊重，以约束吾当下之活动，由是而吾人有谨慎。敬事、远见、预谋、谨慎，皆为一善德。

吾人所自觉察之第四种善之活动，乃常保持一清明之理性以反省自己之活动，于每一种活动，均求其能普遍的为过去现在未来之我所承认，而属于吾人之贯通统一的人格者。于是凡不为未来之其他活动设想，缺远见预谋谨慎之活动；凡陷溺黏滞于一活动，而不能在必要时表现斩截之断制，使其他活动之继起成可能之活动；凡懈怠而不求继续之活动，皆为使不同时之自我之活动相阻滞隔绝，而妨碍不同时之自我之统一贯通性，将被斥为不合理性，为吾人所视为非而当改者。凡能为未来之活动设想，能不陷溺黏滞之活动，自强奋发之活动，则皆为贯通其意义于不同时之自我，其价值可为不同时自我所普遍的承认，而自知为合理性，自视为是者。吾人能常有一清明之理性，以反省自己活动之是非，即常有迁善改过之几。能保持清明之理性，与时作反省之本身，亦为一善。而此心之虚灵，净洁，平静通达，时有自知之明，即吾人之清明之理性之时时在躬。

吾人以上所论四德之第一德，为自己之求成就自己，即自己对自己之仁。第二德为自己裁制自己，为另一自己留地位，即自己对自己之义。第三德为自己对将来自己之活动之尊重，即自己对自己之礼。第四德为自己之保清明理性，以判断自己，即自己对自己之智。吾人以上所言之四德，乃即在不关涉于他人之个人活动中，所可表现。吾人之见，不同于一般之以道德只在人与人间表现或只在社会上表现之说。吾人主张人在安顿其自己之生活，自己之活动上，即有道德。然吾人仍承认人之道德，主要者为表现于人与人间者。表现人与人间之道德，乃以安顿人与人间之关系为事，而在原则上，较只表现于自己之生活自己之活动之道德，只以安顿自己之活动为事者为高。盖后者可只表现吾之道德自我之涵盖吾之各种活动，而前者则表现吾之道德自我之涵盖人与我之各种活动。

乙　吾人表现于人与人间之道德，其类甚多，而其重要者亦为仁义礼智四德。然吾人将先论人之四德中，最初表现与当表现者为何，亦即人之根本之德性如何。如在康德，以人与人间之根本道德为敬，敬者乃对于他人人格之独立性之一承认。此承认乃依于人我人格之平等，人与我皆有其理性自我之自觉。吾知吾有理性自我，复依此理性自我观念之普遍化——普遍化此理性自我观念，亦即出于吾之理性——遂当肯定他人之有理性自我。由对他人之理性自我之肯定，吾即对他人独立之人格有敬。柏拉图则以正义为人与人间之根本道德，正义者，人我之责任职务权利等之公平分配。吾能公平分配人与我之权利责任职务，即吾有正义之德。然我今将不取此二说，而以人与人间之基本道德为仁爱。盖康柏二氏所言之敬与义，皆自觉人我各为独立之个体，独立之人格后而有之道德，然人与人间最原始之道德，乃人我之各为一独立个体人格之观念，尚未自觉显出时之道德。原始之仁爱，正为人我各为独立个体人格之观念未自觉显出时，而首先显出之德性。故人之根本德性为仁爱。原始之仁爱非佛家之慈悲，亦非基督教之爱人如己。慈悲乃以上怜下。爱人如己之爱，虽是仁爱，但尚非最初之仁爱之表现。人之最初之仁爱表现，唯中国儒家认识最真。中国儒家言仁爱，恒只言仁不用爱字，其义甚深。依儒家义，人最初对人之仁，可不表现为有所事之积极之爱，而只表现为浑然与人无间隔之温纯朴厚，或恻隐不忍之心情。孔子两言"巧言令色鲜矣仁"，言"木讷近仁"，言"仁者乐山"，"仁者静"，其义涵摄甚多。其中一义，即仁最初乃表现为浑然与人无间隔之温纯朴厚。巧言令色，是在人前表现自我，炫耀自我，此是从人之原始的求人称誉求支配人之好名好权之本能而来。在此本能中，已直觉有他人之自我或精神之存在。然此时之直觉他人自我或精神，乃直觉之为："以我之活动加以主宰制伏，使之附属于我之自我精神者"。吾今将谓人对人之原始罪恶，实即此欲以我之活动主宰制伏他人之自我或精神，使之附属于我之自我或精神。此即对他人之自我精神之一种占有欲。故人原始之罪恶，即一种在他人前表现自我，炫耀自我之原始的好名好权之本能。此点吾人必须深于内省乃知之。而超拔此本能之道，即在对他人之自我或精神之活动，有一种真正之承认。吾人对他人之自我或精神之活动之承认，最初只是在他人前或当他人表现其活动时，吾人能忘我的与之相遇，此即浑然与人无间隔朴厚之温纯心情。吾人须知：当吾人浑然与人无间隔，在人前表现如此心情时；吾人固可先无自觉的人我分立之观念，亦可无我之道德自我涵盖他人自我之自觉。然此时我之忘我的与他人之活动相遇，正是我之道德自我涵盖他人自我之最初表现，此即人根本道德之仁之最初表现。在此忘我的与人相遇之仁之最初表现中，我之自我与他人自我之浑然无间之感，乃是昭然明白的，即亦可说是吾人所自觉的。此感即涵盖人我之道德自我之直接呈现。此中之自己对自己之支配主宰，即表现于"此道德自我之宛然同一于人之自我，而以之浑化自己自我之中"。因此道德自我直接呈现于以人之自我浑化自己之自我之中，故此时尚无分别此人之自我、我之自我，与涵盖其上之道德自我之概念与名词成立。自此而言，此中无我之道德自我涵盖人之自我之自觉。故吾人最好谓此仁之最初表现，为自觉而超自觉的，或简名之为超自觉的。此种超自觉的人之仁之最初表现，一方为一浑然与人无间隔之温纯朴厚之心情，同时亦可为一对人之恻隐不忍之心。盖在一浑然与人无间隔之温纯朴厚之心情中，有对他人之活动之一忘我的承认或默契；顺此承认或默契，吾即对他人之生命活动之受阻抑而未得畅遂，觉有一不安或不忍之情。孟子所谓乍见孺子将入于井，皆有怵惕恻隐之心是也。此种对人之不忍之心之仁之表现，并非由吾人先自觉的推知孺子入井将受苦，故吾当救之，而自下一对之发不忍之情之命令。此种仁之表现，乃依于吾人之一忘我而浑然与人之活动无间之心情中，原有一对人之活动之承认。凡人之活动皆为一有所向而欲畅遂其自身之生命活动。故当此吾之"承认"，贯彻于他人之生命活动，即成为：望他人生命活动畅遂之自觉而超自觉的愿望；于其畅遂感一快慰，而于其阻抑未得畅遂，感一不忍。此种不忍之心情，乃直接自"浑然与人之活动无间隔之心情"发出，亦即浑然与人活动无间隔之心情之另一面。中国儒者谓仁为一成就他人之活动之德，正是从仁之最初表现，即为一与人之活动相遇之浑然无间隔之心情，自觉而超自觉地愿望其畅遂，不忍其阻抑上说。（此义由程明道明白指出，西哲未见有此义。）

吾人上已论仁为吾人之根本道德，及仁之最初表现于对人，为浑然与人无间隔之超自觉的愿望他人活动之畅遂，而不忍其阻抑之心情。故在仁之最初表现中，尚无自觉的人我之差别之观念。因而所谓爱人如己，推己及人之恕，凡有人己之差别之观念之自觉者，皆非仁之最初表现。所谓爱人如己推己及人之恕，有人己之差别观念者，固亦为仁之表现。然此种仁之表现，乃后于肯定人己之差别而起，亦即兼依于"与肯定人己之差别相伴者之德"而起之仁之表现。此种与"肯定人己差别相伴"之德，即礼义与智。义之原始表现，尚非求人我之权利职务责任公平配置，以各尽其职责之意识，而是孟子所谓羞恶之心，不受他人尔汝侮辱之心，或孟子所谓无欲害人，不为穿窬之心。此义之原始表现，乃一种自觉而超自觉的承认人我之别，人我之分际分位之意识。人之承认人我之别，人我之分际分位，即表现于人无事时皆有之毋欲害人毋欲穿窬之一种自然的自制。此种自制，乃原于吾人之原始的浑然与人无间隔之仁心。吾人因先有此仁心以涵盖人我，而吾人之私欲又可能显发而只知有我，不知有人，故吾人有此一原始之自然的自制，以制我之私，以实现吾人之原始之仁。而此中之肯定他人与我之差别，承认人我之分际分位，乃以"对他人之肯定承认"，抵消"只承认自己"之私欲。此中之承认人我之差别分际分位，正依于一涵盖人我及以仁为本之超越的道德自我之呈现。此道德自我乃以承认人我之差别分际分位，抵消私欲，并代替"顺私欲而只知有己不知有人，而排斥人于我之外，所造成之另一种之差别"者。唯因此原始之义之意识，依于一涵盖人我，以仁为本之超越的道德自我之呈现，故在吾人有义之意识之表现，而承认人我之差别与分际分位时，吾人即同时有一自尊之感。此自尊之感乃由吾人直觉"由吾人之自制，所托现之超越自我"并非欲望自我，非物质，而复自印证敬持其"非欲望自我性、非物质性"所生。由此自尊之感，吾人遂不愿受人之侮辱、受人之尔汝，不肯食嗟来之食。此种自尊之感，乃与吾人之承认人我之差别与分际分位之一念俱生。即在吾人最平常之生活，吾人只须一见我以外之他人，而直觉彼亦是一人，直觉彼之非我而与我差别，吾人此时即有一人我之分际分位之肯定，同时有一自尊之感。故当中之任一人，忽对我施尔汝，或与我以嗟来之食，吾人立即有羞恶之心。此种羞恶之心，乃与吾人之承认人我之分际分位、不穿窬不害人之心，同根并长，同皆为吾人之义之意识之最原始的表现。

　　吾人之原始道德意识为仁。依原始之仁之表现，而有原始之义之表现。依原始之义之表现，而有原始之礼之表现。原始之礼之表现，非自觉的对他人之人格之尊敬，而只是孟子所谓辞让。原始之辞让，或为让一种他人之称誉，或为让一种可满足欲望之其他事物。原始之辞让，并非先设想他人有其欲，他人亦望人称誉，我当让此物与他人，或让美誉与他人。此乃自觉的知他人与我有同样之欲之后而生起之辞让意识。原始之辞让，乃一种在接触他人自我或精神时之一种自他人所赐或人与我可共享之足欲之物超拔，而"以我之自我或精神，托载他人之精神或自我自身"之一种意识。盖人在与他人相遇时之原始道德意识，初为浑然的与人无间隔之仁，次为自制其私欲，兼涵盖人我而承认人我之差别分际分位之义的意识。在义之意识中，吾人之道德自我，一方平等的涵盖人我，一方直觉其道德自我之超欲望性超物质性。故此道德自我之顺展其自身，即不仅不愿受人之侮辱以得欲望之满足，抑且根本有不愿自陷于欲望自我，而有求自他人所赐或人我所共享之足欲之物超拔之意向。吾人之辞让，即此意向之表现。此种辞让即礼之端，故人皆不愿在大庭广众前，行其满足饮食男女之欲之事，而以此为非礼。唯吾人此时之有此超拔之意向，乃由于吾人接触他人之精神或自我。故当吾人自他人所赐或人我可共享之物超拔，而表现辞让之心时，吾人同时即转出更求接触他人精神或自我之态度。此态度乃一自下至上，以承认托载他人之精神活动或自我活动，求接触其纯粹自我或精神之态度。此态度即一对他人之敬意，对他人之尊重之原始。又吾人此时因不自视吾之自我为一欲望自我，直觉吾人之自我为一道德自我；故当吾依自然之理性而普遍化吾人之自我时，吾所肯定之他人自我，亦为一道德自我。吾人之敬意或尊重人之意，所欲接触之他人自我或精神，遂亦为他人之道德自我。故辞让之意识，不同于羞恶之义的意识之只为一承认人我之分际，不受他人之侮辱以足欲，而自尊其道德自我之意识；乃是一根本不愿自陷于欲望自我，求自当前他人所赐或人我所共享之物超拔，而还以敬意，尊重人之道德自我之意识。

此为礼之端之辞让，原自吾人在人前不愿自陷于欲望自我，而自足欲之物超拔以敬人，故表现吾人敬意之礼仪，多含一收敛欲望自我之活动之性质。人对人之敬，恒由点首、垂目、低眉、拱手、跪拜之礼仪加以表现之故，即由此种种礼仪，皆由吾人之不把此身体当作欲望之工具用，吾人之欲收敛身体之动作，以收敛吾人之欲望自我之活动而来也。

吾人原始之礼之表现为辞让，吾人原始之对他人之智为对他人之是非。智之义有理智上之智，此乃以求客观之真理为目的。有道德上之智，此乃以知人之行为活动之善不善为事。道德上之智，有知己之智，有知人之智。吾人以前所谓常保清明之理性以反省自己之活动之是非，乃克就自觉的知己之智说。然智之原始表现，并非"持一自觉之原理，判断我与人之行为，而谓其为是为非"之是非。而唯是以自己之超越的道德自我所含藏之原理为背景，与自我及他人之行为相照映；而直觉其合或不合此自我所含藏之原理之是非。此种是非之心，最初恒只表现为一好或恶之情。吾人对自己之此种是非，常深藏微隐而不易见，吾人前亦未能论及。王阳明所谓良知之是非，即此种是非。吾人对他人之是非，常为此种是非，则人易知。故吾人论对人之智之德，恒即指出此种是非之为对人之智之德原始表现。唯此种对人之是非，因初常表现为一好恶之情，遂不免与出自私欲之好恶相滥。故必须吾人之自我为自私欲超拔之自我，吾人乃能言吾人对他人之是非好恶，为吾人之对他人之道德。自私欲超拔之自我，即常能自人我所共享之足欲之物超拔，而常能表现辞让之心之自我。故吾人以原始之道德上之是非之心，乃依原始之辞让之心而起。是非之心所进于辞让之心者，在此中人不仅有自尊其道德自我，尊人之道德自我之意识；且有对于"违于人与我之道德自我之实际行为"之否定，及"顺于人与我之道德自我之实际行为"之肯定。故由是非之心，乃见吾人之道德自我为对于吾人之行为，恒欲施主宰之用，恒欲实现其自身，以成就其自身者。故是非之心为求贞定于善之心，亦即完成恻隐羞恶辞让之心者。

吾人以上所言之表现于我与人间之仁义礼智，乃限于最原始之仁义礼智。此最原始之仁义礼智之表现，乃先于自觉的求合理之理性活动而自然合理者，其表现皆为表现于情者。所谓为表现于情者，即谓其为感物而动者。此种情与自私欲出发之情之差别，在此种情乃依于一自私欲超拔而涵盖人我之道德自我之直接呈现而生。由此直接呈现，吾人可言吾人有一对道德自我之直觉。然此直接呈现为自觉而兼超自觉的，故此时尚无一般所谓道德自我之自觉。当此种情发出时，人亦恒不自觉在实现道德自我，而唯超自觉的表现道德自我之超越私欲性。故仁在此时只表现为浑然与人无间隔及不忍之心情，义在此只表现为承认人我之分际以自制其私欲，而不愿受辱以足欲，礼在此只表现为在人前之辞让足欲之物，智在此只表现为一好恶。吾人于此谓一常人浑然与人无间隔之朴厚心情，皆由有仁心为根据；一常人之不愿食嗟来之食，皆由有义心为根据，一常人自然之辞让，皆由不愿在人前自陷于欲望自我，而自足欲之物超拔，此皆为缺乏反省之人所不知之理。即哲学家亦多未知之者。

此外凡不出自吾人之私欲而自然发出之道德上之是非好恶，亦常表现一自明性与不容已性，而初常不知其理由，为一时之哲学家之道德学说所不能加以解释，亦不知其何以出自吾人之道德自我，唯有后起之道德学说，乃渐能加以解释，而知其如何出自吾人之道德自我者。吾人由此即可知，吾人之道德自我之德性之原始表现，乃先自觉之求合理之理性活动，而超自觉的作自然合理之表现者。

丙 然吾人上述之超自觉的自然合理之仁义礼智之表现，只为仁义礼智之德之最初表现，孟子所谓仁义礼智之端是也。仁义礼智之进一步之表现，则必赖一自觉求合理之活动或自觉理性之运用。由自觉求合理或自觉理性之运用，吾人乃能推扩仁义礼智之最初表现，成进一步之表现。

吾人以上言仁最初表现于对人，唯是一与人之活动相遇，而浑然与之无间隔，欲见其活动之畅遂而不忍其阻抑之一种超自觉的欲成就他人之活动。在此仁之最初表现中，吾人尚无自觉的推己及人爱人如己，自觉的成就他人之意识。人之推己及人爱人如己，初常为一"使人之足人之所欲，如己之得足其所欲"之爱。而此种爱，必待吾人知人之有某欲，并自觉自己之有某欲时曾求满足之；于是方依理性，而平等置定他人之欲之当求满足；并普遍化吾之求足某欲之活动，乃有求足他人之某欲之爱。故此种爱之意识之出现，包含"人我之分别之先置定"，包含"对他人之外表行为活动依于深藏于人心背后之欲之认识"，包含"吾人之依理性而肯定他人之欲当求满足"，并包含"吾人普遍化自己之求足欲之活动"；而后吾人之自觉的"视人如己地，求足他人之欲"之爱，及求足他人之欲之事，乃可能。而在吾人"视人如己地，求足他人之欲"之意识上，吾人乃可自觉吾人有涵盖人我之仁心。故此种仁心之表现，乃透过自觉求合理之理性活动而有，因而亦自觉是在实现仁心的，或求仁的。此乃仁心经一曲折，经一间接之者，而有之高一层表现，乃与仁心原始表现不同者。至于吾人既已自觉自己在求仁，自觉自己有能超拔欲望之我，以实现吾人道德自我，复知他人亦有其道德自我，亦能超拔其欲望之我以实现其道德自我而求仁时；吾人复可依一理性之运用，而普遍化吾人此求仁之活动；而望他人亦求仁，辅助他人求仁。不仅求我之爱人，亦求人之能爱人，不仅求我有仁德，亦求人有仁德。以至凡我所有之德，皆望人有之，则我之仁心，经一更高理性之运用，而有更进一层之表现。通常所谓强恕以求仁，于己所不欲，不施于人，以免拂人之欲；于己所欲，皆施于人，以顺人之欲，同属于仁心进一层之表现。至"成己，成物"之恕，"己欲立而立人，己欲达而达人"之恕，望"人人成仁人，人人成圣贤，天下归仁"之志愿，则为更进一层之最高之仁心之表现。

丁　吾人之义德之原始表现，唯是一承认人我之分别分际分位，以自制其私欲之"毋欲害人""毋欲穿窬"与"不受人之辱以足欲"之意识。在此义之最初表现中，尚无求人我之权利、职务责任之公平配置之意识。人我之分别分际分位之意识，可只须观人我身体之不同即有。然"人与我各有不同之权利之意识"之发生于我，必需我先置定人我之各有其欲望，并依理性而推知人之求满足其欲望，如我之求满足其欲望；由此方知人之需有其所主宰运用以足欲之资具——此即所谓人之权利，亦如我之需有我所主宰运用以足欲之资具——此即所谓我之权利。唯在吾人依理性，而对于人我之权利之必要性，加以平等置定之后，吾人乃有求人与我之权利得其公平分配之义之意识。考察人我不同之权利，乃所以足人我之欲。依人我之分别之意识，而吾人即能分别不同之欲；并分别的考察应合于此不同之欲之不同权利。故权利之公平配置，非权利之相同的配置，乃权利之顺人我之欲之异，而与之俱异之适当配置。公平配置权利之义之意识，与爱人如己之仁之意识，二者不同之处，在爱人如己之仁之意识中，只有对他人之欲望之同情；而无"他人能自求足欲，并须有供其自己主宰运用以足欲之物"之肯定。在爱人如己之仁之意识中，吾人只普遍化吾人自足其欲以足他人之欲，而只求人之得同于己。而在公平配置权利之义之意识中，则有"人能自求足欲，人须有供其自己主宰运用之物"之肯定，并识取由人我之欲之不同，而肯定"人有不同于我之自足其欲之方式之必要"，肯定"异于我之权利的人之权利，对他人之必要"。因而仁唯是一合同之道德意识，而义则是一成异之道德意识。然顺人之欲之异，而使人各得其相异之权利，正所以实现吾人望人皆得足其欲之仁。故此义仍依于仁。

至于人我之职务或责任之公平配置，则不仅赖于吾人对于"人我不同之欲，人我所求之不同之权利"之认识；且赖于吾人对"人我之才能之分别"之认识；"人我表现其才能所须之资具——亦即权利"之认识（唯此权利非只被视为人主观上所欲望者，而是客观的被视为人表现才能所不可少者。）；"人我之在社会关系中之地位之分别"之认识，并肯定"人皆能分别用其才能，在其地位，自求实现其道德自我而有道德责任感,以担负应合于不同才能、权利、地位之职务责任"。在此种求人我之职务责任之公平配置之义的意识中,权利之配置遂非只以分别足人之不同之欲为目的,而兼是使人由其特殊职务责任之担负,以各得实现其道德自我为目的,故为最高之义,亦即最高之成异之道德。依此最高之义或最高之成异之道德,遂可言人在不同之位分,不同之情境,当有不同之道德之表现。如为子则当孝,为父则当慈,为友则当信等。此义所依之仁,乃吾人之望"人人皆得在其不同之位分上,有不同而咸当之道德表现,以使其实现道德自我而成其德"之仁,而为最高之仁。

常言所谓忠,皆表现于对特殊之事或一特殊类之事。此特殊之事或特殊类之事,常为关涉于特殊个人或有特殊职位责任之个人者。由此而有对其他个人之忠,与对自己个人之职务责任之忠。凡言忠,必有所向之某对象。此某对象必为一特殊者。故必顺所忠者之特殊者之特殊性而成就之,方为尽忠。故忠即所以成义者。忠于个人者,或是只为满足其所忠者之特殊之欲,如奴之忠于主。然亦有为完成其人格者,如吾人之忠于朋友。忠于特殊职位之他人,则常包含望此居特殊职位之他人,能尽其责任而完成其人格,如贤臣之忠于其君。至于吾人之忠于吾人自身之职务责任,则恒依于"人在社会各有其特殊之责任职务之肯定"。此肯定中,即包含一望人人皆自尽其特殊之责任职务之意愿。此意愿亦最高义之意识。吾忠于吾之职务责任,吾亦可自觉是在实践此最高义之意识之所昭示。此时,则吾人所以尽之责任职务之事虽极卑微;然吾人之尽其责任职务之事之忠,如真是缘此最高义之意识而起,亦即所以实现吾人最高义之意识者,其价值仍至高。反之,若吾人之尽其职务责任之忠,非缘一"人各有其特殊之责任之肯定"之义之意识而起,则吾人之忠,只是前所言之求自己之活动之继续,勤勉于所事之个人道德,而非真正之忠。真正之忠与义恒相连,如恕与仁之恒相连,故曰仁恕曰忠义。

戊 吾人之礼之原始表现,为在人前自能足人我之欲之物超拔之辞让之心与敬人之心。然此种原始之敬人之心,乃尚未包含人有足资吾敬之实事之意识,亦未包含"人有其生活或活动之特殊范围,吾不应干犯之,吾应敬重其在其特殊范围之活动或生活"之意识者。此种原始之敬人之心,始自对他人之为另一自我另一精神之存在之接触。吾人既接触他人之为另一自我另一精神之存在,吾人之原始之直觉"吾之自我本为一道德自我或包含一道德自我",所生之自尊自敬之心,即依自然理性而普遍化为直觉"他人之自我亦本为一道德自我或包含一道德自我"而生尊人敬人之心。此种敬，乃在吾人遇一人时，肯定其为一人，纵对其人之内容一无所知，或只念其为另一人为另一自我，全不念其所以为人之内容，即可有者。此种敬乃我之纯粹自我对于其他人之纯粹自我之一种态度。吾人之敬意可对纯粹自我而发，又可自吾对鬼神之敬以取证。如当吾人念太空中所有之灵魂或精神时，吾人此时纵对此灵魂精神之内容一无所知，吾人亦可对之有敬。故知吾人之原始之对人之敬，乃只须知其为一人，全不念其内容即可有，而为直接以他人之纯粹自我本身为对象者。由此种敬，吾人乃有对一初识之人之见面礼。由此种敬，吾人乃在见一不相识之死人之骨骼时，而一念及此为一人之骨骼，即对此人有一肃然起敬之感。然此种原始之敬原始之礼之表现，必须发展为进一步之敬或礼。此进一步之敬或礼，即不仅是一对他人之纯粹自我之礼敬，而是依理性而平等置定人我之各有其活动范围之后，对他人自我之生活或活动之范围之敬。他人之生活或活动之范围，亦即他人之自我所主宰运用以表现活动形成生活之各种资具——如身体财物自然物——之范围，亦即可谓为他人所能运用之权利之范围。故此进一步之礼与敬，即为对于他人之运用其权利，以安排其生活或活动之礼与敬。此即一般人之礼仪之规定之本。然此种礼与敬之表现，仍非最高之礼敬之表现。最高之礼敬之表现，应为对于他人之道德之礼敬。在此种礼敬中，吾人不仅对他人之如何安排其生活与活动有一敬；且对他人如何自动的表现其道德行为，如何自动的担负其社会上之职务责任，如何形成其道德人格之道德意志，有一礼与敬。由此种礼与敬，吾人乃真能对他人形成其道德人格，运用其道德意志之自由，加以尊重；吾人对于不同于我之道德行为之行为，乃不致轻判断为不道德之行为，而亦先有敬意以虚怀探其所自发之道德意志。而我亦不致轻以我所担负之社会职务责任，责备他人，以为人不能如我之担负社会上之职务或责任，即不能完成其道德人格，盖人可担负其他不同之职务或责任也。由此最高之敬，吾人对他人之生活或活动行为，乃有真正之礼仪，而可逐渐陶养一人世庄严之感。

己　吾人之原始之智之表现，为对自己或他人意志行为之合或不合于吾人道德自我中所含藏之原理之直觉的好恶是非——对他人之意志行为合于吾之道德自我之原理者，是之好之，不合者，非之恶之，即吾人对他人之道德。然在此原始之对他人行为之是非好恶中，吾人唯以吾人之超越的道德自我之原理为背景，与自己及他人之行为相照映，而未能自觉其原理，自觉吾人所依以作是非好恶之理由；由是吾人直觉之好恶是非，即可能与私欲相滥。纵不与私欲相滥，吾人亦不知其确非出乎私欲。故吾人之智德之进一步之表现，即为对吾人之是非好恶，不一往自执为是，而求"自觉其真合理"之好恶是非。吾对吾之是非好恶之不执为是，首即表现为对相反或不同于我之他人之是非好恶之容忍，依理性而平等置定人我之各有其是非好恶之权。此时吾人恒自念，吾之是非好恶或不过是出自主观个人私欲的，亦如人之是非好恶或不过出自他人之主观个人私欲的。唯通过此与我相反之人之是非好恶之容忍，而又不安于"相对于各人之主观之是非之相反"，吾乃进而求一超主观而可共通或普遍建立于人我之是非好恶，即自觉的依理而生之好恶是非，亦即自觉依于道德自我所含藏之原理之好恶是非。而在此种自觉依理而生之好恶是非中，吾人真知此中之理之为理，为可普遍建立于人我者；吾即可确知其必不出自私欲。盖凡出自私欲之是非好恶皆相冲突，皆我可施于人而不愿人之施于己者，皆不能建立其自身为一普遍于人我之原理者也。由是吾人之是非好恶，只须真自觉为依于理而生者，即为得其确非出自私欲之保证者，而自知其是非好恶本身之真为是者。而此自知其"是非好恶本身"为是之念，即足以增强延续吾人之是非好恶，并在将来同一情形下，再表现同一是非好恶。故对吾人之是非好恶不自执为是；而观他人反乎我之是非好恶，进以求自觉合理之是非，即为智德之更高表现。

吾人自觉依于理而发之对人之是非好恶，可自觉以否定不合于我道德理性之行为，肯定合于我道德理性之行为为目的。此时我只有贯彻我之道德理性，以畅遂其是非好恶之活动，完成我之智德之事，而不问他人之是非好恶是否得其正，他人是否能完成其智德。然我亦可进而自觉的怀抱使他人之好恶是非亦得其正，以使他人完成其智德之目的。当我自觉怀有使之好恶是非得其正，使人完成其智德之目的时，则我依自觉之理由而作之是非好恶，吾必使人知之，而望人对同一意志行为，亦作同一是非好恶。而当我望人对同一意志行为，作同一是非好恶时，我必先肯定他人亦能如我之依自觉的理性，以作是非好恶。然如他人亦能如我之依私欲而作是非好恶；则我望他人与我作同一之是非好恶时，我之目的当自觉是依于我对他人之仁，以使他人之自觉的理性得呈现，以作是非好恶；而使人自知其依私欲之是非好恶之非，而完成人之智德。

然我望他人对同一之意志行为与我作同一之是非好恶，不碍我之容许他人对不同之行为意志，另作一种是非好恶，并对我所未知其存在之行为意志，作我所未尝作之是非好恶。我既承认人有其理性，我依义自应肯定人有对不同之意志行为，作不同之是非好恶之权或责任，因而吾人对他人所作之是非好恶，只须不知其出人之私欲，吾均应信其或原于人理性，而依礼加以尊敬。由是吾人之最高之智德，应不只为依自觉理性而作是非好恶，以否定不合于我之理性者，肯定合于我之理性者为目的；而应为包涵"能知他人之是非好恶，是否出自人之理性"；并"对人出自理性之是非好恶本身，为其人本身而是之好之；对人出自私欲之是非好恶，为其人本身而非之恶之；并知如何使人之是非好恶得其正之道"，及"肯定我所未作而他人所作之是非好恶，可能合于义，而依礼以敬意求了解其所依之理由；而知其何以为完成人之智之德所必需，亦为其人本身而好之是之"之各项者。此方为缘对人之最高仁义礼而表现之对人最高之智，知人知言之智。

庚 在中国过去先哲言四德之外，或加信为五常。在人与人间所表现之信之一般义，唯是谓吾人对人有言时，吾人应践其言。然信之其他义，则为相信人之能践其言，相信某人之人格本身（即信人之具有能贯彻其行为之人格），及自信等。此诸信之义，皆表面不同。吾人今将贯通而说明之，并说明信即为通四德之德，亦遍在于四德中之德。

吾人今将谓信之最原始之表现，乃在自信。自信者即自己信自己之能知即能行，即自信自己之行能合于其智之所及之理，此即自信自己对自己之所认为是，能真是之，而成就这个是；自己对自己所认为非者，能真非之，去除这个非。故自信实即自信其现在自我所望于未来自我者，能为未来自我所实现。吾人之现在自我，能对未来自我有所望，提出一今所认为是或认为非者，而望未来之我成就之或去除之，此即一现在自我之自己超越其自身，表现一贯通于未来自我之要求或命令。而未来自我之知我今之曾有此要求命令，而承受之以实践之，又为未来自我之一自己超越，而反贯通于现在自我之活动。至吾在现在即相信：未来自我能实现吾现在自我之理想。则为现在自我之肯定："未来自我之必能反贯通于现在自我"，以使"现在自我贯通至未来自我之要求命令"得实现；而平衡和谐完满"现在自我与未来自我互求贯通之活动"，成就"现在自我与未来自我之统一"。故自信之意识，即一超越的直觉：现在自我与未来自我之同一。或直觉自我可不以时间之变化而变化，可永保其恒常性超时间性之意识。因而对最原始之自信，吾人可只在吾人之前后自我之活动之贯通处识取。凡吾人之直觉"作不同活动之前后自我为一自我"处，皆有一自信之表现，并不必在自觉有现在自我对未来自我之要求处，始乃有自信之表现。然人只须自觉在从事继续之活动，人即能直觉其前后自我之同一。故人只须有一成就自己之奋发努力处，只须心不陷于一活动，而对未来之活动有远见预谋处，有清明之理性之运用处，能对人表现仁义礼智处；及一切能自作主宰，以生起、转易、准备，反省自己之活动处，吾人皆多多少少直觉前后自我活动之贯通，前后自我之同一，即皆有一原始之自信表现。而无自信表现处，则在吾人不能自作主宰，以生起、转易、准备，反省自己之活动；而懈怠其应继续之活动，陷溺于当前之活动，及对未来之活动无远见预谋，失其清明之理性，而此心昏昧处。故自信乃可表现于一切道德意识中者。唯人有自信处，乃由前后自我之贯通，见有统一之自我；而自我乃是其自身，以成真实之自我，此真实之自我乃有德，并可言其德为真实之德。故自信之德本身，亦为贯通于一切德之德，可称为一切德之所以为实德之德。

　　吾人以上论原始之自信，乃在一切直觉自我之贯通处即有者。故原始之人与人之相信，亦即在一切直觉人与我之精神或活动贯通处即有者。人与人相与之间，一言一笑，一唱一和，凡觉相孚应而不相阻碍之处，彼此坦白真率的相遇之处；吾人即直觉他人与我之精神或活动之并存而相贯通，有一"人我之自我之统一"之直接呈现，此中即有一人与人间之信德之表现。唯此上二种个人之自信及人与人间之相信，通常皆不被自觉而不称为自信或对人之相信。其称为自信者，乃先有自觉之理想而自信其能实践者。其称为对人之相信者，至少亦为由他人之言或行，启示吾人对他人一观念，并以此观念预测其行为，成一断其行为之必有之信念者。唯吾人对他人有一观念，并断其必有某行为之信念，可只为理智上之判断，并不必为相信人之德。吾将谓吾人对他人之相信之德，乃首表现于对他人所言之不逆诈及不亿不信。如闻他人之言，即先信其为其心之表现，不先信其非其心之表现。原人所以有言，乃欲表现其心之意于人。故吾人对情愈亲之人，愈欲与之言，吾人之意之动与言之发之关系，亦愈为直接。而对情愈亲之人，吾人之听其言，亦愈能直接思其意，而不疑其言之伪。因而人之自我愈能与他人之自我相感通而涵盖他人之自我者，其闻人言而即信其意之势愈速，而愈不易轻于逆诈亿不信。故人对人之信德之首先表现，即为愿信人之言，而不轻生疑。

唯更高之信德之表现，则为自觉依于对人之仁义礼智之心之信德。此乃由吾人自觉的对自己之自信，推扩而来。如吾人于自己有自信时，吾即可念，吾当普遍化我对我之此自信，而望人亦知我之此自信；而对人乐言其所自信，亦乐见人之"信我之自信"。此即一依于仁心之向人言其所自信，以结信之德。当吾既对人有言，而人信我以后；则吾之去实行我之所自信，即不仅乃所以证实吾之所自信，亦所以证实他人之所信于己者。吾之去实行，即不仅为对自己之一责任，亦为对他人之一责任。故吾人常因念我言既出，对他人有一责任，乃勉力行之。此时吾人之行，遂自觉是为不辜负他人对我之信而来。此种为不辜负他人对我之信而勉力之行，即为依于义心之信德，亦为一更高之德。又吾知吾以言向人表示之时，有望人信之心，吾以言表示我之能行，乃吾自信能行者；则吾人闻他人之言时，亦知他人有望我信之心。此时吾人自觉为符人所望而信他人之言，亦出于我仁心之推恕。又吾人见他人亟望我信，遂在自己尚微有信不过处，亦感于意气，为不负人之望，而或自觉的姑加信托；此亦为一种依义而起之信。（《哈特曼伦理学》第二册，论此种信极好。）由吾人信"他人之自信其能知能行"，信他人之自言其能行；于是对他人如何行为一无监督之意，而尊重其任何行为之方式，则此信同时是依礼敬而起者。至于吾人之对"自己之自信能行，自言能行者"，与"他人之自信能行，自言能行者"之"自信程度"之觉察，对"自信能行与真能行之距离"之觉察，对"言与自信之程度之是否相应，及相应之程度"之觉察，对"言与真能行之距离"之觉察；而知"过度之自信""言与心不相应之言"之不当有，而非之恶之；知"真能行之自信""与心相应之言"之当有，而是之好之，由是而知信其所当信，不信其所不当信，并以不信所不当信，以成就真信，则为依于智之信。

辛 吾人以上所言之仁义礼智信五德，唯止于对自己与对我以外之个人。吾人之道德意识，尚有对人与我集合成之集体，如家庭、社团、国家、人类之全体、万物与宇宙之全体者。此中亦可各有仁义礼智信五德之表现。唯集体之观念，与个人之观念不同。吾人对集体之道德行为，在实际上看，皆为一一特殊行为。而此一一特殊行为，皆为只能直接对集体中接于我之一部人物而发者，故所谓对集体之道德意识，克实言之，初只为表现于吾人之相应于集体之理念之情味气度胸量等中者。而所谓对集体之道德义务感及道德行为，亦皆为依此情味气度胸量等以生者。溯吾人所以有集体之理念，所以能认识集体，全赖吾人将集体中之各个人之个体性泯除而浑融之。此泯除浑融之所以可能，乃由吾人之统一自我能又认识各个体精神内容之互相贯通而统一，如吾人在本书第四部之所论，由是而吾人有家庭、国家或人类全体之统一与集体之理念。原吾人对各个体之一一之道德活动，初原是与各个体之一一认识不可分者。故当吾人认识各个体之精神内容之互相贯通而统一之时，吾人对各个体之道德活动，亦相贯通，而失其特殊性相，而初只成一浑沦的对集体之道德情味，笼罩此集体之道德气度，涵盖此集体之道德胸量。吾人注念此集体之理念所引发增强者，初亦只此情味气度胸量。而对集体之道德义务感与道德行为即依之以生。故吾人念家国人类时之慈祥恺悌之情味是仁，念家国人类时之豁达正大之局度是义，念家国人类时之肃穆庄重之气象是礼，念家国人类时之通达无碍之识量是智，念家国人类时之光明磊落之胸襟是信。此乃对家国人类，人人皆可表现之德行。然此种德行虽皆可表现于人之对集体之特殊道德行为，然同不能在一一特定行为本身上实指，而只可意会之于吾人之家国人类之感念中者也。

壬　复次，吾人对于宇宙万物，皆可有仁义智礼信之德表现。盖由上所论，吾人对家国人类之仁义礼智，原不必念其本身之为一独立之人格，并念其另有一独立之心；而只须吾人对之态度表现一浑沦之道德情味等，吾人已可对之有仁义礼智之德。吾人由此即知人之有无仁义礼智信之德，可纯从吾人自心之态度上看，而不须从对象为有吾人之心或无吾人之心者上看。于是吾人可进而言，吾人对任何无情物，皆可有仁义礼智之德表现。吾人之仁之最原始表现，吾人前说只是一去成就吾人活动，成就他人活动之自强不息或浑然无间之感。若吾人再推进一层，即可说仁之本身只是此心之生几之周流不息。于是吾人只须常以一周流不息之生几，与物相接，则吾人对之已有仁。准此，吾人于义，亦可不必说之为节制自己之活动，以涵容其他之活动，或使人之权利责任得正当分配之德；而可只说之为吾人心之周流不息之生几，不滞于一面，而能自收敛于此，以发扬于彼之德。吾人与物相接，而能兼顾其数面，则吾对之已有义。复次，吾人之一念意想一未来或外在事物之将临，而凝聚精神以待之，吾人对之已有恭敬奉承之礼敬之德。吾人观一物之是其所是，而贞定吾人精神以向之，无私欲之萌，理性恒清明在躬，吾人对之即已有智之德。而此时吾人复自知其不失理性之清明，自信自觉此理性清明之能自持，并自觉前后自我之贯通，则吾人对之已有信之德。由是吾人之于任何物，即皆可对之有仁义礼智信之德表现。如吾人能使此心之生几，恒周流不息，无所滞碍，精神凝聚，或清明贯通；不思一特定之物，而将物之一切观念内容，自相贯通融化，统一于一集体之宇宙之理念之下；而只思此宇宙，如对神明；则吾人此时虽不自觉在实践道德，亦不觉有仁义礼智信之德呈露，实则吾人此时已表现一对宇宙本身之道德；而将我之仁义礼智信之德，在宇宙之前全幅呈露矣。由此义吾人方可真了解宋明理学。

五、不善之类型

吾人以上所论之道德品目皆为善德之目，而未论及不善之德目。吾人道德意识之发展，必一方知何者为善，一方知何者为不善，故吾人必当进而论不善。

道德上之不善：有能善而未善，有气质上之限制之不能善，有能善而过于此，致他处之不及者，有私欲之蔽，有自欺之罪，有以善为手段之伪善，有否认一切善而肆无忌惮以恶为善之大恶。此皆有层次之不同，今分论之。

甲　吾人常有能为之善，因未与适当环境相感，遂不表现。如人之本能仁爱，因未尝见他人之苦难，则其仁之善不表现。此在他人可以之为不善，其本人以后亦可叹息其初之未表现其善而致憾。故为一对他之不善。唯此种未善，由感之之环境负责，人不自任咎，常言所谓不知者不为过是也。

乙　其次一种为吾人所能为之善之受气质限制。人受气质限制，而于所感可引发吾人之善行时，乃漠然遇之，或遇之应之而善念不强。此或由吾人之私欲之蔽，亦常由吾人之气质之限制。前者在下文别论。吾人之有由气质之限制，而致善行之限制，首可由观人之生而富某种文化活动之才，缺其他文化活动之才以证之。吾人之较缺某种文化活动，即必然较缺此种文化活动相伴之道德活动。次可由观人之生而仁义礼智信之禀性不同（如或仁厚或刚直）以证之。气质之限制，即气质之有所昏蔽。人非天生之圣，其气质皆有昏蔽处。所谓气质之昏蔽，乃对于善德之表现之一限制原则。吾人在道德形上学上，固可承认人之一切善德互相涵摄而成一整体，其显现亦互相引生，依一根而展出。然各种之德之表现，自不相同。吾人由一时之我可表现一种之德，而其他之德则不表现而暂隐，即见有一"成就其隐"之"气质之蔽"为一限制其表现之原则。未表现之德可暂隐，即可长隐，非再有继起之修养之工夫，不能使之显。则人之初生而受气质之蔽者，其性之德，虽未始不全；然其表现其德之能力，仍可有一与生俱生之限制，乃非经后天之修养不能增益者。此亦犹如一根之树，被泥土所蔽，则其显露可先露干，可先露根，可先露末，而万有不齐。故吾人以上虽言仁义礼智信诸德，出于一源，然人之显现其德者，仍可或偏于仁或偏于义，或偏于礼，或偏于智。人之修养之工夫或由仁而求义，由义而求礼，由礼而求智；或由智而返礼，由礼而返义，由义而返仁。不能进求者，质胜文；不能返本者，文灭质。然修养之工夫或备或不备，则专就天生而言，吾人不得不承认人之自然表现之德之气质限制，人各不同。此种限制之多少，与为何种类之限制，乃由人之遗传决定或前生之业力决定。人之意志不任过。唯吾人之意志在此虽不任过，然此过仍在吾人之生命之本身，为我之气质之过。此种气质昏蔽所致之不善，可谓属于我生命自身之不善。不似前一项以外缘之不具，而我之未表现其善之不善，不必由我负责者。

  丙 第三种之不善乃所谓过。过者由吾人最初自觉求实现某一善而有某活动，继而吾人求善之清明之心复丧失而生。盖当吾人之心之清明丧失时，吾人之心即不能涵盖主宰于吾人活动之上，使吾人之活动运而无所滞住。吾人有一念之顿失清明，则前念之余势，积滞于后念，而迫胁后念以前进，以求肆其活动，由是而吾人之活动遂常往而不返，成任气之活动，不能止于恰到好处之处，遂成为过。成为过，即违其他之善，在他处为不及。并于其所自觉欲实现之善，亦越过而失之，不能真实现之。如吾人之求仁而爱人之活动之过为姑息，求义而自制制人之过为严冷，求礼而尊人之过为自轻，求智而对人之评断之过为刻深。姑息则违义等而亦违仁，严冷则违仁等而亦违义，自轻则违智等亦违礼，刻深则违仁等亦违智。过之生由吾人之失其心之清明，不能涵盖主宰吾人之活动，而陷于一往而不返之活动中。吾人之失其心之清明，而有所蔽陷，初即缘于吾人之心之一向外倾注，顺客观外物之连绵迁流，以施其注意力，及吾人之心之成为被动的接受外境之心。当吾人之心有蔽陷时，吾人此时之心之当任过，初唯在其所依生命力量之运用，穷竭于所接之物前，而不能自提起而超拔。继即合客观之物与吾人对之之活动方式，以留下一机括，成一念之余势之积滞，——即一习气。而吾人之心即被此机括余势习气迫胁以前进，成任气之活动而生过。过生而为心自身之过，遂可引起私欲。

丁　过之所以能引出私欲，由于吾人陷于过时，吾人之心蔽陷于一活动之方式，而任其气之驰。吾人此时即有一我执，对于其他活动及他人之活动有一排斥之势。人之私欲，初依于自然之本能之欲——如求货色名权之欲——而起。然此诸欲如被限制，可并非私欲。其所以成私欲，唯由其趋于无限之发展，且排斥自己之其他文化活动与他人之同类欲望之满足。故私欲之生，亦只由心之蔽陷于一欲中而生我执。由是而一切蔽陷之心或有我执之心，即可与吾人之无限之好名、好胜、好色、好货之私欲相缘引。及私欲起而人心之清明益蔽，遂使吾人之道德活动根本间断。此所造成之不善，遂不只为过，而是一本身不善或恶之意识。如吾以贪睡眠私欲作，而懈怠吾人之应有之努力。觉某种活动能得名利，遂自陷其中而不求新生命活动之开拓。图安于目前之逸乐而忘远谋，亦不愿依理以思其逸乐之是非。此时吾人之活动之出于天理者，为人欲之活动所间隔，并而夺其位为己有。由是而有顺私欲而违仁义礼智之恶。刻薄而不仁，悖乱而不义，卑鄙傲慢而无礼，愚昧颠倒而无智，及一切放肆恣纵粗暴之恶，皆由此以生。此即为第四类之私欲之蔽之不善。

戊　由私欲之起，为出自天理之活动之间隔后，吾人出自天理之活动亦可再续其自身。此时吾人或持天理以责私欲，则私欲或失势而自去。然私欲之炽盛者，则当其见责于天理时，即以另一理由自辩护其不违此责之之理，或思一相反之理由，以打击责之之天理。由是而吾人遂有自欺。当自欺之时，吾人之凭理性以思种种理由，皆以之为工具，以达私欲之目的。吾人此时将理为欲用，使理失其主宰性而服役于欲。于此，吾人更深之反省，可知在吾人此时之自觉之意志中，有一理性自我与欲望自我之颠倒。则吾人有一更大之不善。此种不善，因其全在吾人之自觉之意志之自身中，故为吾人之自觉之意志应负全部之责任者。然吾人在自欺之时，吾人仍有理性自我。吾人之理性自我，尚有地位。吾人之良知之命令，对于我之主宰作用虽失，吾人仍未敢全忽视之，故须造作理由以自恕。更进一步之不善，则为我之良知对我全然失却作用。我不相信天理或善，而自灭绝之，而只肯定私欲。此中又分二种：一种是我虽实已不相信善，然尚好人说我为善之名。吾人好人说我为善之名，表示吾人自己虽实已不好善，而吾潜伏之知善之为善之良知尚在，故不敢斥他人好善心之非，不甘受他人斥为恶之名，而望得他人认为善之名。此中即有一对他人之好善心之肯定。由是而世间遂有好名之伪善者。好名之伪善者尚非最劣之伪善。最劣之伪善，乃其伪善不依于好人说我善之名，其目的唯在使人由误以我为善，遂贡献种种满足我之私欲之物于我。吾人此时之伪善，乃纯以善为工具，利用人之好善之心以欺人。则吾人此时于人之好善心之本身，即不复真加以肯定，唯视之为使我之私欲得满足之工具，吾人此时即陷于极大之恶。

己　吾人之只以我之私欲之满足为善而欺人者，常将吾人私欲之满足，建筑于他人之苦痛上。然此中亦有二种。一为虽建筑我之私欲之满足于他人之苦痛上，而只以我之私欲之满足本身为乐者。此中之恶尚较轻。另一种为将我之私欲之满足，建筑于他人之苦痛，并以观他人之苦痛，以反衬出自己之私欲之满足之乐为乐，而幸灾乐祸以得乐者，则其恶更大。而幸灾乐祸中之最恶者，即为有意造成他人之苦痛，以对人残忍为乐，肯定其生命于"他人生命之被否定之自觉"之上者。如罗马衰亡时，人之以见人兽之相杀为乐，即皆陷于此罪恶者。

庚　然残忍之为罪恶尚不如阴险之为罪恶之大。残忍之为罪恶尚是表面者，而阴险之罪恶，则深透入人之灵魂之内部。阴险者设一机括以陷害人，而于他人之被陷害时，感一幸灾乐祸之满足，与残忍者同。然残忍者恒只用人人所共见之体力武力，以使人受苦，故其罪恶为依于其自然生命力之运用，而率真地表现的。至于阴险，则有意使其罪恶在隐蔽之下进行，如在一伪善或伪的非不善之面目下进行。而此伪善之目的，又不止于使自己得利益，而是以陷害人本身为目的，于人之被陷害时，感幸灾乐祸之满足。由是而阴险遂兼伪善与残忍之罪恶。此种罪恶乃计划的施行者，因而亦依于一种理性的运用。此理性的运用，化为一熟谙人情世故之理智之运用，以设置机括，使他人在一预定安排之下，如非人之物体一般，被加以播弄，至被陷害为止。阴险者之设置机括，乃利用他人之私欲与自然欲望，或利用他人之良心，导引人于祸害之境地。因而在阴险之意识中，人对他人之人格无一毫之敬意。其欺人之意识中，亦无视人为独立存在之意识，由是而不仅自觉的否定他人之生命，且自觉的否定他人之人格。阴险之意识中之理智之运用，本身成为达到陷害人之目的之工具。而吾人之理性自我遂不特泯没，且通体为罪恶所主宰，魔鬼之所居矣。（唯世间有一时之残忍者阴险者而无永恒之残忍者阴险者。且人残忍阴险时，但一念反观，仍可见一内心之不安之在，此不安即证良知或理性的我之终不可真泯没耳。）

六、去不善以成善之德

吾人以有此种种不善与吾之善德相反，故吾人欲完成吾人之善德，即有对于不善者之耻。此耻本身亦为一德。耻与自觉的善善恶不善之智与信，同为去不善以成就善者。唯自觉之智信之善善恶不善，乃依自觉之善欲贯彻于不善之中而生之德。耻之意识则恒为当吾人自觉之意志为不善所充塞，吾人之深藏之道德自我，自内涌动，欲从根推翻改变吾人自觉之意志中之不善之一种意识。此种意识，乃依于吾人之超自觉之良知，原始之是非好恶，即智之原始表现而起。故耻之意识之出现，乃突然而起，非吾人自觉求合理之理性命令之起而起。（康德于此等处即不知。）耻未起之先，人自觉之意识乃不善之意志所居。耻既起之后，人乃自觉其自身有一善之意志。故人之深陷于过恶者，唯有经一自超自觉之良知而来之好恶是非，或耻不善之意识，乃能真复于善。而西方所谓忏悔，则为由人耻其不能自拔于过恶，遂自承其罪恶；并以承认罪恶之承认，与承认后之深自罪责，求得一超拔于罪恶之外之几，而通接于吾人之超越的深藏之道德自我者。此时人在罪恶中所望见之超越的道德自我，即为一超越之天光，超越之上帝。而由耻以向往道德自我之全部呈现，即中国古人所谓志，西方基督教所谓信望。

吾之耻自己之不善而用力于不善之去除，是谓勇。志在无一毫不善之存，是谓勇猛坚定之志。由斯而有真正诚固之德。诚即"良知之知是知非，而是是非非之行"之求自信。故曰诚信。信贯于一切德之中，诚亦贯于一切德之中。唯诚之为义尚有进于信者。则在诚含无妄义。必妄尽而后可言诚。妄尽者，不善之尽。妄尽，必赖良知之知有妄，并对一切妄皆一一有去之之心，而有一绝对之耻不善，求对一切不善求加以否定去除之志；并以勇求贯彻此志，乃可言诚。故诚为绝对之信。信为实，诚为求去一切不实，否定一切不实之实。故诚为绝对之实，而为圣德，或学圣者之德，而真成就一切德之德，故诚为一切德之本。

诚之为德，为一绝对之耻不善，是是非非而去不善，以成善之德。故修养之工夫即在思诚。思诚之工夫，即致良知之工夫。唯人之不善之属于吾人上所言之最后三类"安于不善"之不善之阶段者，则其良知暂全隐，彼将根本不知思诚之工夫为何义。对此种安于不善者，因其表现一切善行，皆只视之为手段，而出于以之欺诈他人之动机，或专将其私欲之满足，建基于他人之苦痛之上；常须先加以法律之裁制，名誉之惩罚，然后可望彼自动有良知之呈现。否则须一外在之伟大之宗教感化，人格感化，方可引动其内心之觉悟。然亦难立刻教以作思诚致良知之工夫。

又专作伪善以求名之人，彼之为善皆是为名，而非为己，亦不知自己之思诚致良知之工夫为何义。唯好名而为善之人，彼之知他人之以善为善，而不敢违之，并求顺之，则尚肯定一他人良知之对其自己之鉴察，使他人可以教之。此为中国昔所谓名教之一义。人之教人即人之自以其精神感化人。人肯定他人之有良知而承认名教，则被肯定于外之他人之良知，还归于其自身，而可使自己之良知复苏。唯一不受他人之教，而只知好名之人，亦不能自动有思诚致良知之工夫。

复次，人之从事于文化活动，而只以实现一文化价值如真善美等，为自觉之目的时，其德性只随其文化活动而表现；并常任其气之过，或容私欲夹杂其中，与之同行，而无暇或未尝自作反省者；亦不知思诚致良知之工夫之涵义。必待人从事于文化活动，而感其所从事之文化活动，与他时之自己或他人之自己或外境发生冲突时，人乃感其文化活动之有不善。此时，其觉其文化活动之有不善，初尚只是觉对其他时之我他人之我为不善，如吾人在本文之篇首之所论。又必至彼觉其文化活动，对他时之我他人之我之为不善，欲自加以改变时，而后自觉为其自己之道德自我之建立，以求道德上之善。再必在自觉其求道德上善之活动为私欲所阻抑间断，彼乃自觉有道德上之不善。再由觉私欲之能借理由以自恕，而有自欺之恶时，彼乃真感一自我内部之道德问题。而思诚致良知之工夫，亦唯在此内部之道德问题出现，自觉有自欺之事之际，乃真可用。故思诚致良知之工夫，全在毋自欺上见。自欺时有理性自我，而此自我之理性活动，为欲望自我所主宰而易位。毋自欺则为理性自我自欲望自我中之摆脱而超拔，表现一不甘受欲望自我之主宰，以求复位而主宰欲望自我之实功。自欺与毋自欺，即理性自我与欲望自我交替表现其主宰作用之关键与枢纽。前此而未真知自欺者为庸人，及从事一特殊文化创造，未尝用力于自己改造之道德活动者。顺自欺而安于不善者为小人；知有自欺而用思诚致良知之工夫者，则入于自觉的由为善去恶，以建立其道德自我之圣贤之道。

吾人由毋自欺使理性自我复位而知自去其私欲。人由欲去私欲而自知其私欲，缘于"吾人之过"，及"吾人之任气之活动之偏执"而起，因而反省及吾人自觉为实现一客观价值之文化活动中，常夹杂有私欲与过，与之同行。进而知吾人之文化活动之过而不善者，非只对他时之我他人之我之文化活动为不善，其本身即有道德上之不善之存。由此而有对自己之文化活动中所夹杂之不善，随处加以反省，而随处作迁善改过之工夫。由此迁善改过之工夫，用至最深处，便知一切过之原，皆由于吾人之清明之心未能常涵盖于活动之上而来；于是乃知使心常清明，常惺惺，不失中和，即绝过恶之原之道。由是而吾人乃真有自心对自心之清明之保任，致虚以生灵之道德。（此义亦唯宋明儒者真知之。）由吾人一方自保其心之清明，一方随处迁善改过，便知自己之过之常为某一类，自己之善之常为某一类，而知自己气质之偏蔽。于此吾人遂不仅欲求念念之皆善，且欲使自己之善不仅为某一类之善，而求具与之相异之另一类之善，以得善之全。并知唯具与之相异之另一类之善，乃能去某一类之过，由是而有变化气质之理想，求善之全之自觉。又因此清明虚灵之心，为一无方所而无所不涵盖之心，此心之呈现，可使吾人知自己所行之善，唯在一定之境之来感时乃有；并知吾身所未感之境无限，吾能表现之善行不限于吾所已表现者，吾尚有无尽之未表现之善行。于是吾知吾当常拓其胸量，往感吾所未感之境，以表现此未表现之善行，以去除吾人前所谓"未表现其能表现之善"之不善（此义王船山详之）；此时吾人乃真有求尽善行之量之善，而有最高之至诚无息之德。唯吾人有此最高之至诚无息之德时，吾人之思诚之工夫乃至乎其极，一切不善皆在吾所否定超化之下而一无所憾，斯为真正之圣德。

　　人之耻自己不善之人格而欲去自己之不善者，其耻至最深处，恒有望"以前种种譬如昨日死"之意识，竟欲根本绝弃自己过去之生命，以致自杀者。由人之耻自己之不善之人格，可产生此种绝弃自己之心；故人对他人之人格之卑污鄙贱者，亦可耻与之相处，而欲绝弃之。人之作一羞耻之事，而自杀者，可原于自己之欲绝弃自己，亦可原于念人之将耻与我处，将绝弃我，乃更增其绝弃自己之意。故人之作羞耻事而自杀，恒由觉无面目见人。此种因自己耻自己之人格或因觉无面目见人而自杀，常言乃出自好名心。实则此种好名心，常非私欲之好名心，而是由于尊重"自己与他人之耻不善之道德自我"之动机，而本身为一甚高之道德意识。唯当吾人已有耻自己之人格而羞见人之念时；吾人应知此念之存，即我有再造其人格之可能，我亦可不自杀。则自杀非绝对之道德。唯当吾人自己对以后能否再造一人格无把握，自觉为"遂他人之耻我之念"而自杀，则为应当者。因而当吾人被逼而为一我所耻为之事时，吾人为避免将来之道德自我他人之道德自我之以之为耻，则吾人之宁死不为吾所耻之事，乃自觉的道德生活中之一德目。至吾人对他人人格之卑污鄙贱，吾人虽耻与相处，尚不致即欲杀之者，且杀之非道德者，则以彼在不知耻时，彼之被杀不能有助于其道德自我之实现；而彼在知耻时，觉彼应自杀，彼自能自杀。唯彼之自动之自杀，乃有助其道德自我之实现。故吾人虽言当吾人自耻时可自杀，吾人对所耻之自己，我可杀之；然不能依理性而普遍化为"吾对所耻之他人，我亦可杀之"之理；只可普遍化为"他人对其自己所耻之自己，亦可自杀之"之理。当吾人见他人作事而不自知耻时，吾对之之道德，只可为使其知耻。吾使人知耻而自动自杀，亦可出自吾对人之道德之动机。唯吾人当知，吾之能感化人使人知耻一事，即证明吾能再造他人之人格。则吾人对其人最高之道德，应为教化之成一再造之人格，而不当望其由知耻自杀。至于对于无耻而我又不能教化之人，吾人对彼之德，惟是羞与相处。

此种耻与不善之人相处之道德意识，乃吾人由耻自己不善之人格之普遍化必然产生者。由此种意识之发展，可成一"放流"大不善之人，使"不与同中国"之政治意识。法律上之所以有监狱以幽囚不善之人，其一精神之根据，即在人之有此耻见不善人之意识。而此种意识之最高发展，仍当为上述之使人自知耻，而再造其人格。而当吾人觉社会之不善之人太多，举世滔滔吾无力以化之之时，则只能发展为隐逸避世，欲居九夷，洁身自好，恬淡高卓之清操。

人之隐逸避世洁身自好之行为，可出自全身远害或责任感之懈怠之动机。然耻与不善人近而隐逸避世洁身自好者，则非出自此动机。而耻与不善人近，实为心诚求善之人处世不可少之德。人在耻与不善人近而自洁者，其心可甚恬淡高卓、而若无所为。然其恬淡之心，乃托于一对不善人格之耻，亦即一对不善人格之否定意志之上。而人之自立于世，必多少表现一耻与不善之人近之自洁精神，乃能凸显出其道德人格之高卓性于他人之前。人不能与任何人皆可为伍，不能于任何社会之行动皆参与而无所不为；即恒由人于他人之活动有所耻，而表现有自洁精神而来。人之自洁精神表面是依于消极的隔离不善人格之意志，而由此意志所成就之自己人格之更深之自觉，所凸显出之一高卓性，则为积极的，而树社会之风范者。吾人能知自洁精神乃诚之一表现，即知伯夷之清何以亦为圣德之一表现。

人之表现自洁精神，乃依于人之耻世人之不善，欲化之而又不能化之，故只能耻与之近，以自全其德。然世人之不善，有一时不能化之之势，而无绝对不能化之理。故圣之清只能为圣德之一时之表现。而只求为圣之清，即不免先臆定世之不可化，而对世人缺敬意。而真有耻世人之不善之人格之心，必务求化世，并先认定世之可化，先信人之好善谁不如我，而求有以化之，以致忘世之不可化之势，或先知其不可而为之。此则须先有担负世人之罪过，而以去之之责为己任之精神。此则为圣之任德。

至于不以世之有必不可化之势，然亦未敢如任者之信世之必可赖己力以化，亦不以世必不可化，则一方知世人之不善而有耻之之意，曰"尔为尔我为我"，不使其不善浼我；一方亦与世相处，而随缘劝善，则为柳下惠之圣之和。只求为圣之清者，先臆定世之不可化而不能任，则缺对世人之礼与仁，而只有自尊之义。忘世之不可化之势，而一往知不可而为，仁以为己任以化世者，或急功而忘己，失其自尊而忘义，乐于担负责任而缺辞让之礼。和者不以世为必可以己力化，亦不如任者之自信，而具谦德；且不以世必不可化，而不存轻贱世人之心，而对人有敬，则最有辞让之礼者。然当世必不可化之势已成，而溷迹人间，则缺自尊之义；当世必可化之机已显，而犹谦让未遑，不敢以天下为己任，则缺义与仁。故人必兼备清任和三者，而后其处世之道，乃仁义礼俱全。而圣德所兼备者，则在知其时世之为何种之时，当清则清，当任则任，当和则和。而知时世之为何，则赖吾人之知人知世之智，有智而或清或任或和，则全具三德而圣之时者也。人依自知之智，而有自己之迁善改过以成德之事；人有知世之智，而有见其德于世之清任和之德。清则不媚世苟容而卓尔自立，任则不弃世自逸而刚健不拔，和则不骄世傲物而宽裕有容。清任和者，君子自成而成物之志之见于立身行道之德也。

人之耻世人之不善而自洁，或以化世自任者，固皆求自拔于流俗，即与世和而心知尔为尔我为我者，形虽不自外于世，而心亦自拔于流俗。故自拔于流俗者，学圣之本也。然人一方耻流俗之不善而求有以自拔，一方即欲与善人交。一乡不得，求之于国。一国不得，求之天下。天下不得，上而求之千古，下而百世。由是而吾人有求师友，怀古人思来者之志。唯流俗之愈无道，吾人之求师友怀古人思来者之志，乃愈迫切，而师友之相遇与怀古思来之情，乃益见为一片精诚相感。精诚相感者，不以时空之间隔，而己之诚与人之诚相通也。而当人与人以同一之拔乎流俗之志，精诚相感时，则成就一"通过流俗之不善流俗之不诚之间隔"之否定，之绝对的精诚相感。以此绝对之精诚相感，结天下古今之贤圣之志而为一，守先待后，明明德于天下，以易俗移风，常悲世道人心之不善未善，而自强之功不息。斯至诚无息之德，表现于圣贤之心愿者也。

七、道德活动之自足性及与其他文化活动之相依性

吾人以上所言之德并不能概括尽人之一切之德。由吾人上之所论，吾人已可知：凡吾人之自我有一自己超越以贯通于他时之自己处，凡自我之有进一层之自己创造自己充实处，凡自我之增益其所涵容之度量处，凡自我之合理活动之间断而复续处，凡对自己私欲或过恶有耻而加以改变处，凡对他人或当世之不善或无道，加以感化或反抗处，吾人皆有一善德之表现。因而吾人赖以自己超越，自己充实之活动无尽，吾人之善德亦无尽。而吾人每一之善行善念，皆以所关联之情境而有其特殊性，则其善皆可为一特定之善。而一切特定之善，只须不与其他特定之善相违，即皆为能普遍化而合理者。因而吾人可言吾人之道德自我，实具无尽合理之善德，而永不能一一举全者。然吾人虽谓吾人所能表现之德为无尽，吾人复须知吾人之自觉的道德生活，乃处处有一绝对之满足，处处可求诸己而外无所待，内无所憾者。此与吾人之欲望生活，其他种种文化生活皆不同。欲望生活不能外无所待，因欲望自我根本为向外要求外境，以得满足者。人之文化生活不能无所憾，因文化活动乃自觉欲实现一客观价值之活动。此客观价值赖一理想之现实化而实现。故在吾人求真理，求创造一艺术品，求改造政治，或生产一货物而未得时；吾人皆觉真美利等价值之实现，待一吾人以外之某物。即吾人信一神而有一宗教上之渴望时，亦常觉神之降临与否，非我所能主宰，我只有静待之。故一切文化活动之进行中，皆常不免直觉自己之有待于外，以实现客观价值，若未能实现客观价值，即内有所憾。而在吾人真正自觉的道德生活中，则可外不觉有所待，而内不觉有所憾。盖道德之价值，乃实现于吾人格之内部，而非实现于吾人之人格与外物之关系。吾人之自觉的求实现道德价值之自觉的道德生活，乃外无目的，而唯以自己之改造为目的者。故自始全为求诸己，而非求诸外之事。吾人在未有

自觉道德生活之先，吾人有自然生活，有文化生活，此自然生活文化生
活，可自然的表现道德价值。然此道德价值乃对他的，而非对己的，即
非自觉的。在其为不自觉时，吾人无从施以促进之功，而其不足之处，
有过与私欲夹杂处，吾人亦无从施以改变之功。吾人之自觉的道德生
活，唯始于吾人已对吾人生活有反省时，对其善不善有自觉时。吾人之
能自己置定道德理想，而自觉的命令自己行一善时，必吾人已知某善之
为善，某不善之为不善时。故在自觉的道德生活开始时，即道德理想已
建立时。则道德理想之建立，可不取资于"求自觉的道德生活意识"之
外可知。在吾人已知善之为善，不善之为不善，而自觉的求实现善时，
吾人即已有一好善恶不善之行。吾人有此行，即此理想已有一种实现。
吾人之有实现此理想之能力，即有一当下之证明。因而吾人不须求实现
道德理想之能力于求自觉的道德生活之自己之外，是亦可知。而所谓求
自觉的道德生活之真实义，实不外使吾人已有之好善恶不善之行相续下
去，已表现之实现善之能力，再继续有所表现之谓。而吾人真知吾人之
能行善能实现善，则不能再疑吾人之不能行善不能实现善。而吾人之既
知且信吾人之能行善实现善，则此知此信，又增吾人行善实现之能力。
故吾人不自觉的求实现善则已，吾人只须自觉求实现善而自觉其求之存
在，自信其能求，即证明其能实现其求而不疑。是知实现道德理想，求
自觉的道德生活之事，唯是自求，亦是自求而必能自得，更无所待于外
者。诚然吾人之道德理想，常包含一自心以外之目的，而吾人欲成就某
一事，亦即包含一文化理想。此事之成就，此理想之实现，固必待吾心
以外之条件。如吾人之道德理想为使天下人皆得衣食安居，即包含一自
心以外之目的，一经济性之文化理想。吾人之达此目的而成就此事，实
现此文化理想，明待吾心以外之条件。则此道德理想之实现，似亦待吾
人以外之条件。然核实而谈，则道德理想而包含一文化理想者，其文化
理想可不实现，而道德理想仍可实现。盖吾人之道德理想，所要求于己
者，惟是己之如何如何行为。吾人只须尽吾之力以行，则此道德理想已
实现。其所包含之文化理想之未实现，无碍于道德理想之实现。无论吾
人之是否成功，吾人皆可成仁。则不得言道德理想之实现，有待于自力
以外之条件矣。

　　道德理想不仅不自外来，其实现不仅不赖吾人自身以外之力量，道
德理想且可于文化理想之未实现时实现。故在其他文化活动之价值未实
现之处，仍有道德价值之实现。由是不论吾人之认识是否得真理，吾人

之实现道德理想而生之行为表现是否美，吾人之道德理想之实现对人之政治经济之生活之影响之何若，吾人之道德理想之实现，是否包含宗教意义，此皆可与道德理想之能否实现无关。吾人于事物之认识可错误，如我于事物认为如此者，可实不如此，然此无关于我之对于认为如此之事物如何反应之意志行为之道德性。即吾人所认识者全属虚幻之境，吾人对此境，仍可有道德性之意志行为。如吾人对幻觉或梦中之境，仍可有道德心理，或一道德性之意志或心境。而吾人之意志行为之不美，吾人之意志行为之对社会政治经济之影响之不佳，不合某宗教信仰，同可不碍此意志行为之出自道德性之动机。而道德价值之实现，尽可建基于其他文化活动之价值之未尝实有所实现上。而吾人之文化活动之在实际上未尝一实现其价值，吾人仍可实现道德价值；因而道德价值之实现其自身，遂显为一绝对之独立自足之事。

自觉的道德生活固为无所待于外而独立自足之生活，然吾人亦不能谓人只须道德活动而排斥其他之文化活动。因吾人之自觉的道德理想中，即常包含文化理想。而促进文化活动，使之继续，并协调之使不相冲突，以求吾人之文化活动可久可大，即吾人之道德责任，而为道德生活中之一内容。而在吾人未有自觉的道德活动时，必先有潜伏于文化活动中之道德活动。在自觉的实现道德价值之先，吾人必已有在文化活动中自然的实现道德价值之事。若吾人先无在文化活动中之自然的实现道德价值之道德活动；则自觉道德价值，以形成自觉的道德理想，表现为自觉的道德活动之事根本不可能，故吾人不能将文化活动排斥于道德之外。

至于上所谓无论吾人之是否实现文化价值，吾人之道德活动之是否伴随真美等之实现，吾人皆能实现道德价值云云，亦不意涵吾人不求文化活动之促进之义。若根据吾人之更深之反省，吾人复可谓不伴随文化价值之实现之道德活动，虽对于发此道德活动之个人为无憾；然对他人及社会道德之促进则有憾。吾人之最高之个人道德意识，必包含促进他人及社会之道德之意识。因而为求他人及社会道德之促进，吾人不能不求文化价值之实现，自觉的在其道德活动中，包含文化价值之实现之理想，而不能排斥文化活动于道德活动之外。因而真正最高之道德活动，应自觉的为社会之道德之促进，而从事文化活动，以实现文化价值；而仍觉其无论实际得实现其所欲实现之文化价值与否，皆能感一内在之独立自足之道德活动。

何以不伴随文化生活之实现之道德活动，对自己为无憾，而对他人或社会之道德之促进为有憾？此乃由于真美等文化价值，皆为使吾人之道德活动与他人之道德活动得更易互相了解感通，而互相促进增强所必需者。

吾人前谓无论吾人对一事物之认识是否真，吾人皆可对所认为如此之人物，表现道德性之意志行为，理诚如是。然如吾人之认识错误，则吾人之认识，即与他时之我或他人之我，对同一人物之认识，不相融贯。由是而吾此时对此人物表现如此之意志行为，吾虽自觉为应当，然在他人不知我对之有如此意志行为，依于吾认识之如此者；则不能知吾之意志行为所表现之道德价值。唯在吾人于事物之认识得其真时，吾所认为如此者，乃人人所可普遍认为如此者；人乃可本于其自知"彼对此事物之某种意志行为为合道德"，而推知我之意志行为为合道德。反之，当一人之认识为真，他人皆错时，则各人尽可由所认识者之不一致，而互以对方之道德行为为不道德；由此而交相贬斥，不能互相观摩其善，以各更充实其善之体验。在此情形下，各人对对方之贬斥，固自觉出自恶恶耻不善之心；而各人此时因各自觉其道德行为之善，而对对方之贬斥，加以反抗，亦可出于自伸其善之心而表现一善。然此贬斥中之恶恶之善，与反抗贬斥中之自申其善之善，亦可互不相知，以互充实其善之体验。又人在受贬斥之际，人之能反而自觉其行为之善者，其反抗贬斥固可出于自申其善之道德动机，然人亦可因觉他人之贬斥，伤害其好名好胜之心，因而更激发好名好胜之私，加以反抗；则其反抗，非出自自申其善之道德意识，而出自自申其私欲之心。由是，此种人与人交相贬斥，即成削弱人之道德之自信，引发人之私欲之媒。此即各人对事物之认识互不一致，致其道德意志行为不相知之弊害。吾人欲避免此弊害，唯有肯定能普遍被人承认之事物真理之认识之重要，并力求了解他人之心理之真相，以知他人初乃认事物为如何，方有何种之意志行为。唯经此事物真理之认识，他人心理真相之认识，吾人乃能免于与人互相误解，互相贬斥之弊害。夫然而后人之道德意志行为，方能收互相观摩促进，以充实彼此之道德体验道德生活之效，此即真理价值之实现，理智上之智通于道德上之智，帮助于道德之促进者。

实现真理之价值者，为吾人理智性的思想智慧。吾人通常所谓聪明、颖悟，观察之切实周至，观念之明白清晰，思理之细密条达，见解之深刻透辟，识量之通达广大，高明深远，皆为偏就人之思想智慧而言之人格之德。其详非今所及论者。

至于吾人之道德行为之美之帮助人与人道德意志之相了解，其效尤大于共同真理之认识。盖美之体验，乃使人移情入对象，直觉与之合一者。当吾之道德意志表现于行为中而合美之原理时，则人体验吾之行为之美，人即移情于我之行为，而易直接体验我之道德意志。因而社会上人之道德意志之表现于行为，愈能兼合美之原则，人与人之借互体验其道德之意志，以充实其道德生活之效愈大。反之，人之道德意志不能表现于行为而合美之原则，以致表现丑时，则人与人间易漠然相处，以致相厌恶。

实现美之价值者，为吾人之欣赏表现力。吾人对感觉世界直观之亲切鲜明，想像之活泼丰富，才情之焕发韶秀，意境之奥妙空灵，韵致之清新隽逸，神思之运行不滞，皆表现美的价值。此外，凡本乎人之丰采、仪表、态度、情味、风趣、气象，以言某也文秀，某也伟异，某也高贵雍容，某也潇洒自然，某也慷慨豪爽，某也疏朗飘逸；及凡论人之德性之表现于外者，如仁之显宽裕温柔，义之显为发强刚毅，礼之显为齐庄中正，智之显为清明在躬，信之显为光风霁月；皆有美的意义存焉。唯其详则非今所及论。

至于政治上之权责之公平分配之实现，政治组织之完善，与经济上财富生产之增加，财富之公平分配，恒本于人之以义制事。其所辅助于社会道德之增进者，则在政治经济上之公平之实现本身，原为人与人之精神平等之象征。在人觉人与人精神平等时，则人愿互相了解，而彼此人格之道德价值亦易互相认识。而政治组织之完善，即人之活动之常相配合之客观证明。人之活动之常相配合，亦为使人之活动之道德意义，易为彼此所认识者。至于经济上财富之增加，除使人皆得裕其生外，兼可使人之相互之善意，更易得借财物以表现而相知者。此世乱民穷之际，虽人之德性无殊，而彼此之善意，不能借财物以相表达，行为活动不易有客观之配合，则人特觉世无善人，少善行以相观感，而不自觉的更趋于凉薄之故也。

人之从事政治经济上之活动，人之如何分配权责于人，如何生产财富，增加事物之效用价值；赖吾人对物对人之支配安排之精力、才干、魄力、气概、度量。所谓耐劳刻苦之精神，周慎详密之计划，条理秩然，敏捷精明之应事才，干练沉著，从容不迫之态度，开辟创造不畏艰难之毅力，知人善任，豁达大度之气概度量，通常皆是连人在政治经济之事业中，所见之才具等，以言人之德。其详亦非今所及论。

至于宗教活动之辅助社会道德之增进者，则在宗教意识根本即为自欲望自我之执，求彻底解脱之意识。吾人求自欲望自我之执全解脱之意识，使吾人向往崇敬一超越不可知之神而通乎礼，同时亦使吾人忘我而易于摄受崇敬他人之精神，而易对人有礼。故神在此即成一客观的人之精神互相交会而相摄受相崇敬之媒介或象征，使人之精神更易相摄受相崇敬，由此而人亦更愿了解彼此之道德生活，以互充实其道德生活者。

实现宗教上之价值者，为吾人之超拔世间摆脱凡情之心。如所谓淡泊宁静之志，坚苦卓异之行，忍辱持戒之操，虔敬诚笃之信，玄远渊默之智，庄严肃穆之容，空阔无边之胸襟，悲天悯人之怀抱，大皆指兼具宗教的性情之人格之德性。其详亦非今所及论者。

由上所言，吾人即知道德之活动，虽不待其他文化活动之有无，其他文化价值之实现与否，而能自足的存在；然无其他文化活动，则人与人之道德活动，缺客观的统一联系交会之诸媒介或象征，而不能相知以互充实其道德生活，亦不能有具各种文化气质之人格之德性之形成。此即文化活动之对社会道德之促进所以为必需。而吾人之道德活动之相知而互充实，即人之道德意识之互相涵摄，以使人类道德精神凝一，而显为一客观之道德精神之统一体，并形成具各种文化气质之人格者。吾人欲求促进社会道德，实现客观之道德精神之统一体，为社会形成具各种文化气质之人格，则不能不使人有不同之文化生活，谋创造未来文化，及保存过去文化。吾人欲体验社会中他人之道德，了解客观的道德精神之统一体之存在，了解不同之人格，亦唯有通过人类所有之公共之文化活动，共同欲实现之文化理想文化价值及客观之文化表现，以体验了解之。故吾人谓最高之道德活动，应包含为促进社会道德而从事实现文化理想文化价值之文化活动。此所成就者，即中国儒者所谓善良之礼俗。而吾人最高之生活即为文化的道德生活，或道德的文化生活。此即涵泳优游餍饫于善良礼俗中之生活。唯于此吾人复须知吾人之是否能实际实现文化理想文化价值，乃吾人不能期必之事。即使实际上不能实现文化理想文化价值处，吾人亦可实现道德理想道德价值，形成吾人之文化的道德人格，而心无所憾，不觉有所不足。斯可谓不失自觉的道德活动之至足性者矣。

俗情世间中之毁誉及形上世间[*]

毁誉现象，一般的说，直接属于形下的俗情世间，而不属于形上的真实世间。但它又是二者间交界的现象，同时亦是人生之内界——即己界——与外界中之人界之交界的现象。这现象，是人生中随处会遇见，而内蕴则甚深远，然常人恒不能知之，哲人恒不屑论之。实则人如能参透毁誉现象的内蕴，即可了解由形下的俗情世间，至形上的真实世间之通路，亦渐能超俗情世间之毁誉，而能回头来在形下的俗情世间，求树立是非毁誉之真正标准。这些话要完全明白，须逐渐由俗说到真，由浅说到深。此下分六段说明。此六段又分两部：前三段是说"俗"，其文字本身亦是俗套的；后三段则希望逐渐转俗成真。

（一）作为日常生活中之经验事实的毁誉

我所谓作为日常生活中之经验事实的毁誉，每人都可以从他的日常生活中去体会。在一般人相聚谈话的时候，通常总是谈学问谈事业的时间少，而批评人议论人的时间多。批评人议论人，便非毁则誉。西方有一文学家说，人最有兴趣的是人。此应再下一转语，即人最有兴趣的，是对人作毁誉。毁誉本于是非之判断。人有是非之判断，则不能对人无毁誉。我们可暂不对此人间有是非毁誉之事实本身，先作一是非毁誉之判断。我们可暂不誉"世间之有毁誉"，亦可暂不毁"世间之有毁誉"，而只将其纯当作为一事实看。中国过去民间普遍流传一讲世故的书，名

---

* 原收入《人生之体验续编》，人生出版社 1961 年初版，录自台湾学生书局 1984 年全集校订版。

《增广贤文》。其中有二句话："谁人背后无人说？那个人前不说人。"此二句话之语气中，包含一讽刺与感叹。但这是一个事实。人通常是依他自己的是非标准，而撒下他的毁誉之网，去囊括他人；而每一人，又为无数他人之毁誉之网所囊括。一人在台上演讲，台下有一百听众，即可有一百个毁誉之网，将套在此讲演者之头上。一本书出版，有一千读者，即可有一千个毁誉之网，套在此书作者之头上。一人名满天下，他即存在于天下一切人之是非毁誉之中。而一个历史上的人物，他即永远存在于后代无限的人之是非毁誉之中。这些都是此俗情世间中不容否认的事实。

　　这个事实，有其极端的复杂性。其所以复杂，主要是由人之任何的言行，都有被毁与被誉的可能。这亦不是从当然上说，而是从实然上说。其所以总有此二可能，大概有四种原因。一是人之实际表出的言行，只能是一决定的言行。每一决定的言行，必有所是。人们在发一言行时，亦总可暂自以为是，他人便可是其所是而誉之。但是人之言行，是此则非彼。故每一决定的言行，又只能实现某一种特定的价值。因而在想实现其他特定价值的人，便可觉此特定言行之无可誉，而复可转而以其他特定价值之未被实现，为毁谤之根据。最能表达此种毁誉现象的，即《伊索寓言》中之一老人与小孩赶驴子的寓言。小孩在驴背，则人要说为什么让衰老的人步行？老人在驴背，人要说为什么让稚弱的小孩①步行？老人小孩①都在驴背，人要说何以如此虐待驴子？老人小孩都步行，人要说何以如此优待畜牲？此寓言是把老人小孩与驴之四种可能的关系，全部尽举，但无一能逃他人之毁。因为人采取四种中之任何一种可能，都不能实现其他可能中所实现之价值。这是人之任一决定的言行，都不能免于毁谤之一原因。二是人之实际表出的言行，依于人之内心的动机。但是人之内心的动机，是不可见的。因其不可见，故人总可作任意的揣测，人亦总有对之作任意揣测之绝对的自由。即人总有孔子所谓"逆诈亿不信"之自由。故孔子耶稣之言行，他人亦可不信。在此，孔子耶稣要作任何辩白，皆可是无用的。因辩白是言，言一说出，则他人仍可疑此言所以说之动机。荀子说："君子能为可信，而不能使人必信己。"这句话加重说，是君子必不能使人必信己。第三是任何表出的言行，必有其社会的影响。而此影响可好亦可坏。这好坏之影响，

---

　　① "孩"，原作"人"，误，校改。

恒系于此言行与其他因素之配合，本不当只归功或归罪于此言行本身。但是人通常是依结果之价值，以判断原因之价值。因而总可依于对一言行之影响结果之好坏，以判断此言行本身之好坏，而生一不适切的毁誉；因而好者皆有被毁之可能，而坏者亦有被誉之可能。第四，是人作毁誉，总可兼采取公私二种标准。此即在贤者亦有所不免。公的标准依于良心上之是非判断，私的标准是以他人对自己好与不好或利害为标准。武三思说，吾不知天下何者为善，何者为恶，对我好者即谓之善，不好者即谓之恶耳。此亦是人作毁誉时之常情。中国民间有一笑话，说一老太婆夸她女儿好，因其将其夫家物，带回娘家，真孝顺；但媳妇不好，因将其家之物，亦带回娘家去了。这种将公私二标准，互相轮用以兴毁誉，亦是人之常情。此外人实际上是依私的标准兴毁誉，却以公的标准作理由，而将公私二标准，互相夹杂起来，更是人之常情。此不再举证。人之毁誉，兼有公私二标准，世间一切是非毁誉，便无不可颠倒。

此上四者，皆使人之言行无不兼有被誉及被毁之可能。读者可以随处去勘验一番，便见一切人皆可受求全之毁，一切人皆可有不虞之誉；由此而使人间之毁誉，与人之言行之自身价值，永无一定的互相对应的关系，而有各种可能的配合。总而言之，人间世界一切毁誉，在本性上实为无定。这是日常生活中所经验的毁誉现象之复杂性所系之第一点。

日常生活中所经验之毁誉现象之复杂性所系之第二点，是缘于上述之毁誉之无定性，与人之心灵之交互反映，而使人间世界，对某一人言行之毁誉之流行，可成一永无止息而无穷的漩流。对某一人同一之言行，人可依此原因而施誉，亦可依彼原因而兴毁。谤誉不同，而有谤谤者，谤誉者。如谤誉相同，则又有誉谤者，誉誉者。复有谤谤谤者，谤谤誉者，誉誉谤者，誉誉誉者。此谤誉之相加减乘除，以环绕于一人之言行而流行，原则上遂可为一永无止息之漩流。此漩流之存在，更使人间毁誉现象，显一无尽之复杂性，虽有巧历，亦不能穷其变。但这亦是我们在日常生活中，随时随处可以勘验的事实。

（二）作为社会政治现象之毁誉

上文说日常生活中所经验之毁誉现象，是只把它作为个人对个人现象来看。现在我们再进一步，把毁誉现象作为客观的社会政治现象来看。毁誉是个人的活动，但是此活动中，恒包含望他人亦作同一毁誉之要求；而人亦本有模仿、同情他人之毁誉，或受他人之暗示以作毁誉之一种社会性。由是而有所谓众口共誉，众口交毁，或众好众恶之社会现象。一人群社会，恒有其公共的宗教信仰、道德标准、以及礼仪风俗、政治制度、法律习惯。于是其中之人，恒对于能遵守之者，则共誉之；对于违背之者，则共毁之。毁之无效，而以刑罚继之；口誉无效，而以权利赏之。一人群社会之人之共同的毁誉，与共同议定的刑赏之价值，则在维持此一人群社会之宗教信仰、道德标准、礼仪风俗、法律习惯之存在，连带亦即维持此社会人群之存在。因而此毁誉、刑赏，即被称为一种社会对个人之制裁，或社会大多数人，本于他们之要保此社会人群之存在与其宗教信仰等的动机，而对少数个人所施之制裁。从西方近代之思想看，自边沁及今之社会学家，盖无不重此社会制裁或社会控制之现象之说明。说毁誉是社会对个人的制裁，这亦可兼由个人之恒畏社会毁誉，而不敢放言任行，以得证明。人之作违背一社会之公认标准之言行者，其畏社会之制裁，并不必同于畏社会中特定的某几个人之制裁，而恒是畏一切其他人合起来，对自己之可能有的制裁。此其他人合起来之可能有的制裁，凝聚成一整一的社会制裁之观念，而使"社会"宛如成为一有十手十目千手千目，在监视我们自己之言行的实体。社会学家如涂尔干等所谓社会的实体之观念，盖亦依此义而立。

毁誉可说是社会对个人的制裁，毁誉亦复是人之所以有政权之得失，政治地位之得失之所本。除了世袭的政权外，人之所以能得政权得政治地位，或由于大众之推举，或由于旁人之推荐，或由在上位者之选拔。凡此等等，无不以赏誉为先行之条件。当社会上对政治上在位之人物的毁谤之言，塞于道路时，则迟早必造成政府内部之改革，或暴发为革命。于是任何人之高官厚爵，以至世袭的政权，在此亦无一能永远保持。至一般政党的竞争与政治上的斗争，亦几无不以集团的自誉与集团的毁他为工具，这都是极浅易的常识。

（三）作为主观心理现象之毁誉

要真了解作为个人日常生活中之经验事实看的毁誉，与作为社会政治现象看的毁誉，必须赖于了解作为主观心理现象看的毁誉。因毁誉之为一经验事实，最初只是人心理上的经验事实；而一切社会制裁之所以对个人为有效，社会之毁誉之所以能致一政权之兴亡与个人政治地位之得失，最后无不根于诸个人心理的要求或活动。然则作为主观心理现象看的毁誉，毕竟是什么？

作为心理现象看的毁誉，首为我们内心所体验的他人对我之毁誉。我体验了他人对我之毁誉，此毁誉即存于我之内心，而为一内心中之现象。但是此内心中之现象，通常皆与一好誉而恶毁之心理要求相俱。次为我们内心所体验的，我之誉人或毁人之心理活动。而此活动，则恒与对他人之言行之价值判断相俱，或即是此对他人言行之价值判断本身。由是而我们当前的问题即在：此好誉而恶毁之心理要求，与对他人之言行之价值判断，在人心中究竟是怎样的存在着？

人之有好誉而恶毁之心理，是毁誉成为有效的社会制裁之真正根据。如果人不先好誉而恶毁，将尽可放言任行，而不畏任何他人之批评与社会上之舆论。故深一层言之，人之怕此社会制裁，并非怕他人以外的社会，实际上只是要满足其好誉而恶毁之心理要求，亦实即只是人之好誉而恶毁之心理要求、在制裁他自己之其他欲望，与其他心理要求。此处实只有内在的自己制裁，而并无外在的社会制裁。这个意思，现代西方心理学家亦多了解。如詹姆士称之为社会的我，弗洛特称之为超我（Super Ego）。亚德勒 Adler 之心理学，则谓好誉而恶毁之权力要求，为人一切心理中之最根本之要求，人之一切心理病态，及各种自夸与自卑之情绪之产生，皆由此要求之不得正常的满足而来者。

人之好誉而恶毁之心理要求，实甚强烈，恒可胜过人之其他一般心理要求。此亦可由人对其日常经验之反省，以随处得证明。粗浅点说，商人是好利的，但你只要能为他铸一铜像，他即可捐出一二百万。政治家是好权的，但孟子说好名之人，能让千乘之国。一般人是好色的，为了名誉，亦可抛弃他的外室。都市中人，自己可以吃得很坏，但衣冠必须讲求；何以故？因怕人轻视，喜人之称美其衣冠故。孟子说，"令闻广誉施于身，所以不愿人之文绣也"；又何以故？衣冠于此不必要故。美国有一经济学家韦布伦 Veblen 论资本主义经济社会中，有闲阶级之一切奢侈的消费，多不是为自己之享受，而主要是眩耀或表出其有闲的身份。其实这亦只是要俗人艳羡称誉而已。施耐庵著《水浒传》序说，求名心既淡，便懒于著书。亦可反证人之著作之事，常是为名。好名之心，一切大学者、大诗人、大艺术家，同难加以根绝。所以弥尔顿尝说："一切伟大人物之最后的缺点，即好名"。人之好色好货好利及其他一切物质欲望，都绝完了，而此心仍未必能绝。一宗教徒可不婚不宦，茹苦衣单，但仍恒不免望他人之称誉恭敬。而最奇怪的现象是，人之不好名，亦可成为得名求名之具。隐逸是依于不好名，但汉代皇帝征辟隐逸之士，隐逸者反而得了高名。唐代之隐逸之士，隐于距长安最近之终南山，以便随时奉召。唐代考试，又另有所谓不求闻达科。以不求闻达而求闻达，是最矛盾的现象。但这亦曾订为制度。据说有一笑话，说一学生出门多年，再来见老师，说他学会恭维人之本领，专贩高帽子（即恭维人之言语）与人戴，于是无往不利。老师说，此对一般人有用，对我却无用。学生说，像老师者，天下能有几人？老师微有高兴意。于是学生说他的高帽子，又贩出一项了。这虽是一笑话，但却指出了人之好名之心之最深的一面。此之谓名缰，其力胜于利锁。惟赖此名缰，而后一切社会政治之名位能诱人，而后人与人间之是非毁誉，可以摇荡人之心志，而播弄颠倒俗情世间的一切人生。

把毁誉现象作为心理现象看，我们说人有好誉恶毁而求美名的心理。但是人不只有此心理。如人只有此心理，则无一人能得名。只顺人之好誉恶毁求美名之心理发展下去，人将只愿他人誉我，而不愿誉他人。如人人皆是只求他人之誉我，而不愿誉他人，则亦无一人能得他人之称誉。故人之所以能得称誉之事实，即根据于人亦有愿称誉他人之心理。而人之好誉恶毁之心理本身，亦包含有他人对我必可有誉或毁的肯定。故人之有誉人与毁人之心理活动，亦同样不能否认。

人何以有誉人与毁人之心理活动？他人之是非长短，何异风乍起，吹皱一池春水，干卿底事？人如果只是顾自己生存的动物，人将不管他人之是非而无毁誉。人如果是神，将只有对人之爱与悲悯，或本于正义之赏罚，而无暇于作对人不必有实效之毁誉。毁誉是人间世界的心理现象。这种心理现象，关于毁的方面，似乎可以上段所说好人誉己之心来解释。因毁人即压低他人，压低他人，即间接抬高自己，而使人可转而誉我。至于我之誉人，亦可说是为的使人转来亦誉我，此即所谓互相标榜。但是人之毁人誉人，尽有不出自压低他人，亦不出自互相标榜之动机者。如我们称誉古人与远方之贤哲，即明知其间无互相标榜之可能者；我们由对一所佩服之人生失望之情后，发贬毁之言，亦明非先存压低他人之心者。诚然，人之毁人，固或由觉人对自己有害；人之誉人，亦恒由于觉人对己有利。我之当面誉某人，而毁其他之人，亦有是为取悦于某人，望某人对我有好感，而使我得一利益者。此固皆是由自己个人利害出发而兴之毁誉。此外，人尚有不为自己个人利害而兴毁誉之心理动机，亦无容得而否认。

人何以有不为自己之利害而誉人毁人之心理动机？这当说是因人本会对他人之言行，作客观的价值判断。人对自己之言行，皆可有一好坏之价值判断而有自责，此即人之良知。人可将此良知之判断推扩出去，及于他人，以责望人，即有毁誉。此种毁誉，是直接以我良知所认定之普遍的当然之理为标准，而看人之言行本身之是否合此标准，遂对其价值，作一判断。此种毁誉，是无私的，亦是从他人之人格本身作想的。由此种毁誉，恒可发展为对人之纯好意的劝导与鼓励。此为毁人誉人之心理动机中最好之一种。

但是人之誉人毁人之心理，尚有一种既非为己，亦非从他人之人格本身着想的。此可说是属于广义的美感者。譬如有人一事作得好，我们即誉之，或我想作的，我作不到，或未作完，而他人作得好，帮我作完，我们亦誉之。这时我之誉人，是因觉他人之能完成我所原期望达到的一目的或要求。目的要求在我，而完成之者为他人。此二者配合成一和谐，即属于一广义的美感。此时，他人之言行活动，使此和谐实现，而成就此美感。我们即依此美感而生称誉。反之，则可生贬责之言。

这一种缘于广义之美感之毁誉，细察起来，有一种不稳定性。譬如在此中，我之誉人，如注重其本身之能战胜困难，以作好某事一面，即可发展为上述之对从他人人格本身着想之一种称誉。如只注重其适能达我个人所期望之目的一面，则我之誉人，实际上只是肯定人之言行，对我目的之实现的一工具价值，因而可说是不自觉的为己的。而一切此种不自觉的为己之誉与毁，都是随自己之一时之目的所决定之好恶而变。我喜欢什么，而你能作，我即称誉你；不喜欢，则责备你。但此时我又不必自觉的想到我得了什么好处，或受了什么损失，故又异于纯以自己之利害为毁誉标准者。而文学家艺术家在其心灵为审美性所主宰时，其对人毁誉之变化无常，亦复如此。所谓依于口味之毁誉是也。

（四）在精神现象中之毁誉

我们以上所讲的毁誉现象，都可说是属于俗情世间。俗情世间即毁誉与财色主宰的世间，而毁誉之力尤大。马克思能知财主宰世间，弗洛特能知色主宰世间，皆不知毁誉亦主宰世间。尼采罗素能知权力欲主宰世间，而不知人对人之权力欲乃由人之欲他人承认我、称誉我、顺从我而产生；而毁誉流行之范围，更有大于一般所谓与权力有关之范围者。然毁誉之有效的流行，仍在俗情世间，而不在超俗情之真实世间。真实世间不展露于一般人之日常生活社会现象与心理现象，而展露于人之精神现象。精神现象，只是俗情世间中之少数人所常有，或一般人之在少数时间之所偶有者。

精神现象亦可说是一种心理现象，但不是一般人的心理现象。一般心理现象是随感而自然发生的，精神现象则是为一自觉的有价值的理想所引导的。一般的心理现象，使人对于外面的世界，作各种主观的反应，并时求直接改变环境。精神现象则初是人对他自己之心理现象自身的一种反应，而先求改变主宰他自己之心理以及行为，以使其生活之全体为理想所引导，而由此以间接改变环境。故精神现象可称为一自作主宰的心理现象，或专心致志于一自觉有价值之理想的实现之心理现象。

我们的日常生活，多是顺习惯走。顺习惯走时，我能觉得。但这是心理现象，不是精神现象。人看见一人一物，便发生许多自由联想，由甲至乙，由乙至丙；闲居无事，许多念头在心中，更迭而起。此我亦觉得。这是心理现象，不是精神现象。与人谈话，听人一句话，我生一观念；我说一句话，他生一观念；他再说一句，我再生一观念。群居终日，任兴而谈，言不及义。这是心理现象，不是精神现象。以至听人讲书，看人文章，欣赏美术，到教堂作礼拜，到难民所去送寒衣，如只是随所闻言语，所见文字，所感境相，而动念动情，都恒只是自然心理，而未必见精神。再如一个人，学问有成，随问随答，登台讲演，口若悬河，听者动容；字写好了，任笔所挥，皆意趣无穷。这赖于此人过去之努力中，曾有一段精神；但此人之现在之能如此如此表现，却可能只是凭恃已养成之习惯，而无新的精神。由此以观人观己，则知人之自然发生的心理现象，无时或断。人日有所思，夜有所梦，都恒只是心理现象。至于精神现象，则惟待人自作主宰，而专心致志，于其自觉有价值的理想之实现时而后有。亦即在人之有创造性的文化活动与道德活动时而后有。

什么是创造性的活动？不是说所创造的东西，以前未有过，模仿亦可是一种创造。创造性活动之所以为创造性活动，必达于一内在的标准。即此活动，乃由我们自觉为一有价值之理想所引导，而专心致志自作主宰的求实现之而生；同时在此专心致志自作主宰之心境中，包含：

对于一切不相干者之排除，及对心中与外面世界中一切成阻碍者之克服或超化，由是以持续此心境自身而无间断，是谓精神。故写杂感，不须什么精神；写长文章或千锤百炼之短文，横说竖说，归宗一旨，对不相干之观念，一一排除，错误之见，一一驳斥，便要精神。准时办公，或不须什么精神，成就一事业，于一切困难，水来土掩，兵至将迎，鞠躬尽瘁，死而后已，便要精神。随地写生画漫画，不须什么精神；作一数年乃能完成之壁画，贫病交迫，手不停挥，便要精神。偶然本好心作好事，不要精神；而发心希圣希贤，成佛作祖，使天理流行不断，私欲习气之念，才动即觉，才觉即化，便要精神。精神之特性，在能自持续一自作主宰、专心致志的心境，而无间断。此心境亦恒在其排除不相干者，克服超化其阻碍者中进行。精神生活永远如一逆水行舟，而直溯水源之航行。而此亦即创造性的文化生活、道德生活之本性。

我们知道了精神现象、精神生活之异于一般日常生活心理现象，便知在精神现象、精神生活中的毁誉，迥异于作为一般心理现象、社会现象、经验现象的毁誉。简单说，即在人之精神现象、精神生活中，人必然多多少少视俗情世间之毁誉如无物。人亦惟能多多少少视俗情世间之毁誉如无物，而后创造性的文化生活、道德生活才可能。真正的学者，何以敢提倡一反流俗之见之思想？以先视俗情世间之毁誉若无物故。真正的艺术家、文学家，何以能开创一艺术文学之新风格，或反当今之时文而倡古文，反当今之时代艺术而倡古典艺术？以视俗情世间之毁誉若无物故。圣贤人物英雄豪杰，何以能特立独行，尚友千古？以视俗情世间之毁誉若无物故。"举世誉之而不加劝，举世非之而不加沮"，"自反而缩，虽千万人，吾往矣"，是一切有精神生活，有创造性之文化生活、道德生活的人，多多少少必须具备的心灵条件。

俗情世间之毁誉，所以不足为凭，其理由在我们第一第二节所说：俗情世间之一切言行，皆有被毁与被誉之二种可能。毁人誉人之心理动机，有各色各种，动机不同而为毁为誉，亦因而不同。此即使俗情世间之毁誉，总是在那儿流荡不定；此盖即流俗一名所以立之一故。而俗情世间中之毁誉，所以得流行于社会，而成为对个人发生制裁作用者，其根据则恒只在个人与个人间之会互相暗示、互相模仿、同情之自然的社会心理。然人与人之互相暗示、模仿、同情之言行，恒只是一未经思索的自然言行。人可以未经思索的受任何暗示，而模仿、同情任何言行。一切真有价值或无价值或反价值的言行，同可暗示他人，使人加以同情模仿。而利用此人心的弱点，凭标榜与宣传，聚蚊成雷，积非成是，我们即可在一时一地，暂时造成一种毁誉之标准，而形成一种社会势力。因为在无论什么地方什么时候，都是有真知灼见的人少，而随人是非的人多；人类好誉恶毁之自然心理，或好名心理，亦总是要投此社会之所誉，避社会之所毁，不敢加以违抗的。由此而见俗情世间之毁誉之流行，经常包涵某一种的虚伪性。而人之精神生活或创造性的文化道德生活之开始点，即在知此中恒涵虚伪性，而先视之若无物。我们亦可说，在人之精神生活、创造性的文化道德生活中，人须要由毁此重流俗之毁誉之念，而自誉其超流俗之毁誉之心境。在流俗的毁誉中，视此种自誉，为孤芳自赏。但说之为孤芳自赏，含有贬毁之意。实则一切精神生活、创造性的文化生活、道德生活，在原始一点，恒只是孤芳，恒只是自赏。流俗之所以贬孤芳自赏，表示流俗之毁誉，与超流俗之毁誉之心情，二者间有某一种根本的冲突。

（五）求名心之形而上的根原，与超流俗毁誉之自信心

但是人要超流俗之毁誉，是不容易的。从一方面看，孤芳自赏，或人之自誉其能超流俗之心情本身，亦尚不是人类精神生活中之最高的心情。因此中包含一单寒孤独之感。人类思想中，特着重在超人间世是非毁誉之情者，盖莫如庄子。其独与天地精神相往来之心境，亦即古今之至芳。但庄子心情中，仍有某一单寒孤独之感。此外一切纯属个人之精神生活、创造性的文化生活、道德生活之发展，其直拔乎流俗以上升，到此心悬于霄壤，而无人能了解时，人皆不能无一单寒孤独之感。因人心深处，另有一难言之隐。此"隐"是原于感鸟兽不可以同群，人毕竟要与人通情。人的心恒需要他人的心来加以了解，加以同情。故逃空虚者，必然闻人足音跫然而喜。人一自觉的要人了解，要人同情，人便可仍免不掉求誉而惧毁，以至重新坠入争名夺誉之场。

有人说，人需要别人的了解同情是不错的。但人得一知己，可以无憾，则人仍可拔乎流俗毁誉之外，更何至坠入争名夺誉之场？但是此问题，实不如是简单。如一知己而可得，何不求第二、第三知己……以至无穷？如只有一知己，其余之人与我全不相知，则悠悠天地，依然荒漠。单寒孤独之感，仍不能去也。而对彼与我全不相知之人，我即仍不免于隐微之中，望其能知我。而有此求人知我一念，则求誉畏毁之心，

仍不能根绝，即仍有坠入争名夺誉之场之可能。故超流俗之毁誉，未易言也。

读者如真知上文所说，则可见人之于流俗之毁誉，实处于两难之境。人如欲有真正个人之精神生活、创造性之文化生活与道德生活，必须视流俗之毁誉若无物，而求超流拔于一切毁誉之外；然人果超拔于流俗之毁誉，孤行独往，又不能绝单寒孤独之感，仍不能绝好誉恶毁之根。故吾人旷观古今人物，当其少年气盛，一往直前，能不顾当世之非笑者，恒至老而婶婴取容，与时俯仰，或贪位怙权，以要名声。其离世异俗，独行其是者，至老则又不胜怆凉寂寞之感。此人生之大可悲者也。人处此两难之间，或转而生玩世感、幽默感、与承担悲剧感，以冀逃出两难之外。然此皆各为一种心理精神之现象，实无一真能解决此中问题，今姑不论。

但是我们如果能真知此两难之所自生之原因，亦可知如何逃出此两难之道。此两难所自生之原因，是人既要求有拔乎流俗之精神，而又不能离世而孤往，人必求与世人通情。由是我们可逐渐了解人最难根绝之好誉恶毁之心理，实是人之要"通人我而为一"之道德感情的一种虚映的倒影。人之求名求誉，只是为了使人心灵中有我，所以一个人可杀身以成其名节。一个自愿杀身以成名的人，其临死之际，除了知道在后人心灵中，将有他以外，还有什么？桓温说，大丈夫不能流芳百世，亦当遗臭万年；无美名，臭名亦好。这更表示一纯粹的只望百世万年之后，人之心灵中知有我的心理。是见人之好名求誉之心之所以生，只是因我知道我的心以外，还有他心，而要他心中包含有我，以形成一统一而已。充量发展的好名心，所以可成为求无尽之名者，则因我知有无数他心，故望此无数他心中皆有我也。如果我根本不知有他心，或我心中先莫有他心之观念，则我亦无处去求名，而我若不求他心中有我，亦无所谓求名。然我心既非他心，我何以必求他心中有我，而后我心得满足？吾人于此问题，可思之又重思之，然而答案唯一：即我与他人间，有一心灵上的相依为命，或我与他人有一形而上的统一。直接呈露此通人我而为一形而上之统一者，为人之道德感情。而人之求名心，则可说为此道德感情或我与人之形而上的统一本身之虚映的倒影。

何以说求名心为道德感情或我与人之形而上的统一本身之虚映的倒影？因在道德感情中，我自觉的要了解他人、同情他人、帮助他人、扶持他人，将我所知真美善告人教人。此时，我心中即包涵了他人，而求我自己对他人有所助益。这是人在我心之情爱所润泽之中之下，而我心之情爱，则自内流行以及于外。我是施者，而人是受者。这便是我之直接体现呈露此人我之形而上的统一。而在我们求名誉时，我求人心中有我，则我成为一被了解者，被同情称赞者，我望有一个一个的他心，来施称赞于我，则我落在一一自上而下的称赞我的他心之下，而成一纯受者。又因此中我之心，是一在下的纯受者，故视能施称赞给我之他心，在我之外。他的心既在我外，而我又欲内在于此他心之称赞中，以造成一统一。于是此统一亦即一方成一为我内部之所求，而又在其外之统一。而此所求之统一，即可名之为直接体现呈露人我之形而上的统一之道德感情的一虚映的倒影。

以上所说之一段话，对一般读者，恐只有细细体验一番，才能明白。如果真明白了，便知人之好誉恶毁之心，乃一深入人心之骨髓者。人在幼年少年青年以至壮年，只是一往发展他自己之兴趣、才情，可以不知毁誉为何物。一个天才型人物，亦可终生只是任天而动，无人无我，任其兴趣与才情之所极，以发挥其生命精神，成就其精神生活，而可一生不知毁誉为何物。这种人是天地灵气所钟，其一生亦只是表现发泄其所赋自天之灵气，表现完了，即洒①手而去。但是这种人太少。而这种人与一般之少年壮年人，不知毁誉为何物者，都可谓其精神尚在一人我浑然，未真正划分的境界。而当他一朝真觉到人我之划分，我外有人，人们各有其心在我心外时，他亦即可感到人我间如有一深渊。而此深渊，同时造成他自我内部一种难以为怀的分裂。这时人便必然会求贯通人我心的道路。其中一条，是直承形而上之人我之统一，从我发出一道德心情，而求自己之情爱有所流注，自己之力量有所贡献，使我之心能通向他人与社会；而另一道路，则是望他人之心来称誉我、赞美我，使人的心通到我这里来，由此以使我得客观化而存在于他人之心，以获得一我与人之统一。后者虽为前者之虚映的倒影，然其本源是前者，故三代以下惟恐不好名。三代以上，是人我未分之世界。三代以下，是人我既分之世界。人我既分，人便总要走一条贯通人我之道。功名心与道德心情之所由生，同表示人与我之有一心灵上的相依为命，人与我之有一形而上的统一。但是人顺功名心下去，因他人先已被置定为在外，则此人我之统一，永为我所求的，而非为直接呈露于我的。我永在求一外

---

① "洒"，疑作"撒"。

在于我之他心，使我得投入其中，此中有永不能完全满足之渴望，永不可完全弥补治疗之人心我心之分裂，而我与他人或社会，复同时落入一以力量互相对峙较量之关系中。因一方面，许多人之同要争名夺誉，是一力量较量的关系，此中有成有败，有得有失，使人心志不宁。而尤其重要的一方面是：人之求名，乃求他人或社会承认我，但此实依于我之先承认他人与社会之毁誉对我的重要性。而我既然承认他人与社会所发之毁誉对我的重要性，则他人与社会之毁誉标准，即有力量转而主宰我自己，而我必不免于去求合他人与社会之毁誉标准以言行。而俗情世间的毁誉标准，又必然是无定的。由此而人最初之一切天赋的兴趣才情、自觉的理想、自定的价值标准，便都会在要随时顺应他人的标准以言行之一念下，而日渐销磨斫丧。人如愈好名，与缘好名心而好位好权，则此销磨斫丧之事进行愈速，此中竟尔毫厘不爽。任何强作气之奋斗，都丝毫无用。此是必然的真理。而回头的路，则只有把一切向外求功名的心，全部抽回来。然抽回来，只是离世异俗，以忘毁誉超毁誉，又不能免于上述单寒孤独之感，这便逼人只有转而走发展道德心情，以通人我的一条路。

对于人生之毁誉问题，在中国先秦诸子思想中，实十分重视。当时最热中的功名之士，是所谓纵横家法家之人物。这些人想各种方法，以求时君世主之赏誉。但是韩非子之《说难》一篇，却同时把人无论如何亦不能必然得誉而避毁之道理说出了。墨家以贪伐胜之名为无用而尚实利。道家的人物，则看清了徇名者必失己，而求超毁誉，又不免走到一离世异俗之路，而难逃空虚者之哀。只有儒家在此斩钉截铁，分辨出一个君子求诸己，古之学者为己之学。求诸己或为己之学，一方是要视世间毁誉若无物，而拔乎流俗；但同时要人尽己之心，以发展其道德心情，以通人之心。后来宋明儒者，无不在讲明此为己尽己之学。刘蕺山著《圣学吃紧三关》，其第一关即人己关。此关是不易过的。过得此关，方见为己尽己之学之实义。这是一旋天转地的枢纽。古往今来，莫有多少人真完全过得去。过不去，不是一定对他人有什么不好，但过不去，则个人之一切天赋精神力量，必然在他人与社会前销磨斫丧，个人总在不断失去其自己，而永远在一有人我对峙之世界中生活；乃永不能直接体现呈露人心深处之人我的形而上的统一，而永不能上达天德。

我们如从一方面去看，则社会上尽多本道德心情，以为社会或家庭或一团体服务，而不求名声之人，他只希望对人作点有益的事。这种人在智识分子中少，而在一般社会中确多。自此说，求诸己尽己之言，亦易作到。但是我说，这是属于一般人之天赋性情的，这不真见工夫。真工夫，要碰着困难才算得。譬如说一个人可以本其天赋的性情，而乐善好施，此尚容易。然一人乐善好施，至倾家荡产，虽他人无一言以同情赞赏，而犹望有日再得家产千万以施舍贫苦则难。若他人不仅不同情赞赏，乃转而反对其所作之事，视为毫无价值，或以为存心叵测，以至加以埋怨毁谤，而他犹能冒天下之怨谤，以行其素，此又难上加难。此外，任何绝对不计毁誉，一往只求诸己尽己之事，亦实是莫不在原则上有同样之困难。故知真正要过此一关，此中必有一番大工夫在。

此大工夫所在，决不在意气。意气至老而衰，历久而弱，与他人意气相抗而驰，终济不得事。然则此工夫，在何处求之？答：此工夫唯在真正之自信求之。只有真正自信，可以弥补不见信于他人时之心灵上的空虚，而可冒天下人之轻忽怨谤，以行其素。何以人有真正之自信，即可冒天下之怨谤而行其素？答曰：怨谤者乃他人之判断。然真自信者，自知其言行之真是之处何在，即能自判断其言行之为是，因而即能判断他人之疑惑怨谤之为非。既知其为非矣，则吾又能知"我之判断其为非"之本身为是。此之谓自信。有自信，则一切无根之疑惑怨谤，无不一一萎落销沉于此真能自信之心前，而若未尝存在。"自反而缩，虽千万人，吾往矣。"此无待于强作气也。自信心之足以超临于流俗之上，能以"一是"非"众非"而已矣。

或问：我是一人，彼是千万人，何以一人之自信心，可以胜千万人？答：如实言之，真自信心者，能无限的自判断其心之是之心，亦能知一切非之者之非之心也。无限一切，非数之所能尽，岂只超越流俗之千万心而已哉。此非玄学，乃实事也。

何以言之？譬如，我写此文，如我确知不是为名为利，则无论有千万人说我是为名为利，此千万人总是错的。再有千万人说，仍是错的。于是我在现在即可以断定，古往今来，横遍十方，一切无量众生，说我是为名为利，一律无一是处；而于我之谓其无一是处，则可自知为绝对之是。人能于此切实参究一番，便知当下一念之真自信心，即一能"无限的自判断其心之是，亦能知一切非之者之非"之无限心体之当下呈露。而自信者之自信中，所包含之自己对自己之此种内在的无限了解，与其中之自慊，即可代替人于求名心中所求之外在的无限的他人对己之了解赏誉，而与之为等值。由此便知千万人非多，一人非少。道之所在，德之所存，天下人知之誉之而未尝增；我行我素，举世莫我知或横加谤议，而我一人自知之，"知我其天乎"，而未尝减。此皆非玄学而为实事也。圣人所以能自信其心之"建诸天地而不悖，考诸三王而不谬，质诸鬼神而无疑，百世以俟圣人而不惑"者，正以此当下之心之自信，即已能穷天地、亘万古，而知其莫之能违也。人能于此向上一着之参悟上立根，然后真能拔乎流俗毁誉之场，游于人世是非之外，而有独体生活之形成。庄生之学，抑尚不足以语此也。

（六）为俗情世间立毁誉标准所在之重要

为己之学，到家是自信。但自信到家，则必须再求为世间树立毁誉之标准，此即孔子之所以必作《春秋》。此尤为一切学问中之最大学问。何以真自信者，尚须为世间立毁誉标准？曰：此非真自信者为己之事，乃真自信者本其道德心情，以为世间之人之事。盖流俗世间之人，势不能直下一一皆成自信之人也。流俗之所以为流俗，乃在其一切毁誉标准，总在那儿流荡。流荡不已，是非淆乱，而人生道丧。人之名与实乖，人之德与位违，智者寂寞而愚者喧，贤者沉沦，不肖者升，人间乃有无穷愤懑，无限冤屈，无端哀怨，此之可悲，亦可不亚人世之饥寒之苦，与鳏寡孤独之无告。故知流俗世间，必有为之定是非毁誉之标准，止其流荡之无已，而为之主，足以慰人情之求名实之相应者。此则非有真知灼见，能念念本良知之判断，以为是非，对人不为求全之责备、不逆诈、不亿不信，不由果罪因，不以私乱公，而由人之本身设想（参考本文第一、三段），以施毁誉之真自信者，将不敢于一时流俗之标准外，另定标准，以冒流俗之毁也。真自信者，求为世间立是非毁誉之标准，又必本此上所言之大不忍之心行之。此心之愿，除欲正是非，一平人间之愤懑冤屈哀怨之气外，更无他求。非欲暴其矜持之气，以与世相亢也。夫然，故论道宜严，取人宜恕。激切之直言，固所以自绝于乡愿，亦以不直则道不见也。然除此以外，亦恒须寓毁誉之言于隐约之褒贬，使言之者无罪，闻之者兴感发而自戒。斯毁誉之为用，乃日同于教化，是孔子《春秋》之志，名教之所由立也。至于圣人之存心，或理想之人间世界，则当期于一切人之直接相与之誉，皆化为人之互欣赏其善之事，而毁皆化为人之过失相规之事。对远方与古代之人之毁誉，则化为恨吾之未得见，叹息其过之未改之情。人之互欣赏其善，与人之过失相规者，师友间之事，其中固可无人己毁誉之见，存乎其中。而俗情世间之毁誉，至此乃真超升而入一真实之世间，遂若存而实亡。庄子曰："鱼相忘乎江湖，人相忘乎道术。""与其誉尧舜而非桀也，不若两忘而化道。"有毁誉，则人与我不能相忘。人与我不能相忘之世间、破裂之世间，乃未尝体现呈露人我之形而上的统一之世间也。故有毁誉之世间，惟是俗情世间，非真实世间。然此上所言，人互欣赏其善而过失相规，是视人之善若其善，视人之过若其过，此即人我相忘之世间也。然此人与我相忘之世间，非逃空虚之境，亦非人我随缘遇合之境，而是人之心光，相慰相勉，相照相温，见无限光明，无限情怀之世间。此即儒家之思想的人间世，所以胜于道家也。至于在今日真能自信，而关心世道人心者，所以为世间树是非毁誉褒贬之标准之道，又当自视其在社会所处之地位，所当之时势，所对之人物，而不一其术。然要皆可各有随时随地随机，足以自尽其责，以为流俗世间，定是非毁誉之标准之事在。凡此等等，皆各有一番大学问存乎其中，而一一存乎自信之仁者之心。是则有待于读者之深思自得者也。

人生之艰难与哀乐相生 [*]

(一) 人生之寂寞苍茫的氛围

人生的艰难，与人生之原始的芒昧俱始。庄子说"人之生也，与忧俱生"，又说"人之生也，固若是芒乎？其我独芒，而人亦有不芒者乎？"这话中实包涵无穷的慨叹。我们且不要说佛家的无明，基督教之原始罪恶一套大道理。记得我在中学读书时，看见一首诗。第一句是引鲍照"泻水至平地，各自东西南北流"。下面一句是"父母生我时，是并未得我之同意的"。实则世间一切人、一切英雄豪杰、文士哲人，亦同样是未得同意而生。一切人当其初生，同是赤条条的来，同是堕地一声啼。世间的婴儿之环境，千差万别，却无一婴儿曾自己选择他的环境。婴儿或生于富贵之家，或生于贫贱之屋；或生而父母早亡，或生而兄弟成行。真如范缜所谓一树花，任风吹，而或坠茵席之上，或坠粪溷之中。婴儿堕地一声啼，乃由外面的冷风吹他，他不曾相识；其啼，表示其对于此世界之原始的生疏。但是他一被携抱入母怀，便会乐被抚摩，进而知吮吸母乳，张目看世界。此又表示他对此世界有一内在的亲密与先天的熟习。而当其一天一天的长大，即一天一天的增加其对环境之亲密与熟习，而要执取环境中之物为其所有，并同时负荷着其内在之无穷愿欲，在环境中挣扎奋斗；亦必然要承担一切环境与他的愿欲间，所发生之一切冲激、震荡，忍受着由此内在愿欲与外在环境而来之一切

---

* 原收入《人生之体验续编》，人生出版社 1961 年初版，录自台湾学生书局 1984 年全集校订版。

压迫、威胁、苦痛、艰难。这是一切个体的人生同无可逃避的命运。一切个体人生，如是如是地负荷了，承担了，忍受了。由青年、而壮年、中年、老了、死了。一切人的死，同是孤独的死。世界不与他同往，其他一切的人，亦不与他同往。他死了，日月照常贞明，一年照常有春夏秋冬，其他的人们照常游嬉。人只能各人死各人的。各人只能携带其绝对的孤独，各自走入寂寞的不可知之世界。此之谓一切人由生至死的历程中之根本的芒昧。

对于这种个体人生，由生至死的历程中之根本芒昧，我在此文不想多说什么。生前，我不知自何来；死后，我不知将何往。何以造化或上帝，不得我同意而使我生，亦不必即得我同意而使我死？这是一最深的谜。此在宗教家可以有解答，哲学家亦可以有解答。但是我们同时要知道，此一切解答，一方似销除了此谜，同时亦加深了此谜。而我所信的最高的哲学宗教上之解答，正当是能解答此谜，同时能真正加深地展露此谜于人之前。所以我们亦可暂不求解答，而只纯现象的承认此一事实。此事实就是人生原是生于一无限的芒昧之上。生前之万古与死后之万世之不可知，构成人生周围之一无限的寂寞苍茫之氛围。以此氛围为背景，而后把我们此有限的人生，烘托凸显出来。人生如在雾中行，只有眼前的一片才是看得见的，远望是茫茫大雾。人生如一人到高高山顶立，只能听见自己的呼吸，四围是寂静无声。人生又若黑夜居大海中灯塔内，除此灯光所照的海面外，是无边的黑暗，无边的大海。人生是"无穷的生前死后的不可知，而对我为一无穷的虚无"之上之一点"有"。何以此无穷的虚无之上，出现此一点有？这是人生之谜，这是人生之神秘。诗人常能立于此有之边沿，直面对此神秘而叹惜。宗教家修道者，由此"有"向无穷的虚无远航，而或不知归路，亦无信息回来。而常人则在灯塔中，造一帐幕，把通向黑暗大海的窗关上，而视此神秘与谜若不存在，而暂居住于此灯塔内部之光明中，以只着眼在此一点"有"之上，亦暂可使这些问题都莫有了。而此一点"有"之自身，亦确可展现为一无穷的世界，其中有无数的人生之道路。而我们今天所能讲的，亦只是此一点"有"中之人生之路上的一些艰难。

（二）生存之严肃感，与人为乞丐之可能

我所要说的人生之艰难，是要说人生之路，步步难。这难处实是说

不尽的。我在十五六年前便曾写一书，初名《人生之路》。后分为《人生之体验》，《道德自我之建立》，及《心物与人生》之上卷，分别出版。我当时想人生之所求，不外七项事，即求生存、求爱情、求名位、求真、求善、求美，与求神圣。到现在，我还可姑如此说。人生实际上总是为这些要求所主宰的。而这些要求之去掉与达到，都毕竟一一同有无限的艰难，此艰难总无法根绝。我现在即顺此线索，一一加以略说。

前三种要求，是俗情世间最大的动力。因其太平凡，哲学家恒不屑讨论。然而这亦是哲学家的错。实际上这些要求，都有其平凡的一面，亦有其深远的一面。对此二面，有大愿深情的人们，同不应当忽略。

人之求生存，毕竟是人生的第一步的事。而世界上确确实实有无数的人，其一生盘旋的问题，就是如何在世界上生存。人为生存而辛苦劳动，为生存而走遍天涯，谋求职业。当我听见凤阳花鼓词中"奴家莫有儿郎卖，背起花鼓走四方"时，我了解人生无职业的真正艰难，知此中有无限悲哀。世界上百分之九十九的职业，亦都是人互求解决其衣食住等生存问题的职业。人为什么要求生存？这实与上文所说人生之芒昧俱始。我之生，确不是父母、上帝、或造化，得我同意而生的。如我之前生曾表同意，我亦记不得。而我生了，我会有继续生存的要求，此要求之何以会出现，这本身亦并非出自我之要求。然而此要求，就如是如是的出现了。人都怕饥饿与寒冷，人有空虚的胃与在冰雪中会战栗的皮肤。都不是我先要求此怕、此胃、此皮肤，而后他们才存在。人生百年中，每日吃了又饿，饿了再吃；破衣换新衣，新衣还要破。如此循环不息，毕竟有何意义？我们说只求食求衣的人生，是衣架饭袋的人生，这人生是可笑的。但是说其可笑，是穿暖了吃饱了以后的话。在人饥寒交迫时，人仍不能不求衣求食。这中间莫或使之，而若或使之。此中有无限的严肃，亦有无限的悲凉。人不能笑。此无限的悲凉之最深处，不只是饥而不得食，寒而不得衣，而是人为什么会饥会寒，会要求生存？此求生存之愿欲，亦是天所赋于我之性。但是我为什么有此性，却非我之自由意志或自觉心所决定。此只是一顽梗的事实。然而我之自由意志与自觉心，则不能不承担此事实。不承担可以吗？可以。如我可自杀，宗教家亦可发愿要断绝求生之意志。但是人在实际上除非逼到山穷水尽，很难安然的自杀，亦很难自动的断绝求生意志。这须大工夫、大修持。然而人不自杀，不断绝此求生意志，人即须承担此不知所自来的求生存之愿欲，照顾此空虚的胃与怕冷的皮肤。人之自杀难，断绝求生意志更难，而求继续生存亦难。此是一切人同有的艰难。

能读我之文章的人，大概是已吃饱了的人。但是世界上确确实实有无数未吃饱的人，为生活之担子所重压；而吃饱了的人，又有其他的求物质生活舒适的欲望。这些欲望，必然掩盖了未吃饱的人所感的此问题之严肃性，亦必然掩盖了对未吃饱的人之同情。这是非常可怕的事。但是我极易说明，此问题之不能掩盖。此问题实永在任何人任何时的眼前。因为我无论如何富有，我今天吃饱，并不能绝对保证明天之必能吃饱。而我之求进一步的物质生活舒适的欲望，亦不能保证其必能逐渐满足。当然，我们可本自己当前的处境来推测，我们之饿饭的可能性极少。或者还有种种征兆与凭借，以多少保证我之物质生活可逐渐舒适，以及财产之逐渐积累。但是一切之保证，永不能成绝对的。而穷饿之可能性，即终不是莫有。如果你真赤贫如洗，以至沦为街头之乞丐时，你怎么办？在文明社会的人，用各种社会救济、保险制度、银行制度、经济政策、国际安全组织，来保护人们的生命财产，其用心可谓至矣。但是这些真能绝对的保证人们的生命财产之不丧失吗？你能保证战争之不消灭人类吗？能保证地震之不震毁世界吗？就是莫有这些，你又能保证你自己之必受到此各种社会救济与制度等之恩泽与利益吗？你的才能、学问、知识，可因你忽然神经错乱，而全忘失；而你之一切地位名誉，亦即被社会上的人忘了。你有什么把柄，到那时不为乞丐？现在，实际上有街头的乞丐，则你即可能沦为街头之乞丐。此可能是你无论用多少力量，都不能根绝的。到为乞丐时，你将知生存问题的严肃。

此问题的严肃性，人常不能真切认识，因为真感此问题的人，他已无暇对此问题作思索，而能思索此问题的人，通常生活在此问题的外面。对此文的读者，我说他可能沦为乞丐，他或想此是不敬；或以为当不至此，此是一极少的可能性，可不在考虑之列；或想到那时再说，现在还是只享受我现在的生活，我亦不须对未来的我之遭遇负责，那是未来的我的事。但是这些想法，同依于人之未能面对真实人生。这些想法，都由于人自龟缩于暂时的安全，而想掩盖人生的真实。因为这些想法，并不能掩盖我们沦为乞丐之恐惧，而且正依于此恐惧，才有这些想法。然而此恐惧之存在，即同时展露此沦为乞丐之可能为一真实的可能。从一切人之恐惧沦为乞丐，而要尽量求保护他的财产，增加他的财产，即证明沦为乞丐的阴影，在一切人之旁，或在一切人心之下蠕动。人总是在向此阴影搏斗，又一手压住它，而不敢正视此阴影。能承担程伊川先生所讲"今日万钟，明日饿死，惟义所在"，是不容易的，能如孟子所讲"不忘在沟壑"的志士，是不容易的。二十多年来，我自己的物质生活，实际上是在中人以上。我总时时在试想，我如只在荒山旷野的三家村，教教几个小小蒙童，食淡衣粗又如何。我想像莫有什么难。而在实际上，仍当远较想像为难。至于我自问：如我真在饥寒交迫，以致我母亲弟妹皆病之际，又如何，则这些煎熬，便在想像中，亦承担不下。从这些地方，便证明了生存问题的严肃，证明人生之路之最简单最粗浅的第一步的艰难。

（三）在自然生命之流中与岸上之两面难

"死亡贫苦，人之大恶存焉。饮食男女，人之大欲存焉。"人生之路之第二步的艰难，是男女之爱情。这亦是家家户户中最平常的事。但是这亦有其最深远奥秘而不可测的一面。人之需要爱情与人之要求生存，都是人之天性。而此天性的要求，都同不是先得我之同意，而赋与于我。人生下地，便带着这些要求来了。它们驱迫人生前进，使人自觉似有满足之的责任。但是人真有必须满足之的责任吗？亦真非满足之不可吗？这亦似不然。因为人可不结婚，或自动的断绝一切绮障。此亦如人之可自杀，皆见人之异于禽兽处。因而世间亦确有不要爱情亦不结婚的人。然而这事分明是艰难的。捱过青年，壮年怎样？捱过壮年，中年老年又怎样？临老入花丛，是可叹息，亦可同情的。这些要求，都从生命之深处涌出，不知自何处来。但它来了，就来了。人由父母男女之合而有生命，则人之生命之根柢，即是男女性。父母还有他的父母，直上去是无穷的父母，即无穷的男女性。我们每一人的生命之结胎，即是无穷的男女性之凝结。是谓天地之乾坤之道合而人出生。然而此乾坤道，才合又分。此凝结成的东西，只能具有其所由凝结成之男性或女性之一，所以人只能或为男或为女。而其为男或为女，则反乎其生命之结胎时，所根之男女性之凝结。生命之根柢为无穷男女性之凝结，而我们每一人又只能为男或女。此中，有我之性别，与我生命之根柢之先天的矛盾。此矛盾自然解消的道路，便是男索女，女索男。男女得其所索，人所生活之现实，与其生命根柢中之无限的男女性，有一遥相照映，人欢喜了。而宇宙之无限的生命之流，亦通过男女之得其所索，与他们自身生命之凝结所成之子孙，一直流下去了。人中除千万人之一二，天生而具神圣的品质，其心灵原与其自然生命有一疏离者外；人如决定不结婚，断绝一切男女关系，他即须与他之男女之欲作战，同时即与他生命根柢之无限的男女性作战，与天地的乾坤之道作战。否则即须与他之为男之性或为女之性作战。人在此，又如要想从无限的自然生命之流中，抽出身来而退居岸上。然而退不到岸上，便只有带着生命之流水，旁行歧出，成绝港枯潢。人此时便又若从自然生命之大树飘落的花果，须另觅国土，自植灵根，否则便只有干枯憔悴。我们不能说断绝男女关系是不应当的，而且我认为这是人生最伟大庄严的事业之一。因为人于此敢与天地乾坤之道作战。此处见人之为一超自然的存在。凡人之自由意志自觉心所能真想的关于他自己的事，皆是应当而亦真实可能的。人能自拔于无限的自然生命之流之外，而退居岸上，或使从自然生命之大树飘落的花果，另觅国土，自植灵根。这不能不说是最伟大庄严的事业。宗教家、大哲人，及乡里中的无知识的人，同有对此人生之绝对贞洁的爱慕。但是这事真要作到家，须把自然生命之流之浩浩狂澜翻到底，直到伏羲画卦前。这当然是艰难的。

顺自然生命之流行的方向走，是比较容易。但是其中亦有无限的艰难。人们都知道失恋离婚的苦恼、男女暧昧关系、情杀及奸淫的罪恶。这些事，我们总是日日有所闻。这些事之所以有，其最深的根据，是每一人皆有与任何异性发生男女关系的可能，亦有失去其关系的可能。这一可能，都是直生根于人之存在之自身，故人之存在之自身，即涵具了此无穷苦恼与罪恶之根。又常言道，世间的怨偶比佳偶多，又据说怨偶之苦，"床第间的悲剧，是人生最大的悲剧"（托尔斯泰语）。这些苦恼、罪恶、悲剧，当我们幸居事外时，我们不求了解，亦不能真了解。而当其不幸居事内时，则只有忍泪承担，亦无法完全说出，使人了解。此中最关心的人，最亲切的同情安慰，亦透不到此中苦恼罪恶悲剧的核心。因为这是与唯一无二之个体生命不可分离的事。这是直接浸润个体生命之全体的苦酒，只有各人自咽自醉。而一切幸居事外的人，亦不过适逢居事外，他并不必能根绝忽居事内的可能。一切爱情之后，皆有失恋之可能。一切结婚之后，皆有离婚之可能。一切佳偶，皆有成怨偶之可能。只是可能性或大或小，但人总很难绝对根绝此可能。诚然一绝对互信之佳偶，赖无限之互信的精神力，可构成一永恒的心之环抱，而将上述之可能完全根绝。但是佳偶，或异地而长别离，或同心同居而不能百年偕老。纵得同心同居，百年偕老，亦很难同年同月同日死。则恩情似海的夫妇，到头来，终当撒手。在"昔日戏言身后事，今朝都到眼前来"时，"同穴窅冥何所望，他生缘会更难期"时，这中间的人生之悲痛寂寞艰难，还是只有人在身当其境，才能真正了解，而独自忍受的。怨偶，人或求离而不得，而佳偶则逝水流年，终有一日要被迫分离。你尽可以"在天愿作比翼鸟，在地愿为连理枝"，但是"天长地久有时尽，此恨绵绵无绝期"，仍是一最后的真实。

（四）社会的精神生命之树，及飘零之果，与名位世间

人之求名位，与人之求生存，及求男女夫妇之爱，同是一最平凡而又极深奥的事。此可称为人生之路上第三步的艰难。在儿童时期，人所最感兴趣的事，是饮食。在青年时期，是男女爱情。在壮年以后，是名位。但人之好名位，只是人之望人赞美之心的推扩与延长。人之望人赞美之心，则当小孩在知道有他人时，便有了。当小孩喜欢人说他乖，怕看大人之怒目与厌恶之面色时，已是有一求人赞美心之流露了。一切希望名高一代、流芳千古，位居万人上的好名好位之心，不过是此小孩心理之推扩延长。我记得当我十四岁的时候，在中学读书。同学们都穿线袜，但是我父亲要我穿布袜，而我即怕人笑。此怕人笑之念，由何而生，即成了我当时最大的苦恼与疑惑。我当时并不觉线袜舒适，我相信父亲的话，穿布袜更经久。我已知佩服一特立独行的人。我责问我自己，难道对此极小的事，还不能特立独行？我记得一次从家中穿了布袜走到学校，有一点钟的路程。在此一点钟，我全部的思想，都在想人当特立独行的理由，目的就在克服我之穿布袜而怕人笑一念。但是到了学校，全部失败了。这事与我当时之下棋怕输之事，即引起我对此种心理之毕竟由何而来的反省。至少有一二年间，都时有此问题在心中。当时我的答案，其大意同后来所想的在原则上并无分别。即人恒要求人承认我之所为是好的，或要求我之所为为他人承认是好的。这中间见一人与我之不可分的精神系带。但是我后来同时知道，此中尚有种种复杂的人心问题与价值问题。我之一些意见，已另见于上论人生中之毁誉现象一文中。而我现在特要说的，则是人之"要求他人之承认其所为是好的"之心理，虽亦是出自人之天性，但是此天性之赋于我，仍不是我所先要求，我亦不是必然须服从此天性的。因为在当我是而人非时，我可自觉应当特立独行，而不必顾他人之赞否与毁誉的。顺此下去，我之一切思

想行为人格之本身价值，是不受他人之毁誉而增损的。因而一个人之在社会上，是否有名有位，纯为我外在的事。人当行其心之所安，遁世不见知而无悔，这才见我之为我之无上的尊严。这个道理，我后来全了解了。然而真要做到这一步，却又是一人生的极大的艰难。因为真要作到此事，我们必需假想，在世间一切人以至最亲近的人，都骂你，诋毁你，侮辱你，咒咀你的时候，怎么办？在一般的情形之下，总不至一切人都如此待我，即总有些人拿正常的面色对我，或多多少少还有人赞美我，承认我的。但是如在共产党的审判之下，我为千夫所指，儿子清算我，父母妻子朋友亦清算我，这时我试设身处地一想，毕竟怎么办？这就难了。这难处是，在这时一个人的精神，同一切人的精神都分离了，成了一绝对孤独寂寞，而又自觉其绝对孤独寂寞，兼自觉为无数他人精神的压迫下之被舍弃者。独身不婚的人，如从自然生命之树上脱离的果子。如此之被舍弃的人，则是从社会的精神生命之树上，被抛弃而脱离的果子。共产党知此为人生最大的苦痛，故以之虐待他们不喜欢的人。但是我们自己如身当其境，又将如何？这是耶稣被徒弟出卖、被徒弟所不认识，而上十字架前的心境。这是人之精神之失去一切人的精神之滋养，而绝对飘零之时。然而精神之果，必须得滋养。因为精神的周围，不能是只有无限的冷酷与荒漠。这时除了上帝降临说，你是我的爱子，人生毕竟无路可走。人之精神，只有在飘零中死亡。然而人真要特立独行，便必须预备承担此一考验。这事之艰难，是不必多说的。

在我们一般人，可以自勉于使名位之心渐淡，但是在实际上，仍免不掉要多多少少赖他人之赞美，高高低低之社会名位，来滋养其精神。而顺此心以求大名高位，则是一最自然最滑熟的人生道路。然而此滑熟的路，同时亦是一最陡峭的路。其中亦有无限艰难。这艰难，是人所较易知的。

人之所以乐得名位，依于人之欲被人承认为好，为有价值，此即依于人之欲被人认识，亦即欲存在于他人之精神之内。但名位二概念，又有不同。名之大，由于认识之者之多。名之大小，是一数量的概念。位之高低，初则纯是一价值秩序的概念。人依于其内心之某一种价值秩序之格度，遂把能多少实现某一种价值的他人，排列于此秩序之格度之中。于是有的人对我而言，其地位较高，有的较低。此便成纯内在的主观的位之秩序。由许多人之内在主观的位之秩序之客观化，而有公认的社会地位、政治地位、学术地位、人格地位。此是位之第二义。其形成较复杂，今暂不多说。一个人之所以通常都多多少少有其名位，依于总有认识他的人，亦即总有认识他的价值的人，人亦总可比另一些人能多实现某一种之价值。如一群小孩在此，年长的比年小的，气力较大。气力大，亦是一生命的价值，他亦即在小孩群中有一较高之位。而人求大名高位之所以难，则因一人之价值，要为无数的人所认识，并在人之价值秩序之格度中居最高位，是极难的。此一方依于人自己所表现之价值之为有限，亦依于他人之认识力之同为有限。如果人能表现无限之价值，一切人皆有无限的认识力，则一切人皆可同名垂宇宙，一切人之位，皆上与天齐。此而不可能，则无人配得至大之名与至高之位。除了我们在人生之毁誉现象第一节所说，人之毁誉之标准之无定，而人皆可斥责外；即使毁誉标准全定，一切人仍皆是在原则上可斥责的。名愈大而位愈高的人，当其所实现的价值愈彰著于人心之前，其未能实现而人望其实现的价值亦愈彰著于人心之前，因而责望必然愈多。由责望多而斥责随之，是之谓名位之"危"。而人之名乃或扬而或抑，或荣而或辱，人之位或升而复沉，或尊而或卑。又以各人所认为有价值者不同，而一人之价值，亦可根本不为他人所认识。由是而世间永有无数有才而无名，有德而无位的人。有才有德而见知于人，必系于遇合。遇合为偶然而不必，其得之为天恩，而失之不能无怨于天。由是见名位之世间，必然有无穷冤屈。此冤屈或有伸于死后，然其人已不知；而大多数则亘千秋万世而永不伸。再则由人之记忆力有限，人为节省记忆力，而有以一人之名之记忆，代替一群人之名字之记忆之倾向。由是而一群人之工作之价值，或为一人之名之所代表，而被归功于某一人。如在一政府与一社会经济文化团体中之一群人之工作，与其对社会之贡献之价值，恒被归功于其领导者。又人之认识，恒有种种错误，而恒将此人之功，误归诸彼人。此皆使人有无意之盗名。此外又有蓄意之盗名，与贪天功以为己力之事。人如对此数者，有透辟之认识，便知名位之世间，乃一最奇妙而又艰难之世间。芸芸众生之求名求位，既表示人之精神之须存于他人精神中，而欲他人之认识其价值；亦鞭策人之认识他人所求之价值，认识他人所视为有较高价值者为何，而自勉于实现此价值，冀其名之大、位之高；名位心遂亦成使人向上之一动力。然而人所能实现之价值，永不能完全，以副一切人之责望，而名大位尊者必危。又人之能实现某价值者，又不必被认识，以得名而得位；其被认识而得名位也，有偶然之遇合在，亦永有无意或有意被盗之可能在。由此见名位世间，乃一缰绳之世间，乃一浮沉之世间，乃一偶然遇合之世间，亦名实恒相违而相盗之世间。然世人之生也，即生于此中，明知其为如是之世间，而奋力以求自固其名位，侥幸于遇合，苟免于被盗，而或冀盗人之名。则人之艰难之感，必愈入此世间，愈有大名高位，而入愈深。然愚者慕之，智者笑之，唯贤者哀之，非圣者其孰能拔之。而吾人则皆愚者也，悲夫。

（五）价值世界与人间天路

更高的人生，是在俗情世间名位财色之世间之外，看见真善美神圣的世界。这是一永恒普遍纯洁而贞定的世界。这些道理，说来话长。最粗浅的说法是，这世界乃真正人所能共同享有的世界，同时是人可能赖自力以升入的世界。财物我享，则你不能同享时，爱情有独占性，名位则我高而你必低。名位待他人之赋与，爱情与婚姻是双方的事；人之得财富，赖于各种外在的机缘。人之得这些，说好一点，是人之福命。但是这些福，都可与祸相倚。祸之可能，就站在福之后，背靠背，是谓相倚。因福祸相倚，故安而有危。知危而有惧，故安而未尝无不安者存。此中福祸安危，常在波荡中，以呈于人之意识之前。故知"道"者，知此中之福无可恃，安无可居，而自忘其福与安；于祸与危，亦知其无原则上之不可转，而自忘其祸与危。故诸知道者，或处安、或处危、或载福、或载祸，其心乃毕竟平等，其位亦同齐于道。在一切真理美善神圣之价值之体验与实践之前，一切人之心与人之位，亦实为一毕竟平等。我们说，这个价值世界乃真正人所能共同享有，而互不相碍的世界，其自身亦贞常不变。如一个人生的真理，一人了解它是这样；千百人分别了解，它仍是这样。一张佳山水的画，一人看是如此美；千万人分别看它还是如此美。一家有孝子贤孙，亦不碍家家同有孝子贤孙。一人向上帝祈祷，不碍一切人同声祈祷，共沐灵恩。真善美神圣之世间，是一真真实实可为一切人所共同享有而永贞常不变的世间。他们分见于千万人之心，有如月之映万川，而一一皆为满月。他们如耶稣的饼，让人人都能吃饱。又如观音的瓶中之露，滴滴遍洒人间并蒂莲。亦如今日的广播，凡有收音机的地方，都听见声音；若莫有人去听此声音，此声音自在太空中旅行，如天下万川皆干涸，而中宵明月依旧圆。故对于真善美神圣之世界之自身言，千万人知之，它不增；无人知之，它亦不减。它是天荒地老而万古恒贞。而就此世界之表现于人心言，则它似能永远的分化为无尽的多，而仍未尝不一。自人之共同享有此世界言，则不仅每人之享有，不碍他人之享有，而且此世界中的每一东西，每一条被发现的真理，每一被表现的美的境界，每一被实现的善德，每一真呈现的神圣的征兆，都是一人之心通往他人之心的桥梁与道路。这世界中之一切，全是纵横贯通世界人心，使人之心心相照，而交光互映的桥梁与道路。这些事，说神圣深远，其神圣深远，无穷无尽；说平凡，亦平凡。这亦只是眼前我们朝朝暮暮遇见的事实。君不见一次学术讲演，使多少听众聚精会神？一处之名胜山水，引起多少诗人在壁上题诗？一场电影，使多少观众如鸦雀无声的看？谁能不承认，此中有若干心灵由讲演中所启示的真理而交会，由名胜山水与电影而交会？然则谁又能不承认此真与美，是人心与心相交会相接触相贯通之桥梁与道路？这是天桥与天路，同时是眼前的。人之每一报道事实的话，都是说一真理。每一不使人讨厌的表情或事物，都有一种美。每一我所不反对的人之行为中，都有一善。这些东西，朝朝暮暮接于我们之眼前，成为我心与人心间之天桥与天路。而一切人与人之眉目传情，人与人之相互谈话与讨论，人与人间之点头握手，则都是人与人之心心相照，而交光互映。须知凡有人情往来之处，即有人心之往来。凡有人心之往来之处，亦即有心灵之统一，亦即有天心之呈露。而一切人心之往来，即天心之往来升降。这是朝朝暮暮，不待入教堂，不待入庙宇，而时时处处显在我们面前的神圣。在此种最平凡的日常生活中，实际上，人要赞美就有可赞美，要崇敬就有可崇敬，要生恻隐就有恻隐，要生喜悦就有喜悦。随处可使人流泪，亦可使人微笑。随处有孔子所谓"哀乐相生"。然"明目而视之，不可得而见也。倾耳而听之，不可得而闻也"。这是眼前的天桥天路，这是人间的天国，这是洋溢的神圣之遍地流行，这是我欲仁斯仁至矣的当下境界。然而真到此境界又至易而实至难。此至难不在欲仁而仁不至，而在我之可不欲仁；则一切眼前的天桥天路天国，都迢迢地向天边退却了。

（六）天路历程与现实世界之裂痕

据我的经验，一些真实的真理、美境、善德与神圣庄严之宗教感情之呈露于我，确实有时觉得这些东西，是从天而降。忽而觉自己之心扉开了，这世界原是如此永恒而坚贞之世界。但是这些经验，都是可遇而不可求。刹那间或一点钟不违仁的境界，我亦有过。于孟子所谓恻隐之心，我亦有一点真实的体证。但是我之此境界，距"日月至焉"还远，更莫说"回也其心三月不违仁"了。而此处之工夫如何用，我觉真是难上难。我自己实际上亦莫有工夫。如有工夫，只在求见理。而此中见理之大难处，则在要说此真美善神圣之世界，全是超越于现实世间，固有语病；说其即在此眼前之世间，亦有语病。此中必须兼超越于现实世界与内在于现实世界之二义，即：不即俗世，亦不离俗世之二义，出世间，而又不舍世间之二义，以得其中道。但此中道又如一无厚之刀锋，一不当心，便落入边见。因而对此中道之真正相应的体验，亦一滑开，便不是。但在此二边见间，人第一步理当落入前一边。即人首须肯定此世界在眼前的现实世间之上，而首先的体验，亦是体验其洋洋乎在现实世间之上。这步作到，则下一步之落下而圆成，便似难而又不难。而此第一步之难，则在人之真见得此世界之为一永恒、普遍、纯洁、贞定之世界而心好之之难。凡人之世俗情识之见之所向，无不与之相反。因而依世俗之情识之见，而生之哲学思想，莫不欲泯没或毁灭此世界之存在。此中人要剥落此情识之见，即须大费工夫。而此情识之见，即已剥落，如未有真工夫，去超化此情识之见所自生之根，则人亦不能安住于此世界。更莫说落下而圆成之一步了。

关于真美善神圣之世界，在现实世间之上的证据，并不难找。在世间第一流的哲人、诗人、道德性宗教性人物，同有其亲身经验的叙述。当伯拉图说他望见理念世界的壮严的秩序，当牛顿在晚年自觉为真理的大海边拾蚌壳的小孩时，当耶稣说有天国在上，宋明儒标出一天理流行的境界，及一切诗人音乐家说"文章本天成，妙手偶得之"，或听见天音时；他们必然同有一不与现实界之万物为侣的心境呈现。在此心境中，视现实界若无物，而上开天门，另呈现一超越的世界。这世界又不真是孤悬外在，而只是从人心深处所现出之万宝楼台。这些事与我们日常生活中，忽而豁然贯通一道理，忽而想好一文章之结构，及忽而有一道德上之觉悟，并无本质上之不同。但是在我们日常生活中，对于这些事，常来不及反省其涵义，我们的心又闭了。于是其再回头来所作的哲学上与心理学上的解释，便都是些情识之见，而不能与之相应，更不能由之以透识大哲人大诗人真正之宗教性道德性人物之心灵境界，是怎么一回事。此之谓人之上升至真美善神圣的世界而觉悟之的艰难。

至于真向上以求升到真美善神圣的世界的人，又决不能把其中的境界，一眼望透。此中的开悟，实际上常一时只开悟一方面。万宝楼台一时看不尽。一切真理，皆可隐藏另一真理。一切美的境界之外，还有其他美的境界。善德是无穷的。宗教上的与神圣境界之交通，亦有各种不同的亲密之度。人在此世界中行，直向上看，又总是前路悠悠，随时可觉日暮途远。而此中的甘苦，亦犹如世间人在日常生活中的甘苦，常是无法为外人道的。人把他于此世界之所得者，表露出来，而流落人间，供后人享受，后人崇敬；但在当时，他的精神却常是极端寂寞而不被了解的。所谓"历史上的诗人是诗人，隔壁的诗人则只是一笑话"。可见此世界与现实世间，有永远不能弥补的裂痕与深渊存在。

上所述之裂痕，亦常为真正求真美善等向天路上行的天才人物在生活上之所感受，并表现于其生活之白身。从最深处说，在俗情世间的人，对于这种人之出现于世，恒有一种厌恶与畏怖。因为这种人将世俗之人所居住之俗情世间，另开出一裂口，而将其表面的完满性，加以戳破。这种人常看不起或破坏此俗情世间之原有的真美善之标准。这就使俗情世间的人，厌恶而恐怖，至少加以冷淡的待遇。此即耶稣之所以上十字架，苏格拉底之所以被判死刑，布儒诺之所以被焚，杜甫之所以说李白为"世人皆欲杀"，及无数天才的文学家、艺术家、哲人，所以皆遭当时时代的压迫与忽视。这些人与俗情世间裂开，而俗情世间的人，即要其感受此裂开之苦，使此裂开之苦，为其所感受担负，以为报复。而此正是一人生最难的担负。

其次，一切求真美善神圣的天才人物之本身，在另一方面，亦仍是一有血肉之躯的人。上面的真美善等，是一绝对的普遍者，此血肉之躯则形成为一唯一无二之个体。此唯一无二之个体，以其具自然生命，他亦必须生长于自然世界与俗情世间的特殊环境中。在此特殊的环境中，绝对的贫苦、无侣与孤独，仍是难于忍受的。此特殊的环境，要那个体之上升的精神，下降而牵就现实；而那要一往上升求普遍者的精神，则要此个体自此等特殊的环境中超越，以成就其自身之远游。而其远游，亦尚不能只在普遍者中之生活。它还要寻求其唯一无二之个体之唯一无二之交代处。这就可构成天才人物之内在的精神中，所感受之"个体性"、"普遍性"、"特殊性"之三面分裂。人依此分裂而作的事，可不全合于真美善神圣之标准，亦不合世俗之标准，更不合其个人自己之标准，此中有各种复杂的精神之错杂现象产生。在宗教家称为魔障；在心理学家，称为精神变态；在郎布罗梭，则举出无数西方天才的生活，来证明天才与疯狂同根。而今之存在主义者所说之怖栗感、虚无之面对感等，我想均从人精神之种种分裂中生出来。这些深刻的人生之存在性相之体验，更不是一般人所能完全了解的，这亦可不必多说。

（七）"我在这里"与学圣贤者之泥泞路

天才人物的道路，首表现为超越俗情世间的精神。这个精神须与自然世界俗情世间裂开。裂不开，其天才不能露出，不能向上面世界远游。既裂开，则须与俗情世间的人作战，而在现实上失败，承担此裂开的罪过与苦恼者，一定是他们自己。他们又须与自己之自然生命之要求及俗情之要求作战。这是随时可胜利，亦随时可失败的。因为此两头的力量，都在一义上是无限。上之天道是无限，下之地道亦无限。而人自己则成天玄地黄血战之地。这种人之最后的抚慰，是在其死后升天时，来自宇宙的真宰。在绝对的悲剧之外，另有一神圣的喜剧。但人看不见，人即不能无悲。而宇宙真宰之在此世间挽救天才之道，则在其化身为孔子，以示人以圣贤之道，要人之个体在特殊者中见普遍者，于自然世界俗情世间中，见真美善神圣之洋溢流行，立人道以顺引地道，而上承天道。此是一极高明而道中庸，至简至易的圆成天地之教。但是其中亦不是莫有更大的艰难。人生的行程，精神的步履，无论什么地方，总是莫有便宜可贪。此义我们须随处认取。

圣贤之道之所以为圆成之教，在其与自然世界俗情世间协调，因而他对人精神所向之真美善神圣，及自然的生存爱情婚姻之要求，一切世俗伦理与名誉地位之价值，可以全幅加以肯定，而一无遗漏。因而无论在什么处境中，人总有一条向上之路可发见，而不必去逃遁其自然生命在俗情世间中所遭遇之一切。对此一切，依此"道"，人都可加以同意。无论我发现我在那里，我都可说："是，我在这里。"是，是，是，之一无限的肯定，可把一切天赋于我的，一切现实的，可能的遭遇，都加以承担，负载，而呈现之于我之自觉心与自由意志之前。我之何时生，何时死，生为男或女，生于富贵之家，或贫贱之家，父母兄弟配偶子孙之如何，与一切穷通得失，吉凶祸福，荣辱毁誉等一切遭遇，都是未必经我之同意而后如此如此。其如此如此，都有偶然的因素在，即都有命存焉。然而依此圣贤之道，则此一切的一切，只要呈于我，我即知命，而承认之，全幅加以同意。于是此中无所谓偶然，皆是如其所如，而定然。我们说一切都是偶然，因为我们可不受一切，而拒绝一切。但是我现在不不受，不拒绝一切，则更无偶然。而我之全幅人生所遭遇之自然世界俗情世间，即一律有了交代，有了归宿地。第二步的事，则为本我之自觉心自由意志，面向真美善之世界，直道而行，或使真美善之本性，自我之扉开处，一一流露展现出来，这条人生之路，当然是最广大的而最平实的。

但是此中之问题是，这些话说来易，初行亦易，而行到家最难。因为人在此之所承担负载者，实无限的重。人依此道行，一方处处都是上升的路，另一方亦处处都是使人陷溺的路。因这条道路，是一平铺于自然世界与俗情世间之上的路。人在此，如不是先经历一求超越飞升而与自然世界俗情世间隔离的精神，则此道路，便可会是使人随处陷溺的泥泞路，人一天行不了几步，人之一切向上精神之表现，也都不免是拖泥带水。而孔子之最恶乡愿，亦正因依孔子所倡之圣贤之道而行，最难免沦于乡愿。

学圣贤之道，所以反易使人陷溺而沦为乡愿之最深刻的原因，尚不是人之自然的食色之欲之满足，恒须顺应世俗；亦不在人之一定要向他人讨好以得美名，这些问题，还比较容易解决。最重要的是在俗情世间的人，对走这条路的人有一期望。对于离尘绝俗的天才人物，一般人对之无所期望。因为一般人知道他要远游。但对走这条路的人，一般人却觉其可亲而可近，其精神亦恒最能衣被人间，温暖世界，人们亦恒期望得其精神上的衣被。然而俗情世间的人之存心与行为，则处处有夹杂与不纯洁之处。因而要求走这条路的人，对其一切夹杂与不纯洁之处，亦恒势须亦加以衣被；于是把走这条路的人之精神，自然拖下，使之亦贴切于污垢。涅而不缁，谈何容易？于是他亦将被污垢所感染。这是这种精神之下坠。而可沦为乡愿之最深刻而最难克服的魔障。

在另一方。则走这条路的儒者之言行，同时最易为一切人所假借貌袭。此理较易懂。天才人物之超越飞升的精神，人不易貌袭。因为能说者必须能作，而离尘绝俗之事不易作。儒者之教，只要人庸言庸行，则人人皆可同其迹，而实不同其心。中国儒家的社会文化中，所以特多伪君子，这决非偶然之事。伪君子并不幸福。因人当成为伪君子时，其精神只是照顾润饰其外面的言行。于是其精神之内核，日益干枯而空掉。内愈空而愈在外面照顾润饰，而其用心亦日苦而日艰。然当真君子因亲近世间的理由，或其他理由，不忍与伪君子破裂，而不免相与周旋时，则真君子亦终将受感染，而多少成伪君子。由是而此整个社会文化中之一切人之精神，即可互相牵挂拉扯，而同归于瘫痪麻木。其病之难医，实更过于天才人物之疯狂。

（八）人生路滑与哀乐相生之情怀

对于走孔子所倡的圣贤之路，所生之病痛与艰难，不是绝莫有法子医治与挽救。因知病在即有药在，人可自求而得之。我整个之文章，只是说明人生的行程，人精神的步履，无论到什么地方，都莫有便宜可贪，道高一尺，魔不必高一丈，但亦是高一尺。然而这些话，并不鼓励一般在俗情世间的人，安于他的现在。因为向上走的悠悠前路，固然艰险，但是只停于现在，亦无立足处。读者如真了解前文全部的话，便知人生的行程，是一绝对的滑路。不上升便只有沉沦，而沉沦下去亦处处仍有艰难，直沉下去亦莫有底。至于说任性而动，任运而转，则偏偏倒倒，到处碰见的仍是铁壁铜墙，可使人肝脑俱裂。如果你不信，再试把本文所说，引而申之，触类而长之，试设身处地想想，你纵然安心向下堕落，又在何处立得定脚跟？须知一切艰难，都是人生的荆棘，但人终须赤足走过去。而人亦不到黄河心不甘。黄河在何处？在我们前文所说哀乐相生之处。

此哀乐相生之处之涵义，是人必须知道人生的行程中之病痛与艰难。这些病痛与艰难，不是外在的，而在我之存在之自身。依此便知人生在世莫有可仗恃，莫有可骄矜。当我们真肯定一切病痛与艰难之必然存在时，则人之心灵即把一切病痛与艰难放平了，而一切人亦都在我们之前放平了。放平了的心灵，应当能悲悯他人，亦悲悯他自己。而在人能互相悲悯而相援以手时，或互相赞叹他人之克服艰难的努力，庆贺他人之病痛的逐渐免除时，天门开了，天国现前了。此中处处，都有一人心深处之内在的愉悦——是谓哀乐相生。人真懂得此哀乐相生之智慧时，可于一刹那间，超越一切人生之哀乐，此本身是一人生之大乐。但是由此智慧再回到实际生活时，人仍不能不伤于哀乐。这是一如环的永恒的哀乐相生。人生之归宿处，不能是快乐。因一切快乐使心灵凸出，而一切快乐终是可消逝的。亦不能只是悲哀，因长久的悲哀，是心灵全部凹进，而悲哀是不能长忍的。从内部看人生，它如永远有向上的理想，而永不能在现实上完全达到，这是悲剧。他如只有某有限的理想，而再不能了解体验更高的理想，更是可怜悯的悲剧。而从外部看人生，则他在现实上所达到者既如此少，而他偏要如此夸张他的至高理想。你可笑他，这是喜剧。而他如只有卑下的理想，而竟视之为至高无上。你更可笑他。这更是喜剧。但只视人生为悲剧与喜剧者，还是浅的人生观。须知人生如说是悲剧，则悲剧之泪中，自有愉悦。人生如说是喜剧，则最高的喜剧，笑中带泪。人生在世之最高感情，见于久别重逢而悲喜交集之际；而人生之最后归宿，则为一哀乐相生的情怀。由此情怀之无限的洋溢，我想，将可生出一种智慧，以照彻本文篇首所说人生的生前死后的芒昧。但是这些，可留俟我们大家未来的参悟。

我之此文从整个看，将不免使人有沉重悲凉的感觉，因其本偏重于说人生的艰难。从艰难处再说，我想还有更多的艰难可说。这将更增人之沉重悲凉的感觉。但是世间仍有一道理颠扑不破，即人能知道艰难，人心便能承载艰难。人心能承载艰难，即能克服艰难。只要"昨夜江边春水生"，即"艨艟巨舰一毛轻"。人生一切事，皆无绝对的难易。只要人真正精进自强，一切难皆成易。反之，只要懈怠懒散，则一切易皆成难。这话是我们之永远的安慰，亦足资我们永远的栗惧。

痛苦与神佛[*]

吾之目疾，其本身原无多生理上之痛苦。然在动手术后，固尝发高热，并感肠胃不适，则时觉痛苦。然此种痛苦，吾昔在病中时，固时经历之。然事后即已淡忘，而亦不忆痛苦之相貌为何若。吾此次则于感受痛苦时，发心试自观其相貌。吾乃发现此痛苦之为物，乃一无耳目五官，而懵懂无知之大怪物。自痛苦之自身，自连于一求去痛苦之要求言，彼似为一涵自己否定之性质之存在。然正当吾人感其存在之时，彼又至真实而不虚，若能否定吾人之一切"欲否定其存在之要求"者。当吾感受痛苦之时，吾若能转易吾之意念于他处，则固可淡忘其存在。然当吾人之意念转移之时，彼亦若有一力将吾之意念拉回，以还注意于彼之自身，使吾之意不得他适。而在一巨大之痛苦之感受中，人之全部之生命与意识，即若皆为此大懵懂之痛苦所吸住，人若于此大懵懂之痛苦以外，皆无所知，更不能作其他之活动；而一般所言之静养工夫，即皆难于运用矣。

由于痛苦之为能吸住吾人全部生命与意识，而可使人为一除痛苦以外更无所知之怪物；故人在极深之痛苦中，而尚能自用其心以求超越痛苦者，即恒须兼超越其生命与意识之自身，以求通达于其他人之意识与生命，或一超越的意识与生命，如神灵之类。人亦若惟赖此可自拔于痛苦之外。此即人之在痛苦中，所以须他人之慰问，及恒超向于信宗教、信有一超越之神灵，而欲赖彼神灵之力，助其自拔于痛苦之外之理由也。在各种宗教中，基督教与佛教皆能正视痛苦之存在。佛家尤喜于生老之外，言病死之苦。耶稣生前之常治人之病，亦由于对病人之痛苦之

* 录自《病里乾坤》，鹅湖月刊杂志社 1980 年版。

深切同情心使然。而耶稣之常与人所不敢近之麻疯病人接近，尤有一深切之意义。吾尝观电影，乃关于耶稣之行事者。吾见诸麻疯病人，皆分别独居于幽暗之山谷中，无人敢往慰疾。而诸麻疯病人间，亦不能相慰问，而各在绝对孤独中，忍受此病所赐之痛苦，而耶稣则一一亲往慰问。吾见之而深心感动。耶稣亦正为救人类由原始罪恶所生之痛苦，而上十字架，以自受痛苦者。其在十字架上受痛苦，至不能忍时，而说"上帝！何以舍弃我"，则所以显此痛苦之真实性于世界。今存基督上十字架之像之为一痛苦之像，亦即所以使人之见之者，直感耶稣之担负世人之痛苦，而分担见之者或念之者之痛苦者。吾尝遇一前辈先生，谓彼在疾病之痛苦中，尝试念孔子、释迦，其痛苦皆未得减少，而念及耶稣，则痛苦为之骤减。彼谓此事大异。吾则意谓此盖由耶稣原为尝入山谷以慰人之痛苦，亦尝自受上十字架之苦，而其像即为分担见之者、念之者之痛苦之像之故也。

然吾意人之在疾病之痛苦中，向耶稣祈祷，以求其赐与力量，自拔于疾病之苦之外者，其可由念耶稣之代其赎罪，担负人类之苦难，而觉其苦难，有耶稣为之分担，而减轻，应无疑义。然是否人即能由此而会自超拔于痛苦之上，则亦无一定之理由。人之由念耶稣为上帝之化身，上帝乃全能，而完全无缺，亦实无痛苦，因而亦能去我之一切痛苦者；则势必须将其痛苦，全交付于此上帝耶稣，代为担负化除。此则无异于人之对其痛苦，全不负责，而出自人之大私心。有此大私心，正为当受惩罚而受痛苦者。则此痛苦之全然化除，如何必然可能，即不能使人无疑矣。

在佛教中言佛之大慈大悲，乃以众生之痛苦为所念。此中亦有分担众生苦痛之义。然佛像之宁静，则唯表示佛自心之超于痛苦之上，有类基督教上帝之完满，而实无痛苦。然其谓人之痛苦之原，非由人类始祖亚当之犯罪，而由各人之前生与今生之业障，则人无将其痛苦全交付于佛，由佛力代为化除之理。此在教义上，较为完善。而人之欲循佛家之教，以自拔于痛苦之世界之外者，亦除赖信佛力之加被外，兼须赖自己之修行，以自去其业障之工夫，遂不能如基督教之可纯恃一念之信心矣。

吾在美治目疾之医院，乃一原为基督教长老会之医院。吾返港后养病，则初于沙田之慈航净苑。吾父母之灵，亦在该苑之祖堂中。吾又尝养病于青山之极乐寺。吾意佛像之宁静，固表示佛之超越于世间之烦恼、苦痛、罪业之上，而与佛之果德相应，亦可使见之者，与念之者，忽然顿超于其苦痛罪业之上；而此本身，亦即是一修行之工夫。此不似耶稣之上十字架之像，唯表其尚在一奋斗挣扎之历程中；亦不似耶稣传教或与人聚处之像，唯表示世人之在逐步受感化之历程中，而未达究竟之安宁平静之境地者。基督教之教堂，可供人之礼拜，而不能供人之居住。佛家之庙宇，则可供人之居住，使人得于徘徊瞻礼之余，更有所观，以自修。此即吾之所以养病于佛寺之故也。

在吾养病于佛寺之期中，其处僧尼及所遇之佛教人士，多谓拜佛及念佛，有大功德；念弥陀，定生西方，而念观世音名号，则可去苦难。故念观世音之名，亦必可愈吾之目疾云云。吾固素无拜佛念佛之习。唯吾母于六年前逝世，尝设吾父母灵位于慈航净苑之佛之大殿侧。故吾每来拜祭吾父母时，亦时或兼礼佛。此则由吾念吾父母之灵位，既设于此，则大殿之佛为主，吾父母为宾。故吾亦当对之作礼。固非如一般佛教徒之求佛力相助之拜佛念佛也。

然吾虽无世人拜佛念佛之习，亦非不信世人所信之佛菩萨，为实有无尽愿力与法力者。盖吾不特在幼年时有满天神佛之想，于二十岁左右，即尝以凡对吾人之思想上为真可能之事之物之人，即在全法界中之所实有。吾三十岁左右，信有一宇宙性的绝对真心之存在时，吾亦意谓此真心之有无数可能之表现。其每一最高之表现，即相当于一佛菩萨之表现。而此绝对真心，即其"一切表现皆交相摄，而依于一同体"之别名。吾后来之思想之发展，虽意谓形而上之言说，有种种之方式，而偏在说此无限真心乃超越而内在于吾人之似有限之心灵生命以内者。然固不否认任何有限之生命心灵，真破除其心灵生命之限制，即化同于一无限之生命心灵，以永存而不坏，并于冥冥之中，与一切生命心灵相与感通也。此中之义，在哲学理论上，加以建立，固有种种曲折。然在吾之深心，固信之而不疑。则谓世尝有众生，于无量世界、无量时间中，尝自破其生命心灵，以成一无限之生命心灵，如佛菩萨者之存在，而亦能本其愿力以助众生之拔苦去障，固可为我所应许者也。

吾不否认佛菩萨及其愿力之存在，而又不如世之佛教徒之拜佛念佛，以求佛力之加被者，则由于吾以吾之生命之有限性，或其罪业苦难之化除，要为吾之生命之自身之事，而最切近之超凡入圣之道，仍不当离人伦日用。人即欲面对超越之世界、神灵之世界，以及佛菩萨之世界，以用其心，亦自有种种之事在，不能只以持佛之名号，对佛像礼拜,为事也。在吾养病佛寺时,或一人独处,而不能更有所事事。此时,吾尝感吾今既无人伦日用之事在前,吾亦不能如孔子之行教于世间——吾试念吴道子之孔子行教之像,亦觉与自己当下之生命不相干。吾乃于慈航净苑之大殿中静坐,试于殿中所塑之释迦观音之像,作默想,乃觉佛像之庄严静穆,确有宁息吾心之功。此亦可助吾之养病。又念:人之鳏寡孤独而无告者,或幽囚疾病者,在世间无可事事之时,亦固可终朝对此庄严静穆之像,以自宅其心,而使其心趋于上达之途也。然吾于此仍不能面对佛像,而祈其本其无边之愿力法力,以拔我于目疾之苦难之外。此亦非由吾之意谓:彼决无此力。而是吾意谓:若吾人之苦难,原于吾之业力,则当知佛经所言佛之愿力、法力无尽,众生之业力亦无尽。吾人不能以自力求自化其业力,自去其苦难,则佛力亦固当有时而穷。若徒信佛力之无尽,而将一切拔苦转业之事,皆付之于佛,则亦无异人全无其自身之责任,坐享现成。此正为人之大私心。佛菩萨又何必为此种人拔苦转业乎?至于从实际上看,人之实不能由对佛作祈求,即自拔于苦难与其业障之外,亦正如人之祈求上帝耶稣者之不能全自拔于苦罪之外,则无庸多说矣。其故皆不在彼神佛之必无此力,而唯在其不当以其有此力,以使人更不知所以用其自力。故于被信神佛之有此力,而对之作一往之祈求者,彼固无妨信神佛之有此力。而吾之此说,亦未尝为其信仰之阻碍,而于世俗之宗教固无伤也。

总上所言,是吾人在苦痛患难中,虽可上与神灵求感通,人亦可念彼神灵,或对之祈祷。然此并无必然之效。具无限之全能与无边之愿力、法力之神佛,亦不能使人全不用自力,以自拔于为苦难之因之业力,或其生命中之有限性之外,神佛之所以不能有此力,则唯由其不当有此力,以使人舍其自力也。

由吾之不以人对超越之神佛之祈求,即可使人绝对必然地自拔于其痛苦患难,以及罪恶业障之外;故吾即在目疾最严重之时,亦未尝作纯凭仗神佛之力之想。吾虽承认人在剧大苦痛中,信神念佛,为势所难免。人之此信、此念,亦可助人之超拔其痛苦,使其心身宁静,即可助人之养病。然吾仍须承认:此乃无绝对必然之效力。今以此为养病之道,亦如其他一切养病之道,唯所以自尽其心,而为人之养病之时可有,而亦为当有者。然谓有此即能使病除,则吾所未能信者也。

痛苦之究极的价值意义 *

关于痛苦之问题，吾尝读佛家书及西哲叔本华书，而怵然于众生及人类之痛苦之多且深。忆叔本华似尝谓不知此世界中之痛苦而安于此世界或视此世界为最好之世界者，宜亲往监狱、孤老院、医院、疯人院参观，便知其所自安之最好之世界，实无异地狱。忆吾幼年住成都锦江街，吾家之对门即为一孤儿院。后赴南京入大学，其旁即为四牌楼之监狱，亦常见犯人出入。然吾则未尝与孤儿为友，于监狱中犯人之出入，亦视若无睹。吾昔年未尝住医院，亦未真知住医院中之病人之心情。及今年已衰迈而病目，乃两度入医院。在医院中，吾所受之痛苦，与其他病人较，实远不及。吾在美住医院，只历时半月，在日本住医院，迄今亦只三月余，皆只动手术一次。在日本医院中，见他人以同类之目疾而住院者，有动手术至十余次，而历年不愈者。更见有患麻痹症，双足既残，而住院二十余年者。其他之断肢破体之病人，更不可胜数。人在医院不能外出，而医院同时为监狱。在医院中人当痛苦之极，即亲人在侧，亦无能为助，而人皆无异孤独无告之人。则医院果为何物耶？吾在日本医院之场地上，见有地藏王之灵位。吾初甚怪此医院中，何以独有此灵位？一日乃突然悟及此乃由医院实即人间之地狱，故方有此原住地狱之地藏王之灵位之设也。吾人通常赴医院或住医院，唯念及所亲之人或自己之病，病愈则又视医院为无物；乃对医院之为人间地狱，恒无真实感。然若吾人能不忘其自己或所亲之人，在医院中所受之痛苦，并一念设身处地，以一一想此医院中一切老少男女所患之不同之病，所受之不同之手术治疗所历之痛苦，则可知此人间之医院，即实地之地狱之变

---

* 录自《病里乾坤》，鹅湖月刊杂志社 1980 年版。

形；而足为人所当由之以思维众生及人类在世界中所受之一切痛苦者也。

吾今之思此痛苦之问题，要在思此一切痛苦之存在于世界，毕竟有意义乎？无意义乎？有价值乎？无价值乎？则此中之思想葛藤甚多。吾昔日之思之而未决者，今似仍不能决。盖若痛苦为有价值者，则人之所以去痛苦之事，皆不当有，而医术之去人疾病之苦者，亦不当有。而在治疗之事中，如近代医术之用麻醉剂，以减病人之痛苦者，亦不当有。

然今又试思：若无此麻醉药，世界无数医院中之病人所受之痛苦，将增多少？此直是不能想像。麻醉药不仅减病人之苦，亦减战士之苦，并减一切能感受痛苦之动物之苦。吾友牟宗三先生尝谓发明麻醉药者，即无异大菩萨。吾闻其言而不禁肃然。今则身受此麻醉药之益，以自觉于割目之苦，然后知发明麻醉药者，真大菩萨也。然今若痛苦本身为有价值，则彼发明麻醉药之事，即将反为无价值；而发明麻醉药者，亦无功于世，而不得称为菩萨之行矣。依此，而一切为人类造福以去除人类之苦痛者，亦同为无功于世，亦皆同为无价值之事矣。

然今再自另一面看，则人若谓痛苦纯为无价值，唯去此痛苦之事之行为有价值；则于彼为他人造福，而其自身受苦者，又当如何说？彼为他人造福者，功在去人之苦，而其自身则愿受苦，其德亦正在其愿受苦。凡人之行其所视为当然之道，而不畏苦难者，亦无不为人所崇敬。此中亦是意谓人之能受苦难，即所以成就人之行其所当然之行。则谓此苦难，毫无价值，固不可也。人即未尝别欲行其所视为当然之道，以求有功于世，而只须能忍受痛苦，而不惧不忧，人亦恒称之为勇敢、为伟大。如卡来耳之言"能受苦即伟大"是也。此受苦之伟大，乃由苦而致，则又不能谓此苦为全无价值矣。

复次，人若谓唯去苦之事，乃有价值意义，则又当说：凡由去苦之事而未能去之苦，皆全无价值意义。如谓用麻醉药以去病人之苦之事，为有价值意义，则似理当谓麻醉药之所不及施之病人之苦，即全无价值意义。然为麻醉药所不及施，而病人所受之痛苦，亦多矣。此岂皆无价值意义之可言乎？世之同为人者，或受乐，或受苦，若其皆无价值意义之可言，则受乐者无论，受苦者岂不将皆为白受？然则何以有人独白受众多之苦，而他人又未必受苦而或独受乐乎？若果受苦者皆为白受，则此世界全无道理，则人生世间，又何必求其一一之行，皆合乎理？此无道理之世界中，何以生此念念求其言行之合理之人，而此人又何必生于此世界？此皆辗转不可解矣。

上述之问难，一方是痛苦之无价值意义，似为人所共认。一方是痛苦之必当有一价值意义，亦似为人之所要求。此两难实不易突破也。

此中人之一种突破此问难之道，是谓痛苦无正面之价值意义，而有其反面之价值意义。此则或说痛苦，乃原于上帝对人类犯罪之惩罚，而痛苦可消极的赎罪。或谓痛苦原于个人前生之造罪业，痛苦之报，即所以偿业。或谓痛苦之经验，即所以为警戒，而使人不再为事之致人痛苦者。

此上三说，皆由有见于痛苦之价值，难直接就其自身而正面的、积极的，加以肯定。故乃唯有反面的消极的，就痛苦对罪业与不当有之行之"赎""报""警戒"之作用与价值意义而说。此皆非无其所以立之根据。大率人之谓痛苦有此诸作用者，初乃由有感于痛苦经验之能制止人之同一行为、意念之相续更生。在人之道德意识中，人固知：人之罪业、恶念、与一切不当有之行为，当制止其生于未来。而当此业、此念、此行，与痛苦相遭遇时，即若自然得制止其再生之道。故在人间之法律中，有以痛苦施于罪人为惩罚，以防其再犯之事。而人亦恒以苦行施于其不当有之欲念、冲动之起，以免其再起。然此痛苦之所以能有此防制之用，并非由痛苦为人之意念行为外之另一物，而自具此用。而是因痛苦之本身，自始即由人之意念行为之受一阻碍、挫折、摧抑，或制止而有。人之意念行为，在一情形下，既一度受制止，下次在同一情形下，即有自加制止之趋向。若有屡受制止——即其受苦之次数愈多——或制止之者，其力甚强——即此受苦愈深——则其以后之自加制止之趋向，亦愈强，而自形成一自制之习惯，乃使其未来不易再有以往之意念行为。在其意识之中，亦同时更自觉此以往之意念行为之不当有，而为有罪恶者。则痛苦之经验之所以有此防制未来之用，唯是此经验之原是由意念行为之被制止而生之故，而非痛苦别有一制止之用也。

若知上来之义，则知以此痛苦有防制罪恶再生之用，说明罪恶之受痛苦与痛苦之原于罪恶者，实于理有未当之处。此乃无异于谓一罪恶之受制止而以痛苦为惩罚之意义价值，唯在其他之未来之同类行为之受制止。此中之苦痛之意义价值，乃纯为对他的。然此实未尝答复何以罪恶之自始即当受制止、当有痛苦为惩罚一问题。在人之宗教道德经验中，人固可觉罪恶自始即当受制止——即当以痛苦为惩罚——并非为防其再犯，而后谓其当以痛苦为惩罚也。罪恶自始具有当有苦痛为惩罚之意

义。所谓罪恶当受之苦痛之惩罚无他，即人罪恶之行实受制止时之人所
实感。则谓罪恶当受苦痛，即罪恶之行之当实受制止，而实有其所感痛
苦之谓。若罪恶自具当受制止之意义，即亦自具当受痛苦之意义。于此
若更谓痛苦皆原于罪恶，则罪恶与苦痛宜为不可分之一事。而痛苦对罪
恶之意义，应即痛苦对其自身之意义。于此所言痛苦之意义价值，即不
能纯视为对他的，而应兼为对自的。然此罪恶之何以当实受制止？而实
有其所感之痛苦如何可说痛苦皆原于罪恶？又此痛苦之对自的意义，果
何在？则正须有进一步之义，加以说明。而此则非一般言罪恶受苦、苦
皆原于罪者之所及者也。

　　自吾人之经验而观，在人之道德经验中，固尝感人有道德上之罪恶
之行，当受制裁而受苦。然谓人之受苦者，皆原于尝自觉的犯道德上之
罪恶，则初无经验上之证明。彼天真无邪之儿童，生而受病痛之苦，岂
尝自觉的犯道德上之罪恶？而世之有至善良之心，有至善良之行，而历
经苦难多者，固亦多矣。彼谓人之受苦，乃原于前生之罪，或人类始祖
所犯之罪，如皆指道德上之罪而言，则此乃由于：现世人之未尝犯此
罪，而受苦之事，初未能得其当受痛苦之道德上之理由，乃更推之于前
生及人类始祖，以为之说。抑亦更由人之见人之犯道德上之罪，而今生
未受报，人或望其来生受报，或报及于子孙。故乃谓今人之无端受苦
者，皆由其远祖或生前之犯罪。又或再加以人在自觉有罪之时，觉其罪
恶之根原甚深甚深，故自推溯其原于其未生以前之父母祖先或前生。人
乃形成此种种谓人之痛苦，皆原于其前生或远祖之尝犯道德上之罪恶之
思想。然此思想之所以形成之原因，虽可以有此种种，然皆未必可以为
建立此思想之真正的理由根据。人固不可据之以更谓人之至善良而历经
苦难多者所承于人类远祖所犯之罪者最多，或其前生之罪必最多也。彼
历经苦难而至善良之人，以其道德意识之强，固可由其历经苦难而更收
摄其心，以求自见其罪过，及求见而不得，乃谓其隐微之罪过尚有未能
为彼所自知者，遂更自思其罪过之根之甚深甚深，以致于他人之罪过，
亦视为己之罪过，而愿担负其所招致之苦难。然他人则未必皆忍心谓其
苦难乃原于其罪恶之根甚深甚深，而皆为其所当受也。此即犹太人之真
知耶稣者，不愿以耶稣之所以历经苦难，由于其自身之罪之故也。人于
此乃唯有谓耶稣原非而为上帝之子，彼之所以受苦难，非以其有罪，乃
只所以代有罪之人类赎罪耳。然吾人何不于此谓，耶稣本为一无罪而受
苦之人？吾人又何必以人实有之痛苦，皆原于其有道德上之罪乎？若人

之痛苦，本不须原于道德上之罪，则亦非必须求此苦之原于人类之远祖，或吾人之前生尝犯道德上之罪矣。而彼犹太教基督教及佛家之视人之痛苦，皆原于前生或人类远祖之说，皆可立而非必须立之说矣。

谓人所受痛苦皆原于道德上之罪，不仅与吾人之经验所现见之人受深痛苦者，多未尝犯道德上罪过之事实相违；亦与人之道德意识高者，常自愿为他人担负痛苦，或遇痛苦而能坚忍之事实相违。上所提及之耶稣，实即一为他人而自愿担负痛苦之人也。后人谓彼之能若是，乃以其为神而非人，即无异否认人之能为他人担负苦难矣。然世固多为他人担负苦难之圣贤也。彼圣贤既为人担负苦难，则痛苦即亦在彼此自己之心灵与生命中，而彼又正以其道德意识之高，而有此痛苦。则痛苦正原于其道德上之善心善行，而非依于其罪恶亦明矣。至若彼遇痛苦，而能坚忍者，则其痛苦或初由愿担负他人痛苦而致，而亦有不由此而致者。然凡能遇痛苦而坚忍者，皆表现其人之德性。忆吾少时读《三国演义》，见关云长之为箭所伤，而华佗割其肉至骨，以为之刮毒，而关云长则若不知其苦，仍饮酒谈笑自若；即不禁生敬佩之心。实则此人之遇痛苦而能坚忍之一例耳。世固多有之也。凡人之能遇痛苦，而能坚忍，其本身即为一德行之表现，不必问其是否为他人而受痛苦也。人在坚忍中，以有德而能受苦，能受苦即见其德。则受苦与德行，相得而益彰，以相连而为一。而此与痛苦罪恶之相连之事大异。则谓人之受痛苦，唯与道德上之犯罪相连之说，其妄可知矣。

由上所说，吾意如谓人之痛苦与罪恶相连，此罪恶必非指一般所谓道德上之罪恶，而只能是另一义之罪恶。此另一义之罪恶，是谓人生命之为一具有限性之存在，其本身，即可谓之为一罪恶。此罪恶则人皆有之。一切有限之存在，亦皆有之。而有罪恶者，亦必然有痛苦。一切人与其他存在事物之痛苦，皆可说原于其为具有限性者之一罪恶。然此罪恶非如一般所谓意识中之罪恶，而为超自觉的意识之形而上的罪恶。如必谓之为一种道德的罪恶，亦别是一种，而当谓之为形而上的超自觉、超意识之道德上罪恶也。

所谓生命存在之具有限性，即有罪恶者，乃克就任一生命存在之自身之有限性，而谓其为一根本之罪恶，为一切罪恶之原而言。此生命存在之有限性，固未尝不可非由其远祖所遗传而来，或由其前生之业所转化而致，则亦即属于此生命存在之当身自己。至吾人之谓此有限性为根本罪恶之原者，即是谓只此有限性，尚不能有种种之罪恶。必须其具有限性之生命存在，更欲其自身与其活动之无限化，乃实有种种之罪恶，而此种种罪恶，即必然与其他种种亦具有限性之生命存在之活动，互相冲突矛盾，而相制克，而与痛苦之感受相俱者也。（二月廿八日）

此上之义，吾于近三十年前写《道德自我之建立》之书时已及之。吾意谓凡任何属特定之时间空间之有限的生命存在，欲求其活动，以及其自身之兼继续存在于其他时间空间，而即其有限之生命存在之求无限化，而此即必使其与其他时空中之其他有限的生命存在相遭遇，而冲突、矛盾，以有痛苦之生。然吾今对此罪恶苦痛之问题更深之反省，则在对痛苦之性相之认识能更进一层，亦更知其与此生命存在之有限性之罪恶之真实关系之所在。然若非吾以目疾，而住医院，在医院中对人与己之疾病痛苦，随处加以体验，亦不能有此更进一层之认识，故下文更多以疾病之痛苦为例以述之。（二月廿八日）

吾此次病中所体验者，是疾病之苦，乃原于吾人生命自身之分裂，而此分裂更为吾人之所实感。此生命自身之分裂，即生命自身各部份组织之存在，与其各种机能活动自身之各各求孤立化，而绝对化。而吾人之感其分裂之感，则初为整个之统一感。此统一感，一面感此分裂，一面即又欲化除其分裂，而愿融和之，又不能实融和之，于是有痛苦之感生。此中生命之各部组织活动自身，各自为一有限之存在，其各各之孤立化、绝对化，即其自身求不受限制与规定，而无限化。至此中之"欲融和之"，即欲其互相限制规定而各超越其自身之限制，而成为具无此限制之整个生命全体之一部。吾人之欲融和之，而又不能实达此融和，即为"此生命全体之欲由此融和，以有统一之全体活动"，与"其各部份之活动，各各自求孤立化、绝对化，而无限化之趋向"，相冲突矛盾。而初非只是此各部份之活动之相冲突矛盾。此各部份，如真各各顺其孤立化绝对化无限化之趋向，以归于分裂，则生命之全体自身解散。此即正可归于无痛苦之感之存在。痛苦之感，乃依于此分裂之尚未导致此解散，吾人之生命尚欲融和此分裂。故此分裂，乃在一融和统一之生命全体中分裂。而此分裂亦同时正为内在的开拓此生命之全体，而此生命在感此分裂，而实有其痛苦时，亦同时收获此开拓之果实，而自超越此全体本身之限制。而趋向于无此"限"。于此处，吾人即可见痛苦之感，所具之价值意义，即在此对生命之内在开拓也。

所谓疾病之痛苦，原于生命自身之分裂者。乃谓即由外来之原因，如由病菌物伤而致之疾病，亦为生命自身之分裂之一种。盖此病菌物伤之所以导致疾病，乃由有此病菌等存在于具生命之身体中，则此身体此生命，即引起一种组织机能之变化，而别有种种活动之产生。而此组织机能之变化，即由原来之此生命、此身体自身之分裂所造成。人之疾病之不由外来之原因而引起者，如吾之视网膜之剥离之病，以及今人所最惧之癌症等，即无不显然由于此身体自身之组织、细胞自身之分裂而变形所造成，亦即当是由生命自身之分裂所造成也。

然此生命此身体自身之分裂，是否必然导致痛苦？此则全系吾人之是否实感此分裂与否以为定。故神经错乱至人格分裂之人，不自感其分裂者，亦可狂笑自得而不感其痛苦。而依今之医术，人在上麻醉药后，即支解其身体，人亦明可无痛苦。此即见有分裂，而人不实感其分裂，即无痛苦之存在。在人身体被支解时，麻醉药之作用在麻痹神经，使此身体之分裂之事，不由神经而传达，以及于神经之全体，亦即使此分裂之事之效应，不为此整个身体、整个生命所感受，便无痛苦之生。足见此身体、此生命之分裂之所以引致痛苦，不在此分裂之自身，而唯在此分裂之为整个生命所感受。此整个之生命，即为此分裂之统一者。此统一者之为统一者，与分裂者之为分裂者，互相矛盾。而此统一者，即必然欲融和此分裂者。痛苦，即由此统一者之欲融合此分裂者，而又势有所不能之际所产生者。故离此统一者，对此分裂之感受，固不能有痛苦。而此统一者既感受此分裂，则此统一者固当由此分裂者，以撑开，而拓展其自身，以有其自身之原初限制之若干超拔也。

由此疾病中之痛苦之感，乃原于吾人之生命之感受分裂，及此感受中之有一生命之内在的开拓；吾人遂知：在一切痛苦之感中，同有一分裂之感受，亦同有使生命有此内在的开拓之效，而使人由其狭小自私之心，超拔而出。吾人由此而可以了解：何以依于人之狭小自私之心而致之罪恶之行，人恒当以苦痛为惩罚，而加以制止之理由。盖此痛苦，即所以破除其狭小自私之心，而使其生命得其当有之开拓者也。同时吾人可知：人若能原自内在的开拓其生命，或原具一开拓的生命，即亦为：原能感受种种客观的世界之分裂之事实所致之痛苦，而堪任此痛苦，不害其生命之统一者。由此而吾人不难了解人所能受之痛苦，何以多于一般动物之所受，亦不难了解何以具伟大生命之伟大人格，更较一般人能坚忍痛苦，亦能感受他人之痛苦，而加以担负之故。此种伟大之生命之对痛苦之感受，并非只是示现一痛苦之感受。因分裂为真实，则由感分裂以有之痛苦，亦为真实。然因此感分裂之感，乃依于统一之生命，而此统一之生命之力，足以堪任此痛苦，故能一方有此痛苦之感受之坚忍，一方有对痛苦之超越，并能自体验此痛苦之更内在的开拓其生命之价值意义，而自收获此痛苦之果实也。

由痛苦原于统一之生命之感受分裂，而此分裂同时开拓此统一之生命，故痛苦无不具有一价值意义。然此价值意义，则初非在人感受痛苦时，同时自觉之；而为超越于此痛苦之感受之自身者。人亦实不能自觉的求有此痛苦，以有此生命自身之开拓之效。因克就痛苦自身而言，人实莫不一见而欲去之。彼伟大人格、伟大生命之堪任痛苦而不惧，亦非由其自始即意在感受痛苦，以更开拓其生命为事；而是由于其原来具有之生命之开拓，使其先对世界之种种相分裂之事相，能自开其生命心灵之门，以分别加以认识、体验，而更感受其分裂，及由此分裂而有之痛苦。而此痛苦，即自然有一更开拓其生命之效用，而非其自始即意在感受痛苦以收获此自开拓其生命之效用也。

吾人上言痛苦虽有内在的开拓生命之价值意义，然此价值意义，纯为超越的，而自然由痛苦以获致者。故人初不能直接以求痛苦与获致其价值意义，为其自己之目标，亦不能以遍施痛苦于他人，使他人获致此痛苦之价值意义为目标。吾人固不愿见他人之生命之自封闭于狭小而自私之域，而望人之能开拓其生命之量度，而或更对人加以种种之训练，并或以对人之自私所生之罪恶，加以惩罚等，以为训练之具。而此训练等，亦可致他人一时之痛苦。然其目标固不在与他人以痛苦也。反之，人对他人之行为，其唯足以导致他人之痛苦者，则皆共知其非是；而人之出于自己之狭小自私之心，而与人以痛苦者，则其本身即是罪恶，更属人之所视为不可为。此皆因人自始未尝以痛苦，为其所求之目标。直就痛苦而观，痛苦为依于"人之欲融和分裂，而不能，又未尝不自求其能"而生。故痛苦乃人所不能停止于中者，人乃莫不欲由去痛苦，以过渡至于其外其上之境。故人亦实不能以与他人以痛苦，为其行为之目标也。

然吾人于此仍可发生一问题：即依于吾人自己之未尝以直接求痛苦为目标，吾人固无施痛苦于人之理由。然若人所受之痛苦，皆可自然开拓其生命，而具有一价值意义，吾人何不任彼在痛苦中之人，自受痛苦，而必须更有以去除人之痛苦，减少人之痛苦乎？如今之医术之麻醉剂，即所以减少人之痛苦者。此外，吾人亦并不以人感受痛苦过剧，而自杀，或借宗教信仰，以自求逃遁于痛苦之外者为非。今世人于所谓人道的枪杀，如一战士，见其同伴之临死而受剧苦，乃杀之以减其苦之类，亦不以为非。若痛苦真皆为有使人之生命开拓之价值者，则减少人之痛苦，即无异使人失其生命开拓之机会，而使其停于原初之狭小之生命之域者。此应为一不当之事。而于人之受剧大痛苦，而求逃遁于痛苦之外之事，以及人道的枪杀等，吾人亦皆当加以责备，而不能加以允可矣。（三月一日）

对此上之一问题，吾承认其中确有难于解答者。吾人亦实甚难以一语断定：是否去除人之痛苦之事，皆为应当。此中似唯有先分人之痛苦为二种：其一种为无望之痛苦，一种为有望之痛苦。此所谓无望之痛苦，乃指此痛苦所代表之生命之分裂，为此生命之自身所不能加以统一融和者。而有望之痛苦，则为其所代表之分裂，为生命所感受，即能自加以统一融和者。如他人之痛苦，为有望之痛苦，吾人固可依其自求去痛苦之心，而亦以去他人之此痛苦为事。此固为应当者。然若人更念此痛苦，对他人之有开拓其生命之价值，而任其受一阶段之痛苦，则更为具客观意义之爱人以德之行。反之，若人之痛苦为无望，如病人施手术，而解剖分裂其肢体，所召致之痛苦，乃由人之感此肢体之被解剖分裂时，同时欲自统一之融和之之故，而此又是病人之所不能为；而其痛苦，即为无望者。此外，人之感种种绝望之事而自杀，或信宗教，及战士之枪杀其受巨苦之同伴，亦皆由于感一无力加以化除之无望的痛苦之存在。故人乃唯有求逃遁于此痛苦之外，或求绝去此痛苦。此种唯求绝去痛苦之事之所以为应当，乃由于将"此由感受生命分裂而来之痛苦"，与"此痛苦中所自觉的或不自觉的要求统一融和之目标"相对照，而见此痛苦对此目标之达到，全无意义与价值之故。依于人之觉痛苦对此目标无意义价值，人乃以绝去之为事，则固亦合于当然之理性者也。

然吾意人之去除其无望之痛苦之事，虽为应当之事。然仍不能谓：人之感受无望之痛苦，他人亦无加以解免之道者，其痛苦之自身，即全无价值。因人于此虽不能达其痛苦中所求之统一融和之目标。然当彼生命存在之时，彼一朝有痛苦之感受，即有此目标之存在，亦有其求统一融和彼分裂之活动在，此分裂即有其开拓生命之价值意义在。由此统一融和之事之无功，彼之生命固可由有此分裂而死亡。此时彼之痛苦亦不存在。然此痛苦对其生命之开拓之价值意义，则未尝不存在。此价值意义，即纯为对其"曾存在之生命，而在其死后，成为一潜在之生命"而

有之超越的形而上的价值意义也。（三月一日）

若此超越的价值意义为无有，则一切人与众生之受不能解免之无望之痛苦者，将全为白受，而世界之所以有白受此种痛苦之人与众生，乃全无理由，而此世界将仍为一无道理之世界矣。

吾意人不能不依道理而生活，亦不能不依道理以思想，世界亦不能为一无道理之世界。故一切人及众生，其所不能去除之痛苦，必当有此一开拓其生命之价值意义。此一价值意义，乃直接属于感受痛苦之生命之自身。此生命之所以须开拓，由于其具有限性。此有限性可说为生命之原始罪恶。则痛苦亦可说为生命之罪恶之惩罚，而其价值意义，似只为消极的。然由受痛苦而生命逐渐破除其有限性，以归于开拓，遂在其未来，有其更广阔之生命世界，更充实之生命内容，则此价值意义亦为积极的。依吾人之此说，即不能只视痛苦为人之前生或人类始祖之自觉的道德上之罪恶之惩罚，而亦可说人之自觉的道德上之罪恶，因其依于人之生命之自觉的自限于己私而来，故最须加以破除；而更当由感受痛苦，以使其超拔于其己私之外。又依吾人之此说，亦不能谓痛苦唯对生命有一警戒意义。一般所谓痛苦对生命之警戒意义，乃是指某事物或某活动，使一生命感受一分裂之痛苦时，便能使此生命于其当生之未来，知加以避免而言。而一生命尽可于感受痛苦之后，即归于死亡，更不能有此警戒意义。然吾人亦可承认：在一生命由某事物或某活动而感受分裂之痛苦之时，依于其痛苦中之求统一融和此中之分裂之要求，即必然有一求改变某事物某活动之一内在的生命趋向，以使此生命超拔于原初之某事物某活动之外、之上，而对之加以避免；而此"向于避免"之趋向，亦即其生命由感受分裂之痛苦而开拓之结果。则吾人之说，亦与前所提及之不同之三说，可并行不悖。然吾人之说之重点，则放在此痛苦对生命之有限性之加以破除，而直接对生命自身之开拓之正面的积极的价值意义上。此价值意义，初为形而上的。此则与上之三说大异者也。

依吾人之说，痛苦有上述之对生命之积极的形而上的价值意义，故痛苦之感，一方固使一生命唯顾念其当下之自己，亦沉入于其自己，并使其自己泯失于此痛苦之感中，而此痛苦之感，乃若吾人前所谓懵懂之大怪物。然此痛苦之感，实亦非全为无眼无目之无明。亦非只为生命之所忍受。在痛苦之感中，一整体之生命实乃自沉入、自泯失于其所感之分裂中，以作其统一融和之事业。此中之生命之被动的忍受，乃所以为其自动的拓展开发。今人能自觉的知此种种之义，则于其所感之痛苦，即更能忍受，而即在此忍受中，体验得痛苦使生命拓展开发之意义。亦实现此拓展开发之意义，而使其生命由渺小而趋于伟大。此即卡来尔之所以言"能受苦即伟大"，亦即世之英雄豪杰圣贤之所以皆能受苦也。

人文精神论

中国文化根本精神之一种解释[*]

此题之作法有三：一为先持一种艺术上之欣赏态度，对中国文化之特质，作一心灵上之漫游，以鸟瞰之方法，逐渐提升自己之观点，而最后抵于此各种特质荟萃之焦点，遂以此为中国文化之根本精神；二为先持一种科学上之分析态度，对中国文化各领域之一切文化现象，加以分析，由分析而发现其共同之点，本归纳之步骤，层层累积，以得一最高之文化范畴，遂指为中国文化之根本精神；三为先提出一种抽象假设，由此假设而逐渐寻觅其意义，剥露其涵蕴，遂以说明中国文化之各种特质。在第三种作法，又可分为二种：一为根据严谨之逻辑，依推理之步骤，以演绎出此假设之意义或涵蕴，且处处指明此假设为解释中国文化特质唯一可能之假设，其他假设均不可通，使此假设由假设而进为绝对之真理；二为但取此假设作为讨论之中心，视作各种文化特质之"意义线"辐辏之处，虽取逻辑之推演方法，然并不一定依照严密之推理步骤作直进式演绎，但视逻辑推演为一方便，如探海灯投射光线以探海上行舟或礁石之用，亦并不从事证明此假设为唯一可能，而留其他假设之是否可能于其他之尝试者，今惟证明所采之假设确属可能而已。此数种作法之优劣今不具论。作者所采之法，则为第三种中之后一种。虽时或类其余三种，然作者本意实系采第三种之后一种。此所望读者切记在胸以便了解本文之结构者也。

今先将作者所假设之中国文化根本精神以一命题表述之于下，然后再进而说明之。

---

* 原载《中央大学文艺丛刊》1935 年第 2 卷第 1 期，录自《中西哲学思想之比较论文集》，台湾学生书局 1988 年全集校订版。

中国文化之根本精神即"将部份与全体交融互摄"之精神：自认识上言之，即不自全体中划出部份之精神（此自中国人之宇宙观中最可见之）；自情意上言之，即努力以部份实现全体之精神（此自中国人之人生态度中最可见之）。

此命题或以为不足说明中国文化，故不能称为中国文化之根本精神；或以为此乃各种文化所同之精神，不能专视作中国文化之根本精神；或以此外尚有更根本之中国文化精神。然就作者现有之知识观之，则此精神可谓中国文化最根本之精神，别无更根本之精神可得；其他文化虽或多少表现此种精神，然未有如中国文化之自始即以此精神为理想且充分表现此精神者，中国文化之特质亦无不可直接间接以此精神说明之。以下即当陆续证明此语之非诬。为方便计，下文先就中国人之宇宙观及人生态度之特质分别加以说明[1]而后进而略论究其与文化之关系。今依序先作中国人之宇宙观特质之说明。

中国人之宇宙观特质之说明

中国人之宇宙观之特质有七：一、无定体观，二、无往不复观，三、合有无动静观，四、一多不分观，五、非定命观，六、生生不已观，七、性即天道观。今一一论之如后。

一、无定体观　中国人心目中之宇宙恒只为一种流行，一种动态；一切宇宙中之事物均只为一种过程，此过程以外别无固定之体以为其支持者（Substratum）。《易经》全部实即将宇宙视作往来之过程而说明之，故谓"神无方而易无体"。老子论道曰："周行而不殆。"《论语》孔子谓："逝者如斯夫，不舍昼夜。"均自过程观宇宙之语。同此类之话颇多，不胜悉举。即如中国所讲五行八卦之类，在初民心理中或本所以代表固定之金木水火土山泽风雷等；然《书经·洪范》中之五行，《易》中之八卦，即均失其固定之性质而化为一种意味，一种功用。故《洪范》谓："金曰从革，木曰曲直，水曰润下，火曰炎上，土爰稼穑。"《易·说卦传》谓："乾，健也；坤，顺也；震，动也；巽，入也；坎，陷也；离，丽也；艮，止也；兑，说也。"故八卦在《易》中已用以象征人身社会自然之各部，后儒论五行亦复如此。吾人但观五行之行字，八卦之卦字（《易·说卦》谓"观变于阴阳而立卦"），吾人已可知中国之五行八卦与希腊原子论者之言地水火风之绝对不同。尤有趣者，为中国人于一切均好以气解释，严几道译之《名学浅说》中一段，论及中国人之思想方法，谓："问人何以病，曰邪气内侵。问国家何以衰，曰元气不复。于贤人之生曰闲气，见吾足忽肿曰湿气。他若厉气、淫气、正气、余气，鬼神者二气之良能，几于随物可加。"此一方虽表明中国人头脑之混沌殊觉可笑，然同时亦正可见中国人之视一切物为一意味、动态、功用、过程，故视万物为气之流行。故中国哲学竟无唯物论，与唯物论相近之思想均融入于唯气论中，实非偶然。中国思想家之论本体皆不离用，故常有"即用显体"、"即体即用"、"离工夫外无本体"之说。关于中土体用之学义蕴宏深，今所不及论，兹为便于引申后文，惟言此体与用不离，而为流行中之主宰，而非流行后面之主宰固定不变体之观念而已。

此种无定体观乃中国人所有之宇宙观。西洋思想始于欲在现象外求本体，将一切现象均视作物之附性非真正之实在，故恒欲撤开现象以探索支持宇宙之固定不变真实本体。希腊哲学中之本体观念几无不与现象对立，而所谓本体者率皆含固定不变之性质。近代哲学中之唯物论多元论所谓本体亦然。绝对唯心论所谓本体自与现象不离，其所谓绝对不变之涵义与固定义有别，自一义论之，其所谓"绝对"颇同中土所谓流行中之主宰。现代哲学家怀特海（Whitehead）、柏格孙（Bergson）等尤重变与不变之融摄。然自全部西洋思想而言，则论宇宙本体者多陷于视本体为固定不变之说。如柏格孙《形而上学序论》，杜威（Dewey）《哲学之改造》，怀特海《科学与近世》，罗素（Russell）《哲学中之科学方法》，斯泡丁（Spaulding）《新理性论》，即均详论及此，而以此为西方哲学须根本改造之理由（彼等之书且论绝对唯心论者皆犯同一错误）。印度佛法以破我执法执为教，立诸行无常诸法无我之义谛，盖与中国之无定体观最相近。然印度其他宗教固大多建立一常住不变之本体世界，如支配印度人思想最久最深之婆罗门教，即承认一常住不变之梵天之存在。佛法在印度迄未占多大之势力，佛法中之大乘竟绝于印而只保留于中国。且佛法之以宇宙为无常无我，推其原仍出于求常求我之动机，故深以无常老死为苦。唯感于世间终无常我可得，始只得认此当前宇宙为无常无我，是佛法之最初出发点仍未免于执常执我。而中国人之宇宙无定体观则遍于自古至今之中国人思想中，其视此宇宙为无定体，并非如西洋人印度人之先迫切追求定体不得方逐渐悟到，盖自始即将宇宙视作无定体可得者也。

以上已将中国人之宇宙无定体观说明，现吾人可进而论其如何自吾人上述之根本精神而来。吾人今姑不问现象以外有无固定不变之本体，此乃另一问题。吾人今所欲问者为自知识起原上言之，人何以欲于现象外求固定不变之本体，自无常外求常。自吾人之直接经验而言，一切固流行不息，瞬目扬眉，山河顿易，无不变者。故所谓现象以外之固定不变本体，实系自直接经验之迁流生化之宇宙全体中抽象出之产物，抽象后而复隔离之于此全体以外之产物。而中国思想家之视宇宙为无定体，直下承担此迁流生化之宇宙万象于变中见不变。则实自不在全体中划出部份之根本精神而来也。[2]

二、无往不复观 中国人心日中之宇宙恒非直线进行，而为轮流周转。故认为一切事象之演化，均非往而不返，而呈无往不复之观。《易》与《老子》于此所见特深。《易·复卦》以"复见天地之心"，《系辞传》赞《易》谓："变动不居，周流六虚"，故六十四卦均可旁通，如环无端。《易》之全书即不外本以象征宇宙间一切消息、盈虚、往来、屈伸、剥复、损益之各种循环关系。《老子》一书亦大半均在讲明"长短相较，高下相倾，前后相随。""曲则全，枉则直，洼则盈，敝则新。""飘风不终朝，骤雨不终日。""物壮则老。""天下之至柔驰骋天下之至坚。"之理，故曰："大曰逝，逝曰远，远曰反。""反者道之动。"后来之道家无论庄列淮南，莫不尽力发挥此义。又如《礼运》所谓"五行之动，迭相竭也。五行四时十二月，还相为本也。五声六律十二管，还相为宫也"一段亦所以明宇宙事物往复循环之义。故中国人恒信所谓气运之流转，恒信一治一乱，五百年必有王者兴之说。中国人计年以花甲六十年为一周，算命者即凭之以断人之命运，均本于气运轮转之观念，而非有信于抽象之数之魔力。中国五行说之金木水火土，皆互为生克，彼此制化，无端可寻。故中国人比较有系统之宇宙时间观，如邵康节之所持，其终始全可以《易》之六十四卦由复至坤之圆圈表示。天地开辟至闭之一元之时间，其中会运世之轮转，正同一年由初一至除夕，其中月日时之轮转然。中国人较有系统之宇宙空间观，如《史记·孟子荀卿列传》所载邹衍环海九州之说，谓中国有九州，其外如中国者九，有裨海环，如此者又九，乃有大瀛海环其外。亦属重重圆圈之想像。是均可见中国人对宇宙持无往不复观也。

此种宇宙观亦中国人所特有。西洋希腊人之宇宙乃一有限而表现整齐秩序有"由低至高之层叠"（Hierarchy）可见之宇宙。故一切自然物均有其一定之位置，遵照一定之轨道运行如一清明之图画，所谓 Cosmos 是也。此种宇宙在柏拉图（Plato）之《提姆士》（Timaeus）中得一最具体之表现。自希腊人观之，如宇宙一朝失去其整齐之秩序，则只能成为混沌（Chaos）。故即注重变化之赫拉克莱丢斯（Heraclitus），亦不能不成立一逻各斯（Logos）以作变动中之支柱，以免宇宙成为混沌。混沌乃希腊人所最忌，故 Cosmos 与 Chaos 二字必截然分别。而中国人则素不分此二字；中国人心目中唯一种宇宙，此宇宙诚亦有其秩序，然此秩序并非固定。此秩序殆类乎振动中之周期，只为一种节奏之反复。故中国人之宇宙并不表现由低至高之层叠，乃属升降起伏波动无常者。自此而言，希腊人必将视作混沌。可见中国人①无往不复之宇宙观，非希腊人所有。近代西洋人之宇宙虽变动不已，然其变动纯系在一直线上进行往而不返者。近代西洋人打破希腊人之有限空间，而认识一无限之空间；然此无限空间正属向三量度一直伸展往而不返之物。近代西洋人打破希腊人有穷之时间，认识无穷之时间；然永远进化之思想正无所归宿之宇宙之反映。诚然黑格尔（Hegel）一流之辩证法宇宙观多与中国人正反相生之观念有相同之处，故人恒持以相比附。然黑格尔之辩证发展之宇宙，自时间上言之，仍属在一直线上进行。其所谓正反合乃一一累积而上，故其宇宙大可有终局。如其所谓文化之发展，则显然可有最高之结束点。其认普鲁士文化即最高之文化形态，其自己之哲学，即最后之哲学；均可为证。西方思想家对于时间空间观念与中国思想均尚相似者，似唯有柏格孙与怀特海。然柏格孙所谓生命冲动（Elan Vital），怀特海所谓创进（Creative Advance），终出自前进不回之观念。此外如尼采（Nietzsche）等虽有永远轮回之思想，然彼等所谓永远轮回只为过去事之重现。此种轮回非真正之轮流周转，而只能视作直线之重叠。至于印度思想中之宇宙轮回观，以宇宙自时间上言之，表现一劫复一劫；自空间上言之，三千大千世界又呈重重包裹之状；诚与中国思想最近。然印度思想家终不曾如中国思想家之注目于眼前事象之消息盈虚，观无往不复之理于日用寻常之对象。故吾人仍可言无往不复之宇宙观，为中国人宇宙观之特质也。

吾人现可进而说明此种无往不复之宇宙观之来源。此种宇宙观既可谓自无定体观而来，间接出自上述中国文化根本精神；亦可谓直接由上

---

① "人"，原脱，校补。

述中国文化根本精神而来。云何可谓自无定体观来？盖吾人之相信事物运行，往则不返，直进不曲时；必同时相信事物之运行，并非出于事物之自动，而由有固定之体在后以迫胁之支持之，使之向一定方向而进行。若吾人根本上即持宇宙无定体观，则所谓事物之运行，不外各种现象之迁流生化。此各种现象之迁流生化，无在后迫胁之支持之者，纯为自动。既属自动，其动向自不必限于一定方向而可转移回绕；呈"唯变所适不可为典要"、"往复无常"之观。云何又谓来自中国文化之根本精神？盖凡世间一切消息盈虚往来剥复屈伸损益一切之相对二种状态，自吾人之认识上言之，皆互相补足相反相成而不可离之两面。吾人承认其一面，同时必须假设有其他面。二者实构成一全体。吾人之所以只看一面而忽略他面，显由吾人之抽象作用将一面特别提出之故。此特别提出正是自全体中划出部份。中国人既不自全体中划出部份，自不将二面视作分裂，而自注目于其正反相生交轮互转之处矣。

三、合有无动静观　中国人之视宇宙，恒视作即有即无，即动即静。老子谓："天下万物生于有，有生于无。""有无相生。""静为躁君。"《易》论乾本至动而其静专在其中，坤本至静而其动辟在其中。庄子尤好论动静交易有无出入之理。至宋明儒者论及有无通（张载），一动一静互为其根（周濂溪）之语尤多。故中国人心目中无毕竟空、绝对静之时间空间，亦无充塞运动无有少罅之时间空间。中国人心目中之时空恒被称为太虚。所谓虚正系在有无动静之间，而为有无动静之过渡者。故老子论虚曰："虚而不屈，动而愈出"。诚妙哉其言。此种合有无动静之宇宙观，在印度佛法及西洋神秘主义诚咸有之，然印度佛法在印度人思想中，西洋神秘主义在西洋人思想中，均不占主要之地位。且印度佛法与西洋神秘主义均视有无动静合一之理为超世间法，而不视作世间法。故认为唯有升至彼界时，方能亲证之。故此理与世间法不相联续。中国思想家则素不视此理为超世间法，不必升入彼界方能亲证，而以此理与其他理全可打成一片。以后当再论及之。即此而言，吾人至少可谓此理在中国文化中之意义较在印度西洋丰富多多也。

吾人今进而论此种宇宙观之来源。第一、吾人可谓其来自无往不复观。盖自无往不复观，则一切盈虚消长往来屈伸均互相补足之两种状态，皆为一全体之两面。必两面兼具，方成整个之一事。吾人可试问当吾人只见一面时，另一面有与否。此时可谓无，以另一面尚未生；然亦可谓之有，以此面即将转变至彼面，此面中已含孕有彼面——此面不含孕彼面则此面不能完全。吾人用此眼光以观宇宙，自必视宇宙为即有即无；同时亦必视宇宙为即动即静。以由静至动即由无至有或由有至无，不过在动静之概念中必预设一动静者而已。第二、吾人可谓其来自无定体观。盖吾人持有无动静不相通之见时，吾人同时必信于有无动静之现象外后面有固定支持者或托底者（Underlying Entity）。若果一切现象均无固定支持者、托底者，则一种现象只为一种现象，并无自持其为有为无为动为静之状态之"能力"。若有此"能力"，则此"能力"已为现象外之固定支持者或托底者。一种现象既无自持其为有为无为动为静之"能力"，佛家"才生即灭"、"生灭同时"之义与夫黑格尔由泛有（Being）至无（Non Being）合有无成变（Becoming）之义成立；而中国人有无动静合一之义亦得其解矣。第三、吾人可谓直接来自中国文化之根本精神。盖在吾人直接经验中，一切均流转不已，一切均在本无今有、暂有还无、静极复动、动极复静之过程中，所谓有无动静之对待，均原于对直接经验之剖分，此正系自全体中划出部份也。

四、一多不分观 中国哲学中，素不斤斤于讨论宇宙为一或多之问题。盖此问题之成立，必先待吾人将一与多视作对立之二事。而中国人则素无一多对立之论。《老子》以"一生二，二生三，三生万物"。又谓"万物得一以生"。《易·睽卦·象辞》谓"天地睽而其事通也，男女睽而其志通也，万物睽而其事类也"。《系辞传》谓"太极生两仪，两仪生四象，四象生八卦……引而伸之，触类而长之，天下之能事毕矣"。"天下同归而殊途，一致而百虑。天下之动，贞夫一者也"。均含一多可相贯摄之意。后来宋明儒尤好论万殊一本之理。如周濂溪所谓"是一是万一实万分"。朱子所谓"一物一太极统体一太极"。而吕新吾所谓"一止在万中走"尤为有味。此种一多不分之宇宙观，亦唯在中国思想中始普遍。西洋思想常偏重多之一面。当西洋思想家持宇宙一元之论时，则恒易以此一为含超绝性之一，而多元论者恒泥多而失一。印度思想中婆罗门之思想明明偏重一，其他外道则大均偏重多。佛法诚最善持中道义，然佛法之合一与多，恒自非一非多处立论，少自即一即多处立论。故其合一多之理，恒用于超绝之境界，仍未能似中国思想家之应用之于日常所见，当前宇宙也。

吾人今亦援前例而论一多不分观之来源。第一、可谓其来自合动静有无观。盖吾人之所以将一多视作分立，正由吾人将各物视作静而不动有而不无以自成界限。若以为动静有无可相转变，多可相融合以为一，一可以变化而成多；何一多对立之有。第二、可谓其来自无往不复观。盖吾人之将一多视作对立，又必待吾人视各物为相离则不能合，相合则不能离者。若离复能合，合复能离，则一多之分立自不可能。物之离合，即可视作物之往复。若持往复无常观，自当持离合无常观，而一多不分之义在其中矣。第三、可谓来自无定体观。盖若一切均无定体，则一与多均无支持之者。一多既均无支持之者，则孰使一常住为一，多常住为多。第四、可谓来自吾人所谓中国文化之根本精神不自全体中划出部份。盖吾人之所以有一外之多，必先由全体直接经验中划出许多独立之部份；吾人之所以有多外之一，必将全体直接经验视作离此划出之部份而另有其存在者。若吾人根本不自全体中划出部份，自无一外之多与多外之一之分立矣。

五、非定命观　中国思想家素不信宇宙一切现象，均只为一种神之前定计划开展而成之说；亦不信宇宙间有任何盲目之力量逼迫宇宙作机械之转动。中国人极早即见得一切无作者之一义。老子虽言道生万物，然其论道之言曰："大道泛兮，其可左右；万物恃之而生而不辞，功成不名有，衣养万物而不为主，常无欲，可名于小；万物归焉而不为主，可名为大，以其终不自为大。""道之尊，德之贵，莫之命而常自然。""道法自然。"其所谓道盖全无定命义。《易》恒言神，然《系传》论神曰："神也者，妙万物而为言者也。""神无方而易无体。"又曰"神以知来"。其所谓神只含一种伸引生养之意味。中国人恒信命。然中国人心目中之命，并非所谓神所下之谆谆然之命。中国人心目中所谓命，只为大化流行之一种情势。此情势有其大体之方向，故谓之命。然自其动向言，实又在逐渐迁变之中，而非独立不改者。故中国人虽信算命，然同时无不承认命之好坏可以修德立品而转移，仍非绝对之决定论。在中国思想中真有定命思想者惟《列子·力命篇》，然其以力与命对言，则在逻辑上已不承认命之绝对，且彼之思想固不曾在中国思想上生大影响也。

非决定之宇宙观西洋及印度思想中亦未始无之；然大体而言，西洋及印度之思潮均偏于决定论。希腊思想家心目中之秩序整齐不可转移之宇宙，正属一种决定论之宇宙。至希腊悲剧中所表现者尤显系一种不可避免之命运之力。中世纪之西洋人认为宇宙之全权操于上帝，一切存在之命运系于上帝之恩典，亦明不免为一种决定之宇宙观。近代科学家如牛顿（Newton）、盖律雷（Galileo）所建立之动者恒动静者恒静之宇宙观，视一切天运地处日月云雨之往来施布，咸如庄子所谓有机缄而不获已，更属决定之宇宙观。此种宇宙观怀特海名之科学的唯物论。三百年来欧洲哲学家文学家所努力者，不外欲逃出此种宇宙观。迄至最近因物理学天文学之革命，方始有趋向非决定论之新宇宙观之孕育。然此新宇宙观之系统，迄今尚未完全确立。印度佛法虽否认外道之神我及一切命定之说，持有情之业力能改变其宇宙之说；然佛法承认三世之说，以为有情虽能造业，而过去无量劫来之业力早已决定。故有情之宇宙虽可以新业力改变，而效果极微。中国思想家则素不承认三世之说。中国思想家至多只承认祖宗之福德可影响后代。故在印度必经三大阿僧祇劫而后可成佛之说传至中国，竟易以顿悟成佛之禅宗之说。是均可见印度人之宇宙之决定论成份实较中国为多也。

今吾人再进而论非决定观如何来。第一、可谓来自一多不分观。盖所谓定命所谓作者一被设想均不能免于视作离多之一而设想之；若吾人不分一多，自无决定论产生之可能也。第二、可谓来自合有无动静观。盖所谓定命者，恒为有而不无静而不动者，若有可摄无，静可含动，则定命作者之观念必归自破。第三、可谓来自无往不复观。宇宙事物之运行，既无往不复上下无常，则注定一途之定命无不可反向折回而变化转易矣。第四、可谓来自无定体观。凡相信命定论者，必相信一能发定命之不变定体。此定体或为神，或为物质，而其为定体则一。吾人若视一切均无定体，则命定之论将无所据矣。第五、可谓直接来自吾人所谓中国文化之根本精神不自全体中划出部份。盖所谓作者、定命之观念，无论为神为物或其他，均由吾人自全体直接经验中抽象而出之部份而赋之以一种独立之权力所产生者。若吾人根本不自全体中划出部份，自无定命论之产生矣。

六、生生不已观 中国思想家对于宇宙从不视为有止息，而以宇宙乃永远生生不已者。《诗经》中有"维天之命，于穆不已"之句，已见生生不已之义。《易·系辞传》《象辞》中于此尤有极好之发挥。《系辞传》谓："生生之谓易。"又谓："乾坤毁则无以见易，易不可见则乾坤或几乎息矣。"《易·乾象辞》谓："大哉乾元，万物资始。"《坤象辞》谓："至哉坤元，万物资生。"《恒象辞》谓："天地之道，恒久而不已也。"《易经》最后终以"未济"一卦，亦正系欲说明"物不可穷"之义。此外如《论语》中孔子谓："天何言哉，四时行焉，百物生焉。"《中庸》："天地之道可一言而尽也，其为物不二，则其生物不测。"及后来周濂溪《太极图说》所谓："万物生生而变化无穷。"程明道所谓："生之谓性。"无不自宇宙生生不已处着眼所发之论。道家亦好论生生化化之理，如《列子》第一篇《天瑞》，即讲得极好。不过大体而言不及儒家之透彻而已。故中国人素不好论世界之始终，所谓言不雅驯是也。论宇宙开辟者尚有，论世界末日者乃竟无人。是均可证中国人所持之宇宙观为生生不已之宇宙观也。

此种宇宙观似亦非中国人所独有，西洋印度亦有之。然核实以谈，则西洋人终未能真相信生生不已之义。希腊人宇宙观中之时间观念乃有限的时间观念，其宇宙决非生生不穷之宇宙。中世纪西洋人之思想中，视地上之时间为永久不变之天国之幻影，亦决不容许生生不穷之宇宙之存在。惟近代西洋人之宇宙，有无限前途可发展，似类生生不已永无穷期之宇宙。然近代西洋人之所以视宇宙有无限前途，不根据于宇宙生命潜力之无限之说，如进化论者所持；即根据于一绝对心灵为世界创造之源泉之说，如唯心论者之所持；仍非真正相信当前宇宙，即日新复日新，能自然生生不已者。印度人虽承认宇宙之变，刹那刹那，旋灭旋生，然至智证真如时，所见宇宙终属不生灭境界。而中国思想中直只讲生生，《易》言元亨利贞，而贞下起元而不以生灭对言；与印度思想之以生灭对言，言生住异灭而终于灭者，终不同也。

吾人今再进而论生生不已观之来源。第一、可谓来自非决定论[3]。盖宇宙既非决定，其进行变化自出于自动自发。其进行变化既出于自动自发，自当恒久不息，生生不已。第二、可谓来自一多不分观。盖一多不分，则一非固定之一，多非隔离之多。一非固定之一，多非隔离之多，自可有各种融贯综合所生之各种变化；生生不已之宇宙自当可能。此中庸之所以以天道之不二，证生物之不测也。第三、可谓来自合有无动静观。盖吾人之所以昧于生生不已之理，正由吾人将宇宙一时之无所表见，静而不动，作为真无真静。若果能于无中见将生之有。静中见欲作之动，自当觉宇宙生生不已之机无时不运[4]。第四、可谓来自无往不复观。自表面言之，如本无往不复观，则一切均始卒如环，何能有生生不已。然自中国思想家观之，正由宇宙处处表现无往不复之律，方有真正之生生不已，盖唯往而又复，方有再往。如有春夏之往与秋冬之复，然后有第二春夏。唯其往而再往，春夏又春夏，时间方一年一年以进行，宇宙方恒久不息生生不已。故《易·系传》谓："一阖一辟之谓变。""变则通，通则久。"而《恒象》又谓："四时变化而能久成。"第

五、可谓来自无定体观。盖万象本迁流不息无定体以执持之，亦即无限定之者，既无限定之者，自可变化无穷，生生不已。第六、可谓来自吾人所谓中国文化之根本精神不自全体中划出部份。盖吾人之所以昧于宇宙生生不已之理，正由吾人将时间之流从中截断，以为以后即将不存在之故。然呈现于吾人直接经验中之时间之流，固前后相连无有间隔之整个时间之流。可见吾人之截断之，全由于自全体中划出部份。若吾人根本不自全体中划出部份，直下承担之事象之流，既连绵相继，何由截断之以证宇宙生生之有穷耶？

以上已将中国人宇宙观之六种特质述完。然尚未述及中国思想家对人在宇宙中地位之问题之答案。关于此问题之一部当俟论人生态度时再为详述，今所欲论者唯限于人与宇宙在本质上是否和谐，支配人之则律与支配宇宙之则律是否一致之问题。于此问题中国思想家殆皆持和谐之论。于是有中国人之宇宙观之特质七——

七、性即天道观 性即天道盖为中国思想家历代相沿之共同信仰。《书经》谓："不虞天性。"以天性合称，已见性天不二之意。《诗经》谓："天生烝民，有物有则；民之秉彝，好是懿德。"《左传》载刘康公谓："民受天地之中以生，乃所谓命也。"尤明示性原于天之旨。是均在孔子以前之语。至于孔子尤明主性与天道不二之说。《孝经》载子曰："天地之性人为贵。"《礼运》记孔子语："人者天地之心也。"《论语》所载子曰："人之生也直。"均含性与天道不二之说。子贡虽有"夫子之言性与天道不可得而闻也"之说，然所谓"不可得而闻"不过罕言，故他处谓子罕言命与仁（命正即天道，仁正即性）；非不言也。至子贡之将性与天道合称，亦正可见孔子之未尝二之。《中庸》主"天命之谓性，率性之谓道"之说，以诚之者与思诚者未发之中与已发之和，为一而不异，亦性即天道之旨。孟子以心之官为天之所以与我，仁义忠信乐善不倦为天爵，持"知其性则知天""万物皆备于我""浩然之气则塞于天地之间"之论，亦显系不离性天之说。荀子虽认为生之所以然之性与人伪二者截然对立，持"从天而颂孰与制天而用之"之说，似以性与天道不可合；然亦持"人心为天官"之论。而其所谓心虽非其所谓性，而实与其他儒者之所谓性颇同。是荀子仍非绝对之性天割裂论者。至汉以后儒者更无不持性即天道之说。如董仲舒之"道之大原出于天"之说，张横渠"天地之塞吾其体，天地之帅吾其性"之说，陆象山"宇宙即吾心，吾心即宇宙"之说，程朱学派"性即理"之说，不过其显著者耳。至于道家虽有"天地不仁"之说,"人之君子,天之小人"之论;然老子亦言"人法天,天法道,道法自然",庄子亦言"天地与我并生,万物与我为一"。是儒道两家均同主性即天道之说。性既即天道,自然外自无当然,当然自运行于自然之中。此又中国言性虽有性善、性恶[5]、性善恶混、性无善无不善、性分三品之说,而性善论独占势力之故也。

性即天道之宇宙观,亦为中国思想所独有。希腊思想中如原子论派,殆均忽略人性在宇宙中之意义与价值。柏拉图虽建立一理念世界以为人所追慕之真善美等价值求得一本体上之根据;然彼终信人性之二元,以人性中之黑马(喻肉欲)时可驱人之灵魂向理念世界之反对方向而去。在希腊思想中较能将宇宙则律人之性作通体观者,唯亚里士多德(Aristotle)耳。西洋中世纪思想将天上人间截然分立,以人类有原始罪恶,唯有经深切之忏悔,受隆重之洗礼,方能超升天国,其非持性与天道合一论也可知。西洋近代思想中如进化论之思想虽以自然律则解释人性,然其结果于人性之尊严高贵一面,乃全盘抹煞,但溯其源于低级之本能,仍未真能合性与天道。理想主义将人之性溯源于宇宙心(Cosmic Mind)绝对心(Absolute Mind)普遍意识(Universal Consciousness),诚能将性与天道合。然理想主义仍以吾人之个体心乃根本不完全,充满错误与罪恶者;其与中国思想家之以个体心即可摄宇宙心,并无亏欠,本自完全,但尽其性即可参天地者,终不同也。

吾人今试进而问性即天道观自何而来。第一、吾人可谓来自生生不已观。盖宇宙既生生不已,自不主故常,而为化育之过程。宇宙既为化育之过程,人亦为化育之过程,自可互相感应和谐,性与天道,自当不二。第二、可谓来自非决定论观。盖宇宙与人既均无决定其命运之第三者;人之性之如何,自必本于人与宇宙关系之本身;即必本于人与宇宙间自然之默契,自然之和谐,而无所间隔。第三、可谓来自一多不分观。既持一多不分观,则宇宙与人,自一方言,可谓多——宇宙自宇宙而人自人;然自另一方面言,亦可谓一——宇宙与人交相透摄。身之与物,认识与其对象,均为交相透摄者。多而复一,自可和谐矣。第四、可谓来自合有无动静观。盖吾人之视宇宙与人本质上不相和谐,必由吾人有感于宇宙人生有不相关切趋向不同之时;亦即发见宇宙有某种事实,而人生无某种要求,或吾人有某种要求而宇宙无某种事实之时。然若吾人能将有无动静合一,则无能育有,静可含动,自当不以宇宙事实人生要求为不可和谐矣。第五、可谓来自无往不复观。盖据无往不复之说，则宇宙间一切关系均为一往一复相互反映者；人与宇宙间之关系自亦当为一往一复相互反映者。一往一复相互反映之际，自必彼此互相依据而不可割裂，和谐即在其中矣。第六、又可谓来自无定体观。盖宇宙既非定体，人亦非定体。宇宙人生，彼此既各均无定体以支持限制之，其本质上自可和谐矣。第七、又可谓来自吾人所谓中国文化之根本精神。盖于吾人直接经验中，宇宙与人本不可分。自一面言，宇宙不外吾人认识之对象，与吾人之认识活动浑一而不可分以构成吾人整个之知识。自另一面言，吾人身体不外客观宇宙之一物，乃与客观宇宙其他物息息相关，无时无地不互相作用，而与宇宙中其他物无绝对之界限者。故吾人之将人与宇宙分裂，不生于自整个知识全体中将其为吾人对象之宇宙部份划分出，即生于自客观宇宙全体将吾人身体部份划分出。然无论前者或后者，其为自全体中划出部份则一也。

上已述中国人之宇宙观七特质竟。其均原于不自全体中划出部份及其息息相通之处，已于上文说明。唯以中国宇宙观本非一严整之理智系统，唯赖一种深透之直觉力方能冥会其意蕴，而上文强以西洋式思路把握之而又欲指出其有机性，立言自不免缭绕。善会其意，是赖读者。以下当进而讨论中国人之人生态度。为避繁文，故另采一种组织法，然根本意旨固一贯也。

中国人之人生态度之说明

由上所论，可知中国人宇宙观之特质为无定体，为往复无常，为合动静有无，为通一与多，为非决定，为生生不已，为性即天道。如以一语概之，可谓其本在不裂全与分，其归则明天人之不二。今兹所论，则在进以论中国人之人生态度。其详下列具陈。若要而论之，其本则在由分以体全，其归则不二天人而已。

自一义论之，由分以体全、不二天人，乃一切人类共同之理想，匪吾华所独有。一切人类之问题，无不生于分全之不相摄，天人之背道而驰。西洋印度思想家之所祈向，何尝不在分全合一，天人同轨，唯西洋印度思想家之最后祈向虽容与吾华先哲同，然彼均先有裂而后求合，先有异而后求同。而吾华则自始不裂，未尝有异。尝试论之，西洋人者出分于全，执分以推之，推之不已，欲由其分而另得其全者也；离人于天，欲去此天，以另觅人之天者也。印度人者欲出分于全，而即知分之不可执，推之不能穷，遂去其分以成其全；欲离人于天，而即知天人之不可离，遂去此人以成天人者也。西洋人重在得，重在立，故有表而无遮，遮均所以成其表，而以表覆遮，故"非此即彼，非彼即此"。印度人重在去，重在破，故有遮而无表，表正所以明其遮，而以遮为表，故"非此非彼，非彼非此"。中国人则自始知全分之不当裂，故不由分而推全，而全未尝不有；不去分以成全，而全未尝外。知天人之不当二，故不另觅其天，而天已在人；不去此人，而人不违天。遂重在即去即得，即破即立。故"亦此亦彼，无可无不可"。是三方虽自一义言均可谓以分全合一天人同轨为祈向；然自始即以分体全、不二天人者，唯吾华先哲而已。

以上所云，唯在引端，似难征信。今将吾华先哲之人生态度之显然与西洋印度异者，列为十目（一曰赞美人生，二曰物我双忘，三曰仁者之爱，四曰德乐一致，五曰反求诸己，六曰虚静其心，七曰择乎中道，八曰不离现在，九曰化之人格理想，十曰气之不朽论），一一加以论列，以见其旨均不外以分体全、不二天人而已。

一、赞美人生　印度人以生为病死苦之源，故印度思想虽万派千宗，无不以达于无生境界为究竟。虽原始佛教亦论世间法，大乘佛学尤呵斥灰身灭智之外道小乘；然佛法既在得根本涅槃，则其不以吾人之生为可乐，乃终不可掩者。西洋基督教支配之中世纪思想以人生为堕落，人世为罪恶之渊薮，视人之情欲如毒蛇猛兽，其为厌弃人生之思想，亦彰彰明甚。希腊人于和风丽日中歌笑舞诵，诚人类真赞美人生者；然以尼采所指希腊悲剧中所表现狄阿尼索斯（Dionysus）精神而观之，则希腊于其清明在躬之另一面，实对彼苍昊感无限之祈求与战栗。故即思想上最足代表阿波罗（Appollo）精神之柏拉图于其共和国中，亦设喻谓"人处世间，如在重囚，唯借日光，得见真实世界杂物之影"。可见其完美整齐之理念世界，实压于一阴暗沉重之现实世间之上。则希腊人非真正乐生者可知。近代西洋浮士德式之人，生在无尽追求与幻灭之轮流辗转之中，表现于浪漫主义文学者为怅望天涯，时时若有所失之情绪；表现于自然主义文学者，为惨淡寂寞，若将长此以终古之情绪。故西洋近代人虽一方向前奋斗义无反顾，而诅咒人生之悲观思想反更易沦浃人心。虽二十世纪以来对于以前流行之悲观思想多所改造；然全体而言，西洋近代人在此世界无"家室之感"，当无可疑。而中国人则素无诅咒人生之思想。文学中虽时或有"知我如此不如无生"之语，然其情调之严肃程度，实远不及表现于西洋文学者。至哲学上更无极端悲观之论。《列子·杨朱篇》虽颇多悲观语，然亦论"天下无对，制命在内"之道，以为安身立命之具。中国哲学中儒家皆以生为绝对之善。故谓"天地之大德曰生"，以发育万物，曲成万物，并育万物，作为赞叹之辞。而孟子之言"乐则生；生则恶可已；恶可已，则不知足之蹈之，手之舞之"一段，尤足见我先哲涵泳默息于自己生命中所感之无穷意趣。宋明儒者为对中国人生态度最有亲切之体验者。故诸大儒于此点咸有心心相印之故事。周濂溪窗前草不除，言与自家意思一般。张横渠观驴鸣亦谓如此。程明道窗前有茂草数砌，或劝之芟，曰："不可，欲见造化生意。"又置盆池畜小鱼数尾，时时观之，或问其故，曰："欲观万物自得意。"即严谨之伊川，亦谓："万物之生意最可观。"[6]道家虽言不生，然归本于生生者不生，仍以生为主。故老庄书言生处仍极多，原书具在，无待多举。至于中国文学家则大多以"乐意相关禽对语，生香不断树交花"为其会心。"池塘生春草，园柳①变鸣禽"为其对境。"何必兰与菊，生意总欣然"为其选题。而中国之田园文学遂独能造绝于世界。中国人在此世界绝无诅咒之意。西洋人所谓"厌倦人生"中国人直全不解。中国人唯知欲遂其生而不能者之足悲，未有以生为可厌可悲反欲逃此人生者也。其所以致此之故，曰在不二天人以分体全而已。不于自然外求当然，不以此世界外别有人之所乐而以此世界为可厌可恶，乃即此世界而见其可欣可乐，非不二天人之旨欤？不画此世界为两部，以为将由此以达彼或去此以存彼，乃即物而观其与己相通生生不已之机，非以分体全之旨欤？

二、物我双忘 印度婆罗门教以人入梵天中，如瓶破而瓶中之虚入于太虚。佛法以人证大菩提，乃更无人相我相诸法相。西洋之神秘主义亦有与婆罗门教相类之思想。[7]西洋文学家亦常言入自然怀抱及各种陶醉（Intoxication）、忘我（Ecstasy）之境。物我双忘似非中国人所独有之人生态度。然此言似之而非也。佛家婆罗门教徒或西洋神秘主义者所祈达之物我双忘之境乃系超世间之境；在此世间彼等固无时不感物之对待。此其所以力求逃脱此世间以达超世间之境也。中国人之物我双忘之境则系此世间之境，此乃中国人之物我双忘与西洋印度之物我双忘之所不可同日而语者。故中国思想家论物我双忘之语，如老子所谓"我独泊

---

① "柳"，原作"鸟"，误，校改。

兮其未兆，如婴儿之未孩；儽儽兮若无所归；我愚人之心也哉。沌沌
兮……我独昏昏……我独闷闷，澹兮其若海，飂兮若无止"。及《论语》
上孔子之所谓"空空如也"，"默而识之"；庄子所谓"物化"，所谓"神
遇"，所谓"坐忘"；孟子所谓"大而化之"，所谓"所过者化，所存者
神，上下与天地同流"；程明道《识仁篇》所谓"浑然与物同体"；均非
指超世间之境。故老子"无为"而能"无不为"；孔子"空空如也"而
能"叩其两端"，"默而识之"而能"学而不厌"。庄子物化仍不离"栩
栩然之蝴蝶蘧蘧然之周"，"神遇"正所以"批郤导窾"[8]，"坐忘"而能
"听人之言"[9]；孟子大而化之本于"充实"之美，过化存神之功在于
"民日迁善而不知为之者"；明道"浑然与物同体"不碍义礼智信之分
辨[10]；明见中国思想家之物我双忘全是世间法。至于西方文学家入自
然怀抱及各种陶醉忘我之境，虽是世间境界，然其境界纯系将我投物，
暂时相与无间时所感之境界；仍非中国文人哲士与物默然对坐，相看不
厌，或独立闲阶，浑无一事所感之物我双忘境界。其显然之差别：即一
为热烈，一为恬淡。故西方文学家陶醉忘我之感，恒迫若悬湍，稍纵即
逝。而中国文人哲士物我双忘之感，则恒潋滟萦回，欲返不尽。故西方
文学家在陶醉忘我之际，顿觉腾空直上，入于永生之域。而中国文人哲
士之物我双忘，不过如心逐野云飞时行行止止于流衍之虚空而已。要而
论之，则印度人与西洋神秘主义之物我双忘乃破此物我后之物我双忘；
西方文学家之物我双忘乃我突离本位向物飞跃时之物我双忘；而中国文
人哲士之物我双忘则即此物我相融无碍时之物我双忘也。破此物我之物
我双忘，虽无物我于后，实有物我于前；我向物飞跃时之物我双忘，则
如牛郎织女之"金风玉露一相逢"，虽相会时"两情无那"，"胜却人间
无数"，而良宵一度，依旧"盈盈一水间，脉脉不得语"。故严格论之，
则真正之物我双忘，唯中国文学哲士有之而已。物我双忘之物属于天，
我属于人，其为天人不二当无别论；不分物我而相贯通，又非以分体全
而何？

物我双忘之境其即上段"即物而观与己相通之生生不已之机"之视
线之过道；"即物而观与己相通之生生不已之机"，其如物我双忘之境中
之流光欤？

三、仁者之爱　　人相与间之爱为人类之所同贵，仁者之爱则中国人
之所独尊。人相与间之爱，有佛陀慈悲之爱，耶稣保育之爱，柏拉图虔
敬之爱，而均非中国先哲所恒言之仁者之爱。佛陀慈悲之爱，乃施爱者

超于生死流转之彼岸，对在生死流转中者所感之不胜哀怜悯恤之爱。爱者与被爱者乃生活于全然不同之两世界。耶稣保育之爱，爱者与被爱者虽同属天父之子，然爱者施爱时，全系本诸天父之心。而天父之爱其子也，一视同仁，故爱者体天父之心以施爱，亦一视同仁，无亲疏远近之差。柏拉图虔敬之爱乃出于在现实世间者对彼真实之理念世界中至高无上之真善美所感之崇仰悦怿之爱，其所爱者纯抽象之理想。故由柏拉图之爱可产生之对人之爱，纯由其人为抽象理想之实现者、代表者，而非有所爱于人之本身。然唯其如此，故其爱一人也，更能致其崇拜悦服之诚。中国所谓仁者之爱，则爱者与被爱者同在一世界。爱者即推其好生恶死之欲及一切喜怒哀乐之情于他人，对他人尽其扶持匡助体恤施与之爱。故中国先哲以"恕为仁之施"，孔子以"己欲达而达人，己欲立而立人"、"己所不欲，勿施于人"为教，孟子谓"强恕而行，求仁莫近焉"，而清人戴东原尤畅论"不思遂一己之欲，而思遂天下人之欲，无是情也"之意。可见中国仁者之爱与佛陀之慈悲之不同。中国所谓仁者之爱亦本于体天心，故孔子学天之不言，赞天之无私[11]。《中庸》谓："大哉圣人之道，洋洋乎发育万物，峻极于天。"周濂溪《通书》谓："天以阳生万物，圣人法天以仁育万物。"朱晦庵《仁说》谓："仁之为道，乃天地生物之心，……在天则块然生物之心，在人则温然爱人利物之心。"张横渠《西铭》更全篇专论体乾坤父母之心以爱人之意。然中国人之天非同上帝能贯注其爱于其子。中国人之天只为一片周流不息生生不穷之机。其育万物也虽无所私；而以万物之性不同，故因其材而笃焉。栽者培之，倾者覆之，故仁者之体天心，亦唯在体其一片周流不息生生不穷之意。其施于物也虽无所私；而以亲疏远近之本有不同，遂自然别其厚薄。盖如日月虽无私照，以物远近之不同，而所受光强弱因以异者。故中国仁者之爱之发也，虽一理而分殊，虽同本而异末。于物也，爱之而弗仁；于民也，仁之而弗亲。先哲制礼，于亲亲之杀三致其意，盖全本于此。而中国文字上于族戚远近，咸有专名，不似西洋之简单者，亦间接由斯而来。故中国仁者之爱虽原于体天心，而仍以人体天心。故其于爱者虽有安之怀之之意，而非代天保育之心[12]。遂与耶稣保育之爱，因以迥别。又中国人素不解所谓柏拉图之爱。柏拉图以真善美之本身高高位于一理想之世界，人之责即在匍匐攀援理性之梯以求渐升于是。中国人之视真善美皆道而已；而道唯人能弘之，非道能弘人。故中国仁者之爱人，虽爱贤胜不肖，然决非以其本身代表更多之真善美等抽象之理想，毋宁爱其"见善如不及，见不善如探汤"之具体之人格而已。且中国仁者虽爱贤胜不肖。然不贤者，仁者未始不爱之而望其贤。仁者欲"凡有血气者莫不尊亲"，欲"民日迁善而不知为之者"，欲"尊贤而容众，嘉善而矜不能"。其爱人非本于柏拉图式之理想明矣。由上所言，要而论之，则中国仁者之爱者，同形同情之人之相爱也；无所不爱而又先及其亲之爱也；恤贤化不肖之爱也；爱之而不有之之爱也。不法人外之佛陀上帝以爱人，不本人外之理想以爱人，不以"欲拥据与我对立之人以之属于我"而爱人；而即本我之心以法宇宙生物不穷之意以爱人。此非不二天人之旨乎？不画分一整个世界为两部而自位于彼部以怜爱此部之人，或欲由此部至彼部因移爱于能实现彼部之理想之人；即在一世界推小己之心而爱及群伦。此非以分体全之旨乎？

仁者之爱可谓真赞美人生者对人必有之情绪；赞美人生亦可谓仁者反观整个人生之默契；仁者之爱又可谓物我双忘时由我至物之情感上一种通贯之道；物我双忘又可谓仁者施爱时直觉上必有之无对之感。

四、德乐一致　印度思想虽重在避苦求乐——各派思想均以证入"无一切苦得究竟乐"之涅槃境界为目的，然此乐唯于入涅槃时方可得之。故修道之时诸外道皆苦行是尚。佛法虽反对苦行，然亦谓成佛前，当忍受一切苦难。希腊思想家如苏格拉底（Socrates）、柏拉图、亚里士多德于德与乐虽不持两极之论，然犬儒学派西勒学派之争，斯多噶派伊辟鸠鲁派之争，则明系生于重德重乐之各执一偏。中世纪人虽信在天国中有德者必有乐，然仍谓在人世修德当重苦行。近代西洋思想中快乐主义与非快乐主义之争，亦迄无宁日。大多数思想家均以道德之价值，与快乐之价值为截然二事。然中国思想自始即无乐德对立之论。墨子以利为义，庄子以至乐为道。而儒者尤素持德与乐之进成正比之论。故《论语》曰："君子不忧不惧。""不忧不惧斯谓之君子。""不仁者不可以长处乐。"孟子曰："礼义之悦我心，犹刍豢之悦我口。"孔子自道其乐以忘忧；孟子自道其三乐；颜子以不改其乐为孔子所称；宋明儒者恒教人寻孔颜乐处，以为道即在是。明儒王心斋作《学乐歌》谓："乐是乐此学，学是学此乐。不乐不是学，不学不是乐，呜呼天下之学何如此乐，天下之乐何如此学。"尤明示中国儒者合德乐之意。故儒者之评人德之高下也，恒视其能否由知之而好之而乐之；不然，则纵愧悔交并，涕泗横流，若未能睟面盎背，和畅于中，乐得其道，犹未足云至德。故曰："学不至于乐，不可谓之学"。然中国儒者之所谓乐，又非印度西洋之所谓乐。印度之乐非人世所可得。而儒者之乐，则"反身而诚，乐莫大焉"，不待灭度而后有。西洋快乐主义者如西勒学派所谓官能享乐，其非中国儒者之乐，当无庸论。一箪食，一瓢饮，何官能享乐之有？伊辟鸠鲁派之所谓乐原于无罣碍恐怖而生之心灵平静，故其乐纯为消极的去苦而非积极有所乐；而中国儒者之乐则匪特消极无所苦，心灵安静而已，盖犹有存于活动中积极之乐在。故孔子乐以忘忧，而同时发愤忘食。后代儒者亦无不一面目自乐其乐，一面自强不息。故其乐无待于外，不自无所苦来。邵康节诗谓："得自苦时终入苦，来从哀处卒归哀。此非哀苦中间得，此乐直从天上来。"殆即此之谓。西洋近代功利主义者，则以为道德中所含之乐，原于本能之满足。虽所谓产生道德之本能，言人人殊（或以为变相的利己本能，或以为求赞赏之本能，或以为利他的本能），然其以此乐存于本能之满足则一。而中国儒者之乐又非原于本能之满足。中国儒者盖素不解何谓本能。以本能均系一种向一定目的而发之自然冲动。中国儒者所见之人心，则纯为"出入无时莫知其乡"毫无一定之冲动可指者。而中国儒者所谓："孩提之童，无不知爱其亲，及其长无不知敬其兄。"本近乎今之所谓种族本能；然孟子视之则"苟能充之，足以保四海；苟不充之，则不足以事父母"，遂只为上下无常之一种倾向，迥非有一定意旨之本能之比[13]。且凡所谓本能，其发均若机括，其满足之乐乃系于过去已成机括作用之完成，而非生于当前生命之开展，故不能新新不已。而中国儒者所谓乐则时时皆乐，不待完成而后乐。故阳明谓："乐为心之本体。"唯其为心之本体，是能萦绕方寸，新新不已。故曰："学而时习之，不亦悦乎。"可知西洋近代功利主义者之乐，亦非中国儒者之乐。然则中国儒者之所乐可与其所谓德合一者，果何在欤？曰：儒者所谓乐者非他，即生机流畅是已。孔子曲肱而枕乐在其中者，行无所事，生机流畅也。曾点："暮春者，春服既成，冠者五六人，童子六七人，浴乎沂，风乎舞雩，咏而归。"乐在其中者，生机流畅也。生机流畅则一腔生意反复周行，故能如水由地中行，与境相适而无忤。此颜子之所以能安命，箪食瓢饮居陋巷而不改其乐欤？生机流畅则念念生生不穷，念念革故鼎新，念念返照自家，念念择所应为。此中国儒者之所以能发愤忘食，自强不息欤？生机流畅，则内外无对；凡属有对，则成窒碍，焉能流畅。内外无对，自能视人之忧若其忧，视人之戚若其戚，思天下有饥者如己饥之，思天下有溺者如己溺之。此中国儒者之所以不自本能出发，而能为无所不爱之仁者欤？生机流畅则如春水全融，更无冰滓。既无机括，何待完成？即此空明，光回照返，云日辉映，自共澄鲜。此中国儒者"其为乐不可胜计"新新不已之故欤？

由上所言，生机流畅即中国儒者之所乐而可与其所谓德合一者。由生机流畅而无往不乐，内外无对，无机括而乐自新新不已，非忘天人之别而不二天人乎？生机流畅而与事与境相融无碍，推恩四海，新乐无穷，非不以分自限而以分体全乎？

生机流畅[14]可谓所赞美之人生之状态，赞美人生可谓对生机流畅之人生之形容。生机流畅可谓为物我双忘之背景，物我双忘可谓生机流畅之前幕。生机流畅又可谓仁者之爱之发端于己者，仁者之爱又可谓生机流畅之连以及人者。此四者同出于以分体全，天人不二。盖息息相通，相待而成。如欲排而列之，则仁者之爱生机流畅均偏于自情意而言，物我双忘赞美人生则偏于自认识而言；生机流畅赞美人生均偏于自"己"之发而言；仁者之爱物我双忘则偏于"物"之爱而言。唯强加割裂，终无当耳。

以上四者乃中国人由不二天人以分体全出发而生之基本人生态度，以下当继而述中国思想家申此基本人生态度而持之外表的人生态度：

五、反求诸己 西洋人之人生者，出分于全，离人于天之人生也。然求圆满和谐者，人之性也，缺于此必求全于彼，不安于此必求安于彼。西洋人出分于全，离人于天，于此自然宇宙，自然世界，不能安适，故不能不别求其宇宙或世界以为其安身立命之所。旷观西洋全部人生，其寄托精神之宇宙或世界殆无不在此当前之宇宙外者。代表希腊人神秘精神之各种宗教家心目中之神灵世界，固在此宇宙外；代表希腊人秩序精神之柏拉图，心目中之理念世界，又何尝不在此宇宙外。中世纪人所仰慕之天国，固不在此当前宇宙；近代人所想像之无限乾坤，又何尝在此当前宇宙。唯心论思想家之绝对固被实在论者视作现实世界以外之怪物，实在论思想家之潜在境域物之自体又何尝与现实世界为同一物。一般宗教哲学家所希望接触者，固属不可见之本体世界；科学家所欲探索之宇宙曲律，原子构造，事业家所欲创造之理想国家，未来社会，又何尝属于可见之眼前世界。故西洋人之生活无往而不表现向外追求之态度。其所以自勉而勉人，不曰向灵境飞驰，即曰为理想牺牲；不曰不知足乃神圣，即曰永远创造。盖不如此则不能真寄托其精神于此宇宙外之另一宇宙也。故西洋人之向外追求者，西洋人之全分观天人观所必有之结果，不有之则不能解决其人生问题也。然印度人之问题则不同。印度人生者，盖尝欲裂分于全离人于天矣。印度人之感无常者，以求常也；畏流转者，以求不流转也。其感无常之深，正见其求常之迫；其畏流转之切，正见其求不流转之急。于万化迁变未始有极之中，而独求吾身之常住不流转，非出分于全离人于天乎？然印度人之求圆满和谐，终不似西洋人之执定此宇宙外有另一常住世界，而信其可全此宇宙之不全安此宇宙之不安。印度人才执常即知常之终不可得，而深悟吾人之所以不能得常正以求常之故；愈欲求常而执之，则所感无常之苦将愈深而分与全天与人当更离裂而不可和谐。故认为欲得分全天人之和谐，唯有先去吾人求常之念。故内破我执，外破法执。及我执既除，法执亦舍，不再求常；则即流转而见其如如不动，不必裂分于全而自无分非全矣；即山河大地而皆妙明心中物，无待离人于天亦自无人非天矣。此印度人之所以专事向内修习以破除执障也。故向内修习者，印度人全分观天人观所必有之结果，不有之则不能解决其人生问题者也。中国人之人生问题又与西洋印度人均不同。人生忧患，中国先哲知之，生死事大，中国先哲未始不知之。然中国先哲仰视天，彼苍苍者，不知其所穷也；俯视地，彼块块者亦不知其所极也；人生其中，天生以气，地养以物，耕于斯，食于斯，聚族国于斯，子子孙孙，曼衍连绵，人之在世，如树根在土，延引而不离；于是恍然悟曰："天地之大，无可逃也；天生地养，吾何憾焉；虽我之死，犹有继绳者也。天地与人，本未尝离，吾奈何其离之？分之与全，本未尝裂，吾奈何其裂之。"故其问题，既不在另觅人之天，亦不在使人成天人；既不在执分，亦不在去分。中国人之问题唯在如何保此天与人全与分原有之和谐而已。此和谐既属原有，故但不自离天人，自裂分全，未有不能长保不失者，其所以失者，均吾人自失之。吾人自失之，吾人当自求之。求之于外，则唯有愈求愈远。所谓"尽日寻春不见春，芒鞋踏破陇头云"是也。"反身而诚"，当下即可见"如有物焉，得于天而具于心"，亦无须如印度人之向内修习。所谓"归来笑捻梅花嗅，春在枝头已十分"是也。此中国先哲所以最多自诚、自道、自反、自慊、自新、反身、省吾身、慎独之语以"反求诸己"为教之故欤？

六、虚静其心 西洋人重在另觅其宇宙，故向外追求。向外追求，则必求实其心，动其心。故西洋人养心之法，曰实地观察，曰细心实验，曰贯彻思考，曰提高兴趣，曰引发冲动，曰促进兴奋，曰训练勇敢，曰增大意志力，加强生命力。一言以蔽之，均所以实其心动其心以便开辟新宇宙而已。印度人重在自除其执障，故向内修习。向内修习则必求易其心，洗其心。故其养心之法，曰持戒，曰忍辱，曰禅定，曰布施，曰精进，曰大智慧。一言以蔽之，均所以洗其心易其心，以自除其执障而已。而中国人则重在保持天人全分之和谐，既非向外追求，亦非向内修习，唯在使内外长保其相融无碍，欲内外长保其相融无碍，则必虚其心静其心。故其养心之法，曰致虚守静，以观复；曰用心若镜，应而不藏；曰虚灵不昧；曰主静立极；曰寂然不动，感而遂通；曰动亦定，静亦定；曰寂而常惺，曰归寂通感；曰默而识之；曰毋意，毋必，毋固，毋我。自其所养在内之"致虚守静"、"用心若镜"、"寂然不动"、"四毋"而言，则显然与向外追求之西洋人之养心之法极端相反。自其应于外之"观复"、"应而不藏"、"感而遂通"、"默而识之"而言，又显然与向内修习以求豁悟之印度人绝对不同。一言以蔽之，唯在虚其心静其心不生对待之念，以使天人全分得其和谐而已。

中国人唯有反求诸己之人生态度，故处世必求其谦，所谓"劳而不伐，有功而不德"；行己必求其毋自满，所谓"上德若谷，广德若不足"；处事必求其无所容心，所谓"过而不悔，当而不自得"，"当喜而喜，当怒而怒"；观物必求不作妍媸，所谓"心如止水，以止众止；心如明镜，以鉴万象"。中国人所以恒有"静里乾坤大，闲中日月长"之感，其以此哉。

七、择乎中道 西洋人重在另觅其宇宙。然欲另觅其宇宙，必先破当前宇宙之平衡。平衡之冲破，必用力于一偏。盖若两偏并用力，必平衡依旧，唯用力于一偏方能使平衡冲破，以使当前之天地旋转生罅而容我人之创造也。印度人重在自除其执障。虽不另觅宇宙，以冲破此宇宙之平衡；然印度人以为人与宇宙之平衡，盖自无始以来，无明风起，识浪汹涌，即早已破坏。今欲复风平浪静之状，唯有颠覆根本无明。欲颠覆根本无明，则唯有苦修以求各种针锋相应之对治之道。是仍须用力于一偏也。中国人则不然。中国人之视宇宙也，本来平衡。（本来偏者，必救之以偏。印度人是也。）本来平衡，则但我不偏，孰能偏之。故中国人遂有择乎中道之教。择乎中道者，非执中点也。择乎中道者，即常有权在握，念念勿失此宇宙之平衡，免人与宇宙划然分裂。故《中庸》曰："不偏之谓中。""喜怒哀乐之未发谓之中。""中也者，天下之大本也；和也者，天下之达道也。致中和，天地位焉，万物育焉。"《易经》言："中正以观天下。""不偏""未发"谓中，明"中"者不破坏平衡也。"致中和"而"天地位""万物育",得"中正"而"可观天下",明中非中点。若徒为中点,何能位天地,育万物,观天下?位天地育万物观天下,非明言执中则可使宇宙平衡乎?吾人试观中国昔贤所谓中道之教,如《书经》"直而温,宽而栗,刚而无虐,简而无傲,柔而立,愿而恭,乱而敬,扰而毅,直而温,简而廉,刚而塞,疆而义"。《论语》"温而厉,威而不猛,恭而安,泰而不骄,和而不同;群而不党,乐而不淫,哀而不伤"。《中庸》"淡而不厌,简而文,温而理"。及《礼记·表记》"隐而显,不矜而庄,不厉而威"。亦何莫非教吾人毋过不及,不偏倚于一面以失宇宙平衡之意哉!

八、不离现在 西洋人欲另觅其宇宙,故其寄托在将来。天国之乐,唯未来享受之;理想社会国家,唯未来有之;自然之最后秘密,宇宙之根本结构,亦唯未来知之。未来者,西洋人生命之所寄托也。幻想集中于是,希望集中于是。过去现在者,未来之工具也。故过去之苦不足计,现在之忧不足数,以未来之光明在前,不我欺也。虽或吾欺,而未来之未来,终有光明在焉。纵此未来之未来之光明依旧可望而不可即,此永远之追逐即吾生之意义。未来永不可穷,非即吾生意义无穷之证欤[15]。印度人欲自除其执障,以还原其无明未始[16]以前之清净,故其注目之点,乃在过去。业障重重,皆过去无量劫来所作。故印人之希望不在未来之开发,唯在除此过去无量劫来所作之业障。现在将来,均不外对付此过去所作之业障耳。而中国人则既不欲另觅宇宙,故不寄托精神于将来,亦不以过去有业障重重,而注目于过去。其所求者唯当下宇宙与人之和谐。故其所注重者为念念不离现在。盖中国人视宇宙为流行之体,其与吾人融合无间之点,唯在现在,离现在则无往而有和谐。此庄子之所以有"不将不迎""不思虑不预谋"之言;孔子颜子之所以能"用之则行,舍之则藏";颜子不迁怒之所以为好学;后来宋明儒者之所以常以"物来顺应""不离见在"。"日用即真玄"为教之故欤?

中国人唯有择乎中道、不离现在之人生态度,故待人必求酌量亲疏,体顾情实;不贵率直以迳行,而贵和婉以尽分[17]。行己必求善与人同,随顺世俗;毋索隐行怪,不立异鸣高。处事必求从容中道,宽裕有余;因应变化,能期实用。观物必求曲尽原委,悟其中要;直观形势,见其实然。中国人在宇宙之所以恒有鱼相忘乎江湖之感,盖因是也。

以上四者为中国人较表见于外之人生态度,要以论之,盖皆不外保天与人全与分之和谐之道而已。反求诸己者，言勿驰于外但求此和谐也；虚静其心者，言勿蔽于物，以观照此和谐也；择乎中道者，言勿激于偏，以破此和谐也；不离现在者，言勿滞于习，以蔽此和谐也。反求诸己者，敛外以达内；虚静其心者，明内以摄外。是一事之二面也。择乎中道者，自方而言；不离现在者，自时而言。时方亦一事之二面也。以人生为立脚点，则有内外之分；以宇宙为立脚点，则有时方之分。时呈于内，方显于外。人生宇宙，又一事之二面，此故四者又皆原于一者也。

以上已将中国思想家人生基本及外表之态度略加陈述，今将进而论者为在此人生态度下之理想人格之形态如何，及在此种人生态度下所求之人生之不朽如何。此二问题，以下亦当各略述之，以结束中国人之人生态度之讨论。

九、化之人格理想论 西洋人重在另觅其宇宙，故人在宇宙间之责任遂为有所开发，有所创造。一言以蔽之，则责在成是已。故西洋所言之人格价值为高贵（Nobleness），为雄伟（Magnanimity），为卓尔不凡（Extraordinary），为能自抒机杼（Originality），为新颖（Freshness），为活泼（Activeness），为直进（Straightforwardness），为天真（Innocence），为一往直前死而无悔之勇（Vigour），为有烛照人生行程之智慧（Wisdom），皆成之事也。印度人重在自去其执障，故人在宇宙间之责任不在有所开发增益，而在有所减损；不在有所创造以取得，而在有所消除。一言以蔽之，则责在毁是已[18]。故印度人所言之人格价值为能断诸烦恼，为能空诸法相，为不染世间诸乐，为远离颠倒梦想，为勇猛精进誓离生死之勇，为照见五蕴皆空之智慧。皆毁之事也。中国人则不然。中国人重在即保此天与人之和谐，人在宇宙之责任既不在有所开发增益，亦不在有所减损消除，而只在求与此万化之流行长融契而无间。一言以蔽之，则责在化是已。故中国人言人格之价值曰元气浑然，曰气象冲和，曰质性醇厚，曰涵养深纯，曰温其如玉，曰养浩然之气与无馁之勇，曰知人自知之智慧。皆化之事也。故西洋人之理想人格，极端伸展自我之执著以开辟天地之人格也。印度人之理想人格，自我执著之根本断灭以如实观此天地之人格也。中国人之理想人格，尽其性以尽人性尽物性以参赞此天地化育之人格也。西洋人任其所执以开辟天地，是欲人造天地者也；印度人欲去执如实观此天地，而天地不出于一心，是欲人包天地者也。中国人者则唯在此宇宙与人和谐。故当其进也，先天而天弗违，已分内事即宇宙内事，以人求与天地参，是近乎人造天地；当其退也，后天而奉天时，宇宙内事即己分内事，以人唯天地是赞，则近乎人包天地。左右逢源，进退俱安，诚得天人交摄之妙。天人交摄者，不二天人之实也。

尝试喻之，西洋伟大人格之构造盖如造塔，层层上逼，直冲霄汉，欲"仰首攀南斗，翻身仰北辰，举头天外望，无我这般人"（陆象山诗）者也。印度人之人格构造，盖如掘地，掘之又掘，直入地心，欲穿过地球彼面，以求豁然贯通者也。中国人之人格构造，则如导江使烟波往还，东海西海南海北海均相通者也。此西洋伟大人格之所以最多瑰意奇行难能可贵之事；印度伟大人格之所以渊默玄深令人莫测其底；中国伟大人格之所以恒令人生如沐化雨，如坐春风之感之故欤[19]？

十、气之不朽论 西洋人以欲另觅其宇宙，自造其天地，故人所探得之境界愈高，离地面愈远；其努力愈甚，其与现实冲突愈烈。一言以蔽之，人格愈伟大者，人生悲剧之感亦愈深是已[20]。故西洋人所求之不朽遂有二：一为所理想之宇宙之永存，二为追求此宇宙之精神之永存。此二种不朽，西洋人无不至少承认其一。唯心论者大都同时承认此二者。盖自唯心论者观之，此二种不朽本无别也。至于实在论者如罗素、尼采虽不信其理想宇宙永存，亦必相信人之精神实能建立其宁静于千愁万恨之城堡之上（罗素 Freeman's Worship 中意）；亦必相信人之精神可忍受永远轮回而不屈不挠（尼采写 Zarathustra 之根本信念）。是亦无意中假设一可摧破一切阻碍而不失其存在之精神也。至于纯粹唯物论者实证论者，则虽不相信人之精神之不朽，然率皆承认其理想社会国家能相当永存。印度人则不然。印度人欲自去其执障，而其所证悟之境界之高度，虽与其离地面之远度成正比例，然系向地心而缩，非向天而遁。故其离地面愈远，其与现实之冲突反日少；其人格愈伟大，内心愈得清净淡漠。于是印度人所求之不朽，遂与西洋人迥异。印度人所求之不朽，既非所理想之宇宙之不朽，亦非追求此宇宙之精神之不朽（是两者正印度人所欲其速朽者也）。印度人所求之不朽，"能容受此理想宇宙此追求精神者"之不朽也。如以镜喻之，西洋人所求之不朽，镜中之像，镜外之光源之不朽；而印度人所求之不朽，则镜之不朽也[21]。故印度人所谓灵魂之意义，纯为——无限度之藏。如佛家之阿赖耶识即以藏名。与西洋灵魂之义近乎精神或各种心的能力（Faculties of Mind）者截然不同焉[22]。然中国人解决不朽问题之道，乃与西洋印度人又根本悬殊。中国人唯欲长保此天人之和谐，故人格所达之境界愈高者，愈能安乐于此世界。前已论之详矣。故其所求之不朽，既非西洋人理想宇宙之不朽，亦非追求此宇宙之精神之不朽，又非能容受此宇宙或精神者之不朽。西洋印度所求之不朽，自中国人视之，盖皆尚有昧于宇宙生生不穷恒转如流之理，故不免执著形迹，裂分于全，离人于天，以求一定之不亡者。中国人所求之不朽，唯此天人相与之际，往来屈伸之气之不朽而已。如以镜中之像镜外之光源喻西洋人所求之不朽，镜之所以为镜喻印度人所求之不朽，则浸润于镜前之光，其即中国人所求之不朽欤？是光者既非有体之光源，亦非可见之形影，更不复能容受一切，然当其反映于外也，则纵横四射，无远弗届，变化靡常，而又永存于宇宙中未尝散失。此中国人之所以恒以精气、游魂、妙用、功能之名言鬼神，"原始要终，气运不息""心如太虚，本无生死""父子祖孙，一气连绵"之意言不朽之故也。

人格理想论论人在宇宙间之成就，可谓自人生一面言；不朽论论人在宇宙间之归宿，可谓自宇宙一面言。自人生一面言人在宇宙之成就，则中国人理想之人格为天人交摄之人格，自宇宙一面言人生之归宿，则中国人所求之不朽为天人相与之气之不朽。其本于天与人全与分之和谐，讵不明欤？

中国人之人生态度与中国文化之关联性

以上论中国人之人生态度十特质，其本在不裂全与分，其归在不二天人境。以下当进而论述其与中国文化之一般特质之关联性。

1. 中国人赞美人生，故认为一切文化均以遂人之生为目的。顺乎生则善，逆乎生则恶，唯生为估量一切文化之价值标准。此中国文化之所以表现生命本位之特质而被称为生命本位之文化也。

2. 中国人最能持物我双忘之态度，故特能舍是与非，与物宛转，若飘风之还，若羽之旋，得空中音，得相中色，妙契风云变态花草精神于筌蹄之外，而艺术心灵之根本因以巩固[23]。此中国文化艺术独能擅长而又被称为艺术之文化之故也。

3. 中国人重仁者之爱，故历代先哲咸努力于求人与人间相生相养相爱相安之道。于是化人与人间一切关系为伦理关系，以各尽其相互之责任为重，不可相视为工具。伦理关系中以父子兄弟夫妇关系为最亲，故等朋友之伦于兄弟，等君臣之伦于父子，而文人更时复以夫妇之爱喻朋友君臣相思相念之情。此中国文化之所以表现重伦理（狭而至于民族主义伦理）之特质，而被称为伦理之文化也。

4. 中国人以信德乐一致，重自家生命之生机，故重养其天和，顺其天趣，以为"其嗜欲深者其天机浅"，以为"养心莫善于寡欲"，遂不重物质之享受，而以丰屋美服厚味姣色为戒。自中国先哲观之，生命之流畅，唯资于生命本身之反复周行，若为物质所引则往而不复，焉能流畅。故中国历代均淫技奇巧是禁，而物质文化遂无由发达[24]。此中国文化之所以有轻视物质文明之特质而被称为精神之文化也。

5. 中国人以反求诸己为教，故于一切冲突矛盾均于自己身上觅其谐和觅其解决之道。于是自己成为问题之中心，而生万物皆备于我之感，个人之责任无限之感。此中国文化之所以表现求之内心特质而被称为内心之文化也。

6. 中国人重虚静其心，故愈大之人物，其用力之处，愈不可见。盖凡可见之力，均正面之用力；负面之用力，固不可见也。中国人所用虚静之功夫，皆负面之用力。其所能显于外者，唯渣滓剥落后，胸怀洒落，内外晶莹，一片光风霁月之气象而已。故中国愈大之人物，其在外表文化上自动有所创造之念愈少，其所留事业文章，愈成其余事。此中国文化之所以表现以受用为主之特质，而被称为受用为主之文化也。

7. 中国人重择乎中道，故于各种学术文化，恒取兼容并包之态度。于各种异族文化，均思冶为一炉，学者又好树立或依附正统，以笼罩百家。此中国文化之所以表现好调和之特质而被称为好调和之文化也。

8. 中国人重不离现在，故注目之点全在具体之当前事实而不在抽象之理想——以抽象之理想均指向未来者也。纵有理想亦均成平面形而不成梯形，无截然不乱之阶段，无高低有序之层叠（Hierarchy），仍未足云真正之理想。故中国文化恒不免以维持现状解决眼前之实际困难为主，全不以求未来之进步为目的；而中国文化遂长停滞而不进步。此中国文化之所以被称为重眼前实用之文化也。

9. 中国人重化之人格理想。能化之人格，即天人交摄之人格。天人交摄则人在天之中，又在天之外。在天之中，故不能自外其责；在天之外，故不能自小其形。于是造化之运一日不息，人之责任一日无已。同时每个人之责任均相同，故各人人格本身无高下。此中国文化之所以表现人本主义之特质而被称为人本主义之文化也。

10. 中国人持气之不朽论，不于此生生不穷气运不息之宇宙外求不朽；而以为即在此日用寻常生活中尽道而死，斯为正命。然宗教之产生正以欲于此日用寻常之生活外求不朽为根本原因；中国人既不于日用寻常生活外求不朽，故中国文化几全无宗教。此中国文化之所以被称为无宗教之文化也。

二十三年十二月

注释

[1] 此二部均以说明名，可知作者旨趣虽在说明，并不在价值上之评判。后文虽有貌似评判之语，均只所以说明之助。作者于中国文化之评价，此文尚未之及，故亦幸望读者以此眼光看本文也。

[2] 此处只言固定本体观念由自全体宇宙之经验中划出部份而构成，至于何种定体如何构成，全分之概念何解及应否自全体中划出部份，则问题极复杂，非今之所及论也。

[3] 在西方哲学概论中恒将自由论与非决定论视作一问题之二面，宇宙生生不已之论即属自由论。然我今特重之点，故分为二项也。

[4] 吾前所谓印度思想亦见及合有无动静之义。何以印度思想终只能见及旋生旋灭而不能见及生生不已，此乃由印度思想家于合有无动静观之义，只见得一半：只能于出世间见合有无动静之义而不能即此世间见合有无动静之义之故，唯在世间也。

[5] 严格论之，中国直无性恶论。即唯一持性恶论之荀子，仍谓心善，其心亦可谓性也。

[6] 此语据《宋元学案》系明道语，然《朱子语类》则引作伊川语。

[7] Otto 之 Mysticism of East and West 对此两方神秘主义有颇详之比较，唯只重 Eckhart 及 Sankara 二人。

[8] 《庄子·养生主》言庖丁解牛段。

[9] 《庄子·人间世》颜回请之卫段。

[10] 程明道《识仁篇》谓仁者浑然与物同体，又谓义礼智信皆仁也。

[11] 《论语》子曰："余欲无言。"子贡曰："子如不言，则小子何述焉。"子曰："天何言哉，四时行焉，百物生焉。"可知孔子老安少怀之心，即天生百物之心。《礼记·孔子闲居》子夏曰："三王之德，参于天地，敢问何如斯可谓参于天地也。"孔子曰："奉三无私以劳天下。"子夏曰："何谓三无私？"孔子曰："天无私覆，地无私载，日月无私照。奉此三者以劳天下，此之谓三无私。"

[12] 中国古书言仁者之爱时，亦言保育。然其保育与耶教之保育之爱终不同。以中国无相当之辞，只得将此字易义迁用于耶稣之爱也。

[13] 中国人言性善而不承认有一定意旨之本能，语似矛盾。然吾人若知中国人所谓性善，实不外乎言人生命之自然流行可恰到好处，本非谓性向客观之善而趋，则可于此无疑矣。

[14] 此处本应用德乐一致。然德乐一致之实，即生机流畅也。

[15] Lessing 谓："若有一人一手持绝对真理，一手持永远追求，欲我择其一，则我当毫不迟疑以择永远追求。"此最可见西洋人之精神。

[16] 此处言未始，假想言也。非言无明真有始。

[17] 叶公子高以其父攘羊而子证之为直，而孔子谓父为子隐，子为父隐，直在其中。可见中国之直即含曲。

[18] 此处言印度人责在毁。乃对当前人生言，非谓印度人生无其积极之意义也。

[19] 严格论之，印度中国之人物均不可用人格二字加之。以西洋所谓人格原为有个性有单一性者，而中国印度之人格均不必有之也。

[20] 乌纳摩罗（Unamuno）著 Tragic Sense of Life 谓一切人生问题均在解决此人生悲剧之感，诚西洋人之自道也。

[21] 凡喻均取一分相似，印度人所求之不朽虽只为镜，然自印度人观之，则可谓一切光色均不出乎镜以外而别有体也。

[22] 西洋之灵魂亦含 Box 意，然所重者终在 Box 中所含之精神及各种心的能力也。

[23] 此非谓艺术心灵之构成，更无他条件。即中国艺术之特质亦非只狭义物我双忘之概念所能说明也。以后当论之。

[24] 中国科学不发达可谓物质文明不发达之一因。然亦可谓物质文明之不为人所重，为科学不发达之因。核实而论，而二者皆果而非因，后当论之。

中西文化精神之比较[*]

一、西方文化与宗教科学

以中西文化相较而论，可以各种之观点论其异同，吾昔年尝以天人合一、天人相对之别，论之于一书。（正中卅二年出版《中西哲学思想之比较研究集》）然今将另取一观点，直就中西文化所重视之文化领域之不同，以显示其精神之差别。吾将自西洋文化之中心在宗教与科学，而论其文化为科学宗教精神所贯注支配。自中国文化之中心在道德与艺术，而论其文化为道德与艺术精神所贯注。此语似浮泛而实切实。惟此中须注意者有二：一为吾所谓科学宗教精神道德艺术精神云云，皆有确定之意义，见本文第四段，非是泛指。二为吾谓西方文化之重心在科学宗教，中国文化之重心在道德艺术，乃以中西相较而言。如不以中西相较，则西方与中国在不同之时代，亦各有其所重视之文化领域之不同。以西方而言，则希腊文化以科学艺术为主，罗马以法律政治为主。希伯来文化传入欧洲，而中世纪之基督教文化，以宗教道德为主，近代西洋文化中，科学与经济所居地位之重要，又昔之所无。以中国而言，则汉代文化以政治为主，魏晋以文学艺术为主，隋唐宗教之盛，乃昔之所无。宋明理学家之重视道德与社会教育，亦有划时代之意义。然此以中西历史各时代相较而见其各有其重视之文化，无碍于吾人之自中西相较言，以论其所重视之文化不同。论文化必重观其大，且必视其所以相较

---

* 原载《东方与西方》1947 年第 1 期，录自《人文精神之重建》，新亚研究所 1955 年初版，根据台湾学生书局 1988 年全集校订版校订。

者以为言，否则无文化精神之异同可论。而凡有所论，皆可诘难。此二义，读者所宜先知。

吾人谓科学宗教为西方文化之重心，即谓中国缺乏盛行西洋之科学与宗教。谓中国较缺乏西方之科学宗教，人可无诤。先秦重科学技术之墨学，不数传而绝。荀子重察理辨类之精神，后世之学者罕能承之而进一步以倡科学者。汉人之自然哲学与阴阳五行之术数相夹杂。清人考据校勘之业，多在书籍名物。中国古代对器物之发明虽多，然为西方科学本原之形数之学与逻辑，终未发达。重概念之分析理型之观照之希腊科学精神，依假设之构造以透入自然之秘密，而再以观察实验证实之近代西方科学精神，二者在传统之中国文化中，终为所缺。至于中国固有之天帝信仰，则自孔子以后即融入儒家道德精神，化为道家之形上智慧。墨子畅言天志而期于实用，向往超世之情不著，终未能成宗教。秦汉之际谶纬流行，盖古代原始宗教意识，存于民间者之复苏。然图谶止于预言。《纬书》言，天皇地皇人皇，盖欲试绘原始天神之形貌。然又谓之氏族，则同于人而有生死。及太初太始只有混沦元气之说生，天地众神，一齐包裹于其中。则见阴阳家终不能续原始宗教之命，乃流为方士，下开道教。然道家修炼以飞升，有人成之仙，而无超越之神。《纬书》中多阴阳家与儒家混血之思想，其中复有神化孔子之论，为公羊家所承。然公羊家著眼在政治。孔子之事迹，人所共知，终无法化之为神。玄风扇于魏晋，阴阳之言渐息。佛教东来，中国人之宗教意识，复寄托于佛。然佛学呵斥梵王，固与西方宗教不类，佛教徒信佛为天人师，此乃以信孔子先师之精神信佛。及禅宗起而信即心即佛，呵佛骂祖无不可，益远于西方宗教之事神惟谨矣。宋元明道教复兴，重性命双修仍缺西方重超越上帝之精神也。

吾人若回顾西方，则希腊文化为科学之母，固人所公认。而近来研究希腊文化盖有二精神，一为阿波罗精神，即科学艺术之精神。一为狄阿尼萨斯（Dionysius）精神即阿菲克（Orphic）教精神。（自尼采于《悲剧之诞生》一书中，指出狄阿尼萨斯精神后，Harrison《宗教研究导论》，F. M. Cornford《由宗教至哲学》，Burnet《希腊早期哲学》，罗素近著《西洋哲学史》皆论阿菲克宗教在希腊精神中之重要。）前者之哲学为米列塔学派及德谟克利塔等之自然哲学。后者之哲学，为辟萨各拉斯之宗教性的数理哲学。除后者之哲学，兼具宗教性外，二者同为希腊科学之根源，而后者之促进数学、几何学之发达，其功尤伟。希腊文化之一源为埃及文化。而埃及即一方首先发明几何学，一方最富于超世之宗教意识者。柏拉图哲学承辟萨各拉斯之思想发展，而承认理念世界之真实，灵魂之不朽，以神话说明 Demiurge 之创造世界，而下启柏罗提诺之神流出世界说。希腊之宗教哲学思想，经圣保罗、辩神论者，及教父哲学家如奥古斯丁等而与希伯来基督教合流。基督教遂直成为西洋人精神生活之中心。此中有一贯之传统。至于希腊之自然哲学中自然律之观念，则为斯多噶派之自然哲学所承受。斯多噶派以理性发现自然律之普遍性，而用之于政治社会，遂建立普遍之自然法之观念，为罗马政治法律之基础。而近代科学中自然律之观念，据怀特海在《科学与近世》一书中所说，则又远源于希腊宗教意识中之命运观念与罗马法。而西洋之近代文化，则为科学思想与宗教思想二者之激荡所成。近代科学之发展，有实用的动机与理论的动机。言实用的动机，培根之知识即权力之言可代表。培根之欲人即知识以求权力，自言乃欲建立天国于人间，即企图化人间为天堂。此种欲征服自然，以建人国而上齐天国，乃近代人之大欲。而此大欲，正由中世纪之宗教训练中，所培养出之企慕天国之情所转化。言理论的动机，则原于欲发现自然之数理秩序。近代之始，科学家如凯蒲勒、盖律雷、牛顿、笛卡儿，皆由此动机研究科学。Burtt《近代物理学之玄学基础》一书，论之甚详。西方自辟萨各拉斯、柏拉图以来，即视数理为普遍永恒而超现实之律则。故近代科学家皆以发现自然之数理秩序，即如发现一神圣律。而牛顿等，则一面研究自然之数理构造，一面即益以赞叹上帝所造世界之整齐而有秩序。故近代之初，科学精神咸脱胎于其宗教精神。而当时之教徒不察，徒以科学家破坏其所承受之亚里士多德之自然哲学，而加以敌视。唯科学家之万物平等观，所生之机械论，确可使意志自由灵魂不灭之说成问题，使人之价值理想，在自然界中无地位，以致使人之宗教理想，发生动摇。遂有十七八世纪以来之科学与宗教之人生观的冲突，与科学家向教会争取自由思想之运动。近代哲学则位于科学思想与宗教思想之间，或左右袒护，或居中作调人，其权衡轻重，折衷于两大之间之事，费尽苦心，哲学亦因以兴盛。近代科学之理论的动机与实用的动机相结合，由应用科学工业科学之迅速进展，造成产业革命；复引起资本阶级与劳工阶级之对峙，人之物质享受欲望之提高。主社会革命者，固或远本于基督教精神，而人之物质欲望之发达，又不免使真正之宗教精神，日益丧失。是整个西洋近代文化，乃科学精神与宗教精神相反而相成，相成而又相反之一激荡史也。

二、西方之宗教精神科学精神与道德

循吾上所论西洋宗教精神科学精神之发达，吾将进而指出西洋人之道德精神艺术精神，实为其宗教精神科学精神所贯注主宰。西洋自中世纪至今之道德教育之责任，始终主要在教会。最使人感动之道德教训，不出自道德哲学家之口，而出自牧师之口。上帝启示之新旧约，为道德教训之根本经典。而一般道德哲学家之论道德，罕有不归宿于以神之信仰为道德之基础者。康德由道德之形上学，以建立自由不朽与上帝，由此以说宗教，此在西洋为一异军。后康德派大皆更重宗教之地位。自然主义者固不建立道德于宗教，不以道德原为神之所命，而或以道德原为人各谋其私利之工具，如霍布士之所言、或以道德只原于人之与生俱生，由生物进化而来之社会本能，如克鲁泡特金等之所言。然徒溯诸自然，终难建立当然。自然主义之道德观，乃欲由科学以建立道德，此为一般哲学家建立道德于宗教之反动。在西洋哲学，自亦有既不自宗教亦不自科学建立道德哲学者，如今之哈特曼之以现象学的方法，对道德作如其所如之体验与叙述，此则近乎对道德现象作艺术的直观。然此非承西洋近代道德哲学之源流而来，而较近乎柏拉图之以诗情歌颂对至善之爱慕者。柏拉图之所谓对至善之爱慕，乃是一超世间之向往。至善之获得，赖于死后灵魂之超升。其诗情乃一宗教的诗情。亚里士多德之最高道德，为对神之理智的观照。此实以真理之把握为最高之道德生活。道德精神根本在实践。凡以真理之把握为最高之道德生活者，皆科学精神或科学主宰之道德精神也。

三、西方之宗教精神科学精神与艺术

至于言西洋之艺术，则希腊之雕刻建筑以神像神庙为中心。中世纪之 Gothic 建筑，以教堂为中心。近代米西尔朗格罗之雕刻，仍多以希腊犹太之神或先知为题材。西洋之画，夙重宗教画。一般人物画，始于近代，山水画尤为晚出。而西洋画之重明暗，重观景，则近乎科学家观测实物之精神。西洋近代之音乐，以德国音乐最发达。德国音乐所表现之向往企慕之情最著，其原于表现宗教精神之赞美诗，盖无可否认。西洋之悲剧，原于希腊。希腊悲剧，盖皆人在宗教性之命运感下战栗之悲剧。近代浮士德之悲剧，仍是一种宗教性之无限追求（浮士德所象征），与理智的怀疑主义（靡非士陀所象征）冲突之悲剧。莎士比亚之悲剧，人谓之为性格自身造成之内心的悲剧，易卜生早期之悲剧，为社会与个人冲突之悲剧。此二者与西方宗教精神之关系甚难言。然现代梅特林克之悲剧，则明为一宗教上之神秘主义气息所围绕。哈代之悲剧，则是一无神的盲目自然，对人生加以无情的安排之悲剧。此是希腊式之命运感之与近代科学中及叔本华之盲目的自然观混合之一种悲剧意识。一切西方悲剧，皆本于理无必至，而势竟不得不然，终归于个人意志之屈服于一超个人自觉之一种无可奈何之力量。故悲剧之意识，即个人自觉与超个人自觉者之紧张关系之意识。此种意识之原始，实由宗教精神与科学精神二者所培养。宗教精神肯定客观之神意或神秘命运之不得不然，科学精神肯定客观事实之不得不然。由神意命运事实之不可移易，而人自觉中以为可得者，终不可得，以为可逃者，终不可逃，则主观自觉屈服于客观即成悲剧。社会与个人冲突之悲剧，是个人主观自觉，屈服于客观规定之社会结构。性格之悲剧，是主观自觉，屈服①于规定之性格。此性格乃先自觉，先意识地，被遗传所规定，便仍是客观规定者。故二者皆主观自觉之屈服于客观也。至于西洋近代之其他种文学，如诗歌小说，通常分为二大潮流，一为写实主义自然主义，一为浪漫主义。十八九世纪之海涅 Heine、诺瓦利 Novalis、霍德林 Holderin、少年歌德，及华兹华斯 Wordsworth、古律芮己 Coleridge 等，浪漫主义者，皆表示一种对无限者、超越者、深藏万物内部者、遥远者、生疏者、神秘者之赞叹，其根本精神为宗教的。而写实主义者、自然主义者，如弗禄倍耳、左拉等则欲对现实者、当前者、实际存在者，加以详尽与细密之刻划与描述。其根本精神为科学的。故前种潮流恒为宗教向往所鼓舞，而后种潮流为科学之盛兴所激发。此皆近代文学史中可征考者也。

四、科学宗教艺术道德四种精神之差别

至于中国文化之传统，则吾人前已言其科学精神、宗教精神之不发

---

① "服"，原作"复"，误，校改。

达矣，而道德与艺术在中国文化中地位，即特崇高。中国之文化与其中仅有之科学宗教，皆为道德精神、艺术精神所贯注主宰。所谓道德艺术精神与科学宗教精神之不同，即主观（我）与客观（物——此物取广义，同于对象）之和谐融摄关系，与上所谓主观与客观之紧张对待关系之不同。科学精神为主观之自觉，去了解客观自然或社会之精神。宗教精神，为主观之自觉，去信仰皈依客观之神，而祈求与之合一之精神。艺术之精神为主观之自觉，欣赏客观之境相，或求表现意境于客观媒介，如声色文字之精神。道德精神为主观之自觉，自己规定支配主宰其人格的形成之精神。在道德精神中，可说被规定被支配之自我为客我（Me），而去规定支配之者为主我（I），如詹姆士之说。此是就已自觉的求规定支配自己时说。若就吾人尚未自觉求规定支配自己时说，则亦可说将被规定支配之我，为经验的我，主观的我，而将呈现为能规定能支配此我之我，为超越的我，客观的我。如康德黑格耳之说。此二种说法，皆可说。在此四种精神中，可依二种分法分为二组。一种分法，乃将宗教精神与道德精神为一组，科学精神、艺术精神为一组。另一种分法，则宗教与科学为一组，道德与艺术为一组。宗教之精神活动与道德之精神活动所依之形上实在可相同，因而二种精神活动可相交会，而活动之方向相反。宗教上所信仰皈依之天心或神，可同时为启示吾人以道德命令之天心或神。即其所依之形上实在或道体可相同。故吾人实践道德命令以规定支配自己道德生活，与信仰祈祷神之宗教生活，可相交会。然宗教信仰皈依神之活动方向，乃自下而上；而道德性之实践神之命令之活动方向，乃自上而下。故同此一神，宗教信仰中之神常为超越之神。而道德实践中之神，则宜为内在之神。人之宗教信仰主宰其道德实践时，神恒高高在上。而人之道德实践主宰其宗教信仰时，神恒即在吾心。又宗教精神未能引出道德精神时，则神可望而不可及。宗教精神全融入道德精神时，神即同化于吾心，而人性即天性，人心即天心。科学精神活动与艺术精神活动之对象，亦可相同，二种精神之方向亦相反。盖同一自然物或社会物，一方可为理智的了解之对象，一方亦可为观照欣赏或借以表现内心之意境之对象。然在理智的了解之活动中，初必视对象为外在于我之理智者。了解之活动，乃欲摄外物之理于内心，可谓之摄外返内。而欣赏表现之活动，乃即外在之境相，或声色媒介，以表内心之意境，可谓即外显内。至于宗教精神与科学精神可为一组者，则由二种精神活动对象不同而恒相冲突，又复可互相缘引。科学之对象，恒为客观现实之存在，此乃在个人之自觉的了解力所可笼罩之下者。而宗教之对象，则为客观而超现实之神之存在，在个人自觉的了解力之上者。故二种精神活动，常相违反而冲突。然二种活动，皆肯定主观自觉与超主观之客观者之对待，皆求有以克服此对待，而又终不能全克服之。科学肯定我与现实存在之对待，欲由了解其所依之条理而克服此对待。宗教肯定我与神之对待而信仰皈依之，以求克服此对待。然现实存在所依之理，络绎相连，愈引愈远，故科学终不能克服理智的了解与所了解者间之对待。如科学而真了解现实存在之一切理，使万理皆呈现于目前，则万理成观照之所对，而内在于吾心，可自由加以玩赏。而科学生活，将无以异于艺术生活。又如吾人对神信仰皈依，而直达于神之境界，则神亦内在于吾心，神之命令我，皆我之自命，而宗教生活，即无以异于道德生活。故科学、宗教皆建立于主观客观之对待上。人欲求克服对待又终不能克服，即造成一种主观与超主观之客观间之紧张关系。此二者既皆同具一主观与客观间之对待关系，及紧张关系，故二种意识可互为增上而相缘引。

复次艺术精神与道德精神可为一组者，以二种精神活动，亦对象不同，可相冲突，而复可相缘引。道德上所欲规定支配者，乃"自我"。而艺术上所欲欣赏或借资表达我之意境情趣者，乃物之境相。表达之媒介如声色等，亦是境相。是二种活动对象之不同。道德生活，固须关涉我以外之人物，而对之有所规定支配，然此是通过对自我之规定支配，以及于自我以外之人物。道德目的之是否实现，只视其是否能自己规定支配其自我而不在其他。艺术生活中，固可包含自我自身之欣赏，以自我表现自我。然当自我欣赏自我时，我即视被欣赏之我，亦如我以外之他人。以自我表现自我，如舞蹈演戏时，我之视此舞蹈演戏之我之身体，亦无异颜料与乐器。由此而富道德精神之人，常较内向，而时反省自己。富艺术精神之人，常较外向，而留心物之形相。是二种精神可相冲突。于是诗人与道德家，可相讥诽。然二种精神活动对象虽不同，同缺主客之对待意识。道德上之自己规定自己，虽有主客之别，然我固知主我客我，皆为同一之我。艺术上之主观欣赏客观，或主观表现于客观，亦是一移情或通感。道德之修养，艺术之创作，初固须与自己奋斗，或与成艺术品之媒介物奋斗。然道德艺术之努力，皆须达于纯熟自然，至"从心所欲不逾矩""得于心而应于手"之阶段。此即道德上之重发而中节，艺术上之重物我相忘。而此内外主客对待之全划除，并非道德艺术生活之同化于宗教科学之生活，正是道德生活、艺术生活之流行无碍。由此二种生活，皆包含内外主客对待之划除，故同归于主客之和融关系，而可互相缘引。

五、中国之道德精神与宗教

吾以上既论道德艺术精神与宗教科学精神之对照，即可进而论中国文化之为道德艺术之精神所主宰。吾人论中国文化为道德艺术精神所主宰，当先略说中国人古代之道德精神之如何能融摄原始之宗教信仰于其中。希腊印度哲学之初起，于其原始之宗教信仰，皆曾自觉的加以怀疑排斥。中国古代固亦有天帝之信仰。然于此种原始之宗教信仰，孔子以后之儒家，并未尝自觉的加以排斥，惟融摄之于其道德精神中。此融摄之所以可能，初乃原于在中国原始宗教思想中，自始即缺神人对待、神人悬殊之意识，缺神造天地之神话，原始罪恶之观念等。由此融摄之功而宗教信仰中之天神，即渐同一于直呈于自然之天道；宗教信仰中之天命即内在于吾人，而为吾人之性，吾内心之仁。中国古代之天帝与西洋基督教中之神，自哲学上言之，可指同一之道体。然此中有一根本之差别，即此道体之超越性与内在性偏重之不同，与对此道体之态度之不同。西洋人以信仰祈求向往之态度，对此道体，将此道体推之而上，使道体人格化。由重视其超越性，而视之为超越吾人之一绝对之精神人格，吾人之精神人格乃皆其所造而隶属于其下，以求其赐恩。此为宗教精神。中国人以存养实现之态度对此道体，澈之而下，则此道体，唯是天命。天命即人性。人之诚意正心，亲亲仁民爱物，以至赞天地之化育：即此内在的天人合一之性命之实现，而昭布于亲、民、万物之中者。则亲、民、万物皆吾推恩之地。求神之赐恩，要在信神之至善，知自己之罪孽而对神忏悔。推恩于外，要在信性之至善，知罪恶皆外在之习染，乃直接率性为道，以自诚其意自正其心。故中国人言道德修养不离一自字。所谓自求、自得、自诚、自明、自知、自觉、自作主宰。而中国儒者所言之道德生活，亦非如近人所论，止于一社会伦理生活。中国儒者言尽伦乃所以尽心知性。尽心知性即知天。中国儒者之道德生活，亦非止于是一个人之内心修养，其存心养性即所以事天。此与西洋人之由祈祷忏悔以接神恩，未尝不有相似之处。然西方人之祈祷忏悔以接神恩，必先自认自力不能脱罪。乃以放弃自己，为入德之门。中国圣贤之教，则以反求于心，知性之端，而明伦察物，为入德之门。故特重礼敬之贯于待人接物之中。而即在此一切率性之行中，知天事天而与天合德。前者是以道德建基于宗教，后者是融宗教于道德。前者著重信历代传来之天启，后者贵戒慎乎不睹不闻之己所独知之地，此是二种精神之大界限。阳明所谓"无声无臭独知时，此是乾坤万古基"。唯中国人儒者真识其意趣。以中国圣哲观西洋人之求神，皆沿门托钵，骑驴觅驴，未真知求诸己者也。数十年前章太炎先生初接触西方学术，即谓依自不依他为中国学术之精神与西方之精神之大差别，其原即在中国人之道德精神之主宰其学术也。

至于中国人之道德理想，不建基于科学上之自然主义，则人所共知，不必多论。

中国人之道德精神既融摄宗教精神，复转而支配中国人后世宗教精神。自孔孟奠定尽心知性即知天，存心养性即事天之思想以后，即确立中国文化学术之大统。孔孟之崇敬祖先圣贤与天道及历史文化，固亦包含一宗教精神。然此亦必须由道德精神以透入。墨子言天志而不重祈祷，其全副精神只在承天志以兼爱弭兵，其组织之团体，亦终不能成教会。（关于墨子之教与西方基督教之详细比较，我有论墨子与西方宗教精神论，见《东方与西方》第二期。）至后来《纬书》之神化孔子之言亦终未为后世所承受。道佛二家固具宗教精神，在仙佛前之祈祷与忏悔，与在上帝前之祈祷忏悔，在本质上可说未尝有异。然仙佛为人所修成，人与仙佛之别，惟是证道先后之别。人一证道即与仙佛平等，仙佛与人在心性本体上，亦原无差别。故人在仙佛前之祈祷与忏悔，恒不如自修自证之功。故道教初重符箓咒语以通鬼神，而道家思想之发展，则进而重自修其性命，如全真教其最高形态也。佛教初来，信佛者亦重礼忏而舍身于佛前。逮禅宗起，则全归于自参自悟，敢于呵佛骂祖矣。此皆道德精神之贯注主宰于宗教精神中，与西洋之教徒于上帝但有崇敬歌颂，惟神能赦罪之说，实迥不同也。

六、中国之艺术精神与科学

中国文化精神中，除道德精神主宰中国之宗教精神，中国人之艺术精神，亦较能独立于宗教精神之外。中国古代宗教性之雕刻与建筑，皆不发达。汉代之建筑，以宫殿为主。寺院之建筑，乃佛教输入后事。而宫殿之建筑，则一直为建筑之中心。雕刻塑像之重佛像，亦以后事。中国原始之艺术，盖即商周之鼎彝，其上镂刻各种花纹物象者。鼎彝固兼用以事神，然仍以供人之用。或者谓由此鼎彝上所刻之花纹物象之浑灏流转，龙蛇飞舞，即化为钟鼎文字之书法。中国文字原于象形，即自图画中出。钟鼎之文字，所开启之中国书法，即成中国特有之艺术。书法纯是形式美，其无宗教意味，盖无疑义。再由汉魏晋唐之书法，以影响于汉唐宋之画，则来自画之笔法，还入于画。中国画又以一般之人物画及山水画为主，此人所共知。唐壁画中，宗教画甚多，然此是自异域来者。在中国艺术中，书画之地位，高于雕刻建筑。雕刻建筑之媒介，为沉重坚硬之物，易示人以物我对待之意识。艺术精神之本，在物我相忘以通情。故表达精神意境之艺术媒介，愈柔软轻便者，愈与艺术精神相应。而中国用纸笔之书画之地位，高于用刀石之雕刻建筑，亦中国人更富艺术精神之证也。中国古亦缺如西方之赞美耶和华之诗。《诗经》之颂，重美盛德之形容。楚诗中颂神之作，如《九歌》之类，所颂者为庶物之神，如山水之神等而非天神。其神之富人情味而乏超越性，抑尚在希腊之神之上。至于后来之诗歌，则宗教之情调更少。魏晋之游仙诗，与李白诗之神仙思想，皆重表现隐逸之趣味与放浪之情怀，乏真正之宗教性之祈求企慕之意识。古代中国缺系统之神统记。见于《述异记》《山海经》《搜神记》一类之书之纪神，多富文学想像，而其神罕有具伟大之权力者。而在《封神》一小说，以神为仙战败而死者所成，神之地位尤卑。至《西游记》之以一猿而大闹天宫，尤为对天神之一讽刺。中国小说戏剧，又缺乏悲剧。其述人之可悲之遭遇，恒终之以大团圆。《红楼梦》似悲剧，而后人必继之以《红楼续梦》《红楼圆梦》，使终于喜剧。《西厢》终于惊梦，有凄凉之感。而后人必继之以《续西厢》，咏张生之得其妻妾。皆反悲剧之意识。《红楼梦》终于宝玉为僧。七十回本之《水浒》，终于梦境。二书著者，皆对宇宙人生有深刻会悟。《水浒》为一形而上之苍茫气息所包围，《红楼梦》为一形而上之太虚幻境之意识所包围。二书之所记，皆寂天寞地中一团热闹。此一团热闹，在《水浒》中，好似惊天动地，在《红楼》中，好似绣天织地。实则此团热闹，乃是虚悬于一苍茫之氛围中。《水浒》中人物，似有命运感，噩梦所示，为一悲剧预兆。《红楼梦》著者，以荒唐言，洒辛酸泪，似有悲剧意识。但皆终与西方之悲剧意识不同。其根本处，在此二书中人物，皆缺乏强烈的目的性之意志。《水浒》中之一群二十余岁之少年英雄，实只是顺天赋之性情如是如是表现。《红楼梦》之一群十七八岁之儿女，在大观园中推推荡荡。此与西方悲剧中之人物，总是要表现一强烈的目的性之意志，而终屈服于一神定的、潜伏性格决定的、社会自然决定的命运者根本不同。《水浒》《红楼》之形上意识，根本是一人生如梦如烟之意识。其中人物，任天而动，任运而转，并无定要如何如何之强烈之意志。故著者亦未积极肯定一与人之强烈意志相违反、相对照，之更强大的神力、自然力、社会力，以迫其意志屈服。《红楼梦》之悲剧，乃是自然的演成，而悲剧主角宝玉，尚不自觉。西方之悲剧主角，要自觉的挣扎，奋斗，逃避。《红楼梦》之悲剧主角，则自始在梦中，梦醒而悲剧已成。悲剧成而取得唯一之智慧，即人生原是梦而已。《水浒》《红楼》中烟梦式的人生，于科学精神宗教精神，两无所根，亦挂搭不上真正之形上实在。此亦可说是一大虚无主义。吾昔尝论中国人之生活，如不在为其道德精神所主宰而信万物皆备于我时，恒不免此虚无主义情调，生自灵魂深处。唯吾今将不止言此虚无主义原自人生无常之感，而将以之为中国人之纯粹艺术精神之一表现。原纯粹之艺术精神，根本在移情于物而静观静照之。静观静照之极，必凸出对象，使之空灵。对象真达空灵之境，即在若有若无之间，与我全然无对待。故中国元明山水画，重荒寒淡远，重虚白之中，灵气往来。严羽论诗，亦以如空中之音，相中之色，透澈玲珑，不可凑泊，为诗中最高之境。而以绝对之观照态度看人生，则于人生之悲欢离合，好恶喜怒，亦必置之于辽阔苍茫之气息所笼罩中，成若虚若实若有若无之境。此即《水浒》《红楼》之在寂天寞地中描绘一团热闹也。常人只知二书之热闹，不知其寂寞，只知《水浒》文字之跌宕，《红楼》之细腻，而不知透全书之气息以观，实是空灵。如人之置身于市场之中，但觉其热闹，而不知出市数里，以遥闻好风卷来之市声，全是一片寂寞空灵之意味也。人寂寞空灵之极，即常不免悲来无端，觉人生之如寄。盖空灵到底，则一切皆行云流水，在若有若无之间。故魏晋人之空灵，即与无端之哀乐，及人生如寄之感为缘。余尝另有文论之。惟书画中不能表现哀乐与人生如寄之感。诗中只能表现人生之片断，恒哀则不乐，乐则不哀。定哀定乐，皆有所寄。惟似哀非哀，似乐非乐，哀乐无常，更迭相易，乃益知人生之如寄。此唯小说更能表达之。故《水浒》《红楼》者，亦表现中国艺术精神之发展为空灵寂寞之一形态者也。

吾人上已论中国艺术精神独立于宗教精神以外，今将继以指出其独立于科学精神之外之处。西洋画重貌似，重明暗，重远近之观景，所绘物象，形界分明，如可握持，皆未离科学家观测实物之精神。而中国画之不求貌似，不重阴影、明暗、远近、观景，又不重形界，复运以淡墨，使虚实莫辨，气韵生动，则远离科学家观测实物之精神。近人论中西绘画者，类能道之。此实见中国之画更表现纯粹的艺术精神。盖吾人依纯粹的艺术的精神，游心寄意于万物之中而观照之，必游离形相于实物之外，使之宛尔凌虚，剔透空灵，全不作实物想也。人游心寄意于物，观山情满于山。观海意溢于海，景之所在，心即随之，神与物契，则远者亦近，暗者亦明。神不滞物，何必貌似。神运于景物之间，即色即空，即空见色，虚白处有灵气往来，固不必使形界分明也。

然中国艺术虽缺乏科学精神，而中国之科学则富于艺术之精神。中国固有之科学，有医学，其价值极高。中国医学诊断之法，有所谓望闻问切，而切脉最重。医生之切脉，乃以其生命之振动，与病人之生命发生共感作用之一种直觉的诊断法。此法实类似一艺术性之移情活动。中国之拳术，乃一体育学。然中国拳术之运动，多曲线运动，其回互往复，周旋进退，实亦近乎舞蹈艺术。中国古有历法之学。然历法之学，旋即与音律之学之合一，而合称律历。古所谓以十二律之管，测气候之变化。即以音乐之眼光观宇宙之运行。此在西洋辟萨各拉氏之思想中亦有之。然西洋律历之学终分，而中国律历之学，经汉儒之本五行八卦加以排比配合之后，即一直难分。此亦艺术精神主宰科学精神之故。中国动植物之学，成欣赏花鸟之学，亦源于此。中国政治、经济、法律之学，古皆统于治术之名词之下。治术之本，如制度之立，根于道德之原理。而治术之运用，所谓默观风气，体合物情，见几而作，动合无形。皆一种善于移情于物，与物俱往，游刃于虚之艺术精神也。

七、总论中国文化中之道德精神与艺术精神

以上吾人论中国文化中道德精神、艺术精神贯注主宰于中国之宗教与科学精神中。吾人既已言道德与艺术精神，为融和主观客观之精神，与科学宗教精神之为主客对待者异矣。故中国文化中之道德精神与艺术精神，复互相增上缘引，合力以使中国之宗教科学不得发展。中国道德精神之贯注于艺术文学，则使中国文学，富道德教训之意味。而戏剧小

说，尤多意在劝善惩恶。盖为善而得罚，不可以垂训。加以中国人之不肯定人之强烈意志与神力自然力之冲突对待，故小说戏剧恒终于大团圆。而西方式悲剧遂难产生。为善之所以必得赏，实由相信神圣律、自然律与人之道德律之一致。盖以艺术眼光看自然，自然皆可空灵化，则无机械必然之定律所支配之自然。以道德眼光看天，则天心内在于人心。而谓有超越外在之神意或天命，故与人意相违，而与人以灾难之思想，亦宜不能有。而人对天，亦可不负其良心自觉所昭示者以外之责任。原西洋悲剧之所以使人为善而得罚，如予以宗教精神之解释，则所以显示人之自觉之善之微小，使人知其自以为善者之中，有罪恶存焉。或所以示人：其存在即罪恶，如叔本华之见。故必须使人屈服其意志于悲剧之下，而惩罚其罪孽。如予以科学精神之解释，则所以显示，在自觉之善行外，尚有必须肯定之客观必然之自然律。此律之肯定，乃科学精神所要求。为善而得罚，乃表示必然的自然律之不遵道德律。人必须认识此超越于道德外之必然的自然律，科学精神乃得舒展。然中国人以天心即内在人心，遂使人之道德律以外无超越外在之神圣律。复以艺术精神，软化刚性之必然的自然律，则自然律亦宜须统于道德律之下，而为善乃宜归于大团圆。此中国文学中之未尝有悲剧也。自然律既经艺术精神所软化，而统属之于道德律之下，则知道德律而践之，亦可自求多福。于是科学之求客观必然的自然律之纯理动机，不得滋长，而改造自然之科学的实用动机，或被阻塞也。

关于中国文化之以道德精神与艺术精神为主，吾将谓其自周代已然。周代之礼乐，乃古代文化之二干。礼原自原始宗教中事神之礼，而转为敬祖之礼，敬祖之长子之国君或宗子之礼，及天子对诸侯与诸侯大夫之相对之礼，终以成一切人与人相对之礼。由此而敬天之宗教意义，转化出政治社会道德之意义。天子承天志，承天之仁爱以爱民，臣下本敬天之义以敬君上；此为中国古代原始宗教精神之启发道德精神。孔、孟之承古代文化之大统，而昭示天命即性，尽心知性存心养性即知天事天之教，即为将古代宗教精神超化融入于道德精神中之哲学。至于周代之乐，本与礼相辅而行。吾人观《淮南子》《世本》《庄子·天下篇》等所载古帝王之乐之名称，想见古乐之盛。孔子既表露一上达天德之道德精神，亦表示一尊重艺术之精神。故闻韶而三月不知肉味，赞曾点之志，笑弦歌之声。原古代中国之教育，一掌于司徒，一掌于司乐，司徒者政教之官，司乐者乐教之官，而太学称成均即成韵，乃取义于乐。司

徒以礼导行，司乐以乐和志。孔子订礼乐而统之以仁。仁为人道，亦为
天道。四时行百物生，无私覆私载者，天之仁也。孔子继天而立仁道。
其兴于诗即兴于仁，温柔敦厚，为诗教即仁教。仁立于礼而成于乐。则
体形上之天德，成世间之人德以显为礼仪威仪之盛，而完成之于艺术精
神者，孔子之精神也。然在孔子思想，毕竟以道德为主。心由道德之实
践，而和顺积中，英华外发，显为德音，可以感动人之善心者，斯为尽
善尽美之乐。故观乐可以知德，乐为德之华，乐可以养德，金声玉振，
以象德之盛。故孔子之艺术精神，是表现的，充实的，而非观照的空灵
的。纯粹之艺术精神重观照。观照必以空灵为极致。统于道德之艺术精
神，必重表现其内心之德性或性情，而以充实为极致。故孟子曰充实之
谓美。此种艺术精神盖较纯粹艺术精神为尤高。后墨家承天志而言仁
爱，其重实践此仁爱与孔子同，而不重礼乐。故既不能复兴宗教，亦不
能承继古代文化。道家不信天神，毁礼乐而弃仁义，此是对传统文化之
大革命。然道家之即万物以观道，是有形上学之意识者。道家以道无乎
不在，平齐万物，而观道于蝼蚁稊稗。此正是一观照的欣赏的艺术精
神。故庄子亦以天籁、天乐象征得道之境界。纯粹观照的、欣赏的态
度，必使对象空灵化，成即虚即实者。而道家之道，亦即有即无，似有
似无之物，而存于希夷恍惚、虚无寂寞之境。道家之人生观，唯重齐是
非、忘生死得失利害，以忘物我之别。物我之别忘，而游心于万象，与
天地之一气，此观天地之大美之艺术境界。物我之别忘，而以神遇，不
以目视，以游刃于虚，此成人间之大巧之艺术精神。此后代之书画文
学，皆多少表现道家精神也。艺术之精神，在物我双忘，其应用于道
德，即庄子所谓"鱼相忘于江湖，人相忘乎道术"。欲物我相忘，必我
善能顺物。如飘风之还，若羽之旋，无可不可，因循为用。此田骈、慎
到，乘势顺俗，与物俱往之政术，及黄老之言所自本。艺术精神之用于
政治者也。周代秦晋之法家，尚功利，自有其特殊精神。而法家之言术
言势，皆本于道家因循之义，言齐之以法，则以齐物之精神齐①人也。
汉代思想是儒道墨，与自原始之宇宙观发展出之阴阳家，及秦晋功利思
想之大融合。在前汉，则儒道互为宾主，后汉而儒学益影响于风教。魏
晋隋唐，道佛之言盛而尚文艺，宋明儒兴而尚德行。数千年固有文化思
潮之转变，固委屈甚多，然要以儒道二家之相激相荡，相错相综，为其

---

① "齐"，原脱，校补。

主流。大率儒树当然之则以承天，道明自然之用以辅人，儒重常，道观变。言治道者多本于儒。言治术者，多本于道。儒畅性天之机，以成己成物。道养心气之虚以静照无求。治世之能臣多崇儒，乱世之隐逸多崇道。道主宏纳，主因势，故开国之君臣，多崇道。儒树纲常以立本，故中兴之君臣，恒近儒。立本故倡经学，因势故或重史学。然归本而论之，则儒重刚性之建立，道重柔性之顺应。道德精神之本，为刚性之建立，艺术精神之本，必归于忘我，而与物周旋无间，是为柔性之顺应。西方文化思潮为理想主义自然主义二潮流之激荡史。西方言理想主义者，最后归宿于宗教，故万理统于神。儒家近理想主义，而性即理、心即理，尽心知性以成己成物，即知天事天，则归宿于道德。西方言自然主义者，取证于科学，以人与物同为自然律所支配。人欲支配自然，必知其律，以戡天役物，此为科学之应用于技术。道家以人物齐观，而自然社会中之盛衰之杀，变化之流，则亦有其不可逆之权势，固亦近乎必然律矣。然科学以客观万物为实在，而道家视万物，则实中有虚。全实则刚，有虚则柔。科学家之自然，为刚性之自然，而与人对峙之自然，故必加征服。此以刚性活动制刚性之物也。道家之自然，有实有虚，而为柔性之自然。故不主征服，或则静观之静照之，使自然空灵化成艺术境界。或者因应而用之。物之实中有虚，人事之变亦然。入于事物之变，以观其虚，见其窍，以得其几而转之，因势利导，动合无形，则用力少而功多，此即道家之学之用于中国之医学、拳术、治术者。此即实知虚而游刃其中，即空灵化万物之本领。仍是艺术精神之一表现也。故言西方文化思潮，则理想主义与自然主义之推荡可以概之。而言中国文化思潮，则儒道二家之推荡可以概之矣。

三十六年三月

理想的人文世界[*]

一、人的哲学心的哲学之重要

我们理想的世界，是人文的世界。人文润泽人生，人文充实人生。人文表现人性，人文完成人性。脱离人文的人生，是空虚的人生，是自然的人生，是只表现动物性的人生。违悖人性的人文，是片面发展的人文，是桎梏人生之人文。片面发展的人文乃人性之片面发展所生。片面发展人性所成之人文之固定化，即脱离整个的人生要求而桎梏人生，湮灭人性。

在人文的世界，人不仅是人，而且必须自觉他是人，异于禽兽、异于物，自觉的求表现其人性，以规范限制超化其动物性物性之表现。人之异于禽兽主要在其心，所以人文的世界之人，必重人的哲学，心的哲学。

二、宗教生活之必须

人文的世界中之人，可以相信有神。因为纵然莫有神，而人相信有神，愿意相信有神，建立一神灵之世界，即可以使我们不致只以物的世界，自然的世界为托命之所，即可以平衡我们之精神之物化自然化，而背离人文之趋向。一般人虽实际在人文的世界中生活，但恒不自觉其在

---

* 原载《民主评论》1949 年第 1 卷第 2 期，录自《人文精神之重建》，新亚研究所 1955 年初版，根据台湾学生书局 1984 年全集校订版校订。

人文世界中生活，以了解人文之价值意义；而恒自以为只在物的世界，自然的世界中生活。有一神灵世界之信仰，亦可提升其精神，以自觉的了解人文之价值意义。所以相信神灵之宗教，本身是人文应当有的一支，除非人相信他自己之自性本心即是神，最高之人格即是神，相信尽心知性则知天，相信圣而不可知之谓神，相信至诚如神，相信人可以成佛，人绝不应当反对相信有客观之神之宗教。然而人纵然相信人即可成圣、成神、成佛，他人对于此圣神佛之崇拜，仍可是一种宗教。一种在原则上反对一切宗教，反对人之信神之宗教意识之人文观，如马克斯恩格斯之所想，是断绝人之慧命，斫丧人性之人文观。只用怀特海（A. N. Whitehead）所谓科学的唯物论来说明神之不存在，此至多证明神之不存在于人之此种科学之意识中，而不能证明神之不存在于人之全部意识要求之中。我们要肯定人性，便应肯定人之全部意识之要求。以人之一种科学的意识，来宰制人之全部意识的要求，是人之自小其心，而小人自居，是一种罪恶。

人如果相信有神，以神为绝对至善之存在，而以人性之本原纯为罪恶，这种宗教观，虽可以使人更谦卑，更忘掉其自我，但是亦有其流弊。我想西洋中世纪之人生观，即不免过于强调人之罪恶使人太倾注于超越之神，这仍是人生之重心之外倾。或正由中世纪人之人生之对神外倾，才产生近代西方人之人生之向物向自然之外倾。我虽对西洋中世纪之宗教精神，甚为尊重，但是我仍主张人之精神之重心，应放在人自身之内。人如要上通神而外备物，此亦即为人之自性之所要求，故人当视人本身为一目的。

三、心与心交光互映之社会与个人关系

人不是物，人本身为一目的。人本身为一目的之涵义，亦包括个人不是社会之一工具、国家之一工具，此时代之人不是下一时代人之工具。如果我们视社会国家为一更大之人格，以个人为其一细胞；或悬未来之理想社会理想世界之实现为目的，而以现代人之工作只为一过渡之手段，都常会使人相信：一个人只是社会国家实现其意旨之工具，现代人之工作，只为一客观的历史使命，完成其自己之工具。此种种观念，如离开譬喻的意义，而视之为真，亦是一大迷妄。此种以人为工具之思想，将帮助那种政治上之统制者，自以为负有迎接未来时代之使命之社会改造家野心家；不择任何手段，以造成一严密的社会组织，使个人成为一社会的机械之齿轮，而由彼来自由加以推动。我们现在说人应以其自身为目的，即我们要承认每一人之自身皆为目的，无一人可以被视为工具。我们不愿以任何人为工具，我们亦不说个人只是社会或国家之工具。所以在我们理想世界中的人，必须有行一不义杀一不辜而得天下不为之心境，才配说领导社会、改造社会。

我们说每一人之自身为目的，不是说每一人可以自外于社会，个人亦不须视社会国家为达其个人目的之工具。我们说每一人之自身为一目的，是说每一人都应以自尽其性，完成其自己之人格为目的。而人的心性即是仁，即是爱。人的性，根本即是要为社会的。人真求自尽其性的心，绝不会自外于社会。因为他的心量即已涵盖社会于其内，而以成就社会为己任。我们认为只有以教化充量发展人之此种道德的天性，可以协调所谓个人与社会的冲突，超出个人与社会之对立的范畴，使社会的存在支持个人之存在，个人的精神也支持社会之存在。从外看，个人的身体固必小于社会中各个人之身体之和；从内看，社会亦并不大于有德者之心量。自然的个人之内容，固比由个人集合，而分工合作之社会有机体之内容少。然分工合作之社会有机体中之各个人，如只由于互相监督，互相裁制而各作其工，以为此社会；而未能各自动的发展出其道德的天性，以仁者之心互相涵盖，互相同情，互相了解，以各自完成扩大其人格；则这种社会，亦决非我们理想之社会。这种个人集合成之社会有机体，纵发展到最理想的境地，亦不过化整个社会如一大身体之有机体。其中之一切器官、组织、细胞之配合，均处处适于此大身体之存在之目的而已。这是社会之生物学的理想，不是人文社会之理想。这个社会之价值，我将以为亦不过等于一个大生物之大身体之价值。而我们理想的世界、理想的社会，则是一切人均努力成为有德者，成为以仁心互相涵盖，心与心交光互映之社会。然而此种社会之达到，不能只由将社会之观念，放在个人之上来。我们不能只将社会放在个人之上，只说社会存在是个人存在之根据。我们应知个人之德性即是社会存在之根据。应知社会中之有德之圣贤，虽是社会之一分子，而其精神即是社会之所托命。他们不只是对社会有用，而且是为社会中之人所当崇敬。因为一般人只有通过此崇敬，才可以自发展其道德的天性，而渐成为有德者，以使社会成为一切人皆以仁心互相涵盖，心与心交光互映之社会。所以在我们理想的世界中的人，将不笼统的重视社会，更重视的是人的德性。重视人之德性，必崇敬圣贤。西方一般人崇拜英雄，俄国人革命后亦崇拜英雄，如身体中之细胞之崇拜发号施令的脑髓。盖其理想中之社会，仍不过如一大身体，而未能形成更高社会之理念，如中国先哲之人皆可以为尧舜，人人皆有士君子之行，以仁心交相遍摄之社会也。此理想社会之充量实现之不易，吾岂不知。但要谈理想，只能取第一义。取第二义，则生心害政，流毒无穷。悠悠当世，如何不思？

四、礼乐精神之重要

人之德性自内显发，欲使之显发，必赖陶养。经陶养而能自动显发，不容自已，方为真德性。陶养之道，不重在互相批评、检责、监督、使人皆不敢为非——此是第二义以下；乃是人各以其善互相示范，互相鼓励，互相赞美，互相欣赏，互相敬重。艺术之生活使人忘我，使人与物通情，使人合内外，而血气和平，生机流畅，最能涵养人之德性。人之以其善相示范、相鼓励、相赞美、相欣赏、相敬重是礼，艺术是乐。所以理想之世界中必重礼乐。礼乐在文化之地位或须放在科学、政治、经济之上。

五、科学家之胸襟与德性

我们理想之世界，科学亦自必需发达。我们只反对以科学凌驾于一切人文之上。在我们理想的世界中，科学家可以有伟大的发明，但是他有更伟大的胸襟。即他自知科学所认识的世界，只是在人的理智中的世界。在理智中的世界之外，尚有审美中之艺术世界，信仰中之宗教世界，修养中之道德世界。科学家的世界中有更多的真，但只有较少的美，较少的善，较少的神圣。他的世界中之花，是植物之一部，是包含某些物质元素的。但他不能自花中透视宇宙的生意与天心之仁，亦不能视花为美人。他只有以他之人的资格，看花为美人……而不能以他科学家的资格看花为美人。……于是他知道作为人的他，比作为科学家的他更伟大。他遂知道人文涵盖科学，科学不能凌驾人文。他可以知道说"花是植物的一部，是包含某些物质元素"一语之趣味，在一方面看，不如说花是美人所含之趣味，是他知道科学对于人生之直接价值，不必高于文学艺术。他又知道他之能获得科学真理，由于他有求真理的心，求真理的德性。他又可推知人类德性之价值，或高于客观之真理。他知道他所研究的可以是物质，是自然，但他所了解的只是自然的理，物质的理。每一理是普遍的抽象的。他如真自觉他是在求真理，他将不以为他生活在物的世界自然的世界，而将自觉生活在理的世界。他不会以为能了解普遍抽象的理者，即是他之具体而特殊之身体之物，而将知道"能了解普遍抽象的理的"是心，他将能自证心之重要。他将至少不会鄙弃信仰宇宙有大心之哲学或宗教。而且在他不断求真理之心之发展中，他是在不断的求真理，亦即在把他的心变成了解更多真理之心。这亦即是显出一比他原来的心更大的心。他在此蓦然一转念，便无妨相信时时有一更大的心，来自天上，在要求显现于他，所以在我们理想的世界中的科学家，至少将不把人文中之道德、艺术、宗教之地位，放在其自身所研究的科学之下。因为他不仅自觉他是科学家，而且自觉他是人。当一个人比只当一个科学家可更能是人。以人文涵盖科学，比以科学凌驾人文，更是当一人的科学家应具备的态度。这样的科学家，虽自己限制其所研究之科学在人文世界中之地位，然而他的胸襟，见他的德性，作为人来看，我们将更爱他。他自知他之此种德性是最可贵之品性时，他亦走到圣贤的路上，或亦即是圣贤了。

六、艺术科学可超政治经济之范畴之规定与其社会性

在我们理想的世界，必重视艺术与科学。但我们反对在上面冠一个什么社会主义或共产主义的艺术与科学。这是以政治经济的范畴规范艺术与科学。艺术与科学，在根本上可超出个人与社会之对立范畴以外。科学艺术之活动，固皆本于一一个人，但皆可以培养人之社会性。科学研究之直接目的在求真，艺术之直接目的在求美。求真求美本身，即有价值，原不必就其与社会之关系说。但求真求美都需要一超个人而忘我之精神。求真是要忘我以接触普遍抽象的真理，求美要忘我以欣赏对象之美，或表现我之情调于客观之声色文字。所以人能爱好真美，自然减少私心。又真理是人所必须公认的，真正之美亦是人所同好。所以真与美，都可以为通人与人心之媒介，而可谓含社会性。共同了解真理，欣赏美，即可以培养个人之社会性。诚然，人之沉酣于美的观照与真理之寻求者，或亦会对社会之痛痒，莫不相关。但我们此时所需要的，是使科学家艺术家，更自觉其求真求美之活动所依以存在之超个人而忘我之

精神，与真美本身所含之社会性，而唤醒科学家艺术家之道德责任感与仁心。即我们这时所需要的，是以哲学智慧或道德觉悟，贯注于科学家艺术家之人文活动中，而不是以政治经济之范畴规范科学艺术之人文活动。

七、人文合奏之谐乐的向往，及政治上之上下位分之关系之提示

我们理想的人文世界中，政治经济是放在较低的地位，这是从价值层次说，不是从人之所以得其存在之条件的层次说。如从后者说，人之所以得其存在，当然首赖经济上之富足，政治之安定。我们在价值层次上，所以要把政治经济只放在较低之地位，因为政治之目的，只在保障促进人之文化生活，经济之目的只在使人生存，得从事文化生活，并生产分配财物以使人达其文化之目的，如作科学研究艺术创作之消费用，而支持文化之存在。对其他文化生活而言，政治经济应是手段而非目的。人的生活，当然离不开一社会之政治经济，但人可以不要求参加政治，可以不直接从事生产，然而人不能不自觉的要求其他文化生活之陶养。理想的政治经济，是支持文化，保护文化促进文化之政治经济，理想的政治家经济家劳动者，是有尊重文化爱护文化之德性之人格，而又能尊重爱护他人之人格者。所以理想的政治家，决不运用其政治上之权力，以压制无此权力者。理想的治者，负政治之责，将使人放心，使人相信皆可获得更丰富之文化生活之乐；因而可不感有亲身参加政治之必要。但从责任上说，人皆有政治上的责任。为了免除政治上之专制之弊害，依于人格平等的道理，人如果愿从事政治活动，人应有同样之权利。莫有任何个人或政党或特殊阶级应永远把持政权，所以政治应以民主为极则。

我们理想的世界之政治，当是天下一家。但天下一家应以中国为一人为条件。这是说天下一家，仍可有许多国。此天下一家，不能由武力来达到。如果用武力来达到，亦将由武力而破坏。现在世界亦许能出一个秦，来统一当今之战国。然而秦终将覆亡。人类和平天下一家的理想，是出自人类最高之仁心，出自人类要造成一切国家之人文合奏之大谐乐的向往。这一个理想之实现，亦只有赖人类仁心之更大的扩充，各国人文之更大发展，人与人更多的相互了解。武力吞并，只有破坏人之

仁心与人文之成就。欲以武力吞并，实现天下一家之理想者，必是缺乏温柔敦厚之仁心，人文进化不久之半开化人如秦者。他只有利用他人之天下一家之理想，来实现其民族的野心。他决不能真有天下一家之理想。所以当他人将其天下一家之理想，先寄托于他统一世界的努力，感到受骗而失望时，必起而否定之。此即秦之所以覆亡。古代的秦要覆亡，现代的秦亦不能例外。所以现代人要求天下一家的途径，只有发展人之仁心与人文。此是一迂阔的老话，然而此外莫有捷径。要用速成的武力，去实现崇高的天下一家之理想，宇宙间不会有如此便宜的事。

还有在我们理想世界之政治社会，可以莫有经济上之阶级，然而不能莫有政治上之位分之等级。政治上之位分之等级，乃依于价值高下之等级。但是高下之位分等级间的关系，将不是压制与反抗之关系，亦不是服从与支配之关系，亦非隶属与领导之关系，而是尊戴与涵容的关系。此暂不多说。

八、经济问题之重心不在生产分配交换而在消费

在我们理想的世界中，经济当然亦重要。但我们认为财富之价值，一方在维持人之生存，一方在供实现我们之文化目的时之消费。现代人讲经济，重生产，重分配。资本主义之兴，初似由生产着眼，社会主义之兴，初似从分配着眼。其实生产分配之目的，都在消费。说生产是为再生产，说分配公平之社会主义之生产，更能发展生产力，都是纯就经济说经济的话。如将经济与人生人文连起来看，则经济之目的应在消费上。现在经济学上说消费，便说到物质欲望之满足，生存的欲望之满足，亦是未将经济与人生人文之关系来说的话。人之有物质欲望与要求生存，可出自二种动机：一种是直接的出自人之生物的本能，一种是出自人之欲凭借物质以实现其文化目的道德目的，维持生存，以实现有价值之人生。笼统说消费是为物质欲望满足之求得生存，恒使人忽略消费之文化目的道德目的方面。同样的财富之消费，可以用来实现高低不同之文化目的道德目的，而有不同之消费方式。简单的比方，如我们以同样之金钱用来买布，或买作画之颜料，或用来帮助朋友，或捐助国家。我们之文化道德目的不同，则此运用金钱之经济行为的文化价值、道德价值亦各不同。唯在我们对不同之文化目的道德目的之各种决定上，此各种消费方式之分别选择上，方见财富对于人生之多方面的价值，经济与

人文之密切的联系。所以在我们理想的人文世界中，人对于经济问题之考虑，将不以生产与分配为重心，而将以如何消费所生产之财富，以实现人生人文之目的为重心。人类应当可以开辟出一人文经济的新世界。我亦暂不多说。

九、理想之社会关系与太和世界

最后关于我们理想世界的社会关系的基本范畴，我想应是仁义，而是和谐。仁义是自由平等之基础，和谐中包含自由平等。西方近代人宣扬之自由与平等，或偏重其消极意义。如以无束缚与强制而得解放之谓自由，无政治经济上之特权阶级之谓平等。但是此种消极意义之自由平等，并不表示人之获得什么，与享有什么。如果将自由平等，视为有积极之意义，则真要自由，恒不免牺牲平等，真要平等，恒不免牺牲自由，其中实难免矛盾。今须求其和谐。主张自由者说，我要自由，唯勿侵犯他人之自由。但我不能自由侵犯他人之自由，亦可说有一不自由。在自由之上，须加人与我之自由不能相侵犯之原则，即证明单纯之自由非自明的最高原则。最高原则当是使人我自由不相侵犯之正义原则，或公道原则。但在合此正义原则下之人我之自由，如只成为互相限定规范对方之自由者，则人与我只是相对抗之敌体，而非相和协之一体。人与人只为相对抗之敌体之社会，尚不是最理想之社会。理想的社会，是不只表现正义而且兼表现仁道而致自然的和谐之社会。

次说平等。西方近代人说平等，恒只指政治权利上之平等，或经济上之平等，如资本主义之机会平等，社会主义之分配平等。但何以要平等？此不能只依于人人皆有生存欲望之自然主义以立论。如只以人之生存欲望为人应平等之根据，则一切动物如狗亦有生存欲望，何以我们不讲一人与狗平等的主义？此问题稍一想，便知我们之所以要人人在政治经济上平等，只有依于人道正义之立场，与人对人之仁心。唯从仁心出发，我们乃不忍少数人独占政权，不忍少数人之享受有经济之特权，不忍大多数人之迫于饥寒，不得其生存所需之物质。但真以仁心为本而论平等，则我们亦应不忍人之安于愚昧丑恶。我们便不仅应使人人皆在政治上经济上平等，而且应使人人都得真美善，都提高其他文化生活如学术生活、艺术生活、道德生活。

我们一谈到文化生活，便应知文化生活之多方面的丰富性。各方面之文化生活，均完满发展之人是完人，是最有慧有德之人，亦即最有福之人。如不及乎此，则皆有缺憾之人，皆无真福之人，亦皆是可怜人。以此眼光看，则人类大皆可怜以至无一人不可怜，而悲悯之情生。而且人之在一种文化生活中所得多者，在他种文化生活中，有所得者常少。人在政治上得权多，经济上得利多者，所得于真美善者恒尤少。以此观富豪与有政权者，亦将不只觉其可恨，而亦觉其可怜。所以我们虽然主张在理想社会中，政权与财富之分配当趋于平等，但我不相信绝对平等之能达到与必须达到。我认为在理想的社会中，以人之仁心之发达，人将不斤斤计较于政权财富之绝对平等。人应当先有让爱钱者多得一点钱，让爱权者多得一点权，让求真者获得真理，让求善者获得善之气度；并以政治教化之力量，使爱钱者、爱权者爱更高的东西，使爱真理者爱美爱善者，有更多之政权与财富，以实现他的更多真善美之理想。此方是我们理想社会中的人，群居和协之道，亦即平等自由之理想之真实现。

在我们理想之社会，人人都有较高之文化意识与德性，但我不相信一种绝无人我之分别、无家庭之分别、无国家之分别之浑然一体之世界，可以实际的实现，而且即是一最好的世界，如许多人所想。因为如果此世界实际上真成如此，则一切人成为一个人。人与人间无差别，亦将无感通精神之必要。人如无可私之一切，亦将无逐渐化私为公之道德的努力，无由狭小的自我逐渐扩大，以爱家庭，而国家，而天下之历程。如果我们再想一理想的世界，其中一切人，均只有一个思想，一个意志，一个情感，过着同一文化生活，再无一切之差别；则人之思想之交流莫有了，情意之互相关切莫有了，文化活动之互相观摩，欣赏，互相砥砺，批评，与互相影响，充实，互相提携引导之事，都莫有了。这将只是人文世界之死亡，而不见有人文世界之存在生长。所以我们理想的世界，不是无异之人与人同之世界，而是有异而相容、相感、相通，以见至一之世界。异而相感相通之谓和。所以我们不名我们之理想世界为大同之世界，而名之为太和之世界。和与同之不同，是我们所最须认识的。

三十八年五月

中国之人格世界[*]

　　吾于上章论西方人格世界，分为"社会事业发明家型"、"学者型"、"文学家艺术家型"、"军事家政治家社会改造家型"、"宗教人格型"。此各种人格型之精神虽不同，然皆表现一超凡俗或超现实，以向往企慕一理想之精神。而吾人亦可谓一切可敬可爱之人格，皆无不多少赖此精神以形成，此乃古今中外无二致者。如卡来耳《英雄崇拜》一书，谓一切人格之形成，皆赖一番真诚之向慕，亦通此义。唯吾意，人之超越现实之精神表现，可为一往直前之向慕理想，而亦可为超越此一往直前之态度本身，或此超越精神之本身，转而著重于现实或凡俗中实现超越的理想。前者为西方人格精神之所特表现者，而后者则为中国人格精神之所特表现者。此种中西人格精神不同之故，颇难言。大率在西方之文化历史上，不数百年即有一新民族进入文明之舞台。初进入文明之新民族，恒一方有较多之活力，表现更多之天真与率直，一方亦有更多之盲目的生命冲动，易于生执著。故其所表现之人格精神，更易显为一往超越凡俗与现实而直前孤往之形态。然中国民族，则或以文化历史较久之故，如西方人之活力与天真率直，盖久矣为中国人之所失。吾少时尝读《哥德自传》，见其青年时，与一群当时德国年青的浪漫主义、人文主义之哲学者、文学者之生活，宛如一群于混沌初开不久，在烂漫阳春下之孩子。吾深感中国人之灵魂中之缺此一情调。而西方人除拉丁民族外，今犹多少有之。然同时在中国人精神中，亦复不似西方人之多冲动，不似西方人之随处生执著。由是而其表现之人格精神，并非复一往直前之超越精

　　* 录自《中国文化之精神价值》，正中书局 1953 年版，根据正中书局 1987 年第 2 版校订。文末作者注明："拙著《孔子与人格世界》，刊于《民主评论》第 2 卷 5 期孔子圣诞号，与此文相出入，读者宜参看。"

神,而多为一方肯定现实,而同时于其中实现超越的理想之精神,复较少西方式之冲动或执著者。此为中西人格世界之大别。吾以下即将就中国人格世界之人格类型择其要者,分为十一种,一论其精神。至其与西方人格世界之人格精神相对照之处,读者幸览前文加以比较。吾文虽主分析,而未尝动情,然读者若能以意逆志,而闻风兴起者,吾愿馨香以祝之。

一、有功德于民生日用之人物。

二、学者。

三、文学家与艺术家。

四、儒将与圣君贤相。

五、豪杰之士。

六、侠义之士。

七、气节之士。(四、五、六、七为中国之社会政治性人格)

八、高僧。

九、隐逸与仙道。(八、九为宗教性人格)

十、独行人物。

十一、圣贤。(十、十一为道德性人格)

(一) 有功德于民生日用之人物

吾在本文上篇,论西方近代所崇敬之社会事业家,包含发明家、大资本家,与大实业家。此种人物之精神之所以被人崇敬,在其能由不断之努力奋斗,以求其个人之成功。此种人物,在中国过去实少有。中国人初不能了解此种人物何以被人尊重之故。吾人曾谓在中国过去之商人与生产家之模范,乃陶朱公。然陶朱公为人,据《史记》所载,乃纯表示一种能聚财,亦能散财之超脱精神者。此超脱精神,亦是一种超越精神。然此超越精神,不表现于求财富之无限的增积,而表现于当下意念之能洒落自在,无所拘碍。中国有陶朱公为人所崇拜之理想商人与生产家,即亦难有西方式之大资本家与大实业家。于是中国所崇敬之社会事业家,不同于西方近代所谓社会事业家,而只是对社会日用民生有功德之人。《礼记·祭法》谓:“圣王之制祭祀也,法施于民,则祀之。以死勤事,则祀之。以劳定国,则祀之。能御天灾,则祀之。能捍大患,则祀之。”祀为崇德报功之事。崇敬之心至于其极,即表现于祀。吾意中国人之所以崇敬有功德之人,并非直接由于观有功德之人曾如何奋斗,如何经艰难困苦上出发。中国人敬大禹，或尚知其平水土之艰难，然中国人祀后稷之发明五谷，祀黄帝之垂衣裳，祀仓颉之造字，即几全不知其创造之如何艰难矣。中国乡里中人，凡对地方事业有功者，人亦皆崇敬之。恒不必问彼立功者之动机，与如何成此功德之经历。而中国人之从事或赞助社会事业者，亦恒多秘其名姓，如无名氏之捐款，几随处有之。中国之道德教训中，最重阴功之修积。而中国社会亦最尊重修阴功及无名氏之人。由此以观，中国人之对立功之观念，与西方近代所谓求成功之观念实大不相同，而毋宁说其与基督教所谓社会服务之观念为近。然基督教对社会文化有功之人，崇敬之而不祀之，其崇敬之乃念其曾经艰难与奋斗牺牲。而中国之祀有功德于社会文化之人，则视之如神，而可不必念其所经艰难、奋斗与牺牲。而自居无名氏之人之用心，即在使其所牺牲之处，不为人所知。故人或谓中国人之崇敬一有功德于社会之人，并非直接对其人格精神本身，有一崇敬，而只是重视其人格之间接的对社会之效用价值，或对我之利益而已。吾初亦以为如是，继乃知中国人之此种崇敬有功德之人之意识，乃依于一感谢之情，因而我与有功德之人格之关系，正是最直接的。盖在此感谢之情中，包含将吾所受之利益，视作彼有功德者之有意之施与。此实为一自吾人性情中，自然流露出之厚道心情。此厚道心情，哲学的说，乃原于吾人在获得一自他人而来之利益时，即能立刻客观化"我之满足本身"，为他人之施与，并客观化"吾之乐此满足"，为他人之"乐吾有此满足"，思他人原有将此满足施与于我之意，故感谢之也。人有此厚道之心情，故人念及禹曾平水土时，则必能念及禹乃为天下后世（包括我在内）而平水土。念及后稷发明五谷时，亦必然念及后稷乃为天下后世而发明五谷。吾人乃由感谢心而生崇敬心。至于大禹、后稷如何平水土、发明五谷，吾人在此可以根本不问。因而吾人亦不须先转念，以思彼平水土、发明五谷之艰难，而后始对之有一崇敬（若由此转念生崇敬，反为较间接的）。此意望读者细心识取。则知中国人之由感恩之意，以崇敬对社会有功德之人，与西方近代之自一社会事业家之如何努力、如何奋斗以成功处，兴崇敬者之心者不同矣。·

（二）学者

至于中国过去所崇敬之学者，亦罕有如西方科学家、哲学家之尽量

发展理性、理智，唯以求真理为事，竟不知如何处理日常事务，至绝弃
情感生活、人伦生活，或其他文化生活者。此非谓中国无以终身精力贡
献于著作者。然中国人之以终身精力贡献于著作者，非专门之科学家，
亦非只务抽象原理之探索之哲学家，而是史学家与经学家，及一部分解
经之佛学家。西方虽自希腊起已有史家，然至十八九世纪史学乃发达。
而中国学术，则皆原自经、史。史官之设置，与中国文化政治俱始，孔
子即兼哲人与史家。至司马迁，而以其全部生命精力贡献于《史记》一
书，以后以一生从事修史者至多。经学家中，则如郑康成、孔颖达，固
遍注群经。而今所谓哲学家之朱子、王船山，亦尝遍注群经，而各可称
为一大经学家。中国史学家之精神，必须弥沦于一时代之文化全体之各
方面，经学家精神，亦须充满于中国古代文化大统之各方面。彼等精神
之涵盖性，同于西方之大哲学家，其精神之重客观，则同于西方科学
家。然其落脚点，则在具体的人文世界，文化大统中之诸史事之交互脉
络，与道之如何表现于文物上不似西方科学家之著重对分门别类之事
物，分析研究其所以然之理，亦不似西方哲学家之著重建立一综合的说
明宇宙人生之一切事物之真理系统。西方科学家、哲学家即具体之事
物，而探求其抽象之真理，其精神乃先凌驾于事物之上，次则求透入具
体事物，以直接与真理之世界相遇。故其治学之态度，为不断的化繁为
简，不断的淘汰不相干之事实，批判不合逻辑之假设理论。由是而科学
家、哲学家之精神，又皆为向上凸起，而随处表现思想上之创发性。然
中国史学家之治学态度，则为承受事实，而加以叙述，文期简洁，而重
要之事实必须赅备，拾遗补阙，乃史家之谦辞。经学家之治学态度，则
为承受文字，而加以解释。其于经书中表面有矛盾之处，必须设法辗转
训诂，觅出其言外之意，以见其实未矛盾。其实不能通者，亦恒归之于
后人文字之掺入，章句之讹夺，及传写版本之误等。故中国经史学家精
神，乃一卑以自牧、谦厚以下古人、随处表现思想上之摄受性者。中国
经学家之重融合贯通，与西方哲学家同。然西方哲学家融合贯通之工
夫，即表现为自己哲学系统之建立，以尊大自己。中国经学家之求对经
书字句，得融合贯通之解释，则所以代古人立言，而尊大古人。此与中
世之神学家同。故中国经学家，亦常以其自己之思想，融于注疏中，而
让诸古人，自托庇于古人思想之下。此中之失，在中国之经学家之精
神，恒不免蜷曲于古人之下，而不能显其主体之尊严性；其长处，则在
使自己之意见，尽量放在一旁，而使思想主体之局度与德量扩大。西方

科学家、哲学家之精神之长处，在能显思想主体之尊严性；其短处，则由于精神之时时向上凸起，而不知不觉间，喜好奇立异，向偏僻处、人所不用心处、异于古人处用心，步入小径崎岖，而自以为阳关大道，陷于断港绝潢，而自以为百川所朝宗。此即西方日向专门之科学家与喜独创之哲学家所时犯之弊。

无论中国式之经学家与西式之哲学家，皆重视语言文字。重视语言文字而客观化自己之思想与心得于语言文字以成著作，原皆为表现吾人对客观精神之尊重，使吾人之精神客观化于语言文字，而得所安顿者。此吾在上文已论及。然自另一方面言之，则人当客观化其思想于语言文字以后，于不自觉间，恒以语言文字为思想本身。由此，而人遂以著作为其自我，以著作之量之增加，为其自我之增大。此即成一种偏执，或精神自限于纯粹著作之生活。任何义理，吾人如不断自己生疑，不断自答，皆若可成一无止息之思想历程。于是每一语言文字，皆可以另一语言文字再加以说明。此即中国经学家说"尧典"二字，可至十余万言，而西方哲学家之讲任一义谛，皆可累卷不休之故。然学者之著作，如非与他人之问题相应，或唯出于借以增大自我，以求胜于人之心，则著作之无限，即为作无限之茧以自缚，而反与社会客观精神相隔离。言愈多而义愈歧，道术乃为天下裂。学者于此自救之道，唯有转而为教育家，以使自己所立之言，皆是为应人之需，答人之疑而立。立言之目的，唯所以使人自悟真理，并非教人记取我语。此即中国哲人风度，异于中国经学家及西哲者。故汉代皓首穷经之学者，是经学家。魏晋学者之直抒名理，则是中国式之哲人。隋唐佛学家吉藏、智颉、玄奘、贤首、窥基动辄著数百卷大疏，是佛学家之有经学家风度者。禅宗之单刀直入，以语言文字，皆当机施设，即佛学家之有中国哲人风度者。唐代《十三经注疏》之重名物训诂，是经学。宋明理学，重直求义理，而径反诸心，即哲学。魏晋之名理、佛学之禅宗、与宋明之理学，皆重视思想主体之尊严，与思惟之创发性，同于西方哲学之精神。而又能知名言之用，要在应人之需，答人之疑，须有所至而止。故立言不重卷帙之浩繁，以使自己所历之思想，全客观化于其中；而重在明显此道。道显而名言与思想历程即皆可加以扫荡。故无言愈多而道愈歧之害，亦免除人以名言为道之执著，与以著作之量之多，自矜矜人之好胜心。此则中国哲人之精神境界之高处，而使中国哲人之心，恒得保其虚灵明觉，而慧觉更趋高明，胸襟气量，更空阔广大者也。

（三）文学家艺术家

　　中国人所崇拜之文学家、艺术家，恒有所谓不羁之才。不羁之才，即不受一般世俗之道德所限制，不为一般人所崇尚之利禄富贵羁縻，而顺其自然之性格，不顾世俗之非笑，以发抒其才情之谓。夫文学家艺术家之精神，恒不免与现实生活若有一脱节，而沈酣于一想像境、理想境，中西盖无二致。顾恺之之痴绝，米芾之癫，李白之狂，乃至捉月以死，此与西方文学家之疯狂亦相近。西方文学艺术家，尚情感，轻理性，喜恋爱。中国文学家艺术家，亦难忘儿女之情，而与经学家道学家不易相了解。中西文学家艺术家之天性，固有所同然。然中国文学家艺术家精神，毕竟有颇不同于西方文学家艺术家者。此一在：中国第一流之文学艺术家，皆自觉的了解最高之文学艺术为人格性情之流露，故皆以文学艺术之表现本身，为人生第二义以下之事，或人生之余事，而罕有以整个人生贡献于文学艺术者；一在中国文学家艺术家之人格之形成，亦罕如西方文学家、艺术家之由于不断之精神奋斗，自种种现实的陷阱中超越拔起，以向上企慕而形成。今请分别论此二者于下：

　　吾人谓中国第一流之文学家、艺术家，皆自觉的了解：最高之文学艺术为人格性情之流露，以文学艺术之表现本身为人生第二义以下之事，此可由中国文学家、艺术家之皆信"诗言志"，"文以载道"，"文以贯道"，"道成而上，艺成而下"，"依于仁，游于艺"之言证之。屈原，中国最早之大文学家也，然屈原之著《离骚》，唯原于其思君王、怀故国之情，不能自已，其志固非在一文人也。陶渊明，中国最伟大之五言诗人也，然渊明《五柳先生传》，自言其著文章唯以自娱，其心之所系念，则由"羲农去我久，举世少复真"，"枝叶始欲茂，忽值山河改"诸诗观之，皆纯属世道人心之感也。李白、杜甫，中国之诗仙、诗圣也。李白虽狂，仍自谓"我志在删述，垂辉映千春。希圣如有立，绝笔于获麟"，此乃以孔子之著作事业自勉，亦非自安于诗人、文人者也。杜甫之志，则更明言在"致君尧舜上，再使风俗淳"，杜甫被称为诗史，正以其精神之所顾念，唯在人伦政教之兴衰；李白言其著文如"咳唾落九天，随风生珠玉"，其文章，固是其人格性情之流露。杜甫虽苦吟以惊人，而"读书破万卷，下笔如有神"，亦文章当以自本心流露者为最高之意。扬雄、韩愈、柳宗元，中国之文豪也，然扬雄老而悔其少年所作纯文艺之辞赋曰："雕虫小技，壮夫不为。"韩愈文起八代之衰，而其志则在承孟子。柳宗元《答韦中立之书》，亦斤斤于文以明道。韩、柳言文，皆重养德、养气。韩愈谓德盛气充，则文自汩汩乎其来，此皆以文学为人生第二义以下之事，而以文学当为人格之流露之论也。至于中国之艺术家，如倪云林之自言其作画，乃抒写胸中逸气，亦以艺术为人格性情之流露，为人生余事。此类语多不胜举。夫以文学艺术不离人生，西方大文学家固多言之。西方文学批评家中，亦多持人生之道以评论文学者。西方之天才创作文学艺术时，灵感之来，亦"行乎其所不得不行，止乎其所不得不止"。哥德所谓"非我作诗，乃诗作我"，贝多芬之常忽闻天音，亦即艺术成人格之自然流露之谓。然西方文学家、艺术家，毕竟常不免以文学艺术之创作，为一贡献精力于客观之美之事。因而西方文学家、艺术家，多有为艺术而艺术之理论。持此论者，主文艺为一独立之文化领域，唯以求美为事，而不必问其真或善与否。文学家、艺术家之献身于创作者，亦恒不免有以文学艺术为至上之意。然在中国，则除昭明太子之选文，纯以"能文为本"，不以"立意为宗"以外，中国文学批评中，盖极少为文学而文学，为艺术而艺术之理论。文士之中，刻意求文之工者，恒被讥为玩物丧志。所谓一为文人，便无足观，士当先器识而后文艺也。中国文艺上尚言志者，主乎言性情之真，尚载道者，主乎言德性之善，与西方为艺术而艺术之纯重求美者不同。与西方正宗文学之表达神境与客观之宇宙人生真理者亦不同。中国文学家、艺术家精神，多能自求超越于文艺之美本身之外，而尚性情之真与德性之美，正中国文学家艺术家之可爱处与伟大处，而表现中国文学家、艺术家之人格者也。

吾所谓中国文学家、艺术家人格之形成，不同于西方此类人格之由历不断之精神奋斗，不断自现实超越，以向上企慕而形成者，即谓中国文学家、艺术家之人格，多由自然与人文之薰陶，及内心之修养而形成。西方近代文学家、艺术家，恒借恋爱、饮酒、逃出家庭，或远离国土，以使自己之精神至一新境界，并与自己之情欲战，与世俗讥诽战，与环境各种挫折打击战，以产生精神之激荡。中国文学家艺术家，则在重由游历名山大川，以开辟胸襟，发思古之幽情，读书破万卷，以尚友古人。盖胸襟开阔而情欲自减。古圣先贤恒在心目，而自能不顾世俗之讥诽。儒、道二家所言内心之修养，尤要在使人能即现实而超越现实，应事接物而心无所陷溺。夫然而日常生活中之现实境，皆易得空灵化、理想化，堪为吾心藏修息游之所，而显其新妍活泼之意味，成文学艺术之题材。此吾人以前所已言也。故中国文学家、艺术家人格之形成，遂可不经种种与现实冲突之精神激荡，亦非由激荡中之不断奋斗以形成。中国文学家、艺术家固亦喜饮酒，或狎妓、纳妾，以满足其恋爱之趣味。然中国诗人之饮酒，不期其必醉。其狎妓纳妾之趣味，亦不同于西方式之恋爱。盖西方式之恋爱在婚前，而中国古人狎妓纳妾在婚后。在西方式之恋爱中，人视其情人如在天上。恋爱纯为一精神向彼美集中，而向上高攀之历程。中国人之纳妾狎妓，则红袖添香，旗亭画壁，所谓风流倜傥之事。云之散，风之流，乃以喻精神之松散弛缓，以归于安息。纳妾狎妓，在本质上为精神之下降而俯就之行为。然因其为操之在我者，故能使人之精神松散弛缓。同时亦即为使人生命中之盲目冲动力量、好权、好名等私欲，亦随之而松散弛缓者。李白诗云："美酒舟中置千斛，载妓随波任去留。"载妓之舟随波去，舟去而波亦平。此波之平，所以喻生命中其他之欲海波澜之平。中国文人狎妓纳妾之浪漫，盖若使浪之由漫而平者。而西方文人之浪漫之表现于其恋爱者，则若浪愈漫而愈升，恒归于波涛汹涌，此非浪之漫，乃浪之聚。故人亦唯有翻过浪头，而由恋爱之成功或失败，以超越恋爱，乃见恋爱对人之精神之陶冶怡养之价值。顾西方文人虽超越恋爱，而仍不必能超越其好名、好胜等心，故其人格如欲求上升，必须再经奋斗。中国过去浪漫文人，则恒一方面由自然及人文得陶养，一方借风流之事，以销减其功名心，及至年老，去其年少之风流，则亦可直达于人生甚高境界。如李白、辛稼轩、苏东坡是也。至于古典的文人，则纯由自然人文之薰陶，与内心道德之修养，以直达于一极高人格境界。如屈原、陶渊明、杜甫是也（此点人多知之，今不多论）。

吾人知中国文人人格之形成，主要在于自然与人文之薰陶，与内心之修养，即可知中国文人人格之伟大处，皆不在其表现一往向上之企慕向往精神，而在其学养之纯粹深厚，性情之敦笃真挚，或胸襟之超越高旷，意趣之洒落自在。大率受儒家陶养多之古典文人，即以前者见长。而受道家陶养多之浪漫文人，即以后者见长。前者之文学，善达真挚之性情，其文恒以气象胜，风骨胜。而后者之文学，则善达高旷之胸襟，而其文恒以神思胜，韵味胜。所谓文如其人者也。

（四）儒将与圣君贤相

中国所崇拜之社会政治军事上之人物，非西方式之英雄，而为中国式之儒将、圣君、贤相，与豪杰、侠义、气节之士。吾人上已谓西方人之所以崇拜英雄，在英雄之一往直前，求克服一切阻碍，不顾死生之坚强意志，与过人之鼓舞力、号召力。故英雄一出，人民即为所驱率，如风行水涌，当者披靡。此种人物，中国亦有之。如初起兵时之项羽及唐太宗是也。然中国人对纯粹军事上立战功，辟土地之英雄，恒不崇拜。就秦皇、汉武之拓边，与成吉思汗之横扫欧亚而论，其气魄未尝不甚伟大，而其事业亦显一壮阔之气象，王船山尤称汉武之广天地，而以冠带被遐荒之功。然中国人无崇拜成吉思汗者，又或责汉武以耗竭民力，穷兵黩武。中国人所崇敬之帝王，要视其能否开数百年之太平，崇教化，美风俗为定。秦始皇之一四海，筑长城，废封建，同文字，聚天下兵器于咸阳，铸为金人十二，不能不谓之有大气魄。然因其愚黔首，焚百家之言，偶语者弃市，以绝文化之慧命，即永为万世唾骂。汉武之高于秦皇，在兼奖励学术。而光武之高于汉武，则在兼能美风俗也。王莽之为当时数十万士人所歌颂，其依周礼，以废奴隶，去土地之兼并，行一中国之社会主义式的革命，未尝无一宏愿在。而后世仍不尊之者，则不特以其篡汉自立，乃其功业未见，天下已乱，未尝致太平也。此皆足证中国人不尊重单纯之英雄之帝王。至中国人所最崇拜之一般军事人物，恒为有兼儒将之风度者，此即班超之所以高于卫青、李广，而关壮缪、岳武穆之所以为武圣。中国人所最崇敬之臣相，亦至少必须人民受其实惠，或进而真有一番仁厚恻怛之心，公忠体国之意，与天下人共治天下之气度者。孔子称管仲之攘夷，在其使人得不被发左衽之功。孔子称郑子产为古之遗爱，亦在人民之曾受子产之实惠。后人之称诸葛亮、陆宣公、范文正公、李文靖公、欧阳文忠公，以至曾文正公，则皆以其有一番仁厚恻怛之心，及公忠体国之意。王安石之变法，张江陵之肃朝纲，皆雷厉风行，各有一番热诚，而其失败之后，人不哀安石罢相、江陵发冢之遇者，因彼等皆徒恃其"天命不足畏，人言不足恤，祖宗不足法"之英锐之气，以一往直前，缺蔼然仁厚之气象也。否则彼等所遇之反抗，亦未必至此。至于帝王中，如唐太宗、宋太祖之为后人所称，则在其皆有与天下人共治天下之气度，而局量宽宏。汉高祖、明太祖初亦未尝无涵盖天下士之气度，而晚德趋于残刻，此其所以不如唐太宗、宋太祖。唐太宗处人伦之变，杀其兄，以争帝位，又不如宋太祖之逊位于弟。而宋太祖之仁厚亦过于唐太宗。至周公恐惧流言，未尝效兄终弟及之事以自立。终身止于摄政，逊位成王，见让天子之美德，而其兴礼乐、立制度之功尤大，故尤为后世所推尊。若尧舜之为中国人之理想帝王，则在其不特能纯以天下为公，乐以天下与人，而又能为天下得人而禅让之。孟子曰："尧以不得舜而为己忧，舜以不得禹、皋陶为己忧。分人以财谓之惠，教人以善谓之忠，为天下得人者谓之仁。是故以天下与人易，为天下得人难。"孟子之言，深挚之至。此尧舜之所以为中国之理想帝王。知此则知中国人所崇敬之军事人物与政治人物，皆主要在德性，而非在其绝对坚强之意志与伟大之才气也。

（五）豪杰之士

除有德性之军事上、政治上之人物外，中国人尤尊重社会上之侠义、豪杰之士。中国政治上、军事上之人物，原亦多有豪杰之气象。豪杰之异于英雄者，在英雄以气势胜，而豪杰则以气度、气概胜。气势依于才情与魄力，气概、气度本于性情、胸襟与局量。才情与魄力，依于自然之生命力，而性情胸襟与局量，则依人之所以为人之心性，与精神生活之陶养。人之求克服困难而鼓舞群众，以使雷行物与，可只恃才情与魄力。而推心置腹，宏纳众流，使风云际会，则赖乎有豪杰之性情、胸襟，与局量。如刘邦、刘玄德、曹操、李世民早年之结纳贤俊，均有一番豪杰之气概，而非只可称为英雄也。然豪杰之士之所以为豪杰之士，在其心不在其迹。豪杰之精神，主要表现于其能自平地兴起，先有所不忍，而有所推倒，有所开宕上。故真豪杰之兴起，皆非先揣摩社会之风气，投人心之所好，而有所倡导以望人之附和；而恒是在晦盲否塞，天下滔滔之时代，因心有所不安与不忍，即挺身而出，以担当世运，或舍身而去，以自求其志。有豪杰精神之人物，当无人闻风兴起之时，恒黄泉道上，独来独往。豪杰性人物，不必是政治、军事上之人物，可只为一社会文化中之人物。在一切社会文化领域中，无论学术上、文学艺术上、宗教上，凡能依其真知灼见，排一世之所宗尚，以开辟人类精神，与社会文化之新生机者，皆赖一种豪杰之精神。豪杰之行迹，不必相同，而可相反。故伐纣之文王、武王是豪杰。而天下宗周之后，独愿饿死首阳山之伯夷、叔齐，亦是豪杰。推倒秦朝之项羽、刘邦，有豪杰之气概。张良之独得力士，以椎秦始皇于博浪沙，后辅刘邦称帝，功盖天下，乃独与赤松子游，悠然长往，亦是豪杰。酾酒临江，横槊赋诗，以"周公吐哺，天下归心"自况之桓桓曹孟德，有豪杰之气概。而当时"受任于败军之际，奉命于危难之间"，与刘玄德结肝胆，以抗曹操八十万大军之诸葛亮，亦是豪杰。未见《涅槃经》，而认定一切众生皆有佛性，与当时之僧徒相抗，不得已而向顽石说法之道生，是豪杰。西度流沙，历千辛万苦，以求佛法之真相，归来译经千余卷之玄奘，是豪杰。而不识一字，倡即心即佛，轮刀上阵，当下一念，见性成佛之慧能，亦是豪杰。在宋而反对数百年之禅学之朱子，在明反对"此亦一述朱，彼亦一述朱"之王阳明，在明末反对满天下之王学末流之王船山，皆在滔滔者天下皆是之环境，独求其心之所安，此皆学术界之圣贤而豪杰者。

吾人知中国人之尊尚豪杰，乃主要尊其自平地兴起，以拔乎流俗之上之精神。则知豪杰之人格之价值，不以其失败或成功而有所增减。当豪杰之士奋然而起之时，彼心中乃先自反而无所馁，故虽千万人而吾往矣。然亦正唯其能以一人之是，胜千万之非，故当他人闻风兴起之时，则其胸量亦足以涵盖千万人。故豪杰式之学者与豪杰式之政治家，虽一则恒独来独往，一则恒待风云际会，然其精神，则无二无别，盖皆能不以成功失败动其心者。西方人所崇尚之英雄，虽其坚执之意志，能为求成功而不顾生死，然恒不能忘情于失败，故亚力山大征印度不成，四顾茫茫，而沧然泣下。拿破仑因于岛上，亦未能解缆放船，对海忘机。人亦必俟其失败，见其坚执之意志，毁于一悲剧之命运下，其所以为英雄之超越的风姿，乃显于人前，而堪为人所系念。中国所崇尚之豪杰，则可成功，亦可失败。其成功而有宏纳众流，功成不居之气概，则其超越的风姿，即冒溢乎其成功之上；其失败而踽踽凉凉，未尝有寂寞孤独之感，则其超越的风姿，即横逸其孤独寂寞之外。其生也荣，其死也哀，英雄如之何能及也。

（六）侠义之士

豪杰恒兼侠义之行，侠义之士亦恒兼豪杰之行。而豪杰、侠义二名，涵义固不同。豪杰之精神，重在由推宕以显阔大。而侠义之精神，则由宅心公平，欲报不平，以显正直，而归平顺。豪杰之士，涤荡一世之心胸，而使百世以下，闻风兴起。侠义之士，则伸展人间社会之委屈，而使千里之外，闻风慕悦。二者皆以其个人之精神，担当世运，而初无假借群众之意。此即与西方与中国今日之政党领袖，恒存心投群众之所好而利用之，乃截然不同者。中国侠义之精神，始于战国。太史公《游侠列传》谓，游侠舍生取义，急于为人而不为己，单身提剑入虎穴，身较鸿毛犹轻；不顾父母之恩，不幸妻子之爱，常欲为国士酬知己，一诺坚于千金。然其酬知己者，皆所以伸知己所受之委屈，亦即所以显正直、归平顺，今所谓伸张社会之正义是也。以一人之身，而欲伸张社会之正义，故或单身提剑入虎穴，以与权势相抗，或则置身家性命于不顾，而不惜犯法之所禁。故荆轲之提一匕首，入不测之强秦，见侠义而豪杰之精神。鲁仲连之义不帝秦，宁蹈东海而死，见豪杰而侠义之精神。而《游侠列传》中，朱家、郭解之流，则纯侠义之精神。刘、关、张之意气相感召，以反曹操，是豪杰。而彼等之相与，则有侠义之精神寓乎其中。侠义之精神，宁自己经历困苦艰难，或受委屈，必不负信义，以使他人之委屈得伸。故关羽蒙曹操之厚恩，过五关，斩六将，终不忘以肝胆相结之刘备。而刘备宁兵败身亡于白帝城，不忍关羽之受委屈。朱家必护季布，宁冒危险而不悔。而豫让吞炭为哑，以委屈自己，而伸其君所受之委屈，亦表现同样之精神。故由中国之侠义之士，即转成后之帮会中人。中国帮会，后来虽流弊甚大，然其初亦依于各人之绝对之平等独立，各成一顶天立地之汉子之精神，互相帮助，使大家在社会同不受委屈，而本信义以互相连结以组织而成者也。

（七）气节之士

中国社会，除尊圣君、贤相、豪杰、侠义之士外，尤尊气节之士。东汉之末、明之末，气节之士，固多能以冷风热血，洗涤乾坤。而历朝衰乱之秋，亡国之际，亦有气节之士，或隐遁山林，或身死患难，彪炳史乘，流芳百世。气节之士，与豪杰、侠义之士，同表示一风骨，而为义不同。豪杰之精神，乃一身载道，平地兴起，以向上开拓之精神。侠义之精神，乃横面的主持社会正义之精神。气节之士，则为一以身守道，与道共存亡之精神。夫豪杰之起，必起于可起之时势。侠义之士，必先在社会有容身之地。而当人道、国家、民族、文化存亡绝续之秋，人命悬于呼吸之际，则豪杰、侠义之行，皆将无以自见于世，而唯有气节之士，愿与人道、国家、民族、文化共存亡绝续之命。患难之来，气节之士，或隐或死。死气节者，乃当绝无可奈何之时，而人所唯一可以奈何之道。死气节者，以身殉道，非消极的离开人间世，乃以身随道之往以俱往，抱道而入于永恒世界之谓也。烈女死夫，忠臣死国，君死社稷，义士死难，同为中国古所谓气节。夫人当死气节之际，其心中一念，唯是所以不负平生之志，匪特可不念及其当留名后世，抑且可不念及其死之是否有益于后世。此种精神似同于西方或今日所谓为理想而牺牲，而又不相同。其不同在理想必为人所向往，而昭陈于心目之前。人为理想牺牲时，心恒祈望于理想之实现于未来。而中国古人之死气节，其高者，乃唯是不负平生之志。其所以能有气节，皆由于过去之文化生活上、志愿上之陶养。当其死气节之时，明见天地之变色，日月之无光，知一切皆已无可挽回，因而其对未来，可全无所希望或企慕。其死也，所以酬国家文化之恩泽，而无愧于读圣贤书，所学何事之问。故其全部精神，皆所以求自慊而自足。"浩气还太虚，丹心照千古，平生未报恩，留作忠魂补。"专诚所注，唯是不负平生之志。此中国气节之士，所以贞人道于永恒，呜呼至矣。

上四节所言之人物，如以《易经》元亨利贞言之，豪杰之士，突破屯艰而兴起，乃由贞下起元之精神。圣君贤相，则元而亨者。侠义之士，其利也。气节之士，其贞也。知元亨利贞，终始不二，则亡国时之气节之士，亦即开拓世界之豪杰；而社会中在下之侠义之士，亦即在政治上之圣君贤相。姑妄言之，以俟解人。

（八）高僧

中国人所崇敬之人物，尚有二种与西方宗教性人物相当者，即高僧与隐逸之士。吾人读中国之《高僧传》，则知中国高僧中之行谊，亦不乏与西方中世纪苦行者同类之人物。离尘绝俗，遁迹深山，古寺茅庵，青灯黄卷，木鱼钟磬之音，与虎啸猿啼相和答，固为一般僧徒之常，而其坚苦、勇猛、精进、慈悲之事迹，亦不烦一一举。当西方基督教，受迫害于罗马帝国之时，其徒或开会于墓穴，随鬼蜮以凄清；或从容以饲狮，望天国而唱诗。此精神诚中国僧徒之所未表现。然此乃由中国社会，对僧徒原未有甚大之迫害之故。至于如西方基督教徒之传教异域，远播福音，埋骨蛮荒，死而不悔之事，中国佛教徒之传教精神，亦似略逊。然当六朝隋唐之际，中国之西行求法者，流沙跋涉，风涛万里，死于道路者，不可胜数；而去者接踵，其精神亦复相类。所不同者，唯在基督教徒之传教，乃以其所信之坚，向外传播，以开拓教区之精神。而中国僧徒之求法，则是本于一廓然无我之大虚怀，以向外求法，摄受之为我有，而安顿我之身心性命。此皆表现吾上所谓中西精神之不同。然尤重要者，则在基督教与佛教精神之不同。基督教徒之上帝，原于犹太教之耶和华。耶和华曾创造天地，乃首表现一君临世界，为天下主之气象者。基督教兴，上帝虽与化身为人子之耶稣为一体，然上帝之超越性，仍过于其内在性。上帝高而人愈须卑以自牧。故原始基督教徒，恒富于谦卑祈望之情绪；而佛教则呵斥梵王，以人成佛而同神，故上天下地，唯我独尊。基督尚爱，佛尚慈悲，未尝不同依于仁。然基督教尚爱，乃以人自下承上帝之爱而爱人。而我佛之慈悲，则苦口婆心，悯念众生，乃自上而下之势。故基督教徒以佛徒为慢（如旧俄名哲 Lossky《价值与存在》一书，即本基督教义，而以佛教徒为最大之傲慢者），而佛徒则以基督教徒，外自心而求神佑，疑若自卑自贱之行。故吾人观佛之言，六度万行之菩萨行，虽一方有似于矜夸，一方亦见一高卓与庄严之气概。中国传统思想，复素有人德齐天之思想，故佛学得见重于中土。佛学入中国后，复济以中国固有之性善论思想，融入其中，本我欲仁而仁至之训，遂有顿悟成佛之论。由道生至慧能，而开为中国之禅宗。中国禅宗之大德，其学道固未尝不历艰苦，持戒亦未尝不谨严，然其教人与说法之气概，则特以恢廓而亲切见长，而亦不失庄严与高卓。此实为一世界宗教徒之一特殊之典型。夫西方之基督教徒，以己身与一切人类皆有罪，必待上帝耶稣之救渡，故吾人立身处世，亦当忘人对我所加之伤害，而予以宽恕。吾人又必须能承担苦痛与死亡，乃能入天国，此固为一伟大精神。然禅宗则告人以本来无罪，即心即佛，而不须待在我之外者，原恕我之罪，人所当直下承担者，唯是此本无一切罪恶，本无一切烦恼，不见有生死之心。能见此心，则人皆即于烦恼而证菩提，于生死中脱离生死。此正是一种直接使人先自登于佛位、神位，而提高其人格精神之道。禅宗之教，出自一既恢廓而亲切，亦庄严而高卓之精神，固无疑。此精神中有一豪杰气概，而又包含一宗教徒之虔诚，与"无对之形上境界"之直接体现。禅宗不视一切人为真有罪，亦即表现一最伟大的之原恕一切人之罪恶之精神。其所谓一切功德，皆自性具足，全不须自外假借。悟得时，千圣一心，更无高下之别，亦无永不能成佛之一阐提，更表现禅宗对一切人之平等心。西方基督教，以耶稣为人而神，其位高于一切人之上。圣徒之精神，略近于耶稣，而高于一般教徒。一般教徒，又高于不信教者。不信教之人，又高于异教徒。中古基督教徒视异教徒，乃必然入地狱者。此种人之差等观，虽亦可使人依层级而上升，不能谓其无理论之根据，然将不免过于执定人与人之地位分别，由是而不免求人对之恭敬奉持，下沦而为求世俗之权力者。此即若干中世教皇精神下堕之关键。夫西方人之人生理想，求超越人之现实之私欲是也，然人之私欲实有八类：一曰怠惰，此乃依人体物质之惰性来。二曰好货利，此由生物性之物质欲望来。三曰好色，此由生物性之男女之欲来。四曰好胜，此由生物成为一特殊之个体，即有一凌驾于他个体之上之权力意志来。五曰好名，此由吾人权力意志，欲使他人之精神，赞同拥护我个人之精神之活动来。六曰好权，此由吾欲以吾个人之精神，支配控制他人之精神来。七曰好位，此由吾人欲他人精神，拱戴支撑我个人精神来。八曰贪生怕死，此由生物本能及对于一切生命之享受之依恋不舍来。此八欲者如有节制，亦可助人之向善，然皆不免有私在。人之精神欲求上升，终必视之为阻碍，而求超化之者。然一一加以超化，诚大难事。西方之社会实业家，能超越人之怠惰性，亦能不好色、好权等，而或不免于好利、好货。文学家，恒能不好利、好权，而多不免好名、好色。学者能不好色、好名，而恒不免于好胜。军事家，政治家能不好利、好色，亦恒能自然的忘生死之计较，而不免好权。而西方宗教家，则能不好货、不好色、不好名、不好权，能自觉的求不贪生、不怕死，而恒不免于好位。其重谦卑原于所以去好位之心，然差等之人类观，或又增其好位之意识。佛家之自居于佛位，与禅宗之要人发心即自居于佛位，诚亦易生慢。然佛家视一切人与一切众生平等，禅宗以人人皆即心即佛，则正足以去人高自位置之私心，而归于谦顺者。此则禅宗之精神与基督教之精神似相反，而亦相成之一点也。

（九）隐逸与仙道

中国宗教性人物，除高僧以外，即为隐逸与仙道之徒。其精神远原于先秦之道家。先秦道家，如庄子、列子之徒，其人格之精神，皆在游心自然之万化，而超越人间世之政治上、礼教上、道德上种种观念之执著，然又未尝不与人为徒。大率佛家，重观一切法之空，以证心之如如不动。而道家则重观万物之自化而游心其中，以见无适而非我。故佛家终须出世，而道家则能游世。然道家精神之高处，正在其直下忘却一切人之位之差别，而去人之一切自高位置之心。《庄子·秋水篇》曰："是故大人之行，不出乎害人，不多仁恩，动不为利，不贱门隶，货财弗争，不多辞让，事焉不借人，不多食乎力，不贱贪污，行殊乎俗，不多辟异。"又曰："与其誉尧而非桀也，不若两忘与化道。"《大宗师篇》曰："䨄万物而不为义，泽及万世而不为仁。"《逍遥游》曰："藐姑射之山，有神人居焉，肌肤若冰雪，绰约若处子，不食五谷，吸风饮露……是其尘垢秕糠，将犹陶铸尧舜者也。"由此以观，庄子心中之境界实至高。此境界即为超越出一切善恶、美丑之计较，贵贱、贤不肖之位分差别之人生境界。庄子之述此境界，如其文之表面而言，似只指一种尚不知善恶美丑等一切价值之差等，而无价值分别之境界。然实以指一种既有价值之差等之观念，或既具备美善于其人格者，再忘"其人格在人上之高自位置感"，所达之一种境界。夫人之高自位置感，恒植根于人心深处，恒随人之精神之上达与进步而与之俱往，为古今之人物罕能自免者。此乃人心最深之私欲。然人之精神之真正求上达，必须越过此一步。基督教之谦卑，佛家一切众生之平等教，及儒家之礼让，皆所以使人越过此一步。道家之所以越过此一步之道，则在使人超越善恶美丑之分别，而游心万化以平齐物我，使人忘其所居之不同位分，而各自得其得，自适其适。吾人若谓庄子竟不知人生价值中善恶美丑之别，以庄子之智慧之高，固不至此。庄子之此种精神，盖即中国后世之高士、隐逸、及仙道之徒所表现之精神。此种精神之客观化于社会者，唯是敝屣社会之尊位。故高士隐逸之行，传于社会者，亦唯在其辞尊居卑，辞富居贫，而入山学仙、学道，莫知所终等等之上。此种人物之心灵之境界如何，人恒无得而知之。然终亦为后世所仰慕崇敬。四皓隐于商山，张良与赤松子游，严子陵卧于钓台，吕洞宾三过岳阳人不识，陈抟初年志王业，及闻宋太祖黄袍加身，即撒手入华山为道士，及今惟留手书"开张天岸马，奇逸人中龙"之一对联于人间。诸人行事，留落人间者，皆如鸿爪，恒在依稀仿佛间，此皆中国所谓神龙见首不见尾之人物，而自成中国人格世界之一格者也。

（十）独行人物

中国人格世界尚有一类之人物，即一生以极少特立独行之事，名于后世之人物。《后汉书》曾特为此种人物立独行传。然独行人物，可不限于《后汉书》之所论。凡行谊少而见称后世者，皆属之，孔子弟子如颜渊，其一生一箪食，一瓢饮，在陋巷，既无任何之功业可见，亦未尝留下若干之名言。唯孔子尝赞其好学，而彼亦尝偶自言其志在"无伐善，无施劳"，并曾赞孔子之教曰："仰之弥高，钻之弥坚。瞻之在前，忽焉在后。夫子循循然善诱人"。孟子即以颜子与禹稷并举，后人即称之为复圣。东汉之黄叔度，世人称之为似颜子，曰："叔度汪汪乎若万顷之波，澄之不清，揽之不浊。"亦即名垂后世。此外如鲍叔牙平生之事，唯在对管仲之友道。管仲曾叹曰："生我者父母，知我者鲍子也。"而后人即以管鲍之交，喻友道之笃。《后汉书》范式、张劭传，寥寥百十字，唯述张劭已死，而棺不能举，盖待其友范式之来。及范式乘素车白马至，抚棺言曰："行矣巨卿，死生异路，请从此辞。"棺乃得举。此事使人感涕。而范式、张劭亦即永为人所不忘。此外如存鲁之义姑，存孤救孤之程婴、公孙杵臼，弦高之犒师，卜式之牧羊散财，皆唯以一事而留芳百世。此外如申生以孝名，缇萦之以愿代父赎罪名，木兰以代父从军名，梁鸿、孟庄以夫妻相敬如宾名，聂萦以不忍没其弟之名名，武训以行乞而兴学名，皆足见中国人所崇敬之人物，不必由于其有若干之行事。吾人之崇敬一人，更不须观其如何奋斗以发展其精神，形成其人格之历程。可敬之人格，其行事不必多。而一人格之可爱处，由于天赋，由于学养，或由于奋斗，皆不必问。"或生而知之，或学而知之，或困而知之，及其知之一也。或安而行之，或利而行之，或勉强而行之，及其成功一也。"人之可贵者，唯在其有此可贵处。吾人见其有此可贵处，即贵之、爱之、敬之、心悦而诚服之。不待吾人知其何以有此可贵处之来源、所经之历程也。盖人之整个人格之形成，固为一历程。而任一言一事之本身，亦皆独特无二，圆满具足之一历程。人之德性见于其行事也，千百次不为多，一次不为少。不同之德性，皆依于同一之根而生。具全德者圣，具一德者贤。全德一德虽不同，而其为德之纯则无不同。中国人唯以德之纯为可贵，故具众德而杂驳者，不如具一德而纯粹，如精金美玉者。此即中国人之所以崇尚只有极少之事称于后世，以一德名之人物也。

（十一）圣贤

吾以上论中国之人格世界之人格型几尽，及论中国式之圣贤而迟疑。圣贤之人格，非吾之学养所能论也。宋明儒者，恒教学者体圣贤气象。气象者，心领神会而后可旦暮遇之，亦非吾之所得而论也。基督教徒之上帝与耶稣，可颂扬而不可论。佛教中之佛，亦可赞叹而不可论。道家之于其至人、真人、神人，儒者之于其圣人亦然。而吾之此文，又非颂赞而为论，吾将如何而论之？吾将曰：中国儒家之圣贤者，天人之际之人格，持载人文世界与人格世界之人格。儒家精神，乃似现实而极超越，既超越而又归于现实。然儒家之精神，在开始点，乃纯为一理想主义之超越精神。世之谓儒家为现实主义者，皆不知焦鹏已翔于辽阔，而弋者唯视乎薮泽之类也。孔子念念在体天德之仁，最恶同乎流俗，合乎污世之乡愿，即超现实社会之精神。故曰"不得中行而与之，必也狂狷乎，狂者进取，狷者有所不为"。人学为圣贤，自古儒者，皆谓必自狂狷入。耿耿于怀，于当世少所许可，恒存隐居求志之心之谓狷；狷者精神之收敛凝摄，以自保其人格之价值。顺其精神之收敛凝摄，而极之，则为圣之清，为伯夷，为隐逸，为佛家之苦行僧，为仙道，为社会之反抗者，皆儒者之狷者所优为也。"其志嘤嘤然曰，古之人古之人。言不顾行，行不顾言。"理想远超溢于现实之谓狂。狂者之精神，恒发扬而超升，以期涵盖，而自任至重，以扩大其人格之价值。如陆象山所谓"仰首攀南斗，翻身倚北辰；举头天外望，无我这般人"。孟子之"当今之世，舍我其谁"之概是也。则为圣之任，为伊尹，为先天下之忧而忧，后天下之乐而乐之贤相，为豪杰，以至不得意而为大侠，为禅门龙象亦儒者之狂者所优为也。狷者如至阴之肃肃，狂者如至阳之赫赫；狷者如地静，狂者如天行。中国圣贤之教，人有所不为而后可以有为。故非天生之狂者，必先学狷以自别于乡愿，以拔乎流俗与污世。而当其学狷也，恒先有契合于伯夷之清、颜渊之默、仙道之返真、佛家之出世，故孔子特赞伯夷。《论语》终于载荷蓧丈人、长沮桀溺，与楚狂接舆之事，以见孔子不胜眷恋隐者之情。司马子长作《史记》，序列传，亦以伯夷为列传之首。宋明理学家，亦皆由佛道而返于儒，颜渊亦最为理学初期之大师所敬也。若乎在今日之学儒者，则恒须兼有契于反现实社会之革命家之精神，与宗教精神，或形上学，乃可免于乡愿之伪儒。儒者之精神，反现实之世俗，而有超人间以隐遁之势。充之至极，必畸于人而侔于天。果全侔于天，则为道，为佛，为宗教家，或为形上学家，则非儒，儒者必能狷亦能狂。狂者为世间立理想，而担当世间之任。匪特隐居以求其志，抑且欲行义以达其道，故其精神不逃避世俗，而不能不与世俗相激扬。宏愿孤怀，若与天通，而所志不能骤实现于当今，此志乃亘时间之长流而过，以遥通古之人，兼寄望于来者。"建诸天地而不悖，考诸三王而不谬，百世以俟圣人而不惑"，此狂者之所以自信也。夫然，故真正儒家之狂者之志，即为通贯天人与古今之人格精神，并以其人格精神，改造现实社会。其改造现实社会之志，乃自上而下，而不如西方社会革命家之自下而上。其前有所承，而后有所开，又不似西方社会革命家，徒寄望于未来之实现其理想。而狂者之过，则在其或不免高明自许，自视如神，而归于亢举或虚矜。果自视如神，高居人上，则成英雄、成先知、成超人、成天使，而非儒。故儒者之真狂者，必由狂者而进于中行或中庸。中行中庸者，由狂而再益以狷；于一往进取向上，以希涵盖之精神中，再去其英锐之气；于高明之外，再充之以博厚与宽阔，以归平易近人，斯成为具太和元气之圣德。圣德之精诚所注，乃既积刚大于内，而发于外者，皆如春风化雨。所存者神，而所过者化。其改造现实社会之事业，非自下而上，亦非自上而下，而唯是诚中形外，旁皇四达。由近而远，由暂而久，以感格于家国天下及百世以后。中者"在中"，内心之称。庸者用也，通也，感通之谓。中庸之道，非折衷之道，乃由内心以感通世界之谓也。善感通者，以其善与人之善相接，故必乐道人之善。由狂狷之目空当世，转而为中庸之圣，乐道人善，则可与世俗共处。而柳下惠之和，亦为圣之一德。乐道人之善，则"三人行必有我师焉"，恭以下人之孔子，所以为至圣也。孔子非不能狷而避世，"道不行，乘桴浮于海"，孔子将何惮于悠然长往？孔子非不能狂而气足盖世，"文王既没，文不在兹乎""天生德于予"，此孟子之舍我其谁之概也。为狂为狷，皆在世而超世，而位居天人之际，而不免缺乏与世人亲和感。孔子所思在狂狷，存心亦恒在天人之际，而有予欲无言之感，知我其天之叹。而孔子道中庸，其接人遂唯是一片太和之气象。其称人溢美之辞多，而自称则唯是一好学不厌。孔生未尝如耶稣之言"我即是道路"，亦未尝如释迦之言"上天下地，唯我独尊"。孔子之所称者，尧、舜、禹、汤、文、武、周公、伯夷、叔齐、柳下

惠、蘧伯玉、管仲、晏平仲、子产、颜渊，实遍及于人格世界之各类之
人物。孔子所学者，为历代所传之人文之全体。故孔子之人格精神非
他，能狂能狷，而又持载人文世界、人格世界之全体之人格精神，以使
人文世界、人格世界得所依止者也。"泰山不让土壤，故能成其大；河
海不择细流，故能成其深。"儒者所谓圣德非他，盖亦不外积人格世界
之人物之德，以成其德，恒于人格世界之人格，致其赞叹仰慕之诚，而
不胜愤悱愿学之意而已。唯犹有进者，即今世之论者，恒谓孔、孟以后
之儒家，盖不免过于推尊古人。尧、舜、禹、汤，当未尝如孔、孟所言
之圣。然不知孔、孟之圣，亦正在其善于推尊古人。夫积德于中，必溢
乎外，溢乎外者，不私其德之谓也。不私其德，必乐闻人之有德。乐闻
人之有德，乃忘古人之小疵，信古人之大德。则尧、舜、禹、汤，不圣
而亦圣。此正见孔、孟之圣，而不私其圣德之大圣。尧、舜、禹、汤，
盖实未尝如孔、孟所言之圣也。而孔、孟既公其自心之圣，以信历代之
有群圣，乃使圣德洋溢于历史人格之世界。此正孔、孟不世之功，而见
圣贤人格，复创建历史人格之世界。孟子又曰："人皆可以为尧舜"，荀
子曰："涂之人可以为禹"，王阳明曰："个个人心有仲尼"，其徒乃见满
街是圣人。此岂谀俗之论，实只是"圣心之洋溢而无尽，乃登凡人于圣
域"之大慧。呜呼至矣。

中西文化精神形成之外缘 [*]

（一）西方文化之来源为多元与中国文化之来源为一元

吾人今兹论中国文化，乃以西方文化为背景，而作一比较之论列。关于中西文化之差别，吾人今将首提一义：即西方文化之形成为多元，其所历之文化冲突多，而中国文化之形成，几可谓一元，其所历之文化冲突少。西方文化源于受埃及文化、巴比伦文化、叙利亚文化，与爱琴文化之影响而形成之希腊文化。罗马精神融摄希腊文化，而形成罗马文化。希伯来之犹太教、基督教精神，与阿拉伯精神侵入罗马世界而有中古文化。再加上意大利之文艺复兴，与日耳曼精神之发挥，乃成西方近代之文化。其中基督教之精神，虽由其主宰中古文化，浸成西方文化之统所在，然基督教精神毕竟为后起，而与希腊精神不能全水乳交融，因而有文艺复兴时代之人，以希腊文化对抗希伯来文化精神之事。吾人今日虽可在哲学理念上，将希腊中古与近代西洋文化精神统摄而论之，如黑格尔及著者本书上部之所为，然不能掩西方文化之来源为多元之历史。此种文化之来源为多元，亦即西方现代英、美、法、德、俄之文化思想之冲突何以极多之故。中国文化之来源，近人因受西方文化之来源为多元观念之暗示，亦有论其为多元者。如梁任公先生极早即有中国南北二支文化思想之论，蒙文通先生《古史甄微》有齐鲁、秦晋、荆楚三支文化之说，然此种各地文化思想之差别，毋宁谓纯为地理之影响或各地民族气质之不同所形成之差别，不足成立中国文化之来源为多元之

* 录自《中国文化之精神价值》，正中书局 1953 年版，根据正中书局 1987 年第 2 版校订。

证。至少在有史足征以后，所谓不同民族之夏、殷、周，在文化上，大体乃一贯相仍，中原民族用以表达学术文化思想之文字之统一，即其证也。至于后来，中国之中原民族，对夷狄之文化，虽时有所取，然皆无损于文化之大本大原之不变。汉唐以后，对印度文化之接触，非由实际利害上之情势所促成，主要出于中国人内心之向往要求，故中、印间之文化冲突亦少。唐代与回教文化、景教思想之接触，亦未尝生文化之冲突，且未影响中国文化精神之核心。明代教士之输入西方科学与基督教义，当时亦未发生大影响。唯近百年来之中西文化之接触，因初为受实际利害上之情势（如通商及帝国主义之侵略等）所促成，而后有种种文化冲突之发生，特感文化融合之需要。然西方之文化史，则整个为一不同文化之接触冲突，迄今未能融合之历史〔此意西方人论者已多。近见诺斯诺圃（Northrop）《东方与西方之会合》（The Meeting of East and West）中言之甚详。并以为此乃西方文化亟须东方文化加以补足之理由〕。因在西方历史中，不同文化之接触，皆复为实际利害之情势所促进，故接触恒与冲突相俱。非如中国人之过去接受印度文化，纯出内心之向往要求，而易如水乳之交融也。

吾人自西方文化之来源为多元，及其文化中之冲突多上著眼，以观西方文化之发展，即可以多少解释西方文化之特殊精神所由形成之外缘，而中国缺此外缘，故其文化精神亦不同也。

关于西方文化之特殊精神，吾尝括为四目。一为向上而向外之超越精神。由此而肯定种种在人之上及在人之外之超越的理想、超越的实在，如"超越之神"、"可能世界"、"潜在世界"、"外于人之自然世界"、"物之自身"、"价值理想自身"等。此皆为其宗教、哲学、文学、艺术、道德之生活，所企慕向往之对象。二为充量客观化吾人之求知的理性活动之精神。此精神与前者结合，而有中世之宗教中，特重上帝之全知，与希腊哲学中肯定一理型世界。由此精神之表现，而有西方之逻辑、数学、几何学，与哲学中之范畴论，以为近代之西方科学之母。由近代科学之应用于客观自然之改造，以实现其人生文化中之超越的理想，满足其征服自然之权力欲，而有近代之工业技术、物质文明。第三为尊重个体自由意志之精神。此主要表现于基督教中，上帝造人为唯一有自由意志者之信念。然自亚当犯罪，人之自由意志，则恒向恶。故中古基督教，仍不重个人之自由意志之价值。人多谓尊重自由乃日耳曼精神。真尊重个体之自由意志，盖始于西方近代。故近代西方哲学中，特以意志

自由之证明，为最重大之问题。近代复有各种社会上、政治上、法律上
之争个人之自由平等之权利之运动，经济上近代有自由企业之资本主义
之产生。第四为学术文化上之分途的多端发展之精神。西方文化中之各
文化部门，如宗教、文学、艺术、科学、哲学、政治、经济皆类别分
明。其学术中之分类，尤愈分愈细。学术上之主义派别，特见纷繁。各
种学术文化中之人物，皆喜各引一端，推类至尽，以逞其所长，显其偏
至。恒不免于由其有所偏至，而生偏蔽与偏执。此四种精神，相依为
用，以表现于西洋文化历史中，此在吾书之上部及本部中，随处论及，
今不必详。而此四种精神，皆中国文化精神之所缺。而其所以缺乏之外
缘，主要者即在西方文化之来源为多元，其文化之接触，恒与冲突相
俱，而中国文化之来源，则可谓为一元，其与印度文化之接触，亦未尝
有大冲突之故。今请进而论此外缘之有无与中西文化精神之差别之关系
如下：

（二）不同文化民族之接触——战争与商业对 西方文化精神形成之关系

人类文化之接触，或为低级文化或较野蛮民族接触更高级之文化；
或为二具有高度文化之民族之互相接触。当一较野蛮民族或只有低级文
化之民族，接触一较高文化时，则依于人之向上之天性，必有企慕、向
往之心。高文化之民族，则此时恒有一自觉之高卓感。而二有高度略相
等而不同之文化民族相接触时，则依于人性之求和融统一之要求，亦必
向上升起，因而易形成一更高之文化理念，以求二种文化之和融统一。
故凡不同之文化接触，皆可使吾人之精神趋于向上提高，而求其冒起超
升。二民族之文化接触，可纯出自一民族之精神要求，亦可由实际利害
之情势所促成。如由战争或商业需要为主，而造成之文化接触，则可谓
纯由实际利害之情势所促成。由战争所造成之文化接触，如战争后，二
民族各还故土，则此二种文化接触，除多少掠夺对方之人为奴隶外，恒
不过只增加二民族之文物之交换，思想观念之交流。此交流乃只取对方
之文物思想观念，而不取对方之人群。此即为一将文物思想与实际之人
群分离之抽象精神。由是而二民族间遂一方虽有文化之交流，一方仍可
由相互之战争，以增强实际生活中之敌对意识。如战争之结果，一成被
征服者，一成征服者，而同居一地，则战争之后即易形成一阶级社会，

而有统治阶级与被统治阶级之敌对意识。此中，如被征服者为较野蛮者，则使较有文化之征服者，更自觉其文化之高贵性。被征服者如不屈服于征服者之文化，则其在现实生活因无可反抗，其精神必寄托于超现实之宗教［西人汤恩比（Toynbee）亦谓内部之无权者易信宗教］。反之，被征服者如为较野蛮之人，且在文化上愿屈服者，则其对征服者之文化，亦可视之如神圣，以超越之眼光观之。复次如征服者为野蛮人，则野蛮人之征服文化人，恒极残酷而杀戮至多，唯留其文物。及野蛮人后代之子孙，见文化人之遗留文物，而既发现其价值，又念此非其所能自造时，亦恒自然以超越眼光视之，而生一向上怀慕向往之心，此盖皆理有固然之事也。

至于由商业需要而导致之文化接触，则不增加二民族之敌对意识，而恒增强二民族相互之利用意识，如欲以少易多，以小利换大利之意识。"由小利以得大利"，乃人之自觉的自私心与"自我中心"观念所引发者。亦人一种原始的向外而向上追求之生活理想。人之常情，由商业交易而得新货物文化物，复易生仿效制造之心。仿效制造不成，则生羡慕之情。但吾人须知此仿效制造之心、此羡慕之情，乃向"远地之人之心灵之技巧或精神"而施，由是即有一向客观外在之人之精神所生之企慕向往心。此亦为一种向外而向上之精神。然商业交易所得，唯是货物或文化物。故此企慕向往之心，只环绕于此货物文化物，而想像远地人之如何能制造之，并求如何可以效之胜之之道。人此时之心思，即超出货物文化物之本身，倚虚空而盘旋，易以形成形相与概念。又商业上之获利，重在善讲交易，与所贩卖货物为人所喜。英人怀特海，于《理念之探险》（Adventure of Ideal）中，曾谓文化之传播，或恃压迫，或恃说服。压迫恃武力，说服恃理性。商业上之讲交易，即开启人之重用理性以说服他人，而使人心悦者。此言亦深有理趣（唯彼忽视西方近代人以武力支持商业之事实耳）。人又或谓商业之得失之关键，乃在交易中之对方之心之最后决定。于是商业中患得患失之心，亦易与求外面之神之宗教意识结合，此亦可说。夫然，故二民族之文化之接触，无论由战争或商业之需要所促成，皆可增强人之精神之向上而向外活动之趋向，亦使人更易相信一超越于我之外之理想对象、精神境界，或神之存在。同时亦增强人之敌对精神与自私心、自我中心之观念，并重抽象概念者。近代西方文化，由无数民族之战争与商业关系而生之文化接触以形成，故亦特富一向上向外之超越精神，与尊重个体性之自由意志之精神，重概念之分解之理性活动之精神也。

吾人由西方文化之发展史以观，吾人皆知希腊土地硗瘠，农业不足以营生，故其民族早业商，而其文化之兴起亦始于商业。希腊文化盖遥承爱琴文化、巴比伦文化、埃及文化，而爱琴海之克利特亦原为业商者。希腊后与波斯战争而接触其他之东方文化。希腊之科学哲学思想，皆始于殖民地。吾人于此即可推知希腊人之科学哲学之智慧之初现，其光辉乃为向外照耀、向外探求的。殖民地之人，不负实际社会政治上甚多之责任，故更喜仰观俯察自然事物，生惊奇之念，因而首发达自然哲学。希腊之几何学盖渊源于埃及，埃及之几何学为测地之实用技术。然埃及人之测地，对希腊人言，为生疏遥远，不关生活痛痒之事。希腊人之心目中，无几何学之实际应用之需要，则几何图形，成为纯粹之理想中之对象，纯粹求知心所寄托之对象。再运用人之纯粹理性于其上，则纯粹理论性之希腊几何学成矣。希腊之数学与商业经济有关，柏格孙于其《道德与宗教之两原》中已论之。商业最须计算，其为增强数之意识者，固无疑义，然商业中之应用数学，恒为实用。数学而为超实用者，亦必须有一将数之本身概念化，而空灵化之或升高之超越精神。故唯由阿非克（Orphic）宗教下来之辟萨各拉氏学派及柏拉图，其哲学具超越精神者，能真重视数理；则柏格孙之说不能尽。吾人如论希腊人之重视数学、几何学与自然哲学之外缘，吾人宁谓在其最初之思想家皆为殖民地中之人，先不负实际社会之责任。因而其思想，自然常趋向于纯粹真理之探求，恒向上向外有所企慕，因而概念之存于心中者亦不须落到实际，而其本身遂得成为观照或运用纯粹理性活动于其上之理想对象。此亦即柏拉图、亚里士多德之所以言哲学亦必须有闲阶级方能从事之意也。

希腊文化之精神，自尼采之《悲剧之诞生》一书出版以来，人多谓其包含二种精神，一为阿波罗式之清明平静之科学哲学精神，一为热狂而带悲剧意识之阿非克宗教之狄奥尼索斯（Dionysins）精神。希腊神话中，人与神及神与神冲突之多，皆表示希腊人之精神，非皆为清明平静者（前见 Adam Vitality of Platonism 中论古代希腊人苦痛与罪恶观，尤可知希腊人原来之悲观色彩）。殖民地逐渐传入科学哲学精神至希腊本土，而有希腊之哲人学派，即为一批判传统文化，使之解体者。苏格拉底被认为哲人学派，遂被控为不敬神，而处死刑。当时之希腊戏剧家Aristophanes 尝讽刺苏格拉底。以后柏拉图，亦欲逐诗人于理想国之外。希腊之悲剧精神及神话中之神与神、神与人冲突，或为人与自然命运之实际冲突之反映［如阿德蒲斯（Oedippus）之悲剧］，或为个人与社会之实际冲突之反映［如安特宫（Antigone）悲剧］，或为民族与民族之战争之反映［如荷马《依利亚特》（Iliad）史诗中所夹杂之神话］。而悲剧中所表现之人之超越精神，皆由冲突之夹缝中，向上冒起之超越精神也。富超越精神之柏拉图哲学，则可谓由苏格拉底之死于文化之冲突之下所刺激，而欲综合传统宗教文化精神与以前之自然哲学之产物。柏氏以前之哲学与科学，唯成就纯理智之概念。柏拉图乃承苏格拉底而重人生文化中之价值概念，如美善等，并升概念为超越之理型，为灵魂前生之所接，死后之灵魂之所依。希腊人之败波斯、雅典之败斯巴达，皆增加希腊、雅典人对其文化之高卓感。罗马之征服希腊世界，乃以较野蛮人征服较高文化之民族，罗马人所长在法律政治。罗马人征服希腊，仍自知文化不如希腊人，而文化日慕希腊化。罗马文豪西塞禄（Cicero）谓罗马文化一切皆不如希腊，所唯一可恃以自豪者，唯是十二铜表法。罗马后对一切人，亦颇施以平等待遇之法律。然溯罗马之长于法律之故，依黑格尔之历史哲学，谓此亦缘于其内部之诸阶级、诸个体人之意志互相争衡、互相限制以生。至于基督教之求内心天国之超越的宗教精神，则原于犹太教。犹太民族之迭经亡国，转徙流离，即其信超越之神之宗教之远缘，治宗教史者类能言之。然犹太人初望超越之神，助其在地上复国，耶稣起而决心舍地上之国，而一往于内心求天国。耶稣之死，则其生前之超越精神与犹太民族之现实愿望之冲突而成之悲剧也。基督教之终代替罗马之国教，与教皇之得统治罗马世界，则宗教精神之自下翻上，而超越政治势力而加以主宰之实证。北方蛮族之南下，则又为野蛮民族之战胜文化民族。蛮族之基督教化，则为蛮族之再屈服于所遇之文化。基督教之文化，在蛮族人心中，又更为神圣而高卓伟大；而更深企慕之情。此更深企慕之情，亦一孕育近代浮士德精神者也。意大利之文艺复兴，复起于君士坦丁学者之逃至意大利商业都市。意大利商业都市之人，又同于希腊殖民地之人，不负社会政治责任，故特宜从事于超实用之文艺学术之研究。英国之尊重个人之民主自由之思想，与英国之产业革命商业势力之膨胀，互为因缘，亦正因商业之增强人人自我中心之意识。德国之黑格尔、菲希特之国家思想、大我主义，与超越精神，则一方由德国所承之中古精神日耳曼精神较多，一方亦多少由德之败于法所刺激（罗素于其《权力》一书，谓菲氏之"超越的我"即德人,而其所否定之"非我"即法人。虽为一笑话,且故涉讥刺,然亦非全无关系),又为民族与民族间之冲突、战争,引发人之超越精神之证。由是以观,则知西方人之超越精神,与重个体自由观念,皆可谓由民族与民族间之战争、文化之接触与商业交易而生之激荡冲突之势所助成也。

(三) 农业与和平对中国文化精神之形成之关系

然吾人反观中国文化之发展,则见中国史上虽有战争,商业亦非不发达。然中国历史上之战争,大多为内乱。中国古代之最大之商业,乃内地之商业,而初非海外之商业。中国所谓乱者,治之反。乱者,群雄之并起,乃整个社会之骚动,非必敌对民族之战争。反乱者为平乱,而非只胜利。西方人于战争求胜利,乃超越精神。而中国人于乱求治,则为以平天下为目的。海外之商业,使人外慕,作多方面追求,而重以小利易大利,并恒与掠夺之战争相连,内地之商业则以通工易事为目的。大城市之商业,唯是经济上之交流中心,为各地方经济之所拱载。中国人经济生活之所托命,实在农业而非商业,此人所无异辞。中国之古代战争,固亦有新兴民族代旧民族而兴起之战争,如夏、殷、周之战争,及中国与夷狄之战争。然殷原在夏后之世,周原臣服于殷,其争仍近于内部之革命,而非全同于外来民族间之战争。至于中原民族与四方民族之战争,若四方民族胜利,如满蒙之入主中国,彼等固未自造一新文化。在中原民族胜利之场合下,如汉唐之拓疆土;中原民族对四方民族,亦未曾形成截然悬殊之阶级。故战争之结果,唯是中原民族与四方民族之同化,中国文化之广度的普被,中国人之精神之更趋于阔大,而非中国人之精神之更向上超越而冒起,与敌对意识之增强。其中之原因,乃在中国文化之超敌对而致广大之精神之早已形成,其文化之力量早已能安抚彼较野蛮民族之精神以同化之而有余。促成此种超敌对性与致广大性之精神之实现者,即农业为主之经济。

夫农业生活与商业生活之不同,在农业必求定著而安居,商业必求远游而易方。农业之事只能尽人力以俟天,商业之得失则直接视买卖二方之人心以定。远游者,周行四方,见上天下地之相悬。农业之人向地工作,而地上之植物上升于天,见上天下地之相通。农业之收获,为实用具体之农产。商业之利得,恒在货币与帐簿上数字之增多。农业之产品，重质之美，可以量计而难以确定之数计。而商业之货币，则可以确定之数计。农业生活定著而安居，则生于斯食于斯，而对自然环境皆熟习而生情，惊奇之心遂少，不似业商者之远游异地，易见新鲜之事物，惊奇之心之强。又求定著安居以勤力生产者，亦自然爱和平。侨居异邦者，易滋生争斗之事，此一一皆理之所宜然。故商业之生活，必使人倾向于外，多所希慕于人，而自我中心之情显。其精神之向上，则易为向一超越性之神，致其崇敬，并重纯粹求知之理性活动，及数之计算等。农业之生活，则使人倾向于向内，重尽己力，求人我各安其居，互不相犯之愿浓；其精神之向上，则易为向一有内在性而周行地面之神致其崇敬；而对环境中之人物，易有悠久之情谊；伦理之念笃，艺术之审美心强，此皆促成上所谓超敌对性致广大之精神之实现者也。

由中国人之农业生活，自然促进人之超敌对致广大而爱和平之精神，及中国文化之来源本为一元而非多元，其文化非由不同民族之文化之迭经冲突战争而次第向上叠叠综合以形成，于是使中国文化历史之发展，乃依一中心精神，由内向外不断推扩实现，而于和平中发展。此义，钱宾四先生之《国史大纲》，尝特加发挥。黑格尔观西方之历史，唯见战争冲突可提起人之超越精神，航海业商之可开发人之智性；而二者皆可成就人之个体的主观精神之自觉，于是以为矛盾为历史文化发展之动力；一时代对前一时代之超越而加以否定，为进步之源泉。不知中国则适循另一途径而发展。中国学术文化思想之发展，固亦常为新朝矫旧朝之偏，如汉之革秦、魏晋之异于汉、唐之反魏晋、宋之薄汉唐、清之非宋明。然新朝之所以反旧朝之文化思想，恒必溯源于先秦之传统文化，故子史变而经不变。经之异其解释可也，而以经义衡正子史之精神，则不变也。此种文化上反本复始之意识，与西方人之向上向前向未来，求综合相异相反之文化之矛盾，不能不谓之为二种精神。反本复始，乃使故者化为新，而新者通于故。古今之变通，历史之发展，有一中心之支柱，而文化之大统见。文化之大统见，则学术文化中之万类不齐者，皆如一本之与枝干花叶。枝干花叶相异，而可不视为矛盾，而皆可视为同一本之表现也。唯如此而人乃真可有于殊途见同归，于百虑见一致之胸襟与度量。人之学术文化之活动，乃非只为向上以求超越，向前以求创造；而重在向内以求容受涵摄，向上以致高明广大。而此皆待于内心之和平与社会之和平。唯有内外之和平，而后个人有深厚之文化修养，以承先启后，民族之文化生命乃得悠久无疆，以向前扩展也。

（四）中西文化之面目之不同——重文化
之类别，与重文化之统

中国学术文化生命能悠久而扩展，由于中国人之反本复始，求容受涵摄以致广大，此适与其农业生活之爱和平、尊历史之精神相配合。故中国文化精神中一往超越向上之精神不显，抽象的分析概念之理性活动不著，个体性之自由意志之观念不强，而学术文化之分门别类，主义派别之多，亦不如西洋。西洋学术文化之重分门别类，与主义派别之多，皆西方人分析概念之精神之表现，并所以使个人之特殊的性情、气质，得以自见于社会文化世界者。此吾人在本书上部已有所论。此分类之精神，在社会则显为阶级之分立、职业之对峙，在文化则成各种类之文化领域、主义、派别。然在中国，则社会之阶级之分不显，个人之转移职业极易（见下第九章），而学术文化中亦重统绪而略类分。重各类学术文化之精神之融和，而以具体之人物或人格之成就、民族文化之延续为目标。譬如吾人今言文化中，有宗教、艺术、哲学、科学、政治、经济、文学诸画分之文化领域，即由西方文化输入，而后为中国人所明确意识者。而每种文化领域中之有各种之主义，科学中之截然区别之门类，亦中国过去之所缺。中国之过去学术与书籍，非无分类。刘向、刘歆之《七略》，历代之艺文志、经籍志，即对一切文化学术书籍之分类。史书之志，多皆记载分别之文化活动者也。如礼、乐、食货、官制、选举……即记载社会、道德、音乐、经济、政治之活动者也。然中国之史书，毕竟是先帝王之世系，以记一代之大事，次列传等，以述活动之人物。此即表示一先具体之人物人格，后较抽象之分门别类之文化活动之精神。一门类之文化活动，为不同之个体人物所参加，吾人固可以一门类之文化活动，为连系统摄诸个体人物之精神之一抽象的普遍者。然每一具体人物，则为原则上可参加各种之文化活动者，则具体之人物又为各门类之文化活动之统摄者、贯通者，亦即可视之为一具体之普遍者。而伟大人物，即可成整个民族文化精神之代表者。中国之重个人之人格，又不全同于西洋之尊重个人个体性之自由意志者。亦即因中国人之恒视伟大之人物人格，即整个民族文化精神之代表者之故也。

中国文化精神，因重具体之普遍者，而恒以人物人格之概念为第一，故中国人亦不重视分辨各种门类之学术文化之价值意义，而重于不同之学术文化活动中见同一之道之表现。"知言"乃所以"知人"。人当于学术文化之升降，见世运之消长、民族之盛衰。故在中国之学术中，书籍之分类，皆不重以所论列之对象之不同而分，而注重以著述之体裁分。《七略》中之《六艺略》，唯以为中国民族学术之原始而得名。刘班视《诸子略》，则唯以为六经之道之支流余裔，而自成一家言者以得名。《七略》变为四部，一切个人之说理之著作，无论如《诸子略》之论人生政治之理、如《兵书略》之军法、《方技略》之技艺、《术数略》之术数，皆入子部。章实斋谓六经皆史，史则经之流，而自觉以记载人类之社会文化之全面发展为目的者。集者，子之流，《七略》中之《诗赋略》之扩大，表现个人之一切思想、情感、经历之文字之总集也。《七略》之分，犹可谓比较重书籍之内容。四部之分，唯以著述之或为表现中国民族之道之大原（经）、或表现个人所知之理（子）、或叙述全面之社会文化之发展（史）、或表现个人之精神（集）以分。《七略》之变为四部，亦注重分门别类之学术精神，更为注重通贯综合之学术精神之所代之证明也。四部之中，经史高于子集。秦汉以后，大学者皆致力于经史。则以民族集体之文化生命，高于个人之文化精神，为学术文化之统所在之故也。故中国古代之目录之学，亦不同于西方之目录学之只须就书之内容而分入各门类为已足，必须有章实斋所谓"辨章学术，考镜源流"之功。辨章学术、考镜源流之功，所以属于目录学者，以一著作之内容恒为多方面之综合，其内容不辨章，则不知也。考源流者，亦以个人之学术，必须隶属于民族学术文化之生命，乃见其精神之所在、价值之所在。章实斋《文史通义》又谓古代之学术为"言公"，先有公言，然后有私言。即同于谓中国乃先有民族之学术文化，而后有个人之学术文化。中国之书，多托古之伪作，亦正以人之自愿推其心得，让诸古人，以见人之心同、理同，而去其有我之私也。夫然，故中国学术之分派，亦只为源流之派别，为表师承所自，或表地域不同之家派、宗派，而罕有如西方之以抽象之主义分派者。以抽象之主义分派，乃以内容分学术之门类后，于一门专门学术中，再分不同观点之思想。西方一专门学术中，有种种依主义不同而生之派别。他种文化领域，如宗教、艺术、政治中，亦有依不同之主义而生之不同文化活动之类型。在中国，则各宗派、家派之学术文化，固亦各有其所重之宗旨，如哲学中，程朱重主敬穷理，陆王重悟本心良知。诗文中，王渔洋重神韵，袁枚重性情。然宗旨所代表者，恒只为其讲学论文重心所在。"主义"则恒代表其最初之观点与最后之归结。故不同宗旨之学术文化，常可以互相涵摄而并存。而每一主义之学术文化，皆易表现一独特之精神，而与其他主义不易相容。夫然，故论西洋学术文化史之发展，吾人最易见一时代之学术文化之精神，为某一特殊之文化领域所主宰，而一时代之学术文化之各派之独特精神何在，亦极鲜明而可见。如吾人谓希腊之文化精神，以文艺哲学为主，中世纪之文化精神以宗教为主，近代之文化精神以科学与技术为主，皆甚彰明较著。而一时代中之宗教宗派之或为一神，或为多神，或为超神，或为泛神。文学宗派之或为浪漫的，或为写实的，或为古典的；哲学之或主唯心，或主唯物，皆对峙显然。然论中国文化史，则各时代文化精神，究为某一特殊文化之领域所主宰，固甚难言。辨章学术之同异，尤为古今人所难；而言三教合一，异唱同归，则易于振振有辞。此皆中国学术文化精神，重融合贯通于一统，较不重以概念之分析辨其类别之证也。

精神与文化*

一、心灵与精神之涵义之不同

我们既然了解了人心在客观宇宙中之真实存在性，与其地位之高于物质与自然生命，又知人心是能自觉的自动的求真美善者；我们便可进而论人类文化之起源。我们的结论是："一切人类文化，皆是人心之求真美善等精神的表现，或为人之精神的创造。"

什么是精神？精神一词与心灵一词，在我们通常似可交换互用，上文亦如此。然严格说，其意义实微有不同。我们说心灵，或是指心之自觉力本身，或是指心所自觉之一切内容。此中可包含人所自觉之各种求真美善等目的。我们说精神，则是自心灵之依其目的，以主宰支配其自己之自然生命、物质的身体，并与其他自然环境、社会环境，发生感应关系，以实现其目的来说。我们可以说心灵是精神之体，精神是心灵之用。体用相依而涵义不同。心灵可以说纯为内在的，而精神则须是充于内而兼形于此心灵自身之外的。故一人格之精神，恒运于其有生命的身体之态度气象之中，表于动作，形于言语，以与其外之自然环境、社会环境，发生感应关系、而显于事业。人之心灵活动，可只表现为内在的、回忆、想像、思想，而若有一绝对之自由。然人之精神之活动，则因处处要与客观之外物（包括他人与社会）互相感应，发生关系；因而处处不免觉受外物之限制束缚。人亦恒在愈困难之境，愈求精神之自由。精

---

* 原收入《心物与人生》，香港亚洲出版社 1954 年初版，录自台湾学生书局 1984 年全集校订版。

神之自由，乃于重重束缚障碍中，重重限制规定下，以实现其目的理想之自由。因而其自由若为相对的。唯在人发自精神之努力为绝对的，而对于一切障碍、限制、规定，先均加以肯定承受，而又超越之或克服之，以求实现目的理想于其中时，精神乃有一内在的绝对之自由。所以精神之概念，乃一统摄心与心外之物、主观与客观、自由与阻碍等之综合概念。我们说，人类文化即精神之表现、精神之创造。所以人类文化之概念，亦即包含心与心外之物于其下一之综合概念。我们在此，必需先亲切的加以把握。

照我们的意思，人类精神之所以能表现为或创造出人类文化，主要由于人心之有思想想像意志等能力，求真美善之目的。然人若不依次心理能力此目的，以表现为精神，亦不能创造文化。今再分别说明此二层意思如下。

二、生产工具、物质文化，与人心

与我们之第一层说法最相反者，乃唯物史观之说。依此说，人之所以能创造文化，乃由人依其生存的需要，而人不能不在自然中劳动，人由劳动而发明生产工具。由生产工具之发明，而有社会生产关系，及社会政治之组织，与一切文化。在此短文，我不能对于持此说者曲曲折折的论证，详加批判。我现在只要求无先入为主之成见的人，先平心静气想一想：如果人之能创造文化，在根本上只原于人之生存需要；或人之生存需要，即人能创造文化之充足理由，何以其有同样的生存需要的生物，并未创造文化？若由劳动即可发明生产工具，何以猴子劳动一生而无所发明？人之发明生产工具，诚然最初是为满足实际的需要，如发明一石斧，以破裂一物，供其享用。然而我们试想：原人中第一个发明一最粗陋的石斧之前，如果他在心中先无破裂一物之目的，如何会想到造石斧去破裂它？如果他不能反省他的经验，知道如何一动作，可使一石头变尖锐成石斧，他如何会把石头变尖锐以成石斧？你不能说只是赖一偶然的尝试动作，毫无一目的在先，不凭反省，人便能有所发明。纵然人第一次发明第一个石斧，真全是赖偶然之尝试而成功，然而在他造第二个同样的石斧时，他便仍免不了去反省："他第一次是如何造成此石斧的？"依此反省以造第二个。如果他不凭他的心之反省的能力，他如何能造第二个？其他的人，若没有心，知道他之如何动作与石斧之成，有一必然关系，又如何能仿效他而再造一个？所以我们纵然承认人之造第一工具是偶然，不待心之思想活动，亦绝不能说人之相续不断的造同样的工具是偶然，仍不待心之思想活动。更不能说人之不断的改造工具，以适合于他的目的中所需要，不是由于心之不断的反省的思想。人类最原始的文化，所以可称为文化，最低限度，亦须赖其原始之生产工具，能继续的制造出与不断的改进。若无心之思想，则此二者即根本不可能。至于有文字以后，人类的一切生产工具之改进，是赖人的思想力之运用，更明见于文明史与科学史之记载。现在我们所用之一切机器，一切应用于农工矿之生产工具，皆由无数科学家之苦心焦思一切事物之因果关系而成，更是人所共认。我们只要把此一切人所共认处，牢牢把紧，便知人类文化之起原，必需直接先自人之心灵精神上去求之理由了。

我们以上说人没有心之反省思想能力，即不能有任何生产工具之发明；亦即是说人无心之反省或思想能力、了解真理追求真理之能力，即不能有技术上之发明。不仅今日之一切工业农业上之发明，是要根据于物理化学植物诸学之真理，不仅有系统之科学知识是真理，即日常生活中之一切常识与生活技能亦包含真理。我们今日人人在日常生活中，所知道的如何煮饭，饭乃能熟；如何穿衣，衣乃能穿得整齐，亦包含一种真理。此种真理与我们今日之知道如何一种科学设备，即可造核子弹之真理，只要内容狭窄或广大、高深或浅易之不同。其为一种真理，并无不同。我们要知道凡是说“由如何则如何”“因如何故如何”的话，都同表现一真理。由此，我们便知人类自古至今，家家户户，老老少少，男男女女，无一人莫有相当的知识，即无一人不接触真理世界之一些真理。世间无一人不是赖其知识，来指导他如何衣如何食，如何生存；即无一人不是赖他对真理世界的真理之了解，来维持他的生命，继续他的生存，而成为一个在有物质文化的人类社会中生活的人。因而我们可以说今日之一切人的自然生命，都是生存在人的心之思想所认识的真理之基础上。整个有物质文化的社会人类之存在，都是依于知识之世界，真理之世界而存在。因而一切生产工具，一切生产工具所生产之一切财富，人赖以生存之一切物品，与人之如何运用之以满足其生命要求，都是依赖于人之先有心之思想、心之能认识真理。

三、社会之存在基础，与人之求真美善之心

我们上面说人之生命之得维持，是以知识为基础、以了解之真理为基础，即谓知识为人类文化之最底层。知识由常识进到科学、哲学，即成有系统之学术。我们不说一切知识学术，都只是为实用而有。然而我们却可说人类之生存，乃生存于知识学术之基础上。不过我们不能说人类只生存于知识学术之基础上，人类亦生存于人心求善之意志、求美之想像，与其所表现之道德、艺术、文学之基础上。这亦不是只有少数人才如此，而是一切人都如此。不只是现代人才如此，而是人类自来即如此。依唯物史观之说，人类最初只是因各人要求各人的生存，乃共同劳动，而彼此遂有一定的生产关系，依是而有社会。后来则因求生存的斗争，在生产关系中的各种人，利害不同，而分出社会阶级。由是而整个人类社会之历史，便只是一阶级斗争之历史。这实只是纯从社会之黑暗面，社会之病态上，人类之单纯的生物本能上，去看人类社会之所以存在之论。实际上，人类之所以能生存于社会，人类社会本身之所以存在，实是以人心之有求真之思想，求善之意志，求美之想像等，为最深的基础。原始人类诚然要为自己的生存而劳动。但是单纯的共同劳动，并不会发生社会政治的组织。人不是如蜂蚁之依纯粹之本能，以组织社会。人类至少必需在劳动中，互相以语言来表达思想、情感，与需要。人必多少互相了解、互相帮助、分工合作，以满足其自然需要，乃有社会政治之组织。人若莫有心之思想力与反省力，则人首先不能了解他人的思想。人若莫有对人之关切心同情心，人根本即无互相帮助互相满足需要之事。这亦即是说：人若不能有求知他人之心，莫有求知他人之心之真相，获得"他人之心理是如何之真理"，人若果莫有对人之好意或善意志，则人纵终日在一起劳动，仍无任何人类社会之组织之可能。这实在是再明白不过的道理。其次即在原始社会，人类共同劳动时，人恒一面劳动，即一面以动作相配合，互相对答，互相呼啸，由此而有最原始的歌唱、舞踊。讲唯物史观者，即以此证明艺术之原于劳动。然而他们却不能说明，何以勤劳的蜂蚁，并未创造艺术。人类之劳动最初总与歌唱舞踊相配合，正证明人心之自始能在节奏的动作中，在抑扬的声音中，在内心情感之表达于语言中，在人与人互相和谐配合之一切活动中，欣赏美、了解美、创造美。人必需在劳动中有歌唱舞踊来调剂。有

了歌唱舞蹈调剂，人之劳动乃不易疲倦、更有兴趣，更有效率，而生产的东西更多，同时人与人间亦更能同情、互助。此正证明：人类之求美的心，人类之艺术文学之活动，亦即原始之人类社会组织所以能存在之一基础。人之生，由于男女之相悦，而人间男女之相悦，并非如其他生物之只要是异性，便可交配。人间男女之相悦，必包含自觉选择，并与美感为缘。情人眼里出西施，故不美者亦必幻现为美。男女之相悦，阴阳之和谐，在旁观者看来，或自己来反观，其中即见一种美。故柏拉图谓人之生即生于此美之要求实现。有男女而有夫妇，而有家庭。有家庭而有社会。人对人之好意，首表现于家庭中。人类最早之社会，即由血缘关系而成之宗法社会。此是人之审美意识、人之好意，为人类社会所以存在之基础之另一证明。与我们之思想相反之人，恒过度强调人类社会中之互相斗争之事实。对于这种人，我们不特要提醒他在人类社会历史上，多看看人类之互助同情而分工合作一面。而且要使他们知道人类之所以能相斗争，亦以人之能互相同情，人之有求真美善之心为基础。试想当一国与一国斗争时，如一国之内不互助，又如何可与他国斗争？一阶级与一阶级斗争时，如一阶级之内不互助，如何可与他阶级相斗争？一家族与一家族相斗争时，一家族之内必须互助。一人与他人相斗争时，他必须求朋友互助。一残民以逞的独夫与天下人斗争时，则天下人彼此相互助。人之与他人斗争，很少只是为自己。一个人常是为自己的同事、自己的朋友、自己所属之团体、自己的阶级、自己的国家而斗争。这即是证明人之斗争与瞋恨，亦依于他之有所爱有所愿意帮助的人；又证明人之好意与善意，是社会存在真正的基础。斗争亦只能在此基础上斗争。我们若果在这种地方真是看得清，认得稳，便知人类社会存在之基础，绝对不是斗争。人类社会纵然在表面上闹得天翻地覆，然而在底子上，则一切父子兄弟夫妇朋友之间，一切公司、机关、政党、阶级、国家、民族之内部，仍多多少少要赖彼此之互助、信托、同情、合作、仁爱、忠诚来维持其存在。这是自古及今，普天之下，一切人类社会之所以存在，根深蒂固，永远不能完全摇动的基础。这是人类精神的海底，无论海上如何波涛汹涌，然而海底仍永远静寂而安定。人类最高的智慧，即在自觉的认识此为社会之基础的，人心所同然的好意、善意志之存在，而加以扩充；以化除人与人表面之斗争，为互相观摩之竞争；而以互助、信托、同情、合作等，来规范竞争，化人间社会表面之戾气为祥和。此化戾气为祥和之工作，犹如翻出海底之平静安定，来停息海面之波涛。此之谓致太平之仁术。如果依马克斯之说，则人类社会之历史，自来以斗争为本质，宇宙人生之一切，亦以斗争为本质，则人类本性中自来无太平之种子，世界亦永无真致太平之可能了。

四、创造文化的精神

我们在上文说明人类社会之存在，依于人之求真美善的心。然而我们却不说只赖人之主观的思想、想像、意志等心理能力，只赖人之真美善的心，即有文化之创造。我们说，人的求真美善的心，必须真实的表现为一客观的求真美善的精神，乃能创造出文化。人类虽然都在文化社会中生活，然大多数的人，常只能享受历史传下来的文化成果，而不能创造文化。一切人所享受的文化成果，最初都是人创造的。然而在一般享受文化的人，都常不知文化是依于一创造的精神来的。什么是创造文化的精神？这乃是一去发现未发现的真理，去表现未表现过的美，去实现未实现的善的精神。人如何能发现未发现的真理？除了他须要能反省能思想以外，他或必须感受生存于自然的困难，他或必须遇见令他惊奇怪骇的外界事物，他或必须去探险去远游，以扩大他的经验。他或必须依这一目标去作各种的观察实验。他恒须苦思至颜色憔悴、形容枯槁。人如何表现未表现的美？他除本有想像美、体验美之能力外，他或必须感到单纯的为生存而劳动之疲倦。他或必须经过美丽的自然之陶冶。他或必须受一自然生命冲动，或内部灵感之鼓荡。他或必须一生有无数波澜起伏之人生经验。他或必须看惯了历史上的治乱兴亡，人间社会之成败得失。他恒必须为艺术文学之创作，而消耗其自然生命力与身体之精力。人如何能实现未实现的善？除他本有之良心，天生之好意之外，他或必须深感社会的黑暗。他或必须亲见人们之受种种苦痛，而生莫大的同情。他或必须对他自己行为上的罪过，有真切的忏悔。他或必须为他们所遇之伟大人格所感动。他恒必须为宣扬他的善之理想，而奔走呼号，以至牺牲生命。总而言之，人在有创造文化的精神时，人必须以他的生活之一切实际经验，以他的精力、他的生命，为文化创造而用。人在此时，恒必须与其自然环境社会环境，发生各种不同的感应关系，而常免不掉受各种客观外物的规定限制阻碍。人在了解真理后，或用文字表达而成著作，著作本身亦一物质之存在。或凭知识以制造发明各种利用厚生之器物。艺术文学之创造，亦要表现于文字之著作，或有形有色有声之艺术品，如一建筑、一张画、一钢琴上之弹奏。此等等之本身，亦都可说是一物质世界之存在。而人之善德，恒睟于面、盎于背，以表现于身体。人之善行，恒见于如何使人各得畅遂其生命之各种实际事业上，而此事业亦与所谓物质世界直接发生关系。由是我们便可以知道人类创造文化之精神，乃人类心灵求真美善之要求，贯注于其实际生活中，运用其生命、精力，在客观之社会环境、自然环境中创造一文化物，以代替自然物之精神。由是而我们遂可在人类文化之创造中，真正认识心灵与生命物质三种存在之综合的统一。生命与物质，在此时则被主宰于心灵之求真善美之目的之下。由是而我们可以说，人类文化之存在，即自然宇宙之进化之最高的阶段。而人类文化本身，亦即在自然宇宙之中或之上之一最高之存在。

人类文化活动之涵义及其自决性[*]

一、文化活动之涵义

文化非自然现象，亦非单纯之心理现象或社会现象。单纯心理现象，为主观的，个人的。而文化现象则为超个人的，客观的。单纯之社会现象，虽为超个人的、客观的，然克就人与人之社会之关系为斗争、合作、分工、互相模仿暗示而言，亦非必涵文化之意义。动物中如蜂蚁牛羊，其群居皆有各种斗争、分工、合作、或互相模仿暗示之社会性活动，而形成一社会关系。然吾人并不承认其社会为有文化之社会。吾人承认人类之社会性本能或社会心理，如互相模仿暗示等，为超个人之客观社会文化的形成之主观心理因素，然吾人不能以文化为单纯之主观心理现象或社会现象。吾人之意，是视文化现象在根本上乃精神现象，文化即人之精神活动之表现或创造。人之精神活动，自亦可说是人之一种心理活动。然吾人可别精神活动于一般心理活动，吾人所谓精神活动，乃为一自觉的理想或目的所领导者，亦即为自觉的求实现理想或目的之活动。然当吾人有一自觉理想或目的欲实现时，吾人必以此理想目的之实现为有价值者。故实现理想目的即实现价值。吾人之实现此理想目的，又必非只实现之于抱此理想目的之意识或心灵之自身；而恒是兼实现之于此心灵之外之客观自然，客观社会，或我意想中之未来自我。如此理想为道德理想，则吾人之实现一道德理想，乃实现之于我之自然性

---

[*] 原收入《文化意识与道德理性》，友联出版社 1958 年初版，录自台湾学生书局 1986 年全集校订版。

格、自然气质、或有过恶之已成之我之中而超化之。由是而凡一实现理想之活动，皆必在此理想之自身外，兼肯定一可实现此理想之场所。此场所即一对理想暂为客观外在之现实，亦对抱一理想之主观心理，为一客观外在之现实。而凡吾人对一现实求实现吾人之理想于其中时，此现实必先为不表现吾人之理想，因而亦不合吾人之理想，而与吾人之理想相对待而并峙，若现为吾人理想之阻碍者。然吾人实现理想之精神活动，则必求克服此对待或阻碍，使理想实现于现实，而现实得表现吾人之理想。夫然，故人之精神活动，乃依于理想目的与价值之求实现，而一方肯定一客观外于吾人主观心理之现实，而感一主观内在理想与客观外在现实之相对待；另一方则求实现此主观内在理想于客观外在之现实，而克服此对待，使客观外在现实表现吾人之理想。而此后者，亦即是一方使吾人之主观之理想由实现于客观外在之现实，而不复限于主观以客观化，同时使现实成吾人之理想之表现者而理想化，而不复真对吾人之理想为外在而内在化者。此使主观理想实现而现实化客观化，使外在现实理想化内在化，即为人之一切精神活动之本性。此精神活动即一精神要求。此所要求者，在客观现实之理想化内在化，与主观理想之现实化客观化。故此精神要求，亦即要求其自身之表现于客观。由是而一切精神活动，皆为一精神要求，亦皆为一精神之表现。唯人在实现理想时之自觉目的，恒只在满足一精神要求，而不必抱一求精神表现之自觉目的耳。

吾人了解上文之义，便知吾人谓文化乃人之精神活动之表现（或创造），亦即谓文化之概念与精神之概念，同为一综摄主客内外之相对，心与物，心与生命，生命与物，个人与社会之相对之一概念。吾人可谓有外于心之物，外于心之自然生命，外于个人之社会等。然吾人如克就吾人正有一精神活动或文化活动时，而直观吾人之精神之状态或自我之心境，则此精神活动文化活动，实为统摄此一切之一绝对活动。吾人之精神活动，包含一所实现之理想或价值之觉识，此固为心理的或心灵的。而吾人实现此理想之志愿，却能贯通于吾人之自然生命，并指挥命令吾人之身体动作，以发生一对所谓外在之自然界或人间社会，求有所改变之行为。吾人身体之动作，或为手之动作，或为口之动作，或为身体其他各部之动作，亦皆可使自然界之物质或空气，发生一变化运动。此中有一生理物理因果的连锁。由此生理或物理因果的连锁，而人能制成器物，发出语言声音，写出文字。此器物、语言、文字，皆为感觉界之有形相之物，亦即赖物质世界之物质而存在之文化物。而此文化物，亦依一物理的因果关系，与他人之生理的感觉能力之连锁，而为他人所感觉。再依他人之心理上之理解力，以理解吾人造此文化物之精神活动，吾人造此文化物时，心中怀抱之理想要求等。由是而吾人之理想要求，即为人所理解，而客观化普遍化于他人之心，而社会化。由此再引起他人对我及我所造之文化物之爱恶，对我之文化活动，我之理想要求等，发生反应，而他人复可有其他理想之提出或形成。而他人对其理想之向往，实现理想之志愿，复贯通于其自然生命，并赖其身体之动作，而表现之于感觉形相世界或物质世界，于社会之前，于我之前。而当吾人真自觉的依理性以形成理想时，吾人可在形成理想时，即知此理想为当普遍化于他人或社会之理想，并或已为吾人自觉的求其普遍化者。因而此形成理想之个人之心，自始即为能涵盖他人与社会者。夫然，故吾人之本精神活动文化活动，以实现理想，或自觉的形成理想之事，即为贯摄吾人之主观心理，与自然生命、身体物质、个人与社会之事。而吾人在反省吾人实现理想时，吾人亦即知吾人之自然生命、身体，与物质，及他人或整个社会，皆为吾人实现理想，而使吾人精神客观化，以成就文化活动之必需条件，亦整个为载运吾人之理想，以使之得所寄托归宿，而成就吾人之精神之实在性之各种实在。吾人如肯定精神之实在性，同时即必须肯定此各种条件之实在。故吾人以文化为精神之表现之说，不意涵世俗之人所想及之主观唯心论之说。

唯吾人所谓精神虽非只为一主观心理，然精神之所以成为精神，要必以心灵之自觉的肯定或任持一理想，而有实现理想实现价值之志愿为主。人如先无一理想之自觉，则人之活动同于木石或禽兽。禽兽木石之活动，亦可暗合乎一理想或表现一宇宙的真理与美善。然其对理想等未尝有自觉，则其活动不能有精神之价值。而凡有精神价值之活动，必有一理想先行。此理想先行而尚未实现与现实为对待，则此理想为高临于现实之上或超越现实的。凡理想在人自觉其尚未全实现时，无不与现实有一距离，即无不为超越现实的。而凡吾人能肯定一理想之意识或自我，皆为一超越意识或超越的自我。故凡有一理想之人，无不有一超越意识或超越自我，昭临于其所接之现实之上。而此现实对之亦必呈现一理想的意义——即可引至、促进、完成或寄托理想等意义。吾人今所谓"理想"或"超越自我"、"理想意义"等，乃自其最广义上说。此乃任何人所能直接就其当下之生活得证实者。人无论作何事——如木匠造一桌,此造桌即为木匠之理想。而木匠所持之斧凿与木料,即其现实。有造桌之理想之木匠之心,即超越意识,此意识之自我即一超越自我,而与直接看见此木料之自我意识——此可名之木匠之现实自我现实意识——相对者。此斧凿木料,可以赖其手之如何动作以成如何之桌。而他人看见将满意与否,或可在市场售出几多钱等,即此"斧凿木料"、"手"与"手之动作"之理想的意义。吾人由此例以类推,即知吾人之日常生活,实处处充满此广义之一理想之向往,处处有超越意识超越自我之呈现。而吾人所直接接触之现实事物,实随时启示各种不同之理想意义于吾人之前。吾人之理想愈高,其方面愈多,则吾人所接之现实事物,愈呈现其理想的意义。吾人之经验知识愈多,智慧愈高,即愈能由一理想意义以知其他理想意义。故现实世界虽似为一平面,而为一切人所公共认识之世界,然对各种人,则呈现出不同深浅广狭之理想意义。而在有不同之理想之心灵下,人分别持其理想,以与现实事物相接,而分别发现其理想意义,并权衡其对理想之实现之效用价值后;则似同一公共之现实世界,即染上不同之理想意义之光辉而分殊化,凹凸不平化。人类文化为精神之表现,而精神初属于个人。个人表现其精神于他人,而后有社会文化。个人之精神,又依个人心灵之理想而生。人所发现之现实世界之理想意义,又随人之理想、人之超越意识、超越自我之为如何,及其所凭之经验智慧而异。故吾人欲了解人之文化活动,必先透入人之精神或人之理想之本身之了解,视此精神理想为决定人之文化活动之第一因,而不能以人所接之现实环境,为决定人之文化活动之第一因。此所谓现实环境,即指精神欲实现其理想于其中之一切。不特我之外之自然界与社会现状,为我所欲实现理想于其中之现实环境。即我之已成之心理习惯、性格、自然生命力与身体,对吾人当下之文化道德理想,或迁善改过之精神言,亦为其现实环境。吾人今之所欲主张者,即此一切现实环境,皆不能真决定吾人之理想之形成,决定吾人之精神活动。而唯吾人之理想与精神活动之自己生发与形成,可以逐渐决定此一切现实而表现为文化。

二、文化活动之自决性

吾人欲说明吾人之主张,吾人必须先说明吾人不仅有抱一理想之超越的自我,吾人且有一不断创造理想之一超越自我。吾人说吾人有抱一理想之超越自我，此理想可为过去我之所形成，或受他人之宣传而形成。若然，则此时吾人便唯是接受过去我或他人之理想而以之为我之理想。在此处吾人之接受一理想，虽亦出于当下自我之抉择，吾人之如是抉择，固亦为一精神上之创发活动。然人恒由念此理想之为过去我或他人所先有，于是忽视吾人如是之抉择，为一精神上之创发活动。故吾人欲了解吾人之有一超越的自我，最好自吾人精神生命力健盛发皇时，在吾人之不息于创发新理想之生机①上，直接反躬体验此超越自我之存在。如吾人不能如此，吾人即须恒自反省：凡属于已成之现实者，皆属于过去之世界，而现在之自我或方生之自我，对于已成而过去之现实，皆可有不同之态度。凡过去之我或已成之现实之我之如此，均不涵蕴吾今后之必须如此。此即谓过去之我已成之我，不必然地决定今日之我与未来之我之当如此。吾人之当不当之判断，乃定然的超越于吾人已成自我或过去自我，而在其上施行判断者。故任何当不当之判断，必依于当下自我之一自觉的或不自觉的一理想作标准。当人对已成自我作判断时，即或为依理想而对已成自我，有一肯定之态度，生一自好之情，作一当如此之判断；或为依理想而对已成自我，有一否定之态度，生一自恶之情，作一不当如此之判断。此自好自恶之情，自己肯定已成自我，或否定已成自我之情，乃任何人只要一念反省，皆不容已于不生者。而吾人既有此自好自恶之情，自己肯定或否定已成自我之态度，而判断其当与不当，吾人再反省此情此态度此判断之所依，吾人即见吾人必有一超越已成自我，而内在于具有此态度此情此判断之自我或心灵本身之理想作标准。此理想乃根于吾人之理性而生起，而具理性之普遍性者。此理想纵初非自觉的而为超自觉的，然亦可由反省而使之成为自觉的。而其由超自觉的而成为自觉的，即更证其不由外来而纯由内出。其能对吾人已成自我之经验内容，表示判断态度，即证此理想之所以由内出而形成，由吾人原有形成此理想之内在理性。此理性在中国儒家即名之为性理。此性理或理性，即不断生起创发一切具普遍性之理想之超越而内在的根原。具此理性或性理之自我，即一恒常悠久的具普遍性之超越自我。而每一依理性而生起创发之理想之自我，即为一当下之超越自我。此当下之超越自我，实具此理想而又肯定此理想之当实现，即生发一志愿。依此志愿，人即可本其上述之肯定或否定之态度或有当不当之判

---

① "机"，原作"几"，误，校改。

断，而对已成之自我，有加以执持加以改造之主宰活动。凡此等等，吾人皆只须一念自反吾人已成之现实自我为如何之一自我，吾人即见有一对此现实自我表示判断或态度之超越自我冒起于其上，涌现生发一理想，而对已成现实自我加以涵盖而主宰之。而此超越自我之毕竟将具体的涌现生起何种理想，吾人在未有如是反省时，克就吾人之现实自我上看，乃不能预测者。吾人即依此以言其涌现生起理想而定立志愿之意志活动，为自动而自由者，此种自由，即为一人人所同有之主宰自己改造自己之道德的自由。

吾人有改造自己之道德的自由，乃任何人在从事其修养自己、主宰自己之一切之道德生活中所必然同肯定者。人如不肯定此自由，则人必视其一切行为，皆受因果律所决定，因而于一切善恶，皆不负任何道德的责任，同时对于其生命之前途，亦不能有任何真正之希望。因如彼有真正之希望，则必求所以达；而彼真求所以达之，必自信能自动坚持其求达之意志，并多少引起所以达之之行为或身体动作。而任何意志之坚持至行为之引起，皆必肯定吾人之有如是去坚持去引起行为之自由，亦即有能改造未有此行为时之现实自我或提醒懈怠之自我，"使此自我能坚持初所定之意志"之自由，即此中仍有一超越自我之主宰现实自我之活动存焉。夫然，故无论在一般哲学上，对人之自由问题之讨论如何复杂，然吾人真从人之实际生活上看，则人无不对其未来多少有真希望，即无不多少自己承认其有主宰自己之意志行为之道德的自由。此亦即谓不能不承认其有能依理性或性理，以形成对自己道德之理想之超越自我之存在也。

然人虽较易承认吾人道德生活之有一意志自由，人有能形成道德理想之超越自我之存在；而人恒不易相信人之其他文化活动之第一因，亦依于人之自动自发之自由意志所形成之理想，或超越自我之理想。人恒以为个人之文化活动，乃由社会、或自然环境、或人之生物本能欲望，或其他主观心理所决定；而不能真知人之文化活动，推本其原，亦唯在人之超越自我所生起创发之理想。盖道德意志纯为自己对自己者。而一般文化活动，则恒有一求实现于一客观外在之物之理想。此理想恒与客观外在之物相对待相阻碍。此对待阻碍之克服，亦恒非吾人自己能把握者。由是而吾人之创造文化之活动，遂恒觉有一客观外在之环境，为吾人之理想之限制，使吾人创造文化之精神，感一桎梏或束缚或不自由。由此而使吾人亦生一幻觉，即吾人之精神或创造文化之活动，亦如非吾人之精神自我或超越已成现实之超越自我所自发。而吾人自外而观人之文化活动之形态，吾人复可见人在不同之现实环境，即有不同之文化活动，此亦使吾人视吾人之创造文化之活动或精神为一派生的产物，如生物的本能欲望主观心理之产物。然实则在吾人文化活动中，所生之受限制桎梏，或觉束缚不自由之感，皆唯是依于吾人之有一自发自动不容已之求文化活动之完成之志愿而后可能。故此中吾人之有不自由之感，正反证吾人之精神或文化活动之生起与创发，全由于吾人之精神自我或超越自我之自身。至于所谓吾人之文化活动，随吾人所在之现实环境而异，唯是吾人之精神受现实环境之规定，而表现为不同之文化活动。吾人之所以用规定二字，而不用决定者，乃表示此受规定者，仍有　自动自决其如何活动之自由。所谓规定，唯是消极的规定吾人之精神或文化活动不能为其他类不为何种，然未尝积极的决定吾人之精神或文化活动之必为何类中之何种。吾人之主张是：一切谓现实环境决定吾人之精神或文化活动者，皆实只是规定而非决定。而决定吾人之精神或文化活动者，唯是吾人之精神自我，或超越自我之自身。此依佛家之名词说，即凡精神自我超越自我以外者，对精神与文化活动之自身，皆为一外缘，而非真因。或一切现实环境，至多只为吾人精神文化活动之必需条件规约条件，而非充足条件或实现条件。此充足条件实现条件，只能在吾人之精神自我或超越自我。如吾人之精神自我超越自我为体，则一切精神或文化活动皆为其用。此用之体不能求之于现实环境。吾人亦不能以此用为缚系于吾人与现实环境之因果的必然连锁中者。譬如人于人之精神或文化活动之受现实自然环境、社会环境、或吾人之已成现实自我之习惯、性格、性别、年龄、职业之决定处，常可举出无数之例证，以为人之精神自我不自由之证。如近山之人朴厚，而近水之人灵巧，健康之人思前进，多病的人恒想后。男性强而自尊，女性弱而自谦。老年好静，少年好动。农业之人保守，商业之人喜新奇。富者易习奢华，而贫者易习俭约。气质刚者喜争斗，气质柔者喜和平等。由人之精神状态各不相同，而人之文化活动，亦各不相同。如近水之人灵巧，而长于工艺，近山之人朴厚，而睦宗族厚邻里，长于组织政治社会。健康之人信乐观之哲学，多病之人信悲观之哲学。男性强而自尊，而可为军事政治之人物，女性弱而自谦，则宜于处家。老年好静，爱田园山林之文学。少年好动，爱读冒险之小说。农业之人保守而重历史，商业之人喜新奇而轻历史。富者豪华，而喜金碧辉煌之庙宇，贫者俭约而敬深山之苦行僧。

凡此等等由人之现实环境之为如何，遂致人之精神状态或文化活动亦为如何，无论吾人自个人或自一集体之社会国家民族之现实环境上看，皆可发现无限之例证，而为社会科学家所乐加以统计而比较研究者。吾人亦不能否认此类之事实。然吾人仍反对现实环境对吾人精神或文化活动之决定说者，则在吾人认定吾人之精神活动或文化活动，毕竟依于吾人对现实环境所表现之一态度，而对此态度，吾人乃始终能自己加以批判，而估量判断其价值，对之有所好恶者。吾人如透过吾人自己对自己之态度，加以估量而判断其价值之一超越的活动以观，则见现实环境实未尝真决定吾人对之之态度，亦未尝真决定吾人之精神或文化活动之形态。而真正决定之者，唯是发出此态度，并能估量判断其价值之精神自我，或超越自我。此精神自我、超越自我，不仅可决定吾人对现实环境之态度，不仅可求改变我与现实环境之关系，且可求对现实环境本身，加以改变。譬如吾人谓近山之人朴厚，近水之人灵巧。然近山之人之所以自爱其朴厚而愿保其朴厚，唯由其自己之天理良知知朴厚之为一善德，而自加以肯定。如当其觉过于朴厚而近于呆笨时，彼即欲学灵巧，以至求得一近水之地以养其心灵之活泼灵巧。而近水之人在觉其灵巧而流于圆滑时，亦复可自求改其圆滑，或居山地以养朴厚。富者豪华，而当其自觉豪华流于奢侈时，则富者亦可摆脱富贵，而入山苦行，如释迦。贫者俭约，而贫者当觉其过于俭约而流于吝啬时，亦可一转而学豪华。人任何精神文化或活动被保存，亦初无不赖人自觉该精神或文化活动有某一价值，而自觉的加以爱好之态度。而当吾人沉溺于一精神或文化活动，而觉此足致吾人精神之偏蔽于一面，以抹杀其他，而近于过恶时；吾人亦将立觉其当改变，或取他人之长以自辅。或去求摆脱自己之现实环境，以至一新环境，以便启发吾人其他精神或文化之活动。夫然，故吾人虽可承认吾人之精神或文化活动之形态，似恒随现实环境之变而变，然吾人不能以此中之关系，为一决定之关系。盖吾人对一特定之现实环境之态度，恒有二种。一为适当合理者；一为过或不及而不合理者。譬如吾人以山地之人之朴实为合理，朴实而呆笨即不合理。以近水之人灵巧善工艺为合理，灵巧善工艺而圆滑，文太胜而无质，则不合理。男子气质刚，而在军中强毅勇武，为合理，而近于粗暴残忍则不合理。女子气质柔而和婉宜家，为合理，而只私其家则不合理。以此类推，则知凡一现实之环境（此包括吾人当下之精神自身以外之一切自然环境，社会环境，及已成自我），吾人对之之精神态度，皆有合理或不合理二者之可能。此即吾人之精神态度，非被现实环境所决定之证。如说决定，则合理不合理之二相反之态度，皆当同为其所决定。而同一之现实环境，决不能同时决定此相反之态度。而欲决定此二种中究为何种者，唯有恃吾人精神自我或超越自我之自身。此二种中，纵其一已实际表出，吾人能加以自觉之精神自我超越自我，仍可对其重加以价值之估量，好恶之判断。唯此自我之能好合理而恶不合理，能知已表出之态度活动之当保存与否，而与以一最后之决定。然此决定，即纯为自己对自己之决定，而非现实环境对我之决定。至于当吾人之超越自我已决定吾之某一种应付现实环境之态度为非，或吾人某一精神之表现文化之活动不适当，而自求改变环境时；吾人此时固可承认环境之改变，可引发吾人另一形态之种种精神，或文化活动，而承认环境对吾人精神或文化活动之规定力量。然此承认本身，仍为纯自吾人精神自我或超越自我自身所发出之一"超越于现实环境之上而意想另一理想的环境"之超越的承认。而吾人之自动求改变环境与我之关系之活动，仍实际上为一直接依吾人形成另一形态之精神或文化活动之理想而生，亦即依于抱此理想之超越自我精神自我主宰吾人之意志而生之行为活动，不得谓之为由现实环境自身所决定者矣。

吾人上文之说，其目的唯在说明吾人之精神或文化活动，乃有一不容否认之自动自发之自由。吾人不否认现实环境之能规定吾人精神或文化活动之形态。然同一之现实环境，可使吾人应之以合理或不合理二种不同之态度，亦即可使吾人对之所表现之精神活动或文化活动为适当或不适当。此合理适当与否之二种态度或二种精神之表现，无论何者出现，皆当说其出自吾人之当下精神自我本身之决定，而当由吾人之当下精神自我本身负责。此即所谓吾人之当下精神自我，有一绝对之自由之意。

然上所谓自由，乃一中性可合理可不合理之自由。如吾人只有此中性之自由，如此如彼之可能相等，则在理论上亦全无所决定。此乃一理论上之大困难。吾人欲逃此困难，必须对于吾人何以有时有合理之决定，有时则有不合理之决定，分别有一说明。吾人前已谓所谓合理不合理之标准，只能是由吾人超越自我精神自我之理性所形成之理想。故所谓合理之态度活动，实即顺承此理想而表现同一之理性之态度活动，亦即依于同一之精神自我、超越自我而生起或创发之态度活动。至于不合理之态度活动，则在此精神自我超越自我之理性本身为无根，唯依于吾人个人之生物的本能欲望、自然心理之已成习惯、任意联想，或所谓交替反射而生之活动以形成。吾之意，非谓生物的本能欲望等之生，即无理可讲——如此则生理学心理学等不可能——吾亦非谓此等本能欲望本身决不当有。吾乃谓：由吾人之理性所形成之理想，如不真被吾人自觉的保持；吾人之生物的本能欲望等等兴趣便可使吾人泯没其理想，或歪曲吾人之理想内容，以形成一不合理之态度活动或不合理之理想。此不合理之态度活动或理想，乃吾人生物的本能欲望等，对吾人之出自理性之理想，加以阻滞或互相夹杂之一产物。故克就吾人之生物的本能欲望等而观之，亦为无根。然因吾人之精神，一方欲贯彻其依于理性而生之理想，以主宰吾人之生物的本能欲望等，故吾人之生物本能欲望等，亦可转而阻碍吾人之依理性而生之理想，并与之相夹杂，而歪曲合理之理想，成不合理之理想。而吾人之精神若不再克服此阻碍，以伸展其合理的理想或去其所夹杂，成纯净合理的理想，而加以实现，精神亦不能真完成其所要求。故精神之合理的态度活动，与不合理的态度，皆同可视为精神自身之表现。而精神之充量表现，则在既表现为合理之态度活动与不合理之态度活动后，又表现为一否定不合理者而肯定合理者，以自觉其理性之圆满实现，与超越自我精神自我之完成。夫然，故吾人若纯自精神自身以观，则精神之一切活动皆为自己决定。其表现合理或不合理之活动，与肯定合理否定不合理之活动，皆为其自身所决定。然自精神之本性以观，则精神之本性唯表现为依理性以形成理想，且唯归宿于理性之圆满实现，因而其本性亦唯是理性自己。至于精神之所以有不合理之活动，则唯有溯其原于精神理想之受生物的本能欲望等等之阻碍，或与生物的本能欲望等相夹杂。此唯是精神自身所经度之中间阶段，而赖之以完成其本性之自觉者。（不经反面，不能自觉。）如不通过此阶段之两头以观，则此为精神之下坠之阶段。亦即生物性之本能欲望等之转而主宰吾人之精神自我超越自我，或超越自我精神自我泯没而物化于吾人之本能欲望中之阶段，此即中国先哲所谓人心胜道心之阶段。然吾人无论如何，不能唯由此阶段之存在，或人皆恒在此阶段中，而疑及精神之本性或为精神之表现之文化活动之本性之为理性。

三、文化理想文化活动之种类

今吾人再克就精神依其本性之理性而表现之文化理想文化活动，与所谓规定精神自身之表现之现实环境之全部（自然界及社会界，与本非精神性之生物的本能欲望及自然心理习惯等）之关系，再加以一横面的分析，以见形成人类文化世界之诸因素之意义，兼明本书之归趣。

一直接顺吾人之性理或理性而生起创发之理想，必具下列之性质：

一、超越当前之感觉的现实之超越性。

二、指向"觉此理想之主观心理本身以外"之客观对象、客观世界、客观事物之世界、或其他有客观性之世界等之客观性。（在道德理想中，凡吾人欲改造之现实自我，对有此道德理想之意识自身言，仍为一客观事物。）

三、直接自吾人之超越自我自身生起创发之直接性或内在性。

四、欲使吾人之理想客观化于客观世界，并使客观而似外在之世界，成为表现或完成吾人之内在的理想者之主宰性。

五、一切自我如在同样情形下具此理想，皆同为应当之普遍性。理想有普遍性，即表现理性之本性。

此即直接顺人之理性而生之合理的真理想之性质。

此种直接顺人之理性而生之真正文化理想有多种，吾人可依其所包含之价值目的观念而分为：

一、直接以使吾人之得真理或得真知识，成就科学哲学为目的之理想。

二、直接以使吾人能欣赏美表现美，成就艺术文学作品之理想。

三、直接以使吾人超越现实自我现实世界，而皈依一绝对超现实之客观的精神自我或绝对超现实之精神境界之理想，即体证神心或神圣界之理想。此即宗教理想。

四、直接依超越自我之理想，以改造主宰吾人自己之现实自我之理想，此为道德理想。

五、依一观念以改造自然物，制造供人需用之人造物，此为生产技术中之理想。生产技术恒依科学知识之应用于改造自然而后有。克就此应用本身言，即一种艺术精神。唯艺术为超实用，此为实用的。艺术之作品，本身有保存之价值；生产之财物只有被消费之效用价值。生产技术中之理想，即一使自然物隶属于或被主宰于人之精神之理想，及使自然物多表现其实用价值，与人之科学艺术理想之一混合的产物。

六、依理性以共同生产分配消费财物之理想，此为社会经济之理想。此理想所求实现之价值，为财富利益之增加，分配之公平，消费之适当等。

七、依理性以组织个人成社会政治之团体之理想，此为政治理想。此理想所求实现之价值，为个人之荣誉，权位之获得，他人之荣誉权位之肯定，国家之治理，天下之太平。

八、依理性以规定自然生理关系所成亲属之关系，此为家庭伦理之理想，此理想所求实现之价值，为爱情之悠久，家庭之和睦等。

九、依理性以操练人自然身体之理想，此为体育之理想。所实现之价值为健康、强壮、寿命之延长。

十、依理性以保卫一团体或国家之存在之理想。此乃军事之理想。此理想所实现之价值，为国家之强盛、军事之胜利等。

十一、依理性以建立社会国家内部之法纪之理想。此为法律之理想。此理想实现之价值，为个人之自由之保障，社会秩序之保障等。

十二、依理性以延续发展人类文化自身于后世之理想。此为教育之理想。此理想所实现之价值，为教化之大行。

此十二种理想，可以括尽人类文化之理想。吾人以后除第五种并于第六种中讨论外，将一一分别论其皆为直接依人类之理性自身而生起创发出。然其中分为三组。前四者乃为人类理性之最纯净之表现。而中四者乃人类理性规范条理人之自然生命之欲望之产物，故恒与人之自然生命欲望相夹杂。吾人分析人之自然生命欲望主要有三种：一为赖物质以满足人之生理需要之欲望，二为男女爱欲及生殖之欲，三为支配他人之权力欲。人恒由此三者以说明人之生产技术社会经济及家庭政治之起原。然吾人将一反此说，而说明此一切皆人之理性逐渐显发其自身以规范人自然欲望之所成。至于体育、军事、法律、教育，则吾人将统称之为维护人类文化之存在之文化。由此四者，而人类文化自身乃得维持其存在于自然世界中，亦维持其存在于人类文化世界之自身。又此十二种文化理想中，道德理想虽只为其一种。然此乃指自觉的道德理想而言。实则一切文化理想可谓皆依于吾深心之欲实现道德理想而生。每一文化活动中，虽表面只实现某一特殊之文化价值，如真美等，实皆同时实现或表现一道德价值——亦即使人之超越自我、精神自我，更得尽其本来之理性之价值。吾人之理性为生起创发文化理想之性，亦即生起或创发道德理想之道德理性。故一切文化活动，亦皆可谓道德活动之各种化身之实现。此当于后论之。

四、自然生命欲望、自然心理、及物质的
身体与文化活动之关系

吾人之精神之内容，除直接依理性而生之于文化理想以外，尚有可规定其形态之自然生命欲望——如上述之求生存生殖及权力之欲望，及其他自然心理之性向。此所谓别于欲望之自然心理性向，乃指人之互相暗示、模仿、同情之性向；依习惯而行为，本过去经验而自然联想之性向；及依交替反应之原理，而转移对一对象之反应行为以及于曾在过去经验中，与此对象同时呈现之另一对象之性向等。此等等性向，吾人皆难言其为一种欲望，亦不能谓之皆为依一自觉理想而生之活动。唯吾人可谓此各种自然心理性向，有不同程度之依一不自觉之理性而生之意义。如当吾人见他人笑时而笑，哭时而哭，吾人受他人活动之暗示，而模仿之同情之，此有时乃表示吾人之超越个体之自我，而有一自然的理性或仁心之流露。然有时吾人之受暗示而模仿同情他人，实只为他人之动作表情之感觉的形状声音之拨动吾人自身由过去习惯或依交替反应原理所形成之机括。吾人此时实未尝真超越吾人之个体之自我，而真与他人通情。唯吾人之依过去习惯、或依交替反应原理而形成之机括以行为，或对环境人物作反应，仍依于一种生理之必然。此生理之必然，乃由于吾人当下之自我，能以过去自我之行为反应之模式，为其自己之模式。此中仍有一前后自我之相通，与此模式之显其普遍的规定作用之现象。则此模式即为一具普遍性之理。人顺此模式而行为反应，亦为一不自觉的顺理之行为，此仍依于吾人之理性，而后可能。唯此种理性，乃局限于吾人个体之主观的过去经验中之理性，乃不自觉之自然理性。如以此为理性，则进一步亦可言生物之保存自己身体之存在与生子孙，亦即求其生命之形态之继续，以得一恒久而普遍于时间中之各段之存在；而生物或人之饮食男女之欲，亦皆依于自然理性而生。在形上学中，亦当说此一切自然欲望皆以理性为根，皆为理性之表现。唯本书所重之理性，乃理性之表现为自觉之理想者。则此种自然理性之局限于生物或人之个体之过去主观经验或个体生命欲望中者，不得为真正之理性之表现，而唯是一种自然生命欲望或自然心理之机括。在吾人之行为反应，只动于此欲望或机括时，吾人所以如此动之理，在吾人当下自我之外。故当下自我乃纯为被规定或被动者。而我之如此动，在客观上看来虽有

理而为定然，在我之主观中则为偶然者，以定然之理不在自觉中故。而真正理性之表现为自觉之理想时，则此理想乃吾人自定之于自觉之内，为领导吾人之行为反应之型模者。故吾人于此，顺承此理想而动，亦即自动。此理想为在自觉中者，同时亦即指向一客观世界客观对象，超越乎吾人之个体之主观经验或生命欲望而有客观性普遍性者。吾人之顺此自定之普遍性客观性之理想而动，同时可自觉为定然者。人既有如此之理想，乃有此顺承之动，则吾人之动，在主观上乃复为定然者。吾人以理性之表现于自觉的理想之形成者，为真正之理性。故不自觉之顺理而动可全不名之为理性之表现，而可只名之自然生命欲望或自然心理之机括之表现。唯当此自然生命欲望或自然心理之机括之表现，被吾人所反省，而加以自觉时，吾人乃可本之以为自觉的理想之内容，表现真正理性活动之凭借，而开拓吾人理想之内容，理性活动之范围。由是而吾人之精神活动其最初之被动的受此自然生命欲望自然心理之机括之规定，对吾人理性生活之成长，亦有所贡献。而吾人之自然生命欲望自然心理，及吾人之精神之受规定之本身，皆非必为反乎理性而不善者。而吾人若加以绝对之禁绝，或反为不合理而不善之事。唯在如前所谓，吾人之精神受此自然生命欲望等之规定，而又使依理性而生之自觉之理想，受阻碍或被歪曲之情形下，然后有不善之生。唯此不善之生，亦只为吾人精神内部之问题或理性生活内部之问题，而只能由吾人自身以吾人前所论之道加以解决者也。

吾人以上论精神之内容，皆唯就个人精神以为说。精神之表现为文化之活动，最初可只为一依于精神理想而生之求真求美等纯精神活动。然顺此理想而生者，可即吾人生命或身体自身之活动，或改变人与物质环境社会环境关系之实际活动。理想之形成即有客观性主宰性，此吾人前已论及。故"不产生一种生命或身体之活动，或不求对环境有所改变之活动"之精神活动，乃未尝存在者。人创作艺术或从事生产技术时，人固须以手对自然物有所改变。科学家之实验观察，亦为一种以手或身体改变身体与自然界物体之关系或改造自然之事。即纯理论科学家及哲学家之用思，其求居处于静地或用脑垂目，亦为一身体之运动。而人之用思想，恒不能脱离文字及其他符号，而表达思想更须写出文字及符号。以至在道德宗教之活动，吾人亦须对吾人之生命或身体之动作有一安排，以显为礼节仪式。足见若无吾人生命或身体之动作，则吾人个人之精神或文化活动，即不能真客观化或社会化，以使个人之文化活动形成社会之文化。吾人相信一切社会文化之形成，最初皆始于少数人或一个人之有某一文化活动而逐渐社会化，以互相模仿、暗示、同情，亦互相批评、增补、充实、淘汰、剪裁、组合以形成。然若无生命或身体之动作，则个人精神盖无由真有客观之表现而社会化。唯关于吾人之生命或身体自身之动作，与身体向物质的自然之动作，所以能客观表现吾人之文化活动，而使之得社会化之理由，毕竟何在？乃一极深奥之问题。此问题即是物质性的物体、身体、物质的形相世界，何以能表现吾人之精神之问题。而精神之表现于物质的物体身体之形相世界者，何以亦能反而引发他人或自己生起相似或同一之精神形态之问题。此问题之后一半，与吾人之在环境中所接之物质的形相，何以能规定吾人精神之形态，为同一类之问题。对此问题，吾人曾思之至深。吾人之答案为：如直接就吾人之精神之为超形相，而物质身体之世界或环境中之物体为有形相以观，则二者无沟通之道，亦无相需之理。而吾人纯自自然界或环境中之物体身体中之物质本身以观，更无沟通之道。吾人唯一可说明二者之所以相需相通之道，唯有视吾人精神之表现于物体身体之形相世界，乃由物体身体之形相本身可启示一理想的精神意义。吾人可谓物体身体有二种理想的精神意义，一为作文化活动之材料或工具之精神意义；一为直接表现文化活动之精神意义。而此二种意义之显出，前者待于物体身体之物质质料之销毁，后者则系于吾人姑舍自然界之身体物体之自身，而唯观物体身体之形相关系。此形相关系，或由一物体身体与其他物体身体之静的地位关系中显出，或由一物体身体在其自身或环境中之运动变化中显出。此形相关系即一种理的关系。而此理的关系之观照或直觉，同时即可表现或规定引发一形态之精神生起。譬如吾人见山峰挺拔，吾人精神即随之而挺拔升起。此何以故？此决不能归其故于山峰之物质的材料。此唯可归其故于山峰之物质之形相之表现一离地之形相而上升之关系。吾人之精神于此，一方凝注于地面，一方顺山峰之挺拔而上升，吾人乃感一精神上之挺拔。此精神上之挺拔，乃吾人所直感之精神意味，于此吾人不能指出此物质的地或物质的山峰之能帮助吾人此精神意味之生起者在何处。吾人只能说，当吾人初着于地面之意念为顺山峰之挺拔而生之意念所逐渐加以超越时，吾人即直感一吾人自己精神之超越而挺拔。而此精神之超越挺拔，实对吾人初着于地之意念而超越挺拔也。夫然，故彼山峰形相之能引发吾人精神使之生起云云，其对精神之效用，乃是消极的使吾人之精神消极的自吾人之意念解放超越之效用。吾姑以此一例暂以概括说明一切人在自然之生活状态不同，所处自然环境不同，所以似直接能引发生起吾人不同之精神，及一切艺术上之颜色声音形相之配置可以表现吾人精神之故。

至于在科学研究中，吾人之恒须改变吾人身体与自然界物体之关系，或改造自然物以便观察实验等，则皆不外使自然物之形相更多得呈现于感官，而由其形象之关系，以识取其理之关系。吾人在此运动身体及感官之目的，唯在消极的缩短配置吾人之身体与自然物之距离地位关系。吾人之运动及对自然物之感觉活动，本身亦皆为一消极的耗费生理的物质之事。而唯由此生理的物质之耗费，乃显吾人精神性的感觉注意以求真理之活动。而吾人在实验中之改造自然物，使之发生化学变化，放射出各种能力，则亦为一耗费自然物之质力之事。至于在科学哲学中之用思，以融通经验及矛盾之观念判断，则为耗费脑髓之质力之事。一切科学哲学研究中之观察实验用思之活动，其最初固依于精神自发之求真理之理想。其最后之所得，亦唯是真理之昭显于精神。此中中间一段，一切关涉于自然界物体及其身体质力者，皆是借自然界物体身体之质力之耗费而销毁，以成就真理之昭显于精神，亦即成就吾人求真精神之表现。此求真精神之表现，乃表现于物质身体世界中质力之耗费与销毁之际，亦即物体身体只表现其消极的工具的托显真理之意义之际。故精神与物体身体世界二者间，无矛盾之可言也。

至于在宗教道德之活动中，吾人身体之活动，诚更为重要。然吾人细察此中身体之活动，如非纯视此身体之活动为工具，以作事或持物以贡献于神或他人，以达吾人之道德宗教之目的，则吾人之身体之活动，皆表现一自己收敛而反乎当吾人受欲望支配时身体之动作形态者。如吾人在道德宗教之礼仪中，有点首、垂目、低眉、拱手、跪拜等。此中首之低下，手之不用以持物，足之不用以直立，皆表示一不将吾人之身体器官，用之于满足欲望之动作，而反收敛其自然之动作之谓。而此种身体之动作所以能表现吾人之道德宗教精神，亦即在吾人收敛此自然之动作之际，即见吾人道德宗教精神之主宰力量。而吾人观彼宗教道德修养深之人所成就之身体之相貌态度，吾人亦将见其处处与禽兽或逐嗜欲者之动作所凝成之相貌态度相反。故所谓身体之动作、态度、相貌表现人之精神，实非此身体之物质本身，或此容貌态度动作之形相本身，能表现人之精神，而唯是此容貌态度动作之超欲望的意义，或超一般"顺欲之动作态度容貌的意义"，能表现道德宗教精神。而吾人之所以于某种容貌态度之人，一见之下，即觉其表现一道德宗教精神，吾人无意中，实以一顺自然欲望而生动作之人之身体的容貌态度，作一背景，而直觉的识取其反乎此而超越乎此，遂引起吾人之超越欲望之道德宗教之精神，以与之相应也。

五、语言文字与精神之关系

人之精神之表现于客观社会，主要赖语言文字。然语言文字不仅可作人我精神互相表现而贯通之用，亦可作纪录凝定自己之心意，如思想、情感，以便反省之用，及以之代表一复杂之观念，或一群观念，使思想之进行更为方便经济之用。吾人非谓人无语言文字，即不能思想，不能重现心意于己，表现心意于人。唯人若无语言文字，则于吾人心意中类似之观念，吾人无分别之语言文字，加以凝定，必易于混淆。而诸观念所综合成之观念必易于散开，而抽象之概念之思维，必不易保存。由是而依概念之互相贯通涵摄而成之推理，亦必不易向一特定之方向进行。而对于集体之事物之各方面，加以研究后所得之结果，与所决定之应付之态度，如无一语言文字加以记下，吾人以后将不免重新开始，而不能以此结果为其他研究或推理之前提，以此态度作参考，以安排吾人以后对其他事物之态度。由是而重现心意于己，或向人表现心意，当大不便。此即吾人可以断定者。吾人之用语言文字，不特用之于科学哲学中，以叙述说明事理；且用之于表达吾人之想像情感，而有文学。又用之于表达命令要求，为各人或各社团国家定名字，而用于社会政治之活动。又用之于生产技术社会经济中，以记生产货物与财富之数目，标志各种货物之名目类别，以便于查考寻取。复用之于道德生活中。如道德理想之凝固于道德名词，道德命令之表为道德格言，均可加强吾人对道德理想或道德命令之固执。最后，又用于宗教上之咒语、神之名称之规定、及对神之告语祈祷等。故吾人可总括语言文字之效用，一、在纪录。此即客观化自己之经验、思想、观念、概念、推理结果于文字，此可称之语文向自己表现自己之效用。二、在传达。此为语文之表现自己于他人之效用。凡纪录可向自己表现之效用，亦可向他人表现。故二者可相连。此二种语文之用，主要见于文学及学术之活动中。三、在表现自己之命人，此主要见于社会政治之活动。四、在表现自己之自命，此主要见于道德生活或自己支配自己之活动。五、在向宇宙或神表现要求，此可谓有求于神而如有命于神或宇宙。此主要见于宗教诗歌哲学之活动。此可谓向一超越的自己或超越的贯通人我之天心或宇宙表现自己，而对此超越的自己或天心宇宙有所望而如有所命之活动。（唯此点下文未能详论。）语言文字所以有如此大的效用，其故毕竟何在？语言文字之形相，唯是一声音或字形简单之屈曲，此乃属于感觉界，且语言文字之表某义，初乃人随意定者，何以其竟能表现吾人多方面之精神？

然此问题之答案，亦即在语言文字之初由人之随意定立，语言文字之外表，唯是一声形之简单之屈曲上。吾人原初之定立某声形表某观念或某物，此初并无必然。故中国以"鸟"表某物，英文可以 Bird 表之，德文可以 Vogel 表。然一社会中既先有某一人，初以某形声表某物某观念，他人从而效之，约定俗称，某字之形音即有某义。人见某字形音，即思某义。而心中有某观念某物，即用某字。此字形与某义之联结，乃一习惯使之联结。而吾人之由某形音至某义，或由某义至某形音，即一种自然心理之联想。至于对某字，则有一对某字之义所表之观念或事物之一反应活动，则为一种交替反应。然此某字与某义之联结，初乃由吾人自由定立而约定俗成者。而其既约定俗成以后，吾人闻他人用某字，即思他人心中有某义。吾人自己知用某字代表某义时，吾人复知，此字说出，将使他人心中知某义。则吾人之闻人言或自己向人言，吾人之心皆为一照顾而涵盖他人之心意者。此即使吾人之心成一社会心或普遍心。而吾人如故意用某字以表另一义，或说诳以使他人误解吾人自己，或掩蔽事实真相；吾人即有乱用语言文字之罪，吾人须负一道德责任。此即见语言文字之意义，初虽由自由定立，吾人之由某字至某义，虽只为一习惯、自然联想、及交替反应之机械动作；然此机械动作之上，复涌出一对他人之心意之涵盖照顾之心，而使吾人之心成一社会心普遍心，此即使吾人之用语言文字，为一道德责任感所规范约束者。由是而吾人之求一切合之字以表某义表真实，使人有逼真之理解，即为一种依社会心普遍心以规定自己之道德意识。语言文字与意识之机械联结之由人之自由定立，亦即吾人之自由定立一规律，以规定一种在社会之道德性活动之方式。

每一语言文字与其意识之有一机械联结之价值，一方在使吾人向人表达心意、命人、而与人之精神贯通，成真正可能，使吾人用一文字时之心，成一社会心或普遍心；同时亦使吾人当下自我之精神，可贯通于过去自我之精神之内容，而成一统一自我。文字之所以有对自己表现或纪录备忘之用，及对自己下命令之用，即由于当吾人将文字提起时，吾人即将吾人过去用此文字所代表之意义，亦同时提起。因语言文字之简单性，而易提起，即使吾人对文字之意义亦易提起。吾人纵不能同时提起一文字之全幅意义，吾人亦可以反复念此文字语言，而逐渐提起之。当吾人用文字语言时，可赋此一文字语言以极复杂之意义，如一涵义深厚之名词，如一简老之文句。然吾人可先只提起此简单名词文句，而使其复杂之意义，追踪而至，逐渐呈现。而此事之所以可能，亦即于由当吾人初以某名词文句表其复杂意义时，吾人亦即自立一规律，以对自己有一规范约束。即规范约束：如此如此复杂之意义，与如此之名词文句之声形上屈曲，有一联结，并规范约束我之未来自我以后亦当再有由此声形之屈曲，以反溯其意义之活动。由是而吾人现在之用文字以表达心意，吾人之精神亦即贯通于过去之自我所自定之规律，及过去自我之精神。同时吾人用语言文字表达心意时，吾人即向一超越于现在自我之精神的、未来自我之精神、或社会精神，表达吾人之心意。于是此未来自我之精神、社会精神，亦同时内在于当下之现在自我之精神中。而此未来自我精神与社会精神之综合概念，即可同于一客观的普遍自我之精神之概念——即一义上之神之概念。故吾人复可谓，吾人之表达心意，皆向内在于现在自我中之客观普遍自我之精神或一义上之神而表达。

　　吾人上所论语言文字外表之声形之屈曲形态，与其意义之联结，为人所自由定立与人共遵守之规律云云，即谓语言文字之意义，虽寄托于客观感觉性之形相世界，然语言文字之声形与意义之联结之成立，则全为人之个人之精神或社会精神所支持，而吾人亦知其为此精神所支持。至于吾人之自觉要求表达或表现吾人之心中所思之意义于语言文字，使此意义寄托于形相世界之声形之事，更决不能只说为一机械之习惯或交替反应之事。而当说之为定立吾人之心意之重现或普遍化社会化之可能与应当，于吾人之主观当下的心之外之形相世界之事。凡在时空形相世界之事物之各部，皆为互相外在，于其互相外在之中，自有其时空的秩序。吾人之语言之声音，在时间中互相外在，文字写下，则在空间中互相外在。其互相外在之中，亦自有其时空的秩序。分别不同之声形，表达分别不同之心意，而使如互相外在的布列于语言文字中。此诸语言文字之在时空中之互相外在，即可支持吾分别不同之心意之不相混乱。而吾人之依空间中左右上下之秩序，及时间中先后之秩序，而听之读之，或重提起之，即可使吾人所理解之他人之心意，或重现之自己心意，其相续生起于当下之我心，而向前扩展之历程，为语言文字之次第在时空中呈现之秩序所支持，而不致卷回。此即见语言文字世界之开辟，何以能成就或表现心意世界之开辟之故。诚然，语言文字之用，亦有种种缺点。如吾人心意或精神中所欲表达之思想情感与所见事物之各方面，恒为互相贯通渗透者。而当其表示于互相外在之语言文字时，此语言文字之互相外在性，首即使吾人觉其与心意或精神之本性若不相应。而吾人由语言文字以了解他人之心意，亦恒易分成互相外在不相连结之诸片断之意义。又吾人写文字时，吾人心意之次第先后，亦不必即其所会悟义理自身之先后次第。吾人恒因是由语文之先后次第，以了解人用文字时之心意之先后次第，以识义理，于是易以义理自身之先后次第，同于作者心意及语文之先后次第。此亦足成误解。又语文之意义只表示事物之通性或普遍性，而不表示其个性或特殊性。固有名词虽可指特殊之个体物，然固有名词之意义，则纯视吾人对此名词所指之事物之直接经验而定。他人之直接经验不同，则视此名词之意义不同。又吾人于一名词恒本吾人之对此名词所指事理之新了解，而赋予一他人所不知之新意义。而此名在未经解释时，则他人可全不知其意义；即经解释，他人亦不必能全与我所了解者相契。又有若干经验根本为不可以语言文字加以解释，或愈解释而愈远者。凡此等等语言文字之用之缺点与限制处，吾人固须承认。然此诸缺点限制，亦可赖吾人听者之综合贯通诸互相外在之文字意义，及人之虚心参照经验事物，以体会他人之言外之意，以谋补救。如人逐渐皆能由如是体会，以知人初用某字之义，并亦用某字表某义后，某字即被公认获得一新义。此新义之赋与，亦即所以补救语言之缺点之一道。而此语言文字之缺点限制与如何加以补救之道，亦正须吾人曾尽量用语言文字以后，乃真能识得。故亦可谓由用语言文字之所启示。至于语言文字之普遍化社会化吾人之心意，并使之重现成可能与应当，及助吾人心意扩展之功效，固不容否认者也。

抑吾人尚有须说明者，即语言文字之声形之屈曲，与特定意义之联结固为机械的，然吾人由一语言文字之组合，而自觉的求综合贯通理解其整全之意义，或有一整全之心意，而自觉求一适当之文字组合以达之，则不能说真为机械的事。因一语言文字，实有多方面之意义。故诸语言文字组合而合表一整全之意义时，吾人欲理解其中一语言文字之意义，恒须连其与上下文他字之意义之互相规定，以得此文字组合之整全的意义，再依此整全的意义，以正确理解此字之意义。而吾人欲觅一适当之文字组合，以表一整全之心意时，吾人亦须选择于意义相近之诸字之中，求其最切合者。并时须用一字之某一特殊意义，以表达吾人之心意。由是而吾人之求理解文字组合之整全的意义，此综合贯通的理解，即为求综合构造说者之整全的心意，及当机规定一文字之特殊意义之创发性的精神活动。又吾人在如是重构造说者整全之心意时，吾人由知说者之心意而可能思及之意，必不限于说者之意。因吾人之所以能理解说者之意，乃凭借吾人之经验思想背景，由此背景中凸显一部，以与说者之意相凑泊。故吾人知说者之意后，再作反省，便可对说者之意，加以新的引申。此亦为吾人恒有之一创发性之活动。而吾人之觅适当文字以表一整全之心意，吾人亦须有综合性创发性的依照吾人之整全心意之各方面之情形，以选择切合文字，而加以组合，并求在此文字之组合中，表现吾人整全之心意。而吾人之造成如此文字之组合，其最初之目的固只在取诸字之一意义，合以表达吾人已有之心意。然当此文字之组合既成时，则此诸字之其他意义之再被觉察，又可引吾人至一新思想、情感、想像之开辟。此即所谓情生文文生情之故。而此情文之相生以开辟思想，更见文字之运用本身，可引导吾人之精神之拓展之最大效用。

最后，吾人须知文字语言为一感觉界之声形。此声形之属于客观物质世界，而复能使吾人之心意，得重现于己并普遍化社会化。凡此等等文字语言对精神表现之价值，实亦纯为消极的工具的。此所谓消极的工具的，即谓吾人理解文字语言时，吾人必须求超越语言文字之本身，以知其所表之心意。而吾人用文字语言时，吾人乃先有一心意。而当其表现于语文时，吾人之理想，即在使吾人之心意普遍化社会化，或使之重现成可能或当有。此理想纯为精神的。而吾人语文既成时，吾人再加以感觉，以自看自听时，恒反而再理解或检讨如是如是之语文之意义，使此意义重现于我前。语文之意义，自亦可即为其他文字，然最后必归至一语文所表达之心意中之思想、观念、想像、情感或事物等。语文之能表现吾人之此诸心意于他人社会或未来之我之前，仍在其被肯定为可超越之媒介之时，则感觉性之语文可表现超越感觉性之心意或精神无难矣。

吾人以上已分别说明：形相世界之物体、身体、及感觉性之语言文字，所以能表现吾人之精神，自然形相之所以能启示一理想的精神意义，以引发规定吾人精神之形态之理由，皆在此等等之具自己超越性之方面。唯由其自己超越，乃与精神之本性不相违反，而可表现吾人之精神。抑吾人尚有须进而论者，即凡人之一切自然生命欲望与自然心理性向之自己超越其主观性与机括性被动性，皆可成为精神之表现。盖主观性之自己超越，即客观性。机括性之自己超越，即见活泼周流之生机。被动性之自己超越，即自觉其初之被动所依之理。而一切理才被自觉，即化私为公，化主观为客观，超特殊之个体而为普遍，而不自觉的依理而动之行为，皆成依自觉自定之理想而动之自动的精神活动。唯吾人自然生命欲望及自然心理之性向之自己超越，复为违吾人主观的自然之趋向者。其自己超越而显为精神自我之活动，或须俟其自然生活之经大挫折，其由自然心理之性向而发出之反应活动，与欲望所要求者之相违，或其欲望之活动为自然心理中如模仿同情所引起之活动所压抑。总而言之，即吾人欲望之活动及自然心理之活动之相互克制，与人受挫折时，外在环境强大力量对吾人生活之限制，恒为逼出吾人之欲望自然心理性向之自己超越，而显出吾人之精神自我之活动者。唯有时过度之挫折与欲望及自然心理性向之太被克制，又反增强吾人之欲望，使吾人更不易有精神自我之活动之显出。此则或赖与欲望等以满足，或使之放浪形骸，有任自然心理性向而动之一时期，或赖他人精神活动之鼓舞感染；然后其精神自我之自动活动，乃能显出，以使人之欲望及任天而动之性向，由得满足而被超越。夫然，故人或以贫贱更慑于饥寒，富贵更流于逸乐。或以贫贱忧患而励志，亦或以富贵厚生而更不淫。一切外境之顺逆，对吾人之精神活动之生起与创发，皆可有其当机之价值或效用。然要视吾人所以处顺逆之境时，原来自然生命欲望自然心理性向及精神自我之昭露之状态，为如何为定。然其当机之效用与价值，皆在使人自然欲望自然心理性向得一超越则无不同也。

　　吾人以上之说明，凡非精神性之物之所以能表现精神，及对精神活动之生起之价值或效用，皆不在其积极方面，而在其自己超越方面。吾人在此并非看轻表现精神之物体身体文字之形相及自然生命欲望等之重要。吾人承认精神之表现于物体身体文字之形相，可规定精神之形态；并成就人与人及人之前后自我之精神贯通，以互相增上而生发者。故此形相世界，亦可视为人之精神互相贯通，以生发精神之枢纽。而人之自然生命欲望及自然心理性向之活动，皆可在其成为自觉之内容时，成为吾人理想之内容，亦即成精神之规定者。唯吾人以为此形相世界与自然欲望、自然心理性向之重要性之真正显出，正在其自己超越之际。凡此等等，对精神之规定为精神枢纽之用，皆不表示其为精神之外在的决定者，而可使吾人疑及精神活动之自动性自决自主性。只当视此枢纽，即存在于交光相网互相贯通之人我精神，或前后之自我之精神之内部。此诸规定，皆内在于精神之自身，而为精神自己主宰、自己生发、自己表现之历程中之条理。精神自身以外，实无任何外在的能决定之之任何事物。吾人至多只能说形相世界、自然欲望、或自然心理之活动，皆精神活动之凭借或场所。本书之目的，即在由人类各种文化意识之生起发展之说明，以托显此义。

吾人在本章唯是泛论文化活动为精神之表现，及精神活动之意义，精神活动之自决性自主性，及其与规定之之形相世界、自然欲望、或自然心理之关系，以明吾人本书之立场。而以下诸章，则将分别论各种文化意识，在本原上皆为依吾人之超越自我或精神自我而生起之意识，亦即皆为一精神意识或精神活动。此即谓一切文化意识，皆有其理性之基础，并表现一成就精神自身之生发，提高吾人之人格之道德价值；而人之实现文化理想之要求，皆依于人深心之实现道德理想之要求。人形成其文化理想之理性，在本原上亦即一道德理性。人之各种文化的精神活动，皆人之道德的精神活动之各种化身。本书目的，只重在说明此义，使各种文化部门，统于一宗，至于各种文化部门本身之内容之分析，则不能全备也。

人类文化在宇宙之地位与命运*

一、物质世界与生命世界

吾人于上列诸章，已分别将人类之各种文化意识中之文化活动加以说明。吾人随处所着重之点，皆在指出人之生物本能，不足说明人之文化意识之所以生，而见人之文化意识文化活动，处处显出人之一超越生物本能，以实现其精神理想，表现人之道德理性之性质。吾人亦尝论各种文化意识文化活动之不同。然吾人始终未能论及人类之文化活动文化意识，在整个宇宙中之地位，及各种文化活动之互相配合贯通成一整体之故，与人类之文化何以有衰落之故，及如何免于文化之衰落，而成就人文世界之全面的发展，使吾人之道德理性充量的实现之道。此章即将略补此数缺点，以结束本书。

吾人如只本现象之观点以观此宇宙，明见人类文化世界并不等于世界全体。在常识及一般科学中，皆公认在人文世界、精神世界、人格世界之外，有物质世界与生命世界。在宗教及哲学中，吾人尚可谓有所谓神灵世界，宇宙之本体世界，价值理想世界自身等。毕竟人类之文化世界，与此诸世界有何关系，乃一极大之问题。吾人今日只能加以若干近乎独断的说明。尤重在依吾人之理想主义观点，以说明文化世界与物质世界生命世界之贯通。其详则当于宇宙论及形上学中论之。

依吾人之意，吾人所直接认识之物质世界之本性，即一切物体在时

---

* 原收入《文化意识与道德理性》，友联出版社 1958 年初版，录自台湾学生书局 1986 年全集校订版。

空中之互相外在。吾人之谓吾人之身体为物体，亦即自其占一定之时空，而与时空中他物体互相外在而言。此种互相外在性，并不碍诸在不同时空之物体之互相影响，物体之能力之互相传达，物体之互相结合而生新物等。此等等乃表示物体之互相外在非绝对，而仍有互相内在之理可说。唯吾人之通常用物质世界一名之涵义，毕竟重在物体在时空中之互相外在。二物之能力之相互传达，在通常之观念中，并不表示二物之在一空间。吾人恒在此分别能力所自发之处，与所到之处，为互相外在之二空间上之不同地位。即诸物体之互相结合而生新物，吾人通常仍自原先之诸物体与结合成之物体其出现之时间之不同，而视之为二。遂常不免设想相结合之诸物体之物质，仍并存于新物体内，而各于其中占一空间。此皆足证吾人之论物观物，皆恒自然的着重其在时空中之互相外在性。

吾人于生命世界之看法明不同于吾人对物质世界之看法，生物之异于无生物者，人通常皆自生物之能自己营养以生长，兼能生殖着眼。自己营养以生长，即求自体之保存。生殖即求种族之保存。吾人可说生物之保存其自体与种族，即求其过去之存在延续于现在；现在之存在延续于将来，亦即使其过去之生命，内在于现在之生命；现在之生命，内在于将来之生命。生物求食物以自营养，即表示其求食物之化为内在其身体之养料，成为身体之组织细胞之形成之材料，而身体组织细胞等之形式，乃即内在于自外而来之养料物质中。生物之求与异性交配以生殖，即求异性之身体中一部与自己身体之一部，互相融化而相内在以生后代，而使其自身身体之形式，内在于其后代中。生物之饮食与营养，求其自身之保存，与物质的物体之摄受他物之能力如光热，并依其惰性，而若在发出一力量以抵抗他物，以求维持其自身之存在，有相似处。其生殖时之交配，亦与物质的物体之互相化合相似。然物体之摄受"他物之能力"，乃消极的摄受。其依惰性而似发出力量以抵拒他物，亦为消极的抵拒。彼不能自动的选择他物与他物之能力之有利于其自身之保存者而摄受之。吾人即不能说其真有同于生物之维持其自身存在之向往。又由其化合而生之新物，恒在形态上与原物迥然不同，其物质材料唯是原来二物体之物质材料之和。而生物之生殖，则是生殖一具同类形态之后代。此后代之身体之质料，则自其脱离母体后，即取诸其他之自然物者。故吾人唯于生物，可真说其有保存其生命或身体之形态于未来世界中之向往。而于二物之化合为新物，则纵新物与旧物形态全相似，吾人亦不能说其有保存其形态于未来世界中之向往。因此旧二物并不能使此形态实现于其自身之物质材料以外之其他物质材料也。

生物之保存其自体与种族之向往，吾人通常称之为保存其自体之要求及保存种族之要求。此要求不特动物有之，植物亦有之。吾人如透过此要求，以观生物之现实生命之意义，则知任一生物之现实生命中，均包含一不自觉的客观化其身体之形式于其他物体之物质中，而使此形式继续表现于其未来身体或后代身体之无尽的要求，亦即使此形式成为客观物质世界之形式之高一级形式之要求。充此无尽要求之量以说，吾人亦可说任一生物，皆有一使全宇宙物质皆表现其身体之形式之潜在的要求。此是一生命之盲目的大私，亦即其晦暗之原始的无明，或欲征服一切之权力意志。然此大私心，在实际上乃不能实现者。生物之要求其自身与种族之保存，以继续表现其身体之形式于客观之物质世界，必须受客观物质世界自身之形式或运动之定律之限制，亦受其他生物之同类之要求之限制。彼接受此限制，亦即接受环境中之他物之形式之规定，以随时改变其身体之活动之形式，以与相适应。由是而生物之身体之形式，亦时在发育改变进化之中。而其保存自身与种族之要求，亦只能在环境之容许之条件下实现于特定场合之物质世界中，而通过此特定场合之物质世界，以成就其自体生命之发育流行，与种族生命之延续。在此发育流行与延续之中，生物实一方时时要求保存其已获得之生命活动之形式，一方亦时时由接受环境之限制规定，而超越其自身之形式之限制，而增益其新形式。克就此时时超越自身之形式之限制，而有所增益上言，则生物之本性即不得说纯为不自觉之大私或无明，而是不断自其所私之形式解放，以开明其自体，而通达于外者。由是而吾人可知，一切个体之生命皆不能不遭受环境之限制阻碍，而受困厄苦痛之故。此乃为生命自身之自其大私解脱而趋于开明，以发育进化所不可少者。而吾人真自生命之发育进化以观生命，则只谓生命之要求在保存其活动之形式，尚有所不足。而当谓生命之要求乃不断保存其形式，亦不断超越其所保存之形式而获得新形式，以逐渐成就生命自身之开明与无私者。而吾人如只牢执生物之自我保存种族保存之概念，亦将不能说明何以生命世界不只保存于一定形态之生物之中，而竟由进化而展现为具如此复杂丰富形态之生命世界之故。

在生命世界中，植物动物二者不同。植物只定置于特定之空间之地位以生长，而不能运动，只能接受光热等之刺激以反应，而无知觉对象之器官以知觉对象。动物则兼能知觉与运动。植物不能运动而各定置于特定空间之地位以互相外在，此乃其更近乎无生物者。动物能运动而超越其所在之空间之地位，亦即更能自一特定空间之环境之物解放，以与另一环境中物发生感应关系者。动物之运动，表示一能撇开原来环境中之物，而趋向他环境中之物之"向性"。动物之知觉，亦即表示动物之生命，能向环境中之特定物之刺激集中，而撇开其他之刺激以凸显一物之刺激，使一物之刺激对象化为所知觉之物相者。此与运动之趋向于另一环境中之一物，乃同原。一动物之运动，因其不自觉的置定一所向之"外"。其能知觉，亦因其不自觉的置定一所向之"外"。植物静处无运动与知觉，则无所向之"外"。一切外物之刺激为彼所摄受，即在其内。而彼亦自限于此"内"，而不能开拓其此"内"。动物运动有所向之"外"，则能不自限于原先所摄受之刺激之"内"，而能开拓此"内"。此动物之不自觉之经验内容之多于植物，即动物生命之开明之高于植物者。

　　动物之知觉运动皆有所向，此有所向即表示对环境中之物，有一选择作用。植物定于所居，其对环境中之物之刺激之接受，亦不能谓无选择作用。但植物之选择之事，唯在外物之刺激业已达其体内时，乃表现于迎或拒，消化或排泄之活动中。此动物亦有之。然动物则能由运动而改变环境以选择环境，同时由对外物之知觉，而先行准备去接受或去逃避彼外物将对其自己发生之作用或刺激。动物由当下外物对彼之刺激之接受而发生知觉后，即似预感另一外物或外物之另一作用或刺激之将至。如蚂蚁感气压低时，即搬家准备逃避大雨。是为通常所谓动物之本能。此本能实依于一种由当前刺激之知觉，而对将有之刺激之存在，生一直觉，而对之先有一准备之行为。此由当前刺激之知觉，而直觉将有之刺激必来，预为准备，表示动物之能直伸展其知觉，以入于物之刺激之内部，而感其因果之线索，或感其将次第生之刺激之连锁，乃若不自觉的置定一将有之环境之刺激于体外，并由准备，而置定将有之反应之机括于现在。由是即在其自己身体与环境之间，造成一对峙之局面。此对峙局面，同时使其生命活动之有所向成可能。而其预作准备之运动，即表示其对环境之选择作用，可表现于对将有环境之选择。故于将有环境之刺激来临之先，彼已在准备迎拒之态度。此乃为真正之自动的选择环境，而植物则不能也。

　　动物之生存，主要赖本能以适应环境。本能之直觉，若能透识环境中某些事物之内部之因果线索，而对将生之事，预为之备。然本能之直觉所识之物之范围恒极少。而此直觉之透识事物之内部之因果线索，亦即生物之生命之陷蔽于事物之内部。生物之用本能以适应环境时，其本能固可有多套，以应不同之事物。然多套非无限套。故恒有本能不足应付环境之时。而当前环境之刺激为某一种，其本能之直觉透入其中，以识其因果线索时，彼立即有一自然之准备动作，继之而起。此中不能有间隙，以使其生命另有所通气。而其动作之发，乃若纯由先天机括决定，一发而不能自止。惟动物愈高级者，则除本此先天之本能以适应环境外，愈能本过去经验以适应环境。所谓本过去经验以适应环境之原始形态，即一动物以偶然之关系，接触某一新刺激知觉某一新物，而某物适对某动物之求生存之活动有顺违或利害苦乐之关系时，则此动物下次遇某物时，于其为顺之利之使之乐者即迎之，于其为违之害之或使之苦者即拒之，是即一种本经验以适应环境之行为。又某动物对某物之迎或拒之某方式之行为活动之结果，又可对某动物之整体之生活活动，亦有顺违利害苦乐之关系。而彼在既感此关系后，则下次遇同一之某物，即改正其行为之方式，或舍弃其行为活动方式之结果之不利于其整体生命活动者，而重复其利于其整体生命活动者。此种依经验以定适应环境之行为活动之能力，在愈高级之动物愈发达。然此事之所以可能，则纯本于动物之能扩大其所知觉之事物之范围，以知觉依其先天本能本可不加注意之事物，亦由其有各种不隶属于本能之运动系统之其他任意而发之不成系统之不同方式行为活动之故。故动物之能本经验以应付环境，即依于其知觉与运动力之能自本能规定之方式之限制中，解放而出。动物之经验，虽可于动物以后之适应环境有用。然动物之知觉彼初与其本能不相干之事物，而"以任意而不成系统之行为活动对之反应"之本身，则初实为无用之事。此经验之有用，乃其自然之结果。动物之所以有此经验，则只由其知觉运动力之扩大。克就此扩大本身而说，则不能言其最初之目的即在用此经验以利于其自身也。

由动物能依经验而重现过去之反应，同时即使动物能受他动物之暗示而模仿之以动作，而有好群与同类意识等。动物之动作之显于他物之知觉中之形象，即此动作之客观化。吾人可谓此形象与动作有一形上意义的同一。当吾人或动物觉后者时，即直觉前者，因而可引起吾人或动物之不自觉的作同一之动作。然如动物之动作，皆为本能所决定，则随时受暗示以引起模仿动作之事，将不可能。

由动物之知觉运动之扩大，同时有所谓交替反应之现象。所谓交替反应者，即原来对知觉情境中之刺激或知觉对象 A 之反应行动 R，因此 A 与另一知觉对象 B，在迭次经验中常相连接，于是此反应行动 R，即转而直接对 B 而发。此交替反应之生，自其起原上言之，更显见为初非以实用为目的者。因如 A 与 B 之性质不同，则对 A 作 R 之反应如为对动物有利者，而对 B 作 R 之反应，尽可为无利益或有害者。因而此反应，自利害观点看，当为不必须。R 与 A 之相连，在初次经验中，原有一自然的物理生理之因果关系。而 R 与 B 之相连，则初无自然的因果关系。R 与 B 之相连之唯一媒介，唯是 A B 之在知觉中之同时呈现，而成一整体之知觉。唯因此整体知觉之存在，而后 R 乃不只连系于 A，且可连系于 B，以成交替反应。则动物之交替反应之所以产生之根据，即在知觉整体之特显其重要性，与其反应之推扩至原来引生之刺激之外。此知觉整体之特显其重要性，亦即知觉中之客观对象之整体之特显其重要性，动物之生命之更趋向于客观化，而若对客观对象之整体之有一置定。故只 A 现时，一方反应以 R，同时如在预期 B。而其反应之推扩至原来引起之刺激 A 之外，而移至与 A 同在一整体知觉中 B，即表示动物行为之有一不自觉的自动普遍化其反应于 A 外其他知觉对象 B 之自由，而见动物生命活动之更大的开展或开明。此亦即动物之心灵之初现。

二、动物心与人心

在动物之交替反应中，动物固表现一推扩转移而普遍化其反应之自由。然此推扩转移之事，恒为此知觉整体所决定。如迭次经验之知觉整体中 A 与 B，不同时呈现，则 R 之反应不必能移至 B。如在各次经验知觉中，B 一次与 A 同时呈现，一次与 C 同时呈现，A 初所引起之反应为 R，C 初所引起之反应为 P，R 与 P 相异而 AC 之力相等，则动物对 B 作 R 之反应与作 P 之反应同样可能，而可互相抵消。则动物此时即可对 B 无显出行为之反应，而只有一知觉，为潜在之互相抵消之 R 及 P 二可能反应行为所拱戴。此即成动物之纯注意之现象。在此注意中，动物实同时不自觉的预期对对象之二种可能反应。如一知觉对象之整体，为二知觉对象所合成，吾人对之皆不能有确定之反应行为，或皆为二相异之反应行为所拱戴时，则此整体知觉之中之一知觉对象重现时，依经验之再现之原则，应可引起其他知觉对象之重现，如交替反应之重现过去反应然。此即为联想。又如当前之一整个知觉对象 B 本有二方面，一方面可引出 R 之反应，一方面可引起 P 之反应，则如 B 由二面并显，而使动物生一无特定反应之注意后，而忽又只显一面而隐其他一面时，则 R 与 P 之反应，即将择一而显现。而当 B 更迭显其二方面，则 R、P 反应，亦更迭显出。在此如 R 及 P 之反应与此动物为全无利害关系，则 R 及 P 之反应之更迭，即显为纯粹表现此动物之自动的生命活动之游戏活动。如小猫之玩球，即见球之各方面之更迭而出，而亦更迭显出其原先对球各方面出现时之反应方式之游戏活动。唯如猫之玩球之诸反应方式，原所以对与球同时呈之他物者，则可谓其玩球时更迭而出之反应方式，乃更迭而出之交替反应耳。而人之依任意联想而生之游思杂念亦可成为交替反应或为一种游戏，其理相同，思之自知。

吾人在动物世界中，可见有暂无反应行为之知觉，如注意，以及初无实用目的之交替反应与游戏等。然吾人不能断定其有"不待外物之直接刺激之知觉，而纯由自觉的观念引起之动作行为"。据动物心理学家言，动物于外物有所知觉后，亦能留意像，或由联想而作梦。然吾人殊无证据，断定其能自觉其意像观念而依之以行为。然人则能化其所望实现之意像观念为理想，而求其实现，因以发生行为。此盖自行为上所看出的人与其他动物之大不同。人依自觉意像观念以行为，必先自觉其意像观念之存在，并自觉此意象观念实未实现——即自觉在知觉世界中无意像观念所应合之对象存在——然后反省其过去对物有何种动作或动作之结合时，曾使知觉世界中有应合意像观念之物存在；乃重现或组合一行为，以实现出应合于意像观念之物。而吾人今欲说明人心异于禽兽之心之特质，实当先自"人对能自觉意像观念之自觉"如何可能，及"自觉的内心之意像观念世界与知觉对象之世界之对待感"如何可能上看。

吾人对上述问题之答案为：若人对所知觉之对象之反应，一一皆能着实际而有所把握，而感受一阻碍，以限制规定吾人之活动；则一切知觉对象皆指示一实在，吾人亦不能有无实在性之印象观念之单独呈现于心，而吾人对观念意像之自觉，亦根本不可能。唯对若干知觉对象，吾人恒可对之作交替反应，同时复对之不能实际加以把握，而彼亦根本对我无所反应，以显一对我之反应活动之限制规定之作用。此时吾人向彼之反应，即可全为扑空。由此屡扑空，而吾人再见此知觉对象时，吾人即自收敛其反应活动，而只对之作纯粹注意之知觉的观照。吾人于此时，即有超吾人之行动之纯知觉的对象世界之置定。此即吾人在于"科学哲学与道德理性"章所言之对象之注意之纯粹认识兴趣之出现。如小孩之捉月而不得，月即成一纯粹注意之知觉对象。然此中尚无内外二重的知觉世界与意像观念世界之划分。此划分为二，一由于吾人在知觉中又恒有种种自然的幻觉错觉而来。因幻觉错觉之知觉之内容，既与吾人往昔之其他正常知觉相似，则吾人即可对之作同样之反应动作。然对其他正常知觉之反应可引起一实在感——即吾人可觉此知觉对象能反作用于吾人之动作，加以限制规定——而对幻觉错觉之反应，不引起实在感——即无此能限定规定吾人动作之反作用——吾人便能辨幻觉错觉与正常知觉之不同，而划分幻觉错觉之世界与正常知觉之世界，并以前一世界只为内心的意像观念之世界，兼以与"能引起实在感之正常知觉对象"同时被知觉者，属于一正常知觉之世界。

人之有内外二重世界之自觉的划分，一由于幻觉错觉之存在，一由于吾人亦能划分吾人对实有外物之意像观念，与对实有外物之纯粹知觉。此事之所以可能，吾意初仍由吾人对某外物有知觉后，可再对之有一欲望，而有追求之把握之反应活动。然当吾人把握追求之反应活动正进行时，此物可复逃走或被他物消灭。此中，以吾人把握追求之活动，原欲把握某物，而某物又先呈现为吾人之纯粹知觉对象，吾人遂先对此纯粹知觉对象自身有一把握；于是当该物消灭不见时，此纯粹知觉对象即化为一单纯的意像观念而被保持。吾人此时即一方有一内在之意像观念，一方亦希望此对象之再出现，而又觉此希望之无所得。此时即亦有内在之意像观念与对实有外物之知觉对象之划分。此时之希望无所得，即渐使支持希望之动作亦折回而收敛。此一收敛之动作，即使吾人向外之知觉力亦折回而自照。即成对意像观念之自觉。由此自觉而吾人有内在之意像观念世界之肯定。而吾人之欲望受阻动作收敛之结果，遂使此动作中之生命冲动之流（或一串的身体生理变化之动向）还逆行折回，经脑至于动作所自生之感官（动作初起于感官感觉）或与感官头脑接近之颜面，而有种种由失望而生之蹙额呻吟发哀号之纯粹表情（此所谓纯粹表情乃指无实用目的之表情）。

如吾人上列之说为不谬，吾将再试从事实上说明人心之如何进化而出，以使吾人之理想主义之理论，与进化论者之说有一协调。依进化论者之说，人之所以异于其他动物之生理基础，在人之能直立，能有灵活之两手。吾人将承认此实为人之异于禽兽并能自觉而依理想以动作行为之外缘。然吾人之解释则不同一般之说。吾人以为人直立之最大效用，即在由人之直立，而人乃能自由望天空之日月星等。由人之手之灵活，人乃能随时用手以作种种向外追求把握之反应活动。吾意人心之进化出，即由人之能直立而望天空，以开辟其视野，及人之善用手而对天空之日月星，及其他一切幻觉错觉皆求试加以反应；由是而随处发现：其反应动作之无用无效，而不与实在相接触，其把握追求实在的外物之事，时在失败之中。唯由此失败之多，而纯粹的意像观念之世界及自觉此意像观念之心，与实在知觉之世界之划分，乃逐渐形成。盖其失败多，则其由欲望或交替反应而生之动作中之生命冲动之流，乃经常折回而收敛，以返于其所自生之感官头脑，如上所述。于是表示人之向外要求之动物性之主要欲望——饮食之欲望——之口鼻，亦因而不只外凸以摄取食物，而向内退却，以与声带近，而利于发声以表情。而纯粹之表情之事，亦"动作中之生命冲动之流折回，返至其所自生"之所不可免。至人类最初之纯粹表情，吾将臆测其多为悲哀苦痛之情，而非欢愉之情。盖唯苦痛悲哀之情，乃表示出自欲望与交替反应之动作中之生命冲动之流之折回，而使原始向外之生命冲动趋于柔和，此即使人知觉力亦折回内照，而使内心之意像世界与实在知觉世界之划分成可能者。然人之最初之纯粹表情亦非无欢愉之情。而此欢愉之情之来原，则吾臆测其由于手之灵活运用而恒有意外之获得。由此意外之获得，乃使本来准备发出之动作不须发出。而此动作中生命冲动之流，遂亦折回至此动作之所自生之头脑感官，与感官头脑相近之面目，以迸出之而为笑。由人之多苦痛与悲哀之纯粹表情而亦能笑，以撑开五官与其颜面，故人面上毛发亦脱落最净，而耳目口鼻可只为无所为而为之纯粹表情之用。人愈进化，则人之耳目益非复只为观看外界之工具，而由耳目中所显之向外知觉力，即益趋于如上文所述之折回而内照，以增其所自觉之意像观念，口鼻亦益非复只为饮食摄取外物之器官，而更成为利于吾人发声表情者。由此而化出正式之语言，以使吾人心意外达之事，亦易矣。

吾人上论人之纯粹表情之生命活动或生理活动，初乃反乎人之出自自然欲望或自然反应之生命活动者，因而初亦即无实用之目的者。人自然的生命活动，乃由感官头脑之受刺激，而有知觉意像观念，再引生向外之动作。纯粹表情则是由潜在的向外动作之阻抑或多余，而有折回逆行，以返至感官头脑颜面，以扩散此动作之能而生。故纯粹表情之活动，自主观心理方面言之，乃反乎吾人最初之"由知觉印象观念之引至动作"之势，而逆之，以返至于此最初之知觉印象观念者。纯粹表情之活动，固可及于身体之全部，如手舞足蹈，或椎胸顿足。然要须自头脑发至感官颜面之纯粹表情开始，方及于全身。而此一切之纯粹表情活动之自身，同为无实用之意义，或实在之目的，而反乎人之一般的含实用目的之自然的向外动作者。人皆有一经验：即吾人之内心之苦恼悲哀欢愉之情，皆由痛快之纯粹表情而发泄，以归于内心之平静。有痛快之纯粹表情后，原先引起吾人之动作之知觉意像观念，即恒渐趋于淡忘，以前之向外动作时之紧张之筋肉反应，今亦皆松弛。此皆足证纯粹表情之活动，乃"由自然欲望自然反应而生之向外动作之生命活动"之逆行，以自销化之事。吾人由此即可说不夹带实用目的之纯粹表情之活动，乃人之自自然向外的生命活动有一解放或超拔之表现，并促进人内在的生命境界之提高，以形成更大的开展或开明之生命活动者，同时亦即使吾人之自然的生命活动升为精神性的生命活动者。

纯粹表情之活动，所以能使吾人自然的生命活动升为精神的生命活动，其关键在此种表情之生命活动，乃于自然的向外之生命活动之外，另显出一全不同性质之向外活动。此向外之活动，吾人上已言其乃由自然向外之生命活动，返至其所自生之感官头脑而逆行，以自销化之事。此生命活动之逆行至感官头脑，自主观方面言之，即逆行至吾人最初之知觉印象观念。故吾人之此表情之活动，自主观方面言之，即不仅是扩散表现吾人之自然生命之动作之能于外之事，同时亦即扩散表现吾人心中之意像观念于外之事。在此种表情时，吾人一方有表情之各身体颜面之活动，同时亦自觉所以引起吾人之此种表情之意像观念，及各种情绪之自身，并直觉此三者之相贯注而不可分。此乃吾人皆自反省而可证明者。而吾人之此种表情之身体生理活动，显于体外或体内者，又可复为吾人知觉之所对，则吾人即可自觉吾人内心之意像情感，于其向外扩散表现时，即客观化于吾人所知觉之吾人自己之身体之生理活动中。在吾人之整全之自觉中，吾人之内心之意像观念、情绪，与其表现于我之身体之生理活动，三者既贯通而不可分；吾人复直觉此第三者为前二者之客观化，于是吾人遂可由自知觉吾人之情之表于身体生理之活动者，以更引发吾人内心之情。此即悲生哭而哭亦可转而增悲之故。吾人不能谓哭必增悲。哭之本性实所以使悲自销化。如哭必生悲，悲复生哭，则悲哭应永无止时。然吾人可以谓由人之能自知觉，亦恒自知觉其哭，则人之哭可增悲。而由此人之恒能自知觉其表现而增益其情，即人之所以又能自保存其情而引生其情之故。此情之自保存自引生，亦即贯注于情之内心之意像观念之自保存自引生。吾人由自保存引生其情之可能，即知人之自保存引生其意像观念之可能。吾人由是可以论人之言语文字之最早之起原。

三、语言文字与人类文化之起原

言语文字之最早之起原，当为表情时之发声与身体动作。所发声可自闻。而此身体动作之中，可包含以手画出种种之痕迹形相于外界。如偶画出一形相与吾人之印象观念相似。然无论此画出之痕迹形相与吾人之意像观念相似与否，吾人皆可以此所发出之声，画出之痕迹形相，为吾人之表情的身体生理活动之表现。而由后者之知觉，同可引生保存吾人原先之情，及贯于情中之意像观念。故人在事过境迁之后，重见昔日表情所成之附于外界之痕迹形相，皆可多少重现吾人过去之情，及其中之意像观念。情初由意像观念生，故即使情已淡忘，意像观念仍可再被引起。而他人如有一表情之活动，其所显于外之声音或身体动作之形态，身体动作所留之痕迹形相，若足使吾人生同一之知觉，吾人亦自然引生类似之情或意像观念。于是吾人即可构成一"声音形相与吾人之情绪意像观念"之习惯的联结，此即语言文字能对自己表义之原始。

又吾人当发出某声或画出某形相痕迹时，又常引起他人之某反应动作。此反应动作可与吾人对同一声形之反应动作，为相似或不相似。然无论相似与否，吾人皆可由某声形与他人某一反应动作之相继呈现，并为吾人之所知觉，以构成一整体之知觉，而留下一整体之经验。此中如复假定：吾人正因某一自然欲望，欲追求把持某物或欲排斥抵拒某物，而吾人之发出某一声形，又可使他人有某一同类的或不同类的而可助吾人之欲望满足之活动；则吾人下次再有同一之欲望时，即可依吾人前所谓重复有利之活动之原则，而将自然的重复发出同类之声形，以引起他人之助我之活动。此即以言语文字命人之原始。此中再假定：吾人用以命人之语文所引起之他人之身体动作，即与吾人初自然的发出此语文时之身体动作为同类，吾人又时赖表同一意义之语文与身体动作，以相互引发同类之动作；则此语文与身体动作，即有一公共的客观的相同之意义之呈现。而吾人亦即可普遍化吾所自觉之"我所发语文之声形，或我之身体之动作与为其意义之我心中之观念印象之连结"以了解他人；而于见他人发出同一语文之声形或有同一身体动作时，置定其心中亦有同一之观念印象相连结。此即吾人之理性之显现为他人之内心之世界之置定或建立者。此他心之建立，为吾人所自觉，为吾人之理性之一真正之显现。亦即吾人个体生命之限制性之真正解放，而一往向前开展，求真正之通达人我之社会生活精神生活之开始。由此他心之建立，于是吾人之发出语文时，能自觉是直向一超乎我之个体生命之另一个体生命之心或另一客观存在之心而发。而诸一定语言与一定意义之联结，即成为吾人"能兼自觉他心与己心之超越心普遍心"所支持，而化为吾人所自定之诸规律，如吾人第一章之所论矣。

吾人上文已将人之所以有纯粹之知觉对象世界之成立，及内外二世界之二划分，对内在之意像观念之自觉——即内心之世界之自觉——超实用目的之表情活动，语言文字之产生，理性之显为对他心之存在之置定，及吾人之个体心之化为超越普遍心之自然进化的根据，加以一综贯的说明。而由此纯粹知觉对象世界等之成立，吾人之一切精神活动文化活动，即皆逐渐由之而可能。而人类最早之社会文化活动，吾当臆测其为群居而以声音相招呼表情合作之不自觉的社会道德之活动。人之群居之开始，即为父母子女之群居。而人之直接以声音相招呼表情合作之社会道德，首即与人之性本能结合，并加以超化，以显为家庭生活之形成。其次即为显于血族之社会之形成。而人于此时，复能本于自觉的观念印象，以运用已成之物而改造之，以达其希望目的之事，此即对物制造活动或生产技术之始。

溯人之本自觉观念印象以运用改造已成之物一事之所以可能，盖初由于吾人既依本能欲望，以追求把握一为知觉对象之某物，而复无所得时，吾人既暂超越此追求把握之活动，而纯存此某物之观念印象于内心之后，吾人复可有欲望之继起；同时见当前环境有一物，吾人过去经验中，复有于此物施以某动作，即可由之以得某物之经验。于是吾人即顺欲望之兴起与某物之观念意像仍存于心，而重施某一动作于此物。此即人之运用物改造物以其达希望目的之之事。唯此事，猩猩猴子亦能之。尚非真正人之制造物之原始活动。溯人之制造物之原始，盖兼由"吾人有某种运用改造物之动作，曾使一物成为某形态之物"之自觉，存于吾人之心。于是在某形态之物之知觉，所成之观念意像，以后因自然联想而重现时，人即再依习惯之联结，而重现吾人以前之如何运用改造物之动作，以使之成某形态之物。此方为纯粹的依观念意像以制造物，以应合于吾人之观念意像之始。此种原始之制造物之意识，初尽可同于动物之游戏，而无实用目的者。制造物之能满足人之自然欲望之实用价值，可为后再根据过去经验所发现者。制造之活动与动物之游戏之不同，唯是此中之观念意像为先被自觉者，同时复当为依吾人上段所言之无实用目的之表现情绪于外之活动，所推置于意识之前者。而此表现情绪之生命活动之自内将此观念意像，推置于意识之前，有一将此观念意像向外投下之势。故吾人之重现吾人以前如何用物之动作以制造物，以应合于吾人之观念意像时，自吾人主观心理言之，即为实现此观念意像于外。而此观念意像即显一欲实现其自身于外之理想，并领导吾人之制造物之活动者。而由吾人之制造物之活动之反为吾人所知觉，并与此理想及外物之逐渐应合吾人理想之历程，同时为吾人所自觉；吾人遂复直觉吾人制造物之生命活动，为"吾人表现理想而实现理想之向上心理或向上精神"之客观化，或实际之表现。此即精神理想主宰吾人之生命活动，并主宰客观物质世界之外物之生产技术意识之原始，亦即艺术意识之原始。

生产技术之意识与艺术意识相分化而自觉显出，唯在人制造物之活动复兴一制造物可满足吾人自然欲望之自觉相连，及人自觉的求制造物以满足吾人自然欲望时。由社会道德意识与生产技术之活动之结合，即人类经济组织之原始。至于艺术意识之自觉显出，则在制造物之意识所制造之物之形相之美为吾人所自觉时。由美的意像之不以实物表现而以文字表现，此即文学之原始。

至于吾人如自觉一关于他人之动作状态之观念意像而存之于心，并依之而生出望他人再有此动作状态之理想，遂自觉的向人发出语言或命令，以使他人有此状态之动作，此即人之支配人命令人之政治意识之原始。而由他人之语言，以知他人之心他人所命于我时所怀之理想，并以之支配自己之行为活动，即政治上之服从命令拥戴领袖尊重公意，而共形成建立政治组织之原始。此支配人命令人与服从尊重人之意识，与形成建立政治组织之各种意识，乃人之一种社会道德意识，与人之权力欲相结合，而又逐渐加以超化之所形成。

吾人之自觉一关于他物或他人之观念意像，先存于心，而不以实际动作使之实现，唯单纯的将其推置于意识之前，而同时复相信客观外在之世界之某处，已有实际事物与相应合，则为纯理智的判断活动之原始，亦即求真的学术活动之原始。而吾人发现之判断之内容与客观事物内容之相应合而表现同一之理，即真理之意识之原始。说出此真理，即科学哲学之学术著作之原始。而在吾人于一特定观念意像，加以自觉后，即超越此一特定观念意像之相，以及其他，并自由的如是如是超越，以注意任一知觉对象，或使此心姑存任一观念意像而以之作判断，或实际造一物与之相应合，或表现之于文字，即学术研究或技术艺术文学创造之自由感之原始。而对于真理之体验，或对于真判断中的观念与观念的联结之真理价值之体验，对于美之体验，或对于意像之结合和谐之美的价值之体验，即纯粹之学术文艺精神生活之原始。

复次，在吾人最原始之精神意识中，吾人虽有内外二世界之划分。然外在之世界决非单纯的形相之世界，或一物质之世界。在原始之精神意识中，已有一正常的知觉对象之世界，即一具实在性而能对我之生命活动加以阻碍限制规定之外在世界。此外在世界包括吾人今日所谓人群之世界，自然生命之世界，及物质之世界。吾人上已言，由他人之语言动作，可使吾人置定一他人之内心之世界之同于我之心者。而其他生物之身体之动作，亦可使吾人置定一其他生命之存在。然吾人将说明，依此原始意识之自然发展，即可同时置定一切自然的天地万物中，皆有生命或精神之存在。此即宗教之原始。吾人于此文篇首虽谓存在世界中之物质世界，为非生命性非精神性的，然此乃唯是自现象上物与物之互相外在上言，其底子上是否依于一宇宙之大生命或大精神，吾人实未讨论。吾人之意是，凡定然的一直断定，其底子上必不依于大生命大精神者，除由吾人不免自私或自己隔离吾人之生命或精神于客观外在之物质世界以外，亦实无更深之理由。然此问题，吾人今不讨论。至于原始人之所以相信自然之天地万物皆有生命精神，则可只由一种自然意识之发展，即足说明。依人之自然意识上言，人在受外界之阻碍限制时，人固可只觉一非我之存在，而初可不断定外界必为生命或精神之存在。然吾人前言，当人受外界阻碍限制时，人之向外之生命冲动之流，即自外折回逆行至人之头脑感官，以表现其心中之情绪及意像观念于外，此中人即有"一方将此情绪与其中之意像观念在其自身被销化，而一方推置于外在世界之自然性向"。依此性向，人即可视其初之有此情绪意像观念，亦由外在世界之赋与，而能赋此生命性精神性之情绪意像观念于我者，亦即宜为外在之生命或精神之存在。由是而其他外在力量之能减少吾人所感之为阻碍限制之外在力量，而与人以其他之情绪意像观念者，人亦视之为一种更强大之外在生命精神之存在之力量。是皆可为人已自觉其生命精神之存在之心，直接依一种自然理性而生之一直觉的推断。夫然，故顺原始人表情活动与其自觉的置定一生命精神之存在于外之性向，以实际置定一外在之生命或精神，于能为吾人之阻碍限制或能减少此阻碍限制之客观自然万物中，而视之如神，对之冒出一宗教性之信仰，皆为理所当有而宜有者。而由于语言文字之能引发人之行为活动，与人直觉语言文字之有引动吾人生命精神之力量，即可直觉有一生命精神之力量之透过语言文字以达于我。于是吾人可觉每一语言文字之自身之后，亦若有一生命精神之存在支持之，而语言文字逐渐被视为吾人所信之神所造，而吾人亦相信语言文字可使吾人之生命精神与神相交通。由此而为表现人之精神活动文化活动之最重要之工具语言文字，即首与人之宗教意识相结合。语言文字之最早之大用，皆见于神之祈祷赞颂，与为巫术之工具等之中。而人之精神活动文化活动，最早亦皆环绕人之宗教意识，与宗教中所用之语言文字之意义，而逐渐开出。

原始宗教之进化，与各种文化之渐脱离宗教而独立，乃一事之二面。各种文化之渐脱离宗教而独立，乃由于各种文化活动之分别被重视。各种文化活动之分别被重视，由其分别表现人之理性。而由人之理性之分别表现于各种文化活动，则原始宗教信仰中之自然万物之神，即日益失其神性。如由人之生产技术艺术之活动，而自然物即日益为吾人精神所主宰，而显为在吾人生命精神之下者。又由理智性的学术之活动，吾人遂日益能自现象上分别有精神之人与无精神之动物之差别，有生命之生物与无生命之无生物之差别。此皆为自然物神之信仰之所以丧失之故。由是吾人对神之信仰，遂日益集中至吾人所不能控制主宰之自然物，如天地等，再进而只信一超越一切物质形相之天神上帝，而视之为此现象世界未生起之先之创造者，或弥纶于现象世界之间存在于现象世界之后之内在的绝对精神。如此之神，即为吾人纯净之精神自我超越自我之客观化，亦纯宗教意识之对象。吾人之宗教进化至能信如此之神，则成吾人前所论之高级宗教矣。

由吾人以上所论人类文化之起原，即知人类文化中之家庭、生产技术、政治组织、艺术、文学、学术、宗教之生活，皆为依人之有内、外在世界等划分之意识，及人之群居与生命精神之表现要求等，所必然产生者。至于体育、军事、法律、教育则唯所以保护此诸文化，亦内在于此诸文化之中者，今更不分别论其起原。

四、总论自然宇宙之存在人与其文化活动在自然宇宙之地位

人类文化如何产生，及人心之所自生，由历史起原观之，亦可说为自然进化之所形成。然吾人仍将反对自然主义或唯物主义之论，并将力求不失吾人理想主义之立场，以再一总结上文之所论，而明所谓自然宇宙之诸存在及人心人文之出现于自然宇宙之真实涵义。原吾人上文论自然之最重要一义，即自然宇宙之存在之变化历程，皆在其自己超越中显示普遍理性而得成就。吾人虽曾于本章之始分别论物质世界与生命精神世界之存在，然会通上文所言以观，吾人将不难看出贯于自然宇宙中者，实自始为一超越物质世界或使物质世界自己超越之原理或道或生命精神在不断显现。物质世界之物体，自现象上看来，固互相外在而并立于时空中。然其互相外在之中，仍有能力作用之互相影响贯通而散发。物体之能力作用散发而物之质日以少，由有形而无形。则物体之以能力作用互相影响贯通，即物体之自超化其物质性，由有形而超形，由形下而达形上之事，亦由多而融会为一之事也。吾人如合所谓物质世界之互相影响之能力作用之全量，及其在无限时空中全体变化历程而观之，则不难看出一切物体皆如通而为一"即有形而无形，即无形而有形之超物质而只有生生不息之几之形上实体或形上之宇宙生命精神之显示"。原吾人所谓生物之生命活动之特征，即在其能互相贯通而互相支持。人类心灵精神之特征，即在其能将显于所谓客观界者，加以选择纳之于主观，兼将呈于主观界者表现之于客观界。人心之选择也必有所舍，即不形其客观界初之所形。而其表现也，即能形客观界之所不形。则即此所谓无限时空中之物质全体之一切变化历程之互相贯通而互相支持以观之，即似一大生命也。而就其吐纳万形，使形者不形，不形者形而观之，即似一大心灵，大精神也。吾人如克就此整个时空世界之各特殊物体，并立而观之，则每一特殊之物体，诚皆是与他物体互相外在而对峙，宛若以其质力相抗，互不相知，亦不知其所依之宇宙之大全，其所具之质力之所自来，而唯恃之以显形。显形即耗力，形愈显而力愈散，

质亦毁，乃返其所自生。是见力质者，宇宙形上实体之生生之几之运于"特定之形之相继以生"之假名也。此特定之形所以成就各物体之个体性。形上实体之生生之几，于此如姑自限于此特定之形中，而既竭其使形生生之事，终乃卷此形而纳诸其怀以归于无形，此天命流行之神妙而不测者也。

然自然世界中，有生物焉，既具一定之形以生，而又欲固执其形以求其相续显现，而生保存身体之要求，延续种族之意志。其固执之事，乃天下之大愚大惑，亦天下之大私。然此大私大愚大惑之要求意志，亦依于一普遍化此形之自然理性而生。此其相续固执之事之得成，仍依于一相续生此形以实现自然理性之内在的生生不已之几。唯此内在的生生不已之几，直承形上实体而发者，又恒洋溢于此形之外。而有此形之生物，与有形之他物之相感，亦有自开拓其形之限制，以发展其生命形式之理。此理运于形形之更迭之中，而宇宙生生之几亦顺此理之所往，以充实弥纶于生物之发展进化历程中，显于生物之不断适应环境，而变化其形之事之中。此生物进化之原理，生命世界之所由以开辟之大道也。

夫生物进化之原理，与生命世界之所由以开辟之大道无他，即不断超越其与其外之他物之互相外在，互相对峙而互相阻隔之无明是也。植物之枝叶扶疏于天，根须四贯于地，未尝无求破除其与其外他物之阻隔之事也。唯其上下向外生长，而定置一地，其中心之点若不动，则为其生命之胶结而不能自解者。动物之运动知觉乃此胶结之自解之始。动物之依各种本能活动所生，对自然事物之因果线索之直觉，随所遇而生发，乃能事未至而备之在先，此其生命之光辉，透入外在世界之事变之流，而先照之以求自处，以成就其生命之保存发展之事者也。然其本能之直觉之光辉，透入因果之线索，亦自陷于其中。其本能之反应，随光辉所及而生者，皆环节天成，俨如机括，如前所述。故生命世界之开辟，不得不赖于能提出此"透入自然因果线索之光辉"，以照自然之表面形相之流变之知觉。形相至而应之以知觉，初唯所以开明生命者。而对此知觉之反应之适合与否及利与害之经验，复有助于生命之其他活动之保存与发展。盖反应之利害之机见，则取舍之事成。取其反应之有利者以对同样之境而重复之普遍化之，此自然理性之运于利用经验中者，皆高级动物于本能以外，由生命之开明，所另创之适应环境以求生存之一道也。至于交替反应生而整体知觉成，则生命之自超其个体，而注目于客观外在世界之初机。其自动的顺知觉对象之在整体中之形相关联，以生起反应，亦即不自觉的为整体知觉对象之形相关联间之理所引导，以在原初之刺激与反应自然连结之外，另创其反应与纯粹知觉对象之连结之道也。吾人昔又尝谓：二种反应同对一知觉对象而皆可能，则知觉对象被拱戴而注意生。交替反应生，而恒无所实用，乃自由游戏之活动所自始。又谓人向知觉对象之反应扑空，人之知觉力遂置定一纯粹知觉对象之世界。如"知觉对象间之联结"得保存，而现其一即现其二，则自然心理之联想生。又反应或扑空而或否，知觉对象实幻之分遂见，内外之世界遂别。对一实在之知觉对象既有欲望，对象忽不见，而对对象之把握未消，则意像犹存，而心怀希望。及欲望之动作之终无所用，希望无所得，而心知反自收敛，则自觉其印象观念之事成。动作无所用希望无所得，而生命之冲动折回逆行，乃显为失望之纯粹表情之不容已。生命冲动之折回逆行，而表情即凭借感官之自身，以及于颜面与身体。而此种表情之际，亦同时将与情绪相连之印象观念表之而出，以归于销化。唯此种表情之身体生理之活动，显于体外或体内者，复可为吾人所知觉，此知觉复可引生吾人之情，而情有自生起之势。至表情之活动之见于声音与手之动作之所画出者，复引动吾人之情及与情相连之意像观念，以至吾人以往表情之动作，使之复苏；即文字语言之所以有对自己自命之意义。而文字语言之能引起他人之表情动作，即文字语言之所以有能命人之意义。语言文字之可为人我所同发出写出，而引起同类之动作，即语言文字之所以有公共意义，而渐化为约定俗成之语言文字者也。语言文字有公共意义，人可随同一语言而有同类动作，而吾人可即他人之语言文字或他人之动作，以直接置定他心之有某观念。由是而有他心之建立，兼有自觉己心与他心之超越心普遍心之冒出，人类之社会道德即由兹以生矣。直接依语言之招呼与合作，表现人之社会道德性所成人之共同生活，即家庭生活也。

至于吾人之既能自觉其观念印象之后，乃依其对某物之观念意像，以重现吾人对环境中他物之活动以造某物，即吾人之依自觉理想以制造物之开始，亦精神主宰外界之意识之开始，而为生产技术与艺术之起原。有共同之生产活动，而社会经济成。有文字之表现美的意像，以代实物所表现之美的意像，而文学成。以言语文字命人，以他人言语文字自命，而政治活动起。吾人之生命精神活动受限制阻碍，遂置定一客观外界之生命精神之存在，即宗教之肇始；而语文之大用，首连系于宗教。故人类文化皆若始自宗教，人类文化活动之分别发达，而自然物之神性去，宗教之进化乃归于信纯净之绝对精神，以显吾人超越自我之本身。

由上文所论，是知人类文化活动之所自生，诚深植根于自然与宇宙之形上实体生命精神，实皆由自然之事物之在进化历程中不断自己超越而最后乃显出者。夫自然之事物之进化，如果是先由无生物后有植物，再有动物，有人心与其文化，则此进化之历程，正是由物体之相外在而变化无常，超越至植物生命之有常而据一点，以四达其生命；由植物之生命之胶结，而超越至动物之本能直觉光辉之外透；由动物之依本能以求生存，超越至依经验以生存，再由经验中刺激反应之连结之开解，而超越至交替之反应之生起；人则由动物经验之无内外之分别，超越至有内外界划分，而归于人之自觉其别于自然，并以其精神理想主宰自然。夫自然之进化，必进化至人之自觉其精神理想能主宰自然，而别人与自然。即见自然进化之意义，即在自置定其自身于精神或人之下。而自然能进化出在其上之精神或人，则自然之本性，即一超越自然以拱出精神或人者可知。而自然之本性，亦即一超自然而同于精神之本性人之本性者可知。是真能进化出精神或人之存在而为其根据与理由之自然，即有精神性人性之自然也。人之精神性或人性之表现为人文世界之成就，既已显其为日进无疆，而前途尚未可限者；则为人之精神性或人性与人文世界之日进无疆，以趋于无限之根原者，非一无限之精神存在莫属。则真能进化出精神或人之存在而有精神性人性之自然，若果为存在者，则亦不能不为一无限之精神存在也。唯此尚唯是推理之所必至而未有所实证，则尚不能满足吾人之要求。若言实证，则必须实证之于个人之精神之内。故此无限之精神，又必须为内在于任一人之精神之中者。此实证吾人将以为最后应求之于个人宗教之信仰与道德之实践之中。然吾人诚知人之一切文化活动，皆吾人之道德活动之一表现形态，则亦无往而不可实证矣。

吾人如何而可由吾人各种文化活动中，实证或实见吾人之具一无限精神，于吾人之内部？此要在确知吾人之一切文化活动，皆初不受自然之本能欲望交替反应与联想等自然心理之决定，而恒依于一精神理想以生，即恒反显一"超越自然的本能欲望等，以涵盖的理性化吾人之自然欲望等"之超越的精神自我或本心之存在，即一"超越吾人个体自我，而涵盖他人自我及一切生物或物体"之超越的精神自我或本心之存在。吾人全书之宗旨，亦即唯说明此一事。如总括而论之，则人之家庭生活之本性，即超越涵盖人之性本能者也。人之生产技术活动社会经济之本性，即超越涵盖人之求食利用物体以谋生存之本能者也。人之政治活动之本性，即超越涵盖人之求权力之本能者也。人之学术活动者，见人之无私的探求宇宙之万物人生之真理，而充塞弥纶于一切真理之世界之精神者也。人之艺术文学之活动者，见人之无私的表现宇宙万物人生中之至美，而昭明焕发彼至美之世界之精神者也。人之宗教活动者，皈依宇宙万物人生中之至神，以超升现实世界之苦痛丑伪罪恶，而光荣理想世界之真美善者也。人之道德活动者，实现吾人之理想世界中之真美善于吾人之自身，以完成吾人之人格，并由吾人之人格以散布理想世界之光辉，与吾人之道德自我精神自我之光辉，于现实世界，以使现实世界成理想世界，成吾人之超越的道德自我、精神自我或神之具体的客观表现者也，此即皆依于吾人之超越的精神自我之不自限而无限之精神而生之文化，而皆可由之以直透宇宙之形上本源者。

夫人以外之自然世界之万物，非不表现真理与美善也。然此真美善皆未尝被自觉。今试析论之。夫真理为万物之所依以成，人以外之万物之发展变化与求生命之保存延续，必依乎理而动乎理，即表现真理。然人外之万物明无能自觉此理者。复次，人外之万物，如生物，其与物之感应，有所别择。其所乐感之物之力之形，与感应之之时所表之态，恒相对映而和谐，以内外配合，即其感应盖明似动乎美。生物所乐之感应，莫过于雌雄之悦爱，尤似动乎美者也。然彼等不能截断感应间之紧接之连锁，以观照所感之他物之形，亦分明不能自觉其应之之态，则其所感之形之聚合与感应间之配合之美等，皆不为其所真知。人以外之万物，如高级生物，其代代之相续以生，蜂蚁有同类之相扶持，哺乳动物有母子之亲，固明有其善者之表现。然彼等终缺一他我他心或他生命个体之独立存在之自觉，因而亦不能自觉的透入他我、他心、他生命个体，以致其同情。则他生命个体之生生之善仍不为其所知，亦不能自知其自己之生生之善。此诸生物，徒尽其所赋于天之生生之理，以变化发展，以生存延续，以感他物之力或形相，以作种种活动，而显形相于他物。而求避其所恶而得其所爱，以未避所恶而苦，以得所爱而乐，若以其所乐，为其所善，以其所苦，为其所恶。则万物之善乃互为外在，而不相知，而共处之善不见。于是相与对峙或敌对斗争以权力相压之意生，而不免于相杀。夫然，故人外之物虽日行于真美善之世界，亦日以表现真理美形，以生、以动、以得其所善为事，而真美善之世界乃若未尝对彼为存在而长掩于无明之幕下，此可悲也。至人之异于其他万物者，即在其能由超越个体自我之限制，而兼自觉自心与他心之一念，以揭破此无明，而体验此自然世界已表现之真美善，并探求自然世界未表现之真美善，而呈现昭露之于其自心，以为其心之理想境，而再求表现或实现之于自然。故人能求生存而求识外物之真理，男女相悦而知其美，共同生活而知互乐共乐为善；乃进而求超乎为生存之实用目的以上之真理，超乎男女相悦中之美情，超乎共同生活之小群之善而及于大群之善，并以对神对天心之崇敬皈依，自化其敌视而压倒他人他物之傲慢心与权力欲，以养其谦逊慈悲之心，以勤观勤求无尽之真美善与神圣。夫然，故天地万物所表现之真美善，皆若于人得其知己。万物之勤力于表现之而未尝知之之憾，人可为之补，万物乃不为虚生。万物未表现而只在天心中之真美善，亦不得长寂寞以终古，天心乃得所慰藉。人道遂由此尊，群治遂由此安。溯人之一切求真美善之文化活动所自生，皆见人之有一超越个体之精神自我，主宰乎人心，恒即自然而能超自然，以显其自我之全体大用于自然世界之裁成与人文世界之建立。至于人文世界中体育、军事、法律、教育之文化，则在保人文世界之自身。军事所以保人群，体育所以强其身，法律维持社会之秩序与个人之自由，教育绵延文化而普被之。强身之事通乎求生存。保群之事，始于保家庭宗族。法律以辅政治而均权，以制裁人好利而贪，好色而淫，与人之权力欲，傲慢心。法律本人之希利避害之心，以实际之赏罚使人不敢为非义，是兼以人之自然本能欲望，制其本能欲望之道也。教育之绵延文化而普被之，而重在以学术艺术道德宗教之陶养，正面的启迪人之善心。是纯以超自然本能欲望之文化化其本能欲望之道也。体育法律之道方，而通乎学术；军事教育之道圆，而近乎艺术。法律所立者人间律，学术所研究者宇宙之律。艺术者，依理想以型范自然之事，教育者依理想以型范人格之事。体育者依运动律以训练身体之事，军事者本对自己民族文化之美好处之爱，以去其敌害之者，而昭显其美好于光荣之胜利之事。人如果能和平相处，则军事之文化可同化于体育，而唯以自强。人如皆能自动守法，则法律之赏罚可废，而立法律之事皆同于教育。是此四种保护文化之文化，亦皆可涵之于前所论之各种文化之意识中，同可以见人文世界之补足自然世界所不足，人之文化意识之既超越于人之自然生命欲望，而又可涵盖之以规范之条理之，以使之表现价值者。而亦与其他文化活动互相补足，互相引生，互相贯通，互相限制规定，而又并行不悖，合以成一整全有机之文化生命之实体以矗立于自然世界之上者也。

五、人类文化之兴亡之故

吾人上文之尊人类精神活动，文化活动在宇宙中价值地位，可谓至矣。然此中有问题焉，即人类精神及人类文化在宇宙中之最后命运如何是也。人类文化果永日进无疆而不毁乎？抑终将崩坏而湮没以不彰耶？其所以崩坏之根本理由在自然耶？抑在人类精神文化之自身耶？吾人果有加以补救之道，使之历万劫而不毁之道耶？如其果能不毁，则何以过去有无数民族之文化，如希腊、巴比仑、埃及、罗马民族之文化，皆消逝于世界？如往者可毁，则今日如欧洲中国印度之文化，又何不可毁？或亦将归于毁耶？一切特殊之文化皆可毁，则整个人类文化又何不可毁乎？又其毁也，果即无价值乎？抑有其当毁之理，而不毁反不足见宇宙之正义乎？则无价值文化之苟存苟生者，尚不如有价值之文化之成于其彰显价值于天地之时，后毁于其弊之既见者矣？此皆人类文化之形上学之大问题，吾书不能有详尽之讨论，然不得不有一近乎独断之答案。

吾人之答案唯何？曰凡一切特殊有限之物，皆本无不毁。然如有限之物而能真自觉的体无限之精神于其自身，则无能毁之者。故将人类文化视作一特殊有限之物，而置定之于宇宙以观之，则无一民族之文化不可毁，而人类与其文化之在宇宙，亦终不免于毁。然因人复能自觉的体无限之精神，则人类可不毁，文化可不毁，吾人亦当力求其不毁。唯此力求其不毁之精神，不能只为少数个人之精神所具，至少必须此少数个人之力，可以阻彼文化崩坏之力，而后文化乃可不毁。如少数个人之力，不足阻文化崩坏之力，势已成而不可挽，则亦终归于毁。此无可奈何者也。至于文化崩坏之故，吾人将同情斯宾格勒之论，谓其主要原因在人类文化精神自身之堕落，而不在其外之自然。人类文化精神自身之堕落，即其罪。罪大而毁，则毁之价值亦可高于存在。吾人此处之观点，实同情于西方宗教中之罪恶招致毁灭之论，与黑格耳历史哲学中所谓毁灭亦表现价值之论。唯吾人以为人之文化精神之堕落，乃由于文化进化之中，人之精神之负担之增重。故此堕落之势之成，乃由于错综之因缘，而不纯由堕落时代之个人精神，不如前代人。故吾人对堕落时代之人之精神不能过于苛责，而堕落时代之人之个人人格之价值，仍不必低于文化兴盛时代之人。人之遭遇堕落之时代，与人类文化之自然有趋于堕落之时代，乃人生之悲剧，吾人于此当致其同情。而文化之堕落，终招致毁灭，则宇宙所以涤除湔洗人之罪恶之一道，使人类精神得救于永恒之世界，其本身并不纯为悲剧，而亦为喜剧。此天地之不与圣人同忧也。唯吾人如生于某一文化之中，则虽明知其罪恶已成，吾人仍当力求其长存不毁，而挽之以上升，此乃个人之所以自尽其道。而吾人亦不能臆断社会人心必无一旦昭苏以共挽此颓势之理。而果吾人皆能明于文化兴亡之故，而致其所以兴，避其所以亡，则文化之永存，亦即为当然与必然之事。如人竟不能明其文化之兴亡之故，而致其所以兴，避其所以亡，则民族文化固可毁，人类文化亦可毁，而宇宙仍当另出现其他之有精神活动、文化活动之存在。彼虽可不名为人类，而其有精神文化活动之本性，仍当同于人类。则人类虽毁而仍不毁。至于个人之精神之真能向上者，则其功皆不唐捐，而将有助于其魂灵之超升，并裨益未来世界之群生。宇宙一切人之有价值之人格精神，无不被保存于天地。然亦唯力求现实世界之文化之保存与进步者之人格精神，为真有价值。此即人之所以可于任何危难之世，皆有所以自慰，而亦当有以自奋者。此君子之乐天知命故不忧，而唯念念在立命以与天争顺逆者也。

吾人对此独断之结论，不能一一明言其故，读者能信则信，不信则疑，而幸勿轻断。吾人以下唯将一说明文化兴亡之心理基础，明白文化之发展何以复有趋于堕落之势，及其可以加以挽救之理，与挽救之之方。

夫人类文化之所以兴，唯在精神之向上。当人精神向上之时，则合理性之理想昭显于心，充乎内以求形于外。以其自己生命唯是一精神，则视他人之生命亦充满精神，而敬之以礼，接之以诚。又以其生命精神恒洋溢于整个之自然世界，乃视自然亦为生命精神之流行之境界，而天地万物之中，遂若有神灵主宰于其中。鬼神之为德也，洋洋乎如在其上，如在其左右，敬信之心，乃不容已。此人类原始之宗教文化也。夫人类原始之宗教文化之中，固夹杂种种之迷信，人智尚未能自进于高明。然人与人及神相遇之礼与诚及敬信之心，其显于朴质肫挚之情，笃实厚重之貌，诚悃敦笃之行者，皆文化日进之人所不可及。逮乎人智日进，七窍凿而混沌死，纯朴破而玉生辉，固理之所当有，势之所不免。神灵日自退出于自然之外而益尊，自然亦益屈居于人下。天地开，而人乃顶天立地于其间，各种文化活动皆离宗教而各发展其自身，以成人文之世界之矗矗。三才之分，政教礼乐之别，皆智照之明既作，所立之宇宙人生之大义，而其间自有一周流贯通之精神，行于人文世界之开展之中，为济彼人文世界中之义道之仁道。此时天人分而不离，道术散而未裂。人文之枝叶扶疏，而人之生命精神之本干，足以持载之。文化中之元气之生生不息，充实饱满之文化理想之生生不息，使人皆自然努力于文化之创造，而不重文化之享受，其享受亦皆所以助其创造精神之发抒。则文化之兴盛之时代也。吾人本书全部所分析之人之文化意识，亦皆偏重显示人之文化意识中之向上创造精神。其说明人文世界之所以成立之精神意识之基础，亦即所以说明文化之兴盛之精神意识基础也。

然吾人亦非不知人之文化积累，即有一致文化精神堕落之趋向，潜存其间。其关键即在人之对文化成果之享受之精神意识之孳生，而日益掩蔽其创造精神。吾人所谓文化之享受，非只指物质文化生活之享受而言，亦指精神文化生活之享受而言。吾人意谓一切只被动的接受一种文化之成果之意识，皆为享受之意识。享受之本身非必坏，亦恒为创造之事不可少之凭借。然享受精神过于创造精神，则为一切文化堕落之本。吾人论文化，不可不知文化活动与其成果之分。求真理，求美求善等为文化活动。而已成之纪载知识之书籍，艺术作品，宗教仪式，由生产技术活动与经济活动所成之财富之累积，政治中个人已得之地位名誉，社会国家之平治与安定，法律中之确定之法制，道德中之礼仪之形式，道德生活之习惯，体育活动所得之健康与寿命之延长，军事所致之国力之强盛，与教育之教材之富，学校之多，皆人类文化之成果，而可供后人之享受者也。当文化发达文明日盛，而普及愈广之后，大多数人之对文化之享受精神，恒有强过少数人对文化之创造精神之势。因国富、兵强，社会政治之平治与安定，法制、礼仪之建立，道德生活习惯之确定，与书籍著述及艺术作品之已成者之多，皆可使人生下地，即已有文化文明之成果先在，以供其需要时之取用。而人之应用此文化之成果，恒不须赖一创造之智慧，而只赖一辨别何者可满足其需要之智力，或运用巧便之方，以获得社会文化文明之享受之智力。世界中之思想家教育家政治家与家庭中之父母，亦恒随新生之人之所需，而为之择已往文化成果中之所有，以应其所需，或迫新生之人接受其所视为善之文化成果。此其动机皆不得谓为不善，而亦表现思想家教育家政治家及父母之道德理性者。然此后代所生之人，能不经困难，不与阻碍奋斗，而得其所需，即足以使后代之人，觉创造精神为不必需。而前代之人所视为善者，又未必与后代之人之精神上之要求相应。于是前代人之好意，即或成阻碍后代人之创造精神之发抒而压服之于无形者，同时使后代之人接受前代之人之所善，徒为接受其表面之形式者。

又当文化日益发达之时，本于分工之势，人恒各有其所从事之文化活动，而分别贡献其精神于不同之文化领域。于是人所以教其子孙或学生或他人者，皆视其所习以定其所善。人之精神不易相知，而易相知者，唯是人各种精神之表现于言语文字物质世界或身体之动作者。如后代之人不能透入前人之精神，则亦将唯习得其言语文字或身体动作之仪式，而以取得各种文化器物，如艺术品等，而占有之，以代对前人之精神之承继。而文化既发达之后，精神之表现于物质世界身体之动作，与语言文字者日多，后代之人接于耳目而应之不暇，亦势不能一一发见其精神之意义。于是文化之发达，虽使人袭得之文化活动之外表之形式愈多，吐辞愈能娴雅，行动愈能遵礼法，金玉愈能满于堂，书画文籍愈盈于私人之家与公共之图书馆；而人之精神之内容，实日益贫乏，创造精神日以衰，而享受亦渐成非能契合于文化精神内容之享受。盖契合于文化精神内容之享受，亦多少须一创造性的理解，而潜依于一创造精神也。此创造精神之衰退，文化之传播只为文化形式之袭取，与文化内容精神之丧失，即文化衰落之始。而此衰落之势所以成之故，皆唯是顺文化发达，利用方便，而精神之表现于外者之多，其势之不得不然，以促成之者也。

然真正人之文化精神之堕落，而使文化崩坏之故，尚有进于上所言者。上所言之文化之衰落，不过人之精神之唯知袭取文化之形式，而使人之文化活动之相续，成为社会习气之流传，或一人与人间之互相交替反应之类耳。真正人之文化之精神之堕落，乃始于文化既分门别类而发达，人既各有其所习之文化活动之后，一方自见其文化活动之价值，欲普遍化此文化活动于社会，一方又抹杀其他人之文化活动之价值。夫个人或社会之文化活动，固恒不免有所偏重。此偏重亦可表现一向上精神，如西方希腊文化之尚科学艺术，中世之尚宗教，近世之尚科学及各种文化，与牛顿长科学，歌德长文艺，皆各表现向上精神也。然当创造之时代，则一人之向上精神偏重于此，正可使他人之向上精神偏重于其他，以互相引发而增上。至当人偏重一种文化活动之价值，而抹杀其他文化活动之价值时，如中世基督教后期之残害异端与钳制科学，则精神之堕落，而世衰之征也。大率当世衰之际，人皆恒不免蔽于所习，而抹杀他人之他种文化活动之价值。此即一摧残文化之动机。此动机之初起，盖亦由于上述文化既发达之后，人与人精神不易相知而来。因他人不我知，故亢举其心以高自位置。因我不知他人，故易于对他人加以鄙睨抹杀，此尚可谅者。然当人各亢举其心以相鄙睨抹杀之际，则人之权力欲，即易顺之而孳生。由权力欲之孳生，而支持吾人之亢举之气，以鄙睨抹杀他人，坚执一己之必是，而谓人之必非，则有学术文化之意见意气之争。此意气意见之争，即使各人自视其精神为一中心，而与他人之精神互外之始，亦即文化崩裂之机之初动。此意见意气之争，初盖多表现于宗教、学术、文学、艺术、及社会道德标准之纯粹文化之范围。而由此意气意见之争，转进一步，即入社会政治之范围。此即首表现于争名，次为争位，次为争权，次为争势，次为争利争财富，次为争武力之以求财富权势。名、位、权、势、财富、武力本身非必坏。如依于人类之真善美之文化理想，社会政治经济中之正当目标，而求之者，皆非必不可。人之尊名位权势之动机，如兼受人之自然之理性之主宰，皆可引人之精神上升。如吾人在论政治经济中所论。然单纯之争意气争名位权势，皆毕竟为一罪过之事，将终于归于人与人相杀也。

争名者争社会之一同情，亦即争他人之以有价值名词加于我。而我即由他人之施此名于我，以知他人之精神对我有一向往。当美名声聚集于我，而我之实未必与相符，即还加以把握占有，以得一权力欲之满足，此即一罪过之意识。唯争名之心，尚可与勉力为善以符实之诚心相结合而求实，则又诚为一可免争名之罪过者。又人至少须作稍有价值之事，以副人之望，乃能邀名。苟能久假不归，亦可归于精神之向上。

至于争位，则位为社会之一常名，为可尊之人所居。无居其位之实而有争位之心，乃欲由得位而得名。（此章所谓位乃已公认之社会政治组织中名位，略同英文所谓 Rank。此与第四章"论政治与国家及道德理性"前三节所谓权位、势位、德位、才位重在高下等级之义，略同于英文 Degree 者有异。）因位与可尊、当尊、必被尊之义连，故人恒可得位以得名。得位后人可再无所事事，唯恃他人尊某位之习惯的心理，或尊曾居某位之人之交替反应，以得名。则无实而争位之意识，恒较争名之意识为尤低之意识。因其与一懒惰心相连，而唯利用社会之习惯心理交替反应，尚不似争名者之必有所勤力，而求人之精神之向往我而誉我也。

至于争权之心，则直接为发泄权力欲，以支配人之心。权与势相连，有权则有势。然权乃自上至下之所施，势乃自下观上之所见。下观上之施权，则其权未施，已觉其将施而先自慑服。争权者欲居高以施权，其精神尚可有一超临气象。争势者则意在使人先自慑服于下，则不敬人亦最不自敬者莫如争势。夫争名尚须为有价值之事，求位于一人或群众，皆可出之以奉谀之言行（此即与人以名以争位），则不须为有价值之事。至求权势，则可由先窃位以弄权，亦可唯恃自己之财力武力，使人生羡而畏势。羡畏皆可使人精神抑下，而先屈服于我前，甘受我之役使，而足我之权力欲。故无实而争权势，而唯恃财富武力之炫耀，以显其权势之大者，乃不敬人亦不自敬之尤。

上所言之争意气者犹多君子，自争名争权以降，则皆小人。君子道消，小人道长，而社会文化风俗之败坏，乃至唯见争财富武力，以得个人之权势者之闻名于世，则社会真正崩坏之始。彼争财富武力以得权势之小人，其人格精神，乃全下沉于自然欲望或权力欲之中。人类所创造之文化成果到此，至多成为其用以满足其自然欲望或权力欲之工具，如借礼法以为束缚人民之方，以文艺为麻醉之具，以哲学理论为战伐之辞令。唯彼小人之大利，乃利在社会一般人之唯知好利而畏威。亦可谓利在人人之只成一求生存之动物，或只知享受物质文化之成果之存在，而后彼可恃其财力与武力，以鞭笞天下。社会至只有争权势之人横行于世，及人皆只知好利而畏威之时，则人同于禽兽之只有饮食男女与愤怒恐惧之本能者。人没其本性之良，否定善以成不善，故其罪尤甚于禽兽。此时人争权力者，求真善美之无限之精神，全归隐蔽，其无限理性之潜存于心者，遂唯知推扩权力欲或其他欲望，使之成无限之贪嗔。人与人之贪嗔又相反而相克，于是人与人不能不归于相杀而大乱起。唯自另一面言之，人与人之相杀，可以销除人文世界之堕落时代之罪恶，亦为已物化之人，刺激其生命之活气之唯一道路。因唯由此相杀，人可知现实之生存之无保障，而有超越现实生存之理想之兴起，亦使人之相互放射之权力欲，由互相否定以折回，乃再求肯定人与我之独立，更有文化精神之兴起。故此相杀，亦有其客观之价值。然一民族亦可不俟其精神堕落至相杀之阶段，已因其内部之分崩离析之势已成，而见毁于异族，此即希腊罗马之所以灭亡之故。一民族亦可于尚有创发兴发之精神时，遇一力量更大之民族与之战而被消灭，如迦太基之灭于罗马。一民族亦可以人口生殖繁而遇天灾；一般人求生存艰难之故，遂促进人之残杀意志，以供野心家之利用。然吾人以为纵无此一切外在之原因，而顺人之文化之自然之发展，人类文化精神之次第堕落，一社会文化均有其内在的趋于自毁之势之理由。若唯此自毁，乃能涤除其罪恶污秽者然。此犹如生物个体之不免于死亡，如一切有成之物，无不有竭尽其力以归自毁之势。此即古人所谓一治一乱循环之不可免也。虽然，天下纵无道至极，人残杀过半，只须无大天灾或外力，使一民族消灭；孑遗之人，孳生子息，则出自人之理性之精神理想，仍将昭露而复有文化精神之兴起。至人在觉文化精神之堕落之机已见，而挽之于机先，或崩离之势已成，而救之以其道，则亦可长其治以远其乱。若乎吾人能知人类文化之本原，而达于性与天道之精微，以时时提起向上之精神，以御文明之末，使分殊而不失于会通，会通而不失于分殊；则长治久安之事，亦当可能。此盖中国文化之理想，吾人将详论之于他书。

　　吾意中国文化之精神于立本以持末，求绝乱源于机先，以拨乱反正，长治久安之道，实高于世界任何民族之文化。中国历史文化之所以较为悠久，其故亦在此。唯中国文化过往之成就，仍未能打破一治一乱之循环，于成就人文世界之分殊的多端发展，亦尚有所不足。故其文化虽较能长久，而未极丰富，不免乏精采。在西方希腊罗马与近世欧洲之文化中，则其人民皆善能分途充达其向上精神于文化之多端发展，以显精采。顾其精神之向外表现之事，又若皆泄漏无余，文化多端发展，或使道术散开而分裂。其社会崇尚财富武力之病，亦盖深于中国。如往而不返，则史宾格勒所预言之崩坏，亦所难免。吾人由是以知人类文化欲长久，当如中国古人之时时注念于人类文化之本原，而提起向上精神。欲救中国文化之淡泊，则宜取之于西方文化，以求文化内容之丰富。此中西文化精神之融合之道，亦即所以开拓人类文化。此道者何道也？即反乎一切文化衰落毁灭之道，反乎人类精神之下坠以求向上之道也。此道之详细内容如何，吾人今不言之，而由读者自思。吾人言之亦不能尽。唯望人人于其自己精神之下坠处，所见文化精神之下坠处，随处求所以挽救之。而于其自己精神之向上处，一切现实社会与历史中人类文化精神之向上处，求所以自觉之，保持之，充实之，再进而提升之，普遍化之。吾人之偏重论人类文化之道德理性之基础，亦即所以使人自觉人类文化之本原中之向上精神，而挽救文化之下坠之一事。识其善者之可好，即所以使人恶其所不善，而去其所不善之道。徒恶其不善者，而不自觉真善者，则人与人唯以相恶其不善为事，正所以毁人类之文化也。好恶之几微，而为用大，不可不察也。故吾书之所重者无他，即文化本原之清净，不可不信也。人性之至善，不可不信也。道德为一切文化之基础，不可不信也。人之精神人格，为人间至贵之物也。人不可不互尊人格，而尤不可不尊特殊之人格，如天才圣贤豪杰之类，以提起精神。人之传播其文化理想，不可不出自对人之敬诚也。此皆不可不信者也。又不同文化活动之出于一本，并行不悖，而互相贯通之理，不可忽也。天心至仁之宗教信仰，不可少去也。纯粹表现人之超越的精神自我之无私的求真求美之心之科学哲学文学艺术，不能不为文化之主也。其无用皆其大用之所存，不可不知也。家庭之情感，为人之德性表现于人与人间者之始，不可不慎也。政治经济生产技术与体育军事法律之文化，皆当所以助人之求真善美而实现其人性，显其精神自我，以参赞自然也。而教育之方，必须使后代之人之创造精神不受压抑也。吾人之意是，道德不能徒存于内心，而不显于其他文化。道德徒存于内心，而无形于外者以养之，则不能持久。文化不能只一往向外表现，而必须知其本在人之人性与人格，亦所以显人性成人格。人有文化之表现，不自觉其本之所在，而忘其本以离其本，即吾人上所论文化堕落之几也。人不信天心，则人之精神与人心，徒托于空虚，而天心亦孤悬而摇落。然人徒信天心以绝尘世，则人心亦随天心以孤悬，而未出于空虚。人不求真理，则生命精神无四达之门。人徒求真理则冷漠而无情，而真理将必徒成人之欲望权力欲之工具，而理亦可杀人。人不求美，则生命精神无润泽而归于枯干。徒求美则浮华而无实。隔岸观火，而终缺德，美皆可为光景之玩弄，而成为好名求爱之工具。据必然之理，以备器致物以成礼乐，求真之通乎美合乎善者也。欣赏表现感觉形相之美，而知其有超形相的所以美之当然之理存焉，此求美之通乎求真而善者也。顺当然之理以充内形外，此人格之真与美善之合一。此诚之道也。离真美之善德，不可通内外，则亦不能为人群世界与政治经济法律教育之根据。故唯诚之为道，可以合内外成文化世界之本末，而亦通于天心。天心亦诚而已矣。

夫人类社会文化，徒分则相为蔽，故恶乎执一而废百。而社会文化，又不得不分殊发展。故人在世界，当通达而致广大者其识量；当专一而尽精微者，则对其所从事之文化事业之职责。有识量而能宽容。人相与宽容，人乃各有其自由。如个体人格之尊严不立，则人必俯仰随人，而依顺社会文化之习气，以掩没其创造精神。或以意见强人之必从，而好名好势好权之私欲，缘之而起。故个人人格之尊严之自觉，对于他人自由之尊重，与保障自由之法律之建立，使人人皆能如康德之所谓成自动自觉之立法者，皆维持社会文化于不坠之骨干。然人聚处于朝市，其相与酬应之事，日接不暇，则必渐趋于徒具形式之文化活动，顺社会文化习气之流行，而难自拔于流俗，即不易有创造之文化精神。又人如只知今日之文化，而不能怀往古之文化，则蔽于现实文物之繁复，以趋于精神之分散。而人之家庭生活，与在自然世界之生活，则皆所以益人之天趣，以长养其生机，自拔于人文之积习，与名位权势私利之欲之外者。夫然，故欲人类文化之发展，不顺其自然之势，以趋于崩坏；则人类社会之组织，皆宜求其分散而不求其集中。人当散处于乡野，而有怀远古，乐家庭，与亲鱼鸟山林之趣；此皆中国古人之能长保其文化于不蔽之一道，而为今世之人所忽。夫自然之道，固无物不始于本而成于末，末成而终于毁。故不毁之道无他，即凡所成之末皆返于本，而末皆为本，斯可致生生之不已。万物者，依于天地之本之末也。万物蔽而不相为通，故其生命活动各具成型而不改。故万物虽多，可以彰天地之大。而其不相为通，则无以见天地之和。人之性情无所不通，天心内在于人之本心，故人道立而天地之和见，是天心之本见于人，则本见于末之例也。家庭者生命之本也。古人与古代之历史者，今之文化之本也。人在洪荒之世，唯见自然，其开辟人文世界，乃在自然中开辟，以凿自然之混沌。混沌不可不凿，然无混沌之可凿，则亦无凿混沌之创造精神矣。原始之自然界之混沌，吾人不得而见。然寄情乡野，恒存鱼鸟山林之趣，则可使人仿佛忆起原始之自然界之混沌，而重现吾人凿混沌开人文之创造精神。则亲自然亦创人文之本。然凡此关于今世社会文化之安排计划，仍可说唯是补偏救弊之方。而补偏救弊之方，恒须唯变所适，不能有详密之预定。至一切补偏救弊之方之施行，求能曲合事情，仍在人之精神之能一直向上提起。人精神不能一直向上提起，则世间无不弊之文化，亦无不弊之补偏救弊之方。人精神真一向上提起，则弊之所在，觉即随之。才能觉弊，即救弊之方已见，斯可以真救弊。陈白沙先生云："才觉便我大而物小，物尽而我无尽。"程明道先生云：开拓得去，则天地变化，草木蕃；开拓不去，则天地闭，贤人隐。岂仅自然之天地草木为然，人文世界之天地器物，亦如是。人能使精神一直向上提起，则一切皆由精神主宰，何弊之不可救？知人之本心即天心，则开天辟地，即人所任。天之所废，人将兴之。则人之与天争顺逆，人之存亡继绝之事，尚非将出于情之不容已，而聊以自尽其当然之道；抑且自信其事之必成，其功之必就，先天而天亦弗能违者。是则赖乎人之真信得其本心即天心，以知"万化在乎手宇宙在乎身"，而自强不息，使精神一直向上提起，更无一息之懈弛。则使人文与天地长存不毁之大事因缘，即实自今日始矣。

宗教哲学

中国宗教之特质[*]

要认识中国民族特殊的民族性，可以从各方面看。但是，我认为最好从中国的宗教思想上看。中国的宗教思想，在我看来，有好几点特色。这几点特色都可多少反映出中国民族的特殊的心灵。这个题目，似尚未见近人作过，所以我选来试作初次的讨论。

一、中国民族无含超绝意义的天的观念　中国人对天有个普遍的观念，就是天与地是分不开的。但在其他民族，则无不把天视作高高在上，与地有极大的距离。姑无论近代西洋人把天看作无穷大，地只太空中一小点；即在希腊虽把地作为宇宙的中心，然仍认为在地之外，更有一重一重的天。辟萨各拉式（Pythagoras）的天文学是希腊第一次成系统的天文学，他的天文学中的天体，便是一层一层的重重圆圈套合而成的。他所谓天体，最中心一层是火，火外是地，地外是月。在月与中心之火间，属于无秩序的世界。月与其他六行星，即金星木星水星火星土星太阳，属于有秩序的世界。七行星以外是为恒星世界或神的世界。以后，在柏拉图的《提姆士》（Timeaus）中，在亚里士多德或托勒姆的天文学说中，虽对于辟萨各拉式之说均有所修正，然而对于天体有层叠天超于地之外一点，欲无异辞。所以到了中世纪，遂径直谓在我们日常所见之天外另有天堂之天。虽然在基督教中所谓天堂，乃指一种精神上的境界；然其来源，实系从自然之天有层叠的观念——或天外有天的观念——推广而来。天堂在英文中名 Heaven，但 Heaven 又可指 Sky 上面较高远部份的天。可见天堂的观念之产生，与天有层叠之信仰间之关

＊　原载《中心评论》1936 年 5 月，录自《中西哲学思想之比较论文集》，台湾学生书局 1988 年全集校订版。

系。此外，其他民族，如印度、犹太、波斯、埃及、阿拉伯的民族，亦无不有一种超乎地之上的天的信仰。在中国，则自来把天与地连论。自《易经》《老子》以来的哲学书，无不把"天与地"，"乾与坤"视作不可离的。关于这点之证据，俯拾即是，今姑不论。天有层叠的观念，中国自来没有具体形成。通常所谓三十三天的观念，乃自印度传来。中国古代虽有四天九天之说，然四天之分乃纯本于时节。所以《尔雅》及刘熙释名，都说："春为苍天，夏为昊天，秋为旻天，冬为上天。"九天之分初见于《楚辞·天问》。《天问》有云："九天之际，安放安属？隅隈多有，谁知其数？"其所谓九天，据王逸注：即全系以方向而分，以东、南、西、北、东南、西南、东北、西北、中央，分为九天，我们看《天问》中用隅隈二字，亦可推知其九天为平列之九天。后来张揖《博雅》之九天，则全本王逸之说。此外，在扬子云《太玄》卷八，亦分天为九。其所谓九天，意义如何，亦不能确定。但就九天之名——中天、羡天、从天、更天、睟天、廓天、减天、沈天、成天——而言，则显系自天之功用而分天为九。又其所谓九天与九地相对。其九地为沙泥、泽地、沚厓、下田、中田、上田、下山、中山、上山，显为连绵于一地平面唯有功用不同之一地；可知其九天亦唯为功用不同之一天。所以关于Sky 与 Heaven 的分辨，中国就没有。高远的（Heaven）是此天，低近的（Sky）亦是此天。罗列星辰的是此天，笼盖四野的亦是此天。因天不能离地，所以中国的神话中，一向有最初天地混沌如鸡子的神话。这神话实表示中国人天地不相离的原始信仰。所以，后来邵康节遂有天依地地依天天地自相依附的说法。现在一般人之常说的天圆地方，也全是从天之覆罩地面上看。至于《曾子家语》所载曾子对天圆地方怀疑，说："天圆地方，则四角之不掩也。"而于天圆地方之义作进一解，则正是更进一步要求天地处处相附和的表现。即在以天代表宗教的意义时，中国人亦从不把天认为高高在上。所以《诗经》说："天高听卑。"俗语说："举头三尺有神明。"中国祭天之坛，都是平卧地上，与西洋教堂之上耸云霄者，正是一对照。一般所谓天堂虽含在上之意，然此观念在学术思想上迄未正式建立起来。在一般人心理中，对于天堂的企慕远不及对于极乐世界的企慕；然而，极乐世界在西方，并不在上面。这都可见中国人对于含超绝意义的天无所信赖。

二、中国民族不相信神有绝对的权力　在中国以外的其他民族的宗教思想中，上帝均有绝对的权力。犹太教中的耶和华的权力，简直是至高无上的权力。宇宙为他所造，宇宙造成之后，他觉人类及生物不听他的命令，遂放洪水淹灭人类同生物。基督教中的上帝，虽变成人的父亲，与人亲近很多，然而仍是全知全能的。此外，回教中的上帝，则不特是全知全能的，且启示穆罕穆德用武力去杀戮不信仰他的人。希腊的 Zeus 虽与 Poseibon、Pluto 分掌三界，然其权力仍最大。荷马的《依利亚特》中所描述雅典与托洛之数十年战争，即全是以 Zeus 一时的决意而引起的。其他的宗教中，上帝的权力亦无不极大。在中国，则上帝或天（此天作天神之义解）的权力并不大。《书经》中虽常有"天命殛之"一类的话，《诗经》中常有"上帝震怒"一类的话，《左传》中常有"天将兴之，谁能废之"一类的话；然而这些都只是表现一种天有权力的观念，至于天的权力的实质的想像，天如何施行其权力去灭一朝代死一君主的想像，则中国古代典籍中并没有记载得见。可见中国古代人对于天的权力，实无具体之意识，并非真相信天有绝对的权力。因为真相信天有绝对的权力，便绝不会没有关于天的权力的实质如何，及如何表现的想象。而且，《尚书》所载天的意志，通常均表现于民的意志中。《尚书·泰誓篇》尤明显的说"民之所欲，天必从之"的话，是天的意志尚须顺从民的意志。这种思想到春秋时更甚。所以《左传》上屡次征引"民之所欲，天必从之"的话。自春秋以后，天便完全成自然之天。老子已有"天法道"的话，孔子把人视作天地之心（《礼运》），《易·系辞》以天地人为三才，《中庸》以人赞天地之化育，孟子说知性则知天，到荀子便要"制天而用之"。天的地位日益低下。墨子虽极力推尊天志，但他说："我为天之所欲，天亦为我之所欲。"是人与天的关系仍只是一种交互对待的关系，天并无绝对的权力。而且就是墨子这种推尊天志的思想，后人也不肯承认。汉儒虽认为天能降祸福，然汉儒的天早失了人格的意义，已不是权力的中心，不过一种能与人的善恶相感应的流行之气。如何去感应，则全在人的意志，不在天的意志。宋明以来，因理学之影响，一般人均知天理即良心。天的权力更全移于人身了。就是从中国神话上看，中国有共工氏触不周之山天柱折的神话，有女娲氏炼石补天的神话，有后羿射日的神话，有夸父追日的神话，小说中有微带人性的孙行者大闹天宫的描写；然而中国却从来没有上帝创造天地创造人的神话或小说。据《列子·天瑞》《淮南·精神训》《神仙通鉴》《开辟演义》诸书所载，在天地之先都只有一种元始的气或连气尚未显出的虚无状态。其他民族的神话中所谓上帝创造天地的办法，如《旧约》所载

"上帝说，宜有光，即有光；又说，宜有穹苍，即有穹苍；又说宜有大陆，即有大陆"。中国人从来未想到。中国一向有盘古开天辟地的神话，但却从来没有盘古创造天地的神话。《太平御览·天部》所载："天地混沌如鸡子，盘古生其中，万八千岁。天地开辟，清阳为天，浊阴为地，盘古在其中，一日九变，神于天，圣于地。天日高一丈，地日厚一丈，盘古日长一丈。如此万八千岁，天数极高，地数极厚，盘古极长。"是盘古与天地同时存在。任昉《述异记》所载与此微有不同。《述异记》载："昔盘古氏之死也，头为四岳，目为日月，脂膏为江海，毛发为草木。秦汉间俗说，盘古氏头为东岳，腹为中岳，左臂为南岳，右臂为北岳，足为西岳。先儒说，盘古氏泣为江河，气为风，声为雷，目瞳为电。"但即从这段看起来，盘古亦不曾创造天地；不过盘古死了，遂变为天地。有盘古时，没有天地；有天地后，亦没有盘古。盘古若有上帝之权力，何不造一个天地？可见盘古不能比上帝。后来在小说中，又有所谓玉皇及所谓造化小儿。但玉皇亦不曾创造天地。造化小儿中"造化"二字，乃宇宙变化过程之象征，而非一权力之象征；小儿二字，顾名思义，更无创造天地之能力。中国神怪小说中有一部《后西游》，其中曾记载关于造化小儿之故事，颇有趣。谓小孙行者遇见造化小儿，造化小儿之法实是十八个圈，圈名酒、色、名、利……共十八个，以十七个套小孙行者，均未套着，最后抛一圈，名好胜圈，遂将小孙行者套住。由这个故事，可知造化小儿本身并无特殊的权力；他所能运用的法宝，都从人本身的性质的弱点中取来的而已。

三、中国民族的神与人最相像　人类对于神，本来都是以自己的像貌或性质来想像。不过各民族中的神，与人类相像到什么程度，却各自不同。婆罗门教中的梵天，是印度教的上帝，其与人的相似性，便简直不显著。犹太教、基督教、回教，都相信神以其自己之像貌造人；但神之性质，终于与人不同，在人之先存在。希腊人的神，则不仅像貌像人，性质也像人。他们的主要神是 Zeus Gupiter，Zeus Gupiter 原意都是天，以后才变成神名。天显然在人之先，所以希腊的神亦都是先人而存在；是人与神间还有时间的距离。同时，希腊的神只居住于 Olympus 山；神与人又有空间的距离。然而，在中国神话中，则不仅神与人像貌相似，而且一切神像都可画出塑出；不仅神与人性质相似，而且神常有不愿为神愿变为人的趋向。所以，中国小说中，星宿下凡的事特别多。最流行的《水浒传》，是记载百零八宿下凡的；《镜花缘》是记载天上仙女下凡的。在模仿《西游记》的小说中，尚有一部名玉帝下凡的《北游记》。玉帝即相当于其他宗教中之上帝，然而他也思凡；可知中国的神之人间性之重，简直在希腊诸神之上。希腊诸神虽亦如人之同有恋爱战争之事，然与人恋爱战争之事仍不很多。中国之神则专欲在人间当才子佳人，当英雄好汉。而且，中国的神不似希腊的神之有一定的居处。希腊的神居于 Olympus 山，中国则没有这样一个相当的地方。昆仑山虽指为神之居所，但昆仑山为神之唯一居处的观念，则即在古代亦不曾正式建立起来。到后代，神更无一定之居处。中国的神到处都有（土地是每地都有的，这不用说）。韩愈《与孟尚书书》中所谓"天地神祇，昭布森列"最可表示中国神无处不在的意思。所以，中国哲学中一直普遍著"鬼神之为德，体物而不遗""神也者，妙万物而为言者也""神无方而易无体"的泛神论思想。这些话立意虽不同，然同样表示中国的神与人间无空间的距离。至于神与人间时间的距离也没有。因为神在人先的神话，在中国向来便没有天神照理应在人先。但据最近《燕京学报》顾立雅《释天》一文所论，"天"之文在甲骨文中作"大"乃像有位之贵人。是天的观念，乃从人之观念引来，非在人先。中国最流行而又最符合过去之神话传说的神怪小说是《封神演义》，据《封神演义》所载，一切神均由仙来，而仙则均是人修炼而成的。也可见神并不在人先。盘古虽在人先，但盘古虽可谓之神，而一般人仍只认之为最早之一人。至于上帝与天定在人先的神话，中国从来不曾有。神话中虽有女娲氏抟土为人之说（《太平御览·人事部》所引），但女娲氏后虽成神，原仍是一人（或一族人）。可见中国的神与人之相似性实在其他民族的神与人的相似性之上。

四、重人伦关系过于神人关系　　世界其他有宗教的民族，无不把神人关系看来比人伦关系著重，主张爱上帝的心应过于爱人的心，爱人亦当为上帝而爱人。其他宗教固不必说，即世界公认为含有最充分伦理意识的基督教，亦还不免把爱上帝当著比爱人重要的事。耶稣一方说人应当爱邻如己，同时又教人爱上帝重于自己。耶稣在劝人爱人的时候，通常总是说："人类都是上帝的儿子，所以你应爱他人。"《路加福音》与《马可福音》并载有两段论爱上帝应过于爱父母及其他一切人的道理。《马可福音》第三章载："耶稣之母及其兄弟至，立于外，遣人呼之。众环坐，谓之曰：'尔母及兄弟在外觅尔。'耶稣曰：'孰为我母？我兄弟乎？'遂四顾环坐者曰：'试观我母我兄弟。盖凡行上帝旨者，即我兄弟姊妹及母也。'"《路加福音》十八章载耶稣之言曰:"善者唯一上帝而已矣。未有为上帝国舍屋宇父母兄弟妻子,而今世不获倍蓰,来世不获永生者也。"都可见基督教之把神人关系看来过于人伦关系。所以西方的道德哲学书大半都把道德隶属于宗教,从爱上帝的意义来讲爱人的根据。(虽所谓上帝之意义,不复为基督教之原义。)然而在中国,则从来不曾有主张爱神应过于爱人,及爱人应本于爱神的学说。即在古代中国,对于天对于上帝,都从来不曾说过爱字,只曾说过敬字畏字(畏即敬),敬即表示一种间隔,表示不视之为至亲。所以孔子有"敬鬼神而远之",庄子有"以敬孝易以爱孝难"的话。可见敬自来即含疏远之意。对神爱尚说不上,更何能有爱神应过于爱人之事?拿夏商周三代来说,据《礼记·表记》所载,亦只有殷代尊敬鬼神,夏周均远鬼神。至于爱人本于爱神之说,中国哲人亦从不曾主张过。墨子主张天志在爱人,所以人亦应爱人。此不过谓人应体天之心,如天一般之爱人,此正是表现一种想以人之德齐天之德的心理;或一种怕不顺天志会受天处罪的心理。并非谓人应爱天,更非谓人应为爱神而爱人。至于墨家以外的哲学,则更找不出爱神应过于爱人,或为爱神而爱人的思想。在迷信中虽有以人作牺牲之事,如以人祀河之类,但其动机全为祈福利,避灾害,并非真出于爱神之心理。反之,在中国的宗教思想中主张爱人应过于爱神的思想,到是有的。《左传》载:"夫民,神之主也。是以圣王先成民而后致力于神。……故务其三时,修其五教,亲其九族,以致其禋祀,于是乎民和而神降之福。"《论语》载季路问事鬼神,子曰:"未能事人,焉能事鬼。"这都是爱人过于爱神的思想之表现。至于以后儒者更无不把事人看来较事鬼更为重要。这可不必论了。

五、祖先崇拜与圣贤崇拜之宗教　表面看来崇拜祖先崇拜圣贤是一切民族之所同,因世界民族无不祀祖先,不敬圣贤者。但是其他民族之崇拜祖先,均不及崇拜上帝之甚,而且只有上帝才是人民共同崇拜的对象。然而在中国,即在古代人,对于上帝或天之崇拜,亦未必能超过其对于祖先之崇拜。殷人所事鬼神,大都为其祖先。到后代,一般人也只能祀其自己之祖先。所以孔子说:"非其鬼而祭之,谄也。"上帝或天,唯天子可以祀之。《礼记·曲礼》说:"天子祭天地,祭四方,祭山川,祭五祀,岁遍。诸侯方祀,祭山川,祭五祀,岁遍。大夫祭五祀,岁遍。士祭其先。"这一种把祀天的资格限于天子,虽一方面似乎把天的地位抬高,然一方面亦无异于把天的地位抑下。因天由此对于一般人就逐渐失去神的意义，而渐变成自然之天了。所以，在《诗经》中即已多怀疑天德的话，如"浩浩昊天，不骏其德""如何昊天，辟言不信"之类。到了春秋以后，一般人对于天的信仰更全失人格之天，全化成自然之天了。现在每家的神龛上虽仍旧书"天地君亲师"五字，然而，在一般人礼拜时，对于天是否尚有宗教的情绪，却根本是问题；恐怕其宗教的情绪完全寄托在"亲"字上面了。中国人之崇拜圣贤，亦在崇拜上帝、天或其他神之上。上帝、天或神在中国知识阶级的心目中，除哲学的意义外，几无别的意义；然而圣贤却妇孺皆知敬礼。所以全国每县都有孔庙，每县都有先贤祠，圣贤的书人人都知道是不可亵渎的。《易经》这部书，一般乡下人都相信其可以降伏鬼神。中国人因为相信字是圣人造的，所以中国最下愚的人都知敬惜字纸。流行民间的功过格中，把焚化字纸作为一种极大的功德。这乃是其他民族所没有的。

六、以人与人间交往之态度对神　在其他民族的宗教中，大都把神视作与人根本不同，所以其与神交往之态度，与与人交往之态度亦迥然相异。在中国人则因不承认神与人间有根本差别之故，所以其与神交往之态度，与与人交往之态度简直差不多一样。在其他民族中，因为相信神有较大之权力之故，所以人对神唯一的态度就是祈祷神赐与我的力量。在得神的助力之后，对神的态度遂为极深厚的感谢之情——因觉无从报答故。然而中国人则虽信神力时可大于人力，却不凭空祈求神力降临，常相信自己有能力转移神意或天意。所以，中国古代人在希望神来相助时，不纯用其他民族祈祷礼拜的方式，而重在卜筮以测神的意向。若神的意向相悖，则专从修德上努力，相信德盛神自会来相助。这种思想，从《书经》《诗经》《左传》中都可看出。到了孔子时，则径完全不主张对神祈祷；而说："丘之祷久矣。"为什么说"丘之祷久矣"？因为孔子相信其数十年之修德，即是祈祷。由此再进一步，便是人只当从修德上努力简直不要管天意如何；而儒家中遂逐渐产生尽人事听天命的教义。尽人事听天命的意思，后来虽含教人不要愿乎其外之义；然而最初实含你能尽人事自然能转移天命用不著祈求祷告之意。中国人既然相信人力能回天，所以人在得神之助之后，虽一方感谢，但并不觉无从报答。中国先儒讲祭祀的意义，便是为报答。祭天地是报答天地好生之德，祭祖宗是报答祖先养育之恩，祭圣贤是报答圣贤设教之德。中国人并不觉得这报答不相称，因为只要祭祀之意诚，照先儒看起来，则可动天地感鬼神。这种地方都可表示中国人对神的态度，与对人的态度相同。修己以交贤，有恩必报，这不是人与人间交往的正当态度吗？

　　七、现世主义的宗教观　　在其他民族中，一般人信仰宗教的目的，大都为求升入彼界或天堂。此在信仰耶教回教佛教犹太教的民族皆然。但中国一般人信仰宗教的动机，则充满现世主义的动机。中国人希望神赐予我们力量时，大都是希望神助我们解决实际的困难；并非望神助我们从此世间得著解脱。所以财神与观音成为一般人崇拜的神。中国人崇拜天以外，尤崇拜地；崇拜玉皇不及崇拜阎王，因为天与我们实际生活的关系，似尚不及地之直接。天之能生万物以养人，乃全靠地能长育。所以社稷之神从古至今均普遍的为一般人所崇拜，土地庙遍于乡间。城隍之所以每县都有，亦由其管一方土地，与人实际生活关系最密。玉皇之所以不及阎王为人所崇拜，因玉皇只管天上诸神而阎王则管人。人之生死，及其来生之富贵贫贱，全靠阎王一枝笔。阎王在一般人心目中的地位，较玉皇重要得多。所以中国本土的宗教一直盛行的，只有道教。道教的主要目的在求长生，炼成万古不老的金仙，或在为人治病驱魔。（炼养服食采补诸派均以长生为目的，丹鼎派则兼以长生与炼金为目的，符箓派则以为人治病驱魔为目的。然无论前者与后者，均同样表现一种极端的现世主义的精神。）此外，中国宗教思想中之现世主义的精神，还可从两方面去看：就是从中国对于基督教与佛教之态度去看。基督教在唐代已传入中国，然而迄未在中国文化中生根。近代基督教之入中国亦有好几百年的历史，仍然对中国人生没有多大的影响。其中最根本的原因，就是：中国人相信人性是善的，不相信基督教原始罪恶的观念，不相信人是生而有罪非赖上帝之拯救不能超拔。中国人不相信人有原始罪恶，是因中国人只从现世的人生看。从现世的人生看，当然看不出人有甚么原始罪恶，须待上帝来超拔了。佛教输入中国后，也染了不少现世主义的色彩。佛教本来偏重出世的，然中国的佛教徒，却最爱倡出世间法与世间法并行不悖之论。在家人士之信佛者，尤好"三教同源""孔子为大菩萨"之说。佛教中的大乘是比较最能与世间法以地位者，所以中国佛教中大乘教遂最盛，十宗之中大乘竟占其八。而且，中国佛教徒常有把讲佛理看来比修行求解脱还重要的趋向。魏晋时之僧徒，其兴趣便大都偏于讲佛理一方面。禅宗的末流，只重逗机锋。这明是把佛学当作世间的玄学来谈玩，也是表现一种现世主义的精神。此外，中国的佛教徒尚有一种特色，即好选好风景之地居住，好作诗文书画；这又是一种现世主义精神之表现。中国一般人之学佛者，多系欲以今生之苦行换取来世之富贵，真想成佛者已占少数；而想成佛者复大都信赖"不立文字直指本心见性成佛"之禅宗（尤以倡顿悟之南派为得势），或"临终一念不乱凭仗佛力升西"之净土宗，印度三大阿僧只劫而后成佛之说，一般人简直不愿闻。这种学佛而想速成的心理，正是一种彻底的现世主义的精神之表现。

八、宗教上之宽容精神　世界其他有宗教的民族，均无不曾经宗教战争，以至许多次的宗教战争。世界其他民族的宗教徒，对于异教徒通常总是用惨杀或流放的办法来对付。然而中国却是世界上唯一不曾经过宗教战争的民族（太平天国之战，不能算宗教战争，因太平天国诸领袖，并非真相信基督教，不过借基督教以推翻满清耳），中国的宗教徒从来不曾用惨杀或流放的态度来对付过异教。中国民族可以说是世界上唯一富有宗教上宽容精神的民族。"道并行而不悖"，"殊途而同归百虑而一致"，自来便是中国一切宗教或非宗教徒共同的信仰。所以，在中国，一切宗教都可自由施教。汉武帝虽曾罢黜百家，独尊孔子，但罢黜百家独尊孔子，不过把孔子抬高放在百家之上，并不曾禁止百家之学。此早经人考订过。后来的君主也不曾因之而排斥其他宗教。佛教在中国只曾经过三武之厄，周世宗晚年曾废佛寺，乾隆皇帝曾颁布限制男女出家的命令。然而，这不过极少数君主的意旨。儒者中如宋明儒者虽极力辟佛，韩愈并主张"人其人火其书"，然而，这并不曾在社会上造成一种排佛的运动。而且，韩愈即曾与大颠往还——想人其人的结果，却是友其人。此外濂溪之于寿涯，朱子之于妙喜，亦都极交好。就是纯粹儒家的程子，见佛像亦表示敬礼谓："某虽反对其学，亦敬其为人。"可见中国儒者实无不富于宽容精神。中国人对于道教徒，历代皆任其自由施教。道教之厄只有一次，即元世祖曾下令焚道藏伪经。至于中国对于基督教徒亦未曾禁止其施教。康熙之逼害天主教徒，乃因罗马教皇不许信徒祭祖先，一时引起康熙愤怒之故。可见中国民族实是宗教上最富宽容精神的民族。所以中国很早就有三教同源的说法。张融死时左手执《孝经》《老子》，右手执《小品》《法华经》，乃一最富象征意义的事实。到了近来又有种种五教同源六教同源的说法，及甚么佛化基督教运动，科学化佛法运动，这些都可以说是中国宗教徒富于宽容精神的表现。

中国之宗教精神与形上信仰——悠久世界 *

（一）宗教要求之内容与其产生之必然性及当然性

西方形上学主要有三问题。一为意志自由之问题，一为灵魂不朽之问题，一为上帝存在之问题。皆依于人类精神之根本要求而起。意志自由之问题，所关涉者，乃人是否能"为其所当为，得其所欲得"之问题。此中包含：人是否能实践道德，是否能获得道德及获得幸福快乐之问题。此乃直接属于当前人生者。灵魂不朽之问题，则为关涉于死后之人生者。而上帝存在之问题，则是关涉于是否有一先于我精神生命，或超越于我精神生命之"客观、普遍、永恒而完满至善之精神生命"之存在者。此三问题，第一问题，直接为一现实人生之问题，亦可在现实人生中直接求一解决之道。而后二问题，则为超越现实人生之问题，而为人类之宗教所自生之根源。然人类之所以信神与求不朽，又与人在现实人生之意志是否自由，是否能实践道德，能否获得至善、幸福、快乐等密切相关。通常言，人之所以必须相信一神之存在而求不朽，乃由人在现实世界中，遭遇种种挫折、困难，与苦痛，常感自己主观之生命精神力量之微弱，故不能不求一神以相助。由人现实社会中，人常在念自己或他人，受种种不公之待遇与冤屈，人遂不能不望有一主持正义的客观普遍之至善之神存在，以赏善罚恶于未来、或来生、或死后，以维护此正义之原则。由此，人遂恒不能不希望人有死后之生命，而肯定人有死后之生命。

---

* 录自《中国文化之精神价值》，正中书局 1953 年版，根据正中书局 1987 年第 2 版校订。

吾人对于此说，并不能完全赞成。因此说不能真说明神之观念及灵魂不朽之观念的起源（另详拙著《文化之道德理性基础》中论宗教意识之本性一章）。然人之受苦难多而无以自拔，受冤屈多而无处伸诉者，固更易趋于信神与灵魂之不朽。则吾人至少可谓，一般人之有强烈之求神与求灵魂不朽之宗教意识，实出于上述之补赎今生所受苦难或冤屈之动机。故反宗教之人恒谓：如吾人能使现实人生获得幸福，社会中常存有正义，即可绝去宗教之根源。然此问题，尚不如是简单。盖人类除求一般之幸福快乐，求客观社会上之正义之实现以外，尚欲求圆满之德性。向上精神强之人，恒欲绝去其人格中任何些微之过恶，以达于至善。亦欲一切人之绝去任何些微之过恶，同达于至善。然人所向往之至善人格，恒为吾人今生所不能达到者，亦恒非只赖己力所能达到者。则顺此必欲达至善之志，人必将加强"人之精神生命能存在于死后"之信仰。而使死后仍有继续向上、自强不息，以达于所期之至善之活动。又人当感其自力不足以去其过恶时，人必求师友或他人予以助力。然人当发现他人之力，不足助其去过恶，或发现他人皆在罪恶中时，则人便不免于肯定一客观存在之至善而有无限力量之神力存在，求其助我被除于罪恶之外，并涵除人类社会之罪恶。此种人类之求不朽与求神之动机，乃人类宗教意识中最深之动机。大约世界之高级宗教，如佛教、婆罗门教、基督教、回教之所以成立，皆以此动机为主导，而以前述之二种动机为辅。且人一朝具此种动机，以信神或求不朽之后，恒即转而对于人之苦痛、幸福，及罪恶与正义之问题作一通观：即人之所以在现实生活中受苦，乃由于人之罪恶。人有罪恶而受苦，即表现一宇宙之正义原则。此盖为世界各大宗教同有之宗教智慧。此智慧，乃原自当吾人一朝以求至善为目标时，吾人立即发现："吾人之苦痛，皆为使吾人之精神内敛；并使吾人觉吾人苦痛之原因，恒依于吾人之罪恶或自己欲望者。"因而苦痛又为使吾人获得超越罪过、超越欲望之"善"，或磨炼吾人之人格，而帮助吾人去除过恶者。由此而人可发现"苦痛"之一积极的价值，为吾人之深心之求善意志所愿意承担，而积极加以肯定，以鞭策吾人精神之向上者。由是而苦痛对我遂成为义之所当受，表现宇宙之正义之原则者。吾人再将上述对于苦痛之思想态度客观化，即成为"一切人之苦痛，皆原于其罪恶"之宗教智慧。人类之现实的苦痛问题，到此，即化为一人类道德问题，即化为一存于人心之内，而不在人心之外之问题。由是而人可视宇宙间之有苦痛，乃人之罪恶之必然的惩罚。亦即使人之内在的罪恶之泛滥,有一外在的限制者。由是而在"苦痛与罪恶之相限制相销相除"之大法之信仰下,人乃得安顿于充满苦痛罪恶之世界。人之同时承担此二者,亦即成一使人精神上升之大道。

以苦痛为罪恶之惩罚或罪恶之结果,以显一宇宙之正义或大法,乃世界各大宗教之所同然。宇宙间是否有主持此大法之神,则是一问题。在佛教只以恶之受苦报与善之受福报,为一异熟性的因果原则。犹太、耶、回诸教,则肯定有一主持之之神,或作末日审判的耶稣。然此二种思想,自主观心理起原言之,皆由吾人"赖苦痛以磨炼自己之道德意志"之客观化所生。大率如当吾人有一愿忍受承担苦痛之道德意志,只觉吾人理当如是忍受,以助吾人之去其罪恶,而不感有"我"主宰时,则吾人此时客观化"吾人精神意志之内容"所成者,即只为一异熟性的因果原则。如吾人在忍受苦痛,而与自己之罪恶战斗时,觉有一我为主宰;则吾人客观化吾人精神意志内容之所成者,即为一有客观普遍性而能主宰此正义原则之大我精神,或人而神之存在,如作末日审判之耶稣。二者之所同,在皆肯定一宇宙大法,以使分别本来对人生表现负价值之苦痛与罪恶,由其结合,而表现一正价值。然此结合之价值,乃人之所发现,而恒非一般人所意欲。一般人犯罪,未必即欲苦痛以为惩罚,而此结合之事实,又恒非人之所能期必,且恒不在今生。故"此结合之事实必有"之肯定,纯为一超越的肯定、形而上之肯定,亦即一宗教信仰。此信仰,在吾人之经验中不能有绝对之证实,因而可说为发自主观的。然而吾人离此信仰,吾人即不能发现苦痛存在之客观价值,而苦痛亦以无表现价值效用之场合以被被除。而人之罪恶,无一在客观宇宙上必然产生之苦痛以对消之,则人之罪恶,亦即无客观宇宙中之限制之者。如罪恶无客观宇宙中之限制之者,则"善"即不能成为主宰客观宇宙之原理。夫然,故此信仰虽发自主观,而其此信仰之根据,则为善之必主宰客观宇宙。此善之必主宰客观宇宙,即一切高级宗教之信仰核心。

善之主宰客观宇宙之宗教信仰下,实包含二超越原则之信仰:一为"无罪之受苦,应被补偿"之正义原则,及"有罪则当受苦,使罪得罚而苦罪皆去除"之正义原则。一为一切"无罪之善,皆当被保存"之原则。原人之所以相信神与不朽,其消极的动机中,低者为求神之去吾人之阻碍与苦痛,或求死后之得福;较高者则为由苦痛之惩罚他人之罪恶,以满足吾人之社会的正义要求;更高者,为由视自己之苦痛,皆自己之罪恶之惩罚，而自动加以承担；最高者则为由受苦，而知其对人类社会之使命，在奉神之命以罚不义，或奉神之命为他人之罪恶而受苦，如穆罕默德、耶稣是也。而人之相信神与不朽之积极的动机，则最低者为求自己之幸福与快乐，由神之福祐与永生，而永保不失；较高者为望社会之一切善人之得福，并以福与善人，以满足吾人社会正义之要求，吾人之所以欲以福与善人，乃由吾人之欲以福支持善之继续存在，此与吾人之愿苦痛加于恶人，乃由于欲以苦痛否定恶之存在，乃相反而相成之二动机；更高者则为视自己之福德，皆由他人所施与或神所施与，而生一对人、对神之感恩心，人在视自己之福德为由神施与而生感恩心之时，吾人一方是信此福德原不属于我，而属于神，亦即原保存于神，为神具无尽福德之一部者，一方即将吾人所受之福德，再客观化而还之于神者，此客观化乃依于"吾人对福德之不加占有，而亦不愿自陷于其中"之向上精神；最高者，则为如穆罕默德、耶稣等之通过"对客观普遍之神之存在之信仰"，而"传达神之意旨或福音于人"，以使人备福德，并为其他善人祈福德，兼自愿将自己的福德，赖神之力作传递，以奉献于他人。而此后四者之宗教意识之所自生，皆依于一"善福之必保存于客观宇宙"之超越原则之信仰。

吾人如知人之宗教信仰包含：恶必由苦痛惩罚而被去除，善必由福而保存二原则之信仰，则知最高宗教信仰中，宜须包含灵魂不朽与客观普遍之神之存在二信仰。如灵魂非不朽，则犯罪恶者之被罚，有德者之得福，无必然性（因此现世犯罪者不必受罚，有德者不必得福也）。人之德行，今生不能完满者，将永无完满之一日。如无客观普遍之神之存在，则依于佛家所谓异熟因果之法则，固可使赏善罚恶之事，自然成立。然若宇宙，只有众多独立之灵魂或精神生命，而无一客观存在之公共精神生命或神，以为诸个体之精神生命相互贯通之根据，则人与人之"由神之信仰之共通，而凝合成一社会"、或"人之奉行神旨，以行义于世间"、或"代人受苦赎罪，与为人祈福之事"，或将不可能而不必要。

故吾人如绝对的肯定有价值之福德之当存在，并欲使之永久存在，客观普遍的存在，则吾人必须兼肯定吾人之精神生命不朽，与诸个体之精神生命，同贯通于一超个体之客观、普遍、永恒精神生命之前。人类之宗教，固不必皆肯定"个体精神生命"之分立（如佛教之一部），及个体精神与"客观普遍的精神生命"之分立（如人格唯心论者），亦不必皆肯定唯一绝对之客观普遍精神生命之存在，又或主多神（如希腊宗教）。然佛教仍必须信人之精神生命涵具永久性与普遍性，并信人之成佛，其德即同于所谓客观普遍之梵天，而贯通于一切众生之心。信多神者，亦必视神有其相当之客观普遍性，可为不同之人之精神所共同集中而贯通之地。人类典型之宗教如回教、基督教、婆罗门教，固皆一方肯定"唯一绝对的精神生命之存在"，一方亦肯定"个体之精神生命之存在"者也。

如吾人以上之分析宗教要求之内容为不误，则吾人决不能有任何理由，谓吾人之宗教要求为不当有。人生无论在任何情境，实皆不能永不发生一宗教要求。盖依吾人上之所述宗教要求之根本，乃依于"吾人之使苦痛罪恶由相互结合而被去除，及福与德之由互相结合而永远保存，并得客观普遍化"之意志。此意志之为一善意志，无人得而否认。则宗教要求，无人能谓其不当有。若此要求而不当有，则人之一切为善去恶之道德修养，与赏善罚恶之法律，及一切增加人生之福德之文化事业，皆不当有。至于吾人在无论任何情境，皆不能永不发生一宗教之要求者，其故则在：如吾人之生命为苦痛为罪恶，吾人固必求超越此不完满之生命，而另求一福德兼备之生命。纵吾人之生命，为幸福与美善，吾人亦必望其能永久，且愿将此幸福与美善，客观普遍化，以分布于他人。故吾人生命之有限性与个体性，仍为吾人不能不求超越者。由此求超越之意识，即使吾人不能不要求一超个体之永恒客观普遍之精神生命存在。而人所以恒不显其宗教要求者，唯以当人受苦罪于今日或今年时，恒只冀望其将得福德于明日或明年，人又可赖各种人文活动，以使福德客观普遍化于他人之故。然人如真念及其上寿不过百年，终不免乎一死，或念及吾人之生命精神与他人生命精神之贯通范围终有限，及吾人备福德于世间之能力亦有限之时，则求不朽与神之念，仍将不能自已而生。盖吾人无论能兼备福德于吾人或他人之生命至何程度，若吾人之死，即一无所余，则一切福德便成空幻。诚然，吾人恒由我虽死、今人虽死，而后人尚在、人类社会尚在，以得慰藉。然实则此慰藉，亦为至勉强者。盖若人皆不免一死，则后人之福德亦同归此空幻。人类社会之是否永存，自现实宇宙上言，亦并无绝对之保障。人在此或又谓：凡宇宙间在一时间曾有之事，即永为在此一定时间中之事，故凡曾"有"者皆不"无"。然实则吾人之所以言"曾有者不无"，吾人必须假定一能回忆曾有之事之心存在，如此心亦灭，或一切人之心皆灭，则曾有者虽为曾有者，亦为曾无者。自其兼曾有与曾无而言，则亦可不谓之有，而灭者永灭，死者永死矣。故人类精神，若不有一在客观宇宙中之不朽意义，则一切福德，毕竟只归于空幻。唯物论者及社会功利主义者与反宗教之人文主义者之抹杀此问题者，皆由于其对人类之有价值而备福德之人格，未能真致其爱惜珍贵之情故耳。人诚有此情，则不朽之宗教要求，仍将沛然莫之能御。诚有此情，而吾人又欲使一切生者死者，皆逐渐的成为福德兼备之人格，吾人又感自力之不足，或自力之无所施时，则祈天求神之志，亦在所不能免者。唯肯定宗教之人文主义，乃圆满之人文主义也。

（二）世界各大宗教之异同

吾人以上唯论及于宗教要求之一般内容，及宗教要求之为人所当有与必有。然宗教思想中最大之问题，则为吾人如何能知不朽与神之存在，为一客观之事实；与吾人当如何规定神之性质，规定神与人、神与自然界之关系，及不朽之存在之范围等。此即世界宗教哲学理论之所由分殊，及各种宗教之具体信仰内容所以不同之故。考察此各种哲学理论，具体信仰内容之不同，一方可知人之宗教智慧，有若干未易决定之问题，一方亦知各民族之宗教智慧，实为其民族关于其他人文之智慧或人文之形态所规定，而万有齐不者也。

吾人如通观世界之大宗教精神之不同处而较论之，则犹太教之耶和华，唯以主持正义，而主要以罚恶为事。犹太人之所求于耶和华者，初亦唯是求其惩罚亡其国家之敌人。耶和华之超越性，特为显著，个人唯有服从其意志，而不能外有所为。此耶和华固为诸犹太人精神集中，而得交相贯通，以凝结成一民族或社会者。然耶和华特以威严显，而恒不体恤个人之意愿，因而不免对诸个人之精神，若为外在之一客观精神人格。至于回教之上帝，亦以超越性显，然回教之上帝，不只以罚恶为事，而尤富于赏善之意志。回教之上帝，为一超民族意识之上帝，故凡信回教之不同民族皆平等，一切教徒在回教上帝下，亦皆可平等，此即为一真具普遍的正义之德之上帝。由一切人在回教上帝下皆平等之故，于是回教之教义，特重一切人之自尊独立，各保其清真之德性品行。故回教徒精神，为挺拔直立，以承受一客观普遍上帝之意旨。此与《旧约》中犹太人奉耶和华时之精神，恒不免为委屈的、哀怨的、愤懑的，大不相同。至于基督教之上帝与犹太教、回教之上帝之不同，则在基督教之上帝之根本德性，唯是一仁爱。由上帝之道，唯是仁爱，则上帝之精神，乃抚育世间、体恤人类而下覆者。由此而耶稣之实现上帝之道于世间，则重宽恕他人之罪恶，对人谦卑。耶稣之奉行此道，明白劝人忘掉世界之一切人与人、民族与民族之仇恨，并告犹太人曰："我们之国在天上"——即纯精神界——不在世间。此即表示耶稣之精神乃使上帝之道降至世间，而使世间升至上帝之一精神。故耶稣为此道而上十字架以后，基督徒即谓耶稣为上帝差遣之独生子，至人间为人受苦赎人之罪者。犹太教徒所期望之神对人之审判，在基督教则移至世界之末日。耶稣乃人而神之圣子，上帝为圣父，耶稣所表现之精神及上帝之道，其遍运人间，以使神人交通者，即圣灵。此三位为一体。故基督教之上帝，可谓为犹太教中之超越而威严之上帝之自己超越其超越性，而内在于人心、于世界，自己超越其威严性，而显其谦卑、宽恕、仁爱，以承担世间之苦痛罪恶，并使一切同信此上帝、耶稣之人，亦彼此相待以仁爱、宽恕、谦卑，而共谋解除世间之苦痛罪恶之上帝。由此而基督教崇拜之上帝，与基督教崇拜之耶稣，即成为一坚固的教会团体中之一切个人之精神，互相贯通而凝结之根据。此精神之凝结与贯通，初不如回教徒之先分别肯定各人之自尊心、个体性，而只在共信上帝一点上，精神互相凝结贯通；实只是由各个人之自愿销融其个体性于耶稣之精神人格之前，而隶属于一客观之教会团体，以凝结贯通。故基督教之精神，不如回教徒之挺拔而直立，而是内敛的、深厚的。基督教教会主宰罗马世界之后，教会精神之堕落之形态，即为诸教徒之赖其团结意识，以共排斥异端，而形成之一精神之僵化。至近代基督教之尊重良心与自由之精神，则是希腊精神或日耳曼精神透入基督教，而将此僵化打开之结果。由此僵化之打开，而后基督教之精神，乃由内敛而趋于外拓，由重谦卑、宽恕与祈望，而更重自我之尊严与个体之意志，由深厚中更转出高卓。此乃因个人自我之地位之提高，而上帝亦由是而更与个人之良心及理性相连结矣。

回教与基督教皆有一唯一之上帝，亦有一唯一之先知或救主，即穆罕默德或耶稣。二教皆以人不信先知或救主，则别无直接联系其精神于上帝以得救之道。此种宗教思想之价值，在除上帝外，兼使一具体而现实之人格，成为"同教之一切人之个体精神"中之一普遍的联系者。而其短处，则在使人之通接于上帝之道路，只有一条。印度婆罗门教之谓我即梵，则使上帝成为内在于一切事物、一切人，而人人皆可自觉其通接于上帝之道路者。由此，上帝与世界通接之道路成无数者，乃见上帝之真广大。然其缺点，则在因梵之为无所不在，人遂可将梵与自然物混淆以措思，于是梵易失其人格与精神性。佛教之反对婆罗门教，主一切法之为因缘生，而其自性毕竟空；则一方所以扫荡一切自然物之实在性，一方所以破除吾人之一切我执与法执，以显此心之至虚，而随所遇以运吾人之大智大悲，恒不舍世界之有情。则上帝之一切清净恒常之无边福德，皆佛心之所备。于是外在超越于此心之梵天或上帝，即可不立。此种宗教之价值，即在升人之自觉者之佛，以同于上帝，并表现一视一切众生皆平等之精神。又由因缘生之教，使一切众生之心色诸法，同成为透明而不相对峙者。佛教之理论问题，则在一切诸佛之毕竟是一或是多，佛心是否可说为自始永恒存在者。如佛心自始永恒存在者，一切修行者唯是求同证一佛心之佛性；此佛心，仍可在一义上同于上帝或梵，诸佛亦可以不异而即一佛。佛教中如《华严》、《法华》、《涅槃》、《楞严》、《圆觉》诸经所言，即显有此趋向。如佛教徒而决不承认有共同之佛心佛性，不承认诸佛之即一即多，则佛教虽表现一大平等与使一切法不相对峙之价值，然终不能免于诸佛与众生之世界之散漫，而无统摄之失。佛教之所以恒只能成为一个人之宗教，而不能成为一凝结集体社会之人心之宗教，其故盖在于此。

在上述之一切宗教中，无论其所信仰者为上帝或梵天或佛心、佛性，要皆被视为对吾人当前个人之心为一超越者。由是吾人如何可肯定此超越者之必然存在，即为一宗教哲学或形而上学之大问题。大率在佛教与婆罗门教中，对于梵天之存在、涅槃之常乐我净，最后均赖人之直接之神秘经验或戒定慧等修养之工夫，加以证实。回教徒与基督教徒，则皆以除其救主先知外，无人能直接见上帝。上帝唯启示其教义于其先知、救主，由先知、救主传至人间，故皆自称为启示的宗教。因而其所以教一般人信上帝存在之道，则或为命人对先知、救主所言，先持绝对相信态度，或注重以推理证明上帝存在之必然。在西洋思想中，因其素有一理性主义之潮流，故尤重以推理证明上帝之存在。此或如亚里士多德之第一动者，第一因论证，谓一切动，皆须预设一不动的动者，一切继起因皆预设一最初因，此即上帝。或如安瑟姆至笛卡儿之本体论论证，谓上帝为完全的存在，完全存在之概念中，即包含存在性，故上帝存在。或则如由亚里士多德至圣多玛目的论论证，谓一切合目的之物，皆预设一制造者。今世界之物为合目的，故必有一制造之者。或则如圣多玛、来布尼兹由一切偶然的存在皆可不存在，必肯定一必然的存在为第一因，然后一切偶然的存在能存在，以证明上帝之存在。或则如康德之由人之道德意志必不求快乐，而快乐与善又须综合，故不能不有使善与快乐结合成至福之上帝存在。然此诸论证，因皆依乎推理而非依直接经验，故皆可容人根据不同之推理方式，加以辨驳，而有种种理论上之纠葛，乃今在西方哲学中，仍无定论者。吾人以下则将以上列所论诸世界宗教之精神，与其论证上帝存在之方式，为一参照与比较之根据，以论中国之宗教精神与对于天帝或鬼神之信仰。

（三）中国宗教精神比较淡薄之故

以中国与西洋印度相比较，中国人之宗教精神似较淡薄。其所以淡薄之原因，即由于产生吾人在第一节所述之"宗教要求之动机"之外缘之缺乏。如析而论之，则中国之宗教精神之淡薄之外缘，第一即在中国古代人因处肥沃之地，并极早即务实际，重利用厚生之事，故对于生活上所遭之苦难，皆求一当下之解决，而不重玄想死后之幸福与快乐，为之报偿。第二中国社会文化对于个人安排，一向注重使富贵为有德者所居，贫贱为无德者所居。因社会阶级之对峙不显，与异民族之逐渐融化，故"因阶级民族之歧见，而致之个人所受之不合正义之待遇"亦较少。个人之报仇之事，在春秋战国时代，亦皆不以为非。后代法津亦常减报仇者之罪刑。因而人恒不须求正义伸张于死后，以使为恶者得其应受惩罚。而期必为善者受报于死后之念，自亦较微。第三则以中国人生伦理思想，素反对个人主义，尤反对以个人之快乐幸福为目的之人生观。故纯出于保存自己之幸福于死后而求神佑佛者，远不如求保存其幸福于子孙者之多。子孙之幸福为现实者；故求保存幸福于自己子孙，又远较求虚渺无凭之死后幸福，更有把握。子孙之生命，自我之生命而来，则子孙之存在，即可视为我之生命未尝朽坏之直接证明。故爱子孙之念浓，则求个人之灵魂不朽之念自淡。第四则由中国人之重孝父母与祖宗，故常觉自己生命精神之意义，在承继父母祖宗之生命精神。人当常以父母祖宗之心为心时，人当下即感一生命精神之充实。而此充实吾之生命精神，又为吾之生命精神所自来之生命精神，亦即"其中包含有吾之生命精神，而生吾之生"之生命精神。故人之以父母祖宗之心为心，亦即在吾人自己心中，体现一"生吾之生"之生命精神。而吾之体现一"生吾之生"之生命精神，即可当下使吾人感我之生，为生之所获持，而不见有死亡，而当下感一生命之永存或悠久。第五则人之孝父母祖先之心所联系之历史文化意识，复使吾人常得尚友千古。此尚友千古之直接价值，固在使古人若仍在于吾之心，然同时亦可使吾人自己之精神，若涌身于千载上。吾人之精神如只在现在，则瞻望未来，若一片渺茫，而无可把捉，而当吾人之精神涌身于千载上，而置身于古人之地位时，以瞻望未来，则未来非全为空虚，而亦为充实。盖自古人至我之现在之一段，皆古人之未来，吾人今日之怀古，即古人之未来得以充实，则怖死之念轻，而求死后灵魂不朽之念，亦自微矣。第六人之求自己死后之灵魂不朽，恒由于吾人当下无最切近之责任可负，或无所事事，或临死之际之一悬想。故人当前应尽之责愈多，人伦之关系愈繁，人文之活动愈富，则求自己之不朽之念亦必愈轻。第七即中国思想中，除墨家明主信天鬼以求福以外，依道家、儒家之教，人皆可于当下，不待神之相助，而凭自己之智慧与德性，以安顿其精神于人间，唯以求人文之化成或内心之自得为事，亦不须求不朽或求神。依儒家之教，人之所重者，唯在尽人道，情通于他人及万物，而为其所当为。人在抱如是尽人道之人生观时，其精神乃向上的，亦由内以通外的，而非自己照顾（self regarding）的。关于自己之得失、利害、生死，皆唯视义之所在，以定取舍。生死之问题，不在其心中，则死后是否有继续存在之生命，亦可不在其心中。而吾人如此时转而照顾自己之生死，及死后之是否灵魂不朽等，则可只是一私意。其最初乃原于自躯壳起念，而为人所当除去者。此乃孔子所以只言朝闻道夕死可矣，未知生焉知死，而后儒亦罕论生死与鬼神之故。而朱子言，人之求实有一物之不朽，"皆由一私字放不下耳"（《答廖子晦书》），亦此意也。

复次，依儒家之教，人亦决不能重视鬼神过于生人。此一则因唯有生人，乃吾人精神可直接与相感通者，吾人之情必当先及于生人，乃能及于鬼神，此先后秩序之不可乱，即注定吾人之重事人当重于事鬼神；故孔子谓未能事人，焉能事鬼。二则因儒家论人之当为善，即所以尽心尽性，为善本身即目的，而非外有所求；其行仁义，既非所以求富贵功利幸福于生前，则亦不索报于死后，或求神在冥冥中，加以奖赏扶助，此即孔子所以不祷于神（参考"论孔子"一节）。儒者之行仁义，皆所以尽心尽性，亦即出于心之所不容已。夫然，而无论成功与否，皆有可以自慊而自足。德性之乐，乃在当下之尽心尽性之事中，即完满具足者。幸福与德性原为一致，不如康德之视此二者，为此生之所不能兼备。则求赖上帝之力，以得二者之综合于死后，在儒家即可视为不必须。至于对于过恶之去除，则儒家唯重己力。盖唯去过恶者，纯为自己之力，而后去过恶之事，乃更为实现完成自己之德性人格之事。求超越而外在之神相助，以去自己之过恶，虽未始无功，然人在此求神相助之一念中，或不免已先有一自己之精神之懈怠。此时之求神相助之心，又或恒是一方跨过自己过恶，一方意想一无过恶之我，而欲由神助，以获得一如是之我。此便非与过恶直接相遇，而加以改易之道，不免一功利心之潜存。儒家言修养工夫，则重在于细微处，断绝一切功利心于过恶之几初动处，即加以截断。不俟恶之积，而力不足以克之时，始冒起精神，而求神之相助也。至于对于他人之过恶，则在儒家爱人以德之教下，吾人首当求者，乃如何助人改过之道，而非见他人之过恶之受罚，人之望他人之过恶之受罚，虽恒出于自然之正义意识，然亦常出于报仇雪恨之心。儒者言义必与仁连，而不孤言义。立义道以赏善罚恶，要在使人确能由此以进德。故法律必与教化之意俱。否则吾望彼有过恶之人受罚之心，必非仁心也。夫人为恶为善，而在幽冥之中或来生得罚或得赏，固皆可为一自然或上帝对人之教化，然此毕竟不能由吾人之直接经验以证实，则吾诚欲以赏罚为教化，与其寄望于幽冥与死后，不如直下树立礼乐刑政之大经大法于当前之社会矣。

至于在道家思想中，则虽不似儒家之重人文之化成，然彼亦可不求神与自己之不朽。盖人之所以求不朽，恒依于人之有我之观念。人恒因觉我之自我为有限，故思另有为无限自我之神，因念生前之我为我，死后非我，故求死后亦有我而不朽。然依道家义，如庄子之所言，则吾人当忘我、丧我、自天地以观我，则我之一切皆非我有。"汝身非汝有，是天地之委形也。生非汝有，是天地之委和也，性命非汝有，是天地之委顺也。子孙非汝有，是天地之委蜕也。"（《知北游》）知我所有者即天地之所有，则天地之所有亦皆我之所有。夫然，故诚能如吾人前所谓游心万化，即无适非我。游心万化即无适非我，则我亦即同于上帝，同于天而不须外求天求神。自此处言，庄子之精神实与佛家相通。然佛家犹承认相似相续而流转之业识不灭。自庄子观之，则人诚能知无适而非我，则无论吾人死后之化为何物，其与我相似相续与否，吾皆可视为非我之我，而无所容心。以我为鼠肝，以我为虫臂，皆无所不可。"浸假而化予之左臂以为鸡，予因以求时夜；浸假而化予之右臂以为弹，予因以求鸮炙；浸假而化予之尻以为轮，以神为马，予因而乘之，岂更驾哉”，无往而不可自得矣。故庄子之解脱生死同帝同天，不由其肯定永生与上帝，而由其不求永生而不见有生死，同天同帝，而人无非天，所遇而皆神之所降也。

由吾人上之所论，可知在中国社会人文之环境下，依儒道二家之人生智慧，中国人之宗教信仰，必然不免淡薄，盖无可疑。吾人亦可依儒、道二家人生智慧，而谓人之不求信宗教，不求神与不朽者，可有一较一般信宗教者，求神与不朽者，有更高之精神境界。盖一般人之信宗教，恒多出自为自己之动机。人恒由精神寄托于“神之必可与我以助力，及神必能赏善罚恶之信仰”，及“天国来生之福之想念”，方得一精神安息之所。此实常夹杂一自私心。则儒、道二家，不为自己而信神求不朽，而专以舍己救世为事，或当下洒落自在者，实可表现一更高之精神境界，此乃决无可疑者。然人若由人可专以救世为事，当下洒落自在，或据其他自然主义之思想，而否定神之存在与不朽之可能，并谓中国无宗教，儒道思想中无宗教精神，及人不当有宗教要求，文化上不需有宗教，亦复为一错误之意见。中国道家思想之发展，为后来道家之求长生不死，即表现一对不朽之信念。佛教之传入中国，亦以中国人固有之求精神不灭之思想为接引，而儒家思想之本身，固亦有同于西方宗教之肯定神在与求不朽之精神者也。

（四）宗教信仰之当有与儒家之形上性的宗教信仰

吾人之所以必肯定宗教要求为所当有者，即以人之肯定神，求神与不朽，实除出于为自己之动机外，尚有一更崇高之动机，乃纯出于对人之公心者。此即由于吾人之求保存客观的有价值人格，或对亲人之情，而生之望他人人格或精神永存不朽之心，并肯定一超个体宇宙精神生命之存在以护持人类之心，与求苍天鬼神，福祐国家民族与天下万民之心。此三种心，皆人情所不能免，而皆人仁心流行之所不容已者也。诚然，在一伟大之人格，可一生永不念及其个人之生死。当其尽道而死时，其自顾其一生，亦可毫无愧怍而无憾，吾人亦可谓之为一全人。然彼之死，虽于彼无憾，他人对之，则终不免悲悼之情。在此悲悼之情中，人必一方觉其一瞑而永逝，一方又觉其音容宛在。此二者相融，而死者在人之情中，乃若亡而又若存。吾人若顺吾人对彼敬爱之心，以思维彼之是存或亡；吾人此处又如不自拂其情，必不忍谓其一死即无复余。亦不能谓彼唯在心中未死，其自身确已死无复余。因吾人当作是念时，则无异谓彼已真死，而自拂其情矣。吾人若不自拂其情，则吾必顺此情之伸展，而肯定其虽没于明，而仍存于幽。吾只须不将此情折回，而纳诸主观，则此情之所往，即直接决定吾之信之所往，与吾之智之所当往。主观上之不忍"不信"，即客观上之不当"不信"，而为智之所当直下肯定者矣。若于此不能肯定，则吾人虽可言彼人格甚伟大，彼在生时，已有一不计较生死之伟大心胸，然彼之此不计较生死之精神，与整个之人格，既随其死而俱灭净，即最后仍等于若未尝存在，而无价值之可言。彼纵有影响，留至他人，然他人最后亦死，其命运仍与彼同。终亦无价值之可言矣。夫人之人格，纵已完全无憾，其人格之价值不能保存，尚非人情之所能忍；则人之人格未达完全之境，而灭尽无余，更当为人情之所不能忍。康德之由人格必求完满，以证人之必有不朽，唯是依理而证。而吾人亦可兼依情之不忍，以证此理之不能不被肯定。孔子教人，固重事人重于事鬼，欲人先知生而后知死；然孔子对死者之有知无知，亦在两可之间，其答弟子问，固未尝否认圣贤祖先之鬼神之存在；而丧祭之礼中，固可祭神如神在，对鬼神之存在，积极加以肯定者也。

关于上帝之存在问题，诚更为儒家所罕言。然儒家亦实未尝反对人之出自仁心而祈祷上帝者。如汤之祷雨于桑林，郊祀之礼中之祈天之助，使五谷丰登，国泰民安，固为儒家所许。唯中国传统文化精神既重尽己力，而不以天地私眷爱于人类，故祀天之事，由天子行之，重在报恩，而不重在求助。其求助亦不期其必得，更不希望一秘密之方法，如巫术，以邀天地鬼神之福。此传统精神，为儒家所承。故先秦儒家之于上帝或天之存在，虽未尝如西方宗教之明显视为一人格，更未尝如西哲之勤求证明其存在之道，然实亦未尝否认其存在。孔子有知我其天之叹，畏天命之言。孟子有尽心知性则知天，存心养性以事天之言。其所谓天，吾人实难谓其只如今日科学家所言之感觉界之自然。孔、孟之未尝明白反对中国古代宗教，而否定天帝，正见中国古代之宗教精神，直接为孔、孟所承。孔、孟思想，进于古代宗教者，不在其不信天，而唯在其知人之仁心仁性，即天心天道之直接之显示，由是而重在立人道，盖立人道即所以见天道。《中庸》言圣人之道，"肫肫其仁，渊渊其渊，浩浩其天"，非意之也，乃实理固如是也。此吾人已在本书第三章、"中国哲学之原始精神"等章中，加以论列。吾人今将进而论者，即孔、孟之思想中，如只有人道或人之心性论，而无天道、天心之观念，或其天道只是如今日科学中所言之自然之道；则人之心性与人道人文，即皆在客观宇宙成为无根者，对客观宇宙，应为可有可无之物。人死之后纵得灵魂不朽，亦均在客观宇宙，如无依恃之浮萍。诸个人之心，亦将终不能有真正贯通之可能与必要，宇宙亦不能真成一有统一性之宇宙。孔、孟之思想而果如是，何足言致广大与极高明。诚然孔、孟之言天，恒直就吾人所指之自然之"日往月来，花放水流"之事以说，并恒视天为无思无为。似以"莫之为而为"之自己如是之自然之一切为天。与西哲言天心上帝有思想、有意志者，迥然有别。然孔、孟谓天为无思、无为、无欲，实正如其言圣人无为而治、不思而中。此非不及思虑、意志之意，而是有思虑、意志，复超乎思虑、意志以上之意。超乎思虑、意志之天，为人之所从出，亦即人之思虑、意志所从出也。则天非无精神之感觉所对之自然，而为包涵人之精神生命之本原于其内之自然。由是而能生无尽之人物之天，即一充满无尽之精神生命之整体的自然，或绝对的精神生命之实在。唯天为一绝对之精神生命之实在，然后知天事天之事，必待尽心知性、存心养性而后能。若天而只为无精神感觉所对之自然，则又何必待尽心知性、存心养性，乃可称为知天事天乎。果孔、孟之天为绝对之精神生命，则无论孔、孟对天之态度及对天之言说，如何与西方宗教不同，然要可指同一形而上之超越而客观普遍之宇宙的绝对精神，或宇宙之绝对生命，而为人之精神或生命之最后寄托处也。

（五）中国儒者证天道之方——天或天地可指宇宙生命、宇宙精神、本心即天心

大率在西方宗教及哲学，对宇宙之绝对精神生命之态度，与中国儒家之对天之态度，其不同在：西方之宗教家，恒由先与吾人日常生活中所接自然世界及人文世界，先有一隔离，在绝对孤独中，求直接与此绝对精神生命相遇。印度人之求证梵天与涅槃者，亦恒须隐通寺院，避迹山林，以作一冥索虔修之工夫。既证得或接触此形上实在后，乃以言说示人。故西方印度宗教家，求与此形上实在相遇，所取之道，乃一逆人之自然生活中之性向之道。此道，实非人人所能行。因而僧侣不能不成一特殊阶级。一般人除通过对其先知教主或僧侣之信仰以外，亦不能直

接与此形上实在相遇。因而在一般人之看此形上实在，亦终不免视之为高高在上。故婆罗门教，虽明主张梵无所不在，佛教虽言大平等，一般人仍不能不以婆罗门教徒与梵天，或佛与涅槃、真如，为一超越境也。西方哲学家，求知此形上实在，则恒取一理智上、思维上之把握态度，因而终不能得实证。依中国儒家尽心知性以知天之教，则人之求与此形上实在相遇，又不须于自然世界、人文世界，先取一隔离之态度。人诚顺吾人性情之自然流露，而更尽其心，知其性，达其情，以与自然万物及他人相感通，吾人即可由知性而知天。于是此与形上实在相遇之道，非逆道而为顺道。非只少数人可行之道，而为人人可行之道。至于由人尽心、知性、达情，与自然万物及他人相感通等，所以能使人知天者，则以吾人之知天，初不能外吾人以知天。人即天之所生，吾亦天之所生，故吾欲知天之果为何物，可直接透过我之行为、我之性情以知。夫然，故吾之行为进一步，性情多一分流露，吾对于天之所知，即深一步。若吾人求知天，而外吾人行为性情以知天，则吾有精神，天地宜不得有精神，吾有生命，天地宜不得有生命。吾人才七尺，则七尺之外，皆属于天地不属于我。于是天地与我，对峙而相外，天地亦只块然之物质耳。此西方唯物论之所从出也。至多谓自然界有生命已耳。然吾若透过吾行为与性情，以观天地，则我之行为之所往，性情之所流行，皆我之生命之所往，亦即我之精神之所往，我性情之所周遍流行。则我有生命，天地即不能为块然之物质，我有精神，则天地不能为无精神之生物。天地之大，不仅生我之生命精神，亦生他人之生命精神，我父母祖宗之生命精神，亦皆由天地而来。则透过我所接他人之生命精神、由父母祖宗传至我之生命精神，以观天地，则天地不特包含一切人生命精神之本原，亦且为一切人生命精神所之充塞弥沦，则天地即一大宇宙生命、宇宙精神也。

然吾人只由上说以思天地，惟可见天地之为大宇宙生命、宇宙精神，然此中天地之观念，可唯是一笼统之整体或大全，尚不能确立一统天地之绝对精神生命之存在。吾人欲求能确立此义，必待吾人真自尽其心，知其仁心仁性之可无所不涵盖，无所不贯注流通而后可。盖人诚能自尽其心，则知"依其仁心仁性之所自发之情，可无所不涵盖，无所不贯注流通"，知"天地万物虽至繁至赜，实皆为我之同一仁心仁性所弥沦布护，而与之为一体者"。吾人诚有此仁心仁性之全幅呈露，则吾人更将不能视此仁心仁性为我所私有。因而既不能谓此仁心、仁性，只属于我而不属于他人，亦不能谓此仁心仁性只属于人类，而不属于天地。盖此仁心仁性，既呈露为普万物而无私者，同时亦即呈露其自身为不能私属于我者也。故人当知其自己有仁心仁性时，必然同时知：他人亦有此同一之仁心仁性（此上为第五章所已言及）。然当此仁心仁性呈露时，即呈露为命我超拔其私欲与私执者。故此仁心仁性呈露时，吾人既直觉其内在于我，亦直觉其超越于我，非我所赖自力使之有，而为天所予我，天命之所赋。由是而吾人遂同时直觉：我之此仁心仁性，即天心天性。我之仁心仁性之生生不已之相续显现于我，即天命之流行于我，天心天性之日生而日成于我。我遂由此益证天心天性之超越于我，而自有其高明之悠久一面。吾人之仁心仁性之显于我所成之仁德，我皆可推让之于天，而成为天之德。如是之天心、天性、天德，克就其本身而言，即为一绝对普遍而客观之形上实在，谓之为绝对生命、绝对精神，或神与上帝，皆无不可。就其内在于我，而为我之仁心仁性仁德，使我之生命、我之精神、我之人格之得日生而日成以言，则天心、天性、天德之全，又皆属于我而未尝外溢，以成就我之特殊性与主观性。此即天之博厚、悠久一面。自天之高明一面言，曰天之乾道，亦曰天。自天之博厚一面言，曰天之坤道，亦曰地。天地乾坤之德，皆由人之尽心知性而可直接证得，亦即皆由立人道以见。此程伊川之所以言观乎圣贤，则见天地，不言观乎天地，以见圣贤也。

吾人以上谓先秦儒家之天或天地，为一客观普遍之绝对的精神生命，乃自天或天地之形上学之究极意义言之。孔子于此义罕言之，只谓知我者其天乎，默识天心与其心之合一。孟子之教则明涵此义。《易传》、《中庸》，则畅发此义。然此义亦初不碍诸家之言天，言天地，常直就感觉之自然界以说。盖感觉之自然界，自儒家之思想言之，本非只为所感觉之形象世界，同时即为一绝对之精神生命，或天地之乾坤健顺、仁义礼智之德之表现。此点吾请读者重览本卷第五章。唯今须进而说明者，则吾人在第五章，唯言吾人视自然万物具仁义礼智之德，乃由于吾人之依仁心而不私其德云云，尚有自然万物之德，唯由人心所赋与之嫌。实则吾人诚依仁心，而不私其德，则其视自然万物皆具仁义礼智之德，非只吾人视之如是而已，乃实理本来如是。日往月来，山峙川流，与花放鸟啼，草长莺飞之事，如人只以感觉界之事实视之，则诚若只为一感觉界之事实。然吾诚透过吾之仁心以观之，又知普遍客观之天心天性天德之为真实不虚，无往不彰其高明、敦其博厚，而著其悠久，以裁成万物；则自然万物互相感通应和，而生生不已，即实见天德之仁与礼。由感通而各得其所求，各成就其自己，而各得其正位，即实见天德之义智，以至于凡所谓在时间之生化之事中皆实见有仁，于凡在所谓空间之布列之物中，皆实见有义，愚者千载而不悟者，仁者之智皆可得之于一瞬矣。

吾人以上力祛世俗之蔽，以明中国儒者之天或天地，非只一感觉界之自然，不同于西方自然科学家，或自然主义者所谓自然之说。吾人谓中国儒者之天或天地，至少在《孟子》、《中庸》、《易传》作者之心中，乃一具形上之精神生命性之绝对实在。由是可知中国人之祀天地，或祀天，与天地君亲师神位中之有天地，亦不能谓之只祀一块然之物质天地，或只有生命之自然；而实含视之为一精神实在之意。唯先哲因恒对物质、生命、精神三者，不加截然区别，故人恒易不知觉间以天或天地唯指感觉界之自然。实则中国后儒亦多以天或天地，直指形上之精神实在。惟汉儒或以元气贬天地，而以元气为人与万物之共同本原。然董仲舒之谓天为人之曾祖父，又用天心一名，视为王心之所承，亦涵天为一精神实在之意。唯在魏晋玄学、佛学兴以后，玄学家本道在天地先之说，乃视天地只与感觉界自然同，并视天地如无情物。佛家则以感觉界之自然，唯是色法，为纯物质者。然宋儒张横渠以气言天，其以乾坤为父母之说，犹不失《易传》及汉儒尊天之精神。朱子乃合理气以言天地。天地之理为元亨利贞，即仁义礼智之在天者，即天地之德性也。天地之气者，所以实现此仁义礼智之化育流行，即天地之生命或精神也。朱子于天地一名，乃唯以指感觉所得之天地之形象，朱子以理气言天地，正重视天地之德性与精神生命之义也。至于陆象山、王阳明之言本心与良知，皆为人心而即天心，人之知而即天之知。象山所谓宇宙即吾心，吾心即宇宙之心，阳明所谓充塞天地之灵明，为天地万物之准则之良知，皆天人不二之心知，即主观而即客观。吾人但不自躯壳起念以观之，皆不可只说之为各人一个而相互分立者也。而阳明之徒王龙溪、罗近溪，尤善发明人之良知灵明，即神鬼神帝，生天生地之主宰，乾坤之知能，而为一绝对之精神实在之义。人之证得良知本体，正同于人之与上帝合一，超生死而证永恒。康德所谓不能实证之上帝存在与灵魂不朽，到此皆可由意志之真自由，人之证得自心之良知本体，同时实证，此儒家本涵有之精神，而龙溪、近溪则明白点出之矣。龙溪之言曰：

"自得之学，居安则动不危，资深则机不灵，左右逢源，则应不穷。

超乎天地之外，立于千圣之表。……天积气耳，地积形耳，千圣过影耳。气有时而散，形有时而消，影有时而灭，皆若未究其义。予所信者，此心之灵明耳。一念灵明，从混沌里立根基，专而直，翕而辟，从此生天生地，生人生物，是谓大生广生，生生而未尝息也。乾坤动静，神智往来，天地有尽而我无尽，圣人有为而我无为。冥权密遇，不尸其功。混迹埋光，有而若无。外示尘劳，心游邃古，一以为龙，一以为蛇，此世出世法也。"

罗近溪以良知为乾坤之知能，其言有曰："或问君子之道费而隐……曰，费是说乾坤之广大，隐是说生不徒生，而存乎中者，生生而无量。化不从化，而蕴诸内者，化化而无方……费则只见其生化之无疆处，而隐则方表其不止无疆而且无尽处。又曰：圣人的确见得时中……只在此一个费隐。故溥博渊泉，而时出之，溥博如天，渊泉如渊，夫时中即是时出，时时中出，即是浩费无疆，宝藏无尽，平铺于日用之间而无人无我，常在乎眉睫之前而无古无今。"

直至王学流弊见，王船山祛王学之弊，乃讳言心之至尊而无外，而重返于横渠"大天而思之"之论，而以天地之气，具含万德，既为物质的，亦为生命精神的。故曰："天有其衷。今夫天，气也……而寒暑贞焉，而昭明发焉，而运行建焉，而七政纪焉，而动植生焉，而仁义礼智不知所自来，而生乎人之心，显乎天下之物则焉，斯固有入乎气之中，而为气之衷者，附气以行而与之亲，袭气于外而鼓之荣，居气之中而奠之实者矣。"（《尚书引义》卷三）（详拙著《王船山之学述》，《学原杂志》第一卷一、二、三期，第三卷一、二期。）

凡此诸论，实皆有一形而上之精神实在之肯定，而对"既为主观亦为客观而天人不二之气理或心"有一绝对信仰。此乃既表现中国文化中之最高的哲学精神，亦表现一最高之道德精神、宗教精神者。唯自清儒起，学者多徒以训诂考证为事，而颜、李、戴、焦之伦，皆重人事而不能上达天德。宋明儒之道德精神中所涵之哲学精神、宗教精神，皆渐为人不识。清代学术流风，至于今日，人复感西方宗教家、形上学家言与中国多不类，遂谓中国人无宗教精神、无对于形而上之精神实在之信仰与肯定，则相率而传讹者也。

（六）中国宗教之形上智慧——开天地为二

吾人如知中国思想中，一直保存一形上的精神实在之信仰，而具备一对天之宗教精神，则吾人可进而论中国人对天之宗教精神，与世界其他宗教对其上帝等之精神之异同。中国人之对天，与回教、基督教对其上帝，最大之不同，即回教、基督教，皆特重上帝之超越性，而较忽其内在性。此首可由回教、基督教皆重上帝创造天地万物之说证之。上帝创造天地万物之说有二涵义：其一为上帝乃依其自由意志而创造天地万物，因而上帝并非必须创造天地万物者。于是天地万物对上帝遂非一必然之存在，上帝可依其自由意志，随时加以毁灭者。其二为所创造之人以外之天地万物——即自然界，在上帝看来，虽是好的，然其本身则无内在之价值。其所以发生价值，乃在上帝创造人之后，对人而发生价值，故上帝恒高居人外之自然物上。复次，由吾人前所言，回教、基督教皆谓上帝只对救主、先知直接有所启示，亦只对救主、先知而现身，不对一切人现身。于是他人唯有通过对救主、先知之信仰，乃能与上帝感通。此复证上帝之超越性，过于其内在性。然在中国古代传统思想及儒家思想中，皆缺天神创造世界之说。而天心之仁，则遍覆于自然万物而无所偏私。神运无方，帝无常处，曰天曰神曰帝，皆内在于万物者。此颇有似于婆罗门教之以梵天为无乎不在，佛教之以一切法皆具真如，而一切有情皆具自性涅槃，自性菩提同。然中国思想，又不如婆罗门、佛教视一切有情为平等，而重严人禽之别。中国思想虽谓：天心无所不在，神运无方，帝无常处，万物皆能显元亨利贞之德（即在天之仁义礼智之德），然唯人能自觉此天道之元亨利贞之德，完成人之仁义礼智之德，亦即谓唯人能体天心，以人德合天德。故人禽之辨，不可不严。此点则又与基督教、回教，特重视人之精神，谓唯人为有灵性有自由意志，而最肖神之说相近。中国思想，与回教、基督教之思想，皆重人，并重人群之关系。此与婆罗门、佛教，较忽视人群之组织，重各个人直接与梵天合一，或各自证得涅槃者不同。中国思想与回教、基督教思想之特不同处，则在回教重各个人之独立自尊，而同交会其精神于上帝与穆罕默德之崇信，以形成其团体之生活。故回教团体之形成，可谓之为伞状的，而自然趋于向外膨胀的。基督教徒重谦卑宽恕，而归命于耶稣，以形成教会及其他社会组织。诸个人在团体中，则有较多之互相依赖性。在此教会团体中，诸个人之关系，宛然如互相系属成纽带状的。教会团体本身，又恒要求个人隶属于其中。教会团体，复或表现一强烈之排外性。此教会之纽带，在中世纪亦即成整个欧洲社会之纽带。而依中国先哲思想，则因人人皆具天德之全，故每一个人皆可上达天德，而为一中心，以遍致其或厚或薄之情于相关之一切人。故中国之各个人精神，为独立而当各以仁心遍覆各种人伦关系中之人的，宛如莲叶之互相涵盖的。在回教中，因无三位一体、上帝之子化身为人而为人赎罪之说，故上帝显尊严之天德，而不显地德，以持载人间世。基督教之上帝化身为耶稣而同于人，以承担人间之苦罪，可谓能由天德而开出地德，以持载人间世。然因其视人外之自然世界为无本身价值，又不甚重一般人文，故上帝不能真承载自然界、人文界，而泛神论思想，所以对基督教为异端者，亦以此故。基督教上帝之地德，未能博厚，如非真有地德。而中国思想中之天，则遍在自然界而以化生万物为事，即为真有持载自然界之地德者。于是人与万物同不为枉生而为直生，此即《易经》之所以乾元统坤元，以天统地，而乾坤又可并建，天地又可并称之故。中国思想中，于天德中开出地德，而天地并称，实表示一极高之形上学与宗教的智慧。盖此并非使天失其统一性，而使宇宙为二元。而唯是由一本之天之开出地，以包举自然界而已。天包举自然界，因而亦包举"生于自然界之人，与人在自然所创造之一切人文"，此所谓包举，乃既包而覆之，亦举而升之。夫然，故天一方不失其超越性，在人与万物之上；一方亦内在人与万物之中，而宛在人与万物之左右或之下（此二义，在婆罗门教及西方泛神论思想中亦有之）。再一方，则在中国思想中，天德之宛在人与自然万物之下，以举而升之也，即推举人与万物，以上升于天。而天之在人与万物上以包而覆之也，又复若承受人与万物之上升，而卷之以退藏于密，而成人与万物之终。故天地与人及万物之关系，乃一方是"天地先于人与万物而生之"之关系，一方是"后于人与万物之生而承受之"之关系，人在世间一切事业与德行，皆一方为人本于天命之性，天心显于人心，以自尽其能之事，人所以"后天而奉天时"之事；在另一方，由人之事业与德行所成就之人格与人文，又为其自身之创造，而"先天而天弗违"，天亦只有加以认可承受者。宇宙间唯人能以人德继天德。人之以人德继天德，即其尽心知性以知天之事。人知其性即知其天所赋之性。天所赋之性为明德，此明德即天性也。人知其性即明明德，而能继天德矣。人若不知其性，则性德隐而不显，即天德未能为其所明。唯人知其天性而明明德，乃上达天德。人必知其性，人德必上达天德，天德乃被自觉于人而贞定于人。天德贞定于人，即天德之自成。故宇宙若无人之尽心、知性、知天一串事，则天德亦不得大成。故人之知性知天，实即人为功于天所不可少者。由是人不仅有所依赖于天，天亦可谓有所依赖于人。无天道，人道固无所自始，无人道，天道亦无以成终。而人道之立，即表现于人格之成就，人文之化成于自然界。夫然，故中国思想中必以天地人为三才而并重。天德高明，地德博厚，而通此高明与博厚，以成就人格人文世界，裁成自然界，以立人道者，则人也。世衰道丧，人不能顶天立地而立人道，则天心摇落。世界宗教大皆不能真肯定人格世界与人文世界与上帝并尊，其关键皆在其以上帝为绝对之自完自足而无所待者。上帝可造自然界，亦可不造；可造人，亦未尝不可不造人。其造自然界与人，多说其唯以显其自己之光荣。此上帝实多少含一自己照顾之色彩，故其造人之后，人犯罪而赖上帝之救赎，便只见人之需要上帝，而不见上帝之需要人。经院哲学所宗之亚里士多德，以上帝为本身不动，而唯使他动者，亦涵上帝不需要世间，而唯世间需要上帝之意。印度之佛教之涅槃真如，纯为一无为法。人之迷觉，纯为人一边事，对此无为法，人既不能有所减损，亦不能有所增益。此无为法对人之智慧，如一"所"而非"能"。婆罗门之梵天，遍在万物，亦非必需要有人之存在以觉悟之者。故人之觉悟梵天，亦复无功于梵天。唯依黑格尔之哲学，论上帝之必须客观化为自然界，并在人之精神中被自觉，可谓能说明自然界及人对上帝亦为一必需存在之理由。然黑氏终未明言人可与上帝并立，而相待以为功。及至今日之怀特海（A. N. Whitehead）乃言上帝之先万物性与后万物性。（见其《历程与实在》最后一章，中世宗教思想中。Erigina 以上帝为创造万物者，亦为万物之终，非创造者，亦非被创造者，盖怀氏思想之所本。）彼谓万物固赖上帝以成万物，上帝亦赖万物以更成其为上帝。是能明上帝与万物及人，相待而交相为功之理。而于其《理念之探险》一书，深道基督教中缺"上帝真需要世界之理论"之弊。怀氏之上帝之先万物性与后万物性之说，实西方思想中最同于中国之思想，以一天而开出天德与地德之思想者。怀氏神解至此，可谓贤矣。

（七）中国先哲对鬼神之信仰与对自己之宗教精神

由中国思想之兼肯定天之天性与地性，天之先人性与天之后人性，人之先天性与人之后天性，而尊重人之人格世界、人文世界之地位。故中国之宗教思想，必然不免在敬祀天地以外，兼敬祀祖宗与各种之圣贤人物与君、师。在西方宗教中，只有一先知或教主。人之宗教性之崇敬意识，最后只能集中于一先知一教主，以达于上帝。在中国儒家，则以人皆可直接见天心，而遍致其情于所关系之他人，故人亦当遍致其崇敬之意于一切当敬之人物。敬祖宗者，敬我之自然生命之本源，即敬天地之德之表现于自然生命之世界者也。敬君者，敬人之群体生活之表现。君非一社会团体之领袖，如教会之教皇，而为一切社会团体之一领袖。故敬君即敬整体之人类社会之表现。而敬师与各种圣贤人物，则敬一切人格世界之人格与人文世界之全体之表现。夫然而中国宗教精神之归结于崇敬天地君亲师五者，正表现中国宗教精神之涵具一更圆满的宗教精神之证。天德开为二，以成天地乾坤之德，人生其中而为三。人由其与自然生命世界及人群世界、人格世界、人文世界之数种关系，而有对君亲师三种人物之崇敬，以代表吾人对数种世界之崇敬。世界之一切宗教中，人所崇敬者之范围之广，盖尚未有过于此也。

抑中国宗教思想尚有一特色，即人精神之不朽而成为鬼神也，其鬼神非只居天上，而实常顾念人间。在基督教与回教中，有天使，可来往于天国人间，以传达上帝之使命，此乃由其上帝之超越性特显之故。天使能来往于天国与人间，可谓顾念人间者。然天使初非由人而化成。又人之行善而入天国也，在西方宗教思想中，皆以为乃一入天国，则远离俗世，而不再顾念人间。在印度婆罗门教中，喻人之证梵天者，如一瓶之破，而瓶中之虚空反于太虚，人之精神亦一解脱而不还。佛教小乘教，亦谓人成佛即远离世间，唯大乘教有菩萨永不舍众生之论，志在使一切众生皆入无余涅槃而灭度之。然在中国之宗教思想中，则以人之死为归而为鬼。然鬼非即归于天上，而一去不还。伟大之人格之鬼，必鬼而神。鬼为归为屈，为人之精神之屈而入于幽，如卷而退藏于天地之密。神则为往而再来，为死后之人之精神之重伸，而出于幽，以达于明，以放而弥六合。鬼而不神，必其人格卑污者，故后世鬼恒有劣义。凡人格伟大者，其鬼必神。神必顾念世间，而时求主持世间之正义，与生人相感通。在中国宗教思想中尊神而卑鬼，即使人死后不朽之灵魂，不当成为一去不还者。然中国固有宗教思想，又无如印度之个体轮回之说。印度之个体轮回之说，假定人与畜生，可以互相转化，亦假定畜生可为前生之父母。此则无形中，足以泯人禽之别。此乃重辨人禽之别之中国思想所不许。中国固有思想，多信造化日新而不用其故（伊川语），于是先后之秩序不可乱，故初无祖宗再投生为子孙之说。人死而成鬼神，则人之生有如何之规定性，其为鬼神，亦有如何之规定性。夫然，而后鬼神之不朽，乃生人之德行或生命精神之全部，如其所如，以保存于天地间而未尝散失。鬼神之进德，亦当赖其与生人作不断之感通。由此感通，不仅鬼神，可有裨益于生者；而孝子慈孙，亦可以其诚敬之心，使祖宗鬼神，得向上超度，而日进于高明。此种宗教思想，实为中国最早之传统的宗教思想，而大体为后世所承者。先哲中固多持无鬼之论，如王充；亦有持死者之气一去不还，唯其理尚存于天地间，而可与子孙之诚敬之心相感格之说者，如朱子；或又主鬼神之气，大往大来，古之圣贤之气，存于两间者，仍将或聚或散，以重现于后世之说如王船山。然除受佛家思想影响者，要皆不主个体轮回之说。而凡谓鬼神有真实意义者，皆恒对其理或对其气，视为可以与生人相感通，而有所裨益于生人者。除儒家以外，如道家之发展至后来之道教，其求死后之不朽而望长生，或脱胎换骨以成仙者，成仙以后，亦必愿重至人间，与人为侣。此皆见中国宗教思想中之求不朽，重在建立人之精神，往而能来，超世而能入世；与世界其他宗教，偏于求得一直升天国，直达彼界，而不再重来俗世，再受后有，实明表现一不同之特殊精神。此种不朽或鬼神之理论，吾尝以为实最能满足吾人对不朽鬼神之多方面要求者，大可有加以发挥之余地，唯非今之所能及耳。

最后，吾人尚可谓世界其他宗教之宗教精神，皆可谓只重消极的袚除苦痛与罪恶，而宗教中之一切道德修养，其作用皆为消极的去罪苦，以降神明。中国之宗教思想，则尤重积极的肯定保存一切有价值之事物。基督教思想，以人生而有罪，婆罗门思想与佛教思想，皆以人自始为业障或无明所缚。故诸宗教言道德修养，除去罪恶无明以外，若不能外有所事。人如不承认自己有罪或烦恼等，即若无法使其觉有信上帝之必要。然依中国儒家宗教思想，则吾人对于形而上精神实在或绝对精神生命，能加以肯定与证实之根据，正在吾人之不自以为先有罪，而先能信其性之善而尽其性。其对天地君亲等之宗教性感情所自生，则主要赖吾人能伸展其精神，以遍致崇敬之情。故此种宗教精神，不特重在教人能承担罪苦，而尤重在能承担宇宙之善美、人生之福德。承担宇宙人生之善美福德，不私占之为我有，乃报以感谢之意，而又推让之天地君亲师，以致吾之崇敬，即为一崇敬客观宇宙人生之善美之宗教。此中之道德修养所重者，遂可不重在消极的去除罪恶与烦恼等，而重在积极的培养一崇敬而赞叹爱护宇宙人生之善美福德之情，并以求有所增益于宇宙善美、人生福德，使之日益趋于富有日新为己任。故此中所信天地，为厚德载物，以生长发育成就万物者。此中所信之鬼神，亦为顾念人间，而与生人之精神相感格者。人对天地鬼神，依此思想，又不当有所私求，亦不当望其能为吾人伸冤屈而雪仇恨，以至赏善罚恶，皆非天地鬼神主要之责任。天地鬼神之德，皆在无思无为之生物成物之事，或与人之自然的感格上见。夫然，故天地鬼神之德，皆与其谓为永恒不变，不如谓为洋洋乎如在其上，如在其左右，悠久而无疆。于是人崇敬天地鬼神之心，即同于"一积极的直觉一悠久无疆之形上精神实在之哲学意识"，与"对悠久无疆之天地鬼神，积极的致当有之礼敬，愿望天地鬼神之与人，同从事于增益宇宙人生之善美福德"之道德意识。贯宗教、哲学，与道德精神以为一，斯即中国宗教精神之极高明而敦笃厚之至诚。诚之至也，则吾之一切行为，皆可质诸天地鬼神而无疑，而与天地鬼神之德共流行，为形上精神实在之直接呈现。吾之礼敬，即既敬彼天地鬼神，亦敬吾之一切行为。吾之一切行为，以至一切意念，皆即形下而形上，才通过主观，即化为客观，才属于我，即属于天，才自我所创生而辟发，即为我所恭敬以奉持。则我于我之一切行为意念，亦可敬之如天，而自处如地。此则儒家之宗教精神之极致，为中国宋明儒者之言敬者之深意，而有待于读者之旦暮得之者也。

宗教精神与现代人类[*]

一、人与天之合作以挽救人类之物化

因为现代中国所感受之问题，皆与近代西方文化对中国文化之冲击有关。所以本文论宗教精神与现代人类，自西方近代文艺复兴说起来。我们都知道，文艺复兴以来西方人文主义运动，由反中古宗教之重神而忽人，反中古神学中之独断之教义，反中古教会之统制文化开始。于是从统一的教会中，解放出个人之信仰自由。在神学外尽量发展科学哲学。从宗教性之建筑，音乐，图画，新旧约之文学中，胚育出近代之多方面表现人性之艺术文学。从神圣罗马帝国，脱颖出近代之国家与政治。人从企慕天国之福乐，对上帝之信仰与祈望，转化出仿效天国以建立人国之热心与理想。耶稣要上帝的事还上帝，凯撒的事还凯撒。文艺复兴后之西方思想，则进而要人性还人性，自然还自然，文学艺术还文学艺术，科学还科学，以致经济与生产技术还经济生产技术。由此而成就对个人人格之各方面活动之进一步的尊重，成就千岩竞秀，万壑争流之西方近代文化。上天国必须承认自己之罪恶，克制自己；而近代西洋人之想建立人国，则从征服自然，求战胜外界开始。科学与征服自然战胜自然之精神结合，形成了近代之工业文明。在工业文明之下，产生了近代之资本主义经济制度，与反资本主义之社会主义共产主义运动。从这里看，则近代西洋的文化，是从反中古宗教开始的。而近代人文主义之精神之发扬，从神转到人之思想之提倡，正是构成近代之异于中世之

---

* 录自《人文精神之重建》，新亚研究所 1955 年初版，根据正中书局 1987 年第 2 版校订。

关键所在。孔德认为人类学术之进化乃由神学时代而玄学时代，而实证时代，他想以人道教代神道教。弗尔巴哈。谓他之第一思想为神，第二思想为自然，第三思想为人。都是在标明近代之重人之异于中世之重神者。

由上所述，在现在想保存西洋近代文化之传统的人，爱护西洋近代文化所自生之尊重个人人格之精神的人，相信西方人文主义的人；恒不免对西方中世之宗教文化，自觉的或不自觉的，不怀好感。由于摧毁个人自由最烈的俄国共党组织之若干方面，类似中世纪教会之组织；于是人由于厌恶共产党，而追溯其文化渊源于基督教者（如罗素），亦不免忽视西方中世之宗教之价值。其实，我们在现在发扬人文主义之精神，我们所要对治的，只是视人如物，以驾御机械之态度，驾御人之唯物主义。我们所要讲的人性，是异于物性的人性，而非异于神性的人性。我们所谓人文，乃应取中国古代所谓人文化成之本义。"人文化成"，则一切人之文化皆在内，宗教亦在内。中国儒家所谓人，不与天相对。用今语释之，即不与神相对。中国之人文思想，自来不反天而只赞天。我们今日承中国之人文思想，以论我们对文化之态度，亦不须从反神反宗教之精神开始。西方现代所需之新人文主义，亦决不能如文艺复兴以来之人文运动，持人与神相对之态度。反宗教是不必须的。不仅不必须，而且从整个西洋文化之保存与发展看，西方之宗教精神是应当保持的，加以发扬的。如说已衰亡，便应使之再生。未来的西洋文化，决不只是近代西洋文化之精神之直线发展，并兼须回向中世与希腊之精神。人类的文化之发展，常只有返本，才能开新。说近代西洋文化精神之发展，须由返本以开新，在只生活于此近代西洋文化潮流下之人，恒不能理解，亦不愿听。此话一时亦说不清。我们只须指出：近代西方思想之发展，至少其中有一条线，是从讲神而讲人，讲人而只讲纯粹理性，讲意识，经验；而下降至重讲生物本能，生命冲动，到现在而唯物主义，横扫欧亚。人真能思想到物的重要，表示思想之扩展至极。然亦表示思想之外在化至极，与堕落至极。物质以下便是空间。空间只是虚空，人之思想与精神，再不能向虚空堕落，故必须回头。这一回头要包括回到神，人与神合作，以救住人类之物化，免于堕落虚空。所以未来之西洋文化之大方向，除非是唯物主义绝对胜利，便不应是宗教之衰亡，而应包含是宗教之再生。如果唯物主义绝对胜利，则不仅宗教衰亡，一切人类文化亦难保持。人类文化不亡，人总不能全部物化。便须有上升而求神化之宗教精神，以直接挽住下堕而物化之人类命运，我们须知中世纪宗教统制文化之弊害，已经近代文化之洗涤。则此后上升求神化之宗教精神，便可专显其对治人之下堕物化之精神效用。中国儒家人文主义，以人为三才之中，上通天而下通地，所谓"通天地人曰儒"，诚是一大中至正之道。但是后代儒者或排斥专求神化之宗教，与忽略对物之利用厚生之事，便不免有病在。个人依儒者之道以尽心知性知天，至诚如神，觉此心即天心，人即天人，另无外在之神，固是一精神之极高境界。而个人之少私寡欲，忘却货利之重要，亦学贤圣者必有之怀抱。然而对社会文化说，则人们必须先存在于物质世界，才能学贤圣。而对物界之了解与加以主宰，均表现人类精神活动之开展。利用厚生，即所以充实人之自然生命力，以从事文化道德之生活者。而人能先信一外在之神，至少亦是使人超越唯物之宇宙观之一精神条件。愚夫愚妇之求神化之向往，皆可以平衡其一往追逐物欲之趋向。而一般人真要识得人心天心原来不二，人性中有神性，亦恒须先视天心或神为外在，对之有崇敬皈依之宗教意识。则儒家之圣贤学问，在社会文化上，正须以科学与生产技术之发达，宗教之存在，以为其两翼之扶持。中国古代儒家精神，原是即宗教，即道德，即哲学者，亦重利用厚生者，本当涵摄科学与宗教。然后代儒者，因要特重人而不免忽略其中之宗教精神，并忽略对物界之了解与加以主宰之事；乃未能充量发展此儒家原始之精神。如充量发展之，显天地人三才之大用，正须在社会文化上肯定科学与宗教之客观地位。此一肯定，完成了中国文化之发展，显示出人文化成之极致；此与西洋未来文化将以宗教精神之再生，理想主义之发扬，救治人类物化之趋向，两相凑泊。正是人类文化大流，天造地设的自然汇合之方向所趋。由此以看一时横决之唯物主义，其在西方文化史之发展上，便不过近代机械文明下之一必经变态。而中国现在之唯物主义，不过中国文化过去忽略对物界之安排之一报复。这必经的变态与报复之效用，均在昭示人类文化由反本以开新之大道。西方文化之返本，赖宗教精神之再生，理想主义之发扬。中国文化之返本，赖儒家精神之重新自觉。在此自觉中，圣贤学问将不以囊括或排斥其他文化活动之姿态出现，而将以肯定其他文化活动在社会上之独立地位之姿态而出现。因而不仅对物界之安排之科学与生产技术，将被重视，而宗教之独立地位之肯定，亦不可少。而直接纠正唯物主义，宗教精神尚须居于前驱之地位。记得伍光建先生曾译一书名《列宁与甘地》。二十世纪之精神之象征，是列宁与甘地。甘地是直接对治列宁，使之显出渺小而无地自容的。耶稣与释迦，是直接对治下坠而物化之文明，物化之人生的。所以我们的新人文主义，不特不能反对宗教，而且要为宗教精神辩护。虽然我们仍是以人文之概念涵摄宗教，而不赞成以宗教统制人文。在兼通天地人的意义下，孔子是可以涵摄耶稣释迦与科学之精神的。然而至少在补今日之偏，救今日之弊的意义上，我们对于耶稣与释迦，决不当减其敬重。

二、流俗所谓宗教精神恒为第二义以下之宗教精神

我们为宗教辩护，并非向已信宗教者说话，而是对不信宗教或未信宗教者说话，以使人更公认宗教在文化中应获得地位。而我们之立场，又非站在某一特殊之宗教立场，以劝说人信某一宗教。而唯是站在一求人类文化生活之充实发展之立场，以论究此问题。所以我们之辩护，将只着重说明宗教精神之价值，宗教精神对于人类文化之必需。而不着重在神存在（或佛菩萨之存在）之证明，神之意义之说明等。关于神之意义与神是否存在之问题，我们只当在纯哲学或神学中讨论。我个人是相信宇宙间有鬼神存在的。但神之意义如何，则不是简单的几句话可说，此亦不必与一般宗教家所说全同。我现在所能说的，是人只要打破了绝对的唯物宇宙观，并打破只以感觉所对为实在之态度，人总会发现一种意义之超物质之神之存在的。而且我们可以退一步说，纵然任何意义下之神皆不存在，神只在人们之主观之信仰或想像中；人能信一超越的神，而依之以生一宗教精神，仍有极高之价值。我们主张，无论如何，对整个人类言，其中必须至少有一部份人，富于真正之宗教精神。任何人皆须了解宗教精神，赞美崇敬有宗教精神的人，或自己亦具备相当之宗教精神。对现在之时代言，则真正宗教精神之价值之普遍的被认识，尤有迫切之需要。在这个时代，如果人们之宗教精神，不能主宰其科学精神，人之求向上升的意志，不能主宰其追求功利之实用的意志；人类之存在之保障，最高的道德之实践，政治经济与社会之改造，世界人文主义之复兴，中国儒家精神之充量发展，同是不可能的。

我们说这个时代，尤其须真正宗教精神之价值，普遍的被认识。我们所谓真正之宗教精神，是用来简别世俗流行的所谓宗教精神之意义的。世俗流行的宗教精神之意义，或是指一种坚执不舍，一往直前的意志。或是指一种绝对的信仰，绝对的希望。或是指一种人对于其所信仰

所希望实现的目标之达到，有一定的保障之感。此三义可相连，统可如詹姆士之名之为一信仰的意志。通常人说一革命家，一主义信徒，一事业家，一恋爱追求者，有宗教精神，常不出此三义之外。此三义之宗教精神，表现在一般宗教生活之本身，即为一信仰神之爱吾人，救主之愿赐恩于吾人，信仰吾人之将蒙恩而得救；信仰吾人只要真向神祈求，神即能助吾人之成功而得幸福。由此信仰，而感到自己之生命，有了寄托归宿，觉到一切都安稳了，而加强了生活意味与勇气，在人生道上一往直前的意志。一般宗教徒之宣传宗教，亦常依此意义，以讲宗教之价值。一般人之相信宗教，亦恒是依此意义而相信宗教。但是此种宗教精神之意义，只是第二义以下的。并非真正的宗教精神的根本意义，原始意义。如以此为宗教精神之根本原始的意义，或人自开始点即出自此动机以信宗教，人便落入纯实用功利的观点。从实用功利的观点，人绝不能透入宗教之核心的。而人若泛称一切有绝对信仰与坚强意志的人，为有宗教精神，则宗教精神之对人类为祸为福，亦殊难说。因为人之绝对信仰坚强意志本身，可即是坏的。如从此种意义讲宗教精神，则宗教精神之真正价值，不能确定下来，不成为当普遍的被认识者。

三、苦痛罪恶之存在之肯定与超一般意识之解脱苦罪之意志

我们所要指出的真正的宗教精神，是一种深切的肯定人生之苦罪之存在，并自觉自己去除苦罪之能力有限，而发生忏悔心，化出悲悯心；由此忏悔心悲悯心，以接受呈现一超越的精神力量，便去从事道德文化实践之精神。此精神在世间大宗教中皆有，而原始佛教基督教更能充量表现之。在原始自然宗教中，人相信有神，恒由其深感自然降临之灾难与苦痛，并觉人力之常有无可奈何之处。在此中，罪恶之自觉，比较茫昧。而直接求神赐福之念，则较显著。此其所以为最低之宗教形态。回教婆罗门教中一方对神作赞颂祈祷，或冥想直观的功夫，一方即要人直接依神之所命或效神之德以成人德。但在基督教与佛教中，则先对人之罪恶有深切之自觉，乃为最主要者。基督教所谓原始罪恶，佛教所谓无明烦恼，都不只是与生俱生，而且是由人类之第一祖宗传来，或无量劫传来，深藏于吾人生命或下意识之底的。此罪恶之根，在吾人生命或下意识中之底，即在我们个人所能自觉之表面的意识生活现实生活以外。

故一般浮浅的道德反省，恒不能透入之。世俗的迁善改过，亦恒不能绝去此罪恶之根。因而必须要大忏悔，大谦卑，以沉抑下我们浮动掉举之心，自内部翻出一自罪恶绝对解脱之意志。此意志直接求超化吾人之下意识境界之罪恶。故此意志，亦为一超意识境界之超越的意志。此超越的意志，一方忏悔悲悯吾人之罪恶。一方即本身是——或能接上——一宇宙之超越罪恶之意志。此即神之意志或一超越的精神力量。而由此意志，此精神力量之呈现，吾人乃能真拔除吾人之罪恶，而有宗教性的道德文化之实践。这一种精神，我们可称之为原始的佛教基督教之真精神。表现这一种精神之第一句话，不是与人以一福报之保障。不是使人相信你求什么，神佛便帮助你什么。而是在人深陷于苦痛，无办法的时候；向人启示：你的一切苦痛，都原于你与人们的罪恶。你不能泯除你与人们的罪恶，你便应承担苦痛。而你必须凭一超越的意志或精神力量，你才能去除你与人们之罪恶与苦痛。否则，你总是无力的。你自以为有办法的，都是无办法的。你一般意识生活中之一点理性的光辉，你现实生命中之自然力量，乃是被限定的，卑微的，渺小的。如此，则你只有转出或接上一超越的精神力量，可以使你逐渐上升，望见真正的伟大，无限，幸福与至善。在最后阶段，你可以有保障。然而此保障，是第二义的。故说之为神所赐，是佛菩萨之加被。你并不能期必此保障之何时降临。即此保障之何时来临，你不觉有保障。你不觉有保障，你才可以真得保障。所以真宗教的精神，自始至终都是谦卑的。流俗的宗教宣传，开始点即说，你信了神，便有神冥冥中扶助你，祈祷他，他就答应。此除了为教化的方便，别无价值。而当人不知此只为一方便，而以为真宗教精神即求神扶助时，并以祈祷神相助，为宗教生活之主要内容时；人根本误解了宗教精神，而过着一堕落的宗教生活。西方教会自成一政治力量后，神之信仰便有时成扶助教皇满足权力欲之工具。耶稣之原始精神即开始丧失。而近代宗教改革以后，信仰自由之被承认，固是一进步。然一般人以宗教信仰，保障人之世俗事业之成功之意味更强，却更代表一宗教精神的平凡化与衰落。所以我们要讲真宗教精神，必须透过一层，回到宗教精神之根本处原始处去。如果我们不能在此根本处原始处，看得稳，握得紧，并求其为人所了解，我们将不能有宗教精神之再生。而宗教在文化中之地位，亦将因其本身之功利化世俗化，而日益降低。不复能再有其过去之尊严与光荣，以至根本失却在文化中之地位。

四、近代精神与宗教精神之相违

然而我们上述之真宗教精神，在近代人现代人之文化意识中，却是不易真被了解的。因为西洋之近代文化之根本精神，自一方看，是与真宗教精神相违的。真宗教精神，是先肯定苦罪之源远流长，自己对自己之苦罪无办法，知我们一般意识生活中之理性，现实生命之自然力量，是不能拯救我们到苦罪之外的。而近代之西洋文化，主要是富于自然的生命力之日尔曼人所创造。诚如斯宾格勒之在《人与技术》，及《西方文化之衰落》二书所说：近代西洋人是先有一野兽般的自然生命冲动。由此冲动而不自觉的自信其力量之无限。故在其未有什么文化创造时，虽亦具一原始人类同具的宗教情操，而易于接受基督教精神的陶冶与感化。但是在他入文化舞台，在近代文化史上出现时；便要想建立人国于地上与天国比美，而显出一与上帝竞赛伟大的雄心，成所谓浮士德精神。于是改革宗教，航海开荒，征服五洲，殖民世界。天文学之进步，于此又展示了太阳中心之学说。天体之伟大与无限，使人之心量亦向无限之空间开展，而追慕无限。物理学，化学，生物学之进步，使人更了解自然，征服自然。农业工业，医学之进步，使人于地上的矿物，可自由加以改变制造；于植物动物，可自由加以变种培植畜养；于人自己的身体，可多方治疗其疾病，延长其寿命。十八九世纪，科学发展到社会科学，心理学。人们相信，我们一朝发现了社会政治经济心理的原理定律，我们便能依理性以改造旧的社会，以组织一永远向前进步的人类社会。乐观的绝对相信进步的思想，使学者们从生物学上的进化论，转到寻求社会进化的证据。人类的史料，成了学者们构造社会之政治，经济，家庭，一切的一切之各种进化阶段之学说的证据。而每一进化之学说，均助长了人们的自信。相信现在的阶段，应当存在，将来期望的阶段，必然出现。而此相信所自来，在根本处说，则由人之自信其生命力理智力之无限，科学之力之无限。而自觉的或不自觉的自信：人可以建人国，以比美天国，人可以与上帝，竞赛伟大。在这一种精神下，人是认为人之一切苦痛，都可赖自力克服；个人之罪恶，都可赖一般教化力量去化除；社会之罪恶，则可赖战争革命来烧净涤洗。在近代西洋，从培根，康多塞，孔德，弗尔巴哈，马克斯，及其他无数思想家，都为此种进步之理想所鼓舞（此可看比芮 Bury《进步之观念》Idea of Progress 一书）。近代西洋人总觉自己对自己之命运，一切都是有办法的。宇宙的进化，生物的进化，是自然且必然的。人类社会之出现，人类社会之进化，亦自然且必然的。在自然之上，肯定一超自然之神，是不必需的。因而"真正的承认自己之苦罪，为一般理性及自然生命力量，所不能加以拔除拯救，必须承受一超越的意志精神力量之呈现"之宗教精神，是与近代西洋文化中之根本生命情调，人生态度相违的。此便亦是真正宗教精神，总为近代西洋人之精神所拖下，以致现实化世俗化之理由。而我们要使我们上述之真正宗教精神，为浸习于近代西洋之思想生活之人所了解，在开始点，即有一情调态度上的不相入，而使说话者亦感困难。

五、无可奈何之感与罪过之自觉

但是在二十世纪以来，人类接二连三的经历了世界大战。在西方人，由文艺复兴宗教改革，启蒙运动，使个人精神解放，而生之心灵自由之感，生命欢乐之感，都渐丧失。乐观地绝对相信进步之心情，都渐渐动摇了。第一次大战，有人统计死的人之棺材，连起来可以由海参威到伦敦。第二次大战，应当可以绕地球一周。第三次大战，只须数十氢原子弹，即可毁灭全人类。我们不要说此事不可能，而自己享受着今天的活着。日本广岛的人，在原子弹未降下的一刹那，亦曾享受其生命的活着的。在广岛，当时定有母亲正在抱着小孩，商人正在拿着账簿，科学家正在研究室，政论家正在作文，论日本之必然胜利，哲学家，正考虑着人类之进化，必是依着日本精神所示之方向的。未产生的事情，在未产生时，都好像永不会产生。然而一产生，便永远产生了。人类的毁灭，不是不可能的：因为人类正到处弥漫着与汝偕亡的心理。而唯物主义的思想，不惜视人如物，必然的结论，亦是不在乎人类之毁灭与否的。因人类毁灭，人身之物质的分子原子电子之能力，仍是存在的。一切皆有内在的矛盾，进行着内在的斗争之宇宙观，社会观，便是促进人类之战争的。而此二种思想，竟然流行，亦即现代人之物欲薰天，喜欢战争之客观象征。对此不断遭罹战祸，随时可毁灭其自己与其文化之人类，我们便不禁要问：你自己对你自己的办法在那里？究竟有多少客观现实的证据，可以证明你之自信，证明你真能安排你自己之命运？你只回顾数百年来之科学成就，工业文明，是莫有用的。你写出一部文明进化史，说人类那一年发明什么，再一年又发明什么，是莫有用的。重要的是你要能绝对的保障你之能力所成就之文明，不自己用来毁灭自己。然而，你有什么绝对的保障在那里？只是此接二连三之大战争，即证明你所成就的，都是你所预备毁灭的。科学的进展，只告诉人所能用科学以谋之福利，都是用科学所降之灾害，所能消除的。近代科学的成就，除学术本身价值外，说到底，只有控制自然一方面。至于所谓对人类社会的控制，则整个的说，全是无效的。今日之社会科学的知识，可以帮助人理智地治理在轨道上的国家或社团；但国际间的战争，与国内的革命，则总是诉诸暴力，或盲目的自然生命冲动力。为了战争，各国可更励精图治。为了革命与争政权，人们可以有极严密组织之团体政党。然而这种励精图治，与严密组织之精神，如果不能真隶属于为整个人类社会之目标，而为敌对意识所主宰促进，最后总是用来相毁的。而说要调整国际关系，对人类各民族关系，皆求一合理安排，使人类社会真能控制其自身；说此话甚易，订一计划主义亦不难。难在有一真正爱人类的精神。而现代人，以为一国际法庭，国际政府（爱因斯坦最近还又说此话），即可造成一天下一家之世界，而控制人类社会者：皆是向外用心，是永远达不到其目标的。国际政府，国际法庭，赖什么精神来支持？于此有人梦想统一世界。世界固不难统一，暴力亦可造成统一。问题是如此之统一，要花多少代价？统一了，如何保证不分裂？且统一之后，是否即等于真正之天下一家，或把全人类当作机器来驾御？这些问题，如人真肯用心，最后便将发现，只用今日社会科学知识，凭军事政治法律，社会舆论，主义宣传，警察特务之力量，都不能全真解决问题，真安顿整个人类社会的。而且近代人，所喜欢用的控制，及与诸相类的名辞，如支配，领导，服从，一切之名辞，即都是从外面看人类社会关系，处理人类社会关系之名辞。此类名辞，并非绝不可用。但只依此类名辞而引起之意识，常都是浮面的，浅薄的，外在的，或有毒的。真正的问题深处，只有向内用心，才接触得到。向内用心，才知当前人类社会之军事，政治，法律，经济等问题之后面，有一真正的文化问题，精神问题。现代人类社会之关系之安排不好，总是革命，战争，人对社会之不能控制；实实在在是由于人对于其自己生命自身之盲目冲动，野心，征服意志，贪欲，疯狂性向之不能控制。在西方文化历史愈短的民族，其盲目之冲动愈强。所以日耳曼民族之文化，虽极高而历史短，故野心与征服意志，较英格鲁撒克逊与拉丁民族强。俄国历史更短，文化又浅，故野心与征服意志更强。说到近代西洋之科学，哲学，艺术，文学之各方面之发展，诚然处处表现条理万端，与奇情壮采。其天才的科学家，哲学家，诗人，音乐家，艺术家之生活，尤多独来独往之瑰意奇行。政治社会中英雄，战士，革命家，亦多有悲壮淋漓，可歌可泣之故事。我们对之只有击节赞美，绝无责斥之意。但是他们的精神的生活，一往向上向外，作自我表现，往而不返，无所不用其极；却证明其后面之生命冲动，只是汹涌，澎湃，鼓荡，翻腾，而不必同时是为智慧之光辉加以照耀，润泽，安顿的。他们这种人格，仅管令人赞美，令人随之而兴奋，激励，鼓舞，热狂。但总不免只能使人精神提起，而不能使人精神放下，而安定舒泰，与其他人类真正和协相处。这一种精神，底子里有一大毛病。即随自我表现欲而生之对外界之权力欲支配欲。此权力欲支配欲，恒不免多多少少直接渗透于天才与英雄，之可歌可泣之瑰意奇行中，以向外宣泄，为他们所不自觉。而间接则与一民族社会，一阶级，或其他社会集团之广大群众，之向外澎涨扩张之野心与征服意志，并行不悖，互相促进。此乃近代一切国际之战争，国内之革命，社会之斗争，不断爆发之内在的精神原因。这个问题不解决，不管你在科学上，哲学上，文学艺术上，有多少成就，政治社会之组织如何科学化，而如何整严，文化如何进步，以什么高远的理想号召；总是随时可以引起人类之互相征服，排斥，仇视，与战争的。科学与工业文明愈发达，所加于人类之毁灭的威胁，亦总是愈大的。你所谓你对世界有办法，最后终归于无办法的同归于尽。这个问题的症结，老实说，亦就在人们不知自己能力之限制，而常妄以为自己对世界有办法。亚力山大拿破仑，自以为他对世界有办法。威廉第二希特勒，亦自以为他对世界有办法。现在斯大林，又以为他对世界有办法。人类历史上，几乎凡是说他对世界有办法的人，即世界的祸根。孔子不敢自称为圣，一生常在慨叹之中，觉莫有办法。耶稣，释迦，处处只感到无穷之悲恻，自愿为人之子，入地狱，都是自觉在实际上，对世界毫无办法的。他们却是人类之永恒的救星。真正的圣哲，总是谦卑，觉有不足。而自以为对世界有办法的人，底子里常全是一不自限量，一无谦卑精神之盲目而炽盛之权力意志，而以挑动附从之人之权力意志，斗争情绪，以互相利用团结，来共满足其权力欲者。这一个权力欲，乃从亚当带来，无量劫的前生遗传来，或人之蛮性的遗留来，真是源远流长之原始罪恶，无明嗔恨。对此罪恶，我们常不能真切的反省到。这实是人类之财富的争夺，领土的争夺，政权的争夺，文明统制的争夺之共同根原。资本主义，帝国主义与俄国之极权主义，同是近代西洋人之权力意志，向外扩张之不同表现形态。只有浅薄的唯物论者，才以为资本主义者之追求财富，是为获得财富之物质本身，以增其个人之物质生活之享受。只有幼稚的社会主义者，才以为人类财富分配平均，便天下太平。只有天真的人道主义者，才以为号召平均分配财富之社会主义或共产主义的国家民族，如俄国，是无野心与征服世界之贪欲的。我们如果不能认识，在下意识中，支配近代西洋之精神之权力意志，我们总是不了解近代西洋文化之后面的病根的。而我们如果真认识到此病根，便自然知道单纯的军事，政治，国际法庭，国际条约，科学与工业文明，都不足解决人类当前的问题，保障人类之存在，创建未来之文化社会的。一切生活在近代文明中，感到物质享受的提高，科学知识之日新月异，而无条件赞美近代科学文明，并迷信此文明之直线进化的人；必须转回头来，承认西方近代文明在底子里，是有一种极恶大罪才是。真宗教的精神，即是承认自己有罪，承认整个人类有罪。依我们上面的分析，近代西洋人之权力意志，是其罪。东方之中国人印度人亦有罪。我们不能抵抗其权力意志之征服，当了资本主义帝国主义极权主义的奴役，即我们之罪。全世界的人类，不能形成一感化人类之野心与贪欲之宗教道德精神，陶养驯服人之蛮性的遗留，即全人类之罪。承认自己有罪，承认自己对世界无办法，这是现代人应学习的一种谦卑的宗教精神。本此谦卑的精神，去检讨反省，我们个人人格中之一一之罪，我们自己民族，人类之自觉或不自觉而深藏下意识之罪；而先自己忏悔，帮助他人忏悔感化他人，是人类唯一解除其毁灭之威胁，真正存在以创建未来之文化社会的道路。人不承认其罪，而妄自以为有办法，则已；人若真自认为有罪，自认为无办法，而能细反省其自觉的或不自觉而深藏于下意识之罪，而忏悔；则不管你相信神之存在与否，神在实际上即已展现于你，你即接受了神之命令。因为你承认你有罪而忏悔时，你即已显出一超越罪的精神，你即已有去超越罪之意志，你即已证明你有超越罪之力量。你已开始对你自己有真正的办法。神只是一超越的精神意志力量。只要你真有对罪之承认与忏悔，你之承认与忏悔深一分，此精神意志力量即多显一分。你之承认与忏悔，可以深又深，则此精神意志力量，亦显又显。你之罪无限，人类之罪皆你所愿担负之罪；则此所显之超越的精神意志力量，原则上亦是无限的。这即是神之无限性之证明。离开罪之承认与忏悔，而言神之存在，是极难证实的。有对罪之承认与忏悔，神总是实际显现的，人总是接上神的。我们说人不承认其自身有罪，不承认现代文化有罪，现代文化所引起之战争，终将使人类毁灭。至少人类之存在是无保障的。人若承认其自身有罪，承认现代文化有罪，承认现代文化之大罪，在缺乏一融化节制人之盲目的生命冲动，权力意志；便知去罪的东西之一，即此教人之谦卑的宗教精神。人类只有了内心的谦卑，人之智慧的光辉，才能沉下而照耀润泽其生命之自身，再由此生命以滋养智慧之生长。人类只有了内心的谦卑，才能涵容他人。人类只有相涵容，人彼此之情流，才能互相感通，而有真正的仁爱。人方可以和平相处，而免于相残互毁，共谋社会之改造。宗教家之以永恒无限的神与佛，对照有罪之我之渺小，原是为的教人以谦卑，滋养爱与慈悲之生长。这是宗教对此时代最大的精神价值。而人类未来的文化，亦必须此时代的人，以谦卑之心情去创造。而未来文化中，永少不了宗教者，亦因人类下意识之盲目的生命冲动，人类之盲目的权力意志，总要随时出现，一般的道德的反省，常是达不到；而只有由宗教性的谦卑与忏悔，在与一内在的一超越的精神意志力量之对照下，才看得见的。

六、罪过之分担与悲悯之情

由上我们略述了真正宗教精神的价值。此真正的宗教精神，在原始的基督教佛教，最表现得充分。这一种宗教精神，由谦卑爱慈悲所养成的心量，是宽宏的，大公无我的，划除一切狭隘的民族国家阶级社团之界限的，超政治的，超功利福禄之动机的，人服役于神，而非神役于人的。西方原始基督教，到参加政治，到划分教派，争正统，与世俗化，乃是一堕落。至于如说共产主义袭取基督教之精神，则只袭取其人与人平等之观念，无国界之观念，与教皇之统制政教，残杀异端之精神。而此种残杀异端，以统制政教之精神，根本是与基督教原始精神相反对，而纯为人之权力欲利用宗教所造成之罪恶。共产主义求统制政教，则本质上由其褊狭之唯物主义，不能容纳人类文化中各方面的精神。宗教中真正的神，是无所不包的神。信神者，是不当亦不会，与人类文化中任何有价值之精神为敌的。而俄国共产党之罪恶，则兼由斯拉夫民族之蛮性遗留使然。唯物的共产主义之所以产生，其最初只是对于近代西洋之资本主义，帝国主义之反感。若无此二者，前者亦不会有。唯物的共产主义者之罪恶，在其文化学术上之抹杀太多，此主义之内容太狭，使人不能有宽宏涵盖之气量。而视人如物之思想，本身可招致待人如机械之极权政治。至其主张以财富之平均分配，为解决人类文化问题之钥匙，虽浅薄一些；然其动机之本于人道与平等之观念者，我们仍须承认其价值。所以我们要为人类之文化，指出正途：即富肃杀之气的开化未久之俄民族之野心，与一切帝国主义，是绝对应当被改造或被否定的。共产主义之求平均财富之观念，是应多少保存在我们人文思想之内的。唯物主义与一切都在矛盾斗争中之宇宙观社会观，妨碍各方面之文化生活之肯定，至少暗示人相视如机械，暗示人以斗争与战争，为天经地义，是应当加以批判，以提醒人们之觉悟的。文化之多面的创造，与使创造此可能之自由，是必须有的。文化中除政治，经济，法律，体育，科学，哲学，艺术，文学外，宗教绝不能少。而以宗教精神去指导人生，须一方承认自己罪恶，一方分担他人之罪恶，由是而化出对己兼对人之悲悯。所以我们还要本一如耶稣释迦之超敌对的精神，培养出一伟大的心量：即我们虽然需要对有征服人类野心之民族或个人，与以大义的惩治，然而真要使全世界人类永拔于唯物主义极权主义之罪恶之外，我们终仍须以真正的宗教性的道德文化教育之感化力量为主。人们之相信共产主义者，常是本于佩服其求平均财富之精神，而非信其唯物主义与统制政教之野心。人因缺乏智慧，不幸而其思想，受其桎梏，尤是深可悲悯的。我们生为中国人，不能保存我们之文化精神——使马克斯之地位代替孔子之地位，这罪过亦即在我们之自身。宗教精神之一要点，在分担罪过，化出悲悯。我们今日亦须如此。因为只有这样，才可免于世界人类明朝的浩劫。恻怛的情怀，严正的思想，我们虽不能至，然心当向往之。

人类宗教意识之本性及其诸形态 [*]

一、自现实自然生命求解脱与宗教意识

吾人在论求真意识与求美意识之文二章，已指出二种意识皆为不完足而相待者。由其相待，则吾人可以二种意识互相补足。然此种补足，唯是一以一偏救治另一偏，利随而害亦随。吾人如只来回于此二种意识之中，仍不能安顿吾人之精神生命，而使吾人在道德上立于无过之地，亦不能使吾人满足求真求美意识中所涵之求绝对真绝对美之要求。故吾人必须继而论一更高之意识，即宗教意识。

吾人之求真与求美之意识不同。然有一同点，即皆为精神倾注于客观之真美，而耗废吾人之自然生命力者。吾人之求真求美，固可一往追求。然吾人之求真求美之意识，如只为隶属于吾人之自然生命者，则此种追求，为必然有懈怠者。如欲减少此趋于懈怠之堕性，暂时之补救法唯是物质的及生理的享受之增高。由此吾人可以了解，纯粹之学者与文学家艺术家，何以在精神生活上恒不易再升高一级之故。学者之于货财，文人艺术家之于男女之爱欲，均易有一种贪欲之滋生。至少亦必求达到一相当满足之程度。此中实大有故在。盖学者文人艺术家之倾注于客观之真美之追求，此追求仍隶属于其自然生命，则仍将受自然生命之律则之支配。吾人之自然生命之能存在于自然宇宙，惟赖其保持一定之生命力，保持其所耗者与能恢复者间之平衡。如生命力耗费过多，则

＊ 原收入《文化意识与道德理性》，友联出版社 1958 年初版，录自台湾学生书局 1986 年全集校订版。

有求恢复此平衡之弹性历程，而求物质的生理的享受之欲望之产生，此为自然生命之律则。学者文人艺术家之精神，如未自其自然生命解放或解脱，则亦不能自外于此律则之支配。然纯粹之学者文人艺术家倾注于客观之真美以用其心，如烛光之四照，彼乃在不自觉的肯定自然生命之意识下，作种种耗费生命力之事；故其精神根本上恒为未尝自自然生命解脱者。其一往追求，死而无悔之求真美之精神，可使其自然生命力耗费净尽而不再得一恢复机会，然彼仍非根绝其自然生命之欲望，而自自然生命得解脱者。而吾人如欲见人类之自自然生命解脱之努力，求根绝其自然生命之欲望之精神，人类更高一级之精神生活，则只能求之于人之宗教精神或宗教生活宗教意识中。

宗教意识之为一自现实自然生命求解放或解脱之意识，可自一般宗教生活中必包括一种向超现实之自然生命之神，俯首降心见之。当吾人之自然生命向神俯首降心之时，必多少包含一自我之忘却意识。由此自我忘却，而有将自己之财物贡献于神，以至在神前舍身，将自己生命作牺牲以贡献于神之意识。吾人在宗教生活中至少有一种行为上之禁戒。此种禁戒可以不同之形式表现。然无论任何形式之禁戒，皆包含一生理欲望物质欲望之压抑。而吾人之遵守此禁戒，在宗教生活中，恒自以为是遵神之命令。此即自然生命在神前俯首降心之始，为吾人之自自然生命之欲望之生活求解脱之最初表现。由吾人之自压抑自然生命欲望而在神前俯首降心，求与神相通；即通常所谓对神之崇拜皈依之意识。由崇拜皈依，吾人之自然生命被神圣之生命所贯注，而自然生命神圣化，成为神圣生活之表现，吾人遂有宗教上之再生。此宗教上之再生，同时使吾人接触一绝对真理与绝对美。唯此绝对真理绝对美，乃非复只为客观的，与我之自然生命相对待者，而同时为即在吾人神圣化之生命人格之中，故神亦可称为有生命有人格之绝对真绝对美。

吾人以上对一般宗教意识之简单的叙述，乃作为一导言。唯吾人如欲证成上来之说，并指出宗教意识之为一独特之意识，与宗教意识之各形态，必须先对于将宗教意识归并入其他意识之学说，加以批评。

二、将宗教意识并入他种意识之诸学说及其批评

将宗教意识归并入他种意识之学说，有多种之形态。其中最浅薄者，为以宗教意识即吾人之求自然生存之欲望之一种变形。如佛尔巴哈

之论自然宗教之理论虽颇复杂，其根本观念仍不出此点。为此说者，常将吾人原始之宗教意识，溯其原于对自然物之恐怖与欲求，如对雷电风雨禽兽草木之恐怖与欲求。此盖有见于吾人之原始宗教崇拜之对象，恒为自然物，所谓庶物崇拜与图腾崇拜是也。依此说，吾人乃因恐怖而战栗匍匐于神前，因欲求而对神膜拜崇敬依赖，并贡献财物，以冀得其帮助，而足吾人之生存欲望。而人之一遇危难则呼天求神，恒足证明此说。

此说之所以为最浅薄，由于其不特全然不能说明高级之宗教意识对超自然物之神之崇拜，与去除一切恐怖心欲求心之献身于神前之精神。且即对最低之宗教意识，亦实不能解释。盖吾人之在神前战栗，与求神之帮助满足吾人之欲望，皆吾人已肯定神存在后之事。而单纯由吾人之生存欲望，如何可使吾人诞育一神存在之肯定，即为此说者所未严肃考虑者。吾人之生存欲望，只使吾人对自然物有恐怖与欲求，然此恐怖与欲求之本身，并不能必然的诞育一神存在之肯定。由有此恐怖与欲求，亦不能直接推出神存在之结论。故此说所说明者至多唯是：吾人在已有一神之信仰后，人所有对神之恐怖欲求之态度，依于吾人之生存欲以有，而不能说明神之信仰本身之由生存欲望而有。

第二种学说为以吾人之宗教意识，乃原于吾人之生殖意识。如佛洛特等之说。依此说，吾人原始宗教意识所崇拜之对象，为生殖器，为生殖之神。而吾人之崇拜生殖器与生殖之神，则由于吾人对于母体之爱慕，生命内部之无尽之生殖愿望。此生殖愿望，受阻抑于现实世界与现社会，遂转化而为对生殖之崇拜，对祖先之崇拜，及生万物之上帝之崇拜。故一切宗教上所崇拜之神之属性与祀神之仪式，亦皆恒与生殖之事相关。此说之发展至今，又有以人之慕天堂之安静，由人之怀念其在母体子宫时之景象，亦似颇有意趣。而吾人观爱情上失败者，丧偶者，无子者，之特易相信宗教，与在宗教语言中之恒以与神结婚，喻人云皈依神，永久之蜜月喻天堂之幸福，亦似一足证宗教要求为生殖愿望性爱要求之变形。

与此种学说相近而不同之又一种学说，为以宗教意识为人之权力意识之一种变形。此即尼采之说。依此说，人之权力意志原为求无尽伸展者，人亦应求无尽伸展其权力意志。然人之权力意志恒为他人更强之权力意志或社会之意志所压服而不克伸展，人又常不能自激励其意志以成真正之强者，遂转而幻现一超现实世界之神的意志于前，并信此神的意志为扶助彼爱惜彼保护彼者。故神之信仰，为弱者之意志被屈抑而又不知自求激励以成强者之一种发明，用以自慰其所受之屈抑者。佛洛特之晚期学说论宗教起原，亦以为原于儿童初由父母保护，后遂有望一更大权力之神为父以保护之。

此二种说法皆以为吾人之神之信仰，原于吾人之压抑之生命欲求之一变形。吾人之生命欲求，原为求伸展者。其压抑即其被截断而折回。折回而又欲伸展，而在现实世界中，伸展之路既截断，则向假想的超现实的另一世界伸展，而在假想之另一世界幻想一满足之境，视为一真实。如吾人之作梦，即恒所以满足吾人在现实世界不能满足之生命欲求，而幻想一满足之境，并视之如一真实者。吾人叮于夜间作梦，亦可作白日的梦。吾人可无意识的作梦，亦可有意识的造成一梦境。而宗教中神的信仰，即可视为一有意识的造成之白日的梦。故以此二说，解释宗教意识中神的信仰之所以产生，皆有近理之处。吾人之有无尽的生殖愿望，或求长依恃父母，或还归于母怀之愿望，而此诸愿望不能全实现于现实世界，则吾人自可假想在超现实之世界有能帮助吾人生殖，能诞育无尽生命，为吾人所依恃托命之神存在，而视之如真实。在现实世界中，吾亦不能使吾成有无尽权力之存在，且恒受他人之权力之压迫，吾人自可假想在超现实之世界，有一与我亲密，能与我以帮助及保护而具无尽权力之神存在，且视之如真实。吾人于此即可构成一万能之神之信仰。而吾人观人之在现实世界多满足其子孙之欲与权力欲者，宗教意识恒较弱，又是一事实。此即二种说法所具之近理处，而易使人信之故。

吾人关于此二说之批评，将不集中于此说之否认神之客观真实性之讨论，而惟集中于论信神之意识，非有关生殖之意识或求权力意识之变形。吾人论信神之意识非此类意识之形，将不自宗教形式论。吾人可只指出有关生殖之意识与求权力意识本身，不能产生宗教意识中之崇拜意识与皈依意识，及神之具无限性变化性之意识二点。吾人须知吾人之有关生殖之意识及权力意识，根本为吾个人主观欲望。此个人主观欲望所求者，唯是个人主观欲望之满足。则其受阻抑而求伸展于假想之世界中，固可幻想一客观化之满足欲望之境相，如梦境。然在梦境中，吾人对于一使吾人被压抑欲望满足之境相，及境相中之人物，决无崇拜皈依之意识，此人皆可自反省而知。又吾人现实的有关生殖欲与权力欲固亦可言其是无限的。然言其是无限的，乃言其能无定限的，次第不断兴起，而非言其所欲者为无限之物。吾人可谓现实之欲望乃次第不断兴起者。然每一兴起之现实欲望，实皆为欲一特定有限之物，如求与特定之个体结合而生殖特定之个体，或战胜特定之个体等。故如无特定个体之想念，则不成现实的有关生殖之欲与权力欲。如神之信仰只由有关生殖之欲权力欲之未得满足，致欲望抑压变形而出；则吾人所信之神，只能为有特定形相，表现特定个体性之神。然在高级宗教中之神，则皆为遍在、无限、完满，无特定个体性者。此种无特定个体性之神如何由对于特定个体之欲望受阻抑变化而生，依理性实无法得解。而即在低级宗教中之神，虽有特定之个体性；然其能力亦必多少不可限量，因而亦可说多少为不受限制而无"限"者，变化无常而不可测度者。故吾人之思维其神性，亦偏于自其不可测度变化无常，能力之不受限制处上措思。吾人信仰神，则吾人自神之无限性变化性上措思。吾人欲望现实事物，则自现实事物之特定性上措思。此即足见此二种意识为根本不同。故言神之信仰唯是被阻抑之现实欲望之变形，实无是处。

第四种学说为以宗教意识为求真意识之一种变形。此即谓吾人之信仰有神，乃由于欲满足吾人之求真心。依此说以论宗教之历史的起源，可谓原始人之信万物有神，由于先对自然物之存在变化运动等，感到惊奇，对其原因无知，如斯宾塞即持此说。以人对自然感惊奇，再又本吾人之经验，知吾人之身体，有吾之精神使之运动，并支持其存在，遂谓万物之变化运动，亦有精灵存在于其中，而其存在亦有精灵支持之。又或见吾人所用之用具，乃吾人所创造，遂推论自然物之存在，亦必有创造之者。故吾人之信有神，乃起源于吾人之欲解释一切现象原因之求真意识，而神之观念，乃赖类推之推理活动以建立者，西哲持此说者至多。孔德之宗教、形上学、科学三时期之人类历史发展观，亦依于相信宗教形上学，初皆为以了解现象为目的者。在哲学中，自纯粹理性推论神之存在者，恒谓神之存在之观念，为满足吾人之理性活动所必需者，如自"第一因"或"神之观念包涵其存在"诸观念，推论神之存在，即为视神之存在之观念，为满足吾人之理性活动所必需者。吾人由此亦即可进而谓神之存在之观念，乃吾人之理性活动自身所建立之幻影或虚拟，以满足其自身者。吾人于是可说宗教意识，即自吾人求真理之心或理性活动转化出，另无所谓独立之宗教意识。

关于此说，吾人之批评为：神之观念为满足吾人之理性活动所必需，可用以解释现象之发生，可由吾人之类推以建立等，只证明吾人之理性活动，要求神存在之观念之肯定，然并不能证明神存在之观念，为理性活动所造之幻影或虚拟，而神之存在无客观真实性；亦不能证明神存在之信仰，与缘此信仰而生之宗教意识，唯是一般理性活动之变形。盖一般宗教意识之核心，吾人前已言，在吾人对神之崇拜皈依之意识。而崇拜皈依之意识，并不能由吾人之理性活动之肯定神存在上引出。换言之，即不能从单纯之对神存在之思维上引出。吾人对神存在之思维，只能置定一客观的神之存在，以成为吾人之思维活动相对之对象或归宿之点。然此思维本身，并不直接诞育吾人对神之崇拜皈依之态度。此态度有待于吾人之自降服其生命于神之前，而求与神相感通。故此时之神，亦必为有生命，以至可喻为有血肉之人格。吾人与之感通，非徒赖吾人思想，且赖吾人之情感、意志、整个之生命。此种意识显然不能只为吾人单纯之求真心或一般理性活动之变形。

第五种学说以宗教意识为对万物之移情活动之变形。依此说，人之以自然物为有神灵主宰其中，不由于吾人之推理活动，乃原于吾人将吾人之情感直接移入对象之自然物中。盖自然物之感相，可直接引起吾人之生理活动及情感活动，而吾人又可觉吾人之情感与自然物之感相为不可分。由吾人之情感贯注于自然物中，吾人之生命遂亦可客观化而移入自然物中，而自然物即成为有生命有情感之物，而宛若有神灵主宰。依此说以解释多神论及自然神，乃最为方便之说。而依此说以解释宇宙有一神为之主宰亦不难。因吾人于观万物之流行变化之际，可觉万物之互相贯通，而为一体。则吾人可有一种与整个天物万物脉脉通情之移情经验，而使吾人觉整个天地万物之内部，有一有情之大生命或神在其中鼓动潜藏。此种说法乃以吾人之审美活动或艺术性之活动说明宗教意识。吾人观若干诗人对万物之同情，恒可引至一泛神论之宗教观，而艺术活动恒与宗教活动密切相关，宗教信仰之建立，无不赖诗歌建筑音乐之陶冶为先导；即知宗教意识中之信万物有神，即艺术意识中移情万物之意识之充量发展而成。

吾人承认宗教意识与艺术性之移情万物之意识，乃甚相近者，其相近程度过于宗教意识与求真之意识。然以宗教意识为艺术意识之变形之说，仍非吾人之所取。诗人之艺术意识极端发展，固可至一种泛神论之意识，而若接触一神之存在，且对此无所不在之神，生一赞叹歌颂之情绪。然诗人所承认之神，仍非真正宗教意识中之神。诗人之泛神思想与对神之歌颂赞叹，终与真正宗教意识中之泛神论与对神之歌颂赞叹不同。而吾人之了解宗教中泛神论，亦须先通过超越的有神论而了解。盖宗教意识之核心，终为吾人前所谓崇拜皈依之意识。此所崇拜皈依之神必先视为超越者、高高在上者。泛神论中遍在当前万物之神，乃超越的神之下降形态。泛神论恒只堪为有真正之宗教意识者，用以接引一般人之方便学说。吾人如欲具备真正宗教意识，泛神论思想正为必须加以超越者。至于诗人心中之泛神论思想，则为诗人之最高思想。而诗人之泛神论思想，与宗教中泛神论，仍有一根本之不同。即诗人心目中之泛神论，重在于"万物"中见神，万物是表，神是里。而宗教家心目中之泛神论，重在于万物中见"神"，使神成为表；而万物为神所含覆，而成里。故诗人对神之赞叹歌颂，必连及于对万物本身之赞叹歌颂，而宗教家对神之赞叹歌颂，则只重对神本身赞叹歌颂，而恒伴有万物之微小不足道之情绪。故宗教家对神之赞叹歌颂，可自然过渡至对神之崇拜皈依，而诗人对神之赞叹歌颂，则永若在神之外，与之立于对等之地位，而加以赞叹歌颂。由是而只顺诗人之艺术意识之发展，并不能即成为宗教意识。而诗人之欲由艺术意识发展出宗教意识，恒必须一度自觉的彻底超化其艺术意识。此即谓必须先将其心目中万千之色相先加洗净，专心信一神，而此神则必然为一超越现实之万物之超越的神，而非遍在之泛神。故一般之诗人不在经一度生活上之大失望之境，乃极不易信宗教者。盖不经生活上之大失望，不能将连系于其生活上之万物之色相加以淘汰，而低首降心于神之前也。至于诗歌音乐建筑等之有引导人信仰宗教之效用，只为一特殊型之诗歌音乐建筑。此种特殊型之音乐建筑诗歌等，虽亦具色相，然复特具一种使吾人超拔其他世俗之色相之想念之效用，故可引吾人信仰无色相之神。吾人于宗教性之艺术，皆必须由其消极之使吾人超拔世间色相之效用上了解。故宗教性之艺术，根本乃隶属于宗教意识，而为保存或呈现宗教意识之工具。此工具之所以必须，唯因吾人之恒沾恋于世俗之色相，故不能不以色相破色相。并非宗教意识本身，必有赖于艺术意识乃能存在。由是而见宗教意识为艺术意识之变形之说，自为不能成立之说。

第六种之学说为以宗教意识为吾人之社会意识之变形，如德国佛尔巴哈论超自然宗教、法国涂尔干论一般宗教之说。依此说人关于神之意识，皆反映人之社会意识，或人对社会之道德意识者。由人之社会意识使人肯定一客观社会存在，并对社会有依赖等感情。个人有其个人之精神，而社会之风俗、习惯、文化，与法律、道德规律，则表现社会一集体精神。社会包括个人，为个人所依赖以存在，亦先于个人之生，后于个人之死而存在。而社会之风俗、习惯、文化与法律、道德规律，对于个人精神之活动有型范强迫之作用。社会为个人所依赖以存在，故社会于个人可称为一实体。而个人于接受社会之集体精神之型范强迫之际，亦可觉社会之为一精神实体。将此精神实体自现实社会孤离，而肯定其存在，即成一神之信仰。而吾人对社会之依赖等感情，即化为对神之崇拜皈依之情绪。社会之风俗、习惯、文化，与法律、道德规律之最为维持社会之存在所必须者，皆被视为原本神命令所制定之律法。由是吾人之不愿复不敢违悖此种社会之风俗习惯文化与道德规律之社会情绪，即化为不敢违悖神之命令及畏怖神之惩罚之宗教情绪，而吾人之社会之禁戒，亦化为各种宗教上之禁戒。

此种将宗教意识归并入社会意识之学说之长处，在能对人对神之崇拜皈依之宗教情绪，力求有一说明。然此种学说至多能说明一氏族或一民族一国家所崇拜之图腾社稷之神，民族之神之信仰之所以产生；而无法说明高级宗教中之遍在宇宙、主宰全宇宙之神之信仰之所以产生，更不利于说明：一种违反该民族社会之风俗习惯，欲破除一民族社会之狭隘的民族意识社会意识之宗教，如耶稣教之所以产生。至于如佛教之崇拜一遍虚空界之佛，并欲使人破除"一切专求维持社会生存之风俗习惯文化及一般道德规律之执着"，而归向于自人之生存欲望得大解脱之境界，更非此说之所能说明。社会固为包括个人者，而由其对个人精神之型范强迫之作用之客观存在，吾人亦可视之为一精神实体；并于接受其强迫型范之作用时，生接触一精神实体之感。然吾人之接触此精神实体，乃自始即在现实之社会事象中接触之，吾人如何能将此精神实体之信仰，自现实社会之事象中孤离，而化为一超现实社会之精神实体或神之信仰，又由社会对个人之强迫，个人对社会之依赖，如何转出对神之崇拜皈依；此如不与其他观念相集合，皆甚难有一满意之解释。故此说亦非吾人之所取。

吾人总结以上对于将宗教意识归并入其他意识之诸说之批评，不外下列数点。

一、一般宗教意识中必先有神之客观存在之肯定。此客观存在之神之肯定，不能由吾人之主观欲望加以说明。吾人之求生存之意识、有关生殖之意识、求权力之意识之本身，皆不能诞育出真正有神之宗教意识。

二、由吾人之求真心与理性活动，固可使吾人有客观之神之概念，并可以论证证明神之存在；由吾人移情万物之审美意识，亦可使吾人于万物之流行变化互相贯通中，直觉一宇宙生命之在内部鼓荡而接触神之存在。然二者皆不包含宗教上之崇拜皈依之意识，而崇拜皈依之意识，正为宗教意识之核心。

三、由吾人之社会意识可使吾人觉有一包括个人主观精神之客观的集体精神之存在，然不能使吾人有超越于现实之民族社会之上之神之信仰，亦不能使吾人有遍在宇宙之神之信仰。

吾人以上已说明宗教意识，非任一种人类其他之精神意识之化身。然吾人似尚可主张宗教意识为上述之各种意识集合之产物。如吾人可谓由吾人之求真心与理性活动使吾人推出神之存在；由吾人之移情万物之审美活动，使吾人觉有遍在之神；由吾人之社会意识使吾人视神为客观之精神；而吾人之欲望之被阻抑，使吾人觉在神前渺小，遂祈求神之助吾人足其欲，而低首降心于神前。则宗教意识之特性，似皆可得其解，而宗教意识便仍非一独特之意识。此外如斯普朗格（Spranger）之《人生之形式》一书，论宗教意识颇承霍夫丁（Hoffding）之以价值之保存说宗教之论。其说固与吾人刚才所说不同。然依其说，宗教意识亦不外吾人之求实现其他人生价值之各种精神活动之一种整合，循其说最后亦不能承认一独特之宗教意识。

然依吾人之见，则以各种精神意识之集合，说明宗教意识，仍不能说明宗教意识之本质。吾人必须坚持宗教意识为一独特之意识。

吾人之所以不以上述之各种意识之集合说明宗教意识，由于上述之各种意识之集合，虽似可对宗教意识之各方面均有所说明，然对宗教意识之核心，为对神之崇拜皈依之意识，仍无所说明。且将此各种意识平等的加以集合，而不以其中之一为主，乃不能免于相矛盾冲突者。盖如自前三种欲望之意识，以说明宗教意识，则宗教意识之核心，在求神之相助。如自后三种超欲望之意识，以说明宗教意识，则宗教意识之核心，在求神之相助。如自后三种超欲望之意识，以说明宗教意识，则宗教意识之核心，在肯定一超欲望之神。而吾人之能肯定一超欲望之神，即本于吾人之超欲望之意识。故将后三种超欲望意识，与前三种欲望意识集合，则二类意识相矛盾冲突，而不能有统一的宗教意识之产生。复次，由吾人上述之诸种意识中之第一、二、三与第六种所能孕育出之神之观念，只能为一满足人对特殊事物之欲望，或属于一特殊之民族社会之神。而第四、五两种意识，则可孕育出一遍在之神之信念。能孕育出遍在之神之信念，与不能孕育出遍在之神之信念之意识，如相集合，又有一矛盾冲突，而使统一之宗教意识不可能。吾人亦不能以上述之各意识中之任一为主，以之为宗教意识所自直接转出，而以其他意识为依附之而有者。因任一为主之不能说明宗教意识所自生，已如前论。至于如斯普朗格之说宗教意识，原于吾人欲实现各种价值并加以整合之要求，亦不谛当。因吾人欲实现各种价值之要求，只可使吾人不断实现价值，或多方面的实现价值，并破除吾人对于一种价值之执着，使吾人力求吾人人格之多方面的完满，和谐，且统一的发展，而并不必然使吾人相信一已实现一切价值之超越的神之存在，而对之崇拜皈依。且吾人欲实现各种价值之要求，乃更迭而起，其本身虽出自吾人之统一的自我，然自其为一一更迭而起之要求上措思，乃只能构成一集合之概念者，此集合之概念即无矛盾，亦非一统一体之概念。则此一切要求所欲实现之价值之客观化，亦只能有一集合之价值概念，如谓神能实现一切价值，则神亦成集合之概念，并不能成一具统一性之神。神如不具统一性，则吾人之崇拜皈依之精神，无所集中。而统一之宗教意识，根本不可能。

三、解脱意识与苦罪意识及超越自我

大率自来欲自人类之他种精神意识解说宗教意识，皆由不先自宗教意识之核心——求自自然生命解脱而皈依于神之意识上着眼，而先居于宗教意识外，以问吾人何以知有神，神之信仰何以发生，神何以被信为有如何如何之属性，并自吾人何以对神有所祈求，诸问题上着眼。人恒以为必先有神，而后有自自己生命解脱以皈依神之意识，故吾人当先问人何以知有神。由是而遂溯吾人之信神之原因于吾人之他种意识，而以吾人之信神，乃所以满足吾人之他种意识，并以此信神之意识为他种意识之产物或化身。又人恒见，人之信仰神大皆不免有所求之心理，而人在欲望上不得满足者，最易信神。于是以人之皈依神，乃为求神助以满足其欲望者，或满足其实现其他一切人生价值之要求者。而依吾人之见，则吾人如欲真了解宗教意识，则自始至终皆当不忘宗教意识之核心：自自然生命解脱而皈依于神之意识。关于如何知有神，神之信仰何以发生，并非吾人所当先单独讨论之问题，亦不须求解答于宗教意识之核心以外，而即可于宗教意识核心中求解答者。而吾人对神之所以有求，视神为满足欲望者，满足吾人实现其他一切人生价值要求者，皆为继宗教意识而起之第二念以下之意识，为依附宗教意识，或烘托陪衬宗教意识者，而非宗教意识本身所必涵。唯循吾人之说，吾人方可发现宗教之真正性质，说明由低级宗教至高级宗教之发展，何以可能。并分别各种宗教之高低。

吾人之所以说关于神之存在，非吾人所当先单独提出讨论之问题，而即在宗教意识之核心即可得其解答者，盖吾人可说在宗教意识之自自然生命解脱以皈依神之意识中，吾人并非必先肯定神之存在，而后再欲自自己生命解脱以皈依之。而先肯定神之存在，则无论此神为由思维所建立，或移情万物之审美的直觉所接触，此肯定本身，皆不能直接引出吾人之自自然生命解脱而皈依之情绪。此所肯定之神由思维所建立者，其本义只同于事物本体或宇宙本体。由审美之直觉可建立者，其本义只同于事物之生命或宇宙生命。此本体或生命之为神，只显为思维直觉之客观所对，而不同于宗教意识中之神，为崇拜皈依之客观所对。依吾人之见，至少在宗教之创始者或自动要求信仰宗教者之意识中，自自然生命解脱之意识，与肯定神存之意识，乃可同时产生者。而在此二种意识中，实以自自然生命解脱之意识为主。吾人可谓在一情形下，有自自然生命解脱之意识，则必然有神存在之信仰。而此所信仰之神，有主观的真实性，即有客观的真实性，其真实性为不待证而被直接接触者，而如此之神即为被吾人崇拜皈依之神。

吾人之自自然生命解脱之意识，乃人所必不能免之一意识。盖吾人以前论各种人之精神意识，皆见吾人之有求超越吾人现实自我之意识，贯于其中。唯吾人前所论：人之各种精神意识中之求超越吾人现实自我之意义，恒为非自觉者。吾人唯自觉吾人在求达某一自觉之目的。如在求真意识中，吾人自觉吾人在求得真理，在求美意识中，吾人在求得美等。然吾人之各种精神意识中，既有不自觉之求超越现实自我之意识，则吾人自可自觉此意义，而自觉的单纯的求超越现实自我。此即为一单纯的求自现实自我自然生命欲望解脱之意志。此种意志为人所共有之意志，可自人皆可对于自然生活感一厌倦，觉人生空虚与无意义，及人皆可自杀证之。诚然人之所以感生活之厌倦，觉人生之空虚与无意义以至自杀，吾人可谓由其自然生命欲望被阻抑。然人之精神如真为沉陷于自然生命之欲望，而与之不可分者，则欲望之阻抑，唯足增欲望之强度，使吾人更宛转以求伸，并不能使吾人有一念生放弃欲望之想，而对于吾人之自然生活感一厌倦。更不至使吾人对吾之整个人生觉空虚，而对之下一无意义之判断。至于自杀，则尤为不可能。故吾人可由人之皆不免于一念间，对自然生活发生厌倦，觉人生之空虚无意义，并可自杀，即证明人之有自其自然生命求解脱之意志。唯在一般情形，人之求自然生命解脱之意志，亦至微弱。于一念厌倦之后，恒又复沉陷于欲望之追求之中，故吾人若觉其未尝存在。即自杀者之欲解脱其有欲望之自然生命，亦非真能面对其有欲望之自然生命而求解脱者。此种自杀者或以为只去掉此欲望所执持之身体，即为征服欲望之事。然真求自有欲望之自然生命解脱者，决不只以去掉欲望执持之身体之自杀为事，而必先面对此有欲望之自然生命，而顺其欲望之发现，以一一超化之征服。故人之偶尔出现之自自然生命解脱之意志与自杀之意志，皆不能转出宗教意识。唯在吾一方欲自自然生命解脱并征服其欲望之意志，强烈至一不能自已之程度；一方又觉其似不能实现其自身于自然生命之中，若为另一不能自已之生生不穷，无法一一加以征服之自然生命之欲望所抗阻；此二者互相矛盾而使人产生一挣扎以求上达之意识时，则最后即可有神之信仰之逼出，并有对之崇拜皈依之宗教意识之诞生。今试细论之。

吾人上所述之挣扎之意识，即感苦痛感罪恶，于苦罪二者不能自拔之意识。原吾人之所以感苦痛，恒由自然生命欲望之不满足，而吾人之所以感罪恶，即恒由自然生命之欲望之不能自克。如吾人感欲望不满足之苦时，而只溯其原因于外物之未得，或吾人不求自克其自然生命之欲望，则吾人只只有继续追求外物之努力，而将只有自然生活而无宗教生活。然吾人之苦痛之另一原因，实为吾之有欲。故吾人可反溯苦痛之原因于吾人之自身，而转化向外追求以去苦之意识，成为欲停息吾人欲望之意识。由此而引发出自吾人之自然生命欲望解脱并以不能自克其欲望为罪之道德意识。然在一般情形下，人顺自然生命之流行，而在有方法可追求外物，以去除吾人之苦痛，或道德意识不强之际，吾人绝不追溯苦痛之原于吾人之自身之欲望，亦不愿去吾人之欲。故求自生命欲望解脱之意识，恒非于追求外物以去苦之路断绝，或道德意识至强之际，不能呈现。然即在其呈现之时，人亦恒不能一举而断绝继续展现之欲望。而继续展现之欲望，亦不能断绝自欲望解脱之意志。于是吾人发现吾人之欲望有一积极的力量。而求自欲望解脱之意识，亦有一积极的力量。如吾人承认欲望原自吾人之自我，亦须承认求自欲望解脱之意志，原自吾人之自我。故当此二种意志均不容已的不断展现，而表其积极力量之际，吾人必感自我内部之冲突。此冲突对于能观此冲突之自觉言，则为一自我之分裂。故在吾人求自欲望解脱之际，遂自觉有两重自我之出现，一为陷于欲望之自我，一为超越欲望求自欲望解脱之自我。

唯吾人只觉有一欲望之自我与超越欲望之自我之冲突，并非即宗教意识，尚只可为一道德意识。在道德意识中，吾人虽感有二自我之冲突，然吾人同时感二自我乃在一自我之内部冲突。当此种冲突吾人自觉能解决协调之，或吾人觉吾人之超越欲望之自我，能有力以贯彻其意志时；则包括此二自我之统一的自我之自觉，可一直维持。吾人并将以苦痛为有罪过之我所当受，苦痛乃使吾人更能超越其欲望自我，磨练吾人人格，呈现吾人之超越自我者。此时吾人生活即住于道德之境界。然在一种情形，吾人之欲望及超越欲望之二种意志可皆极强烈，此时吾人因觉无法解决协调其冲突，亦无法贯彻超越欲望之意志，则吾人之统一的自我之自觉可不能形成。或形成以后，再发现此自我之求统一二自我的努力，并无实效。及吾人对此统一的努力自身感绝对的绝望，而失其信念之后，则吾人又可进而根本丧失吾人有统一的自我之自觉。当吾人统一自我之自觉，不能形成；或形成以后再失去统一之自我之自觉时，吾人之意识即非复一般之道德意识。吾人此时之欲望的我与超越欲望的我，遂呈现为绝对相排斥相外之物，而吾人之意识在此时即不能同时以二我皆是我。吾人如以欲望的我为我，则觉超欲望之我为另一精神实体而为神。吾人如一时顿超拔其欲望，以超欲望之我为我，则觉欲望的我为非我之魔。当欲望的我先呈现以视超欲望的我之出现，则觉有神吸引吾人上升，而自觉其初为神之子。当超欲望的我呈现，以视欲望的我之出现，则觉有魔引诱吾人下坠，而自觉其初为魔之友。唯吾人日常生活中之我乃欲望的我，吾人乃以欲望的我为立脚点，而求解脱其欲望以实现超越的我。故超越的精神实体之神，乃吾人之所仰望而先被客观化视为非我者。而吾人此时如诚笃信有神，真仰望神而求与神合一，以神化吾人之自我之志；人于此恒自觉必须先将其欲望的我全部否定超化，愿在神前舍身，而自视其欲望的我为卑微不足道，为渺小不堪，以至等于零。此种逐渐觉欲望的我等于零之意识，同时即念念凝注于客观之神，归向于客观之神，而对神有真正崇拜皈依之意识。而此崇拜皈依之意识，必为带情感性意志性的。此则由于欲望之我活动，原为带情感性意志性的，则直接针对欲望之我而否定之之意识，亦必为带情感性意志性的。——在此对神之崇拜皈依意识中，同时客观化吾人以苦痛磨练自己之道德意识，而视神为真能助吾人之去罪者。苦痛皆为神所赐，以助吾人之去罪者。唯在此崇拜皈依之意识，所体会得之神之意志，能战胜吾人之欲望之我时，并使我于所受之苦痛不视为苦痛时，吾人方可觉神为吾人之真我，或吾人为神之子。而当吾人之欲望的我全然被克服超化而另感一道福，或一"超越自我真呈现"之乐时，吾人方觉吾人存在于神之国度之内部，以至成为神之化身。唯于此时"神为真我，超越的我为真我，欲望的我为非我之意识"方完全显出。此即宗教上唯容许先知或圣者说神与其自我合一，而不许一般人说神与其自我合一之故。而"自认为有原始罪恶，自认其灵魂为恶魔所居，为无明所缠缚，觉神圣为高高在上之客观的超越者之意识"，乃最先出现之宗教意识，亦由此可得其解。

吾人之论宗教意识，乃自自然生命欲望求解脱之意志，超越自我之呈现，以说明超越的神之观念之产生。此必不免招致一疑难。即人可谓依吾人所说之神之观念，乃第二义的观念或派生的（Derivative）观念。吾人所谓自自然生命欲望解脱之意志，唯是一个人主观的意志。则由此意志所引生出之神，亦为个人主观的心中之神。此种神因是个人的，则不能是无限的、公共的；因是主观的，则不能有客观真实性。依基督教、回教、婆罗门教正宗神学之所言，则吾人必须以神为第一义，当谓我由神而来，我由神所创造，而以创造者恩救被创造者，使之归向创造者之意识，说明宗教意识之所以产生。必如此，然后神之为无限者、公共者、有客观真实性者之观念，方可在第一步即被确定而不容疑。今以吾人之说与之相较，显为一外道或异端之学说。吾人对此疑难，必须加以答复：

吾人承认吾人之学说对东西之正宗神学言，似为一外道或异端。因吾人不先自神存在之观念出发，而自宗教意识中之求自自然生命解脱之意志出发，以说明宗教意识中包含神存在之观念。依吾人之见，正宗神学中所谓神创造我等，皆是宗教意识发展至一阶段之一种宗教思想，或一种宗教意识之形态。吾人将解释人之所以有神创造我之思想，乃由吾人之对神崇拜皈依之意识发展至极，可使我觉我等于零或无有，又可使我觉神之生命能超化我之生命。我于是可反溯"我之生命之所以能超化"之根据于神。"我之生命之能超化"乃神所创造，即"如是被超化之生命"之全体，为神所创造；则我之生命之自身——即尚未被超化之我原来之自然生命，以致滋养吾人之自然生命之整个世界，亦神所创造。故依吾人之见以视一般正宗神学所说者，唯是宗教意识发展至一阶段中之思想，而非必吾人解说宗教意识时所当先说者。

依吾人之见，以论正宗神学之所以必须先自神存在之观念出发，乃因正宗神学之观点为纯宗教的。如纯宗教的说，则为启人之信，为教化上之方，吾人亦承认当先说神存在。因唯先说神存在，方能使吾人先注意于神，以便求超越其欲望自我也。然吾人之观点，则非纯宗教的，而兼为哲学的。本书之系统，乃以各种文化意识之说明为主要目的，而非以推行宗教上之教化为目的。则吾人自无须自神存在之观念出发，尽可自宗教意识中最初出现，并为一切宗教意识之根原之"自自然生命解脱之意志"出发也。

唯吾人虽自宗教意识中最初出现之吾人自自然生命解脱之意志出发，次第及于神之存在之意识之说明。然此中并不包含：此所信之神为个人的主观的，而非无限的非客观真实存在之意义。盖吾人上所谓可客观化而视之如神之超越的我，即为一无限而客观真实之存在。谓吾人上述之超越的我为无限的客观真实的存在，表面有一困难。盖其所欲超化者唯吾个人之欲望的我。故吾人易觉此超越的我之意志，亦为个人的，有限的，主观的，而无客观真实性者。然吾人须知，我个人之欲望虽为我个人的，然我个人之欲望，所对之境物，则非我个人的。吾人之从事超越我个人之欲望，最初固可想念种种境物之存在，且或须赖种种境物之存在之想念，以助吾人超越其欲望（见后段论原始宗教中之自然神之信仰之所以生处）。然吾人诚欲彻底超越吾个人之欲望，则同时须超越吾个人一切可能之欲望所对之一切境物，与成就此一切境物之全宇宙。故吾人之超越个人欲望之意志，充类至尽，即成一种超越全宇宙之意志，而此种意志即为一无限的意志。而能生此意志之超越的我，即为一无限的我。而当吾人将此超越的我真客观化而视之如神时，吾人即可自觉接触一无限之存在。而此无限的存在，虽即为吾个人超越的我之客观化非我化，而为吾人所可接触，体现，然吾人不能说其为只属之吾个人现有之意识之内的。盖当吾人真接触体现此无限的存在时，吾即暂时无个人之一切欲望，而自吾人之特殊的自然生命之特殊性解脱。而当吾人无个人之欲望，自个人之特殊性解脱时，吾人即不能再以只属于个人之任何性质，对此无限者，加以规定，以使之成为个人的。同时吾人在此可自知，如将此无限者属于吾个人，乃出自吾个人求占有之私欲。此无限者既显为命令吾人超越吾个人之一切占有之私欲者，吾人亦知吾必须超越吾个人求占有之私欲，乃能接触体现此无限者；则吾人将自觉此无限者为必然地不能只属之于吾个人者。由是而此无限者在吾人之思维中，即必须显为具备：超越于私属于吾个人之意义者。故吾人谓在宗教意识中，个人自觉接触体现一无限之神时，即同时自觉此神为一超个人之存在。而当吾人念及吾个人能接触体现此无限者时，吾人即将依理性而知其他个人亦能体现接触此无限者，知此无限者之为各个人所能公共的普遍的体现接触之存在。盖个人私有的与超个人之客观公共的，乃互相排斥而彼此穷尽之概念。凡属非个人的主观私有者，即为原则上之超个人之客观公共者。故凡吾人置定之为非个人主观私有者，吾人即同时当置定之为超个人之客观公共者。而吾人平日对任何事物或理，吾人只须发现其为不能只属个人之私有者，吾人亦恒即置定之为公共客观的。不可因吾人之置定之活动，可说出自吾个人，遂谓吾所置定者即为主观个人所私有。因若为如此，则宇宙间一切被置定之客观之理或客观存在事物，皆成个人主观私有者，而根本无所谓超个人之客观公共存在者。故关于宗教意识中所发现之无限者，是否为超个人之客观公共者，唯当视其是否可只被置定于有宗教意识之个人之内而定。而吾人上既说明其不能只被置定于有宗教意识之个人之内，有宗教意识之个人之置定之，乃必然的兼置定之于其个人之外；则吾人更不能由此"置定"为有宗教意识之个人之"置定"，而谓此无限者为属于其个人，而非超个人之客观公共者。唯当顺对此无限者之"置定"为"置定之于其个人之外"，而承认其为超个人之客观公共者。由是而吾人之宗教上之所以以神为无限者，为普遍存于人之心，为拯救一切人以至整个世界者之教义，即可皆加以了解而加以了解而认许。

四、宗教信仰对象之客观真实性

然吾人于此尚可于上文所说提出一问题。即吾人所谓在宗教意识中所发现之神，虽被置定为无限者，客观公共者，然此神终为只在宗教意识中所发现，而非他种意识中所发现。人可有宗教意识，亦可无宗教意识。则如此之神唯对宗教意识者为真实，非对无宗教意识者为真实；而此神遂为只对一切有宗教意识者之客观公共之存在，非对一切有宗教意识与无宗教意识之人之客观公共之存在。换言之，即此神仍非真正之客观公共者，具真正之客观公共之真实性者，吾人遂可说如此置定之神，为诸有宗教意识之人之一共同的幻影。而吾人之将神之存在唯建基于宗教意识，仍无异将神之真正的存在置于可疑之列，吾人亦可由之疑神之真正的存在。

关于上述之问题，吾人之答复可分为数点：一、吾人之谓存在为客观公共者与否，唯当依其是否在理上只可置定于一个人之内，或在理上可置定于个人之外为一切人所接触，以为刊定，而不须先问其在事实上是否实际为一切人所公共接触。如必须俟一存在之事实上为一切人意识所接触，然后可称为客观公共之存在，则吾人所认为客观公共之自然物，亦无一实际上为一切人所皆曾接触者。二、吾人各种意识所接触之存在各不相同，对此种意识为真实者，原不必对他种意识为真实。故吾人不能只由一存之对一意识为不存在而非真实，以论定该存在之非真实。吾人不能由颜色对听觉为不存在，盲者之不觉颜色为存在，而谓颜色不存在而非真实。吾人亦不能由神对一般非宗教意识为不存在，无宗教意识者不觉神之存在，而谓神不存在。三、凡吾人意识所接触之事物或境相，对吾人最初接触之意识为有实作用，即直觉地被吾人认为有客观真实性者，亦理当被吾人认为有客观真实性者。吾人之所以以某一境相为非真实而虚幻，唯由先判断一意识所接触之境相，于另一意识所接触之境相领域中，而吾人对另一领域继起之经验，又不能证实其存于此另一领域中；反觉此境相之性质结构，与吾人在此另一领域以后或已往之对同类事物境相之性质结构之经验相矛盾。四、至于吾人之直斥一意识经验与其境相之全体为无独立客观之实在性，而为主观虚幻者，则由于吾人觉此意识经验与其境相，为由过去之诸意识经验与其境相，经分解而自加组合以构成之复合物。如吾人不仅以梦境与幻想境本身为虚幻，且以吾人之作梦与幻想之本身为主观虚幻之事，即由吾人之反溯此作梦与幻想与其境相，皆不外过去诸经验与其境相之再现或复合物而来。由此而吾人对于一切意识经验，只须吾人觉其可纯视作过去意识经验之复合物或另一种表现方式者，皆可被视为非真实而为主观虚幻者。

然吾人以上列标准，衡量吾人之宗教经验宗教意识及其境相，则皆不能使吾人有权以判定其为主观虚幻。盖真正宗教经验中所觉之无限者之神，并非组合过去经验之产物。组合有限之经验，根本不能成对无限者之神之经验。而神之经验之初出现，即现为要求吾人自自然生命之欲望超拔者。亦即现为要求吾人自先前之日常经验中超拔者。则人初有之对神之经验，非其过去经验之产物可知。而吾人以前论宗教意识之为一独特意识，说明此意识非其他之意识之化身，亦即所以说明对神之经验意识，非其他经验意识之复合物或另一表现方式。对神之经验之被视为一超越一切一般经验之独特经验，则亦无与任何一般经验俱相矛盾之情形。至于神之非无实作用，则可由吾人信神时"与神之信仰不能分亦与神本身不能分之吾人之自自然生命解脱之意志"，非无实作用以证之。而唯一可使吾人觉神之存在为主观虚幻者，吾人将以为只在吾人判断神存在于吾人感觉理解所对之领域，为科学经验意识之对象时。此时吾人因又觉神之不能为此种对象，不在一般感觉理解所对之领域中，及由一般感觉理解领域中之继起经验，不能证实神之存在。神之被视为此领域中之物，其性质与已往或以后对此领域中之物之一般性质相矛盾，于是吾人即可觉神之为主观虚幻之物。然吾人无理由谓，唯在一般人一般感觉理解中之对象，方为唯一之真实。吾人已言不存于此一经验领域中者，可存于另一经验领域，而在其他领域或其他经验领域中之呈露其实作用处，显其自具之客观真实性。由此，吾人一切据以断一事物为主观虚幻之标准，皆不能持以论神为主观虚幻。由是而吾人一切对神存在之怀疑，皆无安立处，而神之存在遂可为经验神存在及信仰神存在之宗教意识本身所保证而证明。

吾人既以神之在宗教意识中之呈现，不碍神之超个人的客观真实性，则由神之存在，神之使吾人自自然生命欲望超拔之力量之反省，而知"神为创造吾人之得救后之生命"，与"得救之生命所自之自然生命者"，"生养吾之自然生命之自然世界者"；皆为宗教意识所启示之有客观性之真理。然关于此一切由宗教意识所启示之神，毕竟与理性思维中之神之观念及审美直觉之神，为一为二，及神之存在与其他存在之关系、神学之真理之鉴定标准、神学之真理与其他哲学科学之意识所启示之真理关系如何，如何评判其高下，如何会通，则只能在专门之形上学中讨论之，非今之所及。

五、宗教中之欲望的动机与超欲望的动机

吾人以上所论之宗教意识乃一般之宗教意识。此中所信之神乃被自觉为无限者，先被视为在我之上而非我者，吾人乃自觉的对之崇拜皈依，以求自个人之自然生命欲望解脱者。如一般基督徒之宗教意识，即大体如是。然吾人如通观人类之宗教史，则见吾人之宗教意识，有更低于此者，亦有更高于此者。更低于此者，为吾人所信之神为有限之自然

神，吾人信神只觉出于欲望之动机等。更高于此者，则为信一无限者之神外，兼信我即神或通过对先知先觉之崇拜，以崇拜神……之宗教意识等者。吾人将进而论低于此而似与上所论相违之宗教意识，如何可能。然后对各种由低至高之宗教意识，加以论列，补前文所未备。

　　一般人之信神，恒有希求而夹杂欲望之动机。而一般人所信之神又多为一有限神。如由自然物之神化所成之自然神，人之神化所成之民族神等。而人之信自然神者，尤常对神有所希求而夹杂一欲望之动机。此种宗教意识表面观之，似不能以吾人上列之说以说明其起原。盖依吾人上之所论，吾人之信神乃原于吾人之超越欲望之意志。而此超越欲望之意志，又纯以破除吾人之欲望为事。故所信之神乃无一般事物之规定性质之无限者，或具一切可能事物之积极性质之全之无限者。则对神有欲望及对有限神如自然神、人神、民族神之信仰，皆应为不可能。故吾人必须说明：吾人上之论"人之能信神，本于吾人之超越欲望之意志，吾人所信之神即吾人之超越欲望之意志所自生之超越的我之非我化或客观化"，乃唯自吾人之"神存在之信仰本身"所以成立之根据说。然吾人仍承认，吾人由超越欲望之意志，以转出神之信仰后，吾人之欲望的意志，可立即无间隙的继之而出现。出现后，如吾人超越欲望之意志不克全将其战胜时，则此欲望的意志即贯注于对神之信仰之中，而对神表示一欲望与希求。而吾人之超越欲望之意志恒难将吾人之欲望的意志全然战胜，则吾人自恒不免有所欲望希求于神，而视之为满足吾人之欲望希求者。然此种对神之欲望希求，乃依附于吾人之最初所以能信神之心理之另一心理，乃人最初所以能信神之心理之一当下之降落。故愈发达至高级境界之宗教意识，必对神之欲望希求愈少。而恒为吾人欲望所亵渎之神，或被视为专满足吾人欲望神之神，亦终将逐渐失其神性，而被人降低其神位。至于吾人之所以有诸有限神如自然神人神民族神之信仰，乃由吾人之诸自然意识人格意识民族社会集体之意识之依附、烘托、陪衬于纯粹之宗教意识，以使吾人之神之观念，受吾人对于自然物人格民族社会之集体之诸特殊观念之规定。由此规定方使本应呈现为无限神者现为有限神。此种规定限制之所以可能，由于吾人之超越的我之客观化为神，恒通过客观之自然物、人格，或民族社会之集体之意识之肯定以客观化。于此吾人对客观之自然物、人格、民族社会之集体之意识本身，即为辅助成就吾人之超越的我之呈现与客观化者。吾人前曾论吾人超越欲望之意识或超越的我之呈现，与其客观化为神之事之所以可能，乃由于吾人道德意识之至强或欲望受阻抑，而欲望又不能根绝，超越的我与欲望的我遂相冲突分裂，而互相排斥。然吾人并未言，吾人之超越欲望之意志或超越的我之呈现，自始为吾人所自觉者。因而其与欲望的我之冲突分裂，吾人亦不能谓其乃宗教意识中最早即自觉的呈现者。然若非吾人自觉地经如此之冲突分裂，则吾人不能自觉地有无限神之信仰。吾人以前之说，并不碍吾人承认：吾人超越欲望之意志、超越的我，最初可不自觉或超自觉的呈现于"客观之自然物或人格或民族社会之集体，使吾人之欲望受阻抑，而道德意识增强之际"。而在此情形下，则吾人对客观之自然物、人格或民族社会集体之意识，成为辅助成就吾人超越的我之呈现与客观化为神者。而此中所客观化成之神即为关于自然物人格民族社会之集体之特殊观念所规定限制者。而此中吾人所崇拜皈依之神，遂初即只呈现为种种有限神。吾人如论究宗教之历史的起原，吾人必须承认人最初相信之神，为自然神、英雄神、祖先神、民族神。吾人最初之宗教性之皈依崇拜之意识，乃对此类神而发。此类神之信仰之所以产生，一般之学说恒归之于对自然之恐怖希求惊奇，对英雄祖先由尊敬而崇拜，对民族社会之集体之感情；或感自然、英雄、祖先、"民族社会之集体与其风俗习惯文化法律"等，能对吾人施强迫之强大力量或具威势与伟大性而来。吾人对此诸说，虽不能就其原义而取之，此已如前文所论。然今亦可变其原义，隶属于吾人之主旨而取之。依吾人之说，吾人对自然物有一恐怖，或对之有无尽之希求而不能立刻得满足时，或吾人念人之自然生命终不免一死，人之生死为自然之命数或定律所限制，而死则一切皆归乌有时，或对自然感惊奇，觉其有威势伟大性时，吾人诚易于由此以相信一自然神。但此并非因吾人之恐怖失望惊奇等之本身可诞育一神之信仰，而是吾人在感恐怖失望惊奇等时，吾人之欲望活动即受一阻抑，而对自然若茫然无所施其技。此中即不自觉的或超自觉的有一吾人之欲望之解脱或超越，亦即有不自觉的或超自觉的超欲望之意志、超越的我之呈现。唯此超越的我之呈现，乃通过经验之自然界，对吾人欲望之阻抑力量而呈现，于是自然界之物之阻抑力量，即成超越的我之超欲望之意志所肯定，并通过之而表现者；而自然物与吾人之欲望之冲突对较，亦成超越的我与欲望的我之对较之表现；并为构成超越的我与欲望的我之互相外在性者。而此冲突对较之不能自化除，吾人之求统一之努力，无所施其技或失败，即成为辅助成就超越的我之非我化客观化以成神者。然因此种之超越的我，乃通过自然物对吾人之欲望之阻抑力量而表现；因而其客观化后所成之神，遂被自然物之性质所规定，而成具某一特定之自然性质之有限神。至于诸人神如英雄祖先之神民族之神之所以产生，则恒由吾人之觉英雄祖先之人格或一民族社会集体所表现之威势之大，或吾人对英雄祖先人格之尊崇，对民族之感情，使吾人道德意识增强，足致吾人之超越欲望之意志超越的我呈现。在此中，超越的我之呈现，乃通过吾人对英雄祖先之人格或民族之诸观念而呈现，于是当吾人之超越的我由非我化客观化以成神时，此神即为人格或民族之性质所规定而成人神民族神。然此种为吾人对自然对人对民族之观念所规定之有限神，皆尚为不能真正客观化吾人之超越的我之无限性者。故宗教意识之发展，遂对自然神、人神，恒有逐渐增益其性质——此性质或为其他自然之性质，或为人类逐渐发展出之精神活动文化活动之性质——即使神之性质日益加大，而趋于无限之趋向，直至人能自觉其超越欲望的意志之超越的我，迥异于欲望的我，而欲自欲望的我全然解脱时，人遂得真客观化其超越的我，而自觉一无限神之存在。此即吾人前文所论之一般的宗教意识。至于更高于前文所论之宗教意识，亦有可说者。以下即将对由低至高之各宗教意识，加以一总持之讨论。

六、宗教意识之十形态

一、最低之宗教意识乃信仰一自然神，而向之祈求助我满足欲望之宗教意识。此即原始人之庶物崇拜图腾崇拜。此种神之被信仰，吾人承认其最初多由于吾人欲望之阻抑于自然物之前。故一切对自然物之恐怖惊奇及觉自然之有威力与伟大性，非人力所能把握控制之感等，凡能使吾人之欲望自我受一阻抑者，皆同为助成吾人之自然神之信仰者，如吾人上之所论。单纯就吾人所以能形成一自然神信仰之超越意志言，此意志所表现之价值，并不必较信仰一超自然神之超越意志为低。因一切超越意志皆为同质的，只须同其强度，即价值相同。故人对神之信仰，只须真同其虔诚，则在信仰意志方面说，其价值即可相同。唯吾人对于自然神之信仰中，吾人之神为带自然物之感觉性及具自然物之种种作用的。因而吾人追求感觉性之外物之欲望恒易黏附于其上，而向之表示一希求。以致在此种神之信仰方建立之时，吾人对之之希求即无间隙的继之而起。如由恐怖欲望而相信之自然神如火山之神，即吾人方觉神存在，吾人便立刻求其勿加害于我，赐福于我者（此恒即包括以神亦为有欲望之存在之意识，故人恒以人物奉献作牺牲，以交换神之赐福而勿加害于人）。故吾人之所以说自然神之宗教信仰为最低，乃自其对象易于引起吾人对之之欲望说。而真正之最低之宗教信仰，乃是信仰一自然神，而同时对之表示欲望者。惟吾人须知，即只有此最低之宗教之信仰之意识，皆可较无神之信仰，而又只知一往追求外物以满足欲望之意识为高。盖其神之信仰之存在，即表示其超越欲望之自我之有一客观化。自然神无论如何凶残，亦多少表现较人为高之德性，较人为不易陷于一般物欲者。而当人其向神祈求祷告助其足欲时，彼即将满足彼欲望之责，付托于神，而暂时即自自己之营求烦恼中超拔，自自己之欲望解脱，以显其超越欲望之自我也。

二、较高之宗教意识为信仰有限之人神民族神或超自然神之无限神——无限神或为无限之人格神或无限之超人格神——而同时对之表示欲望者。吾人能信仰一人格神、民族神，或超自然之无限神，即表示吾人之能直接接触神之精神，超拔神之特殊感觉性之想念，或开始否认有特殊感觉性之神为真正之神，即开始否认自然神之为真神。吾人之否认自然神，一由吾人之对之祈求而失望，或不信其威力，而不信其为神。二或由吾人之控制自然物之能力之增加。觉自然物在吾人控制能力主宰之下，非超越于吾人之上之神，因而不信具此自然物之性质之神。三由吾人理智之发达，而对自然物之本性与因果关系增加认识。因吾人之对自然物之每一认识，皆为对自然物加一规定。吾人愈规定之，吾人即愈凌驾之。吾人愈凌驾之，彼即愈失其神性。四由吾人对自然物增加艺术性欣赏兴趣。吾人之欣赏之，即以吾人生命情趣同化之，围绕。吾人愈以吾人生命情趣同化之围绕之，彼即愈失其外在性超越性。五由吾人前所谓之自然神之日益增加人类精神活动文化活动之性质，及其他自然物之性质，而趋于无限，失其原有之性质，而同化于人神或超自然神。然吾人最后虽失去一切自然神之信仰，而信仰一有限之人神一超自然神时，但吾人未能根绝吾人之欲望，吾人仍随时可对此有限之人神超自然神有所希求。在吾人对之有所希求时，吾人即未能脱离欲望之世界，而将再贯注神以感觉性，望神在感觉世界表现一种切合吾人欲望之奇迹，则吾人之宗教意识仍甚低。

三、求神满足吾人来生之愿望之宗教意识。吾人通常对神之希求，均为求其助吾人满足今生之欲望，求神与吾人以今生之福禄寿等。今生之福禄寿，乃与吾人生活经历与所接触之感觉世界密切相关，而在一现实世界之系统中者。然吾人对神之所希求，可全非今生之福禄寿，而为来世之福禄寿，此即吾人之求神满足吾人对来世之愿望。吾人之求神满足吾人之来世之愿望，虽亦为一种欲望。然吾人知此欲望之满足，在来生之另一理想境之世界。来生之福禄寿等，乃与今生之现实生命历程脱节之另一理想之生命历程中之物。因而吾人愿望来生之福禄寿之利益，即包含一自今生之现实生命历程与现实之感觉世界超拔之意识，因而此种意识，乃原则上较求神满足吾人之现实欲望为高者。

四、求神主持世间正义之宗教意识。上列之宗教意识，皆为夹杂个人之欲求者。然人之信神，恒由觉其在世间受委屈欺凌，而欲神代为报仇，或自己曾为善，而希神之赏。此虽亦为一欲求，然其中复包含一正义之观念。至于人之念其他善人之受恶人之委屈欺凌，吾人又不能为之伸冤时，吾人之望神对恶人施一惩罚，对善人降福；以及在自己犯罪时，愿神施以我应受之惩罚，则为一纯粹之愿神主持正义之宗教意识。此种意识中潜伏地包含一"由罚而使苦痛随罪恶之后以否定罪恶；福乐随善行以促进善行"之超越的要求。然此超越的要求，恒非被自觉者。在有此宗教意识者之自觉中，恒仍以世间之幸福或欲望之满足，为本身有价值，而计较其分配，与人之善恶是否相应。故尚未能达超越世间幸福欲望满足之计较，绝对求自欲解望脱之精神境界。

五、求灵魂之不朽以完成其人格，及以苦行求自己灵魂之解脱之宗教意识。所谓求灵魂之不朽以完成其人格之意识，乃由道德意志强之人，恒欲绝去其人格中任何之过恶，以达于至善之人格。而此至善之人格，恒为吾人今生不能达到者。故顺此必欲达至善之志，人即必求其精神生命之存在于死后，使死后仍有自强不息之道德努力。此即康德之所以言求不朽为道德生活之一必然的设定——即信仰之意。至于以苦行求自己灵魂之解脱之意识，即所以指为西洋犬儒学派、斯多噶学派中之一部，及印度外道中之苦行者之意识。此种意识之主要点，在消极的超越欲望的自我，而非自觉的积极求完成其道德的人格。然实则仍是一种求道德人格之完成。此二种意识，同可不求现世的幸福与来生的幸福，而唯以超欲望之超越的我之体现为目的。而此超越的我之体现，乃体现之于死后或现实世间之上。故现实世间对此意识乃无物。而体现超越自我之心灵，亦同于纯粹精神或神灵。因而吾人在由道德努力或苦行以克制其欲望，以求自己成为如是之神灵时，吾人亦可对于理想境中之自己可成之神灵,有一种崇拜皈依之意识。故此意识,虽可无客观之神之信仰,仍可说为一宗教意识,即一种对于"理想境中之自己可化成之神灵"所生之崇拜皈依之意识。至于在此种意识中,人之所以可无客观的超越的神之信仰之故,可谓由其超越的我之未被客观化。然其所以未被客观化,乃由其超越意志恒一直贯注于欲望之中以作克制欲望之事或表现为道德努力,而未尝被欲望的我所外在化以成非我之神之故。

自此而言,则此种意识较信神而有欲之意识为高。

六、信神以克欲之宗教意识。上述之不信客观之神而能努力成德并克欲之宗教意识,虽较信神而有欲之宗教意识为高。然一般言之,又恒较既信神而又借信神以助其努力成德克欲之宗教意识为低。盖在一般情形下,不信神而努力克欲,以求其其自己完成人格或成为纯粹精神或神灵者,其自觉之目的,恒限于其个人之人格之完成,个人自欲望解脱,而个人成神灵。彼不信神之存在,即不信一客观之公共精神实体之存在。其不信客观公共精神之存在,而以个人之成德或解脱与否,惟赖自力而不赖他力;即将自己之个人与他人之个人截然分别,因而不自觉的形成一自我自身之墙壁。由是而彼之努力本身,即包含一彼所未能解脱且使之增长之我执之存在。于是而彼之不信神之意识,可较信神者之意识为低。诚然,信神者之所信之神,乃由其超越的我与欲望的我之相排斥,以外在化客观化而成。此外在化客观化此超越的我之意识,或表现自己努力之间断。自此而言,信神之意识又较一直贯注其超越意志于努力克欲之事之意识为低。然信神者之既外在客观化其超越的我以成神,而又能立即皈依崇拜之,借此诚心之皈依崇拜,以求与合一,而破除其一切私欲与自我之墙壁,则表示努力克欲之复续,神与我之趋于合一,神与我乃二而不二,不二之二。而吾人既信神之存在以后,复恒能视其所受之福及自己之努力克欲所成之德,皆神所赐,而对神生一感恩心。在此感恩心中,复表现一对自己之所受之福德,皆不加以占有之精神,由是而可启发吾人将所受之福德,转赐与他人,并为人祈福德之意识。故自整个而言,吾人当谓能信神而又能努力克欲者之宗教意识,较不信神而惟恃己力以克欲者为高。

七、不信神亦不执我之宗教意识。以对客观之神之皈依崇拜,破除吾人之我执之宗教意识,虽较不信神而有我执之意识为高,然在一般情形下,复较不信我外之神,亦绝对不执我之一种宗教意识,如佛教之宗教意识为低。盖信客观之神之宗教意识所由生,吾人前言其原于吾人之感苦罪之不能自拔，欲望的我与超欲望的我之冲突不能解决。唯由此冲突之不能解决，乃有超越的我之外在化客观化，而有我与客观神之对待，及我对神之皈依崇拜；而于此崇拜皈依中进行克欲之事，使欲望的我渐被超化。此即信客观之神之价值所在。然吾人复须知，当吾人意识之所向，在超越的我之客观化之神，而不能同时自视如神，不能自同一于吾人之超越的我，并自觉的面对欲望之我执而破之；则在神与我之不二之二之意识中，仍有一对欲望的我之不自觉的执持。而佛教徒之自觉的先面对我执而先求破之尽净，遂为一更高之宗教意识。佛教徒之自觉的先面对我执，而初发心，即求破之净尽，以证知欲望的我之虚幻，即表示其精神之开始立脚点，即超于欲望的我之上，而其初发心，即为一自同一于其超越的我者。其自同一于超越的我，即自同一于神，故无客观之神之信仰。而于此，有一客观神之观念者，反表示人之失去与超越的我之同一。故当佛教徒从事破除我执，以证知欲望的我之虚幻时，客观之神之观念，亦不当被肯定，而亦在被破除之列。由是而吾人可了解，在佛教之教义中，破除神我之执与人我之执，何以皆为必需者。

关于佛教中破除我执之方法，主要为观缘生观空。由观缘生观空，而知欲望的我之欲望与其境相，所依以成之一切法，皆依他起而无自性。此种方法，乃一种尽量运用吾人智慧之方法。在通常宗教，皆重信仰，而佛教则特重智慧。佛教之智慧之最深义，为一种超一般意识之智慧。然求得此最深义之智慧，仍赖意识境界中之智慧力量（或可谓理智力量）之尽量运用。运用理智，以使理智服役于宗教之动机，乃佛教之特色。吾人通常之理智运用，皆以求于境相实有所把握为目的。而佛家之教人运用理智，则重在教人知境相之无实，而以知境相之无实，为知境相之实相。由此而有由理智至超理智，由意识中之智慧至超意识之智慧之道路，使理智完成其对宗教动机之服役。此种运用理智，以证知欲望的我所对境相之无实，使欲望的我失其所依，而自归销毁，则出自超欲望的我。因理智的我吾人先已言其本性即一超越欲望的我。在理智的我中，无苦罪之感，故运用理智以证知欲望的我之虚幻而超苦罪，即立足于超越的我超苦罪之我，以超苦罪欲望。此亦即表示佛教之宗教意识，于一开始点即同于超越的我之宗教意识也。

八、担负人类或众生苦罪，保存一切价值，实现一切价值，于超越世界或永恒世界之宗教意识。佛教中有大小乘之别。常言大乘之所以高于小乘者，在小乘无我执而有法执，大乘则兼无法执。小乘之法执，即执其解脱之境界，而安住于中，由此故无度众生之悲愿。而大乘则反是。故吾人可谓小乘即只知自其欲望的我解脱以证我执之空；然不能如大乘之超此所证之空，以空其所证之空以入有，承担众生之我执所生之苦罪，而求空众生之我执，解脱拔除众生苦罪者。然空众生之我执，使众生解脱拔除苦罪，为一无尽之事业，则我将无解脱境界可住。此即无住涅槃之说。此种大乘教之精神，乃佛教中最高者。盖在此宗教精神中，我不仅超越我执，且超越对"超越我执所达之境"之我执。我不仅求自欲望之我解脱，且自解脱之观念解脱，我之我执乃真正绝对的被破除，我所求之解脱乃绝对的解脱也。而由吾人我执之绝对解脱，吾人即有一普遍的价值意识，而欲保存实现对自己与他人以全一切众生之真有价值之一切事物，于其所信之神心，或天国中或佛心、极乐世界中之宏愿。

在信奉上帝之宗教中，如人之目的只在赖客观之神以使自己之灵魂得救，其精神尚不及佛教中能直接破我执之小乘教。然如基督教徒之信奉上帝者，真能信此上帝为愿担负人类之苦罪，一人不入天国，上帝之心终不安；而人信上帝亦须求同一于救人类苦难之上帝；则可与佛教之大乘教同为极高者。

九、通过对先知先觉之崇拜以担负人类众生之苦罪之宗教意识。在大乘教与基督教中，又可分二种宗教精神，其一为直接以归向无住涅槃，或同一于救人类苦难之上帝之宗教精神。另一为通过对于已证得无住涅槃之佛菩萨之皈依崇拜，以归向于无住涅槃；或通过对于原同一于上帝之耶稣之皈依崇拜，以同一于上帝之精神。二者相较，则后二者之宗教精神尤高。盖吾人由上段既已肯定能担负其他我之苦罪，求解脱他我之苦罪，为最高之宗教精神。则当吾人能通过一实有如此之精神之人格之崇拜皈依，以自体现此宗教精神时，吾人即一方感此宗教精神之普遍存在于我及先知先觉，及其他一切同崇拜皈依此先知先觉者之心，而呈现为一普遍的人类宗教精神。而在另一面即感此普遍的宗教精神，为一先知先觉之宗教精神所体现所统摄，而凝结为一宗教精神之实体；而此实体又即内在于吾人之宗教精神之中。由是而吾人之宗教精神，遂感最大量之充实。此即佛教中之所以于法实之外有佛宝与僧宝，基督教之所以必于崇拜上帝之外，兼崇拜耶稣而形成教会之故。而佛教中之信即心即佛之禅宗，与基督教之神秘主义者之主直接见上帝，而不重对释迦耶稣之崇拜皈依之宗教精神，终不及能通过对释迦耶稣之崇拜皈依，对僧宝教会加以肯定者之宗教精神之高，即在于此。

佛教基督教之崇拜皈依释迦耶稣，肯定僧宝教会，表示人类最高之宗教意识，必包含"对求化同于神之人格之崇拜皈依"之意识，"而最高之神为必须担负世界之苦罪以入地狱之神佛菩萨，或必化身为耶稣之上帝——亦即重成为众生或人而忘其为神之神"之意识。在如此之宗教意识中，吾人由"对已往之先知先觉同一于上帝之耶稣——或已成佛菩萨之人格之崇拜皈依"，而增强吾人求自同一于上帝自成佛菩萨之志愿。当吾人单纯的一直以求自己之成佛菩萨或同一于上帝为目标时，吸引吾人上升之实在，唯是吾人之超越的我。而当吾人通过对先知先觉之崇拜皈依，以求自成佛菩萨自同一于上帝时，吾人乃念及彼先知先觉等，初亦为与我相同之有欲望之人，而彼竟能奋勉逐渐上升以成佛菩萨，而同一于上帝；则彼之上升历程本身，即成感动吾人以吸引吾人上升者。盖当吾能皈依崇拜此先知先觉时，吾人不特感吾人之欲望的我，为吾人超越的我所超化；吾人且感吾人欲望的我之同一于先知先觉之当初之欲望的我。而吾人皈依崇拜先知先觉之能超化其欲望的我，吾人崇拜皈依之活动本身，即为将吾人欲望的我付托之于先知先觉上升历程，使吾人之求上升之历程同一于先知先觉上升历程，而被其所涵覆，以接引吾人之上升者。由是而吾人之求上升之志愿，遂得一客观之保证而可不断增强。

十、包含对圣贤豪杰个人祖先民族祖先（即民族神）之崇拜皈依之宗教意识。在一般之宗教意识中恒只信一唯一之神，或唯一之先知先觉，如耶稣释迦摩哈默德等。此种宗教意识中，恒以吾人不当更有视圣贤豪杰祖先如神，而崇拜顶礼之之宗教意识。然吾人则以为真正最高无上之宗教意识，乃当包含视圣贤豪杰祖先等如神之宗教意识者。盖顺吾人前之所言，吾人既言最高之宗教意识中所信之神或基督佛菩萨，为必然以担负人类之苦罪为己任者，此即同于谓神或基督佛菩萨皆为能自忘其为神，自超拔其同一于神或超越的我之境界，而下同于众生或人，以为众生去苦罪者。若然，则人类中之圣贤豪杰能实际作去人类苦罪之事者，即可正为忘其为神之神，化身而成人者。其成人乃所以担负众生之苦罪，则彼正可只以去人类之苦罪为事，因而亦兼忘使其自己复成神之目标，遂不复有神之信仰不复求同一于神。而神之自忘其为神以化身为人，亦必化身出此种忘神之信仰之人，而唯以去人间之苦罪为事，乃真见神之伟大。若然，则顺吾人宗教意识之发展，吾人不仅当崇拜皈依

"信有神求自己同一于神之宗教人格"；且当崇拜皈依不求同一于神而只以去世间之苦罪为事之道德人格。吾人如真信神之伟大，即当信此道德人格即神之化身，吾人亦当以崇拜皈依神之态度，崇拜皈依之也。故吾人谓宗教意识发展之极致，必包含一视圣贤豪杰等道德人格如神之宗教意识，以至包含视祖先如神之宗教意识。祖先对吾人自己言，必为一道德人格。盖祖先在其本性上莫不爱其子孙，愿分担子孙之苦罪。则在子孙心目中，其父母祖先皆耶稣佛菩萨也。而在此视圣贤豪杰祖先如神而崇拜皈依之意识中；因念彼等之精神乃一直顾念人间，无求同一于神之心，吾人固可无超越之神之观念之肯定。然吾人之无超越之神之观念之肯定，不妨碍吾人之在实际上以事超越之神之态度，皈依崇拜超越之神之态度，对圣贤豪杰祖先，而视之若同于超越之神，并在其前自自己之欲望的我超越，自自己之我执解脱。由是而吾人即发展出一纯粹人格之宗教。在此种人格之宗教意识中，其初无超越之神之观念之肯定，乃由体念圣贤豪杰祖先之精神之向往，原不求同一于神，而只以去人间之苦罪为事之故，而不必原于觉对圣贤豪杰祖先之崇拜皈依与对神之信仰之相碍。吾人可谓一人因崇拜皈依圣贤豪杰祖先，遂自觉的否认有超越之神，可成宗教上之罪过。然不自觉的否认有神，对神存而不论，而在实际上只有圣贤豪杰祖先之崇拜皈依，无对神之崇拜皈依，则非一人之宗教上之罪过，亦非其人缺乏宗教精神之证。反之如一人只有对神之崇拜皈依，而无对圣贤豪杰祖先之崇拜皈依，竟对其价值加以否定，则为人之宗教意识尚未充量发展之证，而为宗教上之罪过。由此故吾人以为最高无上之宗教意识，应为一方有对超越之神之皈依崇拜，一方有对圣贤豪杰祖先之崇拜皈依者。只有其一而未自觉否认另一，皆不成罪过，而同为宗教精神未充量发展之证。只有其一而自觉否认另一，皆为宗教上之罪过。由此而言则基督教回教徒之反对崇拜人神，与中国后代儒者之绝对反对天地之神者，皆同未能充量发展其宗教意识，浸至犯宗教上之罪过者。而中国先秦儒者之一方崇拜圣贤祖先之人神，而一方亦信天地之神——至少未自觉的反对祭天地各神，乃真正具备最高之宗教意识者。

七、宗教与他种文化活动之关系

宗教意识之核心为自欲望的我解脱，为皈依崇拜神之意识。其所求之价值为人之超越欲望的我而神化，或接触超越之神，接触一视之如神之圣贤豪杰祖先之精神而神化。由是而人有一宗教信仰后，可觉其生活之价值，含一绝对意义超越意义或通于宇宙全体之意义，此与科学哲学所求价值为真，文学艺术所求之价值为美，道德所求之价值为善，皆不同。因而宗教意识之极端发展，恒可归于其他文化意识价值意识之否定，或与其他文化意识价值意识相冲突，及各宗教之自相冲突。然在另一方面宗教意识亦能助成其他文化意识价值意识，今试先略论其与真善美之价值意识之冲突如下。

宗教意识与求真意识之冲突，在宗教意识中恒包含一不合理者之肯定。宗教中恒有神话，神话必与经验科学历史科学之理性相违。宗教中恒有独断之教义与不可解之吊诡（Paradox），与哲学理性相违。——吾人据理性以论宗教之神话，恒设法找出宗教神话之历史事实之根据，或抉发神话之象征意义，并为其独断教义建立根据，分析其吊诡，使可理解。然实则对宗教作理性之解释，乃宗教意识外之另一事，而可冲淡或破坏吾人之宗教意识者。克就宗教意识而言，宗教中之非理性成分，皆为不可少，亦不能由解释以化除者。盖在宗教意识中，吾人求超越其欲望的我，亦即同时求超越欲望的我所肯定之现实世界。故在宗教意识中，必包含一日常经验之现实世界之虚幻感，对日常经验的现实世界之真实之否定意识。宗教中神话之内容，恒与经验现实世界相矛盾。故当吾人信神话时，即加强所经验现实世界之虚幻感，而引出吾人对经验现实世界之真实性之否定。而当吾人对经验现实世界有虚幻感之时，吾人即趋于相信神话。常人恒以为吾人在宗教意识中，所以相信神话，只原于吾人之望神话内容之真实化，以满足吾人之愿欲，而不知吾人所以望神话内容之真实化，除满足吾人愿欲外，尚有此深一层之动机。唯人之信神话有此深一层之动机，而此动机藏于宗教意识之本身，神话方为人之宗教意识之必然的产物，为欲培养人之宗教意识，亦不当加以全废除者。此即宗教意识与日常经验，及应用于日常经验中之理性之矛盾，所以不易避免之故。至于宗教中之所以有独断之教义与不可解之吊诡（Paradox），则所以使吾人一般理性活动停息于一观念或观念之矛盾中，以归于自毁。而吾人欲识得宗教中独断之教义与吊诡之价值，亦不当只在此教义此吊诡之内容上措思，而当兼自其停息吾人之一般理性活动措思。盖其停息吾人之一般理性活动，即可使吾人原自苦罪中求自拔之情志出发之宗教意识，易于引现也。

宗教意识与求美意识之冲突，由于在宗教意识中，人须超越日常经验之现实世界，亦即须超越日常经验之形色世界，而美则为不能离形色世界者。中世纪僧人之见瑞士山水之美，至不敢仰视，乃宗教意识主宰之心灵所必有之事。诚然宗教与艺术亦恒有相依为用之情形。如宗教仪式及庙宇中，恒包含音乐图画颂赞与建筑等艺术成份。然吾人复须知，一切宗教中之音乐图画颂赞建筑等之价值，皆只在其引现唤醒吾人之宗教精神一面。当吾人之宗教精神唤醒以后，其本身即成必须超越者。而其所以能唤醒吾人之宗教精神，则由宗教中之音乐图画建筑等，虽是形色世界之对象，然此形色之华丽伟大庄严等，可使吾人忘形色世界中其他之形色，使自己欲望屈服，而其所含之宗教意义，则足引现吾人之纯粹宗教意识。宗教艺术中所表现之美，恒壮美多于优美。壮美恒为启示一无限之内容于有限之形色，乃一方足使吾人之欲望屈服，一方使吾人趋向于形色观念之超越者。故宗教中之艺术之形色，在其宗教意义被人了解后，乃注定将被超越者。艺术对于宗教之价值，亦将永为附从的，或工具的。人若能直接信仰宗教，艺术即为非必需者。人若沉溺艺术而忘宗教信仰，则艺术亦为当废除者。此即吾人前论诗人艺术家，必须彻底转化其意识形态，乃能有真正宗教意识之理由。托尔斯泰晚年所以厌恶文学艺术之故亦在此。由此而言，极端发展之宗教意识，遂不能免于与艺术求美之意识之冲突矣。

至宗教意识与道德意识冲突，则在宗教意识恒原于感自己之无力解脱其苦罪，故皈依崇拜神以求神之助我解脱苦罪。然当吾人感自己无力解脱其苦罪，而皈依崇拜神时，吾人恒有一对自己之意志自由之否定。因而在宗教意识中，人恒易趋向于宿命论之相信。在中世纪基督教中，尤多否定意志自由，以人之得救与否，纯赖上帝赐恩之思想。此种意志自由之否定，对宗教意识之所以为必需者，乃因吾人否定自己之意志自由以后，吾人同时亦否定吾之欲望的我满足其欲望之自由。故当吾人由宿命论思想之开示，而知吾之一饮一啄莫非前定之时，吾人奔逐嗜欲之念，即趋于止息。而当吾人知吾人之得救与否，系于上帝之赐恩时，则吾人对得救本身亦无欲望。则吾人之否定意志自由，正所以使超欲望之我易于呈现，亦即所以使神更易降临于我者。至于在其他种之宗教意识，如苦行者及佛教徒之宗教意识中，虽不必包含意志自由之否定；然亦不必包含意志自由之肯定。盖在宗教意识中，吾人乃念念迫切于自欲望的我解脱。而吾人之念念迫切于求解脱，亦即念念觉被束缚而不自由者。由是而吾人求解脱之努力，虽为以自由为目标，吾人从事解脱之活动中，亦表现一意志自由；然因吾人之念念在求自欲望的我解脱，念念觉有束缚在前；则吾人可不自觉我已有真正之意志自由，而成立一意志必能自由之信念。然在自觉之道德生活中，则吾人乃自觉的以自己主宰自己支配自己。惟因自觉自信自己之能主宰支配自己，乃能自觉的求生活之道德化。故意志自由之肯定为必需者。如在经验的我中不能肯定有此意志自由，亦须在超越的我中肯定有此意志之自由。而充宗教意识之极，则不须自觉肯定此意志自由亦可否定意志自由。由是而宗教意识之极端发展，又可以有意志自由之信念之道德意识，为罪恶之意识，为魔鬼所欺骗之意识。由是而宗教意识复兴道德意识相冲突。

复次，极端发展之宗教意识，虽可鄙弃其他之道德文化活动，然在实际上宗教活动又不能孤行，而必须联系于学术艺术及其他文化活动，如一宗教之形成，必须人有若干关于此宗教真理之哲学的了解，宗教颂赞宗教音乐之艺术的陶冶，宗教戒律之道德的实践，而一宗教之组织亦皆有其财政及一般行政等。唯因宗教意识之目标为超越者，故其联系于种种文化活动，皆唯是以此种种文化活动及其所凝结成之教条仪式法制等，为达宗教目标之工具。而此教条仪式等为信徒所习信习行之后，则恒机械化。然向往于超越目标之宗教意识，又最难回头对此等等，重加批判抉择。于是对凡与其宗教之习惯传统不合之其他形态之文化活动等，皆易视之为毫无价值。因而凭借不同文化背景，而以不同形态之文化活动为工具之宗教与宗教之间，恒有极强烈之互相排斥性。不同宗教之宽容为最难之事。宗教上之宽容，初恒赖于对不同宗教之教义仪式禁戒及艺术文学之虚心的了解。而此虚心的了解之兴趣，在吾人已有固定之宗教信仰时，初又恒须由了解不同形态文化活动等本身，所表现之道德价值以引起。因而吾人若不能自觉的肯定人之文化活动本身皆具备道德价值，而只视之为达宗教目标之工具，则人势将不免以不同宗教所联系之文化活动，乃不能引导吾人达正信而毫无价值者。由是而浸至视其他宗教徒之宗教意识文化意识，皆为被魔鬼所主宰之意识，其人亦皆为魔鬼而应加以杀戮者，由此可促成宗教上之战争。在此战争中，人因皆自觉是为其所信之神等而与魔鬼战，则其惨烈残暴可甚于其他战争，此即宗教之不宽容，既使一切宗教相冲突，而使任何对立宗教，皆不能必然保其自身之存在，而在存在与不存在间战栗，亦使各宗教所联系之各民族文化在宗教战争中战栗于存在与不存在之间者。此事之本身，则代表宗教本身与人类文化本身最大之冲突。

然宗教意识之极端发展，虽与求美求真求善之学术艺术道德意识冲突，且可导致宗教之战争，然宗教意识复正为完成吾人之求真求美之意识，而其本身亦表现一道德价值，而依于道德意识者。此即宗教意识中所信之神或神化之人，恒被称至真至善至美之故。

宗教意识之所以为完成求真求美之意识之理由，即依于吾人本章之首所说：求真求美之意识尚未能面对吾人自然生命之欲望而求根绝之，使自我自其中解脱。吾人之求真求美之活动皆限于意识界，而不能及于下意识界。故在求真求美之活动中所表现超越精神，恒只为超越意识中之执之超越精神，而非超越下意识中之执或不自觉之自然生命欲望中之执之超越精神。而宗教活动之精神，则为求超越下意识中之执或不自觉之自然生命欲望中之执之超越精神。由此而宗教精神遂为能补足求真求美之活动中所表现超越精神，更充量的实现此中所未能表现之超越精神者。

吾人诚欲超越吾人下意识中之执，不自觉的自然生命欲望中之执；则对吾人不自觉的自然生命欲望所肯定之形色世界中之身与物之形色，亦恒必求加以超越。因而恒不重视一切顺感觉经验以运用吾人之理性之求真活动，亦不重视表现吾人一般情意于形色世界之文学艺术之审美活动。且最后必求吾人全超越求真求美之活动，以成就吾人之纯粹的宗教活动。而此纯粹的宗教活动之经求真求美活动之超越而完成，亦即求真求美之活动中，所潜伏未表现之超越精神之表现，经其已表现者之超越而完成。此亦即吾人之求真求美之活动中超越精神自身之完成。吾人遂可言，宗教活动即补足求真求美之活动，而其与求真求美之活动之冲突，正所以显三种活动之互相补足，而成为同一人之超越精神之分别的表现者。

至于吾人之谓宗教意识表现道德价值，并依于吾人之道德意识者，则根据于宗教意识之原出自吾人之感苦罪之不能自拔。无论吾人是由感苦而立刻自觉有罪，或以感有罪而生苦，或一方感苦一方感有罪，只须吾人有一自觉或不自觉之自罪意识，吾人即有一道德意识。而只须吾人有自罪之意识解脱处，吾人即有一求去罪之善机之表现。而在吾人之人格中，有一道德价值之实现。当吾人由感吾人之自力不能去吾人之苦罪，即往信一神而崇拜皈依之，固自觉为宗教意识，而非自觉为道德意识。然吾人之能承认吾人之无力，在神前表现一绝对之谦卑而忘我，仍表现一不自觉之道德品性，仍是不自觉之道德意识之表现。而吾人信神之后，在吾人之自觉的求维持吾人之信念，保持吾人之谦卑之活动中，仍有一自觉的或不自觉的自己支配自己，主宰自己之道德努力或道德意识。由是而吾人遂可言吾人之宗教意识，在本性上即依于吾人之道德意识而表现道德价值者。

尤有进者，即吾人尚可自一方面说宗教意识所依之道德意识，为一种最深之道德意识。盖宗教意识原自求自然生命之欲望全然解脱，此即要求一超自然生命之精神生命的再生。在宗教意识中，吾人因欲自自然生命解脱，故恒自判断其自然生命通体是罪恶。佛家所谓无始以来无明之缚，基督教所谓原始罪恶是也。此种对自己罪恶之深厚之认识，乃由吾人对自己所下之道德判断，不仅及于意识中表层之我，而深入下意识之底层之结果。吾人之能作如是之判断，乃依于吾人之道德意识。而此判断之活动，即为一求超越罪恶，而表现极高之道德价值之自觉的道德活动。而吾人经此自己之罪恶之认识，而对神痛自忏悔，求其恩赦，或俟其恩赦，则为一表现更高之道德价值之不自觉的道德活动。而此二种不自觉的道德活动，若不在自觉信仰完满之神之宗教意识形成后，而与吾人之现实自我相对较时，乃不易有者。由是而吾人遂可言，吾人之宗教活动，一方依于吾人之此种道德意识，而同时亦即为成就吾人此种道德意识者。

中国哲学史论

中国哲学之原始精神[*]

（一）中国哲学之起源问题与周代宗法制度之合家庭社会政治道德以为一

关于中西文化之起源之不同，由中西哲学之起源之不同更可证之。在印度与希腊，哲学之初起，皆起于古代传统宗教文化之解体，怀疑思想之兴起，与新旧文化思想之冲突。依唯物史观之说，则此一切皆归于社会上原居下层阶级之人，如商人平民之升起，及僧侣与贵族之势力之没落。以此二者，说明希腊及印度之六派哲学之兴起，及希腊早期哲学兴起之外缘，皆可头头是道。近代之论中国学术文化史者，纽于西洋印度之例，故自夏曾佑、梁任公、胡适之、冯友兰以来，论中国哲学之起源者，大体皆注重说明中国古代之鬼神术数如何为先秦之哲学所代，孔老时代之怀疑思想批评精神之出现，及人民怨天思想之滋生，与贵族之如何腐化而没落，平民阶级之如何逐渐兴起，士之如何独立，以表示其间画时代之转变。此种说法，亦未尝无理据与史实足资证明。然据以前之旧说，则自《庄子·天下篇》，刘向、歆父子，班固，直至清章学诚论先秦学术之起源，皆重在说明先秦学术如何承继周代文化精神而生起。即清末龚定庵之《古史钩沈》，民初张尔田之《史微》、江琼《读子卮言》，皆尚承此旧说。吾人今日若为平情之论，则吾意仍当依旧说为本，以说明先秦之哲学之如何自以前之旧文化生起，而又表现一新精神。

---

[*] 录自《中国文化之精神价值》，正中书局 1953 年版，根据正中书局 1987 年第 2 版校订。

　　吾人之所以仍归于依旧说为本，以论中国哲学之起源者，由于吾人以为中国古代社会，实未有如希腊印度之阶级利害之剧烈矛盾，亦未尝如彼方之有新兴哲学与传统宗教文化之显明冲突。希腊哲学兴起之时，其社会有自由民，商人阶级与占人口大部分之奴隶阶级。印度哲学兴起之时，其社会亦有截然差别之婆罗门、刹帝利、吠舍、首陀四阶级（人或谓印度宗教思想之轮回，即由生前所处之阶级之固定，故只有赖死后之轮回，以求转生云）。皆与中国诸子兴起时代中国社会之情形迥然不同。周之封建制下，贵族与庶民固可谓二阶级。然贵族庶民间，阶级利害之冲突，决不如希腊、印度阶级利害冲突之甚。凡古代贵族阶级之成立，大皆由于曾为战争中之胜利者。贵族阶级之权力，恒由战争之频仍，或与他国时在战争之势中以增强，得继续维持其统治之地位。印度古代，迄未统一。其哲学兴起之时，正战争频仍之世。希腊之诸小邦，亦互相独立，时在战争之情势中。故其下层阶级与平民阶级所受之压迫，永不易解除，社会阶级间之紧张关系，因以常存。然中国周代封建制度建立后，在春秋前，封建之诸侯间皆少互相战争之事。以古代恒患民少，土地待开发者多，故平民谋生之道较易，亦尽有运用其精力之所。因而阶级之对峙关系自较不紧张。承平既久，生齿日繁，阶级间之贫富地位之悬殊，未有不日趋于冲淡者。且周代之封建制度本身亦有一巧妙之处，可以使封建诸侯不致相争，而维持天下之一统之势者，此即由其与宗法制度之结合（此下本王国维先生《殷周制度论》之意而推衍之）。宗法制度有百世不迁之宗，以为社会之一贯的、不变的、纵的统一原则。有五世则迁之宗，以为社会生齿日繁时之变迁的、横的统一原则。宗法制度教为臣下者，由敬祖先以敬宗子，以敬国君，敬天子；教为君上者，由敬天敬祖宗，以爱同宗之族人，爱百姓而安庶民。由是而合家庭之情谊，与社会之组织、政治之统系、宗教之情操以为一，再文之以礼乐，则人不易生叛上作乱之心，而天下易趋于安定。故《礼记·大传》曰：

　　　　自仁率亲，等而上之，以至于祖。自义率祖，顺而下之，以至于祢。故人道，亲亲也。亲亲故尊祖，尊祖故敬宗（此上为臣民之敬君），敬宗故收族（下为君上之爱臣民），收族故宗庙严，宗庙严故重社稷，重社稷故爱百姓，爱百姓故刑罚中，刑罚中故庶民安，庶民安故财用足。

《礼记·祭统》谓：

> 忠臣以事其君，孝子以事其亲，其义一也，上则顺于鬼神，外则顺于君长。

《国语·楚语》观射父曰：

> 祀所以昭孝、息民、抚国家、定百姓也。……昭祀其先祖，肃肃济济，如或临之。于是合其州乡、朋友、婚姻，比尔兄弟、亲戚。于是弭其百苛，殄其谗慝，合其嘉好，结其亲昵，亿其上下，以申固其姓……致力于神，民所以摄固也。

《孝经》谓：

> 孝莫大于严父，严父莫大于配天。……周公……郊祀后稷以配天，宗祀文王以配上帝。是以四海之内，各以其职来祭。

《中庸》谓：

> 明乎郊社之礼，禘尝之义，治国其如示诸掌乎。

《论语》谓：

> 其为人也孝弟，而好犯上者鲜矣。不好犯上，而好作乱者，未之有也。君子务本，本立而道生。

此类之语为后人所说，其用意乃在指出周之礼教、宗法制度之为合家庭、社会、政治、道德、宗教之精神为一，以安天下者。人之生而知孝弟，固中外人性之所同。然在中国古代宗法制度中，则本人之孝于其父母之心，而教人依理以充达其情于父之父、父之祖，以至于远祖，至以祖配享于天，敬祖如敬天之大祭，并将人对天之宗教上之崇敬，融摄于敬祖之中。又本人之敬其兄之心，而教人依理以充达其情，以敬吾之小宗，以至大宗之宗子。依天子国君皆立长立嫡之制，则天子国君，皆宗法制下之最大之宗子也。由是而敬君之心，亦可由自然孝弟之情以生出。于是人人同有之自然孝弟之情，皆为支持此宗法之社会制度及政治之统系者。故人能为孝子，即能为忠臣，而敬及于天子，亦及于天。是敬神、敬祖即敬人也。至于为君上者，则因知最早之祖先，必遍爱其子孙，而当顺尊祖之心，体其遍爱之志，自然爱及一切同族之人。于是天子诸侯当爱及同姓之诸侯卿大夫。凡为宗子者皆有收族之义务，天子复当承天意，诸侯当承社稷神之意，以爱百姓、安庶民。故天子诸侯，重宗庙社稷，则自当爱人安人。是敬祖敬神即爱人安人也。夫爱敬之始为孝弟，孝为纵贯之情，弟为横施之情，纵贯之情通上下百世，由吾身至祖而上；由祖而横施其敬及祖之兄，再顺而下，而至其宗子，至于君。横施之敬及于君，由重社稷而尊天子，此为臣之义也。君之由孝及于其祖，而体祖之爱，再顺而下之，爱及于一切同族同宗，由敬天、敬社稷神而爱百姓、安庶民，此君之仁也。义及于天之子而间接通于天神，仁则本天心以爱人，此人德之齐于神，而人之爱敬仁义，乃弥沦于天地。此宗法制度之涵义，固不必为当时人所自觉，后来儒家乃自觉而发明之。然宗法制度之推行，必可多少冲淡诸侯之纷争、阶级之对峙，使人民不易作乱，天下易安定，而使中华民族日趋于凝合，则断断然也。

唯因周代之封建宗法之制度中，涵有此可安天下之"融摄家庭、社会、政治、宗教以为一"之伟大的文化精神，中国哲学之兴起，遂不该说为对传统之宗教文化之批评怀疑而兴起。夏曾佑、胡适之等说，老子为最早之怀疑思想家，实无是处。夫希腊哲学之所以起于反宗教传统者，一方面由于希腊之哲学乃自殖民地而入本土，一方由于希腊哲人不满于希腊传统宗教之神话，太多幻想，神之喜怒爱恶，互相冲突矛盾。苏格拉底与欧色弗落（Euthphoro）之谈话，即为指出神之爱恶无定，而怀疑世俗敬神之论者。柏拉图及其他诸哲，则大皆觉希腊人对神之所想，多为幻想而不满宗教者也。印度哲学之起，亦由印度之旧宗教中迷信幻想尤多。然在中国固有之宗教，则以中国民族古代文化之务实际，对神之幻想较少，中国古代社会中，巫觋之地位亦不高，更无特反宗教之必要。至于《诗经》所载之怨天之诗，不过抒情之作，亦不能作为中国哲学思想始于反传统文化宗教之证。依吾人之见，孔、孟对周代之文化极其赞叹，孔、孟固未尝否认传统宗教中之天，而孔、孟之所谓仁，即原为天德而又自觉为人德者，此义今人盖多不能识。墨子反周之礼乐，亦未尝非诗书，且笃信天志。老庄所谓"大本大宗"之"天"，与"生天生地"之"道"，亦可谓由传统宗教意中之"天帝之遍在自然"之自觉，而转成之概念。故吾论中国哲学之起源，不谓其起源于由反宗教、由消极的批评怀疑传统文化开出理性之运用；而谓其由于积极地自觉传统宗教文化之精神即开出理性之运用。因而中国哲学，乃直接承周代文化之发展所生，而非一更端另起之一精神之所生。中国哲学之进于传统宗教文化精神者，唯在多有此一自觉理性之应用耳。

（二）中国哲学智慧之起源，为古代宗教道德精神之升进，而非对之之怀疑与批评

中国文化中，此种由宗教至哲学之历程，吾人以为主要由于中国古代之道德、宗教精神之发展与升进。吾尝论中国古代之道德观念之转变，在周以前所重之德，据《尚书》所载，不外敬慎、勿怠、宽容、勿矜，大皆帝王治者自守之德。周以后即渐重礼让忠信之德，《左传》、《国语》等书可以为证。宽容勿矜之德，乃所以自广气度；敬慎勿怠，乃所以兢业自勉；唯礼让忠信，乃真对等之人间相遇之德，而可行于一切人与人之关系中者。盖周之礼教立，而人与人之关系复杂，故道德不仅表现于君之爱臣民，与下之所以事上；亦表现于天子与诸侯、诸侯与诸侯、卿士大夫之相见相会之中，人伦之世界向横面开展而扩大，则礼教之本义，原偏重于敬神及行于君臣上下之间者，变为偏重于对等之人间之相敬，乃有礼让忠信之德之重视。及春秋以后，武士成为文士，国与野之分渐泯，士庶人之阶级渐不可分，而礼让忠信之德即可遍应用于一切人与人之间，而敬意亦可以行于一切人间。此仲弓问仁，孔子之答以"出门如见大宾，使民如承大祭"也。然此对一切人之敬，亦皆可谓由原始敬天敬祖之精神，通过宗法关系而次第开出者。故亦可谓为敬天敬祖之敬，移至一切人，而成为向人表现之敬。人与人之彼此间，由重忠信礼让之德以表其相敬相尊，则人之自尊自信之心与责任意识，亦日益提高。此即春秋时有担当、有独立精神之贤士大夫之所以辈出。在人与人之交往之中，尤其在朝、觐、聘、问之际，远地来会不易，礼仪因以繁重。此礼仪虽不必即为周公所手订，要是由历史习惯以次第形成。当其既已形成，则违之者为失礼。当人见人之失礼以后，则不能不念俗成之标准，以为评论。故《左传》中记诸侯之相会，常有评对方之无礼，并追究战争之发生，原于对方之无礼者。人与人相遇时，亦可由人之仪表，及处事之如何，以批评其内心。由是而有春秋时之道德批评。《左传》述一事后，恒继以"君子曰"之批评，此盖不必即孔子或作者之言，或正为当时人之道德评论，然此评论非自觉的另立一标准以反传统之道德，而是由自觉传统之标准，而予以解释，或随事而发者。吾意中国人之道德智慧或智之德，当即是由此具体的礼尚往来之人间生活中之评论所逐渐养成，而非如希腊之智慧之德，乃初由惊奇、仰观俯察自

然、了解数形之关系、分析理智概念而次第养成。故在希腊以智为首德，哲学家多尊数学。而中国则仁义礼智中，智为末德，《周礼·大司徒》六德中，亦先仁义圣而后智，六艺礼乐射御书数中，数亦居末位。《国语·周语》谓"言智必及事"，《左传》谓"智，文之舆也"。即谓智不离实际之事而言，智盖只所以知礼文之义而载运之，使行于天下者，故曰文之舆也。《易经》之元、亨、利、贞，自《易传》言之，元即仁，亨即礼，利即义，贞即智。贞，定也，智亦定也，是中国古所谓智慧之用，唯在自觉人之仁义礼之德，而贞定之，确立之。春秋时之道德评论，即中国人自觉的道德智慧之流露之开始，其作用亦唯在贞定确立传统仁义之道。中国春秋时，孔子之作《春秋》，亦不过扩大此评论，而为二百四十年史事作系统的评论。孔子发明六艺之教，讲论德行之哲学智慧，亦只是承以前贤士大夫之道德评论而发展。孔子弟子与墨、孟、老、庄，盖皆不过承传统文化与孔子之精神而更各引一端。则中国哲学唯是承以前之传统文化精神而升进一步之所成，其起源实迥不同于希腊哲学之起于对传统文化之批评怀疑矣。

（三）孔子之继往开来与继天道以立人道

孔子对中国文化历史贡献之巨，固夫人而知之。孔子所以兴起，由于其时代为一礼坏乐崩、臣弒其君、子弒其父之乱世，亦夫人而知之。然春秋时之礼坏乐崩，人之道德堕落，实不同于苏格拉底、柏拉图时代希腊社会政治之乱。苏、柏时代之社会政治之乱，可归因于贵族阶级与一般市民或商人阶级之争权，与哲人学派之怀疑论，及自利的个人主义之思想之兴起。然孔子时代之礼坏乐崩，唯由当时所谓贵族阶级中，诸侯与天子、诸侯与卿大夫之上下相凌，与生活之腐化。孔子之使命，亦不同苏格拉底、柏拉图等之欲凭理性之运用，以寻求道德之意义，与设计一理想国；而唯是欲正名分，使居其名位者，有其名位上原当有之德，而重建周之文教。故孔子之使命，乃一由继往以开来之使命，而非另建理想国之使命。而其以文王之既没，文不在兹乎自许，作《春秋》而又知《春秋》为天子之事，孔子实是无异以一平民，而居天子之位以评论一切，并承以前之文化而删《诗》、《书》，订《礼》、《乐》，以教后世。后今文家说孔子为素王，古文家则说孔子唯是一使古代学术由贵族而及于民间，别政与教，而于君道以外建立师道者。今古文家之言虽不同，亦未尝无相通之处。然吾人复须知，孔子之以天子之事自任，而以仁教弟子，即无异于教弟子以王者之德，天子之智慧。天子原须上承天心之宽容以涵育万民，孔子教人以仁，亦即教人直接法天之使四时行百物生之德，而使人皆有同于王者同于天之德。此乃孔子之由继往而下开万世之真精神所在，为生民以来所未有。柏拉图之精神与之相较，诚瞠乎后矣。孔子之真精神，亦中国哲学之真精神所自始也。

孔子对于周以来之传统文化之精神唯是承继之。孔子所进于以前者，唯是自觉其精神所在。不有孔子之自觉，则传统文化之精神唯存于礼仪威仪之社会文化中，有孔子之自觉，则此精神存于孔子之心，见诸孔子之行事，孔子以之垂教，乃使人人皆可知此精神而实践之。故孔子之智，对一以前之文化是成终，而对闻其教者则是成始，不有孔子，则周之礼文之道，只蕴于周之礼文之中，有孔子之自觉，则周之礼文之道，溢出于"特定时代之周之礼文"之外，而可运之于天下万世，而随时人皆可以大弘斯道，以推而广之。故孔子立而后中国之人道乃立，孔子之立人道，亦即立一人人皆以"天子之仁心"存心之人道。天子之仁心，即承天心而来。故孔子之立人道，亦即承天道。近人谓孔子之学非宗教，且不信古代相传之天神之存在，此实无可征。可征者，唯是孔子不重信天之本身，而重信天之所以为天之仁道。孔子信天道，中国人之自觉论天道，亦自孔子始，则信而有征者。故孔子以前有人有文化，而人与文化之道未真被自觉，人之道未立，自孔子自觉之而后立。孔子以前亦有天，人亦知信天，而敬天学天之仁等；然自觉天之所以为天之道，即是此仁，而唯以仁道言天者，则自孔子始。唯孔子而后真知人文之道与天道，唯是同一之仁道，而立人道以继天道。此即孔子之所以通古今与天人，《中庸》曰："肫肫其仁，渊渊其渊，浩浩其天"。孔子之人格之所以通天人，而为天之直接呈现也。

知孔子之精神在通古今与天人，则知孔子之精神与世界其他伟大人物，及先秦诸子之精神，唯是全足与偏至之不同。世界之一切宗教圣人，皆能归命于天，亦多能知天道之以仁为本，而依之以立人道，如耶稣是也。然彼等恒未能以通古今承古之文化历史，以开启未来文化历史自任。且世界一切宗教家对于天或神，皆重祈祷，而低级之祈祷恒夹杂私求与私意，如犹太教中有上帝选民之观念，此即将偏私自己之民族之心，注入于上帝，使上帝成一偏私之上帝也。祈祷中有私意而求于上帝，及其求不得，则生哀怨之辞，此《旧约》中之所多有也。治西方宗教史者，皆知犹太教之上帝，乃逐渐由自私之上帝而成一无私之上帝。在耶稣以前之先知如 Amos 等固亦有无私之上帝观念，至耶稣起，乃深发其义，并特重人当求上帝于内心，天国在天上，即在内心，而不在地上或外界之义；并教人绝去对上帝之私求，而教人爱敌如友，以绝去以前之自视为选民之意识。后之基督教徒，虽仍保持选民一观念，已改为纯宗教道德上之意义。在中古复加上"上帝之选择何人而对之赐恩，为不可以人意窥测者"一观念。此正所以免人自视为选民，而对他人存敌意。耶稣基督教之思想，在西方宗教文化思想中，乃表示一极高之宗教精神。然后来之基督教中，仍重祈祷，而祈祷之中，总不免求上帝满足其在世间之私求，如战争之祈祷上帝助我胜利，皆恒是依于一私心之祈祷也。然观孔子之教，则孔子盖根本不重人于天于神之祈求，故能"不怨天"。而孔子相传之教，唯言天之道为无私，为使四时行而百物生，为不已，为健行不息，人当承之以立人道。人对天对祖宗之神之情感，恒由人念天与祖宗之神对人有恩德以增益。故祭祀之义，不重祈祷而特重报答，所谓大报本复始。夫重祈祷，乃视主动全若在神，不免自居被动。重报恩报本复始，则纯为承天与祖宗之神之爱与恩德，加以摄受后，自动的引发伸展自己之仁心，以上达于天与远祖，所以使人德上齐于天德与神德，天德神德亦流行于自己仁心人德之中者也。夫然而人亦即更能以天地生物之心，祖宗爱后人之志，以成己而成物，赞天地之化育。基督教之承天心以爱人，虽亦是此义。然因其特重祈祷，或使人易杂偏私之欲，则精神不免卑逊于神之前，而不能极其上达之伸展，因而上帝易显其超越性，人在神前，乃多罪孽深重之感。唯依孔子之教，乃真可由其于天于神无所求之报本复始精神，而摄天心于人心；转天神之恩我，以推恩于世界，而人德可齐天德，由此而后可以见人与天之俱尊。人德齐天，而知人之善性亦齐于天，然后有天命即性之性善论，尽心知性即知天、存心养性即事天之孟子之学。此儒家之教包涵宗教精神于其内，既承天道以极高明，而归极于立人道，以致广大，道中庸之人文精神所自生。故谓儒家是宗教者固非，而谓儒家反宗教、非宗教，无天无神无帝者尤非。儒家骨髓，实唯是上所谓"融宗教于人文，合天人之道而知其同为仁道，乃以人承天，而使人知人德可同于天德，人性即天命，而皆至善，于人之仁心与善性，见天心神性之所存，人至诚而皆可成圣如神如帝"之人文宗教也。

（四）孔子之全面的合天与全面的人文精神，与孔子所开启之人文精神与哲学

至于孔子之立教，与世界其他学者，及中国先秦诸子之教之不同者，亦由于孔子之达天德重人文为全面的。而其他人，则恒皆有所偏。盖孔子所承中国以前之传统文化精神，吾人以前已言其乃由经济而社会、政治、伦理、艺术、宗教、道德次第伸展，而前后互相包摄以成之一整体。故孔子之以六艺设教，即包含人类全部文化精神之品类于其中。六艺原为礼、乐、射、御、书、数，以六经为六艺，乃后来之说。然孔子盖亦实尝以六经之义为教。六经中，《书》者上古三王之事，多偏于政治经济方面。《礼》者周之礼，注重在教伦理道德。《诗》、《乐》为文学艺术。《易》者古代之宗教精神之所寄托，天道也。而《春秋》，则孔子之所以本天道之仁，居天子之位，以评论"所见所闻所传闻三世"之社会文化，而开拓未来之世界文化者也。孔子著《春秋》，在其晚年。其一生之行事，与周游列国，在望得用我者，而兴东周。《春秋》亦不托空言，谓不如见诸行事之深切著明。中国文化开始即重实践，孔子亦先求行道。及道不行，乃退而与弟子，删《诗》、《书》，订《礼》、《乐》，修《春秋》以教来世。是孔子之精神为全面文化之精神，而又求直接实现之于全面社会之精神。其言教，皆系属于其行事。西方印度之哲人，恒先建立一知识系统，人生社会之理想，先著书论学，聚徒讲学，再求用世，恒未及有实践之行为，而身已殁，或则最初目的，即自限于求真理，与著书讲学。孔子之精神实与之皆不同，观孔子之好学而无所不学，学不厌，其对人文之各方面，由经济、政治、社会、伦理、道德、艺术、文学、宗教，皆一一予以重视，而以本末终始条贯之，亦世界学术之其他派别所罕有。西哲中如柏拉图、亚里士多德、康德、黑格尔等，在理想上，盖能及此，终不免求知立说之意味重。彼等与西方宗教圣徒，社会革命家之重行而忽知，皆同是一偏，不如孔子之人格所表现之知行合一之精神矣。孔子之人格，表现对人文之全面皆加重视而无所不学，及知行合一精神，此在原则上，为一神足漏尽而无遗之人格精神。故孔子以后中国之学术文化，无论如何发展，而在人格之典型上，文化之究极理想上，皆不能不归宗孔子。人无论在人类文化中，重某一特殊精神，亦莫不可多少由孔子之言与六经中，得其根据与渊源。

因人类学术文化活动止此数种，原不能溢于其外也。夫然故中国后人之归宗孔子，亦未尝真窒息学术文化之发展，后人尽可言孔子所未言，详孔子所未详，而补孔子对人文之认识之所不足，然由孔子人格所显示之学不厌，对全面人文皆加尊重，及知行合一之精神之本身而言，则为一当下具足之整体，而无可以过之者。中国文化经孔子而文化之大统立，万脉分流，同出昆仑，百家腾跃，终入环内。此非孔子之个人之有何威力，唯因孔子所承之文化，原是全面，而人之精神只能在全面文化中活动也。孔子之伟大处，孔子固未尝自言唯彼有之，后人亦不以唯孔子有之，人人皆可尽心知性而知天，而如神如帝成圣，人人皆可以学孔子作《春秋》之精神，而居大子之位，以评论世界，而以天下为己任，而如王，如天子，或以延续文化教育为己任而为师，即人人皆可为孔子。自孔子之教立，而人人皆可自觉其有"能行仁道之心"，而此心即启示人之有无尽之尊严性、崇高性、广大性。人之可如神，如帝，如天子，为师，为承继祖宗文化而发扬之以延续社会生命之孝子，与为圣，为孔子，此数者，实为一事。中国后世之神位之所以有天地君亲师者，盖以必有所敬者在彼，而后有所成就者在我。非以天地君亲师，在我之外，非我所能为之谓也。依孔子之教，正是谓人人皆可体天地君亲师之德之心，而与之同其德同其心。五而一，非五而五。此五者在中国文化之发轫时，唯有天地人，唯有原始宗教思想中之敬天神地祇之心，与人在天地中之劳作。自禹而后始有协和万邦之君。自周行封建严宗法，而有后真有亲。自孔子，而后自觉天地君亲之仁德仁心，而有学术之讲习，有教，而有师。孔子之教立，人皆知修德而人德可同于天德，而后有墨子之教，欲人学天之兼爱；而后有庄子、老子之教人知天而同天；孟子明性善，喜言仁政；荀子化性起伪，善言礼制；法家则由礼以言法。自诸子百家分流，而中国哲学之门庭显矣。自孔子而后，士之责任感自尊心增强，于是或敝屣尊荣，不事王公，高尚其志。或游说卿相，取合诸侯，为王者师。孟子、荀子皆言尧、舜禅让，与汤、武征诛。由荀子而有韩非、李斯，乃专以尊君为念。由商鞅、李斯助秦之政，而周之封建诸侯，与周天子俱灭。秦亡而汉高祖以平民为天子，汉儒言五德终始与禅让，有德者应继无德兴，即孔子作《春秋》以天子之事自任之精神所开启。原始之宗教既经孔子之融化，乃本人德可齐于天之思想，再与庄子游于天地之思想相与合流；而渐有与天地比寿，与日月齐光之神仙思想。而后之佛学之所以为中国人所喜，亦因佛学始于不信超绝之梵天，而信人人皆可成佛，而如神，如梵天，如上帝。则中国以后道佛之宗教精神，亦孔子天人合德之思想之所开，人诚信天人合德，而人德可齐天，则人之敬圣贤之心，敬亲之心，亦可同于敬天之心。此即后来之宗教精神之所以于天帝崇拜之外，尤重对圣贤祖先之崇拜之故。孔子信天敬祖，后人则敬孔子如天，而或忘单纯之天。于是原始敬天之宗教精神，若归于减弱。敬祖之教，在西周，原所以支持封建政治者，由孔子之教，而孝之本身，纵不连于事君，亦所以显人之仁德，而有其本身之价值。故敬祖之教，不随原始宗教精神之减弱，不随封建宗法制度之崩坏而消灭，乃反以增强，此乃孔子以后之文化面目，异于孔子以前之最重要者。而其所以致此之故，虽不必原出于孔子一人之力，然要必为孔子之精神之所首先开启者。

（五）中国文化精神之形成与西方之不同

吾人以上论孔子以前及孔子与孔子所开启之文化精神，目的在指出中国文化根本精神与西方文化精神之形成之不同。尤重在说明中国文化之所以有统之故，即在中国文化根本精神之形成，依于次第之升进，亦可谓依于层层包涵之环展。故其启后之处，即直接由其承前之文化，而加以自觉以来。故由夏至孔子，以至孔子以后之文化精神之推进，皆未尝经明显剧烈之冲突矛盾。此即养成中国人对历史文化之亲和感，与文化统绪之意识。同时减弱人之求超越现实超越古人，以另造一理想世界或超越境界之超越精神。而人类之超越精神，又大皆由宗教中之神与人隔离，神高高在人之上以引起。中国之天神，因素富于内在性，及孔子发天人合一之义，孟子发性善之义以后，即使人更不复外人而求天。由孔子之重视自天之道之表现于其生物之处，以观天德；及老子、庄子之重由自然以观天观道，更谓道在蝼蚁、稊稗，牛马四足谓之天。更使天神失其超越性。中国古代之文化，又皆由人群之实际生活中所形成，及周而严伦理宗法。孔、孟虽尊个人，然其尊个人即尊个人之能及一切人，而通于一切人之仁性仁心。老、庄精神，虽或忽略人在社会伦理中之责任，而重个人精神之自由。然其所尊之有精神自由之个人，必须是能自个人之意志欲望解脱者。杨朱或不免重个人情欲之放肆，然亦非重意志自由之概念之本身者。墨家重社会之集体生活，法家重政治之集体生活。故西方近代人所重之个体之意志自由，亦非中国文化大统中所重之精神。至于西洋人所重之理智的理性活动之客观化之精神，其为中国所忽亦甚明。吾人上论，中国文化自开始即重实践，孔子亦先求行道而后讲学，故智德居于末德，数居六艺之末。儒道墨之初起，皆唯以论人生政治德性为事。公孙龙《墨辩①》、《庄子·齐物论篇》、《荀子·正名篇》中之知识论、逻辑、科学思想，皆由诸家之辩论而后引起，只为诸家末流所尊尚。则知在西方居哲学科学思想之首位者，正为中国学术思想中之居末位者。西方言哲学者，必先逻辑、知识论，再及形上学、本体论，而终于人生哲学伦理、政治。而中国古代学术之发展，适反其道而行，乃由政治、伦理以及人生之道。而由人生之道以知天道与性，而终于名学知识论之讨论。《墨辩②》及名家兴，而诸家之学衰，而后世中国之学术，亦未尝改而以名学、知识论为哲学科学之首。则为西方文化精神之特殊精神之所在者，如吾人前所谓文化之分殊的发展、超越精神、个体性之自由之尊重，与理智的理性之客观化之四者，皆中国文化精神中之所忽，由上述之中国古代文化精神，已确乎可见矣。

①② "辩"，原作"辨"，误，校改。

原理上："理"之六义与名理[*]

一、导言

理之一名，在中国思想史中，其特被重视，常言由于宋明理学。在宋明理学中，程朱学派固视理为至尊无上。陆王学派重心，所争者不外谓心即理，良知即天理。张横渠王船山重气，所争者不外理不离气。而其重理则一。对理之涵义，除朱子本人、及其学生陈北溪，于其讲性理字义之书，加以诠释外，各家皆本其讲学宗旨，有所诠释。历明末清初，学者病理学家言之空疏，而倡经史之学以救其弊。清学重对经史之考据训诂，于六经之微言大义，皆欲循汉唐之注疏而上溯。理学之一名，亦或为世所诟病。清代学者之所以反理学者，亦或即由指出理一名之古训，不如宋明理学家之所说以为言。惠栋之《易微言》，于中国哲学之抽象名辞，见于汉以前之古籍者，尝分别纂集其文句；而对理之一字，则列之于卷末，其意在贬轻此字之地位甚明。其谓理必兼两相对者（如阴阳、仁义、大小等）以为言，则意在反对宋儒理一而绝对之论。后戴东原著《孟子字义疏证》，焦循著《易通释》，并于理之一字有所诠释，而皆以之为次要之概念。戴焦二氏皆时在其所著书中，轻贬宋明儒所重之"理"。章实斋著《文史通义》，亦首原道，而未原理。其书复时以古人不离事言理为说。然对理之一字，未尝加以诠释。阮元著《性命古训》《经籍纂诂》，并有意举经籍故训，以针贬言宋学者之师心自用之

---

* 原载《新亚学报》，1955 年第 1 卷第 1 期，录自《中国哲学原论·导论篇》，台湾学生书局 1986 年全集校订版。

习。前一书中亦有理字一则。唯陈澧著《汉儒通义》,其所纂汉人经注,则意在见其与宋明儒之言相通,以调和汉宋。然清末民初之刘师培著《理学字义通释》,其据汉以前理学名辞之古训,以驳斥宋明理学家之言者,又较戴氏为甚。大体而言,清儒明是欲借宋以前人对"理"及其他理学名辞之训诂,以反对宋明理学家之言。然近数十年来,西方之哲学科学思想输入,理之一名,又复为人所重视,而用为西方哲学科学中若干名辞之译名。自然科学初曾译为格致,后即译为物理化学等。今中国大学中之理学院,即包括物理、化学、生物、生理、心理、数理诸学之研究。西方之哲学一名,初是译音,后亦有译为理学者。西方诸科学名辞后,多附 logy 一字尾,而其原出于 logos,皆可以理译之。故 Logic译为论理,名理或理则。Reason 通译为理性。柏拉图之 Idea 或译为理念。西方近代哲学所重之 Understanding 或译为理解。Axiom 译为公理。Principle 译为原理,Theorem 译为定理。Universal 一字译为共相或共理。于是理之一字,涵义乃日广,而应用时日多。此新名辞中之理,与宋明儒所谓理,及清代反理学之学者,所举出字之古训,出入尤大。而清代反理学之学者所谓理字之古训,是否即最古之古训,亦是一问题。除汉以前之理之古训外,魏晋玄学中及隋唐佛学中之所谓理,大体言之是何义,又是一问题。如实言之,清儒之欲借理字之古训,不如宋儒之所说,遂据以反宋儒,实未必谛当。因学术思想中之名辞之涵义,本常在不断之引申中。吾人并不能将一名之涵义,固定于其最早之一义。所谓古义,亦皆相对而言者。魏晋隋唐较宋明为古,周秦较两汉为古,亦有更古于周者。而对清代言,宋明亦为古代。对今而言,凡昔皆古。十口所传曰古。凡一名习用之义,无非十口所传,即无非古。然清代学者之著重指出汉以前对"理"等名辞之古训,与宋明儒所诠释者不同,则未尝无功于学术史之研究。因能辨别一名各时代意义之不同,即可进而辨一名在各家著作中的意义之不同,此正为吾人欲如实了解各时代之学术思想,而不加以混淆之所资。吾人观一名之如何次第引申新义,亦见学术思想之历史发展之迹相。如吾人更进而能综合一名之各时代的意义,而总持的把握之,亦即可使吾人形成一更高之新思想观念。惜乎清儒多未能自觉及此。其纂集古训之功,亦未能使其对"理"一字之各种涵义,有一明白清晰之分辨与说明。本文之目的,则望进此一步,对中国哲学思想史上,各时代所谓理之主要涵义之演变,与以一说明。

吾人之说明，固不能完备无漏，因此中须牵涉全部中国思想史与名物训诂，章句注疏上之其他问题，非吾人所得而尽论者。然吾人今只求比清人所说，更进一步，则亦未尝不可作到。吾今所发现之结论为：中国哲学史中所谓理，主要有六义。一是文理之理，此大体是先秦思想家所重之理。二是名理之理，此亦可指魏晋玄学中所重之玄理。三是空理之理，此可指隋唐佛学家所重之理。四是性理之理，此是宋明理学家所重之理。五是事理之理，此是王船山以至清代一般儒者所重之理。六是物理之理，此为现代中国人受西方思想影响后特重之理。此六种理，同可在先秦经籍中所谓理之涵义中，得其渊源。如以今语言之，文理之理，乃人伦人文之理，即人与人相互活动或相互表现其精神，而合成之社会或客观精神中之理。名理玄理之理，是由思想名言所显之意理，而或通于哲学之本体论上之理者。空理之理，是一种由思想言说以超越思想言说所显之理。性理之理，是人生行为之内在的当然之理，而有形而上之意义并通于天理者。事理之理，是历史事件之理。物理之理，是作为客观对象看的存在事物之理。此理之六义，亦可视为理之六种，界域各不相同，皆可明白加以分辨。而由中国思想史之各时代上看，亦确有偏重其中一种意义之理之情形。然昔之学者，或略于对名辞概念涵义之分析，遂不免加以混淆，而引致种种之误解。本文则拟顺历史之次序，说明中国之思想史中各时代所重之理，确有吾人所说之情形在，并将其涵义，试加分别说明。此虽然仍无法完备，然亦可多少对于吾人之如实了解中国各时代思想者，有一种向导之用。下文分五节。其中第一节，因须针对清儒之见，故所征引者较为繁碎，而辨名析义之处，反隐而难彰。后数节则解析概念之功较多；然于可引以为据之言，又势不能尽举。盖亦探源与溯流之事不同，而无可奈何者。希读者谅之。

二、先秦经籍中之理及文理

在先秦经籍中，《易经》上下经本文及《春秋经》与《仪礼》本文，皆未见理字。唯《诗经·南山》有"我疆我理"一语。伪古文《尚书·周官》有"论道经邦，燮理阴阳"一语。此二理字，皆明非一学术名辞。七十子后学所记《论语》，及《老子》中，亦无理字。在《墨子》《孟子》《庄子》书，乃将理字与他字连用，以表一较抽象之观念。今查《孟子》书中，理字凡四见。又据哈佛燕京学社所编庄子及墨子《引得》,《庄子》中之理字,凡三十八见,内篇中只一见于《养生主》一篇;《墨子》中之理字,则凡十二见。孟子思想之主要观念,在仁义礼智、天命人性。其言理,一次是与义相连,说"理义之悦我心"。另二次见于"始条理终条理"一语中。此皆有哲学涵义。再一次见于"稽大不理于众口"一语中,则与学术思想全不相干。庄子之思想,重在言道、言天、言性命之情。理字亦不代表其中心思想观念所在。墨子言理,主要见于《墨辩》。然《墨辩》中《经上》《经下》及《经说》上下四篇,对他名多有训释,而对理字则无。与理字相近之"故"字"类"字,在《墨辩》之地位,更较理字为重要。然在七十二子后学所著之《礼记》中,则理字曾屡见,且甚重要。《乐记》中谓"礼也者,理之不可易者也",及"天理灭矣"二节言理,盖为十三经中最早以理为一独立之抽象概念,并凭借之说明礼乐之文者。宋儒尤喜征引后一节之言,唯其时代或后于荀子。先秦诸子中,唯荀子喜言理。荀子除《荣辱》《致士》《强国》《成相》《尧问》《子道》等篇以外,每篇皆用及理之一字,一见或数见不等。荀子之重言礼与其重言理,盖有一种密切之关系。至韩非子,则言理处亦多,并在《解老篇》,为理字作一详细定义。此外在重法之尹文子慎到之佚文,及《管子》中,亦多有以理为主要观念,以释法之所由立者。汉人谓"法家者流,出于理官",理之观念,盖亦实法家之所重。由此观之,在先秦经籍中对理之观念,乃愈至后世而愈加重视。中国思想史之发展,亦似愈至后世,而愈对以前不用理之一名,所表示之义,亦渐连于理之一名而论之。至宋明儒,而儒学之一切思想观念,皆可连于理之观念以为论。此中盖可见一中国学术思想之一发展之方向。至吾人今之问题,则首在问:先秦经籍中所谓理之主要意义,毕竟为何?今先引《韩非子·解老篇》一节,及清代戴东原以下数人对理之一名所作之训诂,然后再加以讨论。

《韩非子·解老》:"道者,万物之所然也,万物之所稽也。理者,成物之文也。物有理,不可以相薄。故理之为物之制,万物各有理,而道尽稽万物之理。"

"凡物之有形者,易裁也,易割也。何以论之?有形则有短长。有短长则有大小,有方圆。有方圆,则有坚脆。有坚脆则有轻重,有白黑。短、长、大小、方圆、坚脆,轻重白黑谓之理。理定而物易割也。故欲成方圆,而随于规矩,则万物之功形矣。而万物莫不有规矩。圣人尽随于万物之规矩,则事无不事,功无不功。凡理者,方圆长短粗靡坚脆之分也。故理定而后可得道。"《韩非子·扬权篇》谓："夫道者，弘大而无形，德者核理而普至、至于群生，斟酌用之。"

戴东原《孟子字义疏证》卷上曰："理者察之几微，必区以别之名也。是故谓之分理，在物之质曰肌理，曰腠理，曰文理，得其分则有条而不紊，谓之条理。天下事情，条分缕析，以仁且智当之，岂或爽失几微哉。《中庸》曰文理密察。《乐记》曰乐者通伦理者也。郑注《乐记》曰理分也。许叔重曰：知分理之可相别异也。"（《疏证》上第一条）"古人之言天理者何谓也。曰理也者，情之不爽失也，未有情不得而理得者也。天理云者，亦言乎自然之分理也，自然之分理，以我之情絜人之情，而无不得其平是也。"（《疏证》上二）"情与理名何以异？曰在己与人皆谓之情。无过情，无不及情之谓理。"（《疏证》上三）"心之所同然始谓之理，谓之义。凡一人以为然，天下万世皆曰是不可易也，此之谓同然。分之各有其不易之则，名曰理，如斯而宜，名曰义。"（《疏证》上四）"理义者在，事情之条分缕析，接于我之心知，能辨而悦之。……思者，心之能也，如火光之照物，所照者不谬也。不谬之谓得理，疑谬之谓失理。惟学可以增益其不足，而进于智。故理义非他，所照所察之不谬也。"（《疏证》上六）

戴氏学生段玉裁，本其意注《说文》理字曰："理，治玉也。注：《战国策》，郑人谓玉之未理者为璞（《艺文类聚》引，《尹文子》同）。是理为剖析也。玉虽至坚，而治之得其鳃理，以成器不难谓之理。凡天下一事一物，必推其情至于无憾，而后即安，是之谓天理，是之谓善治。……"（下引戴东原言为证，今从略。）

又朱骏声，《说文通训定声》，理字下更兼引经子注疏为证。

"《广雅·释诂》：理，顺也。理，道也。《贾子·道德》说：理离状也。（按贾子书本文为道生德，德生理，德有六理。）《管子·君臣》：别交正分之谓理。《韩非·解老》曰：理，成物之文也。……《荀子·儒效》：井井兮其有其理也；注，有条理也。凡理乱字，经传多以治为之。《礼记·礼器》：义理，礼之文也。《礼记·乐记》：理发诸外；注，容貌之进止也。《荀子·正名》：形体色理以目异；注，理，文理也。《解蔽》：则足以见须眉而察理矣；注，谓文理逢会之中。《诗·信南山》：我疆我理；注，分地理也。《左成二年传》：先王疆理天下；注，正也。《礼记·乐记》：乐者，通伦理者也；注，分也。《荀子·正名》：道也者，治之经理也；注，条贯也。《乐记》：天理灭矣；注，理犹性也。礼也者理之不可易者也；注，犹事也。《祭义》：理发乎外；注，谓言行也。《孟子·告子》：理也义也；注，理者得道之理。……《周书·谥法》：刚强理直曰武；注，理；忠恕也。《管子·心术》：理也者明分以谕义之意也，假借为吏。《礼记·月令》：命理瞻伤；注，治狱官也；有虞氏曰士，夏曰大理，周曰大司寇。《周语》：行理以节逆之；注，吏也。《史记·殷本纪》：予其大理。……《广雅·释言》：理，媒也。《孟子》稽大不理于众口；注，赖也。"（以上并自《说文解字诂林》玉部理字转引。《诂林》中复引《说文》斠注韩非子理其璞而得其宝，以证理为治玉。又引《说文》徐注物之脉理，惟玉最密，《尹文子》郑人谓玉未理为璞；以证《说义》理为治玉之说。）

又阮元《经籍纂诂》卷三十四理字下，征引秦汉以前古训尤多。其书之成虽早于朱氏书。惟上文既先引朱氏书，故于其所引与朱氏同者从略。兹选录若干则如下：

"理，治也（《广雅·释诂》）；又（《国策·秦策》）不可胜理注，又（《吕览·劝学》）则天下理焉注。理，法也（《汉书·武帝纪》集注）。理者，所以纪名也（《鹖冠子·秦录》）。理也者，是非之宗也（《吕览·离谓》）。理，义也（《礼记·丧服四制》）；知者可以观其理焉注，又（《吕览·怀宠》）必中理然后说注。理，义理也（《荀子·赋》）；夫是之谓箴理注。理，合宜也（《荀子·礼论》）；亲用之谓理注。理，道也（《淮南子·主术》）；而理无不通注。理，道理也（《吕览·察传》）；必验之以理注。理者得道之理（《孟子·告子》），谓理也义也注。理谓不失其道（《荀子·仲尼》）；福事至则和而理注。理，有条理也（《荀子·儒效》）；井井兮其有理也注。理谓道理（《礼记·仲尼燕居》）；礼也者理也疏。理为道之精微（《荀子·正名》），志轻理而不重物者无之有也注。地有山川原隰各有条理，故称理也（《易·系辞传》）；俯以察于地理疏。"

又阮元《经籍纂诂》卷三十八礼字下征引古训，以理训礼者。"礼者理也"（《家语·论礼》），礼也者理也（《礼记·仲尼燕居》），礼者，谓有理也（《管子·心术》），礼义者有分理（《白虎通·情性》）。

刘师培《理学字义通释》，所征引故训与上文多同。又征引《礼记·礼器》中"理万物者也"，《易传》中"顺性命之理"，"理财正辞"，《中庸》"文理密察，足以有别也"，《孟子》"始条理者，智之事也"，等而断之曰："理训为分，训为别，此汉儒相传之故训也。条理文理，属于外物者也。穷究事物之理，属于吾心者也。言理也者，比较分析而后见者也。而比较分析之能，又即在心之理者也。宋儒以天理为浑全之物，绝对之词，又创为天即理性即理之说，精确实逊于汉儒。"

由上文诸家所征引关于理一字之古训，尚不能使吾人对于先秦经籍中所谓理之主要涵义，有一明白清晰之了解。因诸古训皆嫌笼统，未加分析，则无由见其主要涵义。比较言之，此中唯《韩非子·解老篇》之言，较能使吾人可得一把柄。《解老篇》谓"道为万理之所然，万物之所稽"，又谓"理成物之文"，"物之大小、方圆、坚脆、轻重、白黑"为物之理，复谓"理定而后物可道"。此乃明白指出，道乃自万物之共同处说，而理则是自客观万物之分异处说。所谓大小、方圆、坚脆、轻重、黑白等，即西方哲学中所谓物之形式相状 Form 或理型 Idea，或物之第一第二属性（Attribute 或 Property）。此正为物理科学所研究之数量性质之理。物之大小、方圆、坚脆、轻重、黑白等，亦初为吾人之感觉力与物相接，所直接或间接加以了解者。而此物之诸理，亦为吾人最易明白清晰的加以了解者。戴东原、刘师培所讲之理，固不限于此种物理。然彼等之言理，亦自"分"上"别"上说，而视之为吾人所了解察见于客观对象者，则正有似于韩非子之言。彼等之所以特别着重以分与别之观念释理，乃意在反对宋明儒之浑然一理，以一体之太极为理之说。除此之外，则彼所纂集之故训，并不能使吾人对理之观念更增加一了解。而戴东原、段玉裁所谓"未有情不得而理得"一类之言，实际上亦只代表彼等之哲学思想。吾人今亦难言此与其所纂集之理之古训，有何直接关系也。

吾人今之进一步之问题在：此种视理为分的别的，又为属于所察见之客观对象方面之说，是否即为先秦经籍中所谓理之主要涵义？如从鳃理、腠理、肌理、色理一类之名上看，则理诚可说是属于所察见之客观对象上之形式或相状。然吾人下文将说明，此并非理原来之主要涵义。至于谓理皆从分与别方面说，而与道之从总的与合的方面说者不同，则虽大体上能成立，亦有未尽然者。

谓理之主要涵义，乃指吾人所察见之客观对象上之形式相状，首与"理，治玉也"（《说文》）"理，顺也"（《广雅》）"顺，犹理也"（《说文》）"理，犹事也"（《玉篇》）之言不合。治玉之事明为人之一种活动，顺是人之顺，事是人之事。皆不直接指客观外物而言。理字之最早之涵义，大约即是治玉。治玉而玉之纹理见，即引申以指玉之为物上之纹理。理从里,《说文》谓里居也。田土所在,即人之所居。田乃人之治土始成。《诗经·信南山》谓"我疆我理",则当是引申治玉之义,而以分治土地,分地里为理者。由是再引申,而以治与理同义,治民之官乃亦称理官,而法亦可以称理。至于上文所引"理万物","理财","刚强理直","疆理天下","别交正分之谓理",皆同是自人之活动方面说,而涵"治理"之义者。此类之言,在古代经籍中,正远较用理以指客观外物上之鳃理、腠理、肌理等形式相状者为多。

吾人谓理之原始之主要涵义,乃自人之活动一方面说,而非自客观外物方面说,今尚可由《孟子》《墨子》《礼记》《荀子》诸书用理字之文句之意义,以得其证明。《孟子》书中言理,上文已说只四见。"理义之悦我心"之理,是从我心方面说甚明。"始条理者智之事,终条理者圣之事"一段中之"智""圣"是人之精神上之德性。此条理亦是从人心方面说。"稽大不理于众口"一语之意,是说稽之为人,他人皆不以之为然,亦是自人心态度方面说者。在《墨子》书中理凡十二见。四见于《所染篇》,即:"凡君之所以安者,以其行理也。""行理性(一本作在)于染当。""处官得其理矣。""处官失其理矣。"此"理"与"义"之义同。至《节葬篇》之"安危理乱"中之"理",当与治之义同。《非儒篇》谓"仁人以其取舍是非之理相告",此"理"与"义"亦无异。至于在《墨辩》中言及理处,则有溢出于"治"与"义"之义之外者。《墨辩》中之言理,乃偏自人之纯知之思想活动上讲,而不重从人之意志行为上讲,与《孟子》及《墨子》本书皆不同。《大取篇》谓"辩者……以明同异之处,察名实之理",又谓"辞以故生,以理长,以类行"。察名实之理,即察一命题或一判断与其中所用之名,是否合于实之谓。辞以故生之辞,即命题或判断。"故"是一命题判断所本之理由或根据。"以理长"之一语之理,明近乎今所谓人之推理推论之活动,言辞固以推理推论而生长也。又《经说下》:"以理之可诽,虽多诽,其诽是也。其理不可非,虽少诽,非也。"此所谓理之可诽与否,是指他人所持之命题判断或主张在理论上是否能成立,是否能驳倒之谓。此所谓理论上之是否能成立,即指其命题判断之是否合耳目之实,与推理之是否正当而言。又《经说上》"观为穷知,而縣于欲之理"一语,则辞意颇晦。以上下文观之,则盖是论能见未来利害之理智,是否可止息人之欲望之问题。故知《墨辩》之言理,乃偏在人之纯知之思想活动方面说。至于《礼记》中之言理,则又偏在人之意志行为之活动方面说。

《乐记》"人生而静"一段，言"好恶无节于内，知诱于外，不能反躬而天理灭矣"。明是就人内部对好恶之节以说天理，而与对外感物之事分开而说。故郑注谓"理犹性也"。《祭义》谓"理发乎行"，《乐记》谓"理发诸外"，亦是自人之内心之情之表现于"容貌之进止"上说者。《乐记》谓"乐者通伦理者也"。此所谓通伦理，宜即指此文上下所谓乐之能使"君臣上下听之，莫不和敬；在族长乡里之中，长幼听之，莫不和顺；在闺门之内，父子兄弟听之，莫不和亲；合和父子君臣，附亲万民"而通人伦间情谊，而与礼之重别之义相对说。此正不宜如郑注之训为分。至于《丧服四制》中"知者可以观其理焉"，郑注"理义也"，又《乐记》"礼也者，理之不可易者也"，郑注"理犹事也"。此二理字，皆指人在丧礼及其他行乐之事，能合当然之义上说。是见《礼记》中所谓理，大皆自人之意志行为活动上说者也。

至于《荀子》书中，则上文已谓其书每篇几皆用及理字。今更不厌繁碎，试就其言理处之涵义，一加分析。如在"少而理曰治"（《修身》），"天地生君子，君子理天地""无君子则天地不理"（《王制》），"用天地，理万变，而不疑"（《君道》），"主能治近，则远者理"（《王霸》），"情性也者，所以理然否取舍者也"（《哀公》），"举错不时，本事不理，夫是之谓人祅。思物而物之，孰与理物而勿失之也"（《天论》），此诸言中所谓理，正皆略同所谓治理之意。至于在"其行道理也勇"（《修身》），"纵其欲，兼其情，制焉者理也"（《解蔽》），"心之所可中理，欲虽多奚伤于治"（《正名》），"义者循理"（《议兵》），"义，理也，故行"（《大略》），"言必当理，事必当务"（《儒效》），"礼恭而后可与言道之方，辞顺而后可与言道之理"（《劝学》），"安燕而血气不惰，柬理也"（《修身》），诸语中所谓理；由此诸语之本义或上下文观之，皆是指人心意志行为所遵之当然之理，而略同于"义"者。《荀子》言理之特色，则在其不仅指当然之理义为理，且以理字表状人心能中理，而行礼义，或人修养所成之内心之精神状态及外表之生活态度；如"喜则和而理，忧则静而理"（《不苟》），"福事至则和而理，祸事至则静而理"（《仲尼》），"井井兮其有理也"（《儒效》），"见端而明，本分而理"（《非相》），"栗而理，知也"（《法行》），"诚心行义则理，理则明，明则能变矣"（《不苟》）。此诸文中所谓理，皆所以表状人由修养所成之精神状态及生活态度者。此乃他人之所罕言。此外则《荀子》最喜以文理合言。如所谓"綦文理"，"期文理"，"礼义以为文，伦类以为理"（《臣道》）。

"贵本之谓文，亲用之谓理"（《礼论》）。"文理情用相为内外表里"（《礼论》）。文理即礼文之理，故赋篇赋礼曰："非丝非帛，文理成章。"若《礼记》之以理言礼者，后于《荀子》，则《荀子》即为先秦思想家最喜言理者，亦最早将礼文与理合而言之者也。

《荀子》之言理，尚有一点异于《礼记》及《孟子》者，即《墨辩》中所谓纯知之思想活动中之理，亦为《荀子》之所承；而《荀子》之言理，复有物理之概念。其《非十二子篇》，于每述二子之后，辄谓其说"持有之故，言之成理。"此所谓故与理，正同于《墨辩》所谓"辞以故生，以理长"之"故"之"理"。持之有故，言之成理，即据理由以立言，而言辞有理路、有层次、有前提结论之关系之谓。此乃属于人之纯知之判断推理方面，而不关连于道德之意志行为方面者。至于《非相篇》所谓"以人度人，以情度情，以类度类。类不悖，虽久同理。"此理亦是连着思想上之推理而说者。赋篇于咏蚕咏箴以后，结以"夫是之谓蚕理""夫是之谓箴理"之语。此所谓理，亦即蚕箴之为物之形式或构造之理。是此所赋者正无异于物理。《解蔽篇》谓："人之心……譬如槃水，正错而勿动，则足以见须眉而察理矣。以知，人之性也。可以知，物之理也。"此物之理，亦可泛指礼仪文理与一切客观自然物之理，而若为下开《韩非》之重物理之说者。

然荀子虽承认有不关人之道德之纯知之思想活动中之理与物理，荀子同时又不重视此类理，而不视之为真正之理。乃喜用大理之一名，以拣别此类之理。荀子在《儒效篇》既言"知说有益于理者为之。无益于理者舍之，夫是之谓中说。"后即更曰："若夫充虚之相施易也，坚白同异之分隔也……虽有圣人之知，未能偻指也。不知无害为君子，知之无损为小人。"《礼论篇》亦谓"礼之理诚深矣，坚白同异之察，入焉而溺。"是见荀子所谓理，又可不包涵一切纯知之思想上之推理。彼于《解蔽篇》既言"以知，人之性也；可以知，物之理也。"以后，又谓："以可以知人之性，求可以知物之理，而无所疑止，则没世穷年不能遍也。其所以贯理焉，虽亿万，已不足以浃万物之变。与愚者若一。"是见荀子既承认一切客观存在之物理，而又以人不当求遍知此类之理。荀子所以不重纯知之思想上之理与物理，其根据之理由，正在荀子之唯以礼义文理之理为理，为真正之理为大理。荀子常提及大理，如谓"制割大理。""人之患在蔽于一曲，而暗于大理。"（《解蔽》）又谓尧舜禅让之说，"未可与及天下之大理者也"（《正论》）。大理与偏曲之小理相对，大理者礼义文理之全理，亦即与只辩坚白同异之纯知之推理，及只求遍知物理之事相对者也。荀子之能言大理，尤为荀子论理之一要点之所在也。

由上文吾人可知在先秦之儒家墨家之传统下所言之理，皆著重在从人之内心之思想或意志行为之方面说。唯荀子言理，兼承认有纯客观之物理，而不加以重视。韩非子言理，偏自客观之物理上言，或亦本于荀子。然偏自客观之天地万物之观点言理，盖初开启自道家。道家思想可以庄子为其代表。庄子思想之中心概念，自当是天，天地、道、性命之情而非理。前已言之。《庄子》书中言理之多，仅次于《荀子》，共三十八见。唯多见于外篇。今如分析其涵义，则有同于治之通义者。"治其形理其心"（《则阳》），"理好恶之情"（《渔父》），"调理四时"（《天运》），"申子不自理"（《盗跖》），"道无不理，义也"（《缮性》）。亦有指一内心之状态者，如"和理出其性"（《缮性》）。又有指言论之根据或言辞之相承而生者，如在"二家之议，孰正于其情？孰遍于其理？"（《则阳》），"其理不竭，其来不蜕，芒乎昧乎，未之尽者"（《天下》）之语中之理。最后此二理字之义，皆略同《墨辩》之纯知之思想上之理者。凡此等等，皆非《庄子》言理之主要涵义所在。其理之主要涵义，乃在其言天理或天地万物之理。天理一名，盖首见于《庄子》。《乐记》之言天理，似承《庄子》而再变为另一义者。《庄子·养生主》言"依乎天理"，《刻意篇》言："循天之理"，《天运篇》言"顺之以天理"，《盗跖篇》言"从天之理"，《秋水篇》海若责河伯"未明天地之理"，乃为之"论万物之理"，《渔父篇》言"同类相从，同声相应，固天之理也"。万物之理一名，除见于《秋水篇》外，亦屡见于他篇。如《知北游》谓"万物有成理而不说"，"圣人者，原天地之美，而达万物之理"，《则阳篇》言"五官殊职，君不私，故国治。万物殊理，道不私，故无名"。《天下篇》评百家之说"判天地之美，析万物之理"。而自物上言理，则有"物成生理谓之形"（《天地》），"与物同理"（《则阳》），"果蓏有理"（《知北游》），"随序之相理，桥运之相使，穷则反，终则始，此物之所有"（《则阳》）之言。《天下篇》又论及慎到、田骈、彭蒙。此三人，皆亦可说为道家，而《天下篇》论慎到曰："泠汰于物，以为道理。……夫无知之物……动静不离于理……而至死人之理"。由《庄子》之言理，恒与天地万物相连，故知其所谓大理，实即天地万物之理，亦即无大异其所谓道。故《缮性篇》曰："道，理也。"此与《荀子》所谓大理，乃就人之道以为说迥异。故《秋水篇》海若告河伯曰："尔将可以语大理矣"，而下即继之以言天地万物之理。《庄子》之言"知道者必达于理"（《秋水》），言不当"贪生失理"（《至乐》），不"说义"以"悖于理"（《在宥》）；亦即为循天之理，从天之理之意。此与承儒家传统之荀子所谓中理，为合于人生当然之理者迥别。《庄子》书中唯《渔父篇》曰："其用于人理也，事亲则慈孝，事君则忠贞，饮酒则欢乐，处丧则悲哀。"此理与儒者之所谓理之义同。然此一段，则固假定为渔父专对孔子而说者也。

《庄子》之言理，恒言及天理，天地之理，万物之理。天地万物可说为人以上、人以外、或超越于人之自然，亦可说为人以上人以外之客观存在之对象。因而天地万物之理，亦可说为客观存在之对象之理。而此正当是《韩非子·解老篇》，纯从客观对象上说理之一渊源所自。然自另一方观之，则《庄子》所谓天地万物，又非即与人之主观相对之客观世界。因为《庄子》要人"合天"、"侔于天"、或"同于天"，要人"游于万化"、"与天地精神相往来"、"与造物者游"，而使人成天人真人至人。同时《庄子》所谓天地万物之理，亦明不同于《韩非子·解老篇》所谓"成物之文"，或物之形式相状，如方圆、白黑之类。《庄子》所谓天地万物之理，即天地万物之变化、往来、出入、成毁、盈虚、盛衰、存亡、生死之道。物之文或物之形式相状如方圆、白黑，可由吾人之感觉与理智，加以了解而把握之，故可说其属于物，而在物中。至于物之变化往来存亡死生，虽亦可说是物之道物之理。但此道此理，恒由物之改易转移超化其自身，由如此而不如此，由生而死，由存而亡，由出而入，然后见。则此道此理同时超于万物之外，而只为物之所依以通过者。由是而对此道，不可直接由观物之形式相状而知，恒须兼由超物之形式相状，去观玩或观照万物之不断变化往来，由无形而有形，又由有形而无形，而后可以会悟到者。故道非由感觉与理智所可加以了解把握者。物之形式相状之理，可睹、可知、可名为形而下。而此道此理则不可睹，超知而超名，为形而上。此二者之别，亦正如太空之航路与往来之飞机之别。飞机可睹，飞机之能往来去住，亦可说是飞机之理。然飞机之所以能往来，由于有航路为其所通过所经度。此航路则不属于任何特定之飞机。此航路亦只由飞机之往来以显。——如飞机不能过处，便知有山等阻隔，前无航路。——然说其由飞机之往来以显，即不只由其处之有飞机以显，而是由"其处之原无飞机，今有飞机，而又任飞机飞过，更离其处"以显。以航路观飞机，则有形之飞机固往来不定，而无形之航路恒在。此即可以喻"道无终始，物有死生"，以飞机观航路，则飞机实有，其来往可睹，航路为虚路，芴漠无形而不可睹。此即喻《庄子》之所以以道为无，以物之死生存亡之理，为不可睹。["死生非远也，理不可睹。"（《则阳》）]飞机之理属于飞机，为物理。航路之理，不属于飞机，为天道或天理。故《庄子·养生主》首言天理，而借庖丁解牛为喻。此篇谓庖丁解牛，以刀刃之无厚，入骨节之有闲，而游刃其中，节节解去，是为依乎天理。此天理正不在牛身之实处，而是指牛身之虚路虚理。庖丁目无全牛者，以见牛浑身皆是虚路虚理，故能节节加以分离。此牛身之虚路虚理，不属于牛身之各节而无形，即以喻天道天理之不可言属于物，而为形上者也。由此便知《庄子》在先秦思想中乃另发现一种理，与《孟子》《礼记》《墨子》《荀子》所言之理，偏重在人之意志行为思想方面说者固不同，与《韩非子》所言之成物之文之物理，亦不同也。

至于由韩非子至戴东原以降所谓，理是从"分"从"别"之方面说，则大体上亦未为非是。朱子曾谓"道字宏大，理字细密"。故先秦思想家中孔孟老庄皆重道，唯荀子重分重别而重礼与理，《墨辩》亦较《墨子》本书更重理。由重道而重理，乃表示思想分析能力之增加。然如谓先秦经籍中只有此涵分别义之理，而无涵总持义之理，亦复不然。在此吾人首当分别"分别"有二种：一种是横的平列的分别，如一眼所见天高地下万物散殊之分别。一种是纵的或先后的分别，如"物有本末，事有终始"中之本与末终与始之分别。前者是静的分位上之相差异，后者成动的历程次序。理之一名，可用在各物之静之分位之差异上，亦可用在一动之历程之次序上。韩非子之说理，明是从各物之方圆、白黑之分位之分别上看。戴东原说理从条分缕析，察之几微，以使人我之情得其平上说，亦是指人我分位上之分别。依吾人之意，则韩戴二氏以降所谓分别之理，在先秦经籍中乃第二义或引申义分别之理，而非第一义原始之分别之理。在先秦中第一义原始义之分别之理，应是指动之历程中之分别之次序，而且是指人之内心思想态度行为之历程之次序者。在静的分位的分别中，可只见分而不见合，则理之一名可只有分别义，而无总持义。然在动的历程之次序之分别中，则此历程中之前一段是向后一段，后一段是完成前一段，因而前后二段之次序之分别，并不妨碍其为一整个之历程，亦不妨碍有一总持此历程者之贯于其中，无时而不在。此即如吾人之行孝道，由晨省至昏定，由生养至死葬，是有前后次序之分别者，人乃有各种如何尽孝之理。然在此中，人之"晨省"时之孝心，已向在"昏定"、"生养"时之孝心，已向在"死后之祭之以礼"。故昏定时祭时葬时之孝心，亦即不外完成了晨省时生养时之孝心。因而可说此中有一个孝之理，一直贯注下去。此即见用以指一动之历程之次序之理，可不只有分别义，且兼有总持义。此种兼从理之总持义以讲理，至宋明理学家乃真加以重视。故有理一分殊之说。然在汉唐之注疏之以条贯注理（见前文所引）。即已是从动之历程之前后次序之通贯处言理。此皆不如韩戴之只以理指横的分位上之分别者。此自人之内心思想态度行为活动之历程之次序条贯上讲理，正是先秦经籍中之"理"之原始义所在，此下可再连上所已说，更稍详一说。

吾人谓理之原义，是指人之活动之历程中之次序条贯，因而不只有分别义，且有总持义。此亦可由理为治玉，理从里，里为人所居，里从田，田为人之治土所成等处以知之。治土、治玉，皆为人之一活动行为之历程。《诗经》之我疆我理，旧注曰分地里也。此分地里，自为我之一活动。孟子说理义之悦我心，亦非谓理义为一对象之谓。孟子最反对行仁义而主张由仁义行，则理义悦心云者，即谓人由仁义行之活动，使我心自悦而已。孟子又谓："金声也者，始条理也；玉振之也者，终条理也。始条理者，智之事也；终条理者，圣之事也。智譬则巧也。圣譬则力也。"礼之由金声至玉振，修德之由智至圣，射之由巧至力，皆在人之一整个之动的历程中。则此所谓条理，乃指一历程中之次序条贯甚明。曰始条理终条理者，言始终乃一条理之始终也。至于《墨辩》之言理，吾人前说其是就推理之当否，与判断中之名是否符实而言。《墨辩》所谓理，当即指判断推理言论时，人之思想言论生长之历程中之理。至于在《礼记》中所谓理，如《丧服四制》曰："知者可以观其理焉。"丧服重别，此理自重在分别义。《礼记·乐记》说"礼也者，理之不可变者也"。此理亦当是指礼之重别而说。但《乐记》说"乐者，通伦理者也"。乐重和，则此所谓通伦理，上已言此乃谓乐能"合父子君臣，附亲万民"，通人伦间情谊之谓。此通亦为一次第之历程。此理即重在条贯义。又《乐记》人生而静一段说："感于物而动……物至知知，然后好恶形焉。好恶无节于内，知诱于外，不能反躬而天理灭矣。"人之感物而动以生好恶，原为一不断发生之动的历程，而天理之节好恶，亦为一不断显其主宰好恶之动的历程。此中物是多，知是多，好恶是多，而于节好恶者，则只说一天理。此天理之义，乃明在统贯总持义，而不重在分别义甚明。

至于荀子之言理，则似将理视作一静的客观对象，且较更重理之分别义。故荀子喜言察理。荀子所谓文理，恒即指由圣王传下之客观之礼乐制度而言。其所谓中理，可即是合此客观制度之道之谓。因而此理便可不必同于孟子所言之条理，为人自内而发之动的历程中次序条贯之理。此外荀子讲理，尚有一特色，即吾人前所提及，以理指一内心修养之状态，如谓喜则和而理，忧则静而理等。此理只所以指一内心之不乱或内心之安静之状态，因而为非必在一活动之历程中者。此外荀子之言"义者循理"一类之言，所说者为道德上之当然之理。因其不承认性善，则此当然之理，便亦可只为心所照察，而同于一客观之理。由此三者，而荀子言理之为分别，便偏于吾人所说之第二义之静的、分位上的，横的"分别"，而于我们上所说动的历程中的次序条贯之理，比较忽略。

然荀子之所谓理，虽静的意味重，且重言分理以明礼之分异之用，彼亦非全忽视总持义统贯义之理。此关键乃在荀子所言之理非自然物之理，而为人文社会、人文历史之文理或礼制之理。此文理，乃由人与人之相互表现其思想活动行为而成。因而此文理不可说是属于某一特定之个人，而同时是将社会中之诸个人联系组织起来之理。社会之发展由古至今而有历史，则此文理，同时是由古而通贯到今日与未来者。荀子言文理言礼制，同时重言统类，言"百王之无变足以为道贯"者。此即其大理之一名所由立。同时荀子在和而理静而理等语中，以理指一修养所达之内心之安静状态时，此理亦是指一整个心境中之安静，而不是指对某一特定之事之安静，则此理亦有总持义。人心之安静而不乱，亦恒在人心之相续不断之应事中见，则此理亦是在一动之历程中成就者，而涵有条贯义者。（故杨注和而理句曰：理，条贯也。）

此外庄子之言天理、大理或理，其涵义皆与天道或道，无大分别。庄子言天道，其本身虽可超分别，亦超次序条贯者。但人之认识此天道天理，则初宜自事物之变化盛衰存亡之历程去认识，而不宜本静的横的分别的眼光，去认识。以后一眼光去认识，可只见上下左右方圆白黑之理，而不能见盛衰存亡之理。因物盛则未衰，衰则不盛，存则未亡，亡则不存。盛衰存亡，原非可并在而平列以观，而只在一动的历程中者。人必由物之存亡盛衰等以认识天理天道，即天道天理，仍须通过此动的历程之条贯次序去认识。此外《易传》中之言"黄中通理"、"易简而天下之理得"、"和顺于道德而理于义"、"穷理尽性以至于命"、"圣人之作易,将以顺性命之理",此类之理之涵义如何,不必细论。然《易》为论变化之书,则此理为由变化历程中见,当兼指事物变化历程之次序、节奏、段落,则可无疑义。而此理亦当为兼分别义,与总持义条贯义者。

吾人之上文,一方评论韩非子及戴东原、刘师培诸家释理之言,说明彼等之只以理为人心之照察,只重理之分别义,实不足以概括先秦经籍中之涵义。同时即约略分辨出,先秦经籍中所谓理,有不同种类之理。此中第一种是《韩非子·解老篇》及《荀子》之一部所谓为物之形式相状而属于物之形而下的物理。第二种是《庄子》所谓为物之所依以变化往来,存亡死生,而又超物之天理,天地之理,万物之理。此为一形而上之虚理。此二者,皆可谓由人以外之客观之天地万物或自然世界而见者。第三种是如《墨辩》所谓一命题判断中之名是否合于实,及推理是否正当之理,此为属于人之思想与言说中者。第四种是如《孟子》所谓由仁义行,而直感此行之悦心合义理之理,即道德上之发自内心之当然之理。第五种是《荀子》《礼记》所特重之文理。此五者中,前二说之出,较后之三说为晚。而在后三说中,则皆明重理之见于人之活动的历程中之义,且皆不只重理之分别义,而复重理之条贯义,总持义者。此正当为"理之原义为治玉之治"之一最直接而合法之引申,亦为中国先秦经籍中代表一抽象概念之原始义之理。至于以理指治玉后在玉上所见之纹理,以理指鳃理,指一切人之感觉思想行为活动及于物后,所见之物上之形式相状性质,并称此等等为物上之文、物之理、即上文第一义之理,则为间接之第二义以下之引申。至于《庄子》之以天理,指牛之间隙,指形而上之虚理,而同于道,即上文第二义之理,则是由观物而又超物,观形而又超形,唯就此物此形所经之虚迹,而名之为理。是为再进一步之引申。然理之一名,在《庄子》之书,可融入其道之一名中加以了解,故无大重要性。至于在《孟子》书中,理之一名,亦不如仁义、礼智、性命等之重要。在《墨子》中,理之一名不如天、兼爱等名之重要。故在此理之五涵义中,吾人宜谓《礼记》《荀子》中所重之文理,为当时所谓理之主要涵义所在。文理者礼文之理,社会人文之理。文理乃指人与人相交,发生关系,互相表现其活动态度,而成之礼乐社会政治制度之仪文之理而言。此礼乐之仪文,为周代文化之所特重,抑为后世之所不及。在先秦最喜言理又能不离人之活动以言理,兼见及理之分别义条贯义总持义者，正为重礼乐之《礼记》与《荀子》。此文理乃由人之相互表现其自内而外之活动所成。人自内而外之活动有段落，又以所对之他人他物而异，则有分别义。故《礼记》《中庸》曰："文理密察，足以有别也。"然各人之活动，由礼乐加以联系贯通，以相交于天地、君师、先祖，即见合见通，则文理亦有总持义。故《荀子·礼论》谓："贵本之谓文，亲用之谓理，两者合……以归太一。夫是之谓大隆。"至于中国后来思想史之发展，则宋明儒言理，多是就人对其他人物之活动虽各不同，然皆原本于一心性，以言具总持义之性理；并由吾人与万物性理之同原处，以言总持义之天理。此则承《孟子》《乐记》言性与天理而生之新说。至于清人如颜习齐、戴东原、焦里堂，与诸经学家史学家，则大皆重考证各种分殊的礼文之事之分理。至于由动之历程以言物理，则汉代之阴阳家与易学家，皆是此路。由是而有阴阳消长，五行生克，五德终始，律历循环一套之中国式之科学。至于就事物之大小方圆、长短数量、坚脆轻重，加以研究考察，此在西方希腊即发展为形数之学，由此而产生西方近代之物理化学，及其他自然科学。然在中国古代，则唯《墨辩》中颇有此种学问之思想。然尚无数学物理学之名，亦未径名之为物理之所在。《韩非·解老》，知此为物之理之所在，亦未尝以之成学。直至百年来，西方科学哲学思想输入，而后此类之理，乃特为人所重。而本此种理之观念，以观中国先秦思想家所谓理之主要意义，实最抵牾不合。至于《墨子》所重之思想言说中之理，则皆可谓为名理之一种。唯名理之一名，乃先秦所未有。魏晋以后，有名理之一名。魏晋玄学之论，皆可名之为名理之论。唯此所谓名理之论，其内容与名墨诸家所言，实迥不同。至于南北朝隋唐之佛学中，所谓空理真理，则颇似上述之《庄子》所谓天理天道之为一种虚理虚道，而又不同。其不同在于庄子之道尚可由超物超形超言与一般之意念以了解，而佛家之空理真理，则更宜由超化种种深藏吾人生命之底层之执障以了解。然要可由庄子之言与魏晋名理之论之进一步，以与相契接。由是而秦以后中国思想史中所重之性理事理物理名理与空理，同可由先秦经籍中所谓理之涵义中，多少得其渊原所自，而又皆对于理之涵义，有新的引申与增益者。吾人亦必须在确知此新的涵义之引申与增益之所在，然后对此诸理之真正分别处何在，有明白清晰之了解，进而可望对理之为理之本身，有一总持之综合的认识，此当于下文详述之。

三、魏晋玄学与名理

汉儒之哲学思想，其特色在讲阴阳五行之理。此理实是本文所谓物理。但物理之名，亦未正式成立。其正式成立，盖由杨泉之物理论始。而理之一名，在汉儒亦不重视。吾今之此文非直接讲思想史。唯是因欲说明理之一名之诸涵义，而附带讲到古人关于理之思想。汉人对理之名，既不重视，则吾今亦可存而不论。此下即直接论述魏晋人所谓名理之涵义。

名理为魏晋时流行之名辞。《二国志》《晋书》《凵说新语》等书，时称某人善名理。近人亦尝统称魏晋谈理之文为名理之文。而魏晋人之清谈及玄学，亦可称之为谈名理之学，或谓魏晋人之谈名理与玄论为二派，其说并无的据。友人牟宗三先生于其《才性与玄理》一书中，《名理正名》一文已辩之。（牟先生文成于本文初发表于《新亚学报》之后，对本文有所评介，并为之作进一解。读者宜参看。）然名理一名之义界，毕竟当如何说，乃与清谈及玄学中之主要思想相应，则似未见人论及。名理一名之广义，似可泛指一切辨名推理之论。故有以名理之名，当西方所谓哲学者。但我今欲将名理文理等名，相对而言，并求其历史上之渊源，以与清谈及玄学中之思想相应，以定其义界，并见其即可包涵玄理之义；则当溯名理一名之远源，于先秦思想之言名实之关系之论。名与实之关系，原是《公孙龙子》《惠施》《墨辩》以后直至《荀子·正名篇》，所共讨论之一问题。此亦可说初是从孔子作《春秋》正名分之意引申出，并与法家之言"循名核实"，"名定以形，形以检名"等相关者。孔子之正名分，是要人之名位与实相应，此重在重建礼教。其意义是道德的，社会政治的。亦即《荀子》所谓"期文理"，"綦文理"之事。法家之言刑名，多具政治法律上之实用意义。而《公孙龙子》《墨辩》《荀子》所讨论之问题，则是知识论逻辑语意学之纯理论之问题，吾将另于《荀子正名及先秦名学三宗》一文中论之。人之以名表实而成知识，原与人类文化俱始。然人之反省及知识之完成，乃系于以名表实，及其中之问题，则是人类思想之一大转进。故《公孙龙子》《墨辩》等对知识名实关系之讨论，亦确是在先秦儒墨诸家所喜言之人生之礼、乐、刑、政等问题以外，另开出一思想学问之路。此种思想学问，非意在指导人之如何行为，亦非意在对人说任何具实用意义的话；而是使人去反省其说的话所用之名，与实际世界之"实"，有何关系；使人知其对于一实，何名能用，何名不能用，以知一名能指何实，不能指何实；由此而能辨别各名涵义之分际，而知吾人之用名之正误。由用名之正误，而能定吾人之是否有真观念真知识。此诸问题，全是由人之思想，回头反省他自己所说之话，与其所指者之关系而生。同时亦可说是由人之思想，思想其自己之思想观念知识与所指者之关系而生。此在逻辑层次上，是较一般之思想言说，只直接去向外思想物之如何与人当如何行为上说者，在一义上，为更高一层次之思想。而由此思想本身所再建立之理论言说，亦即高一层次之理论言说。此即对"吾人之言说之为如何一回事"之言说。由此而说出之道理，乃"关于吾人之如何说道理"之道理，而为另一种理。吾人于先秦由《墨辩》至《荀子》之一切关于名实问题之讨论之文，皆当作如是观。此亦可说即魏晋以下名理之论之一渊源所自。然从先秦之谈名实，至魏晋之谈名理，却又是中国思想史之一大转进。魏晋之谈名理，初乃是由汉末品评人物之风而来。亦与汉魏政治思想上，重核名实之刑名之论相关。由品评人物，论用人之道，而刘劭钟会等，乃论及人之才性。由江左之清谈，谈人物，而谈一般性之人之才能、德性、行为，再谈他人言语谈吐之风度，更及于谈他人之如何以谈说以表其意等，遂论及言与意之关系问题。言之所本在名。意之所及恒在理，而不必在物。理之超物而玄远者，亦恒只可以名表，而难以事求。故曰名理，曰玄理。按魏之刘劭《人物志·材理篇》，亦尝以道理、事理、义理、情理分四家之人物，其所谓义理见于论礼教，略近本文所谓文理。其所谓事理，亦略如本文后听说之事理。其所谓情理当摄在后文所谓性理项下。其以道理之家为首，又谓道理之家"思心玄微，能通自然"。此正当为能谈玄理者也。先秦思想之论名实，其所谓实，恒是指客观之外物，或物之形色。此形色是直接属于物之理。然意之所及之玄远之理，尽有不直接属于外物者。故由论名实至论言意，论名理玄理，便是思想上一大转进。魏晋时人之言意之辨，正为先秦之名实之辨之进一步之大问题，而此亦即当时名理之论之一根本问题之所在也。

先秦之名墨诸家言名实关系者，亦附及于言意之问题。因用名以指实，即以表意中之实。名墨诸家之以名当合于实者，盖亦意谓名足尽意，以使名与意咸得合于实。而庄子则谓书不尽言，言不尽意，意不尽道。如《秋水篇》谓："可以言论者，物之粗也。可以意致者，物之精也。言之所不能论，意之所不能察致，不期精粗焉。"至于魏晋时人，则或谓言尽意，或谓言不尽意。如王导过江止标三理，其一，为欧阳建之言尽意论。建之言曰："夫理得于心，非言不畅；物定于彼，非名不辨。名逐物而迁，言因理而变，不得相与为二矣。苟无其二，言无不尽矣。"此中用名理与言意，相对成文，正可见名理之不离言意。而以言为尽意者，必重名言之价值。以言不能尽意者，宜求忘言无名。如何晏著《无名论》又注《论语》吾有知乎哉一节即曰："知者，知意之知也；……言未必尽也。"至于王弼之一方说"言出意者也"，又说"得意在忘言"，以无名为名之母；郭象之以"名"为形之影响，又为其桎梏，而曰"明斯理也，则名迹可遗"；则皆似为一方承认言能出意，一方又是要人由言而忘言之说也。

吾人之所以谓言意名理之问题，是较名实之问题更进一步者，关键全在意所及之理，可有全不及于实物者。先秦之《墨辩》及名家之讨论坚白之盈离，白马之是否马，牛马之是否非牛非马，有厚无厚，南方有穷无穷，镞矢是行是止之问题，虽亦以人之意中对此等等之观念为媒介，而后能加以讨论；然其所指向者，仍不外客观世界中关于存在事物之时间、空间、形色、数量运动之问题。物之占时空有形色数量运动，皆可说是直接属于物之实理。故论吾人所用之名言与之之关系，可仍只为一名实问题。然人之意所及之理，则尽有全不能属诸客观外物之理。如王导过江所标之三理，除欧阳建之言尽意论以外，其另二者，为嵇康之《声无哀乐论》与《养生论》。今无论说声有哀乐与无哀乐，皆一判断，亦皆表一意，表一理。声乃耳之所闻，在外，哀乐乃我之所感，在内。说声无哀乐、或声有哀乐，皆只表此在内在外二者之关系。因而此理便不能只在外，亦不能属于在外之声。此与形色数量等，尚可说属于在外之实物者，全然不同。属于在外之实物者，可以手指，而此则不可手指，而只可意会。不只声无哀乐之一理，唯可意会，即声有哀乐之一理，说哀乐在声，亦要待于意会。因纵然声上原有哀乐，我不动哀乐之情，哀乐之意，仍不得说声有哀乐也。又如嵇康《养生论》中说："忘欢而后乐足，遗生然后身存。"此亦只是一可意会之生活上之道理，而非客观外物之理。对于只可意会之理而以言表之，是远比对于可指之外在实物之形色等理，以名言表之，更为人类之更高一步之思想与言说。故由先秦之名实之问题，至魏晋之名理之问题，实是中国思想史之一大转进。

　　关于魏晋之谈名理，是较先秦名墨诸家论名实为进一步之思想发展，尚可由魏晋人之谈形而上之问题如一王弼之论《易》等言，以证之。

　　王弼之论《易》，其大旨在由汉人象数之学进一步。汉人象数之学之大毛病，在太质实。乾必为马，坤必为牛，某一卦某一爻，必指一特定事物之象，是为太质实。汉人阴阳五行之论，原是一种从事物之变化历程去看物理之论。吾人前已及之。在汉人之论《易》，恒是要把《易》之一切卦爻之配合变化，通通视作一具体之物理现象之构造之图画。于是卦气爻辰纳甲纳音之说，皆相沿而生。由此而某一卦某一爻，亦必指一特定事物之象。《易经》中之名言，皆成直接指实者。此与先秦之名家言虽不同，然其归在观名之实指，则并无不同。王弼论《易》，则正是要去此汉人之太质实之病，以求进一步。其所以能进一步者，正在其特重此属于名言与所指之实物间之“意”，亦同时特重此“不属于特定之物之意中之理”。王弼《周易略例》谓：“爻苟合顺，何必坤乃为牛？意苟应健，何必乾乃为马？”坤直接表“顺”而不表牛，乾直接表“健”而不表马。马牛是象，而“健”“顺”是“意”。今重此意，则乾坤之名与实物之关系松开，而只与意中之理相连接。只要是健，取象于马可，取象于牛亦可。只要是顺，取象于牛可，取象于马亦可。牛马不同，而在一情形其健顺可相同。健顺既不属马，亦不属于牛，而为牛马之共理。然人心中横亘有牛马之形象，则健顺便或属于马或属于牛。必须忘牛马之形象，而后能意会此健顺之共理。故忘象而后能得意。牛马之名，只及于牛马之象，此是名象关系，亦即名实关系。而健顺之言，则能表我们牛马之象中所意会之理，则此便见言意关系，名理关系。王弼之易学之进于汉儒之易学者，正在其能不重名象名实之直接关系，进而重言意名理之关系也。

　　王弼之玄学，除见于其论《易》外，亦见于论《老子》，今并引其《老子注》及《周易略例》之数语，以证上之所说。

　　《老子》道法自然注曰：“道不违自然，乃得其性。法自然者，在方而法方，在圆而法圆，于自然无所违也。自然者，无称之言，穷极之辞。”又天地不仁注：“天地任自然，无为无造。万物自相治理，故不仁也。”道生一注：“万物万形，其归一也。何由致一，由于无也。”

　　此中所谓道，所谓自然，所谓一，所谓无，皆是名言。此诸名言，皆能表意表理。然此诸名言，皆非表某一特定之实物之名，亦不表特定之实物之理，更不必表一客观存在之外在实体。其所谓自然，实迥别于今之西方科学哲学中所谓自然。说"自然者在方而法方，在圆而法圆"，即任方者之自方，圆者之自圆，任万物之自相治理，而自是其所是，自然其所然之谓。无称之言者，无特定事物为其所称；穷极之辞者，物无非其所指，而此辞非他辞之所指之谓。谓之曰言曰辞者，言其非指外在之对象，而唯表吾人意中之理而已。自然之名如是，道、一、与无之名，亦复如是。邢昺《论语正义疏》引王弼释《论语》之志于道曰："道者，无之称也。寂然无体，不可以为象。是道不可体，故但志慕之而已。"谓道只可志慕而不可体，即道只为意中之理之谓也。

王弼《周易略例》谓："物无妄然，必由其理。……统之有宗，会之有元，故繁而不惑，众而不乱。处璇玑以观大运，则天地之动，未足怪也；据会要以测方来，则六合辐辏，未足多也。……"

对此段话，吾人仍可生一问题，即其所谓物之所以然之理，能为宗能为元之理，毕竟如何？此真是指客观存在之具体之物之理，或只是吾人论万物时之意中之理？只就此段文中看，则似二者均可说。唯在王弼思想中，堪为统为宗之概念，只是"易""感""自然""一""无"等。唯此诸概念为穷极之辞，而能为统会之宗元所在。此诸概念，即只所以表吾人对整个天地万物之意中之理，而非所以表客观存在之具体之物自身之所以存在之物理者也。

在魏晋玄学家，除王弼论《易》言无言自然以外，何晏亦言无。裴頠之《崇有论》，则偏言有。向秀、郭象注《庄子》，言自然，自尔，言独化。皆是魏晋玄言中之最重要者。今再引郭象一段注《庄子》之言，以说明何以此类名言概念思想，皆重在吾人之意中之理，而非重在论客观之物自身所以存在之物理。

《庄子·齐物论注》："天籁者，岂复别有一物哉。……有生之类……共成一天耳。无既无矣，则不能生有；有之未生，又不能为生。然则生生者谁哉？块然而自生耳，非我生也。我既不能生物，物亦不能生我，则我自然矣。自己而然，则谓之天然。天然耳，非为也，故以天言之。以天言之所以明其自然也，岂苍苍之谓哉？夫天且不能自有，况能有物哉？故天者，万物之总名也。……物各自生，而无所出焉，此天道也。"

郭象之此一类之言，当然亦讲了许多道理。然此许多道理，明不是论特殊具体之物所以成之物理，而其否认有主宰万物使物生之"天"之存在，谓天只为万物之总名，即明见其无意追求万物共同之客观原因，或万物之所以存在之理。然则他此一类话，讲的是何道理？实则正不外吾人用名言去指客观存在之万物时，吾人之意中之理而已。

吾人之所以谓魏晋玄学家所用之自然，无、有、天、独化之此一类名言，乃所以表吾人意中之理者，可从此类之名言恒不只是一个，而随吾人之意之变而可以多，以证之。如吾人可用"天"为万物之总名，以表万物。亦可用"有"为万物之总名，以表万物，或用"万物"为万物之总名，以表万物。又可自天地万物自无而生，皆由变化而向冥中去，乃用无、易、玄之名，以表天地万物。总天地万物而言之，可说只是一个。然吾人表之之名，则可多，而每一个皆可以为穷极之辞。可见此多名之立，初不系于客观之天地万物，而系于吾人对天地万物之意。则此诸名，便实非直接指天地万物，而只能直接指吾人对天地万物之意，与意中所会之理。如只为直接指天地万物，则一名岂不亦足够，何必要许多？又如何能有许多？此正如我要以名指我之个人，则一名已足够。吾人之所以要自取许多别号，如甚么山人，甚么斋主，皆初只是为直接表我对我之意，而非为直接指我这一个人。同样，魏晋玄学家，对同一之天地万物，或说之为有，或说之为无，或说之为自然，为独化，皆要在用以表玄学家对天地万物之不同之意，或意中所会之理，非要在用以直指天地万物之本身。此诸意中之理，是否即为天地万物本身之理？此可是，亦可不是。即如我之别号，可是代表我本身之实有性格，亦可不代表，而只表示我对我之一理想。如其是也，则意中之理为形上学本体论上之理或物理。如不是也，则意中之理，即只是人之思想意念中呈现之理而已。然依吾意，魏晋玄学家所论之理，如有、无、易、自然等名之所表，实大皆只是人之意中之理，而亦可有形上学或本体论之意义者。然却不能说是属于客观之具体存在之物之物理。即彼等所论之意中之理，其兼可为物理者，彼等亦似只重在视作人意中之理而论之。清谈之所以为清谈，亦即在其所谈者，只重在名言所表之意中之理，而恒不必求切于实际。由此方见名理之论所欲论之理，不同于物理之论所论之理也。

今有一问题，是毕竟此种名理之论所要论之理，与其他属于客观存在之物之物理，当如何依原则而加以分别？或如何依原则而分别人所讲之是物理与名理？今为引申补足上文意，试提出二个分辨之原则如下：

（一）如人所讲之是物理，则其所说之话中，必至少包含一个或数个名辞，最初是由直接指一感觉所接之具体之物而获得意义者；而吾人亦可由一闻此诸名辞，往念彼吾人所曾感觉之具体事物，或求去感觉其所指之具体之物。而除去此一名辞以外之一切名言，即皆是直接或间接说明此感觉之具体事物者。在此情形下，则其所讲者，即皆可谓之为物理。然如人所讲之话中，所提及之具体之物，皆是作为譬喻或例证用，而此外之名言，皆不指可感觉之具体之物；而须吾人对此名言之意，作一番反省，而后能知其所表之理者；则其所讲者是名理而非物理。（二）物理皆属于具体之物，而有实作用者。如轮有圆理，此圆即有转动之实作用；水有下流之理，其下流可推船下驶。而名理之论所论之理，是无实作用者。如说天地万物是有，是无、是变，是无所待而独化，物各自生而无所出，是天然，自有、自然时；此"有"此"变"，此"独化""天然""自然"，便只为天地万物之共理，此共理本身乃无实作用者，因其不属于任何具体之物也。物理有实作用，故人于物如多知一理，则人可多产生一事；名理无实作用，则人多知一理，并不多产生一事。人知水下流，故知水性湿，人便可于行船外，再以水润物。人只知水是变，是有、是自然、是独化，并不能使人多产生一实际之事，而只使人多一意，此意使人之心灵境界有一开辟而已。

如果上文所论尚有不够严格处，则吾人尚可进而从名理物理之别，为名理之论，定一更狭义严格之界说。即名理之论初皆是一种关于理之同异之理，或论吾人之一意中有无另一意之理。即名理之论，初乃以辨理意之相同异，相有无之关系为事，而不以辨物之时空、数量，物之因果关系，实体属性关系为事者。若然，则可严格别名理于物理。如上文所引王弼、郭象之说"自然者，在方而法方，在圆而法圆"，此只是说自然一名之意中，涵有"在方法方、在圆法圆"之意。说"万物自相治理，故不仁也"，此只是说万物既"自相治理"，则此中不涵有"天地之仁"之意。说"无既无矣，则不能生有"，此只是说"无"中无"有"。说"我既不能生物，物亦不能生我"，此是说物异于我，我异于物。说"自己而然，谓之天然"，即说"自己而然"之同于"天然"。此便皆为纯粹的辨各种名言所代表之理意之同异有无之关系的纯名理之论。至于涉及物理之言，亦可依此上之原则，以辨其何语是论物理，何语乃论名理。如说天圆地方，牛性顺，能服从人，马性健，其行也速，是物理。但只说方异于圆而同为形，健异于顺而同为德，则只是名理之论。又如说马性健，天行健，父之性亦健，分别说皆是物理。而由三者之为健也相同，同为一健之德，遂忘三者之别；思此健亦同健，而名此健曰乾，乃由乾之名而只思此健，并谓思此健，异于思马或天或父之象，以至说必忘象乃能知乾之义，则是名理之论。又如果说声有哀乐，是说音乐中确有哀乐存于其中，便仍可说是物理之论。说声之一名之意或声之理中，有哀乐之理，则是名理之论。至于说声无哀乐，则绝不能是物理之论，而只是名理之论。因声无哀乐，乃是说闻声之意中，可不含哀乐之意，或是说声之所以为声之理中，无哀乐之理。非说声中有一"无哀乐"为其物理也。又如说人有意则必将有言，此是说人之有意与其有言间，有一因果关系，此仍是一广义之物理之论（广义之物，包括一切视为客观存在之物质的或精神的具体事物）。但如说言能尽意或不尽意，只是说"言所表之理"，同或不同于"意中之理"，或只说"言中所涵之意"，包涵或不包涵"人意中之意"，则是名理之论。以致如当时人之辨才性，谓某种人才性如何，则其作事如何，亦是物理之论。而其辨人之"才性"之同异，则可是名理之论。又如嵇康《养生论》说"忘欢而后乐足。遗生而后身存"。如此语是把人之生活当作一客观对象看，而说人之忘欢可以产生乐足，人之遗生可以产生身存，此仍是属于上所谓物理之论。但如此二语之意，是说忘欢与乐足、遗身与身存，事似异而实同，似相无而实相有，则可为名理之论。总而言之，名理之论之特征，在其直接目标，只在论意与意间，或意中之理与其他意中之理间之相互之同异有无之关系；由此便得使吾人得平观诸意，而得诸意间之意，以形成一意境；平观诸理，而得诸理间之理，以形成一理境。此与西方逻辑与先秦名学中之论名实关系与推理之形式者固不同，亦不是要论某类客观存在具体之物，与其他客观之物之因果关系。此方是纯名理之论之典型。而一物理之论，则纵然其中包含之名理，其目标必在对于可感觉或可指之客观存在者，具体之物之理与因果关系等之说明，否则亦不能称为物理之论。此只须吾人随处加以思索一番，即能加以辨别。至吾人上文之此种辨别之论之本身，亦即辨"物理之论"与"名理之论"二名之意之名理之论。吾人能有此辨别，吾人即可将魏晋人之文章中物理之论撇开，而专看其名理之所在，而对魏晋人在思想上之独特的真贡献所在，有真正之认识。吾人对王弼、何晏、郭象、向秀等之所言，亦将更易得其解矣。唯此皆非吾人今之所及耳。今再引晋时鲁胜之《墨辩》序一段，附加数语，为本段作结。

"名必有形，察形莫如别色，故有坚白之辨。名必有分明，分明莫若有无，故有无厚之辨。是有不是，可有不可，是名两可。同而有异，异而有同，是谓辨同异，同异生是非，是非生吉凶。"

吾人于本节之开始，原说魏晋时之名理之论，上通《墨辩》名家之言。故鲁胜在晋时为《墨辩》作叙。唯《墨辩》名家之论，毕竟以客观外物之形色时空数之名实关系为归。其所论之有厚无厚万物同异之问题，仍是连有无同异之观念于外物而论之。必至魏晋而后，直以言与意名与理相对成名，而后有真正注重名理关系之名理之论，而讨论及于客观外物以外者，意与意理与理之有无同异之论。此即魏晋玄学家之名理之论，大进于先秦名墨之言者也。

总论性之诸义及言性之诸观点，
与中国言性思想之发展[*]

一、性之诸义与言性之诸观点

本吾人上之所论，足见中国昔贤所谓性之涵义，实极为复杂而多歧。今先撇开昔贤之说，而唯纯理论的分析此"性"之一名之诸义，盖至少有下列数者：

一、性指吾人直对一人或事物而观看之或反省之时，所知所见之性相或性质；此性相性质，初乃人或事物之现在所实表现，而为我所知所见者。此可称为"现实性"、"外表性"或"外性"。

二、由吾人所见所知之人或事物之性相、性质，为人或事物所表现，吾人遂思及此人或事物在不为吾人所知时，亦当有此性质性相。进而思及此性质性相，乃附属于人或事物之自身，为人或事物之所以为人或事物之内容、或内在的规定、或内在的潜能或可能、本质（Essence）、或所蕴，以至虽不表现而仍在者。此可称为"本质性"、"可能性"或"内性"。

三、吾人既知人或事物之内性本质，再还观其表现之性相，即以后者之所以有，乃依于前者；而人或事物之本质，遂可视为因、为体；其表现之性相，可视为果、为用。由此而凡一人或一事物之所自生之因或究竟因，皆可称为一人或一事物之体，亦一人或一事物之所以然之性之所在。凡此向人或事物之后面的因去观看思虑，而发现之体性，亦可称

* 录自《中国哲学原论·原性篇》，新亚研究所 1968 年初版，根据 1974 年修订再版校订。

为"后性"；或吾人追溯事物之所以然，至于其初所发现之"初性"。

四、就人或事物之体、及人或事物本身，而观其所致之果、或所呈之用、或其活动后所终止归宿之处之所然，而以之为人或事物之性之所在。此可称为"由此人或事物之体之前面之果之用"，以视为此体之性之所在，故仍可称为体性。但此乃向前面、向后来终止处之所然，加以观看思虑之所得，可径名之"前性"或"终性"。

五、克就人或事物之本质，而观其有一趋向于表现之几，或观一潜隐之本质之原有一化为现实、或现实化之理，乃以"现在之人或事物之由其体性、与现在之如此然"，而正趋向于一将如彼"然"之"几"或"理"，而谓之性。此可称为一始终内外之交之中性，贯乎人或事物之已生者与未生者之当前的"生生之性"。

此五性，乃克就一人或一事物之五方面而言之性。至将一人或一事物与其他人或事物，相连而观，则一人或一事物与其他同类之人或事物，所共表现之性相，是为种类性。一人或一事物所表现之异乎其他人或他事物，或表现其为一绝对无二之个体之特殊个别之性，是为个性。一人或一事物，除能与其他人或他事物有同类之关系外，复能与其他人、或他事物、或其自己，发生种种关系。而将一人或一事物之性，抽象而观时，亦可发现此性与其他之性、或与其自身之种种关系。此皆可统称为关系性。由此人或事物间、与其各种之性间，有种种关系，进而观其相生或相灭、相成或相反、相顺或相违，即可发见上述之一人或一事物及其性，对他对己对事物、或对一定之理想而言之利或害、善或不善、真实或不真实、美或丑之性，此为价值性。此上为将人或事物与性，相对而观时，所发现之相对性。

又凡上所谓对他对己而说之性，亦可改而不对他不对己，而直自其自身以说，则与相对性相对者，为绝对性。如吾人可先说人之爱人利物之性，使其他人物生成，亦使其得自尽之以成圣成贤，是为对他之善，或对己之善。然人亦可以此能对他对己而生之善，皆属于此性之自身，则此善，即所以目此性，而为绝对之善性矣。至于二事物间之关系性，初固唯见于此二事物相关系所合成之全体中。然克就其中之任一事物之"在此全体中"而观，即皆自有一"在此全体中"之性，亦即自有此"与其他之物相关系"之性，而此性即为属于其自身之绝对性。至于一事物或一性对其自身之关系性，则此关系性乃属于此"能自对其自身"之自身之全体，即仍可视为属于此自身之全体之绝对性。此外，一事物之属于一类而表现之类性，亦可由"一事物之有此与其他同类事物为同类"之一特种关系，而将此类性本身，属于一个体，则类性皆成为个体之性，如谓我有"为人类之一"之性；而此个体之性，亦可不对其他个体或其自己以说，则皆成为一属于个体之绝对性矣。此义思之可知。

至于吾人所赖以知事物之种种性之凭借，则系于吾人种种之观看、思虑、反省之态度。此可为一直接的向外观看之态度，由此以直接发现——人或事物之特殊个别性相。二为由此向外观看所得，进而思虑反省其共同性相、关系性、或寻求其内在之本质、前因后果、体用，此可统为一向外之思省态度。三为直接的向内观看、或反省之态度，由此以知我当下知情意等心理活动之性相。四为由此直接反省所得，而进以思虑反省我之心理活动之前因与后果、体与用等，此为向内之思省态度。五为初用向内反省，以自体会得其内心之趋向与生几等，更即以向外观看所得者，为之印证；或由向外观看，而想见一趋向、生机之潜移默运于事物之前后之际，更即以向内之反省，为之印证。此为求向内反省与向外观看二者互证之态度。凡此诸向外观看向内反省之态度等，又可为纯知的静态的反省观看，此乃不须通过我之实现理想之意志行为者；亦可为通过我之此意志行为，以作之动态的观看反省。如由我对他人与自然物之行为，以知他人与万物之性，由我对自己之道德修养以知我之性等。又此动态的观看反省，亦可及于吾人所假想之"吾人之行为在其达最终之理想时，此他人与事物或自己之性之究竟，当为如何、必为如何、而实为如何"。此外，吾人之向外观看他人之性，亦可包括：观看他人之如何观看我，或他人之如何观看他人；而我亦可由此他人如何观看我与他人，以知他人之性。又由向内反省之态度而自知我之性之如何后，我亦可进而反省他人之如何反省，而知他人之如何自知其性等。于是同用一向外观看或向内反省之态度，其所达之"深度"即有种种之不同。而此外观反省二态度之运用，其所及之范围之大小，又原有其"广度"。此二态度之或表现为静态与动态的，而自持其为静态的动态的之或久或暂，即其悠久之程度或"久度"。由此二态度之运用之深度、广度与久度，再济以人之心思之明或昏，而人由此所知者，乃或粗而或精，或疏而或密，而有种种精密之度。此二态度之相互错综为用，所成之态度，如以动观静，以静观动，或以内观外，以外观内；更归于使内外动静之所观，咸得互证，以便与上所谓内外前后之交之中性，更相应合等，又皆有种种之不同。此即知人论性之所以难，而有种种不同深浅高下之论，乃相悬不可道里计；而古今东西之言性者，所以复杂多歧，人不易观其会通者也。

然在此一切复杂多歧之言性之诸论之中，吾人仍可由人之十目所视、十手所指之大处，以知古今论性之言之所会聚之地，与所自出发之观点之大者。此则不外或为由向外观看思省，以知人与万物在自然或社会所表现之共性、种类性、及个性、关系性；或为向外思省而知之人与万物，所同本或同归之形上的最初最始之一因、或最终果之体性、或形上的实体性；或为由向内观看思省而知之吾人之当前有欲有求之自然生命之性，与有情有识而念虑纷如之情识心之性，更求知其实际结果及原因之体性；或为向内思省而知之吾人之心灵生命所向往、而欲实现、欲归止之人生理想性；而即此理想性，以言人之生命与心之最初或最终之体性与价值性。分别由此四方面出发之言性之论，则恒须通过一内外先后之交之性，即吾人前所谓"趋向"或"几"之性，以为转向其他之观点之中枢。此五性，即吾人今可凭以之观中国先哲言性之思想之流变者也。

二、告孟庄荀之四基型

大率中国思想最初所发现之人性，乃由一向内反省之观点，而发现之具自然之生命欲望或情欲之性，如《诗》《书》《左传》《国语》中所谓性，即初不出此义。告子所谓生之谓性与食色之欲并言，亦即指此自然之生命之性。孟子之言人之性不同于禽兽之性，虽初亦似为从自然中看人之种类性之观点，然其言性之善，则直自人心之恻隐羞恶之情中之趋向于、或向往于仁义等之实现处、或此心之生处，以言之。此即一自人心之趋向与向往其道德理想，以看此心之性之善之态度。此性之善在孟子即人之终能成尧舜之圣贤之根据。故孟子之言性，乃由吾人上所谓趋向之性，以通于有成始成终之道德生活之圣贤之性者。至于庄子则由向内反省，而有见于人之一般之心知之运用，恒使人失其性命之情，而欲复其性命之情；故不以此心为性，亦不以此义之心为最高义之灵台灵府之心。至其所谓自然生命之性，则非只一自然生命之欲，而为可与其灵府灵台之心俱运，以游于天地之变化，而与万物之生命之生息相通者，人乃亦可由向外观看万物之生命之性，以自知其性。此即兼别于告子之以生言性，而其所谓心，亦不同于孟子之为一纯道德心，而当称之为一能与天地万物并生之虚灵明觉心。至于荀子，则更向内反省及人之自然生命之情欲之趋向于恶，以言性恶，而化庄子之虚灵明觉心，为一当其虚壹而静而有大清明时，能兼知为人伦之统、人文之类之道之全，而古今一度，以成就历史文化之相续之心。吾人尝名之为统类心，或历史文化心。吾人亦可由其向外观看历史文化之统类，以自识其有此知统类之道之心。此心果能知统类之道之全，而依之以行，则此心为道心。勉求上达于道心，未之能及，而不免危栗之感者为人心。荀子言人心之有危，亦可不知道不行道，略似庄子言人心之有险、有心厉、有贼心者。此告、孟、庄、荀四家之论，亦即中国最早言心性之四基本形态。此中之"心"：有其性善者，如孟子之道德心；有非善而须更加超化者，如庄子所谓一般之人心；有超善恶者，如庄子所谓灵府灵台之心；有可善可恶者，如荀子所谓能知道行道，而亦未尝不可不知道不行道之心。此中之性：有单纯的自然生命之欲望之性，而可善可恶者，如告子之所谓生之谓性；有自然生命之欲望之性，而趋向于与心所知之道相违反，亦即趋向于恶，以与善相违者，如荀子之所谓性；又有由自然生命之通之以心之神明，则与天地万物并生而俱适，亦超于狭义之道德上之善恶外之性，如庄子之所谓性；再有克就道德心之生而言其善之性，如孟子之所谓心之性。此中心性各有四种，亦即后之心性论之基本观念之所本者也。

三、四基型之言性之综贯形态

此先秦之四家之言性，盖初不相师，而各自独立创发之思想。后人对之加以综合而泛泛言之者，则为《礼记·礼运》所谓人有血气心知之性。此言即将人之生命性与心知性，皆包括于性中。《乐记》谓人生而静，为天之性，静为超善恶；而其所谓天之性，即后文之天理，则又应为善。由性以有欲以至人化物，又有不善。是为对人性之善不善及超善恶，分别从上与下，原与流之不同层次上说，而加以综合所成之论。至于能在真实义上，求贯通综合此上之四型之言性者，则应为承孟子言心性而来之《中庸》《易传》之言性。《中庸》未尝言心，而其言由择善固执，而本三达德，行五达道，以成己成物之事，实皆赖乎心之诚明。然诚明之功，要在自尽其性，而明即心知，故不言心而只言性。此《中庸》之教之要义，在由择善固执，以使一切一般所谓不善之心与生命之活动，皆由人之"诚之"工夫，以归于化除。人之诚之之工夫，正由自率其性以自尽其性而来。尽性而无不善，则见一切不善之非性，而足以销化荀子言性恶之义。人能尽性而无不善，即圣人之不思而中，不勉而得，以上达天德之无声无臭之境。此与庄子所谓"入于灵府"、"入于天"、"与天地精神相往来"、"与造物者游"，虽不必全同其义，而其为超一般思虑心知，更不见有善恶之相对之境则同。《中庸》言尽己之性，则能尽人性、物性，以上达天德，而赞天地之化育，则又见此性为吾人之生命之性，而亦通乎万物之生命之性，与天地之化育之德、生物之道者。此即足证此吾人之性，即天之所命，亦即天之生物之道之在于我者。此性根本上为我之道德生活所以可能之性，即《孟子》义；亦为天降于我之此自然生命中之性，即未尝不具《告子》以自然生命言性之旨；又为与万物之生命、天地之化育相通之性，即足以包摄《庄子》"性修反德，……与天地为合""周尽一体，……性也"，以游于"变化之途"之旨。然《中庸》谓人尽己之此性，即兼能尽人性、尽物性，以成己成物，如天道之兼生物与成物，皆本于一诚；唯天下之"至诚"而后能化，又化必归于育。则纯为儒者之传，而非《庄子》之所有者也。

至于《易传》之所以亦为一综合之论者，则以《易传》之言"继之者善也，成之者性也"，"存性存存，道义之门"，其本在《孟子》性善之传，正与《中庸》同。而继之之善，原于一阴一阳之天道，而《易传》于天道，尝言何思何虑，即天道为超于思虑中之善恶之上之境。《易·文言》言"大哉乾元，万物资始，乾道变化，各正性命"，此性命即自然万物之性命，亦即指一切自然之生命。以天道观人，人亦初为万物之一，而有其自然之生命者。然人之自然生命中，又即原具德性。人能神明其德，而可穷理尽性以至于命，与天地合其德：则人之自然生命同时亦为一道德生命、精神生命也。

至于《易传》与《中庸》之不同，则在《中庸》虽言天命之谓性，亦言天道人道，同本于一诚，然重点乃放在"人之如何自己率性修道、尽性，以成圣，而上达天德，亦见圣道之同于天道"之主观内在的工夫中之一大段事上。而《易传》之重点，则放在"人之运其神明之知，以客观的仰观俯察一变化之道之弥沦天地，而神明之知，存乎其人之德行"上，则玩《易》亦君子之事，而穷理即所以尽性以至于命。既知天地变化之道，而更进退存亡不失其正，即圣人之所以裁成天地之道、辅相天地之宜，亦人道之所以配天道地道，以成三才，而尽性至命之功业之所在。然此在《易传》属第二义，其与《中庸》之重点放在先自率性求尽性，以归于上达天德、天道者，固不同也。故《中庸》《易传》虽同为合内外、彻上下之圆教，然于上下内外之先后轻重之间，仍有异也。

四、秦汉以降至魏晋之种类性、关系性、与个性

秦汉以降，本儒家道家重性之旨，而视性为客观的政教之准则者，有《吕览》《淮南》，此即开汉魏学者之客观的人性论之始。此客观的人性论，大皆初依于向外观看人性之现实的表现而成。董仲舒为成就政教之可能与必要，而以人性为"天质之朴"，然于此天质之朴，则又分解为阴阳善恶之性情而说。扬雄、刘向，亦同有对人性之分解的说明。汉儒凡以阴阳五行之说，言人性者，皆同以人类为自然界之万物之一类，而可以同一之阴阳之气，五行之质，为其因本者，乃多以"生之质"之言，为性之定义。至于后此如王充、荀悦之性三品九品之说，则是自此生之质所内具之善恶之成份，以分人为上中下之等类。此中之王充，因其以气说命，以命定性；性之善恶只为一始向，待命而后成者；故有一善恶本身之价值性之观念之暗示。而魏之刘劭，则进而本观人之才性，以定人之品类之观点，以论人之种种才性，在各种相关之情形下之种种表现，与其对社会政治之功用价值之所在。其论又可说为将人从自然万物之环境中拔出，而重在观人在社会文化环境中，如何表现其性者。然此汉儒之说，其初意皆在成就客观之政教，而亦皆同为将人性客观化，就其体质种类关系而观，所成之性论也。

魏晋人之重个性、重独性之思想，则为人在社会文化环境中，更求拔出，而求自别于社会中之一切其他之人，以回到其自己之思想；亦为人之由客观的社会文化世界，再回到个人主观内在的世界之思想。由此而人乃自内反省以发现其个性、独性，而终于发现此个性、独性之本质，即能体无，而一方超拔一切，一方涵容一切，以即一一所遇之物，而观其自然自生而独化之论。此中人固自见其独，亦见万物之无所不独。而此时之王弼、郭象，所以状之此一心境之为超善恶之上者，则其言正与庄子之言灵台灵府天君者同；而有异于汉儒之"以性为内具善恶，对政教之成就言，又只为一若无善无恶之朴质"者。然庄子乃于其所谓灵台灵府天君上，言人之见独，而不于所接之物之自生、自然、独

化上言独，则庄子于客观义的由万物之自然自生独化而有之个性，尚未能如王弼、郭象之更能重视也。

此上所述中国传统论性之思想之发展，在先秦，所重者是由人之内在的反省之观点，以发见之自然生命性、道德的善心善性、不善心不善性、及超善恶之心性等。至两汉，而逐渐转为取向外观看之客观的观点，以观人性，亦更重人性之分解的说明；乃论及人之善恶之成份、品级、人在种种关系中所表现之才性、及其种类、与才性之价值性、以及自此"种类""关系"超拔而生之个性等。然此皆又仍兼重在由吾人之心性或生命之能有所趋向向往，其对吾人所趋向向往之道德文化理想之为逆为顺，或才性对客观政教之成就上之功用上言性。即兼重吾人所谓自一事物之前性或一人物之"向其前、向其终，以生，以发展，以有所实现之趋向、或生几"上，观性；而非徒"由向后追溯一人物之现实的生理心理活动所自发之原因、实体、或潜伏而未实现之本质"，以观性者也。

五、佛家之向内思省追溯所见得之性：
所执之自性、空性或"无自性"性、体性与佛性；
及佛家言性之善恶之四型

上文言由中国传统思想，不重向后追溯所得之原因实体及潜伏之本质以观性；然印度之论性，则正是初本于一自"事物之潜伏而未实现之本质"，或"最初之原因本体"以观性者。印度哲学中所流行之"自性"之一观念，即一潜伏而未实现之一本质之观念。唯此观念，则首为佛家所否认。探此观念之起原，亦实初由吾人所观得之事物之表面之性相，抽象而形成一观念之后，再推之于事物之内部或后面，以形成者。此自性观念本由吾人所构成，只依心而有；而人妄以之为实在、常住者、并妄以为缘此自性，即有实在事物之生；乃不知：任何事物之生，皆待其他事物为缘。事物之缘聚为生者，无不缘散而灭，更无常住者。故此自性之观念，只为一妄执。佛家之般若宗即为破此自性之观念最澈底者；乃由缘生以讲空，而空亦不能成所执，亦非自性，故谓空亦空。般若宗之所谓法性空性，即以无自性为义，亦即一切法之无自性性。万法之空性法性，既即万法之无自性性；此性之义乃对任何法，皆只有遮义而无表义。唯因其可对一切法而说，故有一普遍的遮义。吾人亦可说一切法皆有此空性。而所谓一切法皆有空性者，亦即于一切法，吾人皆不能对之执有自性，此自性之观念，对之皆不能用，吾人皆当在其前，见此自性之观念之虚妄，而实去此虚妄，以成吾人之般若智而已。故此空性法性之名，虽可遍用于万法，而亦可称一切法之共同之类性。然又不同于一般之类性，因其无积极之内容，而只有一消极的"无妄执之自性"之内容。此内容，又唯为般若智之所证得；亦实即般若智既去其一切之妄执自性之后，"其自身之无此自性之相"，反照映于其"所照之一切法之上之无自性性"，而非能离此般若智以言者也。

由上可知，佛家般若宗所谓法性空性，乃一特殊义之性，因其为似属于客观一切法，又实不能在一切法中，得其存在之地位；只依于主观方面之般若智中之无此妄执之自性，而反照映于此客观之一切法之上之无自性性也。至于真正由客观的观一切心色诸法之"当前所表现之相状、性相、性质、关系"等，克就其自己之如是如是，以思省其对自身而为如是如是，以谓其各有一义上之自性外，更由是以反溯其原因、或"所依以生之体以言性"者，乃唯识法相宗之流。依此宗，诸法之性相，或同或不同，即可以加以类分。诸法所依以生而为其体为其性之所在者，亦有各种类之不同。又体又有体，体性亦有不同深度之体性；愈具深度之体性，即愈为潜隐而未现实者——如赖耶识，其体之用，即最潜隐而不易见者。此外，尚有诸法之关系性，如其他种种之因缘性。又有诸法之价值性，如善恶染净等。此乃可依诸法之有种种之类，而各有其体用，与种种直接或间接、同时或异时、为主或为辅之因缘关系，而或相生或相灭等处，加以说明者。此即唯识法相宗所以于性相、体性、类性、关系性、价值性等诸类之性，所论皆备之故也。

般若、法相唯识，为纯印度之佛学，经鸠摩罗什、真谛、玄奘之传译，僧肇、窥基等之弘扬，其根本精神亦未大异。故僧肇之所谓性，亦同般若宗之法性空性，而无中国传统之生之义，亦不涵有所趋向向往之义。僧肇所谓住于一世之性，实只为一性相之性。在中国佛学中，唯《大乘起信论》及天台华严之流，能本印度华严、涅槃、法华之自"学佛之终极理想或最后果、成佛所以可能之心性根据"，以发展出种种以佛性、自性清净心、清净如来藏心或心真如，为吾人之心识之体，或究竟因所在之论。此由人学佛时之前面之最终理想在成佛，以观人之自始具此佛性、自性清净心等心之观点，则与中国传统思想之由趋向向往以看性之路数为近，而此一流之佛学之所更能生根于中国，其故亦在此。

大约在印度之小乘佛学，因勤求出离，乃以现实人生为流转之染法，而人之五蕴之性皆染，即皆不善。唯识法相宗则以种子有善恶染净，而赖耶识之自身则又无善无恶，此即以无善无恶者涵净染善恶之性之论也。《涅槃》《华严》二经，直就佛性佛心以言人可成佛之性，则为纯善者。《大乘起信论》本自性清净之一心，以生二门而具染净，则是以净心而摄染净善恶者。至天台宗则由此以言性具善恶染净，以言佛性有恶者。华严宗言真如随缘不变，则更重此真如之净，乃虽表现为染净，然实不染，而未尝不净者也。至禅宗之言一自性本心而无善无恶，非染非净，则是由心性之净，以更及于其超染净善恶，而无染无净、无善无恶者也。是见佛学中亦有言性恶、无善无不善、性善、超善恶之四型。其归趣之别有所在，涵义之另有特殊之处，固不碍其与前此之中国思想之言性之亦有此四型者相类也。

六、宋儒言性之观点态度与佛家之不同及周程之观点

由李翱至宋儒之周濂溪，重提出《中庸》诚之观念，以为天人之道与人及万物之性之本。周濂溪之言由太极之动静，而有阴阳五行，以化生万物；及横渠之由太和之道以生人物，则根本为《易经》之路数，而摄《中庸》之义于其中。邵康节之观象数，亦为易学之精神。然周、张、邵之言人性，同重此性之为一能生而能成，以有所实现之性，此即一直接由其前面之用，以见得之人性。此非如佛家之唯识宗之由向后追溯人之现实之活动所自生之因，以见得之种子赖耶之类，而较近于《大乘起信论》等所谓：能由本觉以显现为始觉之心真如、自性清净之如来藏之类。其不同，唯在彼所谓心真如、自性清净之如来藏，唯能由其自己之实现，而使人成佛更度众生者；而周、张、邵所谓能实现之性，则一方可使人成圣成贤，一方亦可实现于"客观的成就其他之人与自然界之万物之事业"，或实现为一"以物观物之心"；以使物亦得实现其性，而呈现于吾人之以物观物之心之前而已。

至于程明道之以即生而谓之性，言人与万物"生则一时生，皆完此理"，乃由浑然与物同体之仁，以识"此道之与物无对"，则此乃初自人之能浑化"其自身与万物之为不同类而有之分别"处说。此乃扩大一人之生命之个体，而如以全宇宙为一个体者。其定性书之旨，言圣人以心体万物而无心，以其情顺万事而无情。此与王弼之圣人之有哀乐以应

物，又能体冲和以通无者，其相去只在一间。明道之圣人之喜怒，依理之是非，以物之当喜而喜、当怒而怒，故喜怒不系于心；而王弼之圣人则唯赖其神明茂，而体冲和以通无，以不伤于哀乐。王弼之圣人，无明道所谓"仁者之生物之意，浑然与物同体之感"，王弼亦未能如明道之言，视天地万物与我皆同此一生生之道、生生之性也。此明道之通我与天地万物为一体，以见其同此生生之道生生之性之言，除包涵《中庸》之言诚，以"合内外"之意，亦与《大学》之教重"通内部知意心与外之家国天下为一"之旨，遥相契应。故程子由重《中庸》而兼重《大学》。伊川承明道而由重诚以重敬，兼以致知穷理为工夫，而谓性即理。伊川言此性之为理，以明客观普遍之大公之理，即吾人主观特殊之生命之气之流行之性。则理不外于性，性亦不外理，而内尽己性、外穷物理为一事。此正所以申明道之言合内外之旨。此中之理乃当然之义理、理想，而此义理、理想之所在，即性之所在。故顺理想而有知与行，即穷理以尽性之事。此性此理，为一有其前面之变化或动用者，非如一般所谓为所对之事物性质性相之为一定不易；亦非只由反溯当前事物之原因，或所自生之体，方加以建立者；而是由吾人内心之自体贴得确有此性此理，具有导吾人之知行之动用，而后方亦说其为寂然不动、感而遂通之心之体者也。

七、朱子之观点与陆王之承孟学传统及清儒之观点

至于朱子之言性即理，乃承于伊川；而其言理即太极，则通于濂溪；言心统性情，则本于横渠。性以通于太极之理，而益见其尊严。性具于心而见于情。心虚灵不昧，具众理为性而以情应万事；其知乃能即凡天下之物莫不因其已知之理，而益穷之，以至乎其极；其行则足以成物、修身齐家治国以平天下。是见此心，其性理、其情、其知其行之广大。至其言此心之善，则是由"性即理，理善而性善"以说，此乃本于伊川。然其意亦在通于孟子。至于其以心外穷理，而重心之知物理；并以心之本身只为一虚灵之知觉，可尽性合道以成道心，亦可不尽性合道而止于为人心或流于人欲；则其论又略有似于荀卿之言心。朱子之思想之方式，既不同于周、张、邵之由外观宇宙以观人，亦不似明道之直下浑合内外以为一，复不似伊川之言性即理以穷理即尽性，而贯内外为一；而是重在于天道人道之上下内外之各方面，皆一一加以展开而说，

此乃求兼求尽量运用向内反省与向外观看之二态度，以言心性，而有之思想也。

然与朱子并世之象山，则直接依内在之自省自悟，而言心即理。此则更同于孟子之即心言性。象山之以孟子之先立乎其大者为教，亦足见其对孟子最能相契。慈湖即心精神之运以见易，白沙言端倪之觉。至阳明之承象山而言致良知，以好善恶恶；则又是摄大学之诚意之教，于此本心之良知天理之实现历程之中。此皆可谓孟学之流。在阳明学派中，双江念庵反求心之寂体，龙溪即一念灵明以悟即本体即工夫，近溪言不学不虑之天德：此皆意在超拔于一般善恶念虑之上。此诸贤之言，乃类于《中庸》之以不思不勉言圣人之达天德；《易传》之以天下何思何虑，言天地之道；亦似《庄子》之言灵台灵府之位在一切思虑之上；并与禅宗之以心体自性为无念无相、无善无恶之旨，同为在一层面上之说法。而观近溪之识仁体于"此心与己之生及天地之生"，三者之合一之中，以见乾知坤能，皆不外此仁体，而达天德，则又近契明道以浑然与物同体言仁之旨；遥通于《中庸》尽己性以尽物性，以赞天地之化育之旨，并以此心之"知"，契合于易道中之"乾知"、以此心之"能"，契合于易道中之"坤能"之说也。

至于东林学派刘蕺山之再即气质以言性，似汉儒即气言生之质、生之性，而实大不同。盖汉儒即气言生之质即生之性，非待外来之教化，即不能自善，因其只是气，只是质也。东林蕺山言性只有气质之性，则此性乃是理，而此理仍为定向乎善者。故此性在气中，固自善；即其所在之气质，亦与此性之善俱善。故此只有气质之性之说，初非意在纳性于气质之中，以泯其善，而正是由此气质中之有此性以广见此性之善于此气质之中。而蕺山尤善言此性体或意之自为主于一元之气之自无而有，自有而无之周流不息之中；故亦能自变化其气质之粗，以成此至善之流行。则此性之在气质之中，未尝不奥密而深隐，亦超乎一般所谓气质之上者也。

自象山阳明以下之言性之说，皆是人直接内部反省其道德的心性而生之说，无论如象山之直下发明一与理为一之本心，慈湖之言"心之精神是谓圣"、白沙之言"静中养出之端倪"、阳明之言致良知、双江念庵之言寂体、龙溪之言一念灵明、近溪之即生言仁以达天德、与蕺山言意根之至善，皆初是由人在道德生活之自反省其正呈现之道德心、道德意志或道德生活之内容、初几、归向而立之论也。

明末之王船山，则规模弘阔似朱子，而亦兼取内在的反省与客观的观看之态度，以论天人心性与历史文化之道。而其重命日降，性日生之义，则更为能极中国思想之重向前面看生命心性之意义者。至于克就其反对明儒之只知重内心之反省处看，则其思想态度为由内观，以转向外观自然之化与社会历史之变者；而其精神，则近承横渠为生民立命之言，遥契于《易传》之以继言善之旨，而更重慧命之相续无间，以广天地而立人极者。至颜习斋之重气质之性与身体之习，戴东原之以血气心知为性，皆是通心与自然生命以言性之路数。唯习斋更重身体之动，而东原则较重心知之能静察外在事物之条理，二人一重行、一重知为异耳。戴东原之重以心知观外在事物之条理，既与考据训诂声音之学之流相接，而与西来之科学精神更相契应。此亦即民国以后提倡科学者或善言考据之学中科学方法者[1]，恒喜东原之学之故也。

吾人上循历史之次序，以综述中国先哲言性之思想之变迁，亦当略及今日流行之性之一名义。此则当回到本文第一章首之所言，即今中国流行之性义，大皆本于一客观的观点，所言之人物之性质性相。此乃由向外观看而继之以思省之态度所发现，如上所谓由向外观看之态度所知之外性。及缘此外性，而知之人物之"本质性"、"可能性"。至将人物相连而观，则今人又重在知人物之种类性，及其在种种相对的关系中所有之关系性。此乃一方缘自佛学中所重之性相因缘性等观念，已融入中国思想之故，一方亦由西方之科学哲学之观点，原著重向外观看人物之[2]现象、性相、性质，并求对人物之未来加以预测，以便加以利用，遂亦重对人物作种种类别之类分，与其可能性之思索及种种关系之研究之故。然于中国之佛家所谓遍于一切法相之空相空性，以及儒家道家佛家纯缘向内之反省之态度，通过我之动态的意志行为，而识得之内在的理想性及体性，以及本文所谓居内外前后之交之中性之生几等；则今之为西方科学哲学宗教之学者，盖知之者甚鲜。即有类似之观念，亦初不名之为人物之性，而只视之为上帝性、神性之类。此乃由世之分裂天人，不能降神明以内在于人物而来。凡此所及，皆非一二语所能尽。然要之可见今日一般流行之言性之义之局限，未足以通全幅中国先哲言性之思想之广大、高明与精微，而此正为种种混淆之论所自起者也。吾

① "者"，原脱，校补。
② "之"下，原有衍文"之"，今删。

今之对各种言性之思想，一一加以分疏，而不另为之综合；盖亦重在先去此种种混淆之论，以免其相蔽相障之害；并见其在不同之观点下，皆各有千秋；小德川流，大德敦化，尽可并行不悖，方见此中之思想天地之广大。庶几会而通之，存乎其人，而人亦皆可各自求有以达于高明与精微也。

道之名义及其类比[*]

一、中国哲学中之"道"与西方及印度哲学中之相类似之名言

本书乃以道为中心，以论中国哲学思想之书。兹当先说此道之名义。为便于了解，先略说，再稍广说。广说处，稍曲折，如读者不耐，或觉难解，可暂不读。今先略说此道之名义，则此道之名原为中国人日常生活中所共用，其义亦为人在日常生活中所共知。此道，即初指人所行之道路，向东西南北诸方向伸展，能将人之行为导向于此诸方向，而使其行为有所取向者。故人之一切有所取向之行事或活动，以至任何存在之物之有所取向之任何活动，其所循之道路，皆是道。俗言于一事已知，曰："知道了"。某人说话，亦曰"某人道"。何以于人知一事理时，不只说"知了"，而须说"知道了"，又何以"道"为"说话"，初观皆似甚怪。实则此亦是自人之"知"与"说"之活动之进行，亦有其所循之道路而已。此中人与任何存在之物之活动所循之道路，可认为人与任何存在之物与其活动之所以然之道。此与人之"知之之道"及"更说之以示人"之道，三者之义有层次之不同。故《墨辩·经下》谓"物之所以然"，"所以知之"与"所以使人知之，不必同"。然其皆有道，则又同。自其同为道言，亦可不更分层次也。此是道之名义之略说，乃人不难直下加以把握者也。

* 原收入《中国哲学原论·原道篇》，新亚研究所 1973 年初版，录自台湾学生书局 1997 年全集校订版。

今如对此道之名义，作为中国人之哲学思想言说所对之一名言概念而观，则此道之一名言概念之涵义，实至为广大丰富，对上所略说者，亦当更加以敷陈广说。今首须知道之一名言概念之成中国历代前哲所习用，而特加以重视，实可谓为西方与印度思想中之所未有。故西方人于中国哲学中之道之一名言，初唯有直译其音为 Tao。按人类所用涵义最广大之名言，在西方思想，莫若"存有"与"变化"或"活动"；在印度思想中，则莫若"法"或 Dharma。此皆为可遍用于宇宙人生中之任何事物者。总一切有或一切法，而成一名，则西方有 Nous Logos 转成之"全有"，印度有"法界"，皆是意在于一切事物或一切存有与其变化或活动，无所不包以成其名。然在西方哲学中，存有与虚无相对，变化与恒常相对，活动与寂静相对，相对而相限，则总一切存有变化活动而成之"全有"，其义亦不能无所不包，以其只是存有而非虚无，即不能包虚无故。然在印度所谓之"法界"中，则"虚无"或"空"，亦为一法，而法界之义大于"存有"与"全有"。言"法界"，乃总一切法与其因，而为一界，或一无界之界。此乃将人之生或我之生中之一切法，与其外之一切法，合而观之，所成之辞。然此合观，则只为吾人之心思之活动。吾人之心思必继续作无尽之活动，乃能总此一切法，而合观之，以名之为法界。此心思之继续作无尽之活动，依中国哲学言之，即此心思之自行于"继续以至无尽"之一"道"上。吾人心思不行于此道，则法界之辞亦不成。亦唯以此心思之行于此道，乃能总一切法而合观之，以成此法界之辞。由此而进，人自可自思其思之"继续至无尽"，而亦视之为法界中之法。然要必此心思之能自翻上一层，更自循其道，以自思其思，乃能自思其思之"继续至无尽"。此"自思其思"之思，自在上层，而其所循之道，亦总在上层。此自思其思之事，亦必至于思此"继续至无尽"为一法，亦为其自循之"道"，而思及此"道"，然后至乎其极。则道之为义，固有进于法界之义者矣。

诚然，于此如循西方印度之思想而观，则可说此道亦为一种存有，或初不过吾人之感觉思想所通过之，以感以思一切存有之范畴方式，或初不过法界中之一法。此亦皆可说。中国思想之道之义，亦实有同于此法或范畴方式，而亦可视之为一种存有者。然此中国思想中之道之义，又有不尽于此者，则在此道之义，可唯就一存有之"通"于其他存有而言。就通言道，则道非即是一存有，亦不必是一积极性的活动或变化，而只是消极性的虚通之境。如太空之为一虚通之境，则其中便有日月之道，飞机之道在；此道之自身，固初非一存有或活动或变化也。至于说此道为方式范畴者，则自可更说此虚通之"空间"以及"时间"，并为人之感觉进行之方式范畴，"虚无""继续"等，则为人思想进行之方式范畴。然依中国先哲所谓道之义，则于此亦可说此一切感觉思想之方式范畴，皆只为此感觉思想之活动所通过以知物者，而通过之即超越之。唯通过之而超越之，乃可说此方式范畴为感觉思想所经之道路。然此"通过之超越之"之自身，则又自超越于此方式范畴之义之外。故人之只求超越此一切感觉思想之方式范畴之应用，以求至于无感无思之境，仍可言有一至此无感无思之境之道。是即见"道"之义，亦不为此所谓方式范畴之义所尽也。依同理，则吾人亦可说道之义，非法之义所能尽。因本于"次第通过一一法"之道，以感以思，而至无感无思者，亦即有超越"次第一一法"之义故。诚然，吾人亦可说此"通过而超越"，亦是一法，亦即一思想之普遍的方式范畴。则道与法或方式范畴，仍可同义，东西之思想，于此亦可相通。吾亦无异辞。但在西方印度一般言法或方式范畴，乃是自其为一定之法或方式范畴而言，此则恒只为人之感与思所次第通过而超越之者。此"通过而超越"之活动、或此"通过而超越"之自身，则不在其内。然道之一名义，则兼能直下启示一"次第通贯一一法与方式范畴，而更超过之"之涵义。就其能直下启示此一义，而法与方式范畴，不能直下启示此一义言，道之涵义仍较为富，而非法与方式之义，所直下能尽之者也。

上文唯说此道之涵义，非西方之存有变化活动、以及方式范畴或法之义之所能尽，而见其涵义之至广至大为止。然吾无意对道之一名作定义。因作定义，亦有种种定义之道。欲先定以何定义之道，作定义，则成一逻辑上之循环游戏。吾更不能直说此中国之所谓道之全幅意义，吾当说此道之全幅意义毕竟如何，亦中国先哲在其思想之次第创成，或次第发现之历程中，而次第加以规定者。此正吾全书之论题，而不当先答者。故吾人亦无妨先视此"道"只是一无义之名，直下先提举此名于心目中，然后更观此"道"之名之能容许吾人对其义，次第加以规定，以至对其义作无定限之思维，形成无定限之概念。今谓此即见"道"之名义之"妙"也可。不妙亦不足以为道也。

此道之一名，可容许人对其义作无定限之规定，首见于吾人于任何存有或变化活动之事物，皆可说其有道。如天有天道，地有地道，物有物道，鬼神有鬼神道，人有人道。由日常生活之衣、食、住、行，饮茶醉酒，至修身、齐家、治国、平天下，成贤，成圣，升天、成佛之事，无不有其道。一切宇宙人生之事物之为善为恶，为美为丑，为是为非，为正为邪，为利为害，为吉为凶，为祸为福，亦莫不有其所以致其善致其恶，以至致其祸致其福之道。此即见于道之一名，吾人可对其义作无定限之规定，而皆为道之一名，所可堪受。此亦同于说：吾人可用此道之名，以连于任何事物，与其善恶是非等，而观其"所以然"以及"能然""已然""实然""将然""必然""偶然""适然""本然""自然""当然"之道，更以此道之义，还规定事物与其善恶是非等之义。则于道与一切事物之义，只说其为互相规定也可。

二、"道"之名义与"物""事""生""命" "心""性""理""气"等之名义

中国思想之名言概念，可与一切事物相连，以互相规定其意义者，自不限于此"道"。如"事""物""生""命""心""性""理""气"等名言概念，亦似皆可为一切事物之义所规定，而亦可用之以规定一切事物之义者，故皆为具普遍性之名言概念。如一切事物无不可名之曰"事"或"物"。吾人亦可说心之为物、道之为物。又一物即可名为一物事。宇宙为一大物，亦是佛家所谓大事因缘。事物皆生生不已，而"生"无所不在；其生皆如有命之生者，而命无所不在，生命可合为一词。心可为思任何事物之心，而任何事物，亦皆可说为心所可能思及之事物，以为心所涵摄。再一切事物皆可说有性、有理、有气。是见此诸名言概念之皆具普遍性。然吾今将说此诸名言概念之义，至少在一般之理解上看，其内涵之广大或丰富，仍不足与道相比。如以生而论，则一切事物之创生，自必有道，而道在生中。然事物未生，亦非无其所以生之道，则道之义广而生之义狭。如以心而论，心在思及某事物之后，自可说此心为"思某事物之心"，而可以此"某事物之义"属于此"心"之义中，而见此心之义，广于所思之事物。然心之往思事物，必先循一思之之道，方成一思事物之心，而后其义得广于其所思之事物。此心之思自所循之道，亦即可说为此心之性。然只说道为心之性，又不足以尽道义，必心之实已循能思之性，以实通达于所思之事物，然后可言心之已循此思之道以思事物。故《中庸》言：率性之谓道，即必于"性"加以"率"之义，或表现之义，乃为道。则道之义即丰于心之性，不可

说道之义只同于心之性之义，而只属心也。诚然，一切由人行道而修成者，皆可说是德，而此修成之德，亦可只是性所有之德，则此具德之性之义，又似丰于道，或兴之同。然此乃要终以原始说。专自其始而言，必率性而表现之方为道，道之义初固丰于性，亦不同于性之初只属于心者也。

至于中国哲学中之物一名之义，则可同于西方哲学中之存在之义。物与物相关系曰事。物无不与他物相关，而无不有事。故物皆物事，事皆事物。气之一名，吾常谓其即指一流行的存在，或存在的流行。物与气二名之涵义，皆至为广大。故可说一切存在皆物，皆气所成。吾人固可将道视为一存在之物或气，故老子言"道之为物"，汉儒或以道为元气。然吾人又不必能将任何道，皆化为存在之物或气。如物有道而未行其道，则道非物。又物为器，《易传》谓"形而下者谓之器，形而上者谓之道"，道非器，即非物。老子亦言道为"无物"。宋儒如程朱以理说道。程伊川谓道为理，非阴阳之气，而为所以有此阴阳之气之流行者。朱子更谓理先气后，而有理有道，不必有气。则理道非气。只可说凡物或气必有道有理，以成其为物为气，而无物无气处，仍可说有理有道。此道与理之义，固大于物与气也。

至于以理与道二名，相较而观，则自一方看，此二名似可互用，其涵义似同大。凡事物之道，似皆可说为事物之理，而事物之理，亦即事物之存在或变化所循之道。然事物之理，亦犹事物之性。事物之性未表现，如人性未率，不足以言道，则事物虽有如何存在变化之理，而其理未表现，以使事物循理以存在变化，亦不足以言道。然言事物循其道而存在变化，则其有如此存在变化之理可知。故道之义涵理之义。道之义与理之义故最近似，而可说凡道皆理，无理不可为道，然可为者未必实为，则道之义仍富于理之义也。

由此道之一名之义广大丰富，故道之一名在中国人之思想中恒居一至尊之位，而亦恒尊于理。如言儒者之道、成佛之道、圣人之道、君子之道，则尊之重之之情见。今只言儒者之理、成佛之理、圣人之理、君子之理，则尊之重之之情即略轻。又于人初甚重之事，如博奕饮酒之事，谓有博奕之道、饮酒之道，则其事如由轻而重。故合道与理以成名，则曰道理，罕曰理道。先道而后理，即所以尊道。此皆由道之一名即直接启示人以尊重之情故也。

三、道之字原之义与引申义、一道多名、 道之交会，与存在即道

此道之一名之义所以广大丰富，而为人所尊，可溯原于此道字之一字之字原。《说文》谓：㣙所行道也，从辵从首。辵《说文》训为乍行乍止，《说文》又言㣙古文道、从首寸。刘熙《释名》，则谓：道、蹈也。此古文道字之形，亦近导字。丁福保《说文诂林》道字下，引《说文古籀补》所载金文，则或作㣙，与导字形更同，则道或即初以导或蹈为义。此盖言人之首能导其足身之行止。或谓此金文中首之四旁，即是行字，则所谓道路之道，乃自其为人之行止之活动所经之境，而引申出之义。又或谓此首字之四旁，乃指道路之形状，则道字之初义，即道路之道。然此亦是以人首之在中，以表其所经者为道路。故此道之字原，无论初即导蹈之义，或初即指人所经行之道路，皆连于此人首加以界定。亦皆与人之行有关。此人首，自始即有一可尊之义。故此道之字原，即有可尊之义。又人首之动，全属于人之主体或主观，其动所经行之境，则亦为客观。故道自具由主观以通达客观义。此即不同于理之字原，只为治玉使之显文理者。玉之小不如首之大，玉虽可宝，而不如首之尊。又治玉之活动，初只对为客观之物之玉而有，亦由此客观之物而引起，不能纯赖人自身之活动而成。“由人主观之动以通达客观之境”，与“缘客观之物以引起主观之动”，亦有人之为主与为从之别。凡自为主者，亦固尊于为从者也。

由此道之字原，即从人首，表此人首之自导其行于道路之中，故亦即具有人前望其所将行之道路，以自导其身、其足，以经行之义，复有“此道路、即此有首之身或足之所经、所行、或所蹈、所践履”之义。前望即其知之前伸，前望而有其知之所通达。次第前望，即其知之次第更有所通达，而超越其前之知之所通达。其次第前行，即其行之次第通达，亦次第超越其前之行之所通达。此即道之“通过或通达而超越”义之原始。

此人于道上向前望，以有其知之前伸，即可由近及远，亦可由低至高，或由浅至深，由狭至广，由此而有其知之种种远度、高度、深度、广度之不同。然其继知之行，则恒始于近处、卑处、其浅狭仅可容足之处。然此行连于其知，其知之前望所及者，既高远而深广，则此始于卑

近而浅狭之地之行之意义，亦随之而高远深广。此中，人之前望之知之所及，可是人身以外之山川、草木、日月、天地，或他人之身，而其行，则唯系于其既有所知于其身之外者，同时更内有意、有志、以自率其身，然后得成。此身之外者，属于客观之世界，此身之内者，则属于主观之世界。而通此内外者，则是此人之知行。知能知道，此知亦有其所以知之道，如以目正望、或依昔日之尝经此道路之记忆经验，以推知等。行能行道，此行亦有其所以行之道，如侧足、正身、或以意志自持其身等。此即人之自主其知、其行之道，以得"知行道路、行此道路"之道。亦一切人之身心之修养之所自始之道。此则皆在人之最原始、最简单之行路之事中所具有者。由此以引申至人之一切衣食住之事，一切其他言行之事，一切用其心知、心意、心志之事，其中皆莫不有其所知之事物之道，与知之、说之、之道；及求有以达其心意心志之所愿欲，而如何如何行之道。此皆同可名之为道，亦皆莫不以此知行之次第有所通过或通达，而亦次第有所超越，以通贯此人身之内外，成其生命之进行，而拔于其旧习，为其"知道""行道"之义者也。此中，凡有所通达，即必自有所超越，又必自导其知其行，乃有其向前通达之事。故中国于道之一字，可只训为通达或导，如《说文》谓"一达之谓道"。刘熙《释名》于"道者，导也"下，更有"所以通导万物者也"之文。《论语》孔子言"道之以政"、"道之以德"，皆导之义。孔子言"吾道，一以贯之"，则兼通达之义。《庄子·齐物论篇》明言"道通为一"，《庚桑楚篇》亦言"道通"。扬雄《法言·问道篇》曰："道者，通也，无不通也。若涂若川，车航混混，不舍昼夜"。宋张横渠《正蒙·乾称篇》言"通万物而谓之道"。中国先哲之文中，以通达言道之义者，不可胜数。本此以通达言道之义，遂或以道如虚空之无形，为万物之"所共由"，如道家之常言；或以道为人之率性、尽性、尽心之所显，如儒者所常言。此二者亦可有其互通之义。然既可互通，则吾人亦非必须处处以通或通达言道，而此通之一名，如加以解释，亦不简单。明儒湛甘泉辑《圣学格物通》一百卷，其大序曰：通有"总括之义"，有"疏解之义"，有"贯穿之义"，有"感悟之义"，而一一详释之。其论甚美，亦非如湛甘泉之大儒，不能为之。故通于此"通"以言道，亦非易事。吾人亦非必以"通"言道，而可以其他之种种之名义言道。然依此种种名义言道，其诸名义间，亦应有其相通之义，亦有与道之一名之字原之义，乃指人之知行之所经之道路，或此人之如何自导其知行之道，有相通者。否则此道之何以可用种种名义，加以解释，其种种解释，何以皆可辐辏于此道之一名，即不可解矣。

此道之一名，可以种种之名义，加以解释，如可由此道之属于某事某物，而以某事某物之名，名其道；更可由某事某物之连于其他事物，而以其所连之其他事物名其道。如孝可属于子，而名为子道；亦可自其连于父，而名为事父之道。此即同于谓道可以其所自始之事物名其道，亦可以其所自终之事物名其道。如世间道路，可依其自何地始以得名，亦可以其所自终以得名。除此之外，道亦可以道上之物或一道之所经之物以得名。如道可以其所经者为山为水，而称为山道水道；或其上之物为碎石或水泥，而名之为碎石之道或水泥之道。此亦如子行孝道，必经对父母侍养之事，而人可以侍养之道，名孝道也。

上言凡道皆可自其所自始所自终或其中所经者名之。然复须知，此中之所经者，固是一道；而其所自始至终之处，则通常又称为一站口。然此站口，更可为一道路与其他之道路之交会之站口。此站口之存在，遂成为使道路与道路得其交会之道者。故此站口之自身，亦可说为道。如我之孝，自我或我心发，而此我或我心，亦可更有忠以为对友对君之道。则此我或我心，即无异我之忠与孝之二道，所同自发之一站口。又此我所孝之父母，为我之行孝道之事之一终点，亦为祖父母对之行慈道之一终点。此我之父母，又即为我之孝道与祖父母之慈道，所交会之一站口。世间之道路，若无一站口，则不同之道，不得相交会。而此站口之存在，亦即使不同之道，得以交会通达之道。故此父母之存在，亦即所以使上述之孝道、慈道得相交会通达之道、我或我心之存在，即上述之我之孝道与忠道等得相交会通达之道。循此以观，则不只通贯我与父母者，是道，我与父母之存在之自身，即是道。推而广之则不只通贯此各人物以及天地、鬼神者是道，即此一切人、一切物以及天地鬼神之存在之自身，即是道。故道无乎不在，为一切人物天地鬼神之所不可须臾离者。故以道眼观此一切人物与天地鬼神，亦可说其皆道之所凝成者，而"道遍满天下，无些小空阙"（陆象山语）矣。

四、道之远近、大小与曲直、非道之道、平行道、与相贯道

道之所通达，有其远近之殊。其次序通达，而所历之站口更多者，

为远；所历之站口少者，为近。道又有大小之别，为多人物所共行，而一道中有多人物之道在者，其道大；反是者，则相对为小。然道之能通达于其他之道者，又自有其多少之别。如一站口，可只有一二道路与此交会，则其道所通之道少，其道亦名为小；一站口可为四通八达之站口，则其道所通之道多，其道亦名为大。又由人或事物通达于他人他事物之道，可是中无阻而可直达者，是为直道，亦可是中有阻而只能曲达者，是为曲道。由此道之有远近、大小、曲直之不同。而于远、大、直者谓之道，则于近、小、曲者，即可只名之曰术。道之近且小或曲而自环自封闭者，其通也即有所不通，其为道，亦有所至而止。此即为不通之非道。世间之道路有死巷、死路，不能更通者。而人与事物之所依之道，亦有通于此时此地，而不能更通于另一时一地，可以通于一人，不能通于他人，或只通于少数之他人，而不能通国家、天下、与古今之历史或天地万物者。其通之向于小者，为小人之道，其通之向于大者，为大人之道。凡道至此不能更通，而向前向大以开展之处，则其道即成一前路不通，或其前无道者。然其前路不通，亦非初无所通。知其有所通、亦有所不通，而不以其所不通为其所通，则此"知"兼通于"通"与"不通"。此知亦自有道。唯以"不通者"为"通"，此"知"乃自陷于非道矣。然此"知"之陷于非道者，能更自拔起，则回头是道。回头亦经此"非道"而更非之，故此"非道"，亦是所经；而凡所经者，亦皆是道，故非道亦是道也。唯在此非道之道之前，人必先自拔起，自回头，而更非之。而于此非之之时，则当只见其为非道，亦当只以"非道"名之耳。

世间之道路，有交会于一处者，亦有彼此平行者，如火车道侧之更有人行道。又有纵横相贯，不相交会，而亦不相碍者，如桥下行船为水道，桥上行人为人行道。平行而同向者谓之同方。《说文》谓方为两舟并，即两舟并而同向也。纵横相贯者谓之异方。此皆可喻人之知行之道，亦尽多彼此交会或平行或纵横相贯，各异其道，不相交会，亦不相碍者。如人之孝悌忠信仁义礼智之道，五伦之道，治国平天下之道，以及人类之种种学术文化之或循如何之感觉想像理解之知的道路而成，或循如何之表现情感、运用意志之行的道路而成，其不同之道亦皆有交会于一处，或平行、或纵横相贯，而不交会亦不相碍之情形。克就哲学思想进行之道而言，则哲学所思想者皆为普遍究竟之宇宙人生之真理或道，而皆可称为大真理或大道。此各哲人所思之大真理或大道，可有互相交会、或平行、或纵横相贯而不交会之种种情形，亦复如是。

五、发现道、创成道、目的道、手段道，与道不同之论争，其相容以并存，及哲学思想中之"道"之次第修建之历史

　　世间有种种之道，皆可说为人物与其知行之事之所依以进行，有如先于其知与行之进行而在者；有可说为由此进行而成者。如吾可说因有世间之道路先在，故人足乃能行，如孔子言"谁能出不由户，何莫由斯道也"，庄子言"道恶乎往而不存"。然人足之屡行于一地，则地上即有道，如庄子所谓"道行之而成"，孟子所谓"山径之蹊介然，用之而成路"。故道可视为先人之知行而有，更为人所知所发现而行之者，如《易传》所谓"苟非其人，道不虚行"也。亦可视为后人之知行而有，为人之知行所创成者，如孔子所谓"人能弘道，非道弘人"也。然此人之发现之事，亦为人所自创成；而其创成之事所循之道，亦必先被发现。则此二说可无诤。但道如为人所发现，则道千古而常在；道如为人所创成，则道世世而常新。"常在"与"常新"，不必同义，人如偏执其一，则二说可相诤无已。或谓有道只是发现，有道全属创成。此则折衷之说，未必融通之论。又道似有只作手段用者，与作目的用者之别。如马路似只作行车之手段用，花园中之道，即人之游行其中，其本身可为一目的。又如一般以求财为资生之手段，人之行于正常生活之道，则其本身可为一目的。然一切目的之达到，亦可视为其他目的之手段，如人之行于正常生活之道，可为求升天。又任何手段行为，当其为目的所贯注时，其本身亦或被人直视之为一目的，如守财奴亦可以守财本身为生活之目的。手段之道与目的之道，亦可通而观之。然人生亦可有一恒常或究竟之目的，更不可作手段用者。此目的之道在中国哲学，称为经道，佛学称为究竟道。而实现此经道或究竟道之工夫或手段之道，则称为权道或方便道。唯人所视为恒常或最后目的之道者为何，与所用以达同一之目的之工夫，或手段之道又为何，在一般人与在哲人，皆可彼此不同。即二人同取一道，一人视为目的之道非手段道者，另一人可视为手段道非目的道；则其所谓目的之道与手段之道，仍彼此不同，遂貌合而神离。又人之取何目的道，或取何手段道，初皆可互不相知，亦不相为谋，人遂可不见他人所取者之亦原是道，而径以之为非道。如行船者

只以顺江行为道，则可以横渡江者为非道，亦可由其眼见河岸是陆地，更不信有其他平行之河道，在此所见陆地之外；彼未必知桥上人之固自能横渡江而过，而未尝非道，其所见之陆地外，亦可有其他平行之河道也。人各有其所习之事，故人亦恒互斥为非道。而在学术文化之世界，以至在哲学之世界中亦然。于是人之自知其实非非道者，则必将更非他人之所斥，以自言其非道。由此而在学术文化之世界或哲学之世界中，亦必不免于种种论争。此中，固有实非道之道，由论争而显其实为非道，遂更不被人视为道者。然亦有诸道，原是彼此平行，或纵横相贯，初不相碍，而人本其所知之道为标准，乃不见其交会于其所知之道，遂互斥为非道者。人于此"遂必须各自辩自明，以见其皆非非道，而以此自辩自明之事，为成其道之相知而相交会"之"道"。然要必先有种种之道为人之所知，乃有此互斥为非道，以成论争之事。故此论争为后于人之知种种道而有者。观此人之论争，就人之文化全体言，则在宗教政治之事中者最多。就人之学术思想言，则以哲学中为最多。此则由于哲学乃期在求最大最高或最普遍最究竟之真理或道，此最大最高之道，似不容有二，则二人所见不同，即必不免于相争矣。

吾人今之所论者为哲学，亦当肯定人自有求最大最高之道之权利。在已有之人类哲学思想中，亦可有一哲学思想知此最高最大之道，又可说此道尚待于人之探求。然亦可谓最高最大之道，即在一切次高次大之道之互相贯通之中。此互相贯通即一切次高次大之道之道。盖此最高最大之道，若不能贯通诸次高次大之道，亦不能为最高最大。此最高最大之道纵必为一，次高次大者，则可不只一而为多，因无多，亦无多之贯通为一故。由此而人之哲学思想欲求一至高至大之道者，虽恒不能免于论争，然其论争中之自辩自明，既所以成其道之相知，而见其交会；则其争即恒归向于诸道之互相让，以共存于一"道并行而不悖"之世界中。人亦可由此以进而望至庄子所谓"鱼相忘乎江湖，人相忘乎道术"之境矣。是即人类哲学思想发展中之种种道之次第发现，亦次第而修建成，更还相通接之历史。此亦如世间之道路之有其次第之修建成，亦必更还相通接也。此事则在中国哲学思想之发展史中，最显然可见。

今将此哲学中所谓道，与所谓理或义理相对而观，则道大理小，故大理为道，小道为理。大道贯小道，大理贯小理，亦可称为道贯理。道贯理，而理亦所以说明此道，而属于此道，是为道统理。一道之统贯诸理，亦可称为此一道在诸理中贯注流行，同时定诸理之次第相连结之方向。如一城市之大道，统贯其小街小巷，而加以连结，以定小街小巷所通达之方向也。吾人所谓哲学思想中之道之所以在，亦即哲学思想中之种种义理之连结，所示之大方向之所在。此哲学思想之道，亦即可说为流行贯注于哲学义理之连结中者。故哲学思想中之道之次第修建成之历史，亦即次第依哲学义理之连结，以建立种种哲学思想大方向之历史也。观世间道路之修建成，初虽皆有其历史，然其既成之后，则人之行于上者，亦可不问其历史。哲学思想中之道，为昔人所已修建成后，人亦可只求知之，更不问其历史。又哲学中之道，既为既高且大之道，或普遍究竟之真理，则其为真也，亦可贯古今四海而皆真，人固可不问其在何时何地初为人所发见或建成。故哲学中亦可只论此有关种种之道之义理，而不言其被发见或建成之历史，此即纯哲学之事。然人不知世间道路之修建之历史，则不能知人何以先建此道路，而次第建成其他种种道路之理由或义理；而对此理由或义理无所知，则亦少知若干道理。此即喻人之为哲学，而只就已成之哲学之道而观之，更于其道所以建成之历史无所知者，亦即少知若干道理。故治哲学不能不兼知哲学之历史。然吾人之言一道路修建之历史，亦可注重在此修建道路之一一人所先经之一一事，复可偏重在其所以修建此道路之直接的理由或义理之何在，其修建之道路，乃向何大方向进行。人之治哲学史者，亦可重观历史中之哲人所经之事，其家庭社会与时代之文化环境，对其哲学思想之影响之何若，亦可只重在其一人或合多人所以建立某哲学思想之道之义理之何在，其所说之道，乃向何思想之大方向进行。此中之前者，则为更标准之哲学思想史，而此中之后者，则更切近于纯粹之哲学，其目标唯在将哲学中之道之所以建立之义理，略依历史次序加以展示，而见此种种诸大方向之道，所由建立之"道"，其整个面目之何所似者。此亦即吾之此书之论述，由周秦至隋唐之中国哲学之道之"道"也。故于此吾之论述之道，如美之，可称为：即哲学史之形成之道，以为哲学中之道，以见此哲学史所由形成之道，运行于历史之变之中，亦洋溢于历史之变之上，不来不往，千古常新，以为哲学之永恒的观照之所对；如贬之，则二者皆非，乃似哲学史，而不必合乎于世所谓哲学思想史之标准者。故吾不名之为哲学史，而名之为中国哲学原论中之原道篇也。

唐君毅年谱简编

1909 年（宣统元年　己酉）　一岁
1 月 17 日生于四川宜宾县柏溪老家。

1919 年（民国八年　己未）　十一岁
是年春入成都省立第一师范附小高小。

1920 年（民国九年　庚申）　十二岁
就读于重庆联合中学，第一年的国文课老师为其父，教以孔、孟、老、庄之文。第二年的国文课老师为蒙文通先生，教以宋明儒学。同时，其父购孙夏峰《理学宗传》一书供唐氏自学。

1924 年（民国十三年　甲子）　十六岁
在《重庆联中校刊》上发表第一篇论文《荀子的性论》。

1925 年（民国十四年　乙丑）　十七岁
毕业于重庆联中，往北京就读。先入中俄大学，读马克思、列宁著作。后考入北京大学哲学系，老师有熊十力、汤用彤、张东荪、金岳霖诸先生。尝听胡适、梁启超、梁漱溟等先生演讲。

1927 年（民国十六年　丁卯）　十九岁
转读南京东南大学（后改名为中央大学）哲学系，副修文学系。老师有方东美、宗白华等。并常往欧阳竟无大法师处请教。

1929 年（民国十八年　己巳）　二十一岁
暑假后，休学一年，回成都。因蒙文通先生之介，在四川大学文学院讲授西方哲学史。

1930 年（民国十九年　庚午）　二十二岁
返南京复学。在《国立中央大学半月刊》发表《孟子言性新论》《嘉陵江畔的哀歌》《柏格森与倭铿哲学之比较》及《研究中国哲学应注意之一点——说中国哲学名词之歧义》。

1932 年（民国二十一年　壬申）　二十四岁
毕业于南京中央大学哲学系。返四川成都任教于中学，讲授伦理学、人生哲学及国文等课。在《建国月刊》发表《英德法哲学之比较观》《真伪问题》《中国哲学对中国文学之一般影响问题》等文。在《国风月刊》发表《孔子与歌德》一文，在《西南评论》发表《西南的夷人与诸葛孔明》。

1933 年（民国二十二年　癸酉）　二十五岁
回南京中央大学任助教。主编《文化通讯》。

1934 年（民国二十三年　甲戌）　二十六岁
在提拔书局出版《中国历代家书选》。

1937 年（民国二十六年　丁丑）　二十九岁
七七事变后，返回成都，历任华西大学、蜀华中学及天府中学教席。与友人创办《重光月刊》，鼓吹抗战。

1939 年（民国二十八年　己卯）　三十一岁
任重庆教育部特约编辑。

1940 年（民国二十九年　庚辰）　三十二岁
结识牟宗三。返中央大学哲学系任讲师。

1941 年（民国三十年　辛巳）　三十三岁
《中国哲学史》《爱情之福音》稿成。

1942 年（民国三十一年　壬午）　三十四岁

创办《理想与文化》杂志，并发表《道德之实践》。

1943 年（民国三十二年　癸未）　三十五岁

与谢廷光女士结婚。

《中西哲学思想之比较研究集》在正中书局出版。

1944 年（民国三十三年　甲申）　三十六岁

任中央大学哲学系教授、主任。

《人生之体验》在中华书局出版，《道德自我之建立》在商务印书馆出版。

1945 年（民国三十四年　乙酉）　三十七岁

在中华书局出版《爱情之福音》。

1946 年（民国三十五年　丙戌）　三十八岁

夏，往李源澄先生主持的灵岩书院讲学十余天。秋，被华西大学社会系借聘三个月，始返中央大学哲学系授课。

1947 年（民国三十六年　丁亥）　三十九岁

秋，被聘为江南大学教授，并任教务长。

1948 年（民国三十七年　戊子）　四十岁

夏，唐氏亲往鹅湖书院，筹备复校。同时亦在中央大学授课，在江南大学兼课。

1949 年（民国三十八年　己丑）　四十一岁

4 月，应广州华侨大学校长王淑陶之邀，与钱穆先生同赴穗讲学。8 月，赴香港，与钱穆、张丕介等人创办亚洲文商专科学校。

1950 年（庚寅）　四十二岁

春，亚洲文商专科学校改组为新亚书院，唐氏除兼任教务长及哲学系主任外，更主持文化讲座。

1953 年（癸巳）　四十五岁

在正中书局出版《中国文化之精神价值》。

1954 年（甲午）　四十六岁

在亚洲出版社出版《心物与人生》。

1955 年（乙未）　四十七岁

《人文精神之重建》在新亚研究所印行。

1956 年（丙申）　四十八岁

夏，在新亚书院成立人学会。

1957 年（丁酉）　四十九岁

2 月 10 日至 8 月 29 日，应美国国务院邀请访美，并遍游日本、欧洲各地。其间，赴哲学会两次、运东学会一次，广泛接触各国哲学家，发表各种学术讲话七次。《青年与学问》一书在流亡出版社出版。

1958 年（戊戌）　五十岁

元旦，与张君劢、牟宗三、徐复观联名发表题为《中国文化与世界》的文化宣言。

《中国人文精神之发展》《文化意识与道德理性》分别由人生出版社与友联出版社出版。

1959 年（己亥）　五十一岁

6 月，在第三次东西方哲学家会议上宣读论文《中国哲学精神价值思想之开展》。

1961 年（辛丑）　五十三岁

8 月，赴台参加阳明山会谈。

在《祖国周刊》发表《说中华民族之花果飘零》，在孟氏教育基金会出版《哲学概论》，在人生出版社出版《人生之体验续编》。

1962 年（壬寅）　五十四岁

8 月，东方人文学会成立，任会长。

1963 年（癸卯）　五十五岁

10 月，受聘为香港中文大学哲学系教授，并被选为文学院院长。

1964 年（甲辰）　五十六岁

6 月，赴夏威夷参加第四次东西方哲学家会议，发表论文《中国哲学方法中之个人与世界》。

1965 年（乙巳）　五十七岁

6 月，赴汉城参加亚洲近代化问题国际会议，发表《儒学之重建与亚洲国家之近代化》。

1966 年（丙午）　五十八岁

6 月，赴美参加"明代思想会议"，发表论文《从王阳明到王龙溪之道德心之概念之发展》，同月，赴日与几位日本学者谈中国文化。

《中国哲学原论·导论篇》在人生出版社出版。

1968 年（戊申）　六十岁

《中国哲学原论·原性篇》在新亚研究所出版。

1969 年（己酉）　六十一岁

7 月，赴夏威夷出席第五次东西方哲学家会议。

1970 年（庚戌）　六十二岁

夏，赴意大利参加"十七世纪中国思想会议"，发表论文《刘宗周道德心之学说与实践及其对于王阳明之批评》。

1972 年（壬子）　六十四岁

6 月，赴夏威夷参加王阳明五百周年学术讨论会，发表论文《当代学者对于王阳明之教所提出之疑难》。

1973 年（癸丑）　六十五岁

8 月，赴日本东京出席中日民族文化会议，宣读论文《西方文化对东方文化之挑战及东方之回应》。9 月，赴瑞士苏黎世参加国际文化研究会。

将其母遗诗汇集出版，题为《思复堂遗诗》。《中国哲学原论·原道篇》亦出版。

1974 年（甲寅） 六十六岁

1 月，写《孔子诛少正卯传说之形成》一文，以回应赵纪彬著《关于孔子诛少正卯问题》。

给香港中文大学哲学系学生讲"民国初年的学风与我学哲学的经过"。

秋，由香港中文大学退休，专心办理新亚研究所。9 月，赴日本东京参加世界文化交流会，讲述《中国思想中之自然观》。

重刊其父所著《孟子大义》一书。在三民书局出版《中国文化之花果飘零》。

1975 年（乙卯） 六十七岁

年初，赴台讲学。在鹅湖月刊杂志社主办的学术讲演会上讲"中华文化复兴之德性基础"。

是年，在新亚研究所出版《中国哲学原论·原教篇》。在东方人文学会出版《中华人文与当今世界》。

1976 年（丙辰） 六十八岁

8 月，被诊断患肺癌。

是年，发表的文章有《明报月刊》之《书生事业与中国文化》、《哲学与文化》之《略谈宋明儒学与佛学之关系》等。

1977 年（丁巳） 六十九岁

年底，《生命存在与心灵境界》一书出版。

1978 年（戊午） 七十岁

2 月 2 日病逝。3 月 13 日归葬台北观音山淡水河畔之朝阳墓园。

中国近代思想家文库

方东树、唐鉴卷	黄爱平、吴杰 编
包世臣卷	刘平、郑大华 主编
林则徐卷	杨国桢 编
姚莹卷	施立业 编
龚自珍卷	樊克政 编
魏源卷	夏剑钦 编
冯桂芬卷	熊月之 编
曾国藩卷	董丛林 编
左宗棠卷	杨东梁 编
洪秀全、洪仁玕卷	夏春涛 编
郭嵩焘卷	熊月之 编
王韬卷	海青 编
张之洞卷	吴剑杰 编
薛福成卷	马忠文、任青 编
经元善卷	朱浒 编
沈家本卷	李欣荣 编
马相伯卷	李天纲 编
王先谦、叶德辉卷	王维江、李骛哲、黄田 编
郑观应卷	任智勇、戴圆 编
马建忠、邵作舟、陈虬卷	薛玉琴、徐子超、陆烨 编
黄遵宪卷	陈铮 编
皮锡瑞卷	吴仰湘 编
廖平卷	蒙默、蒙怀敬 编
严复卷	黄克武 编
夏震武卷	王波 编
陈炽卷	张登德 编
汤寿潜卷	汪林茂 编
辜鸿铭卷	黄兴涛 编

康有为卷	张荣华 编
宋育仁卷	王东杰、陈阳 编
汪康年卷	汪林茂 编
宋恕卷	邱涛 编
夏曾佑卷	杨琥 编
谭嗣同卷	汤仁泽 编
吴稚晖卷	金以林、马思宇 编
孙中山卷	张磊、张苹 编
蔡元培卷	欧阳哲生 编
章太炎卷	姜义华 编
金天翮、吕碧城、秋瑾、何震卷	夏晓虹 编
杨毓麟、陈天华、邹容卷	严昌洪、何广 编
梁启超卷	汤志钧 编
杜亚泉卷	周月峰 编
张尔田、柳诒徵卷	孙文阁、张笑川 编
杨度卷	左玉河 编
王国维卷	彭林 编
黄炎培卷	余子侠 编
胡汉民卷	陈红民、方勇 编
陈撄宁卷	郭武 编
章士钊卷	郭双林 编
宋教仁卷	郭汉民、暴宏博 编
蒋百里、杨杰卷	皮明勇、侯昂好 编
江亢虎卷	汪佩伟 编
马一浮卷	吴光 编
师复卷	唐仕春 编
刘师培卷	李帆 编
朱执信卷	谷小水 编
高一涵卷	郭双林、高波 编
熊十力卷	郭齐勇 编
任鸿隽卷	樊洪业、潘涛、王勇忠 编
张东荪卷	左玉河 编
丁文江卷	宋广波 编

钱玄同卷	张荣华 编
张君劢卷	翁贺凯 编
赵紫宸卷	赵晓阳 编
李大钊卷	杨琥 编
李达卷	宋俭、宋镜明 编
张慰慈卷	李源 编
晏阳初卷	宋恩荣 编
陶行知卷	余子侠 编
戴季陶卷	桑兵、朱凤林 编
胡适卷	耿云志 编
郭沫若卷	谢保成、魏红珊、潘素龙 编
卢作孚卷	王果 编
汤用彤卷	汤一介、赵建永 编
吴耀宗卷	赵晓阳 编
顾颉刚卷	顾潮 编
张申府卷	雷颐 编
梁漱溟卷	梁培宽、王宗昱 编
恽代英卷	刘辉 编
金岳霖卷	王中江 编
冯友兰卷	李中华 编
傅斯年卷	欧阳哲生 编
罗家伦卷	张晓京 编
萧公权卷	张允起 编
常乃惪卷	查晓英 编
余家菊卷	余子侠、郑刚 编
瞿秋白卷	陈铁健 编
潘光旦卷	吕文浩 编
朱谦之卷	黄夏年 编
陶希圣卷	陈峰 编
钱端升卷	孙宏云 编
王亚南卷	夏明方、杨双利 编
黄文山卷	赵立彬 编
雷海宗、林同济卷	江沛、刘忠良 编

贺麟卷　　　　　　　　　高全喜　编
陈序经卷　　　　　　　　　田彤　编
徐复观卷　　　　　　　　干春松　编
巨赞卷　　　　　　　　　黄夏年　编
唐君毅卷　　　　　　　　　单波　编
牟宗三卷　　　　　　　　王兴国　编
费孝通卷　　　　　　　　吕文浩　编

图书在版编目（CIP）数据

中国近代思想家文库. 唐君毅卷/单波编. —北京：中国人民大学出版社，2014.12

ISBN 978-7-300-20434-5

Ⅰ. ①中… Ⅱ. ①单… Ⅲ. ①思想史-研究-中国-近代②唐君毅（1909～1978）-思想评论 Ⅳ. ①B250.5

中国版本图书馆 CIP 数据核字（2014）第 297718 号

中国近代思想家文库

唐君毅卷

单 波 编

Tang Junyi Juan

出版发行	中国人民大学出版社		
社　址	北京中关村大街 31 号	**邮政编码**	100080
电　话	010 - 62511242（总编室）	010 - 62511770（质管部）	
	010 - 82501766（邮购部）	010 - 62514148（门市部）	
	010 - 62515195（发行公司）	010 - 62515275（盗版举报）	
网　址	http://www.crup.com.cn		
经　销	新华书店		
印　刷	涿州市星河印刷有限公司		
开　本	720 mm×1000 mm　1/16	**版　次**	2015 年 3 月第 1 版
印　张	35 插页 1	**印　次**	2025 年 4 月第 3 次印刷
字　数	556 000	**定　价**	125.00 元